हिंदी साहित्य : उद्भव और विकास

हिन्दी साहित्य : उद्भव और विकास

हजारीप्रसाद द्विवेदी

राजकमल प्रकाशन

ISBN : 978-81-267-0035-6

मूल्य : ₹995

पहला संस्करण : 1952
बाईसवाँ संस्करण : 2023

प्रकाशक : राजकमल प्रकाशन प्रा.लि.
1-बी, नेताजी सुभाष मार्ग, दरियागंज
नई दिल्ली-110 002
शाखाएँ : अशोक राजपथ, साइंस कॉलेज के सामने, पटना-800 006
पहली मंजिल, दरबारी बिल्डिंग, महात्मा गांधी मार्ग, प्रयागराज-211 001
वेबसाइट : www.rajkamalprakashan.com
ई-मेल : info@rajkamalprakashan.com

मुद्रक : बी.के. ऑफसेट
नवीन शाहदरा, दिल्ली-110 032

HINDI SAHITYA : UDBHAV AUR VIKAS
History of Hindi Literature by Hazari Prasad Dwivedi

अपनी मूक सेवाओं से साहित्य को महान् और गतिशील बनानेवाले अगणित अख्यात और अज्ञात साहित्य-साधकों को यह पुस्तक समर्पित है, जिनका नाम इतिहासकार नहीं जानता।

दो शब्द

'हिंदी साहित्य : उद्भव और विकास' कई वर्षों तक अनुपलब्ध रहने के पश्चात् इस वर्ष राजकमल प्रकाशन प्रा. लि. से पुनः प्रकाशित हो रहा है। इस बीच आचार्य द्विवेदी स्वर्गस्थ हो गए। आचार्यजी की यह हार्दिक इच्छा थी कि सारी पुस्तक का एक बार पुनर्लेखन किया जाए, विशेषकर आधुनिक काल का। लेकिन नियति-निर्णय से वे इस कार्य को पूरा नहीं कर सके। उनकी मृत्यु के बाद कुछ समय तक इसको प्रकाशित नहीं किया गया। उसके मूल में यह विचार था कि 'इतिहास' का पुनर्लेखन करके इसे संशोधित रूप में प्रकाशित किया जाए।

बहुत विचार-मंथन के बाद अंत में इस बात का निर्णय लिया गया कि इसे इसके मूल रूप में ही प्रकाशित किया जाए। उसका कारण था कि आचार्य द्विवेदी का इतिहास के प्रति एक विशेष दृष्टिकोण था। इतिहास के इसी विशेष दृष्टिकोण के कारण ही वे साहित्य के अन्य इतिहास-लेखकों से भिन्न थे। इसमें परिवर्तन, परिवर्द्धन एवं संशोधन न्यायसंगत नहीं होता। अतः यह पुस्तक (हिंदी साहित्य : उद्भव और विकास) आचार्य द्विवेदी द्वारा लिखित मूल रूप में ही प्रकाशित हो रही है।

पिछले संस्करणों में छपाई की अनेक अशुद्धियाँ थीं। इस संस्करण में यह प्रयत्न किया गया है कि अशुद्धियाँ बिलकुल न हों।

सी जैड बी/53 ए जनकपुरी
नई दिल्ली-110 056

मुकुंद द्विवेदी

निवेदन

इस पुस्तक में हिंदी साहित्य के उद्भव और विकास का संक्षिप्त विवेचन किया गया है। पुस्तक विद्यार्थियों को दृष्टि में रखकर लिखी गई है। प्रयत्न किया गया है कि यथासंभव सुबोध भाषा में साहित्य की विभिन्न प्रवृत्तियों और उसके महत्त्वपूर्ण बाह्य रूपों के मूल और वास्तविक स्वरूप का स्पष्ट परिचय दे दिया जाए। परंतु पुस्तक को संक्षिप्त रूप देते समय ध्यान रखा गया है कि मुख्य प्रवृत्तियों का विवेचन छूटने न पाए और विद्यार्थी अद्यावधिक शोध-कार्यों के परिणाम से अपरिचित न रह जाएँ। उन अनावश्यक अटकलबाजियों और अप्रासंगिक विवेचनाओं को छोड़ दिया गया है जिनसे इतिहास-नामधारी पुस्तकें प्रायः भरी रहती हैं। आधुनिक काल की प्रवृत्तियों को समझाने का प्रयत्न तो किया गया है, पर बहुत अधिक नाम गिनाने की मनोवृत्ति से बचने का भी प्रयास है। इससे बहुत-से लेखकों के नाम छूट गए हैं, पर यथासंभव साहित्य की प्रमुख प्रवृत्तियाँ नहीं छूटी हैं।

पुस्तक के लिखने में अनेक मित्रों ने सहायता दी है। मित्रवर डॉ. दशरथ ओझाजी ने अपनी सम्मतियों और सुझावों से पुस्तक को अधिक त्रुटियुक्त होने से बचा लिया है। मेरे अनुज साहित्याचार्य पंडित पृथ्वीनाथ द्विवेदी ने पुस्तक के प्रस्तुत करने में बहुत सहायता पहुँचाई है और श्री मदनमोहन पांडेजी ने भी इसके लिखने में बहुत सहायता की है। भाई रामगोपाल सिंह जी ने पुस्तक का प्रूफ बड़े परिश्रम से देखा है। वे इतना श्रम न करते तो पुस्तक की छपाई में अधिक त्रुटियाँ रह गई होतीं। इन सभी मित्रों के प्रति हार्दिक कृतज्ञता प्रकट करता हूँ।

अंत में पुस्तक के प्रकाशकों के प्रति भी अपनी कृतज्ञता प्रकट करता हूँ, जिन्होंने बहुत थोड़े समय में पुस्तक को निकालने का आयोजन किया है। इस अवसर पर उन सभी ग्रथकारों को कृतज्ञतापूर्वक स्मरण करता हूँ, जिनकी पुस्तकों से सहायता लेकर यह पुस्तक लिखी गई है।

काशी विश्वविद्यालय   **हजारीप्रसाद द्विवेदी**
विजयादशमी, सं. 2009 वि.

विषय-सूची

परवर्ती काल के ब्रजभाषा गद्य के रूप : टीकाएँ–स्वतंत्र गद्य-ग्रंथ–राजस्थानी गद्य-साहित्य–मैथिली भाषा के गद्य-ग्रंथ–खड़ी बोली का प्रचार–हिंदी गद्य का सूत्रपात–फोर्ट विलियम कालेज का हाथ कितना था–मुंशी सदासुखलाल–मुंशी इंशाअल्ला खाँ–लल्लूलालजी–पं. सदल मिश्र।

2. परिमार्जित भाषा और साहित्य का आरंभ : परिमार्जित भाषा का सूत्रपात–ईसाई मिशनरियों की सहायता–नवीन संपर्क का परिणाम–हिंदी पत्रकारिता का जन्म–नई शिक्षा का सूत्रपात–नवीन शिक्षा का प्रचार और विद्रोह–नवीन युग का जन्मकाल–हिंदी की उपेक्षा और उसकी भीतरी शक्ति–राजा शिवप्रसाद सितारेहिंद–बनारस, सुधाकर और बुद्धिप्रकाश–भाषा के संबंध में प्रतिक्रिया : राजा लक्ष्मणसिंह–आर्यसमाज–बाबू नवीनचंद्र राय–श्रद्धाराम फिलौरी–आर्यसमाज की प्रतिक्रिया।

3. भारतेंदु का उदय और प्रभाव : भारतेंदु हरिश्चंद्र–नवीन भाषा-शैली का वैशिष्ट्य–नवीन ढंग की 'राष्ट्रीयता' का जन्म–भारतवर्ष में 'राष्ट्रीयता' का प्रवेश–भारतेंदु-साहित्य की विशेषता–भारतेंदु की सफलता का रहस्य–महानेता भारतेंदु–हिंदी का जन आंदोलन–भारतेंदु-मंडल–विभिन्न दृष्टिकोणों का विकास–प्रहसन–स्वच्छंदतावादी धारा–राष्ट्रीय भावना के नाटक–उपन्यास–काव्य–अनुवाद–भारतेंदु तथा समसामयिक साहित्यिकों की देन–हिंदी-प्रचार का आंदोलन–उर्दू के साथ संघर्ष–भूले हुए इतिहास का उद्धार–भाषा के स्वरूप पर मतभेद।

4. साहित्य की बहुमुखी उन्नति का काल : बहुमुखी साहित्य–निबंध–प्राचीन भारत में कथा-साहित्य–उपन्यास का स्वरूप–आधुनिक गद्य का कथा-साहित्य–आधुनिक ढंग के उपन्यास–तिलस्मी उपन्यास–बंगला उपन्यास–बंगला उपन्यासों की देन–छोटी कहानियाँ–आधुनिक कहानियों के पहले की अवस्था–भारतेंदु-काल तक कहानी-कला अविकसित रही–वास्तविक कहानी का आरंभ–प्रसाद और गुलेरी की कहानियाँ–प्रेमचंद का आगमन–सुदर्शन–यथार्थवादी चित्रण आवश्यक है–यथार्थवाद का अर्थ–रोमांस, प्रकृतिवाद और यथार्थवाद–मानवतावादी दृष्टि–मानवतावाद और राष्ट्रीयतावाद–प्रेमचंद–प्रेमचंद का महत्त्व–प्रेमचंद का वक्तव्य–प्रेम का स्वरूप–'प्रसाद' के नाटक–निबंध और समालोचना–नवीन युग ले ओनेवाला काल–हरिऔध–मैथिलीशरण गुप्त–अन्य कवि।

5. छायावाद : प्रथम महायुद्ध–नवीन सांस्कृतिक चेतना की लहर–नवीन शिक्षा-पद्धति का परिणाम–नवीन कवियों की शक्ति–साहित्य की नई मान्यताएँ–विषयि-प्रधान कविता–कल्पना–चिंतन अनुभूति–नवीन प्रगीत-मुक्तक–प्रगीत-मुक्तक क्यों प्रभावित करते हैं–पुराने और नए मुक्तकों में अंतर–छायावाद नाम–ऊपर के विचारों का निष्कर्ष–छायावादी कविता का प्राण-तत्त्व–सुमित्रानंदन पंत–निराला–जयशंकर 'प्रसाद'–

प्रस्तावना

'हिंदी' शब्द का अर्थ : हिंदी भारतवर्ष के एक बहुत विशाल प्रदेश की साहित्य-भाषा है। राजस्थान और पंजाब राज्य की पश्चिमी सीमा से लेकर बिहार के पूर्वी सीमांत तक तथा उत्तरप्रदेश के उत्तरी सीमांत से लेकर मध्यप्रदेश के मध्य तक के अनेक राज्यों की साहित्यिक भाषा को हम हिंदी कहते आए हैं। इस प्रदेश में अनेक स्थानीय बोलियाँ प्रचलित हैं। सबका भाषा-शास्त्रीय ढाँचा एक-जैसा ही नहीं है, साहित्य में भी किसी एक ही बोली के ढाँचे का सदा व्यवहार नहीं होता था, फिर भी हिंदी साहित्य की चर्चा करनेवाले सभी देशी-विदेशी विद्वान् इस विस्तृत प्रदेश के साहित्यिक प्रयत्नों के लिए व्यवहृत भाषा या भाषाओं को हिंदी कहते रहे हैं। वस्तुतः हिंदी साहित्य के इतिहास में 'हिंदी' शब्द का व्यवहार बड़े व्यापक अर्थों में होता रहा है।

जिस विशाल भू-भाग को आज हिंदी-भाषा-भाषी क्षेत्र कहा जाता है, उसका कोई एक नाम खोजना कठिन है। परंतु इसके मुख्य भाग को पुराने जमाने से ही मध्य-देश कहते रहे हैं। यद्यपि वर्तमान भारतवर्ष के रूप को देखते हुए इस विस्तीर्ण भू-भाग को 'मध्य-देश' कहना ठीक नहीं मालूम होता, तो भी यह शब्द प्राचीन काल से ही बहुत अधिक परिचित है; इसलिए इस पुस्तक में हम 'हिंदी-भाषा-भाषी क्षेत्र' जैसे भारी-भरकम शब्द का सदा व्यवहार न करके 'मध्य-देश' का ही व्यवहार करेंगे।

लगभग एक सहस्र वर्षों से इस मध्य-देश में साहित्यिक प्रयत्नों के लिए एक प्रकार की केंद्रीय भाषा का व्यवहार होता रहा है। देश-काल भेद से साहित्यिक भाषा के रूपों में भेद अवश्य पाया जाता है, परंतु प्रयत्न बराबर यही रहा है कि यह भाषा केंद्रीय भाषा के निकट रहे। हिंदी की एकता इस प्रयत्न में ही है। यह परंपरा आज भी ज्यों-की-त्यों है। यद्यपि इस भाग में अनेक उपभाषाओं का प्रयोग होता है, किंतु समाचारपत्र, सभा-समितियों की कार्यवाहियाँ, पाठ्यपुस्तकें, व्याख्यान और विचार-विमर्श आदि कार्य केंद्रीय भाषा में ही किए जाते हैं। 'हिंदी' शब्द का व्यवहार इसी केंद्रोन्मुख भाषा के अर्थ में होता है। जिन क्षेत्रों के लोग अपने साहित्यिक प्रयत्नों में केंद्रोन्मुखी भाषा का प्रयोग करते हैं, वे ही आज हिंदी-भाषी कहे जाते हैं। इनका यह प्रयत्न नया नहीं है। वस्तुतः हिंदी शब्द उतना एक-रूपा भाषा के अर्थ में व्यवहृत नहीं होता, जितना परंपरा के अर्थ में होता है।

दीर्घकाल से हिंदी साहित्य के इतिहास-लेखक अपभ्रंश भाषा के साहित्य को भी हिंदी साहित्य के पूर्वरूप के रूप में ग्रहण करते आए हैं। मिश्रबंधुओं ने अपनी पुस्तक में अनेक

अपभ्रंश रचनाओं को स्थान दिया है। स्वर्गीय पं. चंद्रधर शर्मा गुलेरी तो अपभ्रंश को 'पुरानी हिंदी' कहना अधिक पसंद करते थे *(नागरी प्रचारिणी पत्रिका, नवीन संस्करण, भाग-2)*। पं. रामचंद्र शुक्ल ने भी अपने इतिहास के प्रथम संस्करण में आदिकाल के अंदर अपभ्रंश रचनाओं की भी गणना की थी, क्योंकि "वे सदा से भाषा-काव्य के अंतर्गत मानी जाती रही हैं।" सुप्रसिद्ध विद्वान् श्री राहुल सांकृत्यायन ने भी अपभ्रंश की रचनाओं को हिंदी कहा है। उन्होंने जब बौद्ध सिद्धों के पदों और दोहों को हिंदी कहा था, तब बड़ा विरोध हुआ था, क्योंकि बंगाल के विद्वान् उसे बंगला मानते आए हैं। इसी तरह गुजरात के विद्वान् पश्चिमी अपभ्रंश की रचनाओं को 'जूनी गुजराती' अर्थात् पुरानी गुजराती मानते आए हैं। विद्वानों ने अनेक बार यह प्रश्न किया है, कि क्या अपभ्रंश को हिंदी कहा जा सकता है?

अपभ्रंश का साहित्य : बहुत दिनों तक पंडितों को अपभ्रंश साहित्य की जानकारी बहुत कम थी। कम तो अब भी है, पर अब पहले की अपेक्षा इस भाषा का बहुत अधिक साहित्य हमारे पास है। सन् 1877 ई. में पिशेल ने हेमचंद्राचार्य के प्राकृत व्याकरण का सुसंपादित संस्करण निकाला था। इस पुस्तक के अंत में प्राकृतों से भिन्न अपभ्रंश भाषा का व्याकरण दिया हुआ है, और अपभ्रंश के पदों के उदाहरण के लिए अपभ्रंश के कुछ पद्य—अधिकतर दोहे—उद्धृत किए गए हैं। हेमचंद्राचार्य जैन धर्म के महान् आचार्य थे, वे अपने समय में 'कलिकालसर्वज्ञ' कहे जाते थे। इनके प्राकृत व्याकरण में अपभ्रंश की चर्चा है। अन्य प्राकृतों में व्याकरण के प्रयोगों का उदाहरण देते समय तो उन्होंने एक शब्द या एक वाक्यांश को पर्याप्त समझा है, पर अपभ्रंश के पदों का उदाहरण देते समय उन्होंने पूरे-पूरे दोहे उद्धृत किए हैं। इससे इस भाषा के प्रति आचार्य की ममता सूचित होती है। वे उन सभी से एक शब्द या आवश्यकता पड़ने पर एक ही वाक्यांश उद्धृत कर सकते थे, पर उन्होंने ऐसा न करके पूरा पद्य उद्धृत किया है। इस प्रकार बहुत-सी अमूल्य साहित्यिक रचनाएँ लुप्त होने से बच गई हैं। बहुत दिनों तक अपभ्रंश भाषा और साहित्य के अध्ययन के लिए विद्वान् लोग इन्हीं दोहों से संतोष करते आए हैं। इनमें कई कवियों की रचनाएँ हैं। कुछ रचनाएँ हेमचंद्राचार्य की भी हो सकती हैं। पिशेल ने भी जब 1902 ई. में जर्मन भाषा में अपनी पुस्तक प्रकाशित की, तो प्रधान रूप से इन दोहों का अध्ययन किया, और अन्य उपलब्ध साहित्य अर्थात् *विक्रमोर्वशीय, सरस्वती कंठाभरण, वैताल-पंचविंशति, सिंहासन-द्वात्रिंशतिका* और *प्रबंध-चिंतामणि* आदि ग्रंथों में प्रसंग-क्रम से आई हुई कुछ अपभ्रंश रचनाओं का उपयोग किया। उनका विश्वास था कि अपभ्रंश का विशाल साहित्य अब खो गया है, बहुत दिनों तक अध्ययन इससे आगे नहीं बढ़ा। गुलेरी जी ने अपनी पुस्तक में *कुमारपाल चरित* तथा *प्रबंध चिंतामणि* आदि में संगृहीत पदों की चर्चा की है। पर हेमचंद्राचार्य के संगृहीत दोहे उनके भी प्रधान संबल थे। बहुत दिनों तक इन्हीं पुस्तकों में प्राप्त बिखरी हुई सामग्री से अपभ्रंश भाषा और साहित्य का मर्म समझा जाता रहा।

सन् 1913-14 ई. में एक जर्मन विद्वान् हर्मन याकोवी इस देश में आए। अहमदाबाद के एक जैन ग्रंथ-भंडार का अवलोकन करते हुए, एक साधु के पास उन्हें *भविसयत्त कहा* की एक प्रति मिली। उन्होंने इसकी भाषा देखकर समझा कि यह अपभ्रंश की रचना है। इस समाचार से विद्वानों में बड़ा उत्साह आया और अन्य अपभ्रंश ग्रंथों के पाने की आशा बलवती हुई। बाद में अनेक जैन भंडारों की खोज करने पर अनेक महत्त्वपूर्ण रचनाएँ प्राप्त

हुईं। यद्यपि ये रचनाएँ अधिकांश में जैन कवियों की लिखी थीं, परंतु इनसे लोकभाषा के अनेक काव्य-रूपों पर बिल्कुल नया और चकित कर देनेवाला आलोक पड़ा। स्वयंभू, पुष्पदंत, धनपाल, जोइंदु, रामसिंह आदि प्रथम श्रेणी के जैन कवियों की तो रचनाएँ प्राप्त हुईं ही, अब्दुल रहमान-जैसे मुसलमान कवि की उत्तम रचना भी प्राप्त हुई। अब हमारे सामने समृद्ध अपभ्रंश साहित्य का बहुत उत्तम निदर्शन है।

जैनेतर अपभ्रंश : सन् 1916 ई. में म. म. पं. हरप्रसाद शास्त्री ने नेपाल से प्राप्त अनेक बौद्ध सिद्धों के पदों और दोहों को *बौद्ध गान औ दोहा*[1] नाम देकर बंगाक्षरों में प्रकाशित किया। इन पदों और दोहों की भाषा को शास्त्री जी ने बंगला कहा। बाद में डॉ. शहीदुल्ला और डॉ. प्रबोधचंद्र बागची तथा पं. राहुल सांकृत्यायन के प्रयत्नों से इस श्रेणी के और साहित्य का भी कुछ-कुछ प्रकाशन हुआ। वस्तुतः इन दोहों और पदों की भाषा भी अपभ्रंश ही है, पर कुछ पूर्वी प्रयोग उनमें अवश्य हैं। दोहों की भाषा में तो परिनिष्ठित अपभ्रंश की मात्रा अधिक है। अर्थात् इनमें भी केंद्रीय भाषा के निकट जाने का प्रयत्न है। शास्त्री जी के उद्योगों से ही विद्यापति की *कीर्तिलता*[2] का प्रकाशन हुआ। इस पुस्तक की और इसके साथ ही इसी कवि की लिखी हुई एक और पुस्तक *कीर्तिपताका* की सूचना तो ग्रियर्सन ने पहले ही दे रखी थी, पर इसे प्रकाशित करने का श्रेय शास्त्री जी को है। विद्यापति ने स्वयं इस पुस्तक की भाषा को *अवहट्ठ* (अपभ्रष्ट—अपभ्रंश) कहा है। इसमें भी मैथिली प्रयोग मिलते हैं। इसमें गद्य का भी प्रयोग है। अधिकांश मैथिली प्रयोग गद्य में ही मिलते हैं। पद्यों में अपभ्रंश के प्रयोग ही अधिक मिलते हैं। इस पुस्तक में भी केंद्रीय भाषा के निकट रहने का वैसा ही प्रयत्न है, जैसा बौद्ध सिद्धों के दोहों में है।

राजपूताने में *ढोला मारू* के दोहे बहुत प्रसिद्ध हैं! इनके प्राचीनतर रूप का संपादन राजस्थान के तीन विद्वानों—श्री रामसिंह, श्री सूर्यकरण पारीक और श्री नरोत्तम स्वामी एम. ए. ने किया,[3] और इस प्रकार अपभ्रंश के निकट जानेवाली भाषा के अध्ययन का एक और मूल उपलब्ध हुआ।

लक्ष्मीधर नाम के एक और पंडित ने लगभग चौदहवीं शताब्दी के अंत में *प्राकृतपैंगलम्* नामक एक ग्रंथ संग्रह किया जिसमें प्राकृत और अपभ्रंश के छंदों की विवेचना है, और उदाहरण-रूप में कई ऐसे कवियों की रचनाएँ उद्धृत हैं, जिनका पता और किसी मूल से नहीं लगता। इस ग्रंथ में उद्धृत कविताओं में कई कवियों के नाम भी मिल जाते हैं, पर अधिकांश कविताओं के रचयिता अज्ञात ही हैं। यह *बिब्लियोथिका इंडिका* में प्रकाशित हुआ था। जिन प्रतियों के आधार पर इसका संपादन हुआ है, उनका समय सोलहवीं शताब्दी से पहले का बताया गया है। डॉ. सुनीतिकुमार चटर्जी का अनुमान है कि इसमें नवीं से बारहवीं शताब्दी तक के कवियों की रचनाएँ संकलित हैं। इस प्रकार जैनेतर अपभ्रंश का भी एक काफी अच्छा साहित्य हमें उपलब्ध हो गया है। इन प्रकाशित रचनाओं के आधार पर, और 'स्वयंभू' नामक प्रसिद्ध जैन कवि की अप्रकाशित रचनाओं का अध्ययन करके सुप्रसिद्ध विद्वान पं. राहुल सांकृत्यायन ने *हिंदी काव्यधारा* नाम का एक उपयोगी संग्रह प्रकाशित किया है। इसमें अब तक के प्राप्त अपभ्रंश या पुरानी हिंदी की अनेक रचनाओं के नमूने प्राप्त हो जाते हैं।[4] राहुल जी ने जिन कवियों की रचनाओं को अपने संग्रह में स्थान दिया है, उनकी सूची ही सिद्ध करती है कि अब विद्वानों को काफी

महत्त्वपूर्ण साहित्यिक सामग्री प्राप्त हो गई है।

अपभ्रंश साहित्य को भाषा-काव्य कहा गया है: इस अपभ्रंश साहित्य को मध्य-देश में उसी प्रकार भाषा-काव्य समझा जाता रहा है, जिस प्रकार परवर्त्ती ब्रजभाषा या अवधी की कविता को (जिसे हिंदी कहने में किसी पंडित को संकोच नहीं होगा)। *कुमारपालचरित* को और *हम्मीररासो* को भाषा-काव्य ही माना गया है। शिवसिंह ने किसी पुरानी अनुश्रुति के आधार पर (जो संभवतः टॉड के *राजस्थान* से समर्थित है) भाषा का प्रथम कवि पुष्प नामक किसी कवि को बताया है, जो अवंती के राजा भोज के 'मान' नामक पूर्वपुरुष का भाट था। वे लिखते हैं कि ''संवत् सात सौ सत्तर विक्रमादित्य में राजा 'मान' अवंतीपुर का बड़ा पंडित और अलंकार विद्या में अद्वितीय था। उसके पास पुष्प भाट ने प्रथम संस्कृत ग्रंथ पढ़ पीछे भाषा में दोहे बनाए। हमको भाषा की जड़ यही कवि मालूम होता है।'' अनुमान है कि यह पुष्प और कोई नहीं, सुप्रसिद्ध अपभ्रंश कवि पुष्पदंत ही थे।

ये मान्यखेट के राष्ट्रकूट राजा कृष्ण के सभा-कवि थे। मान्यखेटवालों का एक बार उज्जयिनी पर अधिकार हो गया था। ऐसा जान पड़ता है, कि मान्यखेट का ही परवर्ती रूप राजा 'मान' हो गया है, और सभा-कवि का बाद में भाट हो जाना भी कुछ आश्चर्य की बात नहीं है। यह अनुश्रुति विकृत रूप में ही प्राप्त हुई है। संवत् 770 के साथ इस अनुमान का कोई तुक नहीं है, क्योंकि पुष्पदंत बहुत बाद के (दसवीं शताब्दी के) कवि हैं, और मान्यखेट का उज्जयिनी पर अधिकार भी दसवी शताब्दी में हुआ था। लेकिन पुष्प और पुष्पदंत की एकता में इस कल्पित संवत् को बाधक नहीं होने देना चाहिए। परंतु यह अनुमान ठीक हो या न हो, इतना तो मान ही लिया जा सकता है कि आठवीं शताब्दी का पुष्प नामक कवि, जिसकी चर्चा शिवसिंह ने की है, अपभ्रंश का कवि ही होगा; क्योंकि उस समय की उपलब्ध सभी रचनाएँ अपभ्रंश की हैं। इस प्रकार अपभ्रंश काव्य को 'भाषा-काव्य' कहने की प्रथा बहुत पुरानी है। भाषा की दृष्टि से हेमचंद्राचार्य द्वारा परिभाषित परिनिष्ठित अपभ्रंश के साथ पुरानी हिंदी का—जिसमें ब्रज, अवधी, बुंदेली, बघेली, राजस्थानी आदि की गणना की जाती है—घनिष्ठ संबंध तो है, परंतु उसे बहुत निकट का संबंध नहीं कह सकते। कुछ भाषा-शास्त्रियों ने तो इनमें से प्रत्येक भाषा के पूर्ववर्त्ती भिन्न-भिन्न अपभ्रंशों की कल्पना की है। विशुद्ध भाषा-शास्त्र की दृष्टि से अपभ्रंश मध्यकालीन आर्य-भाषा के तीन रूपों—पालि, प्राकृत, अपभ्रंश—में अंतिम है। इसी से आधुनिक आर्य-भाषाओं का विकास बताया जाता है। ग्रियर्सन ने कल्पना की थी कि प्रत्येक आधुनिक आर्य-भाषा की एक अपनी अपभ्रंश-भाषा थी। इन दिनों हमारे पास ऐसा कोई निश्चित पुस्तकी-प्रमाण उपलब्ध नहीं है, जिससे इस कल्पना के पक्ष या विपक्ष में दृढ़ता के साथ कुछ कहा जा सके। लेकिन यह बिल्कुल संभव नहीं है कि एक ही प्राकृतोत्तर अपभ्रंश से आधुनिक विभिन्न आर्य-भाषाएँ विकसित हुई हों। उदाहरणार्थ मागधी प्राकृत से जो अपभ्रंश भाषा विकसित हुई वही आधुनिक बंगला, उड़िया, असमी, मागधी, मैथिली और भोजपुरी के रूप में बदल गई हो, यह संभव नहीं जान पड़ता। इन सबकी पूर्ववर्त्ती अपभ्रंश भाषाएँ निश्चय ही अलग-अलग रूपों में रही होंगी। यद्यपि उनमें उतना अंतर नहीं होगा, जितना इन दिनों हो गया है। इन्हीं अपभ्रंश बोलियों से साहित्यिक अपभ्रंश का रूप बना है। शुरू-शुरू में इसमें प्राकृत का बहुत प्रभाव रहा होगा। नमिसाधु ने काव्यालंकार की टीका में कहा है कि

वस्तुतः प्राकृत (महाराष्ट्री) ही अपभ्रंश है, जिसके साथ शौरसेनी, मागधी आदि के बहुत-से रूप मिल गए हैं। परवर्ती अपभ्रंश वैय्याकरणों ने नागर, उपनागर, व्राचड नाम के तीन भेद किए हैं। इनमें नागर गुजरात की भाषा रही होगी, उपनागर पश्चिमी राजस्थान और दक्षिणी पंजाब की भाषा रही होगी और व्राचड को लाट और विदर्भ की भाषा कहा गया है। हेमचंद्र ने जिस अपभ्रंश की चर्चा की है, वह नागर अपभ्रंश है जिसका आधार शौरसेनी प्राकृत है। आधुनिक गुजराती और राजस्थानी इस नागर अपभ्रंश से विकसित हुई जान पड़ती हैं। विद्वानों ने दिखाया है कि हेमचंद्र के उदाहरणों में जो भाषा है, उसमें अनेक बोलियों का मिश्रण है। वस्तुतः यह किसी एक देश और एक काल की बोली नहीं है। यह भी एक साहित्यिक भाषा है, और हेमचंद्र के युग तक उसी प्रकार मृत और अप्रचलित हो चली थी जिस प्रकार अन्य प्राकृत भाषाएँ। खड़ी बोली का उससे सीधा विकास नहीं हुआ। इस साहित्यिक भाषा का प्रधान आधार वह अपभ्रंश बोली है, जो संभवतः छठी-सातवीं शताब्दी तक जीवित रही होगी। ब्रजभाषा और खड़ी बोली की पूर्ववर्त्ती अपभ्रंश भाषा की भाँति ही वह शौरसेनी प्राकृत से विकसित हुई होगी। इस प्रकार खड़ी बोली और ब्रजभाषा इसकी एक पुश्त पहले की भाषा से प्रत्यक्ष संबंधित है, और इससे परोक्ष रूप से। परंतु यदि साहित्यिक परंपरा की दृष्टि से विचार किया जाय, तो अपभ्रंश के प्रायः सभी काव्य-रूपों की परंपरा प्रायः हिंदी में ही सुरक्षित है। हमने ऊपर जिस सामग्री का उल्लेख किया है उसमें कई प्रकार के काव्य-रूप प्राप्त होते हैं, वे सभी काव्य-रूप—अधिकांश प्रायः ज्यों-के-त्यों और कुछ थोड़ा बदलकर—मध्य-देश के साहित्य में निरंतर व्यवहृत होते आए हैं।

अपभ्रंश के तीन बंध : अपभ्रंश साहित्य में तीन प्रकार के बंध पाए जाते हैं, तीनों के कई-कई रूप अब तक के प्राप्त साहित्य में उपलब्ध हुए हैं। इन सबको हिंदी साहित्य में सुरक्षित रखने का प्रयत्न किया गया है। शायद ही किसी अन्य प्रांतीय भाषा के साहित्य में इन सब रूपों की उपलब्धि होती हो।

मुख्य बंध तीन हैं : 1. दोहा बंध, 2.पद्धड़िया बंध, 3. गेय पद-बंध। इनके सिवा छप्पय और कुंडलिया आदि के बंध भी मिल जाते हैं। एक-एक करके इनका परिचय दिया जा रहा है :

1. दोहा बंध—दोहा या दूहा अपभ्रंश का अपना छंद है, उसी प्रकार जिस प्रकार गाथा प्राकृत का अपना छंद है। बाद में तो 'गाथा बंध' से प्राकृत रचना और 'दोहा बंध' से अपभ्रंश रचना का बोध होने लगा था। *प्रबंध-चिंतामणि* में 'दूहा विद्या' में विवाद करनेवाले दो चारणों की कथा आई है, जो यह सूचित करती है कि अपभ्रंश काव्य को 'दूहा विद्या' भी कहने लगे थे। दोहा अपभ्रंश के पूर्ववर्त्ती साहित्य में एकदम अपरिचित है। किंतु परवर्त्ती हिंदी-साहित्य में यह छंद अपनी पूरी महिमा के साथ वर्त्तमान है। चार प्रकार से इनका प्रयोग अपभ्रंश साहित्य में हुआ है :

(1) निर्गुण-प्रधान और धार्मिक उपदेशमूलक दोहे : बौद्ध सिद्धों और जैन मुनियों की रचनाओं में इस श्रेणी के दोहे मिलते हैं। इनकी सीधी परंपरा में संत कवियों के दोहे हैं। परवर्त्ती निर्गुणमार्गी संत कवियों के दोहों को 'साखी' कहा जाने लगा था। इनकी स्थापना-शैली, वक्तव्य वस्तु और कहने के ढंग में बहुत साम्य है। धार्मिक उपदेश

के कुछ दोहे हेमचंद्र के दोहों में भी मिल जाते हैं।

(2) शृंगारी दोहे : प्राकृत की गाथाओं की भाँति ये फुटकर द्विपंक्तिबद्ध दोहे अपभ्रंश में बहुत अधिक प्रचलित थे। इनमें रूपवर्णन, विरह की उग्रता, मिलन के उल्लास और हाव-भाव-लीला आदि के बहुत सुंदर वर्णन हुआ करते थे। हेमचंद्राचार्य के व्याकरण में तथा *प्रबंध-चिंतामणि* आदि ग्रंथों में ऐसे दोहे पर्याप्त मात्रा में संगृहीत हुए हैं। इन दोहों की सीधी परंपरा ढोला मारू के दोहों और बिहारी, मतिराम की सतसैयों में तथा मुबारक अली के शतकों आदि में सुरक्षित है।

(3) नीति-विषयक दोहे : इनका भी पता हेमचंद्राचार्य के संगृहीत दोहों से ही लगता है। इनमें मनुष्य को अवसरोचित कर्त्तव्य की शिक्षा दी जाती है। यह परंपरा भी हिंदी साहित्य में सुरक्षित है। रहीम, तुलसीदास, वृंद और बिहारी की रचनाओं में इस श्रेणी के दोहे बहुत आए हैं।

(4) वीररस के दोहे : ये अपभ्रंश साहित्य की अपनी विशेषता हैं। इन दोहों में एक बहुत ही महत्त्वपूर्ण नई बात यह है कि स्त्रियों के मुख से अपने वीर पतियों के संबंध में अपूर्व दर्पोक्तियाँ कहलाई गई हैं। इसके पूर्व के साहित्य में इस श्रेणी की रचनाएँ क्वचित्-कदाचित् ही मिलती हैं। राजस्थानी के साहित्य में यह विशेषता प्रचुर मात्रा में सुरक्षित हुई है, और हिंदी की अन्यान्य उपभाषाओं में भी इस श्रेणी का साहित्य खोजा जा सकता है।

2. पद्धड़िया बंध : अपभ्रंश में अनेक चरितकाव्य पाए जाते हैं। ये पद्धड़िया बंध में लिखे जाते थे। स्वयंभू, धनपाल, पुष्पदंत आदि जैन कवियों के अपभ्रंश काव्य मिले हैं। इन चरितकाव्यों में पद्धरी या पद्धड़िया छंद की आठ-आठ (या कभी-कभी कुछ कम-ज्यादा)पंक्तियों के बाद घत्ता दिया रहता है। इसे 'कडवक' कहते हैं।

पद्धरी 16 मात्रा का मात्रिक छंद है। इस छंद के नाम पर इस पद्धति पर लिखे जानेवाले काव्यों को पद्धड़िया बंध कहा गया है। स्वयंभू ने चतुर्मुख को पद्धड़िया बंध का श्रेष्ठ कवि कहा है। अलिल्लह आदि छंदों में लिखे गए काव्यों को भी उपचार से पद्धड़िया बंध ही कहा गया है।

जिनदत्त सूरि के *उपदेश-रसायन-रास* में 16 मात्रा का अलिल्लह छंद है। परंतु टीकाकार ने इसे भी पद्धटिका बंध या पद्धड़िया बंध कहा है। इससे जान पड़ता है कि पद्धड़िया बंध के लिए पद्धरी छंद की ही आवश्यकता नहीं है। कोई भी 16 मात्रा का छंद-बंध पद्धड़िया बंध के अंतर्गत आ सकता है। पश्चिमी भारत में पद्धड़ी और अलिल्लह छंदों की आठ-आठ पंक्तियों पर घत्ता देने की प्रथा पाई जाती है। पर जान पड़ता है कि पूर्व-भारत में चरित-काव्य के लिए चौपाई और दोहों का अधिक उपयोग होता था। सबसे प्रथम चौपाई और दोहों की पद्धति का प्रयोग सरहपा नामक बौद्ध सिद्ध की रचनाओं में मिलता है। हिंदी साहित्य के इतिहास-लेखकों ने भ्रमवश यह लिख दिया है, कि सभी जैन चरितकाव्य दोहा-चौपाइयों में लिखे गए हैं। वस्तुतः अब तक प्राप्त पश्चिमी अपभ्रंश के साहित्य में दोहा का घत्ता देने की प्रथा नहीं पाई गई। बहुत बाद में पश्चिमी अपभ्रंश में दोहा का घत्ता दिया जाने लगा था। *पृथ्वीराजरासो* में बहुत कम स्थलों पर इस पद्धति का प्रयोग है, और विद्यापति की *कीर्त्तिलता* में एक या दो स्थान पर। पर अवधी भाषा में लिखे

काव्यों में चौपाई-दोहों की पद्धति को ही अपनाया गया है। कबीरदास की रचनाओं में भी इस पद्धति का प्रयोग है, किंतु प्रधान रूप से कथा-काव्य के लिए ही इसका उपयोग अधिक होता था। बाद में संतों के साहित्य में चौपाइयों को रमैनी कहा जाने लगा। कथा का सूत्र मिलाने के लिए भी चौपाइयों का प्रयोग किया गया है। पंद्रहवीं शताब्दी के जैन कवि कुशल लाभ ने ढोला के दोहों में कथा-सूत्र की योजना के लिए इस छंद का उपयोग किया है। इस प्रकार परवर्त्ती हिंदी साहित्य में चौपाई-दोहोंवाली प्रथा भी बहुत अधिक मात्रा में सुरक्षित हुई है। तुलसीदास ने दोहा-चौपाइयों की शैली को अपने चरम विकास तक पहुँचा दिया। उनके पहले के सूफी कवियों ने कथानक-काव्यों के लिए इसी शैली को चुना था। संभवतः संत कवियों में से किसी ने कुछ पौराणिक ढंग के उपाख्यान भी इस शैली में लिखे थे। तुलसीदास ने जब क्लेश के साथ कहा था, कि–

"साखी सबदी दोहरा कहि कहनी उपखान।
भगति निरूपहिं अधम कवि निंदहिं बेद पुरान।"

तो कुछ ऐसे उपाख्यानों की ओर ही उनका इशारा था। 'कहनी' शायद सूफी कवियों के प्रेमाख्यानक काव्य हैं, या विद्यापति की *कीर्त्तिलता* के समान प्राकृत-जन-गुन-गानमूलक 'पुण्णु कहाणी' हैं। तुलसीदास के पहले की दो और पुस्तकें दोहे-चौपाई की शैली में लिखी पाई गई हैं। एक तो अद्वैतवाद के खंडनार्थ लिखा हुआ भागवतदास का *भेद-भास्कर* और दूसरा किसी चंद नामक कवि का लिखा हुआ *हितोपदेश* का अनुवाद (1506 ई.)। ये दोनों पुस्तकें यदि सचमुच ही तुलसीदास के पहले की हैं तो सिर्फ काव्य-रूपों के अध्ययन की दृष्टि से कुछ महत्त्व रखती हैं। अस्तु।

3. **गेय पद-बंध** :अपभ्रंश के गान करने योग्य पदों का बहुत अधिक साहित्य था। हेमचंद्र ने अपने काव्यानुशासन में दो प्रकार के अपभ्रंशों की चर्चा की है। एक तो वह अपभ्रंश जिसकी चर्चा उन्होंने अपने व्याकरण में की है। यह साहित्यिक भाषा थी। दूसरी ग्राम्य अपभ्रंश, जो संभवतः लोकभाषा थी और जीवित थी। भाषा-शास्त्र की दृष्टि से यह भाषा अधिक अग्रसर भाषा है। इस प्रकार की ग्राम्य अपभ्रंश भाषा में *रासक डोंबिका* आदि श्रेणी की गेय रचनाएँ लिखी जाती थीं। अपभ्रंश में अब्दुल रहमान नामक ग्यारहवीं शताब्दी के कवि का लिखा हुआ एक विरहव्यापक रासक-ग्रंथ मिला है। हिंदी के परवर्त्ती साहित्य में रासो जाति के अनेक गेय काव्य मिलते हैं। रासक एक छंद का भी नाम है। जान पड़ता है कि शुरू-शुरू में इस श्रेणी की रचनाओं में रासक छंद का प्राधान्य होता था। *संदेश-रासक* में एक तिहाई पद रासक छंद में हैं। परंतु *पृथ्वीराज रासो* में इसका बहुत कम प्रयोग है। बाद में रासक गेय पदों का नाम ही रह गया। हिंदी में केवल वीर राजाओं के नाम पर लिखे गए रासक या रासो ही बचे हैं। बाकी काव्य लुप्त हो गए हैं, परंतु पुरानी गुजराती में अनेक लौकिक प्रेम-कथानकों के 'रासे' मिलते हैं।

गेय पदों का अपभ्रंश साहित्य भी बहुत थोड़ा ही बचा है। बौद्ध सिद्धों के कुछ गेय पद बच रहे हैं। परंतु इसकी परंपरा हिंदी साहित्य में जी रही है। कबीर, सूरदास, दादू, तुलसीदास आदि महाकवियों की रचनाओं के गेय पद इसके सबूत हैं।

प्राकृतपैंगलम[5] से पता चलता है कि अपभ्रंश में और प्रकार के छंद प्रचलित थे। छप्पय, कुंडलिया, रोला, उल्लाला आदि छंद उन दिनों बहुत लोकप्रिय थे। इन सबकी परंपरा

परवर्ती हिंदी साहित्य में जीवित और शक्तिशाली मिलती है।

इस प्रकार हिंदी साहित्य में प्रायः पूरी परंपराएँ ज्यों-की-त्यों सुरक्षित हैं। शायद ही किसी प्रांतीय साहित्य में ये सारी-की-सारी विशेषताएँ इतनी मात्रा में और इस रूप में सुरक्षित हों। यह सब देखकर यदि हिंदी को अपभ्रंश साहित्य से अभिन्न समझा जाता है, तो इसे बहुत अनुचित नहीं कहा जा सकता। इन ऊपरी साहित्य-रूपों को छोड़ भी दिया जाय, तो इस साहित्य की प्राण-धारा निरविच्छिन्न रूप से परवर्त्ती हिंदी साहित्य में प्रवाहित होती रही है। हम आगे इस बात की विस्तृत रूप से आलोचना करने का अवसर पाएँगे। प्रकृत यही है कि इन साम्यों को देखकर यदि हिंदी साहित्य के इतिहास-लेखकों ने अपभ्रंश-साहित्य को हिंदी-साहित्य का ही मूल रूप समझा, तो ठीक ही किया है।

साहित्यिक अपभ्रंश और पुरानी हिंदी : पहले ही बताया गया है कि स्वर्गीय पं. चन्द्रधर शर्मा गुलेरी ने साहित्यिक अपभ्रंश को पुरानी हिंदी कहना उचित समझा था। उनके मत से इसका नाम पुरानी राजस्थानी या पुरानी गुजराती आदि नहीं दिया जा सकता; क्योंकि उससे केवल भेद-बुद्धि ही दृढ़ होती है। साहित्यिक अपभ्रंश भाषा लगभग समूचे उत्तर भारत में एक ही थी। उनमें कुछ-कुछ प्रादेशिक पुट अवश्य होते थे, पर परिनिष्ठित (स्टैंडर्ड) अपभ्रंश एक ही थी। इसी परिनिष्ठित अपभ्रंश भाषा को गुलेरीजी ने 'पुरानी हिंदी' कहा है। उनका कहना है कि ''कविता की भाषा प्रायः सब जगह एक-सी ही थी। जैसे नानक से लेकर दक्षिण के हरिदासों तक की कविता की भाषा ब्रजभाषा कहलाती थी, वैसे ही अपभ्रंश को भी 'पुरानी हिंदी' कहना अनुचित नहीं, चाहे कवि के देश-काल के अनुसार उसमें कुछ रचना प्रादेशिक हो।'' यह विचार भाषाशास्त्रीय और वैज्ञानिक नहीं है। भाषाशास्त्र के अर्थ में जिसे हम हिंदी (खड़ी बोली, ब्रजभाषा, अवधी आदि) कहते हैं, वह इस साहित्यिक अपभ्रंश से सीधे विकसित नहीं हुई है। व्यवहार में पंजाब से लेकर बिहार तक बोली जानेवाली सभी उप-भाषाओं को 'हिंदी' कहते हैं। इसका मुख्य कारण इस विस्तृत भूभाग के निवासियों की साहित्यिक-भाषा की केंद्राभिमुखी प्रवृत्ति है। गुलेरीजी इस व्यावहारिक अर्थ पर जोर देते हैं। उन्होंने स्पष्ट रूप से कहा है कि ''यदि यह भाषा (साहित्यिक अपभ्रंश) हिंदी नहीं है, तो ब्रजभाषा भी हिंदी नहीं है और तुलसीदास की उक्तियाँ भी हिंदी नहीं हैं।'' जहाँ तक नाम का प्रश्न है, गुलेरीजी का सुझाव पंडितों को मान्य नहीं हुआ है। अपभ्रंश को अब कोई भी पुरानी हिंदी नहीं कहता। परंतु जहाँ तक परंपरा का प्रश्न है, निस्संदेह हिंदी का परवर्त्ती साहित्य अपभ्रंश साहित्य से क्रमशः विकसित हुआ है।

हिंदी की पूर्ववर्त्ती अपभ्रंश भाषा : पहले ही कहा गया है कि हेमचंद्राचार्य ने दो प्रकार की अपभ्रंश भाषाओं की चर्चा की है। एक तो वह परिनिष्ठित अपभ्रंश है, जिसका व्याकरण उन्होंने स्वयं लिखा है और जो अपभ्रंश के अधिकांश जैन कवियों और आचार्यों की रचनाओं में व्यवहृत हुई है। दूसरी श्रेणी की भाषा को हेमचंद्र ने 'ग्राम्य' कहा है। इसमें रासक, डोंबिका[6] आदि की श्रेणी के लोकप्रचलित गेय और अभिनेय काव्य लिखे जाते थे। यह भाषा परिनिष्ठित अपभ्रंश से आगे बढ़ी हुई (एडवांस्ड) बताई जाती है। इसी में बौद्धों के पद और दोहे, *प्राकृतपैंगलम्* में उदाहृत अधिकांश पद्य, *संदेशरासक* आदि रचनाएँ लिखी गई हैं। वस्तुतः यही भाषा आगे चलकर आधुनिक देशी भाषाओं के रूप में विकसित हुई

है। इसकी भाषा, शैली, काव्य-गत रियायती अधिकार, स्थापना-पद्धति, छंद आदि ज्यों-के-त्यों परवर्त्ती हिंदी साहित्य में आ गए हैं। मेरा विचार है कि ये रचनाएँ ही हिंदी-साहित्य के विकास के प्रसंगों में विवेच्य हो सकती हैं। वस्तुतः ये ही हिंदी की पूर्ववर्त्ती अपभ्रंश भाषा के नमूने उपस्थित करती हैं। जैन आचार्यों द्वारा लिखित साहित्य से हम काव्यों के विषय में अनुमान कर सकते हैं। परंतु दो कारणों से हिंदी के परवर्त्ती साहित्य पर जैन साहित्य का सीधा प्रभाव नहीं मिलता। एक तो यह पूरा साहित्य मध्य-देश के बाहर लिखा गया, और दूसरे, इस साहित्य में एक ऐसी धार्मिक दृष्टि की प्रधानता है जिसने मध्य-देश के साहित्य को बहुत ही थोड़ा प्रभावित किया है।

अपभ्रंश के जैन साहित्य का महत्त्व : फिर भी हिंदी साहित्य के अध्ययन में जैन अपभ्रंश साहित्य की सहायता अनिवार्य रूप से अपेक्षित है। यदि दसवीं शताब्दी तक मिली हुई अपभ्रंश रचनाओं पर विचार किया जाय तो स्पष्ट रूप से मालूम होगा, कि जिस विशाल भूभाग को हमने शुरू में ही मध्य-देश कहा है, उसमें लिखा हुआ साहित्य बहुत ही कम मात्रा में उपलब्ध हुआ है। उसके आधार पर हम उस विशाल और महत्त्वपूर्ण साहित्य के विकास का कुछ भी अंदाजा नहीं लगा सकते, जो आगे चलकर मूल मध्य-देश में सूरदास, तुलसीदास, जायसी और बिहारी-जैसे कवियों की रचनाओं के रूप में प्रकट हुआ है। दसवीं शताब्दी से पहले की जो रचनाएँ निस्संदिग्ध रूप से 'हिंदी रचनाएँ' मानी जाती हैं, उनमें प्रायः सबकी प्रामाणिकता संदिग्ध है, और यदि किसी प्रकार उनके मूल रूप का पता लग भी जाय, तो भी वे मूल मध्य-देश के किनारे पर पड़े हुए प्रदेशों की रचनाएँ हैं। परंतु इन जैन आचार्यों और कवियों की रचनाएँ निस्संदेह मूल रूप में और प्रामाणिक रूप में सुरक्षित हैं। उनके अध्ययन से तत्कालीन साहित्यिक परिस्थिति पर जो भी प्रकाश पड़ता है वह वास्तविक और विश्वसनीय है। इस दृष्टि से जैन रचनाओं का महत्त्व बहुत अधिक है। ये हमें लोकभाषा के काव्य-रूपों को समझने में सहायता पहुँचाती हैं और साथ ही उस काल की भाषागत अवस्थाओं और प्रवृत्तियों को समझने की कुंजी भी देती हैं।

अपभ्रंश जैन रचनाओं का वर्गीकरण : अपभ्रंश में अनेक चरित-काव्य लिखे गए थे, जिनकी परंपरा आगे चलकर हिंदी के चरित-काव्यों में प्राप्त होती है। परंतु ये काव्य अब बहुत कम उपलब्ध होते हैं। बाणभट्ट के एक मित्र ईशान कवि थे, जो 'भाषा-कवि' अर्थात् अपभ्रंश के कवि थे। पुष्पदंत ने विनय प्रकट करते हुए *महापुराण* में कहा है कि 'मैंने न तो चतुर्भुज, स्वयंभू, श्रीहर्ष और द्रोण को ही देखा है और न वाण और ईशान जैसे सुकवियों का ही अवलोकन किया है'। इनमें चतुर्भुज और स्वयंभू तो अपभ्रंश के परिचित कवि हैं ही, ईशान भी अच्छे कवि रहे होंगे ऐसा स्पष्ट मालूम होता है। आजकल केवल जैन चरित-कवियों की रचनाएँ ही उपलब्ध हो सकी हैं। ईशान की कोई रचना प्राप्त नहीं है। स्वयंभू अपभ्रंश के उन सबसे पुराने उन कवियों में हैं जिनकी रचना उपलब्ध है। इनकी चार महत्त्वपूर्ण रचनाओं का पता चला है : *पउम चरिउ (रामायण), रिट्ठणेमि चरिउ, पंचमी चरिउ* और *स्वयंभूछंद*। केवल अंतिम पुस्तक पूरी छपी है (तीन अध्याय *एशियाटिक सोसायटी के नवें जर्नल* 1935 ई. में और बाकी पाँच अध्याय *बांबे यूनिवर्सिटी जर्नल 1936 ई. में)*। बाकी पुस्तकों के केवल थोड़े-थोड़े अंश प्रकाशित हुए हैं। *रामायण* के कुछ कवित्वपूर्ण अंश राहुलजी ने *काव्य-धारा* में प्रकाशित किए हैं। वस्तुतः यही पुस्तक

स्वयंभू की सर्वोत्तम रचना है। इसमें स्वयंभू की कवित्व-शक्ति का बहुत सुंदर परिचय मिलता है। परंतु साहित्य के इतिहास के जिज्ञासु के लिए 'स्वयंभूछंद' भी बहुत महत्त्वपूर्ण है। इसमें उदाहरण के लिए अपभ्रंश के निम्नांकित कवियों की रचनाएँ उद्धृत हैं : चउमुह (चतुर्मुख), धुत्त, धनदेव, छइल्ल, अज्जदेव (आर्यदेव), गोइंद (गोविंद), सुद्धसील, जिणआस, विअड्ढ। इससे पता चलता है कि स्वयंभू के पहले अपभ्रंश-काव्य की बहुत महत्त्वपूर्ण परंपरा थी। जिस प्रकार नवीं शताब्दी के पहले के अपभ्रंश साहित्य के लिए *प्राकृतपैंगलम्* का महत्त्व है, उसी प्रकार आठवीं शताब्दी के पहले की रचनाओं के लिए इस ग्रंथ का महत्त्व है। स्वयंभू का समय आठवीं शताब्दी के आसपास ही होगा; क्योंकि इन्होंने स्वयं रविषेण (577 ई.) की चर्चा की है, और पुष्पदंत ने (दसवीं शताब्दी) इनका नाम लिया है। इन्हीं दोनों के बीच का कोई समय स्वयंभू का समय होगा। स्वयंभू के पुत्र त्रिभुवन भी बहुत अच्छे कवि थे। उन्होंने अपने पिता के काव्यों में अधिक अध्याय जोड़कर उन्हें बढ़ाया था।

स्वयंभू अपभ्रंश के सर्वोत्तम कवियों में हैं। हरिषेण ने अपनी *धम्म-परीक्खा* में अपभ्रंश के तीन कवि माने हैं : चतुर्मुख, स्वयंभू और पुष्पदंत। इनमें चतुर्मुख पुराने हैं, परंतु इनका कोई ग्रंथ अभी तक उपलब्ध नहीं हुआ। स्वयंभू ने इन्हें पद्धड़िया बंध का दाता (प्रवर्त्तक) कहा है--चउमुहेण समप्पिय पद्धडिय। पर दुर्भाग्यवश इनकी कोई रचना उपलब्ध नहीं हुई है। पुष्पदंत के कई ग्रंथों का पता लगा है। अधिकांश प्रकाशित भी हो गए हैं। ये दसवीं शताब्दी के मान्यखेट के प्रतापी राजा कर्ण के महामात्य भीम के सभा-कवि थे। बहुत ही मनस्वी व्यक्ति थे। अपने को 'अभिमानमेरु' कहा करते थे। इनको ही हिंदी की भूली हुई अनुश्रुतियों में राजा मान का पुष्प-कवि कहा गया है। इनकी तीन रचनाएँ प्राप्त हुई हैं, और तीनों ही प्रकाशित हैं। ये हैं : 1. *तिसट्ठिमहापुरिसगुणालंकारु (त्रिसष्ठि महापुरुष-गुणालंकर), 2. णायकुमारचरिउ (नागकुमार चरित),*[7] *3. 'जसहर-चरिउ' (यशोधरचरित)*[8]। पुष्पदंत बहुत ही शक्ति-संपन्न कवि थे। काव्य के सभी रूपों और अवयवों पर इनका पूर्ण अधिकार था। अपने *तिसट्ठिमहापुरिसगुणालंकारु* में इन्होंने बड़े गर्व के साथ घोषणा की है कि जो इस ग्रंथ में है, वह और कहीं मिल ही नहीं सकता--'किं चान्यद्यदिहास्ति जैन चरिते नान्यत्र तद् विद्यते'।

दसवीं शताब्दी में धनपाल नामक जैन कवि ने *भविसयत्त कहा*[9] नामक प्रसिद्ध चरित-काव्य की रचना की थी। ये संभवतः पुष्पदंत से थोड़े पहले के हैं। इनकी रचना काफी सुप्रसिद्धि पा चुकी है। और भी कई जैन कवियों के लिखे चरित-काव्य उपलब्ध हुए हैं, जैसे *करकंडुचरिउ*[10] *(बारहवीं शती), सुदर्शनचरिउ (ग्यारहवीं शती), पंजुणचरिउ,* और *सुकुमालचरिउ* (तेरहवीं शती), *नेमिनाहचरिउ* और *पुरोशलचरिउ,* (पंद्रहवीं शती), इत्यादि। इनमें केवल *करकंडुचरिउ* ही प्रकाशित हुआ है। बाकी अभी अप्रकाशित हैं।

इन चरित-काव्यों के अध्ययन से परवर्त्ती काल के हिंदी साहित्य के कथानकों, कथानक-रूढ़ियों, काव्यरूपों, कविप्रसिद्धियों, छंदोयोजना, वर्णनशैली, वस्तुविन्यास, कविकौशल आदि की कहानी बहुत स्पष्ट हो जाती है। इसलिए इन काव्यों से हिंदी साहित्य के विकास के अध्ययन में बहुत महत्त्वपूर्ण सहायता प्राप्त होती है।

आठवीं-नवीं शती के जैन मरमी कवि जोइंदु (योगीन्दु या योगीन्द्र) के दो ग्रंथ

परमात्मप्रकाश[11] और *योगसार*[12] दोहों में उपलब्ध हुए हैं। इन दोहों का स्वर नाथ योगियों के स्वर से इतना अधिक मिलता है, कि इनमें से अधिकांश पर से यदि जैन विशेषण हटा दिया जाय, तो यह समझना कठिन हो जाएगा कि ये निर्गुण-मार्गियों के दोहे नहीं हैं। भाषा, भाव, शैली आदि की दृष्टि से ये दोहे निर्गुणिया साधकों की श्रेणी में ही आते हैं। इसी प्रकार दसवीं शताब्दी के कवि रामसिंह की रचना *पाहुड़ दोहा* प्राप्त हुई है, जो भाव, भाषा और शैली की दृष्टि से उसी श्रेणी में आती है। इन दोहों में कबीर, दादू आदि की परवर्त्ती दोहाबद्ध रचनाओं की परंपरा स्पष्ट होती है।

हेमचंद्र के व्याकरण में तथा मेरुतुंग के *प्रबंध-चिंतामणि* में संगृहीत दोहों ने—जिनमें निश्चित रूप से जैनेतर कवियों की रचनाएँ भी संगृहीत हैं—हिंदी-साहित्य के विद्यार्थी के सामने खोज और विचार का नवीन क्षेत्र उद्घाटित किया है। इन दोहों में उस श्रेणी की शृंगारिक रचनाएँ संगृहीत हैं, जो आगे चलकर बिहारी, मतिराम, मुबारक आदि की परंपरा को समझने में सहायक हैं, और दूसरी ओर नीति-विषयक रचनाएँ हैं, जो रहीम और वृंद के दोहों की परंपरा का स्मरण दिलाती हैं। इसके वीर-रस के दोहे डिंगल की वीर-परंपरा को स्पष्ट करने में सहायक हैं। इसी प्रकार जैन कवियों की *चर्चरी, फागु, रास* आदि रचनाएँ परवर्त्ती साहित्य के काव्य-रूपों को समझने में सहायक हैं।

संधा भाषा या उलटबाँसियों की परंपरा : पहले ही बताया गया है कि महामहोपाध्याय पं. हरप्रसाद शास्त्री ने अनेक बौद्ध सिद्धों की रचनाओं का प्रकाशन कराया था। उन्होंने उसकी भाषा को एक हजार वर्ष पुरानी बंगला कहा था। बाद में डॉ. शहीदुल्ला, डॉ. प्रबोधचंद्र बागची और महापंडित राहुल सांकृत्यायन के प्रयत्नों से इस दिशा में और भी कार्य हुआ, और नई सामग्री प्राप्त हुई। बौद्ध धर्म अंतिम दिनों में मंत्र-तंत्र की साधना में बदल गया था। वज्रयान और महायान में इसी जाति की साधना का प्राधान्य है। ये लोग 'सिद्ध' कहे जाते थे। वज्रयान में इन सिद्धों की संख्या 84 बताई जाती है। इस समय *सरहपा* (आठवीं शती), *शबरपा* (नवीं शती), *भूसुकपा* (नवीं शती), *लुइपा* (नवीं शती), *विरूपा* (नवीं शती), *डोंबिपा* (नवीं शती), *दारिकपा* (नवीं शती), *गुंडरिपा* (नवीं शती), *कुकुरिपा* (नवीं शती), *कमरिपा* (नवीं शती), *कण्हपा* (नवीं शती), *गोरक्षपा* (नवीं शती), तथा *तिलोपा, शांतिपा* प्रभृति सिद्धों की रचनाएँ प्राप्त हुई हैं। रचनाओं में प्रधान रूप से नैरात्म्य भावना, काया-योग, सहज-शून्य की साधना और भिन्न-भिन्न प्रकार की समाधिजन्य अवस्थाओं का वर्णन है। पदों की योजना इस प्रकार की गई है, कि ऊपर से उससे कुत्सित लोक-विरुद्ध अर्थ प्रकट हो, या परस्पर विरोधी अनर्थक बातें प्रतीत हों, किंतु साधना के रहस्यात्मक शब्दों की जानकारी प्राप्त होने पर साधनात्मक विशुद्ध अर्थ स्पष्ट हो जाय। इस प्रकार की उलटबाँसियों को ये लोग संध्या-भाषा कहते थे। कुछ विद्वानों ने संध्या-भाषा का अर्थ यह बताया है कि यह ऐसी भाषा है, जिसमें संध्या के समान प्रकाश तथा अंधकार का मिश्रण है, ज्ञान के आलोक से उसकी सारी बातें स्पष्ट हो जाती हैं; परंतु कुछ दूसरे विद्वान् इसका अर्थ अभिसंधि या अभिप्राययुक्त वाणी बताते हैं। पं. विधुशेखर शास्त्री ने सुझाया है कि मूल शब्द संध्या भाषा नहीं, बल्कि संधा भाषा रहा होगा।

सातवीं-आठवीं शताब्दी से तांत्रिक साहित्य में इस प्रकार की विचित्र भाषा का प्रचलन हो गया था। तंत्रों के साहित्य में ऐसे श्लोक मिलते हैं, जिनका ऊपरी अर्थ चिढ़ानेवाला

और लोक-मर्यादाविरोधी है परंतु पारिभाषिक अर्थों को समझने के बाद जो अर्थ स्पष्ट होता है, वह उतना चिढ़ानेवाला और धक्कामार नहीं होता। यह परंपरा नाथ योगियों की मध्यस्थता में हिंदी के निर्गुणमार्गी कवियों की रचनाओं में भी पाई जाती है। बहुत-से पंडितों ने बताया है कि इन उलटबाँसियों और साधनात्मक रूपकों की परंपरा निर्गुण-मार्गी संतों को सिद्ध कवियों के बौद्ध सिद्धों से प्राप्त हुई है। परंतु यह बात बहुत अधिक सत्य नहीं है। सन् ईस्वी की नवीं-दसवीं शताब्दी में मत्स्येंद्रनाथ और गोरक्षनाथ (गोरखनाथ) नामक सिद्ध हुए, जिनकी गणना 84 सिद्धों में भी होती है, पर बाद में शिव के अवतार के रूप में प्रसिद्ध हुए। गोरक्षनाथ बहुत शक्तिशाली धार्मिक नेता थे। इन्होंने हठयोगप्रधान नाथ संप्रदाय का संगठन किया था। नाथपंथी अनुश्रुतियों में बताया गया है, कि इन्होंने अनेक शैव और योग-संप्रदायों को तोड़कर बारहपंथी शाखा की स्थापना की थी। इस बारहपंथी योग-मार्ग में जालंधर और कण्हपा-जैसे बौद्ध कापालिक भी थे, और वैष्णव, जैन और शाक्त साधक भी सम्मिलित थे। नाथपंथियों के भी 84 सिद्ध प्रसिद्ध हैं। *वर्णरत्नाकर* नामक चौदहवीं शताब्दी के मैथिली ग्रंथ में इन 84 सिद्धों के नाम दिए गए हैं। यद्यपि संख्या 84 ही कही गई है, परंतु वास्तव में संख्या 76 या 78 से अधिक नहीं है। इसके अनेक सिद्ध वज्रयानी सिद्धों की परंपरा से अभिन्न हैं। दी हुई सूची से दोनों सिद्धों की तालिका का तुलनात्मक अध्ययन हो सकता है।

सं.	नाथसिद्ध	सं.	सहजयानी सिद्ध	विशेष
1	मीननाथ	1	लूहिपा	
2	गोरक्षनाथ	2	लीलापा	
3	चौरंगीनाथ	3	विरूपा	नाथसिद्ध नं. 10
4	चामरीनाथ	4	डोंभीपा	
5	तंतिपा	5	शबरीपा	नाथसिद्ध नं. 47 से तुलनीय
6	हालिपा	6	सरहपा	
7	केदारिपा	7	कंकालीपा	
8	धोंगपा	8	मीनपा	नाथ परंपरा के सं. 1 से तु.
9	दारिपा	9	गोरक्षपा	ना. सि. नं. 2
10	विरूपा	10	चौरंगीपा	ना. सि. नं. 3
11	कपाली	11	वीणापा	
12	कमारी	12	शांतिपा	ना. सि. नं. 44 से तु.
13	कान्ह	13	संतिपा	ना. सि. नं. 5 से तु.
14	कनखल	14	चमरिपा	
15	मेखल	15	खड्गपा	
16	उन्मन	16	नागार्जुन	ना. सि. 22
17	कांडलि	17	कण्हपा	ना. सि. 13 से तु.
18	धोबी	18	कर्णरिपा (आर्यदेव)	
19	जालंधर	19	थगनपा	ना. सि. 48 से तु.

20	टोंगी	20	नारोपा	
21	मवह	21	शलिपा (शीलपा)	
			शृंगालीपाद ?	ना. सि. 55 से तु.
22	नागार्जुन	22	तिलोपा	
23	दौली	23	क्षत्रपा	
24	भिषाल	24	भद्रपा	ना. सि. 37 से तु.
25	अचिति	25	दोखंधिपा (द्विखण्डिपा)	
26	चंपक	26	अजोञ्पिा	
27	टेंटस	27	कालपा	
28	भुंबरी	28	धोंभिपा	ना. सि. 18 से तु.
29	बाकलि	29	कंकड़पा	
30	तुजी	30	कमरिपा (कंबलपा)	ना. सि. 34 से तु.
31	चर्पटी	31	डेंगिपा	ना. सि. 8
32	भादे	32	भदेपा	ना. सि. 32 से तु.
33	चाँदन	33	तंधेपा (तंतिपा)	
34	कामरी	24	कुकुरिपा	
35	करवत	35	कुचिपा (कुसूलिपा)	
36	धर्मपा पतंग	36	धर्मपा	ना. सि. 36
37	भद्र	37	महीपा (महिलपा)	
38	पातलिभद्र	38	अर्चितिपा	ना. सि. 25 से तु.
39	पालेहिद	39	भलहपा(भवपा)	
40	भानु	40	नलिनपा	
41	मीन	41	भूसुकुपा	
42	निर्दय	42	इंद्रभूति	
43	सवर	43	मेकोपा	
44	सांति	44	कुड़ालिपा (कुद्दलिपा)	ना. सि. 7 से तु.
45	भर्तृहरि	45	कमरिपा (कम्मरिपा)	ना. सि. 12 से तु.
46	भीषण	46	जालंधरपा	ना. सि. 19 से तु.
			(जालंधारक)	
47	भटी	47	राहुलपा	
48	गगनपा	48	धर्मरिपा (धर्मरि)	
49	गमार	49	धोकरिपा	
50	मेनुरा	50	मेदनीपा (हालीपा ?)	ना. सि. 6 से तु.
51	कुमारी	51	पंकजपा	
52	जीवन	52	घंटा (वज्रघण्टा) पा	
53	अघोसाधव	53	जोगिपा (अजोगिपा)	
54	गिरिवर	54	चेलुकपा	

55	सियारी	55	गुंडरिपा (गोरुरपा)	
56	नागवालि	56	लुचिकपा	
57	विभवत्	57	निर्गुणपा	
58	सारंग	58	जयानन्त	
59	विविकिधज	59	चर्पटीपा (पचरीपा)	ना. सि. 31 से तु.
60	मगरधज	60	चंपकपा	ना. सि. 2 से तु.
61	अचित	61	भिखनपा	ना. सि. 46 से तु.
62	विचित	62	भलिपा	ना. सि. 66 से तु.
63	नेचर	63	कुमरिपा	ना. सि. 51 से तु.
64	चारल	64	चवरि (जवरि)	
			अजपालिपा	ना. सि. 4 से तु.
65	नाचन	65	मलिभद्र (योगिनी)	ना. सि. 74 से तु.
66	भीलो	66	मेखलपा (योगिनी)	ना. सि. 15 से तु.
67	पाहिल	67	कनखलापा (योगिनी)	ना. सि. 14 से तु.
68	पासल	68	कलकलपा	
69	कमल-कंगारि	69	कंताली (कन्थाली) पा	
70	चिपिल	70	धहुलिररिपा (दबड़ीपा ?)	
71	गोविंद	71	उधनि (उधालि) पा	
72	भीम	72	कपाल (कमल) पा	ना. सि. 69 से तु.
73	भैरव	73	किलपा	
74	भद्र	74	सागरपा	
75	भमरी	75	सर्वभक्षपा	
76	मुरुकुटी	76	नागबोधिपा	ना. सि. 5 से तु.
77		77	दारिकपा	
78		78	पुतुलिपा	
79		79	पहनपा	
80		80	कोकालिपा	
81		81	अनंगपा	
82		82	लक्ष्मीकंरा	
83		83	समुदपा	
84		84	भलि (व्यालि) पा	

श्रीज्ञानेश्वरचरित्र में पं. लक्ष्मण रामचन्द्र पांगारकर ने ज्ञाननाथ तक की गुरु-परंपरा इस प्रकार बताई है :

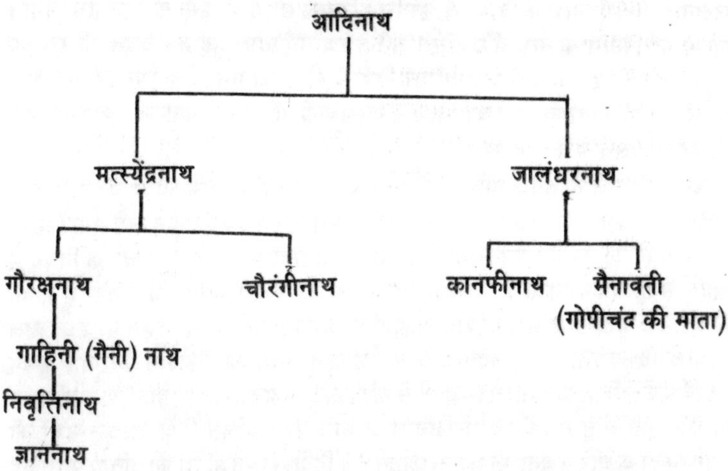

इस प्रकार यदि नवनाथों, कापालिकों, ज्ञाननाथ तक के गुरु-सिद्धों और *वर्णरत्नाकर* के चौरासी नाथसिद्धों को नाथ-परंपरा में मान लिया जाय तो चौदहवीं शताब्दी के आरंभ होने के पूर्व लगभग सवा सौ सिद्धों के नाम उपलब्ध होते हैं। इनमें तंत्र-ग्रंथों के मानव-गुरुओं का उल्लेख नहीं है; क्योंकि यह निश्चित रूप से नहीं कहा जा सकता कि वे गुरु नाथ-सिद्ध होंगे ही। नेपाली परंपरा के नाथ शिव के आनंद और शक्ति के प्रतीक जान पड़ते हैं। कान्ह, कन्हड़ी, करणीपा, कालश्रीनाथ आदि एक ही सिद्ध के नाम के उच्चारण-भेद से भिन्न रूप हैं। *हठयोग प्रदीपिका* के ढिंढिणी, सहजयानी सिद्ध ढेंढण और *वर्णरत्नाकर* के ढेंढस एक ही सिद्ध हैं! *वर्णरत्नाकर* की मेनुरा मेना या मयनामती का ही नामांतर जान पड़ता है। काल भैरवनाथ और भैरवनाथ एक ही हो सकते हैं और नागनाथ, नागार्जुन और नागा अरजंद एक ही व्यक्ति के नाम हैं।

नाथ संप्रदाय और उसका साहित्य : स्पष्ट है कि वज्रयानी सिद्धों के साथ इन शैव नाथपंथी सिद्धों का कभी घनिष्ठ योग था। इनकी शैली बहुत-कुछ सहजयानी सिद्धों की शैली ही है। परवर्त्ती हिंदी साहित्य के निर्गुण मार्ग के साधक संतों ने इन्हीं नाथसिद्धों से इस शैली को प्राप्त किया है।

इस विषय को लेकर काफी वितंडावाद हुआ है, कि इनका समय क्या है। कभी यह समय पहली-दूसरी शताब्दी में, कभी आठवीं-दसवीं शताब्दी में, कभी बारहवीं-चौदहवीं शताब्दी में रखा गया है। इसका कारण यह है, कि गोरक्षनाथ को भिन्न-भिन्न अनुश्रुतियों में उन पुराने प्रवर्त्तकों के साथ मिला दिया गया है, जिनके संप्रदायों को गोरक्षनाथ ने अपनी बारहपंथी शाखा में मिला लिया था। दसवीं शताब्दी के प्रसिद्ध कश्मीरी आचार्य अभिनवगुप्त ने अपने *तंत्रालोक* में मच्छंद विभु या मत्स्येंद्रनाथ की वंदना की है। इससे सिद्ध होता है कि मत्स्येंद्रनाथ दसवीं शताब्दी के पूर्व अवतरित हुए थे। तिब्बती परंपरा के साथ इस तथ्य को मिलाकर देखें तो यह समय नवीं शताब्दी के आरंभ में पड़ता है।

गोरक्षनाथ मत्स्येंद्रनाथ के शिष्य थे, इसलिए उनका समय भी इसी के आसपास होगा। हिंदी में गोरक्षनाथ के नाम से प्रचलित अनेक रचनाएँ प्राप्त हुई हैं। बहुत-सी रचनाएँ संस्कृत[13] की हैं। इन पुस्तकों के अतिरिक्त हिंदी में भी गोरक्षनाथ की कई पुस्तकें पाई जाती हैं। स्वर्गीय डॉ. पीताम्बर दत्त बड़थ्वाल ने *गोरखबानी* में उनमें से कुछ का प्रकाशन, हिंदी साहित्य सम्मेलन से कराया था।[14]

डॉ. बड़थ्वाल ने अनेक प्रतियों की जाँच करके इनमें से प्रथम चौदह को प्रामाणिक समझा है। *ज्ञानचौंतीसा* समय पर न मिल सकने के कारण वे प्रकाशित न करा सके। बाकी तेरह पुस्तकों को उन्होंने इस संग्रह में प्रकाशित कराया था। शेष पुस्तकों के विषय में उन्होंने संदेह प्रकट किया है। *सबदी* गोरक्षनाथ की सबसे प्रामाणिक रचना है। डॉ. मोहनसिंह ने *गोरखबोध* में प्रकाशित सिद्धांतों को बहुत प्रामाणिक माना है। पर इधर हाल में प्रबोधचंद्र बागची ने मत्स्येंद्रनाथ के कई संस्कृत ग्रंथों का प्रकाशन कराया है। इन पुस्तकों में प्रकाशित प्रतिपादित सिद्धांतों से *गोरखबोध* में प्रकाशित सिद्धांतों का कोई साम्य नहीं है। सही बात यह है कि गोरक्षनाथ के नाम पर प्रचलित हिंदी-संस्कृत ग्रंथों की प्रामाणिकता के बारे में कुछ भी कहना कठिन है। हिंदी-रचनाओं की जो प्रतियाँ प्राप्त हुई हैं, वे बहुत पुरानी नहीं हैं, और अधिकांश निश्चित रूप से परवर्त्ती हैं। *सबदी* अवश्य प्राचीन जान पड़ती है, पर उसके बारे में भी निश्चित रूप से कहना कठिन है। तुलसीदास ने कुछ *सबदियाँ* देखी अवश्य थीं, पर यह बताना कठिन है कि वे *सबदियाँ* गोरखनाथ की ही थीं, अथवा अन्य निर्गुणिया संतों की।

संवाद-ग्रंथ : गोरखनाथ के नाम पर चलनेवाली पुस्तकों से ऐसा जान पड़ता है कि दो महात्माओं के संवादरूप में अपने दार्शनिक मत और धार्मिक विश्वास-पद्धति को प्रकट करने की इस पद्धति का बहुल प्रचार नाथपंथियों ने ही किया। ऐसा तो नहीं कहा जा सकता, कि पहले संवादरूप में सिद्धांत-प्रतिपादन की प्रथा थी ही नहीं। परंतु दो साधकों के प्रश्नोत्तर-रूप में सिद्धांत-प्रतिपादन की जिस शैली का प्राधान्य इस पंथ के ग्रंथों में मिलता है, वह पहले अपरिचित ही थी। इस पद्धति ने परवर्त्ती संत-साहित्य को खूब प्रभावित किया था, और संवादरूप में ऐसे अनेक ग्रंथ लिखे गए, जिनका उद्देश्य संप्रदाय के विश्वास और मत का प्रचार था। *मछिंद्रगोरखबोध* जिसे संक्षेप में *गोरखबोध* कहा जाता है, ऐसा ही संवाद-ग्रंथ है। यद्यपि यह ग्रंथ गोरखनाथ का लिखा हुआ कहा जाता है, तथापि हम इसे मत्स्येंद्रनाथ के सिद्धांतों का व्याख्यापक ग्रंथ ही कह सकते हैं; क्योंकि इसमें गोरखनाथ प्रश्नकर्त्ता हैं और उत्तर देनेवाले मत्स्येंद्रनाथ। ऐसा विश्वास न करना ही उचित जान पड़ता है, कि गोरखनाथ ने स्वयं ऐसा ग्रंथ लिखा होगा। अधिक-से-अधिक इसे परवर्त्ती योगी-संप्रदाय का विश्वास-ख्यापक ग्रंथ ही कहा जा सकता है। इसमें आत्मा, मन, पवन, नाद, विंदु, सुरति और निरति आदि के स्वरूप का सुंदर विवेचन किया गया है।

गोरखनाथ के पद : गोरखनाथ के नाम पर जो पद मिले हैं, वे कितने पुराने हैं यह बता सकना कठिन है। इनमें से कुछ अवश्य बहुत पुराने और गोरक्ष-कथित हो सकते हैं, यद्यपि इनकी भाषा बहुत बदल गई है। इन पदों में कई कबीर के नाम से, कई नानक के और दादूदयाल के नाम से भी पाए गए हैं। कुछ पद लोकोक्ति का रूप धारण कर चुके हैं, कुछ का जोगीड़ा के रूप में व्यवहार होता है और कुछ लोक में अनुभवसिद्ध ज्ञान के रूप में चल

पड़े हैं। इन पदों में यद्यपि योगियों के लिए ही उपदेश है, अतएव इनमें भी उसी प्रकार की साधना-मूलक बातें पाई जाती हैं, जो इस प्रकार की सभी रचनाओं में मिलती हैं। बहुत-से पद ऐसे हैं, जिनमें लेखक के नैतिक विश्वास का पता चलता है। ऐसी नैतिक विश्वासवाली रचनाएँ आगे चलकर लोक में अनुभूत ज्ञान के समान चल पड़ी हैं। जिस प्रकार के ज्ञान का उपदेश इस साहित्य में किया गया है, उसमें गुरु का होना परमावश्यक माना गया है, और चित्त की शुद्धता पर अधिक जोर दिया गया है। कहा गया है कि मानसिक दृढ़ता के रहते कोई भी विघ्न योगी को विचलित नहीं कर सकता। काम और क्रोध में मन आसक्त न हो, और चित्त की शिथिलता उसे बहकने न दे, तो हँसने-खेलनेवालों से नाथजी प्रसन्न ही होते हैं और ऐसे योगी के लिए लाखों अप्सराएँ भी विघ्न उपस्थित नहीं कर सकतीं :

हँसिबा षेलिबा रहिबा रंग।
काम क्रोध ना करिबा संग।।
हँसिबा षेलिबा गाइबा गीत।
दिढ़ करि राखिबा आपना चीत।।
हँसिबा षेलिबा धरिबा ध्यान।
अहि विधि कथिबा ब्रह्म गियान।।
हँसे षेले ना करे मन भंग।
ते निहचल सदा नाथ के संग।।

और

नौलख पातरि आगे नाँचे पीछे सहज अखाड़ा।
ऐसे मन लै योगी षेलै तब अंतरि बसै भंडारा।।

इन पदों में सहज जीवन पर बहुत जोर दिया गया है। यद्यपि अनेक प्रकार की यौगिक क्रियाओं पर भी बहुत अधिक जोर दिया गया है, और जो लोग इन क्रियाओं को नहीं कर सकते उन पर दया और क्षोभ की भावना प्रकट की गई है; तथापि बीच-बीच में ऐसे सहज जीवन का आदर्श उपस्थित किया गया है, जो प्रत्येक गृहस्थ के लिए अनुकरणीय है :

हबकि ना बोलिबा, ढबकि ना चालिबा धीरे-धीरे धरिबा पावम्।
गरब न करिबा सहजे रहिबा भणन्त गोरख रावम्।।

सहज शीलवान गृही को भी गंगाजल के समान पवित्र बताया गया है :

सहज शील का धरे सरीर, सो गिरही गंगा का नीर।

इन पदों में ब्रह्मचर्य, वाक्संयम, शारीरिक और मानसिक पवित्रता, ज्ञान के प्रति निष्ठा, बाह्य आचरणों के प्रति अनादर, आंतरिक शुद्धि और मद्य-मांस के पूर्ण बहिष्कार पर जोर दिया गया है। हिंदी में पाए जानेवाले पदों में यह स्वर बहुत स्पष्ट और बलशाली है। इसने परवर्त्ती संतों के लिए श्रद्धाचरण-प्रधान पृष्ठभूमि तैयार कर दी थी। जिन संत साधकों की रचनाओं से हिंदी साहित्य गौरवान्वित है, उन्हें बहुत-कुछ बनी-बनाई भूमि मिली थी।

इस साहित्य की सबसे बड़ी कमजोरी इसका रूखापन और गृहस्थ के प्रति अनादर का भाव है। इसी ने इस साहित्य को नीरस, लोक-विद्विष्ट और क्षयिष्णु बना दिया था। फिर भी यह दृढ़ कंठ-स्वर उत्तरी भारत के धार्मिक वातावरण को शुद्ध और उदात्त बनाने में

बड़ा सहायक हुआ। इस दृढ़ कंठ-स्वर ने यहाँ की धार्मिक साधना में गलदश्रु भावुकता और ढुलमुलेपन को आने नहीं दिया। परवर्त्ती हिंदी साहित्य में चरित्रगत दृढ़ता, आचरण-शुद्धि और मानसिक पवित्रता का जो स्वर सुनाई पड़ता है, उसका श्रेय इस साहित्य को ही है। इसीलिए इस पंथ के साहित्य से परवर्त्ती हिंदी साहित्य का बहुत घनिष्ठ संबंध है।

पुराने नाथ सिद्धों में से कई के नाम पर प्रचलित हिंदी रचनाएँ उपलब्ध हुई हैं, जो *नाथ सिद्धों की बानियाँ* के नाम से नागरी प्रचारिणी सभा से प्रकाशित हुई हैं। इनमें अजयपाल, गोपीचंद, जालंध्रीपाव, मर्च्छिद्रनाथ, काणेरी, चरपटनाथ, चौरंगीनाथ, घोड़ाचूली, धूधलीमल, परवत सिद्ध (?), बाल गूँदाई आदि पुराने नाथ सिद्धों की बानियाँ हैं जो बारहवीं शती के पूर्व हो चुके थे। कुछ बानियों की भाषा और शैली संदेहास्पद है, पर कुछ की प्राचीनता में संदेह करने का अवकाश बहुत कम है।

नाथ साहित्य की अप्रामाणिकता : इस प्रकार दसवीं शताब्दी तक के साहित्य में जितना जैन और बौद्ध मूलों से प्राप्त हुआ है, उतना तो बहुत-कुछ विश्वसनीय है। परंतु जो नाथ-साधकों के माध्यम से प्राप्त हुआ है, उसके विषय में निश्चित रूप से नहीं कहा जा सकता कि उसकी भाषा और वक्तव्यवस्तु में कितना अंश सचमुच पुराना है। भाषा में तो बहुत अधिक परिवर्त्तन हुआ है। गोरखनाथ के नाम पर चलनेवाली रचनाओं की भाषा को देखते हुए उन्हें बहुत पुराना नहीं कहा जा सकता। कुछ की रचना तो बहुत बाद में हुई है। फिर भी उनमें ध्यान देने योग्य बातें हैं अवश्य।

दसवीं शताब्दी तक के लोकभाषा साहित्य के मुख्य लक्षण : दसवीं शताब्दी तक के लोकभाषा के साहित्य में प्रधान रूप से ब्राह्मण-मत के विरोधी संप्रदायों की लोकभाषा में निबद्ध रचनाएँ प्राप्त होती हैं। यह पूरा-का-पूरा साहित्य धार्मिक है। इसमें सहज जीवन पर, आंतरिक शुचिता पर और सचाई के जीवन पर अधिक जोर दिया गया है और बाह्याचार, छूतछात, कृच्छ्र साधना आदि पर आघात किया गया है। योगमत पर सभी संप्रदायों की आस्था थी। योगमत के बहुल प्रचार ने लोगों को सिद्धियों का प्रेमी बना दिया था। सिद्धियाँ प्राप्त करने के लिए अनके प्रकार की साधनाएँ प्रचलित थीं। साधारणतः विश्वास किया जाता था कि मानव-शरीर में पाँच अत्यंत रहस्मय वस्तुएँ हैं, जिनमें से किसी एक को भी वश में कर लेने से मनुष्य को सब सिद्धियाँ प्राप्त हो जाती हैं। ये पाँच रहस्यमय वस्तुएँ हैं—मन, प्राण, शुक्र, वाक् और कुंडलिनी। इन्हीं पाँचों के संयमन के तरीकों को राजयोग, हठयोग, वज्रयान, जपयोग और कुंडलीयोग कहते हैं, जिनके अनेक भेदोपभेद चल पड़े थे। इनमें कई साधनाएँ विकृत भी हो गईं और कई प्रकार की ऐसी क्रियाओं में विश्वास करने लगीं जो नैतिक दृष्टि से अत्यंत हीन स्तर की थीं। इनकी प्रतिक्रिया नाथपंथी सिद्धों के सुस्पष्ट नैतिक उपदेशों से प्राप्त होती है। परंतु दसवीं शताब्दी के इन साधकों की दृष्टि मुख्य रूप से सिद्धियों पर ही निबद्ध थी। परवर्ती साहित्य में भी भक्ति-आंदोलन के आने के पहले इन सिद्धियों का ही बोलबाला था।

लौकिक रस का साहित्य भी इस समय लिखा अवश्य जा रहा था। संभवतः हेमचंद्र के उदाहरणों में से कई इस काल की रचनाएँ हैं, परंतु उनके बारे में कुछ निश्चित रूप से कहना कठिन है। केवल इतना निश्चित है कि दोहों में और पद्धड़िया बंध में लिखे हुए

चरित-काव्यों में लौकिक काव्य बहुत लिखे गए थे। 'संदेशरासक' और हेमचंद्र तथा मेरुतुंग के ग्रंथों के दोहों की परंपरा का बीजारोप इस काल में अवश्य हो गया था।

[इस काल के अध्ययन में सहायक हिंदी पुस्तकें : मिश्रबंधु : *मिश्रबंधु विनोद;* रामचंद्र शुक्ल : *हिंदी साहित्य का इतिहास;* राहुल सांकृत्यायन : *हिंदी काव्यधारा;* हजारीप्रसाद द्विवेदी : *हिंदी साहित्य का आदिकाल, हिंदी साहित्य की भूमिका, नाथ संप्रदाय;* रामकुमार वर्मा : *हिंदी साहित्य का आलोचनात्मक इतिहास*।]

संदर्भ

1. *बंगीय साहित्य परिषद्* कलकत्ता से 1323 बंगाब्द में बंगला अक्षरों में प्रकाशित; बाद में *दोहरा कोष* डॉ. प्रबोधचंद्र बागची द्वारा संपादित होकर नगराक्षरों में कलकत्ते से प्रकाशित।
2. प्रथम बार बंगाक्षरों में महामहोपाध्याय पंडित हरप्रसाद शास्त्री के संपादन में बंगला अनुवाद के साथ कलकत्ते से 1331 बंगाब्द में और बाद में डॉ. बाबूराम सक्सेना के संपादन में नगराक्षरों में हिंदी अनुवाद सहित काशी नागरी प्रचारिणी सभा से सं. 1986 में प्रकाशित।
3. *ढोला मारूरा दोहा*—काशी नागरी प्रचारिणी सभा से सं. 1991 में प्रकाशित।
4. (1) आठवीं शताब्दी के कवि—सरहपा, सबरपा, स्वयंभू, भूसुकपा; (2) नवीं शताब्दी के कवि—लुइपा, विरूपा, डोंबिपा, दारिकपा, गुंडरिपा, गोरक्षपा, टेंटणपा, महीपा, भादेपा, धामपा; (3) दसवीं शताब्दी के कवि—देवसेन, तिलोपा, पुष्पदंत, शांतिपा, योगींदु (जोइंदु), रामसिंह, धनपाल; (4) ग्यारहवीं शताब्दी के कवि—एक अज्ञातनामा कवि, अब्दुर्रहमान, बब्बर, कनकामर मुनि, जिनदत्त सूरि; (5) बारहवीं शताब्दी के कवि—हेमचंद्र, हरिभद्र, आमभट्ट, शीलभद्र, विद्याधर, सोमप्रभ, जिनपद्म, विजयचंद्र, चंद्र; (6) तेरहवीं शताब्दी के कवि—लक्खण, जज्जल, अज्ञात, अभयदेव सूरि, हरिब्रह्म, दो अज्ञात, राजशेखर सूरि।
5. प्रथम बार *बिब्लिओथिका इंडिका* ग्रंथमाला में श्री चंद्रमोहन घोष के संपादकत्व में सन् 1902 में प्रकाशित। फिर *प्राकृत पिंगल सूत्राणि* के रूप में निर्णयसागर प्रेस, बम्बई, से प्रकाशित।
6. गेय डोंबिका-भाण-प्रस्थान, शिंगक-भाणिका-प्रेरणा-रामाक्रीड़-हल्लीसक रासक गोष्ठी श्रीगदित-रागकाव्यादि।
   —काव्यानुशासन, 8-5
7. डॉ. हीरालाल जैन द्वारा संपादित और 1933 में कारंजा से प्रकाशित।
8. डॉ. पी. एल. वैद्य द्वारा संपादित और 1931 में कारंजा से प्रकाशित।
9. बड़ौदा से गायकवाड संस्कृत ग्रंथमाला में 1923 ई. में प्रकाशित।
10. डॉ. हीरालाल जैन द्वारा संपादित होकर 1934 ई. में कारंजा से प्रकाशित।

11-12 डॉ. ए. एन. उपाध्ये द्वारा संपादित होकर बम्बई से प्रकाशित।

13. संस्कृत रचनाएँ ये हैं—(1) *अभनस्क,* (2) *अमरौघशासनम्,* (3) *अवधूतगीता,* (4) *गोरक्षकल्प,* (5) *गोरक्षकौमुदी,* (6) *गोरक्षगीता,* (7) *गोरक्षचिकित्सा,* (8) *गोरक्षपंचय,* (9) *गोरक्षपद्धति,* (10) *गोरक्षशतक,* (11) *गोरक्षशास्त्र,* (12) *गोरक्षसंहिता,* (13) *चतुरशीत्यासन,* (14) *ज्ञानप्रकाशशतक,* (15) *ज्ञानशतक,* (16) *ज्ञानामृतयोग,* (17) *नाड़ीज्ञानप्रदीपिका,* (18) *महार्थमंजरी,* (19) *योगचिंतामणि,* (20) *योगमार्तंड,* (21) *योगबीज,* (22) *योग-शास्त्र,* (23) *योग,* इत्यादि।

14. डॉ. बड़थ्वाल के खोजस्वरूप 40 पुस्तकों का पता चला है, वे निम्नांकित हैं—(1) *शब्द*, (2) *पद*, (3) *शिष्यादर्शन* (4) *प्राणसंकली*, (5) *नरवैबोध*, (6) *आत्मबोध*, (7) *अभयमात्रायोग*, (8) *पंद्रहतिथि* (9) *सप्तवार*, (10) *मछिंद्रगोरखबोध*, (11) *रोमाली*, (12) *ज्ञानतिलक* (13) *ग्यानचौंतीसा*, (14) *पंचमात्रा*, (15) *गोरखगणेश-गोष्ठी*, (16) *गोरखदत्त गोष्ठी* (ज्ञानदीपबोध), (17) *महादेवगोरखगोष्ठी*, (18) *शिष्ट-पुरान*, (19) *दयाबोध*, (20) *जातिवंशावली*, (21) *नवग्रह*, (22) *नवराशि*, (23) *अष्टपारक्षय*, (24) *रसराह*, (25) *ज्ञानमाला*, (26) *आत्मबोध*, (27) *व्रत*, (28) *निरंजनपुरान*, (29) *गोरखवचन* (30) *इंद्रियदेवता*, (31) *मूलगर्भावली*, (32) *वाणी*, (33) *गोरखसत*, (34) *अष्टमुद्रा*, (35) *चौबीससिद्धि*, (36) *षडक्षरी*, (37) *पंचअग्नि*, (38) *अष्टचक*, (39) *अवलिसिलूक*, (40) *काफिरबोध*।

हिंदी साहित्य का आदिकाल
[1000-1400 ई.]

आदिकाल : पूर्ववर्त्ती अध्याय में दसवीं शताब्दी के पहले के साहित्यिक प्रयत्नों की एक रूप-रेखा प्रस्तुत की गई है। उससे पता चलता है कि परवर्त्ती शताब्दियों में जो प्रवृत्तियाँ अंकुरित, पल्लवित और पुष्पित हुई हैं, उनमें बहुत-सी ऐसी हैं जिनका बीज दसवीं शताब्दी से बहुत पहले पड़ चुका था। परंतु उस काल तक लोकभाषा का जो साहित्य प्राप्त होता है वह परिनिष्ठित अपभ्रंश का ही साहित्य है, उसमें हिंदी भाषा का रूप स्पष्ट नहीं हुआ है। परंतु दसवीं से चौदहवीं शताब्दी तक के समय में लोकभाषा में लिखित जो साहित्य उपलब्ध हुआ है उसमें परिनिष्ठित अपभ्रंश से कुछ आगे बढ़ी हुई भाषा का रूप दिखाई देता है। दसवीं शताब्दी की भाषा के गद्य में तत्सम शब्दों का व्यवहार बढ़ने लगा था, परंतु पद्य की भाषा में तद्भव शब्दों का ही एकच्छत्र राज्य था। चौदहवीं शताब्दी तक के साहित्य में इसी प्रवृत्ति की प्रधानता मिलती है। वस्तुतः छंद, काव्यरूप, काव्यगत रूढ़ियों और वक्तव्य वस्तु की दृष्टि से दसवीं से चौदहवीं शताब्दी तक का लोकभाषा का साहित्य परिनिष्ठित अपभ्रंश में प्राप्त साहित्य का ही बढ़ाव है, यद्यपि उसकी भाषा उक्त अपभ्रंश से थोड़ी भिन्न है। इसलिए दसवीं से चौदहवीं शताब्दी के उपलब्ध लोकभाषा साहित्य को अपभ्रंश से थोड़ी भिन्न भाषा का साहित्य कहा जा सकता है। वस्तुतः वह हिंदी की आधुनिक बोलियों में से किसी-किसी के पूर्वरूप के रूप में ही उपलब्ध होता है। यही कारण है कि हिंदी साहित्य के इतिहास-लेखक दसवीं शताब्दी से इस साहित्य का आरंभ स्वीकार करते हैं। इसी समय से हिंदी भाषा का आदिकाल माना जा सकता है। पं. रामचन्द्र शुक्ल ने सं. 1050 (993 ई.) से इसका आरंभ माना है।

दो श्रेणी की रचनाएँ : इस काल में दो प्रकार की रचनाएँ प्राप्त हुई हैं—एक तो जैन भंडारों में सुरक्षित, और अधिकांश में जैन प्रभावापन्न परिनिष्ठित-साहित्यिक अपभ्रंश की रचनाएँ हैं; और दूसरी लोक-परंपरा में बहती हुई आनेवाली, और मूल रूप से अत्यंत भिन्न बनी हुई लोकभाषा की रचनाएँ। प्रथम श्रेणी में हेमचंद्र के *व्याकरण*, मेरुतुंग के *प्रबंधचिंतामणि*, राजशेखर के *प्रबंधकोश* आदि में संगृहीत दोहे; अब्दुर्रहमान का *संदेशरासक* तथा लक्ष्मीधर के *प्राकृतपैंगलम्* में उदाहृत लोकभाषा के छंद हैं। इनको हम प्रामाणिक रचना कह सकते हैं। दूसरी श्रेणी में *पृथ्वीराजरासो* और *परमालरासो* आदि रचनाएँ हैं, जिनके मूल रूप बहुत परिवर्त्तित और विकृत हो गए हैं। इन्हें हम संदिग्ध-ग्रंथ

कह सकते हैं।

यह ध्यान देने की बात है कि अब तक जिन रचनाओं की चर्चा की गई है, उनमें अपेक्षाकृत जो प्रामाणिक और विश्वसनीय हैं, वे मध्य-देश के सीमांत के प्रदेशों में संगृहीत या लिखित रचनाएँ हैं। चाहे वे गुजरात में संगृहीत संरक्षित जैन कवियों की रचनाएँ हों, या गौड़ (बंगाल) देश के पाल राजाओं के संरक्षण में संगृहीत बौद्ध सिद्धों की कृतियाँ हों, सब मध्य-देश के बाहर प्राप्त हुई हैं। मूल मध्य-देश में जहाँ आगे चलकर ब्रजभाषा और अवधी का साहित्य उद्‌भूत और विकसित हुआ है, वहाँ किसी प्रामाणिक साहित्यिक रचना का प्रमाण सन् ईस्वी की चौदहवीं शताब्दी से पहले का नहीं मिलता। चाहे वे नाथ सिद्धों की रचनाएँ हों, चाहे चंद और जगनिक जैसे चारण कवियों की हों, सभी विकृत और परिवर्त्तित रूप में ही उपलब्ध हैं। केवल *प्राकृतपैंगलम्* में उदाहृत कुछ पद्यों के विषय में हम निस्संदिग्ध रूप से कह सकते हैं कि वे रचनाएँ मूल रूप में सुरक्षित हैं। राजपूताने के *ढोला मारूरा दोहा* जैसे प्रसिद्ध काव्यों की प्रामाणिकता के विषय में भी संदेह ही है। इस प्रकार मूल मध्य-देश में चौदहवीं शताब्दी के पहले की प्रामाणिक रचनाएँ प्रायः एकदम अप्राप्त हैं। ऊपर हमने प्रामाणिक और संदिग्ध नाम का जो विभाग किया है, उसके विषय में यही कहा जा सकता है, कि संदिग्ध रचनाएँ वे हैं जो मूल मध्य-देश में रची गई थीं; और अपेक्षाकृत प्रामाणिक रचनाएँ वे हैं जो मध्य-देश के बाहर गुजरात, मान्यखेट, बरार, महाराष्ट्र, गौड़ और नेपाल में सुरक्षित हैं। कारण क्या है?

प्रामाणिक रचनाओं के अभाव के कारण : जिन दिनों हिंदी साहित्य बनने लगा, उन्हीं दिनों मध्य-देश पर बारंबार मुसलमानों के आक्रमण हुए। उन दिनों उत्तर भारत की केंद्रीय राजशक्ति दुर्बल हो गई थी। कान्यकुब्ज के प्रतीहार राजा राज्यपाल ने जब महमूद गजनवी को आत्मसमर्पण किया, तो अधीनस्थ राजपूत रजवाड़े बिगड़ खड़े हुए और उसे मार डाला। उन्होंने उसके पुत्र को गद्दी पर बैठा तो दिया, लेकिन वस्तुतः दिल्ली और साँभर के चौहान और कालिंजर के चंदेल स्वतंत्र राजा हो गए। राजशक्ति क्षीण और हत-वीर्य हो गई। इसी समय काशी और कान्यकुब्ज पर गाहड़वार वंश का राज्य स्थापित हुआ। लगभग दो सौ वर्षों से पश्चिम के सोलंकी और पूर्व के पालवंशी राजा लोग कान्यकुब्ज की राजलक्ष्मी को हस्तगत करने का प्रयत्न कर रहे थे। अब साँभर के चौहान, कालिंजर के चंदेल और गजनी के अमीरों ने भी कान्यकुब्ज की राजलक्ष्मी को हड़प लेने का प्रयत्न शुरू किया। इस बात का प्रमाण उपलब्ध है, कि दसवीं शताब्दी में त्रिपुर (तेवार) के राजा कर्ण ने काशी को अपनी राजधानी बनाना चाहा, और उसने चंपारन तक समूचे सरयूपार के इलाके को हस्तगत कर लिया था। गोरखपुर जिले में इसके कई दान-पत्र प्राप्त हुए हैं। इस प्रकार काशी-कान्यकुब्ज के अधिपतियों को पूरब, पश्चिम, उत्तर, दक्खिन सब ओर शत्रुओं का सामना करना पड़ता था। गाहड़वारों में गोविंदचंद्र बड़ा प्रतापी राजा हुआ। उसने अपने अभिलेखों में अपने को 'गौड़ों की दुर्वार गज सेना का कुंभ विदीर्ण करनेवाला' कहा है और यह भी लिखा है, कि वह गजनी के अमीरों को नित्य लड़ाई के खेल खेलाया करता था। गोविंदचंद्र ने यह अच्छी तरह समझ लिया था, कि उत्तरी भारत के विशाल मैदान का शासक वही हो सकता है, जिसके पास घोड़ों की सुशिक्षित सेना हो। इसीलिए उसने गर्वपूर्वक घोषणा की है, कि 'मैं उस पृथ्वी का भोग करता हूँ जो निरंतर दौड़ते हुए

घोड़ों की टाप की मुद्रा से मुद्रित होती रहती है।' इसलिए वह अपने काल का अश्वपति राजा कहलाता था। इसी प्रकार गौड़ के शासक अपने को गजपति और कलिंग के शासक नरपति कहते थे। मलिक मुहम्मद जायसी ने अपने *पद्मावत* में अश्वपति, गजपति और नरपति नामक तीन राजाओं की चर्चा की है जो इसी काल की परंपरा का अवशेष जान पड़ता है। बाहरवीं शताब्दी के बाद के अभिलेखों में ये शब्द नहीं मिलते। सिर्फ जायसी के *पद्मावत* में ही ये शब्द सुरक्षित रह गए हैं। यह तथ्य संभवतः बताता है कि जायसी ने अपने काव्य के लिए जिस कहानी का उपयोग किया था, वह कम-से-कम चार सौ वर्ष पुरानी अवश्य थी।

गाहड़वारों के राज्यकाल में कान्यकुब्ज की लक्ष्मी बहुत-कुछ स्थिर हो गई और मध्य-देश का मुख्य भाग उन्हीं के शासन में बना रहा, परंतु ऐसा जान पड़ता है, कि ये गाहड़वार राजा इस प्रदेश के बाहर से आए थे और काशी और कान्यकुब्ज की स्थानीय जनता से अपने को बहुत दिनों तक भिन्न समझते रहे। कुछ लोगों का अनुमान है कि वे दक्षिण से आए थे। किंतु यह अनुमान बहुत पुष्ट प्रमाणों पर आधारित नहीं है। दो बातें इसके पक्ष में कही जाती हैं। एक तो नयचंद्र नामक जैन कवि की एक संस्कृत नाटिका प्राप्त हुई है, जिसमें वैतालिकों ने अंतिम गाहड़वार राजा जयचंद्र की स्तुति मराठी भाषा में की है। यह कवि चौदहवीं शताब्दी का है। इसकी देशभाषा में मराठी का प्रयोग अधिक-से-अधिक यही सूचित करता है कि कवि की मातृभाषा मराठी थी। दूसरा प्रमाण यह दिया जाता है कि गोविंदचंद्र के जितने भी दान-पत्र मिले हैं, वे दक्षिणी ब्राह्मणों को दिए गए दान हैं। परंतु विद्वानों ने इस धारणा को भ्रांत ही समझा है। एक दूसरे प्रकार के पंडित हैं जिनका मत है कि गाहड़वार पश्चिम से आए थे। जो भी हो, इतना तो निश्चित है कि गाहड़वारों ने देशभाषा को उतना प्रोत्साहन नहीं दिया, जितना चौहानों, सोलंकियों, परमारों और चंदेलों ने दिया। गाहड़वार संस्कृत के अधिक संरक्षक थे। इधर हाल में *उक्ति-व्यक्ति-प्रकरण* नाम का एक व्याकरण-ग्रंथ प्राप्त हुआ है, जो गोविंदचंद्र के सभा-पंडित दामोदर भट्ट का लिखा कहा जाता है। डॉ. मोतीचंद्र का अनुमान है कि इसमें राजकुमारों को काशी और कान्यकुब्ज की भाषा सिखाने का प्रयत्न है। यदि यह अनुमान सत्य है तो इससे भी यह अनुमान होता है, कि गाहड़वार राजा इस प्रदेश की भाषा के जानकार न थे। गोविंदचंद्र के पौत्र जयचंद्र कान्यकुब्ज के अंतिम राजा थे। इनके दरबार में देशी भाषा के कवियों का सम्मान होने लगा। इनके महामंत्री विद्याधर भट्ट स्वयं भी देशी भाषा के अच्छे कवि थे। इनकी कुछ रचनाएँ *प्राकृतपैंगलम्* में उदाहरण रूप में उद्धृत की गई हैं। किंतु जब इस प्रतापी राज-वंश ने देशभाषा को प्रोत्साहन देना शुरू किया, तभी दुर्दैव का प्रचंड आघात हुआ और काशी-कान्यकुब्ज की लक्ष्मी मुसलमानों के हाथ चली गई। यह इतिहास बहुत ही करुण है, और इसके गर्भ में भावी भारतवर्ष के दुरवस्था के बीज वर्त्तमान हैं।

पुराने साहित्य का संरक्षण : लोकभाषा का साहित्य सुरक्षित नहीं रह सका। वह लोकमुख में ही जीवित रहा है। जो रचनाएँ धर्मबुद्धि का करावलंब पा सकीं, वे ही कथंचित सुरक्षित रह सकी हैं। बौद्ध साहित्य में कुछ लोकभाषा की रचनाएँ सुरक्षित रह गई हैं और कुछ जैन साहित्य का आश्रय पाकर बच सकी हैं। जिन रचनाओं को धर्म का सहारा नहीं मिला, वे बनती रहीं और परवर्त्ती काल में परिवर्त्तित, परिवर्द्धित या विस्मृत होती रहीं।

पुराने साहित्य का संरक्षण तीन प्रकार से हुआ है--(1) राजकीय संरक्षण से, (2) संगठित धर्म-संप्रदाय के प्रयत्न से, (3) लोकपरंपरा से। जिन दिनों देशभाषा परिनिष्ठित साहित्यिक अपभ्रंश से आगे बढ़कर काव्य का वाहन बनने लगी थी, उन दिनों उत्तरी भारत का राजनीतिक वातावरण बहुत ही विक्षुब्ध था। मध्य-देश की शक्तिशाली राजशक्ति ने देशभाषा को संरक्षण नहीं दिया, और विधर्मियों के तीव्र आक्रमण के कारण संगठित धर्म-संप्रदाय मध्य-देश के प्रांतभाग में बसे हुए गुजरात, नेपाल आदि सुरक्षित देशों में हट गए। यही कारण है कि इस काल में मध्य-देश की भाषा के साहित्य को न तो राजशक्ति का हस्तावलंब प्राप्त हुआ, और न जैन और बौद्धों के समान सुसंगठित धर्म-संप्रदाय का ही संरक्षण मिल सका। कुछ अंतिम खेवे के राजाओं के साथ रहनेवाले कवियों की रचनाएँ लोकमुख में सुरक्षित रह गईं। *पृथ्वीराजरासो* और *आल्हा खंड* ऐसी रचनाएँ हैं। इनकी प्रामाणिकता संदेह से परे नहीं।

हिंदी साहित्य के कुछ इतिहास-लेखकों ने इस काल की कितनी ही ऐसी रचनाओं के नाम गिनाए हैं, जिनके विषय में अब संदेह किया जाने लगा है। *खुमानरासो, बीसलदेवरासो, हम्मीररासो, विजयपालरासो* आदि ऐसी ही रचनाएँ हैं। शुरू-शुरू में इन्हें प्रामाणिक ग्रंथ समझा गया था। यह विश्वास कर लिया गया था कि इन रचनाओं का संबंध जिन राजाओं के नाम के साथ है उन्हीं के समय में ये लिखी भी गई थीं, पर अब इस विश्वास को संदेह की दृष्टि से देखा जाने लगा है।

खुमानरासो : *खुमानरासो* नामक पुस्तक के बारे में *शिवसिंहसरोज* में बताया गया है कि किसी अज्ञातनामा भाट ने *खुमानरासो* नाम का काव्य लिखा था, जिसमें श्री राजचन्द्र से लेकर खुमान तक के नरपतियों का वर्णन है। कर्नल टॉड ने भी इस पुस्तक की चर्चा विस्तारपूर्वक की थी। चित्तौर में खुमान नाम के तीन राजा हुए हैं, जिनमें प्रथम का राज्य-समय 752 ई. से 808 ई. तक, दूसरे का 813 ई. से 843 ई. तक, और तीसरे का 908 ई. से 933 ई. तक था। चूँकि *खुमानरासो* में खलीफा अलमामू (813-33 ई.) का आक्रमण हुआ था, इसलिए अनुमान लगाया गया है कि *खुमानरासो* की रचना दूसरे खुमान के समय में हुई होगी, अर्थात् यह पुस्तक सन् ई. की नवीं शताब्दी के आरंभ की रचना है। इसके लेखक का नाम दलपति विजय है। आजकल *खुमानरासो* की जो प्रति मिलती है, वह अपूर्ण है। कर्नल टॉड ने जो प्रति देखी थी, वह इससे कहीं विस्तृत और पूर्ण थी। वर्त्तमान *खुमानरासो* में महाराणा राजसिंह (राज्य-काल 1652-70 ई.) तक के राजाओं का वर्णन है। स्पष्ट ही यह ग्रंथ उतना प्राचीन नहीं है, जितना समझा गया है। श्री मोतीलाल मेनारिया ने *राजस्थानी भाषा और साहित्य* में लिखा है कि "ये तपागच्छीय जैन साधु शांतिविजय के शिष्य थे। इनका असली नाम दलपत था, पर दीक्षा के बाद बदलकर दौलतविजय रख दिया था। हिंदी के विद्वानों ने इन्हें मेवाड़ के रावल खुमाण (सं. 870) का समकालीन होना अनुमानित किया है, जो गलत है। वास्तव में इनका रचनाकाल सं. 1730 से लेकर सं. 1760 के मध्य तक है।" इस प्रकार इस ग्रंथ की चर्चा हिंदी साहित्य के आदिकाल में नहीं होनी चाहिए।

बीसलदेवरासो : नरपति नाल्ह का *बीसलदेवरासो* भी संदिग्ध रचना ही है। ग्रंथ में निर्माण-काल इस प्रकार दिया है :

बारह सौ बहोत्तरहाँ मझारि।
जेठ बदी नवमी बुधवारि।
नाल्ह रसायन आरंभइ।
सारदा तूठी ब्रह्म कुमारि[1] ।।

इसका मतलब यह है कि नरपति नाल्ह नामक कवि ने सं. 1212 में अर्थात् 1155 ई. में इस ग्रंथ का आरंभ किया था। चूँकि पुस्तक में सर्वत्र वर्त्तमानकालिक क्रिया का प्रयोग है, अतएव ग्रंथ के संपादक श्री सत्यजीवन वर्मा ने अनुमान किया था, कि इस पुस्तक की रचना बीसलदेव के समसामयिक कवि की हो सकती है। इसके चार खंड हैं : प्रथम खंड में मालवा के भोज परमार की पुत्री राजमती से शाकंभरी-नरेश बीसलदेव (विग्रहराज) के विवाह का वर्णन है; दूसरे में बीसलदेव राजमती से रूठकर उड़ीसा चला जाता है; तीसरे में राजमती का विरहवर्णन है; और चौथे में भोजराज का अपनी पुत्री को लिवा जाना और बीसलदेव का उसे वहाँ से चित्तौर लौटा लाने का प्रसंग है। ऐतिहासिक दृष्टि से इस बात की संगति नहीं बैठती। बीसलदेव भोज का समसामयिक नहीं था। दोनों के समयों में लगभग 110 वर्ष का अंतर है। अतिरंजित बातें तो उसमें बहुत हैं, उनका यथाकथंचित् समाधान भी कर लिया जा सकता है; जैसे *बीसलदेवरासो* के अनुसार भोज ने बीसलदेव को डालीसर, कुंडार, झंडोअर, गुजरात, सौरठ, साँभर, टोंक, तोड़, चितौड़ आदि प्रदेश दहेज में दिए थे। इसे हम आश्रित कवि की अतिरंजित कल्पना कह सकते हैं। किंतु बहुत-सी काल-विरुद्ध और इतिहास-विरुद्ध बातें हैं जिनका समाधान नहीं हो सकता। महामहोपाध्याय डॉ. गौरीशंकर हीराचंद ओझा ने इसे विग्रहराज तृतीय माना है और किसी प्रकार ऐतिहासिक संगति बैठा लेने का प्रयत्न किया है, परंतु बीसलदेव बहुत प्रतापशाली राजा था और स्वयं संस्कृत का अच्छा कवि भी था। उसने अपना *हरकेलिविजय* नाटक शिलापट्टों पर खुदवाया था। उसके राज-कवि सोमदेव ने *ललित विग्रह* नाम का नाटक लिखा था जो राजपूताना म्युजियम में सुरक्षित है। बीसलदेव के और भी बहुत-से शिलालेख प्राप्त हैं। उनसे बीसलदेव जैसा प्रतापी राजा सिद्ध होता है, उसका कोई भी आभास *बीसलदेवरासो* में नहीं मिलता। इसका कोई भी सबूत नहीं है कि बीसलदेव ने कभी उड़ीसा पर चढ़ाई की थी या उसे जीता था। यह समझ में नहीं आता कि बीसलदेव का समसामयिक कवि उसकी वास्तविक विजय का वर्णन न कर कल्पित उड़ीसा-विजय की कहानी क्यों कहेगा?

ग्रंथ में बारंबार लिखा है कि उसने रासो का गान किया था : "गायो हो रास सुनै सब कोई। यउइ हरिष गायण कइ गाइ।" इत्यादि। इससे ज्ञात होता है कि ग्रंथ की रचना गाने के लिए हुई होगी, पर राजपूताने के कुछ विद्वानों ने जोर देकर कहा है कि *बीसलदेवरासो* कभी राजपूताने में गाया नहीं गया।

यह तो निश्चित है कि नरपतिनाल्ह बीसलदेव का समसामयिक कवि नहीं है। वर्त्तमानकालिक क्रियाओं का प्रयोग देखकर भ्रम में नहीं पड़ना चाहिए। राजपूताने के साहित्य में इस प्रकार की वर्त्तमानकालिक क्रियाओं का प्रयोग बराबर होता रहा है। इस पुस्तक की सबसे प्राचीन प्रति सं. 1669 अर्थात् 1612 ई. की है। श्री मोतीलाल मेनारिया का विश्वास है कि नरपतिनाल्ह गुजराती के नरपति नामक कवि से अभिन्न हैं। उनकी गुजराती रचनाओं से *बीसलदेवरासो* की भाषा का आश्चर्यजनक साम्य है। इस प्रकार

मेनारियाजी के अनुसार, *बीसलदेवरासो* का रचनाकाल 1545-60 ई. तक के आसपास निकलता है, जिसकी पुष्टि उसकी भाषा से होती है, "जो हर्गिज सोलहवीं शताब्दी से पूर्व की नहीं है।"

भट्ट केदार और मधुकर भट्ट : इसी प्रकार भट्ट केदार और मधुकर नामक दो भाट कवियों के विषय में कहा जाता है कि इन्होंने जयचंद्र के यशवर्णन के लिए *जयचंद्रप्रकाश* और *जयमयंकजसचंद्रिका* नाम के ग्रंथ लिखे थे। ये पुस्तकें मिलतीं नहीं। केवल इनका उल्लेख बीकानोर के राज-पुस्तक-भंडार में सुरक्षित सिंघायच दयालदास कृत *राठौण री ख्यात* में मिलता है। इस प्रकार ये पुस्तकें सिर्फ नोटिस मात्र हैं। *शिवसिंह सरोज* में लिखा है कि ये कवि अलाउद्दीन ग़ोरी के कवि थे। अलाउद्दीन मुहम्मद ग़ोरी का चाचा था और उसी की ओर से राज्य करता था। *पृथ्वीराजरासो* में भी दुर्गा केदार और माधव भाट नामक दो कवियों की चर्चा आती है और चंदबरदाई के साथ उनकी प्रतिद्वंद्विता का भी विस्तारपूर्वक वर्णन दिया है। यह नहीं समझना चाहिए कि ग़ोरी के दरबार में हिंदू कवियों का आना असंभव है। वस्तुतः महमूद के पहले ग़ज़नी में ब्राह्मणवंश का राज्य था और यह बिल्कुल असंभव नहीं है कि पुराने राजवंश के नष्ट हो जाने के बाद उसके आश्रित कवि नए राजाओं की सेवाओं में लग गए हों। जो हो, जब तक इन कवियों की पुस्तकें नहीं मिल जातीं, तब तक इस विवाद में पड़ना व्यर्थ है कि ये कवि जयचंद के दरबारी थे अथवा ग़ोरी के।

हम्मीररासो : इसी प्रकार शारंगधर कवि के *हम्मीररासो* की रचना भी असंदिग्ध नहीं है। *प्राकृतपैंगलम्* में कुछ पद्य ऐसे आए हैं जिनमें हम्मीर की बीरता का वर्णन है; जैसे :

पिंधउ दिढ सण्णाह बाह उप्पर पक्खर दइ।
बंधु सभदि रण धसउ सामि हम्मीर वअण लइ।
उड्डल णहपह भमउ खग्ग रिउ सीसहिं डारउ।
पक्खर पक्खर ठेल्लि पेल्लि पब्बअ अप्फालउ।
हम्मीर कज्जु जज्जल भणइ कोहाणल मुहमह जलउ।
सुरताण-सीस करवाल दइ तेज्जि कलेवर दिअ चलउ।

ऐसे और भी कुछ पद्य हैं। *शिवसिंहसरोज* में कहा गया था कि चंद की औलाद में शारंगधर कवि हुए थे, जिन्होंने *हम्मीरगैरा* और *हम्मीर काव्य* भाषा में बनाया था। स्वर्गीय पं. रामचंद्र शुक्ल ने इस बात को ध्यान में रखते हुए अनुमान किया कि *प्राकृतपैंगलम्* के जिन उदाहरणों में हम्मीर की कीर्तिकथा है, वे असली *हम्मीररासो* के पद्य हैं। परंतु ऊपर जो पद्य दिया हुआ है और जिसे शुक्लजी ने उद्धृत भी किया है, उसमें 'जज्जल भणइ'—जज्जल की भणति—दी हुई है। *प्राकृतपैंगलम्* की टीका में कहा गया है कि 'जज्जलस्योक्तिरियम्' अर्थात् यह जज्जल की उक्ति है। महापंडित राहुल सांकृत्यायन ने इन पद्यों को जज्जल कवि की रचना माना है। दो बातें हो सकती हैं—या तो यह किसी ऐसे काव्य के पद्य हैं जिसमें जज्जल कोई पात्र है अथवा यह स्वयं जज्जल की उक्तियाँ हैं।

शुक्लजी प्रथम मत को मानते हैं, राहुलजी दूसरे मत को। लेकिन अगर प्रथम मत स्वीकार भी कर लिया जाय तो भी यह कैसे मान लिया जा सकता है कि वह काव्य शारंगधर का लिखा हुआ *हम्मीररासो* ही था ! जब तक कोई पुष्ट प्रमाण नहीं मिल जाता तब तक यह

बात निश्चित और असंदिग्ध नहीं कही जा सकती ।

शारंगधर द्वारा संगृहीत *शारंगधरपद्धति* नामक एक संस्कृत पद्यकोष अवश्य मिलता है जिसमें शारंगधर की कुछ अपनी रचनाएँ भी हैं । ऐसे तो इसके सब पद्य संस्कृत के हैं, किंतु कुछ मंत्र और कुछ मिश्रभाषा की ऐसी रचनाएँ भी हैं जिनमें तत्काल प्रचलित लोकभाषा का कुछ आभास मिल जाता है । भाषा चित्र के नमूने के रूप में श्रीकंठ पंडित का यह श्लोक उल्लेख योग्य है :

नूनं **बादल छाइ खेह पसरी** निःश्राण शब्द : खरः
शत्रुं **पाडि लूटालि तोडि हनिसौं** एवं भणन्त्युद्भटाः ।
झूठे गर्वभरा मघालि सहसा रे कन्त मेरे कहे
कंठ पागि निवेश जाह शरण श्री मल्ल देवं विभुम् ।। —श्लोक सं. 550

विजयपालरासो : मिश्रबंधुओं ने नल्लसिंह रचित *विजयपालरासो* को भी इसी काल की रचना बताया है । कहा गया है कि नल्लसिंह ने सं. 1093 में हुई विजयपालसिंह और पंग राजा की लड़ाई का वर्णन किया है । मिश्रबंधुओं ने इसका रचनाकाल सं. 1355 माना है । लेकिन यह भी बहुत पुराना ग्रंथ नहीं मालूम होता । इसकी भाषा और शैली पर विचार करने से मालूम होता है कि इसकी रचना बहुत बाद में हुई होगी ।

इसी प्रकार सन् 1293 ई. में अमीर खुसरो की रचनाएँ[2] प्रारंभ हुईं । अमीर खुसरो निस्संदेह बहुत मेधावी विद्वान् और सुकवि थे । उनकी रचनाओं में तत्काल प्रचलित हिंदी का प्रयोग हुआ होगा । परंतु उनके नाम पर जितनी पहेलियाँ, मुकरियाँ और ढकोसले प्रचलित हैं, वे न तो मूल रूप में ही सुरक्षित हैं और न सब-के-सब प्राचीन हैं । इस प्रकार साहित्यिक कोटि में आनेवाले ये ग्रंथ बहुत संदिग्ध हैं । कुछ तो निश्चित रूप से परवर्त्ती हैं, कुछ के अस्तित्व का ही ठिकाना नहीं और कुछ का अस्तित्व केवल अनुमान से मान लिया गया है । आदिकाल के इतिहास-लेखकों ने इन ग्रंथों की ऐतिहासिकता के पक्ष-विपक्ष में बहुत-सी व्यर्थ की दलीलें पेश की हैं जो निरर्थक ही नहीं हैं, साहित्य के विद्यार्थी के ऊपर बोझ के समान हैं और शुद्ध साहित्यिक आलोचना की गति को रुद्ध करने का कार्य करती हैं ।

अर्द्धप्रामाणिक रचनाएँ—पृथ्वीराजरासो : इस काल की कुछ रचनाएँ ऐसी भी हैं जिन्हें हम अर्द्धप्रामाणिक कह सकते हैं । इनमें सबसे महत्त्वपूर्ण और प्रसिद्ध ग्रंथ *पृथ्वीराजरासो*[3] है । काशी ना. प्र. स. प्रकाशित *पृथ्वीराजरासो* में ढाई हजार पृष्ठ हैं जो 69 समयों में विभाजित है । सबसे बड़ा समय 'कनवज्ज युद्ध' है जो संभवतः रासो का मूल कथानक है । यह विश्वास किया जाता है कि चंद पृथ्वीराज का मित्र, कवि और सलाहकार था । रासो में वह तीनों रूपों में चित्रित है । इस ग्रंथ के अनुसार दोनों के जन्म और मरण की तिथि भी एक है । इस प्रकार सदा साथ रहनेवाले अभिन्न मित्र की रचना निश्चय ही बहुत प्रामाणिक होनी चाहिए, यही सोचकर सुप्रसिद्ध विद्वत्सभा रायल एसियाटिक सोसाइटी, बंगाल ने इस ग्रंथ का प्रकाशन आरंभ किया था । कुछ थोड़ा-सा अंश प्रकाशित भी हो चुका था, किंतु इसी समय डॉ. बूलर को *पृथ्वीराजविजय* नामक संस्कृत काव्य की एक खंडित प्रति हाथ लगी । उस पुस्तक की परीक्षा करने के बाद डॉ. बूलर इस निष्कर्ष पर पहुँचे कि *पृथ्वीराजविजय* इतिहास की दृष्टि से अधिक प्रामाणिक ग्रंथ है और

पृथ्वीराजरासो अत्यंत अप्रामाणिक; क्योंकि पृथ्वीराजकालीन अभिलेखों से *पृथ्वीराजविजय* में वर्णित घटनाएँ तो मिल जाती हैं, लेकिन *पृथ्वीराजरासो* में वर्णित घटनाएँ नहीं मिलतीं। उनका पत्र सोसायटी के प्रोसीडिंग्स में छापा गया और *पृथ्वीराजरासो* का प्रकाशन बंद कर दिया गया। उन दिनों के यूरोपियन विद्वान् मध्य-देश की रचनाओं का महत्त्व दो दृष्टियों से आँकते थे—ऐतिहासिक तथ्यों को प्राप्त करने और भाषाशास्त्रीय समस्याओं को सुलझाने की दृष्टि से। रासो से यह उद्देश्य सिद्ध नहीं होता था। कितनी ही ऐसी अनमिल बातें इस पुस्तक से मिलीं जो इसके ऐतिहासिक रूप को निर्विवाद रूप से गलत साबित करती थीं। *पृथ्वीराजविजय* के अनुसार पृथ्वीराज सोमेश्वर और कर्पूरदेवी के पुत्र थे। कर्पूरदेवी चेदि-नरेश की कन्या थी। जब पुत्र पृथ्वीराज नाबालिग था तो माता ने कदंबवास नामक मंत्री की सहायता से राज्य-संचालन किया था। यह बात अभिलेखों से मिलती है, जबकि *पृथ्वीराजरासो* के अनुसार यह दिल्ली के राजा अनंगपाल की पुत्री के लड़के थे। मजेदार बात यह है कि *पृथ्वीराजविजय* में चंदबरदाई नामक किसी कवि का नाम नहीं है। एक जगह चंद्रराज कवि का उल्लेख अवश्य है, परंतु उसे कुछ विद्वानों ने कश्मीरी कवि चंद्रक से अभिन्न माना है। और भी बहुत-सी अनैतिहासिक बातें रासो में मिलती हैं; जैसे :

1. आबू पहाड़ के राजा जेत और सलक बताए गए हैं जिनका तात्कालिक शिलालेखों में कोई उल्लेख नहीं मिलता, और उस समय आबू पर सचमुच ही राज्य करनेवाले धारावर्ष परमार की इस ग्रंथ में कोई चर्चा ही नहीं।

2. गुजरात का राजा भीमसेन रासो के अनुसार पृथ्वीराज के हाथों मारा गया था। पर शिलालेखों पर विश्वास किया जाय, तो वह पृथ्वीराज के बहुत बाद तक जीता रहा।

3. शाहबुद्दीन, रासो के अनुसार, पृथ्वीराज के तीर से मारा गया था, पर ऐतिहासिक तथ्य यह है कि सन् 1203 ई. में गक्करों के हाथ मारा गया।

4. पृथ्वीराज की बहन पृथाकुँवरि, रासो के अनुसार, चित्तौड़ के राजा समरसिंह से ब्याही गई थी जो इतिहासविरुद्ध है, क्योंकि समरसिंह के अभिलेख 1278 ई. और 1285 ई. के बीच के मिले हैं। इसके बहुत पहले पृथ्वीराज परलोक चले गए थे।

5. *पृथ्वीराजरासो* में जो तिथियाँ दी गई हैं, वे वास्तविक ऐतिहासिक प्रमाणों की तुलना में निराधार हैं। इस प्रकार की, और, और भी अनेक प्रकार की, ऐतिहासिक असंगतियाँ इस पुस्तक में मिलती हैं। सं. 1986 की नागरी प्रचारिणी पत्रिका में म. म. श्री गौरीशंकर हीराचंदजी ओझा ने विस्तारपूर्वक *पृथ्वीराजरासो* की अनैतिहासिकता सिद्ध की है। उपसंहार करते हुए उन्होंने उसी लेख में लिखा है कि ''इस तरह हमने जाँच कर देखा कि *पृथ्वीराजरासो* बिल्कुल अनैतिहासिक ग्रंथ है। उसमें चौहानों, प्रतीहारों, और सोलंकियों की उत्पत्ति संबंधी कथा, चौहानों की वंशावली, पृथ्वीराज की माता, भाई, बहिन, पुत्र और रानियों आदि के विषय की कथाएँ तथा बहुत-सी घटनाओं के संवत् और प्रायः सभी घटनाएँ तथा सामंतों आदि के नाम अशुद्ध और कल्पित हैं। कुछ सुनी-सुनाई बातों के आधार पर उक्त वृहत् काव्य की रचना की गई है। यदि *पृथ्वीराजरासो* पृथ्वीराज के समय में लिखा जाता तो इतनी बड़ी अशुद्धियों का होना असंभव था। भाषा की दृष्टि से भी यह ग्रंथ प्राचीन नहीं दीखता। इसकी डिंगल भाषा में जो कहीं-कहीं प्राचीनता का आभास होता है वह तो डिंगल की विशेषता ही है। ...वस्तुतः *पृथ्वीराजरासो* वि. सं. 1600 के आसपास लिखा

गया। ...यह भी नहीं कहा जा सकता कि पहले *पृथ्वीराजरासो* का मूलग्रंथ उसके वर्त्तमान परिमाण से बहुत छोटा था, परंतु पीछे से बढ़ाया गया है क्योंकि आज से 185 वर्ष पूर्व उसी के वंशज कवि यदुनाथ ने उसका 10,500 श्लोकों का होना लिखा है जो वर्त्तमान रासो का प्रमाण है। ...''

ओझाजी की अंतिम उक्ति बहुत कमजोर है। इधर हाल में उसकी कमजोरी का सबूत भी मिल चुका है।

रासो के संपादक श्री मोहनलाल विष्णुलाल पंड्या और बाबू श्याम सुंदरदास ने इन्हें इतिहास-सम्मत सिद्ध करने का बहुत प्रयत्न किया है। यहाँ तक कि विशुद्ध अनुमान के बल पर आनंद संवत् की भी कल्पना की है, फिर भी रासो की ऐतिहासिकता सिद्ध नहीं की जा सकती। म. म. गौरीशंकर हीराचंदजी ओझा को तो इनमें इतनी असंगतियाँ दिखाई दीं कि उन्होंने इसे जाली ग्रंथ कह दिया। तब से 'हिंदी साहित्य के इतिहास' नामक ग्रंथों में रासो की ऐतिहासिकता और अनैतिहासिकता पर पन्ने रँगे जा रहे हैं। इस निरर्थक मंथन से जो दुस्तर फेनराशि तैयार हुई है, उसे पार करके ग्रंथ के साहित्यिक रस तक पहुँचना हिंदी साहित्य के विद्यार्थी के लिए असंभव-सा व्यापार हो गया है।

इधर बाबू रामनारायण दूगड़जी को उदयपुर राज्य के 'विक्टोरिया हॉल' में एक पुस्तक मिली है जिसमें एक छंद इस आशय का है कि चंद के छंद इधर-उधर बिखरे हुए थे जिन्हें राजा अमरसिंह ने एकत्र करवाकर वर्त्तमान रूप दिया था। उदयपुर के राजवंश में अमरसिंह नाम के दो राजा हुए थे। एक का राज्यकाल 1621 ई. तक था तथा दूसरे का 1698 ई. से 1710 ई. तक। राजसिंह ने राजसमुद्र नामक तालाब की चौकी पर *राजप्रशस्ति* नामक एक संस्कृत महाकाव्य खुदवाया था (1675 ई.), जिससे विदित होता है कि उस समय *रासो* का निर्माण हो चुका था। अतएव *रासो* के संग्रह करानेवाले अमरसिंह प्रथम अमरसिंह ही होंगे। ऐसा भी कहा जाता है कि *राजप्रशस्ति* काव्य लिखाने के लिए महाराणा राजसिंह ने प्रचुर अर्थ व्यय किया था। उसी समय किसी प्रतिभाशाली चारण ने नाना स्थानों से जोड़-बटोरकर यह महाकाव्य तैयार किया होगा। इसलिए *रासो* का वर्त्तमान रूप अधिक-से-अधिक सत्रहवीं शताब्दी के मध्य में ही प्राप्त हुआ होगा।

***पृथ्वीराजरासो* के प्रामाणिक अंश** : जहाँ तक *रासो* की ऐतिहासिकता का संबंध है, डॉ. बूलर, मॉरिसन, गौ. ही. ओझा, मुंशी देवीप्रसादजी आदि प्रामाणिक ऐतिहासिक लेखकों ने उसे अविश्वसनीय सिद्ध कर दिया है। अब इसकी लिखित घटनाओं को ऐतिहासिक सिद्ध करने का प्रयत्न बंद कर देना ही उचित है। किंतु फिर भी *रासो* का महत्त्व है। बहुत दिनों तक विद्वानों में यह विश्वास रहा है कि यद्यपि *रासो* में प्रक्षिप्त अंश बहुत हैं, तथापि इसमें चंद के कुछ-न-कुछ वचन अवश्य हैं जो काफी पुराने हैं। अब तक यही विश्वास किया जाता रहा है कि प्रक्षेपों के समुद्र में से मूल कविताओं के मोती चुन लेना असंभव ही है। इधर हाल में मुनि जिन-विजयजी ने *पुरातन प्रबंध संग्रह* में *जयचंद प्रबंध* नामक एक प्रबंध प्रकाशित किया, जिसमें चंद के नाम से चार छप्पय दिए हैं। इसकी भाषा परिनिष्ठित साहित्यिक अपभ्रंश के निकट की भाषा है, यद्यपि उसमें कुछ चिह्न ऐसे भी मिलते हैं जिनसे हम अनुमान कर सकते हैं कि *संदेशरासक* की भाषा के सदृश यह भाषा भी कुछ आगे बढ़ी हुई भाषा है। जिस प्रति से ये छप्पय उद्धृत किए गए हैं, वह संभवतः

पंद्रहवीं शताब्दी की लिखी हुई है। इससे यह सिद्ध होता है कि पंद्रहवीं शताब्दी में लोगों को चंद के छप्पय का ज्ञान था और ये छप्पय परिनिष्ठित अपभ्रंश से थोड़ी आगे बढ़ी भाषा में लिखे गए थे। इन पद्यों के प्रकाशन के बाद से अब इस विषय में किसी को संदेह नहीं रह गया है कि चंद नामक कोई कवि पृथ्वीराज के दरबार में अवश्य थे और उन्होंने ग्रंथ भी लिखा है। सौभाग्यवश वर्त्तमान *रासो* में भी ये छंद कुछ विकृत रूप में प्राप्त हो गए हैं। इस पर से यह अनुमान किया जा सकता है कि वर्त्तमान *रासो* में चंद के मूल छंद अवश्य मिले हुए हैं।

पृथ्वीराजरासो का अध्ययन करने के बाद और नवीं-दसवीं शताब्दी में प्रचलित कथाओं के लक्षण और काव्य-रूपों को ध्यान में रखकर देखने से ऐसा लगता है कि यद्यपि चंद के मूल वचनों को खोज लेना अब भी कठिन है, किंतु उसमें क्या-क्या वस्तुएँ थीं और कौन-कौन-सी कथाएँ थीं, इस बात का पता लगा लेना उतना कठिन नहीं है। उन दिनों की कथाएँ दो व्यक्तियों के संवाद के रूप में लिखी जाती थीं। चंद ने भी *रासो* को शुक और शुकी के संवाद में लिखा था जैसे विद्यापति ने *कीर्त्तिलता* को भृङ्ग और भृङ्गी के संवाद के रूप में लिखा था और कौतूहल कवि ने *लीलावती कथा* को कवि और कविपत्नी के संवाद के रूप में लिखा था। फिर चंदबरदाई का यह काव्य रासक भी है, जो गेय काव्य हुआ करता था, जिसमें मृदु और उद्धत प्रयोग हुआ करते थे। *संदेशरासक* में जिस प्रकार कवि ने अपनी नम्रता प्रकट करते हुए कहा है कि बड़े-बड़े कवियों की रचनाएँ उपलब्ध हैं तो क्या छोटे कवि अपनी रचनाओं से आनंदित न हों, उसी प्रकार और उसी शैली में *पृथ्वीराजरासो* में भी यह बात कही गई है। इतना ही नहीं, एक-दो प्राकृत गाथाएँ तो *रासो* में भी प्रायः वही हैं जो *संदेशरासक* में हैं।[4]

फिर, *संदेशरासक* में बीच-बीच में कवि सूचना देता है कि अमुक पात्र ने अमुक छंद में अपनी बात कही। उसी प्रकार *पृथ्वीराजरासो* में भी बीच-बीच में कह दिया गया है कि अमुक पात्र ने अमुक छंद में अपनी बात कही। इन सब बातों पर विचार करने से ऐसा जान पड़ता है कि चंद ने भी अपभ्रंश के रासकों की शैली पर ही अपना *रासो* लिखा। *संदेशरासक* में लगभग एक तिहाई पद्य रासक छंदों में है। *पृथ्वीराजरासो* में रासक छंद बहुत कम व्यवहृत हुआ है। पर *संदेशरासक* से यह तो सिद्ध हो ही जाता है कि रासक ग्रंथों में दूसरे छंदों का, विशेषकर दोहा और गाथा का, प्रचुर प्रयोग होता था। वीररस की प्रधानता होने के कारण चंद ने छप्पय छंदों का अधिक प्रयोग किया था, इस दृष्टि से विचार करने पर *रासो* के निम्नांकित प्रसंग प्रामाणिक जान पड़ते हैं :

1. आरंभिक अंश, 2. इंछिनी विवाह, 3. शशिव्रता का गंधर्व विवाह, 4. तोमर पाहार का शहाबुद्दीन का पकड़ना, 5. संयोगिता का जन्म, विवाह तथा इंछिनी और संयोगिता की प्रतिद्वंद्विता और समझौता।[5]

इन अंशों की विशेषता : इन अंशों में भाषा में उस प्रकार का बेडौल और बेमेल ठूँसठाँस नहीं है और कवित्त का सहज प्रवाह है। इसमें चंदबरदाई ऐसे सहज-प्रफुल्ल कवि के रूप में दृष्टिगत होते हैं जो विषम परिस्थितियों से भी जीवनरस खींचते रहते हैं। वे केवल कल्पनाविलासी कवि ही नहीं, निपुण मंत्रदाता के रूप में भी सामने आते हैं। चाहे रूप और शोभा का वर्णन हो, चाहे ऋतुवर्णन की उत्फुल्लता का प्रसंग हो, या युद्ध की भेरी का प्रसंग

हो, चंदबरदाई सर्वत्र एकसमान अविचलित और प्रसन्न दिखाई पड़ते हैं। रूप और सौंदर्य के प्रसंग में उनकी कविता रुकना ही नहीं जानती। निस्संदेह उन्होंने काव्यगत रूढ़ियों का बहुत व्यवहार किया है और परंपरा-प्रचलित उपमानों से सौंदर्य की अभिव्यंजना उनके साहित्य का प्रधान कौशल है, तथापि वह कवि के आनंदनिर्झर चित्त को पूर्ण रूप से प्रकट करती है। कथानक-रूढ़ियों की दृष्टि से तो चंद का काव्य बहुत ही महत्त्वपूर्ण है और परवर्त्तीकाल में जिन लोगों ने उसमें प्रक्षेप किया है वे चंद की इस प्रवृत्ति को बहुत अच्छी तरह पहचानते थे, इसीलिए प्रक्षेप करनेवालों ने चुन-चुन करके कथानक-रूढ़ियों और काव्य-रूढ़ियों का सन्निवेश किया है।

साधारणतः भारतीय कथाओं में कथानक को अभीष्ट दिशा में मोड़ने के लिए निम्नांकिन कथानक-रूढ़ियों का व्यवहार हुआ है :

1. स्वप्न में प्रियमूर्त्ति-दर्शन, 2. कहानी कहनेवाला सुआ, 3. शिकार खेलते समय घोड़े का जंगल में मार्ग भूलना, 4. मुनि का शाप, 5. रूपपरिवर्त्तन, 6. लिंगपरिवर्त्तन, 7. परकायप्रवेश, 8. आकाशवाणी, 9. अभिज्ञान या साहिदानी, 10. परिचारिका का राजा से प्रेम और उसका राजकन्या रूप में अभिज्ञान, 11. नायिका का चित्र, 12. नायक का औदार्य, 13. विरहवेदन, 14. चौर्यप्रेम और फिर विवाह, 15. नट-नदी द्वारा रूप-श्रवण और प्रेम, 16. संदेशवाहक हंस या कपोत, 17. विजनवन में सुंदरियों से साक्षात्कार, 18. उजाड़ शहर का मिल जाना और वहाँ नायक का राजा हो जाना, 19. शत्रुसंतापित सरदार की प्रिया को शरण देना और युद्ध मोल लेना, 20. अतिप्राकृत दृश्य से लक्ष्मीप्राप्ति का शकुन इत्यादि-इत्यादि।

रासो में कवित्व : लगभग इन सभी कथानक-रूढ़ियों का प्रयोग *पृथ्वीराजरासो* में किया गया है। महत्त्वपूर्ण प्रत्येक विवाह के समय नट का, नर्त्तकी का, स्वप्नदर्शन का, चित्रदर्शन का, हंस-दौत्य या शुक-दौत्य का उपयोग किया गया है। शशिव्रता और संयोगिता, इन दोनों मुख्य रानियों को अप्सरा का अवतार बताया गया है। प्रत्येक विवाह में आगे या पीछे कुछ-न-कुछ युद्ध का प्रसंग अवश्य आता है और प्राचीन निजंधरी कथाओं के समान कन्याहरण प्रधान रूप से वर्णित हुआ है। शोभा चाहे प्रकृति की हो या मनुष्य की हो, परंपरा-प्रचलित रूढ़ उपमानों के सहारे ही निखरी है और अधीनस्थ सामंतों की स्वामि-भक्ति और पराक्रम अत्यंत उज्ज्वल रूप में प्रकट हुआ है। छंदों का परिवर्त्तन बहुत अधिक हुआ है, पर कहीं भी अस्वाभाविकता नहीं आई है। बारहवीं-तेरहवीं शती के अपभ्रंश साहित्य में छंदों का यह परिवर्त्तन बहुत अधिक प्रचलित हो गया था। जो लोग छंदपरिबर्त्तन के लिए केशव को दोषी समझते हैं, वे बहुत ऊपर से काव्य-रूपों की आलोचना करते हैं। वस्तुतः केशव की *रामचंद्रिका* तक आते-आते यह छंदोबहुला प्रथा निर्जीव और विकृत हो गई थी। अत्यधिक प्रक्षेप होते रहने के बाद भी *पृथ्वीराजरासो* में यह प्रथा सजीव रूप में वर्त्तमान है। अनुकरण करनेवालों ने भी चंद की शैली को ठीक रूप में पकड़ा है और वर्त्तमान रूप में भी *रासो* के छंद जब बदलते हैं तो श्रोता के चित्त में प्रसंगानुकूल नवीन कंपन उत्पन्न करते हैं।

वर्त्तमान *रासो* में युद्धों का प्रसंग बहुत अधिक है; और शहाबुद्दीन तो इसमें हर मौके-बेमौके अनायास आ पड़ता है। अधिकतर भट्टभणंत और गलत तिथियों का हिसाब

ऐसे प्रसंग में आता है। ऐसा कहने में कुछ भी संकोच मालूम नहीं पड़ता, कि ये युद्धों के अनावश्यक विस्तारित वर्णन, चौहान और कमधुज्ज के सरदारों के नामों की सूची आदि बातें परवर्ती ठूँसठाँस हैं। मूल *रासो* शुक और शुकी के संवाद रूप में ही लिखा गया था और संभवतः *कीर्तिलता* के समान प्रत्येक समय के आरंभ में शुक और शुकी प्रसंग उसमें भी था। इधर *रासो* के अनेक संक्षिप्त संस्करणों का पता लगा है, और पंडितों में यह जल्पना-कल्पना आरंभ हुई है कि इन्हीं छोटे संस्करणों में से कोई *रासो* का मूल रूप है, या नहीं। अभी तक इन संस्करणों का जो कुछ विवरण देखने में आया है, उससे तो ऐसा ही लगता है कि ये सब संस्करण *रासो* के संक्षेप रूप ही हैं।

***परमालरासो*:** इस काल में *पृथ्वीराजरासो* के समान ही जागनिक लिखित *परमालरासो* नामक एक ग्रंथ का नाम मिलता है। कहते हैं कि कालिंजर के राजा परमाल (परमर्दि देव) के यहाँ जागनिक नाम के एक भाट थे, जिन्होंने महोबे के दो देशप्रसिद्ध वीरों, आल्हा और ऊदल के चरित्र का एक वीर काव्य लिखा था। फर्रुखाबाद के कलक्टर मि. चार्ल्स इलियट ने लोक में प्रचलित इन गीतों का संग्रह *आल्हा खंड*[6] के नाम से छपवाया था। निस्संदेह इस नए रूप में बहुत-सी नई बातें आ गई हैं और जागनिक के मूल ग्रंथ का क्या रूप था, यह कह सकना कठिन हो गया है। अनुमानतः इस संग्रह का वीरत्वपूर्ण स्वर तो सुरक्षित है, लेकिन भाषा और कथानकों में बहुत अधिक परिवर्त्तन हो गया है। इसीलिए चंदबरदाई के *पृथ्वीराजरासो* की तरह इस ग्रंथ को भी अर्द्ध-प्रामाणिक ही कह सकते हैं। ऐसा जान पड़ता है कि या तो जागनिक का काव्य बहुत दिनों तक बुंदेलखंड के बाहर प्रसारित नहीं हुआ, या यह रचा ही बहुत बाद में गया। पुराने साहित्य में इस अत्यंत लोकप्रिय काव्य का कहीं उल्लेख नहीं मिलता, और गोसाईं तुलसीदासजी ने इस श्रेणी के काव्य-रूप को शायद सुना ही नहीं था। यदि उन्होंने सुना होता तो अपने स्वभाव और नियम के अनुसार इस पद्धति को भी राममय अवश्य बनाते।

डिंगल-काव्य : राजपूताने के कुछ अन्य कवियों के लिखे हुए, इस काल के आसायित और श्रीधर आदि कवियों के कुछ अन्य वीरकाव्य भी प्राप्त हुए हैं। इसी काल में राजपूताने में डिंगल-काव्य का आरंभ हुआ। डिंगल अपभ्रंश के योग से बनी हुई राजस्थानी भाषा का साहित्यिक नाम था। डिंगल के तौल पर राजस्थानी कवियों ने एक और शब्द गढ़ लिया था, जिसका नाम है पिंगल। प्रादेशिक बोलियों के साथ मध्यदेशीय भाषा का मिश्रण होने से एक प्रकार की सर्वभारतीय भाषा बनी, जिसे हिंदी में ब्रजभाषा या केवल 'भाषा' कहते थे। इसी श्रेणी की भाषा को राजस्थानी कवि 'पिंगल' कहा कहते थे। डिंगल शब्द की व्युत्पत्ति अनेक प्रकार से बताई गई है। कुछ लोग इसका अर्थ गँवारू भाषा करते हैं। कुछ 'डिम + गल' के योग से इसका अर्थ डमरू की आवाजवाली वीररस की भाषा करते हैं, और कुछ दूसरे डींग या अतिशयोक्तिपूर्ण बातों से इसका संबंध जोड़ते हैं। किंतु डिंगल वस्तुतः राजस्थानी चारणों की राजस्तुति और वीर दर्पोक्तियों को वहन करानेवाली भाषा का नाम है। पिंगल छंद-शास्त्र के रचयिता का नाम है, और इसीलिए उस काल की परिष्कृत भाषा (ब्रजभाषा) का नाम 'पिंगल' दे दिया गया है। बहुत दिनों तक शौरसेनी प्राकृत को और इसीलिए उससे निकली ब्रजभाषा को नाग-भाषा कहा जाता रहा। मिर्ज़ाखाँ ने फ़ारसी में लिखे हुए ब्रजभाषा के व्याकरण में प्राकृत को नाग-लोक की भाषा कहा है। पिंगल स्वयं

नाग थे। संभवतः पिंगल का अर्थ हुआ शौरसेनी प्राकृत या ब्रजभाषा। युद्धों के प्रसंग में *पृथ्वीराजरासो* की भाषा डिंगल का रूप धारण करती है, किंतु विवाह और प्रेम के सुकुमार प्रसंगों में वह प्रधान रूप से पिंगल ही बनी रहती है। वस्तुतः मूल *पृथ्वीराजरासो* शौरसेनी अपभ्रंश में लिखा गया था, जो परिनिष्ठित साहित्यिक अप्रभंश से थोड़ी भिन्न और उससे कुछ आगे बढ़ी हुई भाषा थी।

ऐतिहासिक काव्य क्या हैं ? : मैंने अपनी *हिंदी साहित्य का आदिकाल* नामक पुस्तक में दिखाया है कि सातवीं-आठवीं शताब्दी से इस देश में ऐतिहासिक व्यक्तियों के नाम पर काव्य लिखने की प्रथा खूब चली। इन्हीं दिनों ईरान के साहित्य में भी इस प्रथा का प्रवेश हुआ। इस काल में उत्तरी-पश्चिमी सीमांत से बहुत-सी जातियों का प्रवेश इस देश में होता रहा। वे राज्य-स्थापन करने में भी समर्थ हुईं। पता नहीं कि उन जातियों की स्वदेशी प्रथा की क्या-क्या बातें इस देश में चलीं। साहित्य में नए-नए काव्यरूपों का प्रवेश इस काल में हुआ अवश्य। संभवतः ऐतिहासिक पुरुषों के नाम पर काव्य लिखने या लिखाने की चलन भी उनके संसर्ग का फल हो। परंतु भारतीय कवियों ने ऐतिहासिक नाम-भर लिया, शैली उनकी वही पुरानी रही जिसमें काव्य-निर्माण की ओर अधिक ध्यान था, विवरण-संग्रह की ओर कम; कल्पनाविलास का अधिक मान था, तथ्यनिरूपण का कम; संभावनाओं की ओर अधिक रुचि थी, घटनाओं की ओर कम; उल्लसित आनंद की ओर अधिक झुकाव था, विलसित तथ्यावली की ओर कम। इस प्रकार इतिहास को कल्पना के हाथों परास्त होना पड़ा। ऐतिहासिक तथ्य इन काव्यों में कल्पना को उकसा देने के साधन मान लिए गए हैं। राजा का विवाह, शत्रुविजय, जलक्रीड़ा, शैल-वन-विहार, दोला-विलास, नृत्य-गान-प्रीति—ये सब बातें ही प्रमुख हो उठी हैं। बाद में क्रमशः इतिहास का अंश कम होता गया और संभावनाओं का जोर बढ़ता गया। राजा के शत्रु होते हैं, उनसे युद्ध होता है। इतिहास की दृष्टि में एक युद्ध हुआ, और भी तो हो सकते थे। कवि संभावना को देखेगा। राजा के एकाधिक विवाह होते थे। यह तथ्य अनेकों विवाहों की संभावना उत्पन्न करता है; जलक्रीड़ा और वन-विहार की संभावना की ओर संकेत करता है और कवि को अपनी कल्पना के पंख खोल देने का अवसर देता है। उत्तरकाल के ऐतिहासिक काव्यों में इसकी भरमार है। ऐतिहासिक विद्वान् के लिए संगति मिलाना कठिन हो जाता है।

वस्तुतः इस देश में इतिहास को ठीक आधुनिक अर्थ में कभी नहीं लिया गया। बराबर ही ऐतिहासिक व्यक्ति को पौराणिक या काल्पनिक कथानायक-जैसा बना देने की प्रवृत्ति रही है। कुछ में दैवी शक्ति का आरोप करके पौराणिक बना दिया गया है—जैसे राम, बुद्ध, कृष्ण आदि; और कुछ में काल्पनिक रोमांस का आरोप करके उन्हें निजंधरी कथाओं का आश्रय बना दिया गया है—जैसे उदयन, विक्रमादित्य और हाल। जायसी के रतनसेन, रासो के पृथ्वीराज में तथ्य और कल्पना का—फैक्ट्स और फिक्शन का—अद्भुत योग हुआ है। कर्मफल की अनिवार्यता में, दुर्भाग्य और सौभाग्य की अद्भुत शक्ति में और मनुष्य के अपूर्व शक्तिभंडार होने में दृढ़ विश्वास ने इस देश के ऐतिहासिक तथ्यों को सदा काल्पनिक रंग में रँगा है। यही कारण है कि जब ऐतिहासिक व्यक्तियों का भी चरित्र लिखा जाने लगा, तब भी इतिहास का कार्य नहीं हुआ। अंत तक ये रचनाएँ काव्य ही बन सकीं, इतिहास

नहीं। फिर भी निजंधरी कथाओं से वे इस अर्थ में भिन्न थीं कि उनमें बाह्य तथ्यात्मक जगत् से कुछ-न-कुछ योग अवश्य रहता था। कभी-कभी मात्रा में कमी-वेशी तो हुआ करती थी, पर योग रहता अवश्य था। निजंधरी कथाएँ अपने-आपमें ही परिपूर्ण होती थीं।

जिस प्रकार भारतीय कवि काल्पनिक कथानकों में ऐसी घटनाओं को नहीं आने देता जो दु:खपरक विरोधों को उकसाएँ, उसी प्रकार वह ऐतिहासिक कथानकों में भी करता है। सिद्धांततः काव्य में उस वस्तु का आना भारतीय कवि उचित नहीं समझता जो तथ्य और औचित्य की भावनाओं में विरोध उत्पन्न करे, दु:खोद्रेचक विषम परिस्थितियों—ट्रेजिक कंट्रेडिक्शन्स—की सृष्टि करे; परंतु वास्तव जीवन में ऐसी बातें होती ही रहती हैं। इसलिए इतिहासाश्रित काव्य में भी ऐसी बातें आएँगी ही। बहुत कम कवियों ने ऐसी घटनाओं की उपेक्षा कर जाने की बुद्धि से अपने को मुक्त रखा है। यही कारण है कि इन ऐतिहासिक काव्यों के नायक को धीरोदात्त बनाने की प्रवृत्ति ही प्रबल हो गई है; परंतु वास्तविक जीवन के कर्त्तव्य-द्वंद्व, आत्मविरोध और आत्मप्रतिरोध जैसी बातें उनमें नहीं आ पातीं। ऐसी बातों के न आने से इतिहास का रस भी नहीं आ पाता और कथानायक कल्पित पात्र की कोटि में आ जाता है। फिर जीवन में कभी हास्योद्रेचक अनमिल स्वर भी मिल जाते हैं। संस्कृत काव्य का कर्त्ता कुछ अधिक गंभीर रहने में विश्वास करता है और ऐसे प्रसंगों को छोड़ जाता है। और ऐसे प्रसंगों को तो वह भरसक नहीं आने देना चाहता जहाँ कथानायक के नैतिक पतन की सूचना मिलने की आशंका हो। यदि ऐसे प्रसंगों की वह अवतारणा भी करता है तो घटनाओं और परिस्थितियों का ऐसा जाल तानता है, जिसमें नायक का कर्त्तव्य उचित रूप में प्रतिभात हो। सब मिलाकर ऐतिहासिक काव्य काल्पनिक निजंधरी कथानकों पर आश्रित काव्य से बहुत भिन्न नहीं होते। उनसे आप इतिहास के शोध की सामग्री संग्रह कर सकते हैं, पर इतिहास को नहीं पा सकते—इतिहास. जो जीवंत मनुष्य के विकास की जीवंत कथा होता है, जो कालप्रवाह से नित्य उद्घाटित होती रहनेवाली नव-नव घटनाओं और परिस्थितियों के भीतर से मनुष्य की विजययात्रा का चित्र उपस्थित करता है, और जो काल के परदे पर प्रतिफलित होनेवाले नए-नए दृश्यों को हमारे सामने सहज भाव से उद्घाटित करता रहता है। भारतीय कवि इतिहास-प्रसिद्ध पात्र को भी निजंधरी कथानकों की ऊँचाई तक ले जाना चाहता है। इस कार्य के लिए वह कुछ कथानक-रूढ़ियों का प्रयोग करता है जो कथानक को अभिलषित दिशा में मोड़ देने के लिए दीर्घकाल से प्रचलित हैं। इनसे कथानक में सरसता आती है और घटनाप्रवाह में एक प्रकार की लोच आ जाती है। अस्तु।

संदेशरासक : मुलतान के ग्यारहवीं शती (?) के कवि अद्दहमाण या अब्दुलरहमान ने *संदेशरासक*[7] नाम की एक बड़ी सुंदर प्रेमकहानी लिखी थी। इस पर दो संस्कृत टीकाएँ उपलब्ध हुई हैं। टीकाकार ने लिखा है कि उसे कवि के मुँह से काव्य का भाव सुनने का अवसर तो नहीं मिला, पर एक अन्य व्यक्ति से सुनकर वह अर्थ लिख रहा है। किसी-किसी विद्वान् ने टीकाकार की इस उक्ति पर से यह बताने का प्रयत्न किया है कि चौदहवीं शताब्दी के टीकाकार की बात से अनुमान होता है कि उसे कवि के मुँह से काव्य का भाव सुनने का अवसर मिल सकता था, पर किसी कारणवश मिला नहीं। अर्थात् कवि अधिक-से-अधिक

तेरहवीं शती के अंत में वर्त्तमान होगा। इस उक्ति में कुछ सार अवश्य है, परंतु इस युक्ति को बहुत दूर तक न घसीटना ही अच्छा है। हेमचंद्र के दोहों में *संदेशरासक* के एक दोहे को उदाहृत देखकर इसे ग्यारहवीं शती का काव्य ही मानना ठीक जान पड़ता है। जो हो, *संदेशरासक* की प्रेम-कहानी मुलतान के आसपास के प्रदेशों में गाई गई होगी। मध्ययुग की अनेक प्रेम-कथाओं की उत्स-भूमि यही प्रदेश रहा है। हीर राँझा की कहानी, पूरन भगत की कहानी, और नौटंकी की कहानी की जन्मभूमि यही प्रदेश रहा है।

संदेशरासक की कहानी बहुत सरल और मर्मस्पर्शी है, यद्यपि वह कुछ आदिम मनोभाववाली रचनाओं की श्रेणी की है। मुलतान से जाते हुए किसी पथिक से एक विरहिणी स्त्री का साक्षात्कार होता है, जिसका पति कार्यवश मुलतान गया था। वह विरहिणी अपना दुखड़ा सुनाती है और वर्ष के भिन्न-भिन्न ऋतुओं में उस पर जो बीती है, उसकी कहानी सुना देती है और फिर प्रिय के लिए कुछ संदेश भेजती है। इस संदेश में ऐसी करुण वेदना है, जो पाठक को बरबस आकृष्ट करती है। उपमाएँ अधिकांश में यद्यपि परंपरागत और रूढ़ ही हैं, तथापित बाह्‌य-वृत्त की वैसी व्यंजना उसमें नहीं है जैसी आंतरिक अनुभूति की। ऋतुवर्णन के प्रसंग में बाह्‌य-प्रकृति इस रूप में चित्रित नहीं हुई, जिससे आंतरिक अनुभूति की व्यंजना दब जाय। प्रिय के नगर से आनेवाले अपरिचित पथिक के प्रति नायिका के चित्त में किसी प्रकार के दुराव का भाव नहीं है। वह बड़े सहज ढंग से अपनी कहानी कह जाती है। सारा वातावरण विश्वास और घरेलूपन का वातावरण है।

संदेशरासक और पृथ्वीराजरासो : *संदेशरासक* बहुत महत्त्वपूर्ण विरह-काव्य है, जो एक तरफ *ढोला मारूरा* की मारवाणी की याद दिलाता है, और दूसरी तरफ *पद्मावत* की नागमती की। यह *पृथ्वीराजरासो* से भिन्न प्रकृति का काव्य है। *पृथ्वीराजरासो* प्रेम के मिलनपक्ष का काव्य है, और *संदेशरासक* विरहपक्ष का; रासो काव्य-रूढ़ियों के द्वारा वातावरण तैयार करता है, और *संदेशरासक* हृदय की मर्म-वेदना के द्वारा। *रासो* में घर के बाहर का वातावरण प्रमुख है, और *संदेशरासक* में भीतर का। *रासो* नए-नए प्रेम का रोमांस प्रस्तुत करता है, और *संदेशरासक* पुरानी प्रीति को निखार देता है।

***प्राकृतपैंगलम* के उदाहरण** : *प्राकृतपैंगलम* में विद्याधर, शार्ङ्गधर (?), जज्जल, बब्बर आदि कवियों की रचनाओं में कई प्रकार के विषय हैं—वीर, शृंगार, नीति, शिवस्तुति, विष्णुस्तुति, ऋतुवर्णन आदि। पर इनकी मात्रा बहुत कम है। परंतु ये सभी रचनाएँ और *संदेशरासक, पृथ्वीराजरासो, कीर्त्तिलता* आदि के कवि उस श्रेणी के कवि नहीं थे, जिन्हें आदिम-मनोवृत्ति के कवि कहते हैं। वस्तुतः इन रचनाओं में एक दीर्घकालीन परंपरा का स्पष्ट परिचय मिलता है। ये कवि काव्य-लक्षणों के जानकार थे, प्राचीनतर कवियों की रचनाओं के अभ्यासी थे, और अपने काव्य के गुण-दोषों के प्रति सचेत थे। इसीलिए इन्हें साहित्य के आरंभिक काल का कवि कहना ठीक नहीं। इस दृष्टि से भी हिंदी के इस काल के साहित्य को दीर्घकाल से चली आती हुई परंपरा का बढ़ावा समझना ही संगत जान पड़ता है। काव्यगत रूढ़ियों और कथानक-रूढ़ियों का इस साहित्य में जमकर प्रयोग किया गया है। इसीलिए इस श्रेणी की रचनाओं में आदिम कविता की स्पष्टता, अव्यवहित प्रभाव-विस्तरण और अनगढ़ भाव नहीं हैं, बल्कि शास्त्रीय कविता की जटिलता और सुगढ़

भाव-व्यंजना का प्रयास मिलता है। वस्तुतः 'हिंदी का आदिकाल' शब्द एक प्रकार की भ्रामक धारणा की सृष्टि करता है और श्रोता के चित्त में यह भाव पैदा करता है कि यह काल कोई आदिम मनोभावापन्न, परंपराविनिर्मुक्त, काव्य-रूढ़ियों से अछूते साहित्य का काल है। यह ठीक नहीं है। यह काल बहुत अधिक परंपरा-प्रेमी, रूढ़िग्रस्त और सजग एवं सचेत कवियों का काल है।

***कीर्त्तिलता* की विशेषता** : सौभाग्यवश विद्यापति की *कीर्त्तिलता* में कोई प्रक्षेप नहीं हो सका, और उसमें थोड़ी-बहुत ताजगी बची रह गई है। ऐतिहासिक काव्यों में *कीर्त्तिलता* का स्थान कुछ विशिष्ट है। यद्यपि यह पुस्तक भी आश्रयदाता समसामयिक राजा की कीर्ति गाने के उद्देश्य से ही लिखी गई है और कविजनोचित अलंकृत भाषा में रची गई है, तथापि इसमें ऐतिहासिक तथ्य कल्पित घटनाओं या संभावनाओं के द्वारा धूमिल नहीं हो गया है। कीर्त्तिसिंह का चरित्र बहुत ही स्पष्ट और उज्ज्वल रूप में चित्रित हुआ है। कवि की लेखनी चित्रकार की उस तूलिका के समान नहीं है जो छाया और आलोक के सामंजस्य से चित्रों को ग्राह्य बनाती है; बल्कि उस शिल्पी की टाँकी के समान है जो मूर्त्तियों को भित्ति-गात्र में उभार देता है, हम उत्कीर्ण मूर्त्ति की ऊँचाई-नीचाई का पूरा-पूरा अनुभव करते हैं। उस काल के मुसलमानों का, हिंदुओं का, सामंतों का, शहरों का, लड़ाइयों का, सेना के सिपाहियों का इतना जीवंत और यथार्थ वर्णन अन्यत्र मिलना कठिन है। कवि ने जो भी सामने आ गया उसका ब्यौरेवार वर्णन करके चित्र को यथार्थ बनाने का प्रयत्न नहीं किया है, बल्कि आवश्यकतानुसार निर्वाचन, चयन और समंजस योजना के द्वारा चित्र को पूर्ण और सजीव बनाने का प्रयत्न किया है। इस प्रकार यह काव्य इतिहास की सामग्री से निर्मित होकर भी केवल तथ्यनिरूपक पुस्तक नहीं बना है; बल्कि सचमुच का काव्य बना है। बहुत कम स्थलों पर कवि ने केवल संभावनाओं को वृहदाकार बनाया है। कीर्त्तिसिंह का वीररूप भी स्पष्ट हो जाता है और जौनपुर के सुलतान फिरोजशाह के सामने उसका अति नम्र भक्तिमान रूप भी प्रकट हुआ है। इन चित्रणों में कवि ने कीर्त्तिसिंह के द्वितीय रूप को दबाने या उज्ज्वलतर रूप में चित्रित करने का प्रयास नहीं किया; बल्कि ऐतिहासिक तथ्य को इस भाँति रखने का प्रयत्न किया है कि जिस स्थान पर कथानायक झुकता है, वहाँ भी वह पाठक की सहानुभूति और परिशंसन का पात्र बना रहता है। छंदों के चुनाव में भी कवि ने कुशलता का परिचय दिया है। तथ्यात्मक विवरण को मोड़ने के साथ-ही-साथ वह छंदों को बदल देता है और पाठक के चित्त में उत्पन्न हो सकनेवाली एकघृष्टता या मोनोटोनी को कम कर देता है। सब मिलाकर *कीर्त्तिलता* अपने समय का बहुत ही सुंदर चित्र उपस्थित करती है। वह इतिहास का कविदृष्ट जीवंत रूप है। उसमें न तो काव्य के प्रति पक्षपात है, न इतिहास की उपेक्षा; उसमें यथास्थान पाठक के चित्त में करुणा, सहानुभूति, हास्य, औत्सुक्य और उत्कंठा जाग्रत करने के विचित्र गुण हैं। इस पुस्तक में उन कथानक-रूढ़ियों का प्रयोग बहुत कम किया गया है जो संस्कृत, प्राकृत और अपभ्रंश की रचनाओं में एक ही प्रकार के अभिप्राय ला देती हैं और तथ्यात्मक जगत् से कम संबंध रखकर कल्पना-विलास की ओर पाठक का मन मोड़ दिया करती हैं। परंतु इसकी भाषा साहित्यिक परिनिष्ठित अपभ्रंश से भिन्न भाषा है; क्योंकि इसमें तत्कालीन मैथिली का मिश्रण है। साधारणतः अपभ्रंश के कवि अपनी भाषा को अपभ्रंश नहीं कहते थे।

संस्कृत विद्वान् ही इसको अपभ्रंश या बिगड़ी हुई भाषा कहते हैं। चौदहवीं शताब्दी के दो संस्कृत के पंडितों अर्थात् विद्यापति और ज्योतिरीश्वर ने इस भाषा को 'अवहट्ठ' कहा है। इसीलिए कुछ विद्वानों ने परिनिष्ठित अपभ्रंश से आगे बढ़ी हुई भाषा को अपभ्रंश न कहकर, 'अवहट्ठ' कहना शुरू किया है। परंतु भाषाशास्त्रियों में यह शब्द अभी तक स्वीकृत नहीं हुआ है।

विद्यापति : *कीर्तिलता* के रचयिता विद्यापति मिथिला के विसपी नामक ग्राम के रहनेवाले थे। राजा शिवसिंह ने सन् ईस्वी की चौदहवीं शती में यह ग्राम अभिनव जयदेव को उपाधि-सहित दिया था। कहते हैं, इस दान-पत्र के अक्षरों का तत्कालीन प्रचलित वर्ण-माला से साम्य नहीं है। इसे विद्वानों ने जाली दान-पत्र बताया है। संभवतः इनका जन्म 1368 ई. में हुआ था, और पंद्रहवीं शताब्दी के उत्तरार्द्ध तक ये जीवित रहे। *कीर्तिलता* में इन्होंने अपने को कीर्त्तिसिंह का लेखन-कवि कहा है जो संभवतः इन्हें कीर्त्तिसिंह का बाल्य-बंधु सिद्ध करता है। इस हिसाब से इनका जन्मकाल कुछ और पहले होना चाहिए। विद्वानों का अनुमान है कि इस हिसाब से उनका जन्म 1360 ई. में हुआ होगा।

मैथिली में लिखित विद्यापति की पदावली[8] की भाषा के वर्त्तमान रूप के संबंध में संदेह करने का कारण है; इसका वक्तव्य विषय राधा तथा अन्य गोपियों के साथ-साथ श्रीकृष्ण की प्रेमलीला है। इस पुस्तक की विस्तृत चर्चा हम आगे भक्त कवियों के प्रसंग में करेंगे। राधा और कृष्ण के प्रेम-प्रसंगों को यह पुस्तक प्रथम बार उत्तर भारत में गेय पदों में प्रकाशित करती है। इस पुस्तक के पदों ने आगे चलकर बंगाल, असम और उड़ीसा के वैष्णव भक्तों को खूब प्रभावित किया और यह उन प्रदेशों के भक्ति-साहित्य में नई प्रेरणा और नई प्राणधारा संचारित करने में समर्थ हुई। इसीलिए पूर्वी प्रदेशों में सर्वत्र यह पुस्तक धर्म-ग्रंथ की महिमा पा सकी है।

***कीर्त्तिलता* की भाषा** : *कीर्त्तिलता* अपने काल की बहुत सुंदर और प्रामाणिक रचना है। इसकी भाषा में पुरानी मैथिली के कई चिह्न पाए जाते हैं; जैसे विशेषण और क्रिया में स्त्रीलिंग का व्यवहार; बहुवचन में न्ही, न्ह, आ, या; किसी भी विभक्तिचिह्न का अभाव; कर्त्ता में ए, जे का प्रयोग या परसर्गाभाव; तृतीया में ए और हि; पंचमी में तहें और सञो; षष्ठी में करि, करो, कर और करेओ का व्यवहार है। सप्तमी में ए, एँ और हि का प्रयोग है। सभी विभक्तियों के लिए चंद्रबिंदु का व्यवहार है। वर्त्तमानकाल उत्तम-पुरुष में ओ, ञो; मध्यम-पुरुष में सी तथा अन्य-पुरुष में इ, ए और यि का प्रयोग है। विधिक्रिया में उ, ऊँ और ह का व्यवहार है। भूतकाल में इअ और भविष्य में इह विकरण प्रत्यय का प्रयोग है। कृदंत के लिए न्ते और न्ता का प्रयोग है। पूर्वकालिक के लिए इ, ए का व्यवहार तथा स्वरों का सानुनासिकीकरण है।

***कीर्त्तिलता* का काव्यरूप** : ऐसा जान पड़ता है कि *कीर्त्तिलता* बहुत-कुछ उसी शैली में लिखी गई थी, जिसमें चंदबरदाई ने *पृथ्वीराजरासो* लिखा था। यह भृंग और भृंगी के संवादरूप में है; इसमें भी संस्कृत और प्राकृत के छंदों का प्रयोग है। संस्कृत और प्राकृत के छंद *रासो* में बहुत आए हैं। जिन स्थानों पर ये छंद व्यवहृत हुए हैं, वहाँ *रासो* के कवि ने भाषा में थोड़ा संस्कृत की छौंक देना चाहा है। या, यह भी हो सकता है कि मूलरूप में वे छंद

संस्कृत में लिखे गए हों, और *रासो* के वर्त्तमान रूप में विकृत हो गए हों। विद्यापति ने भी आरंभ में और अंत में संस्कृत छंदों का आश्रय लिया है और भाषा भी संस्कृत रखी है। *रासो* की भाँति *कीर्त्तिलता* में भी गाथा (गाहा) छंद का व्यवहार प्राकृत भाषा में हुआ है। यह विशेष लक्ष्य करने की बात है कि संस्कृत और प्राकृत के पदों में तथा गद्य में भी तुक मिलाने का प्रयास किया गया है, जो अपभ्रंश-परंपरा के अनुकूल ही है। पद्धरी छंद का इस ग्रंथ में भी उपयोग है। अपभ्रंश के चरित-काव्यों में पद्धरी का इतना अधिक प्रयोग है कि शैली का नाम ही 'पद्धड़िया बंध' रख दिया गया था। अपभ्रंश के सुप्रसिद्ध कवि स्वयंभू ने चतुर्मुख नामक अपने पूर्ववर्त्ती अपभ्रंश कवि को 'पद्धड़िया बंध' का प्रवर्त्तक कहा है। *कीर्त्तिलता* में इस छंद का इतना व्यापक प्रयोग तो नहीं है, पर जो है वह इस बात को सूचित करने के लिए पर्याप्त है कि यह ग्रंथ अपभ्रंश-काव्यों की कथा-साहित्य की परंपरा में ही पड़ता है। इस प्रकार यह स्पष्ट है कि विद्यापति ने इस ग्रंथ को अपभ्रंश में प्रचलित कथा-काव्यों की श्रेणी में ही रखना चाहा था। फिर भी उन्होंने इस काव्य को कथा नहीं कहा था, बल्कि 'काहाणी' कहा है। इसका क्या कारण हो सकता है?

'काहाणी' का रूप : काशी के सुप्रसिद्ध राजा गोविन्दचंद्र के सभा-पंडित दामोदर भट्ट ने *उक्तिव्यक्तिप्रकरण* नाम से एक व्याकरण ग्रंथ की रचना की थी। इस पुस्तक से काशी की तात्कालिक भाषा का कुछ परिचय मिलता है और यह भी पता लगता है कि उन दिनों इस लोकभाषा में कथा और कहानियाँ लिखी जाती थीं। उन कहानियों का काव्य-रूप कैसा था, यह जानने का कोई साधन अब प्राप्त नहीं है। अपभ्रंश काव्यों में कथा को उसी श्रेणी का अलंकृत काव्य माना गया है, जिस श्रेणी की रचनाएँ संस्कृत में मिलती हैं। पुष्पदंत के *नागचरित* में एक जगह एक अलंकारहीना रानी की उपमा कुकविकृता-कथा से दी गई है, जो यह सूचित करता है कि अपभ्रंश कवियों को कथा में अलंकार और रस देने की रुचि थी। विद्यापति ने *कीर्त्तिलता* की भाषा को अलंकृत करने का प्रयत्न किया है। दामोदर भट्ट की पुस्तक से पता चलता है कि उन दिनों कहानियों में गद्य का भी प्रयोग होता था। संभवतः संस्कृत के 'चम्पू' काव्यों के ढंग की ये रचनाएँ होती थीं। विद्यापति की *कीर्त्तिलता* में गद्य का प्रचुर प्रयोग है। यद्यपि *लीलावती* नामक प्राकृत कथा में भी कहीं-कहीं गद्य थोड़ा-बहुत आ गया है, पर वह नाममात्र को है। अपभ्रंश के चरित-काव्यों में तो गद्य का लोप ही हो गया था। इस प्रकार विद्यापति की *कीर्त्तिलता* इस बात में अपभ्रंश के चरित-काव्यों से विशिष्ट है। रुद्रट के सामने जो संस्कृतेतर भाषाओं की कथाएँ थीं, उनमें भी कहीं-कहीं गद्य का प्रयोग होता था। जान पड़ता है कि विद्यापति के पूर्ववर्त्ती काल में जो कथाएँ लिखी गईं, उनमें गद्य का प्रयोग होने लगा था। फिर कथा-काव्यों में राज्यलाभ तथा कन्याहरण और गंधर्व-विवाहों का प्राधान्य होता था, जो *कीर्त्तिलता* में केवल राज्यलाभ तक ही सीमित रह गया है। इस प्रकार विद्यापति की *कीर्त्तिलता* कथा-काव्य के कुछ लक्षणों से युक्त नहीं है। इसलिए वह ठीक-ठीक 'कथा' नाम नहीं पा सकती। जान पड़ता है कि विद्यापति ने अपने काव्य को कथा से भिन्न श्रेणी की रचना समझकर उसे 'काहाणी' कहा था। इसमें कथा के मुख्य-मुख्य लक्षण आ जाते हैं और एकाध लक्षण छूट जाते हैं। यह भी हो सकता है कि विद्यापति के पूर्व में इस 'कहानी' नाम की अन्य रचनाएँ भी रही हों जिनकी सूचना दामोदर भट्ट की पुस्तक में मिल जाती है। यहाँ उल्लेख-योग्य है कि विद्यापति की एक अन्य

पुस्तक *कीर्त्तिपताका* है, जिसमें प्रेम-कथा वर्णित है। संभवतः विद्यापति ने कथा के दोनों उद्देश्यों—युद्ध और प्रेम—के लिए अलग-अलग पुस्तक लिखी थी।

इस पुस्तक में कई प्रकार की भाषाएँ हैं। गद्य में तो संस्कृत पदावली का प्राचुर्य है, केवल बीच-बीच में मैथिली की विभक्तियाँ या क्रियापद आ जाते हैं। पद्य में दोहों और छप्पयों में अपभ्रंश के निकट जाने का प्रयत्न है, परंतु हरिगीतिका आदि छंदों में मैथिली का पुट मिल जाता है। पद्यों में तद्भव शब्दों का ही प्रयोग है, किंतु गद्य में तत्सम शब्दों का आधिक्य है। यह भाषा उस काल की सूचना देती है जब बोल-चाल की भाषा में तत्सम शब्दों का प्रयोग बढ़ने लगा था, परंतु पद्य की भाषा में अपभ्रंश भाषा का ही प्रभुत्व था; आधुनिक समय में भी कुछ लोग इस मत के पोषक थे कि हमेशा ही गद्य और पद्य की भाषा का व्यवधान बना रहना चाहिए। चौदहवीं शताब्दी में भी कुछ इसी प्रकार का भाव था।

दो प्रकार के साहित्यिक प्रयत्न : दो प्रकार के साहित्यिक प्रयत्न इस काल में प्रमुख हैं। पहली श्रेणी में बौद्ध और नाथ-सिद्धों की तथा जैन-मुनियों की रूक्ष तथा उपदेश-मूलक और हठयोग या कायायोग की महिमा का प्रचार करनेवाली रहस्यमूलक रचनाएँ आती हैं। इनका उद्देश्य रससृष्टि नहीं था। साहित्य के इतिहास में दो कारणों से इनका महत्त्व है। एक तो परवर्त्ती धार्मिक काव्य-रूपों के विकास में ये सहायक हैं, और उस धार्मिक पृष्ठभूमि को समझने में सहायता पहुँचाती हैं, जिनके बिना हम काव्य-प्रयत्नों को समझ ही नहीं पाएँगे; और दूसरे, इनके अध्ययन से उस युग की भाषा, शैली, छंदोविधान आदि का अध्ययन सुकर होता है। इन दो दृष्टियों से इन रचनाओं का महत्त्व है। फिर इन रचनाओं में सहज सत्य को कभी-कभी बड़ी प्रभावशाली भाषा में प्रकट किया गया है, जो तत्कालीन रूढ़िप्रवण धर्म-विचारों से जकड़े मनुष्य को—विद्युत् की चमक के समान—सत्य को उद्भासित कर देता है। मनुष्य-चित्त को रूढ़िग्रस्त धर्म-भावना से मुक्त करके और सहज सत्य के प्रति उन्मुख करके उन्होंने परवर्त्ती भक्त कवियों के लिए क्षेत्र प्रस्तुत किया है। इसलिए इन रचनाओं को हम साहित्य के इतिहास से हटा नहीं सकते। इन्होंने जितनी दूर तक मनुष्य-चित्त को रूढ़ि के विचार से मुक्त करके सहज सत्य तक पहुँचाने में सहायता की है, उतनी दूर तक वे सच्चे साहित्य के अंतर्गत गिनी जाने योग्य हैं। इन रचनाओं से इससे अधिक की आशा साहित्य के विद्यार्थी को नहीं करनी चाहिए।

दूसरी श्रेणी में चारण कवियों के चरित-काव्य हैं जिनमें राजस्तुति, युद्ध, विवाह आदि के वर्णन हैं। साधारणतः इनमें परंपरा से प्राप्त काव्य-रूढ़ियों के साँचे में ढली हुई, चिराचरित कथानक-रूढ़ियों से पली हुई, और बँधे-बँधाए मार्ग में चली हुई कविता ही प्राप्त होती है। सिर्फ एक बात में इसमें नवीन प्राणों का स्पन्दन सुनाई देता है, और नवीन वक्तव्य-भंगिमा की ताजगी अनुभूत होती है, वह है इस श्रेणी की रचनाओं की वीर दर्पोक्तियाँ। इस साहित्य के पुरुष स्वामी के लिए हँसते-हँसते प्राण देते हैं, मदमत्त कुंजर-घटा में अवलील या धँस जाते हैं, दुर्धर्ष शत्रु-वाहिनी से अकेले भी भिड़ पड़ते हैं, और उनकी स्त्रियाँ पति के इस वीरत्व पर अभिमान करती हैं, और मन-वचन-कर्म से पति के साथ सूर्यमंडल को भेदकर अज्ञात-अननुभूत आनंदलोक में यात्रा करने के लिए सदा प्रस्तुत रहती हैं। हेमचंद्र के व्याकरण में ही इस श्रेणी के वीर दर्प का यह नया स्वर सुनाई देने लगा है। उसमें नवीन ताज़गी तो है ही, सहज अकुतोभय भावना से उसमें अपूर्व तेजस्विता भी

मिलने लगती है। बाद में ज्यों-ज्यों समय बीतता गया, त्यों-त्यों इसमें बासीपन आता गया; और ढलती वयस की भारसाम्य-विहीन (डिस्बैलेंस्ड) अतिरंजना और अवरंजना बढ़ती गई। सत्रहवीं शताब्दी में जब *रासो* का नए सिरे से संपादन हुआ, तो इस श्रेणी की भारसाम्य-विहीन प्रवृतिवाली रचनाएँ उसमें घुस आईं। आल्हा काव्य के वर्त्तमान रूप की भी यही कहानी है।

इस काल का नाम : इन दोनों विशेषताओं को ध्यान में रखकर हिंदी साहित्य के इतिहासकारों ने इस काल का नाम देने का प्रयास किया है। स्वर्गीय पं. रामचन्द्र शुक्ल ने इसका नाम 'वीरगाथाकाल' दिया था; क्योंकि उनका विश्वास था कि इस काल की रचनाएँ साहित्यिक कोटि में आने योग्य हैं। उनमें अधिकांश वीरगाथाएँ हैं। हमारे पिछले विवेचन से स्पष्ट है कि यह नाम वर्त्तमान ज्ञान के आलोक में बहुत उचित नहीं प्रतीत होता। शुक्लजी ने इन रचनाओं को प्रामाणिक मानकर इस काल का नामकरण किया था, इनमें से अधिकांश संदिग्ध और अप्रामाणिक हैं। फिर इधर अनेक अज्ञातपूर्व काव्यों का पता लगा है जो पर्याप्त महत्त्वपूर्ण हैं। नामकरण के समय शुक्लजी के सामने ये पुस्तकें नहीं थीं। परंतु यह सत्य है कि इस काल की रचनाओं में वीरत्व का एक नया स्वर सुनाई देता है। इस काल में वीररस को सचमुच ही बहुत प्रमुख स्थान प्राप्त है। किंतु इसी काल में या इसके कुछ पूर्व से ही नाथपंथी और सहजयानी सिद्धों तथा जैन मुनियों की निर्गुणिया भावापन्न कविताएँ भी प्राप्त होती हैं। इन रचनाओं का महत्त्व पहले दिखाया जा चुका है। सातवीं-आठवीं शताब्दी से इन रचनाओं की प्राप्ति होने लगती है। महापंडित राहुल सांकृत्यायनजी ने आठवीं से बारहवीं शताब्दी तक के काव्य में दो प्रकार के भाव पाए हैं— 1. सिद्धों की वाणी, और 2. सामंतों की स्तुति। इसलिए उन्होंने इस काल को सिद्ध-सामंत युग कहा है। किंतु इस नाम से उन अत्यंत महत्त्वपूर्ण लौकिक रस की रचनाओं का कुछ भी आभास नहीं मिलता जो परवर्त्ती काव्य में भी बहुत व्यापक रूप में प्रकट हुई हैं। कुछ आलोचकों को इस काल का नाम 'आदिकाल' ही अधिक उपयुक्त जान पड़ता है। इस पुस्तक में भी इस काल को इसी नाम से कहा गया है। इस नाम से एक भ्रामक धारणा की सृष्टि होती है। हमने ऊपर इस बात को दिखाया है। यदि पाठक इस धारणा से सावधान रहें तो यह नाम बुरा नहीं है। क्योंकि यद्यपि साहित्य की दृष्टि से यह काल बहुत-कुछ अपभ्रंश काल का बढ़ाव ही है, पर भाषा की दृष्टि से यह परिनिष्ठित अपभ्रंश से आगे बढ़ी हुई भाषा की सूचना लेकर आता है। इसमें भावी हिंदी भाषा और उसके काव्यरूप अंकुरित हुए हैं।

[इस काल के अध्ययन के लिए सहायक पुस्तकें—मिश्रबंधु : *मिश्रबंधु विनोद;* रामचंद्र शुक्ल : *हिंदी साहित्य का इतिहास;* हजारीप्रसाद द्विवेदी : *हिंदी साहित्य का आदिकाल;* राहुल सांकृत्यायन : *हिंदी काव्यधारा;* उदयनारायण तिवारी : *वीरकाव्य संग्रह;* रामकुमार वर्मा : *हिंदी साहित्य का आलोचनात्मक इतिहास';* मोतीलाल मेनारिया : *राजस्थानी साहित्य की रूपरेखा;* नामवरसिंह : *हिंदी के विकास में अपभ्रंश का योग;* *राजस्थान भारती* (त्रैमासिक)।]

संदर्भ

1. श्री सत्यजीवन वर्मा द्वारा संपादित और सं. 2008 में काशी नागरी प्रचारिणी सभा, काशी द्वारा प्रकाशित। हाल ही में डॉ. माताप्रसाद गुप्त द्वारा संपादित होकर प्रयाग से प्रकाशित।
2. (1) *खालिक बारी,* मुफीदे खालिक प्रेस, आगरा, 1869 ई. (2) *खालिक बारी,* सूरजमल, कमरुद्दीन खाँ, पटना, 1870 ई.(3) *अमीर खुसरो की हिंदी कविता,* काशी नागरी प्रचारिणी सभा, काशी, 1922 ई.
3. *पृथ्वीराजरासो*—(1) एसियाटिक सोसायटी ऑफ बंगाल से 1883-86 ई. में आरम्भिक अंश प्रकाशित; (2) मोहनलाल विष्णुलाल पंड्या द्वारा सम्पादित, ई. जे. लाजरस एण्ड को., बनारस, सन् 1888-1904 ई.; (3) नागरी प्रचारिणी सभा, काशी से श्यामसुन्दरदास आदि द्वारा सम्पादित, 1905-13 ई.; (4) *पृथ्वीराजरासो* के दो समय (रेवातट और पद्मावती समय), लखनऊ, 1942; (5) *असली पृथ्वीराजरासो,* मोतीलाल बनारसीदास, लाहौर, 1938; (6) केवल रेवातट समय, *हिंदी के कवि और काव्य* (प्रथम भाग)में 1937 ई. में प्रयाग से प्रकाशित; (7) *संक्षिप्त पृथ्वीराजरासो,* हजारीप्रसाद द्विवेदी और नामवरसिंह द्वारा सम्पादित, काशिका समिति, काशी, 1952.
4. विशेष विस्तार के लिए देखिए—हजारीप्रसाद द्विवेदी का *हिंदी साहित्य का आदिकाल,* पटना, 1952।
5. विशेष विस्तार के लिए देखिए उपर्युक्त।
6. (1) *पद्मावती खंड* तथा *आल्हा खंड;* केशवप्रसाद संपा., आगरा, 1871, (2) *पद्मावती खंड* तथा *आल्हा खंड;* हरदेवसहाय संपा., मेरठ, 1880, (3) *पद्मावती खंड* तथा *आल्हा खंड,* चार्ल्स इलियट संपा., मुंशी रामस्वरूप, फतेहगढ़, 1881।
7. *सिंधी जैन ग्रंथमाला,* विद्याभवन, बंबई से मुनि जिनविजयजी द्वारा संपादित।
8. (1) नगेन्द्रनाथ गुप्त, लाहौर, 1910; (2) रामवृक्ष शर्मा 'बेनीपुरी', लहेरियासराय, 1926 और बाद में भी।

भक्ति-साहित्य

वास्तविक हिंदी साहित्य का आरम्भ

भक्ति-साहित्य का आरम्भ : चौदहवीं शताब्दी तक हिंदीभाषी प्रदेशों में देशी भाषा का साहित्य कैसा था, इस बात की धारणा बहुत अस्पष्ट रूप में ही होती है। हम केवल इतना जानते हैं कि पूर्वी प्रदेशों में सहजयानी और नाथपंथी साधकों की साधनात्मक रचनाएँ प्राप्त होती हैं और पश्चिमी प्रदेशों में नीति, शृंगार और कथानक-साहित्य की कुछ रचनाएँ उपलब्ध होती हैं। एक में भावुकता, विद्रोह और रहस्यवादी मनोवृत्ति का प्राधान्य है और दूसरी में नियमनिष्ठा, रूढ़िपालन और स्पष्टवादिता का स्वर है; एक में सहज सत्य को आध्यात्मिक वातावरण में सजाया गया है, दूसरी में इहलौकिक वायुमंडल में। चौदहवीं-पंद्रहवीं शताब्दी में दोनों प्रकार की रचनाएँ एक में सिमटने लगी थीं। दोनों के मिश्रण से उस भावी साहित्य की सूचना इसी समय मिलने लगी जो समूचे भारतीय इतिहास में अपने ढंग का अकेला साहित्य है। इसी का नाम भक्ति-साहित्य है। यह एक नई दुनिया है और जैसा कि डाक्टर ग्रियर्सन ने कहा है, "कोई भी मनुष्य जिसे पंद्रहवीं तथा बाद की शताब्दियों का साहित्य पढ़ने का मौका मिला है, उस भारी व्यवधान को लक्ष्य किए बिना नहीं रह सकता जो पुरानी और नई धार्मिक भावनाओं में विद्यमान है। हम अपने को ऐसे धार्मिक आंदोलन के सामने पाते हैं, जो उन सब आंदोलनों से कहीं अधिक व्यापक और विशाल है, जिन्हें भारतवर्ष ने कभी भी देखा है। यहाँ तक कि वह बौद्ध धर्म के आंदोलन से भी अधिक व्यापक और विशाल है, क्योंकि उसका प्रभाव आज भी वर्त्तमान है। इस युग में धर्म ज्ञान का नहीं, बल्कि भावावेश का विषय हो गया था। यहाँ से हम साधना और प्रेमोल्लास के देश में आते हैं और ऐसी आत्माओं का साक्षात्कार करते हैं जो काशी के दिग्गज पंडितों की जाति की नहीं हैं, बल्कि जिनकी समता मध्ययुग के यूरोपियन भक्त बर्नर्ड आफ क्लेयरवक्स, टामस-ए-केम्पिस और सेंट थेरिसा से है।" जो लोग इस युग के वास्तविक विकास की कथा नहीं जानते उन्हें आश्चर्य होता है कि ऐसा कैसे हुआ। स्वयं डॉक्टर ग्रियर्सन ने लिखा है कि "बिजली की चमक के समान अचानक इस समस्त पुराने धार्मिक मतों के अंधकार के ऊपर एक नई बात दिखाई दी। कोई हिंदू यह नहीं जानता कि यह बात कहाँ से आई और कोई भी इसके प्रादुर्भाव का कारण निश्चय नहीं कर सकता...।" इत्यादि। ग्रियर्सन का अनुमान है कि वह ईसाइयत की देन है। ईस्वी सन् की

दूसरी या तीसरी शताब्दी में नेस्टोरियन ईसाई मद्रास प्रेसीडेन्सी के कुछ हिस्सों में आ बसे थे और रामानुजाचार्य को इन्हीं ईसाई भक्तों से भावावेश और प्रेमोल्लास के धर्म का संदेश मिला। यह बात एकदम गलत है। अब इस अटकल के सहारे स्थिर किये हुए मत पर कोई विश्वास नहीं करता, इसलिए इसका उत्तर देना बेकार है।

यह भी बताया गया है कि जब मुसलमान हिंदुओं पर अत्याचार करने लगे तो निराश होकर हिंदू लोग भगवान् का भजन करने लगे। यह बात अत्यंत उपहासास्पद है कि जब मुसलमान लोग उत्तर भारत के मंदिर तोड़ रहे थे, तो उसी समय अपेक्षाकृत निरापद दक्षिण में भक्त लोगों ने भगवान् की शरणागति की प्रार्थना की। मुसलमानों के अत्याचार के कारण यदि भक्ति की भावधारा को उमड़ना था तो पहले उसे सिंध में और फिर उत्तर भारत में प्रकट होना चाहिए था, पर हुई वह दक्षिण में। असल बात यह है कि जिस बात को ग्रियर्सन ने 'अचानक बिजली की चमक के समान फैल जाना' लिखा है वह ऐसा नहीं है। उसके लिए सैकड़ों वर्ष से मेघखंड एकत्र हो रहे थे। फिर भी ऊपर-ऊपर से देखने पर लगता है कि उसका प्रादुर्भाव एकाएक हो गया। इसका कारण उस काल की लोकप्रवृत्ति का शास्त्रसिद्ध आचार्यों और पौराणिक ठोस कल्पनाओं से युक्त हो जाना है। शास्त्रसिद्ध आचार्य दक्षिण के वैष्णव थे। सन् ईस्वी की सातवीं शताब्दी से—और किसी के मत से तो और भी पूर्व से—दक्षिण में वैष्णव भक्ति ने बड़ा जोर पकड़ा। इसके पुरस्कर्त्ता आलवार भक्त कहे जाते हैं। इनकी संख्या बारह है जिनमें कम-से-कम नौ को ऐतिहासिक व्यक्ति मानने में किसी को कोई आपत्ति नहीं है। इनमें 'आंडाल' नाम की एक महिला भी थी। इनमें से अनेक ऐसी जातियों में उत्पन्न बताए जाते हैं जिन्हें अस्पृश्य समझा जाता है। इन्हीं लोगों की परंपरा में सुविख्यात वैष्णव आचार्य श्री रामानुजाचार्य का प्रादुर्भाव हुआ।

उन दिनों भी दक्षिण में आज की ही भाँति जाति-विचार जटिलतर अवस्था में था, फिर भी रामानुजाचार्य-जैसे सद्वंशजात, सर्वजन-श्रद्धेय आचार्य ने तथाकथित नीच जातियों में प्रचलित ऐकांतिक भक्ति-धर्म को बहुमान दिया और देशी भाषा में लिखित शठकोप, तिरुवल्लुवर प्रभृति के शास्त्रों को वैष्णवों के वेद का सम्मान देकर समादर दिया। धर्म की दृष्टि में सभी समान माने गए, पर सामाजिक व्यवहार में जातिभेद की मर्यादाएँ बनी रहीं। एक मध्यमार्ग यह निकाला गया कि प्रत्येक व्यक्ति अलग-अलग भोजन करे, इसी को दक्षिण में तेनकलै या दक्षिणवाद कहते हैं। इस बात को कुछ अधिक स्वाधीनता समझकर पंद्रहवीं शताब्दी में वेदांतदेशिक ने इसके साथ वेदवाद और प्राचीन रीति को पुनः प्रवर्त्तित किया। स्पष्ट है कि आलवारों का भक्तिवाद भी जनसाधारण की वस्तु था, जो शास्त्र का सहारा पाकर सारे भारत में फैल गया। भक्तों के अनुभूतिगम्य सहज सत्य को बाद के आचार्यों ने दर्शन का क्रमबद्ध और सुचिंतित रूप दिया।

उत्तर भारत में भक्ति आंदोलन : यही बात उत्तर भारत के विषय में भी सत्य है। यहाँ भी साधारण जनता के भीतर जो धर्म-भावना वर्त्तमान थी, उसने शास्त्र की अंगुली पकड़कर अपने को शक्तिशाली रूप में प्रकट किया। इन प्रदेशों में पौराणिक धर्म का

प्रचार पहले से ही था। गाहड़वार राजाओं के समय उत्तर भारत प्रधान रूप से स्मार्त्त धर्मावलंबी था। निस्संदेह नाथों का शैव धर्म भी पर्याप्त प्रभावशाली था, किंतु साधारण जनता स्मार्त्त मतावलंबी थी। भक्ति के लिए जो बात नितांत आवश्यक है वह है भगवान् के ऐसे रूप की कल्पना जिसके साथ व्यक्तिगत संबंध स्थापित किया जा सके। उत्तर भारत की जनता विष्णु के विविध अवतारों में विश्वास करती थी। यद्यपि *महाभारत* के पुराने अंशों से पता चलता है कि पहले विष्णु के छः ही अवतार माने जाते थे, परंतु धीरे-धीरे वह संख्या दस तक पहुँच गई और मध्ययुग के सबसे अधिक प्रभावशाली पुराण *भागवत* में अवतारों की संख्या 24 तक हो गई है। इस युग में अवतार को माननेवाली दृष्टि में थोड़ा परिवर्त्तन भी हुआ है। पहले विश्वास किया जाता था कि भगवान् दुष्टों के दमन और साधुओं के परित्राण के लिए अवतार धारण करते हैं—*गीता* में अवतार का हेतु यही बताया गया है—किंतु बाद में इस दृष्टिकोण में परिवर्तन हुआ। *भागवत पुराण* के अनुसार भगवान् बैकुंठ आदि धामों में तीन रूपों में रहते हैं—स्वयंरूप, तदेकात्मरूप और आवेशरूप। स्वयंरूप तो श्रीकृष्ण हैं। *तदेकात्मरूप* में उन अवतारों की गणना होती है जो तत्त्वतः भगवत्-रूप होकर भी रूप और आकार में भिन्न होते हैं। मत्स्य, वाराह, कूर्म आदि अवतार इसके उदाहरण हैं। ज्ञानशक्ति आदि विभाग द्वारा भगवान् जिन महत्तम जीवों में आविष्ट होकर रहते हैं उन नारद, शेष, सनक सनंदन आदि महानुभावों को आवेशरूप कहा जाता है। इस काल तक आकर यह विश्वास किया जाने लगा कि भगवान् के अवतार का मुख्य हेतु भक्तों पर अनुग्रह करने के लिए लीला का विस्तार करना ही है। भक्त भगवान् के चरित का अनुशीलन किसी अन्य उद्देश्य से नहीं, भक्ति पाने के उद्देश्य से करते हैं। *भागवत* का मुख्य प्रतिपाद्य विषय ऐकांतिक भक्ति ही है। कैवल्य (मोक्ष) या अपुनर्भव को भी भक्त लोग इसके सामने तुच्छ समझते हैं।

मध्यकालीन भक्ति-साहित्य का प्रधान स्वर अवतारवाद : मध्यकाल के भक्तिमार्ग में इसी ऐकांतिक भक्ति का स्वर प्रबल रहा है। अवतारों की कल्पना ने इसको बहुत सहारा दिया। अवतारों से ही उस लीला का विस्तार होता है जिसका श्रवण और मनन भक्ति का प्रधान साधन है। अवतारों की विविध लीलाओं के फलस्वरूप ही विविध नामों का उद्भव होता है, जिनका कीर्त्तन और जप भक्त के लिए बहुत आवश्यक साधन है। भक्ति के लिए भगवान् के साथ वैयक्तिक संबंध आवश्यक है और अवतार उस संबंध के लिए आवश्यक सामग्री प्रस्तुत करते हैं। यही कारण है कि मध्ययुग के प्रायः सभी धार्मिक संप्रदायों ने किसी-न-किसी रूप में अवतार की कल्पना अवश्य की है। शिव के अनेक अवतारों की चर्चा मिलती है। गोरखनाथ और मत्स्येंद्रनाथ को भी शिव का अवतार माना गया है। और तो और, आगे चलकर अवतारवाद के घोर विरोधी कबीर को भी 'ज्ञानीजी' का अवतार ही माना जाने लगा। केवल भगवान् के ही अवतार में नहीं, संतों के अवतार में भी विश्वास किया जाने लगा। इस प्रकार सूरदास उद्धव के, हितहरिवंश मुरली के और तुलसीदास वाल्मीकि के अवतार समझे गए। वस्तुतः सगुण भक्ति के मार्ग के मूल में अवतार की

कल्पना है।

मुख्य अवतार : वैसे तो अवतारों की संख्या बहुत मानी गई है, परंतु मुख्य अवतार राम और कृष्ण के हैं। इनमें भी कृष्णावतार की कल्पना पुरानी और व्यापक है। इन दो अवतारों की प्रधानता स्थापित होने का प्रधान कारण इनकी लीला की बहुलता ही है। शुरू के साहित्य और शिल्प में इनका प्रधान चरित दुष्टों का दमन और भक्तों की उनसे रक्षा ही था, पर धीरे-धीरे दुष्टदमनवाला रूप दबता गया और लीलारूप ही प्रधान होता गया। श्रीकृष्णावतार के दो मुख्य रूप हैं। एक में वे यदुकुल के श्रेष्ठ रत्न हैं, वीर हैं, राजा हैं, कंसारि हैं, दूसरे में वे गोपाल हैं, गोपीजनवल्लभ हैं, 'राधाधर-सुधापानशालि-वनमाली' हैं। प्रथम रूप का पता बहुत पुराने ग्रंथों से चल जाता है, परंतु दूसरा रूप अपेक्षाकृत नवीन है।

रामावतार का महत्त्व भी बहुत अधिक रहा है। पुराने-से-पुराने अवतार-प्रसंगों में भी श्रीरामचंद्र का उल्लेख मिलता है। कालिदास ने *रघुवंश* में विस्तारपूर्वक चर्चा की है कि किस प्रकार विष्णु को भूभार-हरण के लिए देवताओं ने प्रसन्न किया था। हमेशा से श्रीरामचंद्र दुष्ट-दमनकारी और मर्यादापुरुषोत्तम के रूप में चित्रित हुए हैं। पंद्रहवीं शताब्दी के बाद के साहित्य में राम के भक्त साहित्यिकों में भी लीलागान की दृष्टि समादृत हुई, किंतु उनका दुष्टदमन और मर्यादा-पुरुषोत्तम रूप कभी भी म्लान नहीं हुआ। अठारहवीं शताब्दी के बाद के साहित्य में श्रीरामचरित को भी माधुर्य भावना के रंग में रँगना पड़ा और ऐसे साहित्य की रचना हुई जिसमें प्रेम-क्रीड़ा और रासलीला का प्राधान्य था।

नौवीं-दसवीं शताब्दी के बाद से भारतीय साहित्य में 'दशावतारचरित' नाम देकर अनेक काव्य लिखे गए। *पृथ्वीराजरासो* में भी एक 'दसम' है जो वस्तुतः दशावतारचरित है। इन पुस्तकों में दस अवतारों की स्तुति और चरित लिखे गए हैं, लेकिन प्रधानता राम और कृष्ण की ही है। मनुष्य-रूप में होने के कारण और मनुष्य को प्रभावित करनेवाली लीलाओं का आश्रय होने के कारण इन दो अवतारों को प्रधानता मिल गई है। तुलसीदासजी के बाद से उत्तरी भारत में राम-अवतार को बहुत प्रमुखता प्राप्त हो गई, परंतु श्रीकृष्ण-अवतार की महिमा घटी नहीं, क्योंकि श्रीकृष्णावतार की लीलाओं में एक विचित्र मानवीय रस है। सख्य, वात्सल्य और माधुर्य की लीलाओं का आश्रय होने के कारण यह चरित सार्वभौम आकर्षण का कारण बना है।

दो मुख्य आचार्य : उत्तर भारत में भक्ति की धारा को नए सिरे से प्रवाहित करने का श्रेय दो आचार्यों को है—स्वामी रामानंद और महाप्रभु वल्लभाचार्य। स्वामी रामानंद का संबंध दो श्रेणी के भक्तों से बताया जाता है। एक तो वे जो निर्गुण भाव से राम के उपासक भक्त थे; दूसरे वे, जो राम की उपासना अवतार रूप में करते थे। इन दोनों प्रकार के भक्तों में प्रधान समानता केवल रामनाम की थी। दूसरे आचार्य वल्लभाचार्य ने श्रीकृष्णभक्ति का प्रचार किया। इन्होंने लीला-पक्ष पर बहुत अधिक जोर दिया, इसलिए इस संप्रदाय के

भक्तों में भगवान् के धर्मरक्षक, मर्यादापुरुषोत्तम और दुष्टदमन रूप गौण हो गए और निखिलानंद संदोह प्रेममय रूप प्रधान हो गया। बंगाल के श्री चैतन्यदेव के अनुयाई भक्तों ने भी वृंदावन को अपना साधनाक्षेत्र बनाया था। इनमें रूपगोस्वामी, सनातन गोस्वामी और जीव गोस्वामी बड़े भारी शास्त्रज्ञ विद्वान् थे। इन्होंने *भागवत* द्वारा प्रचारित भक्ति को क्रमबद्ध दर्शन और तर्कसंगत शास्त्र का रूप दिया। परंतु प्रधान रूप से इन गौड़ीय वैष्णवों में उपासनाभाव विह्वल आराधना के रूप में ही प्रकट हुआ। ये लोग गोपी-भाव से भगवान् का भजन करते हैं। इन लोगों का ब्रज की भक्तिधारा पर प्रभाव पड़ा है और शास्त्रीय चिंतन-पद्धति पर भी इनकी विचारधारा का प्रभाव पड़ा है। यहाँ तक कि अठारहवीं- उन्नीसवीं शताब्दी में गलता (जयपुर), चित्रकूट, जनकपुर और अयोध्या की मधुर भाव की उपासना भी इन आचार्यों के ग्रंथों से प्रभावित हुई है। बंगाल के *प्रेम-विलास* और *भक्ति- रत्नाकर* नामक ग्रंथों से पता चलता है कि चैतन्यदेव के प्रधान शिष्य श्री नित्यानंद प्रभु की छोटी पत्नी जाह्नवीदेवी जब वृंदावन गईं, तो उन्हें यह देखकर बड़ा दुःख हुआ कि श्रीकृष्ण के साथ श्री राधिका की मूर्त्ति की कहीं पूजा नहीं होती थी। घर लौटकर उन्होंने नयान भास्कर नामक मूर्त्तिकार से श्रीराधिका की मूर्त्तियाँ बनवाईं और उन्हें वृंदावन भिजवाया। जीव गोस्वामी की आज्ञा से ये मूर्त्तियाँ भगवान् के पार्श्व में रखी गईं और तभी से श्रीकृष्ण के साथ राधिका की भी पूजा होने लगी। इस प्रकार गौड़ीय वैष्णव संप्रदाय ने भक्ति-साहित्य की भावधारा और विचार-दर्शन को ही नहीं, उसकी उपासना-पद्धति को भी प्रभावित किया है।

आगे चलकर ब्रजभूमि में ऐसे भी संत हुए, जिनके भक्तगण यह नहीं स्वीकार करना चाहते थे कि उनका वल्लाभाचार्य और श्री चैतन्यदेव के संप्रदायों से किसी प्रकार भी संबंध है। यथास्थान उनकी चर्चा आगे की जाएगी। उनका संबंध इन संप्रदायों से हो चाहे न हो, परंतु उनकी विचारधारा पर इन संप्रदायों के भक्तों का प्रभाव पड़ा अवश्य है।

वल्लभाचार्य : महाप्रभु वल्लभाचार्य का जन्म सं. 1535 की वैशाख कृष्णा एकादशी को अर्थात् 1478 ई. में हुआ था और ये सं. 1587 अर्थात् 1530 ई. तक जीवित रहे। ये नाना शास्त्रों के निष्णात पंडित थे। इनका प्रवर्तित मार्ग पुष्टिमार्ग कहलाता है। भगवान् के अनुग्रह से ही प्रेम-प्रधान भक्ति की ओर जीव की प्रवृत्ति होती है। भगवान् के इस अनुग्रह को ही पोषण या पुष्टि कहते हैं। इसी से इस मार्ग को पुष्टिमार्ग कहते हैं। जीव तीन प्रकार के होते हैं—प्रवाहजीव, मर्यादाजीव और पुष्टिजीव। प्रवाहजीव तो सांसारिक पचड़ों में पड़े हुए साधारण कोटि के जीव हैं; मर्यादाजीव सामाजिक विधि-निषेध के अनुसार चलनेवाले तथा लोक-मर्यादा का पालन करनेवाले मध्यम कोटि के जीव हैं, परंतु पुष्टिजीव वे ही हैं जो भगवान् पर एकांत भाव से विश्वास करते हैं, उनके अनुग्रह का भरोसा करते हैं और इसी अनुग्रह से पोषण पाते हुए अंत में नित्यलीला में लीन होते हैं। तात्पर्य यह है कि पुष्टिमार्ग भगवान् के अनुग्रह पर पूर्ण रूप से निर्भर रहने का मार्ग है, इसमें शास्त्रविहित विधि-निषेध का बंध नहीं है। इनके सबसे अधिक महत्त्वपूर्ण ग्रंथ वेदांतसूत्र पर लिखा

हुआ *अणुभाष्य* और *भागवत* की सुबोधिनी टीका हैं। इनकी और भी कई पुस्तकें मिलती हैं, पर ये दोनों विशेष महत्त्वपूर्ण हैं। पहली शुद्धाद्वैतवाद का प्रधान मूल है और दूसरी भक्ति-सिद्धांतों का आकर ग्रंथ।

गेय पदों की परंपरा : वल्लभाचार्य के संप्रदाय में पाई जानेवाली परंपराओं से पता चलता है कि सूरदास ने महाप्रभु वल्लभाचार्य से दीक्षा ली थी। एक मनोरंजक कहानी में बताया गया है कि सूरदास पहले दीनभाव से भजन बनाया करते थे। बाद में महाप्रभु के उपदेश से लीलागान करने लगे। परंतु यह नहीं कहा जा सकता कि सूरदास को यह वस्तु एकदम नई प्राप्त हो गई। इस बात को जानने का कोई साधन नहीं है कि सूरदास के पहले लीलागान किस प्रकार का होता था। हमने पहले ही देखा है कि ध्रुवक या टेक देकर पद लिखने की प्रथा पूर्व भारत में पहले ही से थी। बारहवीं शताब्दी के कवि जयदेव के संस्कृत पद, बौद्ध साधकों के गान, और चंडीदास और विद्यापति के पद इस बात के सबूत हैं। भगवान् के अवतार को लक्ष्य बनाकर लीलागान करनेवाले भक्तों में सूरदास के पूर्व के तीन भक्तों की चर्चा प्रायः की जाती है—उड़ीसा के संस्कृत कवि जयदेव, बंगाल के चंडीदास और मिथिला के विद्यापति। वे तीनों ही महाप्रभु चैतन्यदेव के प्रिय थे और उनके भक्तों के साथ वृंदावन में भी इन तीन कवियों के भजन निश्चित रूप से पहुँच चुके थे। जहाँ तक *सूरसागर* का संबंध है, उसमें *गीतगोविंद* के प्रभाव का प्रमाण तो खोजा जा सकता है, परंतु विद्यापति या चंडीदास के भजनों का कोई प्रत्यक्ष प्रभाव इस ग्रंथ में नहीं खोजा जा सकता। हिंदी साहित्य का इतिहास कहे जानेवाले ग्रंथों में सूरदास के भजनों की परंपरा को विद्यापति के पदों के साथ मिलाने का प्रयत्न किया जाता है, पर विद्यापति की वैष्णव पदावली का प्रभाव पूर्व की ओर ही अधिक रहा है। इसने बंगाल, असम और उड़ीसा के साहित्य को तो प्रभावित किया है, किंतु पश्चिम के साहित्य को प्रत्यक्ष रूप से वह प्रभावित नहीं कर सका। टेक या ध्रुवक देकर पद लिखने की प्रथा पश्चिम भारत में भी थी, यह बात सिद्ध की जा सकती है। राजपूताने के नाथ-सिद्धों के भजन काफी पुराने हैं और *ग्रंथ साहेब* में संगृहीत पश्चिम और दक्षिण प्रदेशों के भक्तों की इस श्रेणी की रचनाएँ प्राप्त हुई हैं। दसवीं शताब्दी के कवि क्षेमेंद्र के *दशावतारचरित* में गोपियों के मुख से एक भजन गवाया गया है जो बहुत-कुछ *गीतगोविंद* की पद्धति पर है। भजन इस प्रकार है :

ललितविलासकलासुखखेलन—
ललनालोभनशोभनयौवन मानितनवमदने।
अलिकुलकोकिलकुवलयकज्जल—
कालकलिंदसुताविव लज्जल, कालियकुलदमने।
केशिकिशोरमहासुरमारण,
दारुणगोकुलदुरितविदारण गोवर्धनधरणे।
कस्य न नयनयुगं रतिसङ्गे,
मज्जति मनसिजतरलतरङ्गे, वररमणीरमणे।

—*दशावतारचरित,* 8-173

इससे यह सूचित होता है कि पश्चिम भारत में भी लोकभाषा में भी उस प्रकार के गान प्रचलित थे, जिनका पता *गीतगोविंद* के भजनों में लगता है। निश्चय ही ब्रजभूमि में भी इस प्रकार के भजन प्रचलित थे। तानसेन और बैजूबावरा के पदों में इस श्रेणी के गानों का संस्कार किया गया था और हो सकता है कि सूरदासजी भी वल्लभाचार्य से मिलने के पहले दैन्य भाव के भजनों के साथ इस जाति के भजन भी बनाया करते हों। दीर्घ काल से इस प्रकार के पद जनता में प्रचलित थे, और जनता के पदों में दो बातों की ही प्रधानता रहती है—शृंगार की और धर्म की। शृंगार और धर्म के लिए रचे जानेवाले इन पदों को सूरदास ने नया स्वर दिया। इनमें भगवान् की लीला की प्रमुखता हो गई और ऐकांतिक भक्ति का प्राधान्य प्रतिष्ठित हुआ।

भाषा में परिवर्त्तन : शास्त्रीय मतवाद का सहारा पाने के कारण इन भजनों की भाषा भी बदली। दसवीं शताब्दी के बाद से हमारे साहित्य में धीरे-धीरे गद्य की भाषा में तत्सम शब्दों का प्रचार बढ़ने लगा था। सूरदास आदि भक्त कवियों के साहित्य में पद्य में भी संस्कृत तत्सम शब्दों का प्रवेश हुआ। पद्य की भाषा को अपभ्रंश की रूढ़ियों से जकड़ने का प्रयत्न शिथिल हुआ और बोलचाल की भाषा का सहज-प्रसन्न प्रवाह आया। यहाँ से क्या भाव, क्या भाषा और क्या वक्तव्य वस्तु, सब ओर से नवीन प्राणों का स्पंदन दिखाई दिया। अब सच पूछा जाय तो यहीं से हिंदी भाषा के साहित्य का वास्तविक सूत्रपात हुआ। इसके पहले के 400 वर्षों का साहित्य अपभ्रंश की रूढ़ियों से जकड़ा हुआ था, ह्रासोन्मुखी कविता के कवि-समयों और काव्य-रूढ़ियों से ग्रस्त था, गतानुगतिक ढंग से पिटे-पिटाए छंदों में बँधी-सधी बोलियों के बोलने का अभ्यस्त था। उसमें पुरानी प्रथा के अंधानुकरण की जरठ मनोवृत्ति का प्राधान्य था। यहाँ से उसमें नवीन आदर्शों के निर्माण का उल्लास और नवीन आशाओं और आकांक्षाओं को रूप देने का उत्साह प्रकट हुआ।

सांस्कृतिक द्वंद्व का काल : जिस काल से हिंदी साहित्य का बनना शुरू हुआ, वह काल भारतीय इतिहास का बहुत ही उथल-पुथल और परिवर्त्तन का काल है। इस समय देश की केंद्रीय शक्ति क्षीण हो गई थी और पश्चिम सीमांत से मुसलमानों का आक्रमण हो रहा था। आक्रमण होना कोई नई बात नहीं थी, इसके पहले भी भारत पर अनेक आक्रमण हो चुके थे, परंतु वे आक्रमण अधिकतर सैनिक और राजनीतिक आक्रमण थे। परंतु इस बार का आक्रमण एक विशिष्ट धर्ममत और संस्कृति का भी आक्रमण था। इस बार के आक्रमणकारी एक संगठित धर्म या मजहब के अनुयाई थे। मजहब और संगठित धर्मसंस्था भारत के लिए अपरिचित ही थी। इस धर्ममत में एक ईश्वर को माना जाता है, एक आचरण का पालन किया जाता है, और ये लोग जब किसी नस्ल, कबीले या जाति के व्यक्ति को एक बार अपने संगठित समूह में मिला लेते हैं तो उसकी सारी विशेषताएँ दूर हो जाती हैं। यह धर्म-साधना व्यक्तिगत नहीं, समूहगत होती है। यहाँ धार्मिक और सामाजिक विधि-निषेध एक दूसरे से गुँथे होते हैं। भारतीय समाज नाना जातियों का सम्मिश्रण था। किसी जाति का कोई व्यक्ति दूसरे में नहीं जा सकता था। परंतु मजहब

ठीक इससे उल्टा है, वह व्यक्ति को अपने समूह का अंग बना देता है, और अंगीकृत होने के बाद व्यक्ति की जाति हमेशा के लिए गायब हो जाती है। भारतीय समाज जातिगत विशेषता रखते हुए व्यक्तिगत साधना का पक्षपाती था, जबकि इस्लाम जातिगत विशेषता का लोप करके समूहगत उपासना का प्रचारक था। एक का केंद्र-बिंदु चारित्र्य था, दूसरे का धर्ममत। भारतीय समाज में यह स्वीकृत तथ्य था कि विश्वास चाहे जो भी हो, चरित्र शुद्ध है तो व्यक्ति श्रेष्ठ हो जाता है, फिर चाहे वह किसी जाति का क्यों न हो। मुसलमानी समाज के साधारण लोगों का विश्वास था कि इस्लाम ने जो धर्ममत प्रचार किया है उसको स्वीकार कर लेनेवाला ही अनंत स्वर्ग का अधिकारी होता है, और जो इस धर्ममत को नहीं मानता है, वह अनंत नरक में जाने के लिए बाध्य है। इस्लाम ने भारत के समस्त कुफ्र को तोड़ डालने की प्रतिज्ञा लेकर इस देश में पदार्पण किया।

जाति-प्रथा की कठोरता का कारण : इस देश की धार्मिक और सामाजिक स्थिति पर इसकी बड़ी ही कठोर प्रतिक्रिया हुई। भारतीय समाज अपनी आत्मरक्षा के लिए धीरे-धीरे अपने-आपमें ही सिमटता गया। ऊँची समझी जानेवाली जातियों में सुरक्षित स्थान में पहुँचकर अपनी विशेषता बनाए रखने का उद्योग शुरू हुआ और इस प्रकार देश-विदेश के नाम से अपना परिचय देने की प्रथा चल पड़ी। दसवीं शताब्दी के पहले के दान-पत्रों में ब्राह्मणों के केवल गोत्र और प्रवर का उल्लेख मिलता है किंतु बाद के दान-पत्रों में देश और ग्राम भी दिए जाने लगे और यह संकोचनशील प्रवृत्ति निरंतर बढ़ती गई।

इस प्रकार यह अद्भुत विरोधाभास है कि जाति-पाँति के कुफ्र को तोड़नेवाले धर्म-संप्रदाय के संपर्क में आने के बाद हिंदुओं की जाति-पाँति की प्रथा और भी संकीर्ण और कठोर हो गई और कसी जाने लगी। इस कसाव का परिणाम यह हुआ कि किनारे पर पड़ी हुई बहुत-सी जातियाँ छँट गईं और बहुत दिनों तक ना-हिंदू ना-मुसलमान बनी रहीं। बहुत-सी पाशुपत मत को माननेवाली और संयासी से गृहस्थ बनी जातियाँ धीरे-धीरे मुसलमान होने लगीं। इस प्रकार काशी की जुलाहा जाति नाथमत को माननेवाली थी, जो निरंतर उपेक्षित रहने के कारण क्रमशः मुसलमान होती गई। इसी जाति में मध्यकाल के स्वाधीनचेता संत कबीर उत्पन्न हुए थे।

टीका युग : दसवीं से चौदहवीं शताब्दी में एक ओर जहाँ उत्तर भारत से समस्त हिंदू राज्य नष्ट हो गए, वहीं दूसरी ओर सामाजिक और धार्मिक संकीर्णता से हिंदू जाति अभिभूत हो गई। विचार के क्षेत्र में यह युग टीकाओं का है। ज्ञान के प्रत्येक क्षेत्र में यह विश्वास कर लिया गया कि जो कुछ उत्तम और अविसंवादी सत्य है, वह पूर्वकाल के ऋषियों ने और आचार्यों ने लिख दिया है। इस युग के आदमी केवल उसके अर्थ समझने का प्रयास कर सकते हैं, नया कुछ नहीं दे सकते। टीकाओं की टीका और उसकी भी टीका लिखने में इस काल के पंडितों ने अपनी सारी शक्ति लगा दी। एक दूसरे प्रकार का प्रयोग संगति लगानेवाले निबंध-ग्रंथ थे जो बहुत-कुछ टीकाओं की ही श्रेणी के हैं। ऐसी ही स्वाधीन चिंता की कुंठा के समय बौद्ध और नाथ-सिद्धों ने अपनी अक्खड़ शैली में बाह्याचार और

निरर्थक रूढ़ियों का विरोध किया। परंतु उनके पास देने लायक कोई नई सामग्री नहीं थी, वे केवल अर्थहीन आचारों का विरोध-भर करते रहे।

नाथमत और भक्तिमार्ग : ऐसे ही समय में दक्षिण से भक्ति की नई धारा उत्तर भारत की ओर आई। उन दिनों उत्तर के हठयोगियों का धर्ममत प्रबल था। उनमें और दक्षिण के भक्तों में मौलिक अंतर था। एक के लिए समाज की ऊँच-नीच भावना उपहास और आक्रमण का विषय थी, पर दूसरे के लिए मर्यादा और स्फूर्त्ति का। वज्रयानी और नाथपंथी योगी डटकर जातिभेद पर आघात करता था, बाह्याचार और उन्मूलक श्रेष्ठता को फटकार बताता था और चौरासी लाख योनियों में निरंतर भटकते हुए माया के गुलाम गृहस्थों से अपने को श्रेष्ठ समझता था। दक्षिण से आया हुआ भक्तिवाद समाज में प्रचलित वर्णव्यवस्था और ऊँच-नीच मर्यादा को स्वीकार करके भी उसकी कठोरता को शिथिल करने में समर्थ हुआ। इसके पास अनंत शक्ति, ऐश्वर्य और प्रेम के आकर लीलामय भगवान् की भक्ति का संबल था। एक बार भगवान् की शरण गहने पर नीच-से-नीच व्यक्ति अनायास भवसागर पार कर सकता था। इस युग के हिंदू गृहस्थ के लिए यह एक महत्त्वपूर्ण निधि थी। इसे बौद्ध और नाथसिद्ध नहीं दे सके थे, टीका और निबंधों के लेखक शास्त्रज्ञ विद्वान् नहीं बता सके थे और अलंकारों से लदी हुई कविता भी नहीं दिखा सकी थी।

क्या भक्ति-आंदोलन प्रतिक्रिया है? : कुछ विद्वानों ने इस भक्ति-आंदोलन को हारी हुई हिंदू जाति की असहाय चित्त की प्रतिक्रिया के रूप में बताया है। यह बात ठीक नहीं है। प्रतिक्रिया तो जातिगत कठोरता और धर्मगत संकीर्णता के रूप में प्रकट हुई थी। उस जातिगत कठोरता का एक परिणाम यह हुआ कि इस काल में हिंदुओं में वैरागी साधुओं की विशाल वाहिनी खड़ी हो गई, क्योंकि जाति के कठोर शिकंजे से निकल भागने का एकमात्र उपाय साधु हो जाना ही रह गया था। भक्तिवाद ने इस अवस्था को सँभाला और हिंदुओं में नवीन और उदार आशावादी दृष्टि प्रतिष्ठित की। चौदहवीं शताब्दी के बाद हिंदी साहित्य की मूल प्रेरणा भक्ति ही रही। इसके पूर्ववर्त्ती साहित्य में यह वस्तु नहीं है, इसीलिए उसमें न तो किसी प्रकार का स्पंदन दिखाई देता है और न वक्तव्य-वस्तु की कोई ताजगी। चौदहवीं शताब्दी के बाद का हिंदी साहित्य अत्यंत संवेदनशील प्राणधारा से उद्वेलित है और महान् आदर्शों से अनुप्राणित है। रोगमुक्त मनुष्य की भाँति उसमें स्वास्थ्यजन्य क्षुधा और नैरुज्यजन्य स्फूर्त्ति स्पष्ट परिलक्षित होती है। यहाँ से हिंदी साहित्य नए मोड़ पर खड़ा हो जाता है और यद्यपि वह पुरानी परंपरा से एकदम विच्युत नहीं हो जाता, तथापि उसमें रूप और शोभा के प्रति रुग्ण आकर्षण का अभाव है। रूप और शोभा में वह दैवी ज्योति देख सकता है और अपने पाठकों को ऊँचे धरातल पर बैठाकर तलदेश की गंदगी से दूर रख सकता है। इस साहित्य में कृत्रिमता का अभाव है और सहज-सरल मानव-जीवन के प्रति आस्था है।

गुरु रामानंद : इस भक्ति आंदोलन के आरंभ में इस युग के महागुरु रामानंद का नाम

सुनाई देता है। इसके पहले भी कुछ भक्त-संतों की साहित्य रचना प्राप्त होती है जिनकी चर्चा हम आगे करेंगे। परंतु रामानंद अपने पांडित्य और औदार्य के कारण सबसे श्रेष्ठ ठहरते हैं। माघ कृष्ण सप्तमी संवत् 1356 वि. अर्थात् सन् ईस्वी की तेरहवीं शताब्दी के अंत में इनका जन्म हुआ था और लगभग पूरी चौदहवीं शताब्दी-भर ये अपने धार्मिक प्रचार का कार्य करते रहे। ऐसी प्रसिद्धि है कि प्रयाग के किसी कान्यकुब्ज ब्राह्मण वंश में इनका जन्म हुआ था। इनके लिखे तीन संस्कृत ग्रंथ प्राप्त हैं। एक तो वेदांत सूत्रों पर *आनंद भाष्य,* दूसरा *श्रीरामार्चन पद्धति,* और तीसरा *वैष्णव मताब्जभास्कर। श्रीरामार्चन पद्धति* में उन्होंने जो गुरु-परंपरा दी है, उसके अनुसार रामानंदजी रामानुज से चौदह पीढ़ी नीचे आते हैं। रामानुजजी का परलोकवास 1137 ई. में हुआ था। यदि प्रत्येक पीढ़ी के लिए 20 वर्ष का समय रखें तो इनका समय सन् ईस्वी की चौदहवीं शताब्दी के शुरू में या तेरहवीं के अंत में पड़ेगा।

***आनंद भाष्य* और *प्रसंग पारिजात* :** *आनंद भाष्य* के विषय में विद्वानों में मतभेद है। अभी तक कोई ऐसा पुष्ट प्रमाण नहीं उपलब्ध हुआ जिससे यह कहा जा सके कि स्वामी रामानंद ने इस भाष्य को नहीं लिखा था। रामानुजाचार्य के मत से इस भाष्य के प्रतिपादित मत का अंतर नाममात्र का है। यह तो मान ही लिया जा सकता है कि रामानंदजी मनस्वी संत थे, इसलिए उन्होंने स्वयं यदि भाष्य लिखकर अपनी स्वतंत्र चिंतन-शक्ति का उपयोग किया हो तो यह आश्चर्य या शंका की बात नहीं है। परंतु इधर सांप्रदायिक प्रतिद्वंद्वितावश बहुत-सी जाली पुस्तकें तैयार होने लगी हैं, अतः खूब सावधानी से इनकी छानबीन होनी चाहिए। रामानंद के *आनंद भाष्य* के संबंध में भी इस प्रकार की सावधानी आवश्यक है। हाल ही में *प्रसंग पारिजात* नामक विचित्र पुस्तक प्रकाशित हुई है, जिसकी भाषा से लेकर भविष्यवाणियों के विषय तक सभी बातें मनोरंजक हैं। पुस्तक पैशाची भाषा में लिखी बताई जाती है। इसे स्वामी रामानंदजी के साथ रहने वाले किसी स्वामी चेतनदास ने दैवी शक्ति की सहायता से लिखा था। इसमें स्वामीजी का जीवन-वृत्त तो आया ही है, उनकी भविष्यवाणियाँ भी हैं। एक अष्टपदी में कबीरदास के मोहनदास के रूप में अवतरित होकर देश को स्वाधीन कराने की भी भविष्यवाणी है। अब तक यह ग्रंथ इसलिए नहीं प्रकाशित किया गया था कि इसमें एक स्थान पर कहा गया है कि जब तक स्वराज्य न हो जाए तब तक जो इसे प्रकाशित करेगा वह पागल हो जाएगा। सौभाग्यवश अब वह बाधा नहीं है। अब प्रकाशित करनेवालों के पागल होने की कोई आशंका तो नहीं है, पर विश्वासपूर्वक इसे सत्य माननेवालों के वैसा हो जाने की पूर्ण आशंका बनी हुई है। इसकी भाषा का एक नमूना इस प्रकार है :

मस्तीन सुरवा डाहिबी। आसीम औरम थाहिबी।।
धीधी धुना नुप जाहिबी। फीफी फिना सत साहिबी।।
कौड़ीस कोणप करतरी। उनत्रीस ओखर धरधरी।।
फातेस जसता जरजरी। टाणेस टरबर भरभरी।।

मूड़ मारकर भी कोई पैशाची का पंडित इस नई पिशाच भाषा का उद्धार नहीं कर सकेगा। सौभाग्यवश टीकाकार ने इसका अर्थ स्पष्ट कर दिया है : शंखवार्त्ता-रूपी दिव्य निनाद को सुनकर सर्पराज शेष ध्यानमग्न हो गए, लक्ष्मी-रूपी मृगी आनंदित और थकित हो गई, इत्यादि। बाबा तुलसीदासजी के साथ रहनेवाले बाबा वेणीमाधवदास की *डायरी* का जो सम्मान विद्वानों ने किया है, उसे देखते हुए इस प्रकार की नई-नई वाणियों का अवतार होने लगना कुछ आश्चर्य की बात नहीं है। तुलसीदास की पत्नी और चेलों की बातें छप चुकी हैं। यदि उनकी ससुराल के अन्य संबंधियों की भी कुछ रचनाएँ छप जाएँ तो आश्चर्य करने की बात नहीं होगी। ऐसी भारवर्द्धक पुस्तकों की कड़ी आलोचना होनी चाहिए, नहीं तो साहित्य के इतिहास में ऐसी बे-सिर-पैर की पुस्तकों के तथ्य की आलोचना होने लगेगी तो फिर साहित्य के मूल प्रवाह को समझना असंभव हो जायगा। नित्य नए ग्रामों के जन्म-स्थान होने के दावों ने साहित्य के मंदिर के सामने बे-मतलब के कूड़ों का अंबार लगा रखा है। अस्तु।

रामानुज और रामानंद : कुछ पंडितों का दावा है कि रामानंद चाहे जिस दृष्टि से रामानुज के मतावलंबी क्यों न रहे हों, तत्त्व-दृष्टि से तो उनके मतावलंबी नहीं थे। कुछ दूसरे पंडित ठीक इसके विरुद्ध मत का प्रतिपादन करते हैं। वे तत्त्व-दृष्टि से तो रामानंद को रामानुज का अनुयाई मानते हैं, पर उपासनापद्धति में एकदम अलग। इसमें कोई संदेह नहीं कि सारी परंपराएँ रामानंद का रामानुज संप्रदाय से संबंध बताती हैं, पर साथ ही कुछ ऐसी दलीलें भी उपस्थित की गई हैं जिनसे इस अनुमान की पुष्टि हो जाती है कि दोनों आचार्यों का संबंध दूर-दूर का ही था। कहा गया है कि रामानंद द्वारा प्रवर्त्तित संप्रदाय में राम और सीता को जिस प्रकार एकमात्र परमाराध्य माना जाता है, उस प्रकार रामानुज के प्रवर्त्तित श्रीवैष्णव संप्रदाय में नहीं माना जाता। श्रीवैष्णव सभी अवतारों की उपासना करते हैं। फिर रामानंदी लोगों में जो मंत्र प्रचलित हैं, वे भी रामानुज संप्रदाय के मंत्र से भिन्न हैं। उनका तिलक रामानुजीमत के तिलक से मिलता-जुलता है, फिर भी हू-ब-हू वही नहीं है बल्कि थोड़ा भिन्न है। स्वयं रामानंदजी त्रिदंडी संन्यासी नहीं थे, यह भी सिद्ध किया गया है। फिर एक बात और भी विचारणीय है—रामानंदी संप्रदाय का नाम भी हू-ब-हू वही नहीं जो रामानुजीय संप्रदाय का है। इस प्रकार नीचे लिखी तालिका से स्पष्ट हो जाता है कि दोनों संप्रदायों में सभी महत्त्वपूर्ण बातों में भेद है :

	रामानुजीय	**रामानंदीय**
संप्रदाय	श्रीवैष्णव संप्रदाय	ऊँ श्रीसंप्रदाय
मंत्र	नमो नारायणाय	ऊँ रामायनमः
भाष्य	श्रीभाष्य	आनंदभाष्य

फिर भी परंपरा से रामानंद का संबंध रामानुजीय संप्रदाय से सिद्ध है। इसका एक समाधान इस प्रकार से किया गया है कि तमिल देश में बहुत पुराने जमाने से कोई राम

संप्रदाय चला आ रहा था जो कभी श्रीवैष्णवों में प्रविष्ट हो गया था। रामानंद उसी संप्रदाय के आचार्य थे। कहा गया है कि ऐसा मान लेने से सभी बातों की संतोषजनक मीमांसा हो जाती है। पहले एक समस्या खड़ी करके फिर उसका समाधान करने का प्रयत्न भारतीय साहित्य और समाज के क्षेत्र में यह अकेला ही नहीं है।

आनंदभाष्य का मत : रामानंदजी का रचित बताया जानेवाला *आनंदभाष्य* अनन्य भक्ति को ही मोक्ष का एकमात्र और अव्यवहित उपाय मानता है और प्रपत्ति को मोक्ष का हेतु, और कर्म को भक्ति का अंग बताता है। इसके अनुसार जगत् का अभिन्न निमित्तोपादान कारण ब्रह्म है। इसके अनुसार जीवों का परस्पर-भेद और नानात्व सिद्ध है। इसी प्रकार स्वरूपतः जीव अणु, कर्त्ता, भोक्ता, ज्ञाता तथा नित्य हैं। जीव और ब्रह्म का भेद है। यह मत वर्णाश्रम व्यवस्था को स्वीकार करता है, विवर्त्तवाद का बारंबार प्रत्याख्यान करता है और *नारदपांचरात्र* को प्रमाणरूप में उद्धृत करता है। निर्विशेषक ब्रह्म का अनेक स्थलों पर तिरस्कार करके और सविशेषक ब्रह्म का प्रतिपादन करके सत्ख्यातिवाद को स्वीकार करता है। इस प्रकार जहाँ तक इस भाष्य के मुख्य प्रतिपादित सिद्धांतों का प्रश्न है, उसकी प्रामाणिकता को अस्वीकार करने का कोई कारण नहीं है।

परंतु सुप्रसिद्ध विद्वान् फर्कुहर का कहना है कि परंपरा से यह प्रसिद्ध है कि पहले-पहल रामानंदजी ही *अध्यात्म रामायण* और *अगस्त्य-सुतीक्ष्ण संवाद* दक्षिण से ले आए थे। निस्संदेह उनके संप्रदाय में इन ग्रंथों का बड़ा समादर है। प्रसिद्ध रामभक्त गोसाईं तुलसीदास के *रामचरितमानस* पर इन ग्रंथों का प्रभाव सर्वविदित है। आज भी रामानंदी वैष्णव इन ग्रंथों को संप्रदायमान्य ग्रंथ मानते हैं और यह आश्चर्य की बात है कि ये ग्रंथ विशिष्टाद्वैत की अपेक्षा शंकरमत की ओर अधिक झुकते हैं (तुलनीय– *अध्यात्म रामायण*, 1-32-52)। इस प्रकार यह अनुमान असंगत नहीं कहा जा सकता कि रामानुजजी के मत में भक्ति ही बड़ी चीज थी, तत्त्ववाद नहीं। उनके शिष्यों में केवल एक बात को छोड़कर बाकी बातों में काफी स्वतंत्रता का परिचय पाया जाता है। वह बात है अनन्य भक्ति। उनके कितने ही शिष्य उनकी भाँति वर्णाश्रम व्यवस्था नहीं मानते, जीवों का ब्रह्म से भेद नहीं मानते और कितने तो यह भी नहीं मानना चाहते कि दिव्य गुणों से भगवान् का सगुणत्व भी सिद्ध होता है और संपूर्ण वेदांत शास्त्र सगुण ब्रह्म का ही प्रतिपादन करता है। केवल प्रपत्ति या शरणागति को मोक्ष का साधन समझने में उनके सभी शिष्य एक हैं।

रामानंद के गुरु राघवानंद थे। भक्तमाल में नाभादासजी ने गुरु राघवानंद को ही रामानंद का गुरु माना है। इन गुरु राघवानंद की एक हिंदी-रचना *सिद्धांत पंचमात्रा* प्राप्त हुई है, जो काशी विद्यापीठ से प्रकाशित और स्व डॉ. पीतांबरदत्त बड़थ्वाल द्वारा संपादित *योग-प्रवाह* नामक पुस्तक में संगृहीत है। *सिद्धांत पंचमात्रा* से ही स्पष्ट हो जाता है कि राघवानंदजी योग-मार्ग की साधना से परिचित थे और अंतःसाधना और अनुभवसिद्ध ज्ञान की महिमा के विश्वासी थे। गुरु रामानंद को उदार दृष्टि और व्यापक भक्तिचेतना अपने गुरु से उत्तराधिकार के रूप में ही मिली थी।

रामानंद में कुछ-न-कुछ ऐसी साधना अवश्य थी जिसके कारण योगप्रधान भक्ति-मार्ग, निर्गुणपंथी भक्तिमार्ग और सगुणोपासक भक्तिमार्ग, तीनों ही के पुरस्कर्त्ता भक्तों ने उन्हें अपना गुरु माना है।

गुरुग्रंथसाहब में इनका एक पद संगृहीत है जिसमें इन्होंने बहुत-कुछ निर्गुण उपासकों की ही तरह अपने विचार प्रकट किए हैं :

जहाँ जाईए तहँ जल पषान, तू परि रहिउ है नभ समान।
वेद पुरान सब दैषे जोई, ऊहाँ तउ जोइऐ जल इह्याँ न कोई।।

हिंदी में गुरु रामानंद की नई रचनाएँ प्राप्त होती हैं जो आकार में बहुत छोटी हैं। स्व. डॉ. पीतांबरदत्त बड़थ्वाल ने इनकी *रामरक्षा, ज्ञानलीला, योगचिंतामणि, ज्ञान तिलक* नाम की रचनाओं का संपादन किया था जो अब नागरी प्रचारिणी सभा से प्रकाशित हैं। इनमें *रामरक्षा* को उन्होंने बहुत महत्त्वपूर्ण और प्रामाणिक रचना समझा था, किंतु खोज-विवरणों से इसके अनेक रूपों का पता चलता है। अन्य रचनाओं के प्राप्त रूप भी पूर्ण रूप से प्रामाणिक नहीं माने जा सकते। परंतु इन रचनाओं से रामानंद के विश्वासों का थोड़ा-बहुत पता तो चल ही जाता है। इन ग्रंथों में से कई बाद में रामानंद के नाम के साथ जोड़े गए जान पड़ते हैं (आगे देखिए)।

भक्तमाल में इनके बारह शिष्य बताए गए हैं—अनंतानंद, सुखानंद, सुरसुरानंद, नरहर्यानंद, भावानंद, पीपा, कबीर, सेन, धना, रैदास, पद्मावती और सुरसुरी। इनमें से कई छोटी समझी जानेवाली जातियों में उत्पन्न हुए हैं जो रामानंद के औदार्य के साक्षी हैं।

रामानन्द और वल्लभाचार्य का प्रभाव : इस प्रकार इन दो महात्माओं (श्री रामानंद और श्री वल्लभाचार्य) ने इस काल के साहित्य को प्रधान रूप से प्रभावित किया। हिंदीभाषी प्रदेशों में जो धर्म-साधनाएँ उन दिनों प्रचलित थीं, उन पर इन आचार्यों द्वारा प्रवर्त्तित भक्ति-भावधारा का प्रभाव पड़ा। निर्गुण भावापन्न योगप्रधान भावधारा के क्षेत्र में भक्ति का बीज पड़ा और वह निर्गुण मार्ग के रूप में प्रकट हुआ। प्रेमलीला-प्रधान सगुण भावधारा के क्षेत्र में वह श्रीकृष्ण-अवतार को केंद्र करके अपूर्व प्रेमाभक्ति के रूप में प्रकट हुआ और स्मार्त्तभावप्रधान पौराणिक विश्वासों के क्षेत्र में उसने राम-अवतार को केंद्र करके अत्यंत विशाल रूप में आत्मप्रकाश किया। इस प्रकार यह भक्ति का अंकुर तीन रूपों में विकसित हुआ। यही भक्ति-साहित्य हिंदी की मुख्य भावधारा है। इसी ने उत्तर भारत के लोकचित को मथित और चालित किया है, इसी ने उसे नवीन लक्ष्य और नवीन आदर्श दिए हैं।

महान् आदर्श का साहित्य : रामानंद और वल्लभाचार्य के पहले का हिंदी साहित्य किसी बड़े आदर्श से चालित नहीं था। आश्रयदाता राजाओं के गुणकीर्त्तन और काव्यगत रूढ़ियों पर आधारित साहित्य सूक्तियों को जन्म दे सकता है, पर वह समाज को किसी नए रास्ते पर चलने की स्फूर्त्ति नहीं दे सकता। चौदहवीं शताब्दी से पूर्व के साहित्य ने कोई नई प्रेरणा नहीं दी। किंतु नया साहित्य मनुष्य-जीवन के एक निश्चित लक्ष्य और आदर्श को

लेकर चला। यह लक्ष्य है भगवद्भक्ति, आदर्श है शुद्ध सात्विक जीवन, और साधन है भगवान् के निर्मल चरित्र और सरस लीलाओं का गान। इस साहित्य को प्रेरणा देनेवाला तत्त्व भक्ति है, इसीलिए यह साहित्य अपने पूर्ववर्त्ती साहित्य से सब प्रकार से भिन्न है। उसका लक्ष्य था—राजसंरक्षण, कवियश और वाक्सिद्धि। प्रेरक तत्त्व के बदलने के कारण पंद्रहवीं शताब्दी के बाद का साहित्य बिल्कुल नवीन-सा जान पड़ता है। चंद्र, जज्जल, विद्याधर, शार्ङ्गधर आदि की रचनाओं में अनाडंबर स्वस्थ जीवन और अलौकिक पारमार्थिक लक्ष्य प्राप्त करने की स्फूर्त्तिदायिनी प्रेरणा नहीं है। परंतु इस युग के साहित्य में वह प्रेरणा पूरी शक्ति के साथ काम करती दिखाई देती है। यही कारण है कि इस काल के आरंभ में ही कबीर, नानक, सूरदास, तुलसीदास, मीराबाई, मलिक मुहम्मद जायसी और दादूदयाल जैसे महान् साहित्यकार उत्पन्न हुए जो अपने-अपने क्षेत्रों में दिक्पाल-जैसे दिखाई देते हैं। इस काल का हिंदी साहित्य ऊर्ध्वबाहु होकर घोषणा करता है कि लक्ष्य बड़ा होने से ही साहित्य बड़ा होता है। जिस दिन हिंदी साहित्य इस तथ्य को भूल गया और सूक्तियों को लेकर खिलवाड़ करने के चक्कर में पड़ गया, उसी दिन से साहित्य का अधःपतन शुरू हुआ।

वास्तविक लोक साहित्य : इस प्रकार पंद्रहवीं शताब्दी के बाद सचमुच का लोकभाषा का साहित्य बना। भाषा इसकी वास्तविक और सच्ची है, शैली सहज और प्रसन्न। लोक-प्रचलित काव्यरूपों के साथ जीवन के बड़े लक्ष्य और आदर्श का योग हो जाने से इस साहित्य में अपूर्व तेजस्विता आ गई है। इसके छंदों में किसी प्रकार की कृत्रिमता का बोझ नहीं है और भाषा और भाव की अनाडंबर महिमा को वहन करने में यह पूर्ण समर्थ है। यहाँ से मात्रिक छंदों का अबाध प्रवेश होता है। हिंदी के जितने भी महान् कवि हुए हैं, उनकी रचनाएँ मात्रिक वृत्तों में ही चमकी हैं। जिन कवियों ने कई छंदों में रचना की है वे भी मात्रिक छंदोंवाली रचना लिखकर ही कृतकार्य हुए हैं। यहाँ से हिंदी कविता ने अपने असली छंदों को पहचाना। संभवतः लोक में इन्हीं छंदों का अधिक प्रचार था।

निर्गुण-भक्ति का साहित्य

रामानंद के शिष्य : पिछले अध्याय में मध्ययुग के महान् गुरु रामानंद की चर्चा हुई है। नाभादासजी के *भक्तमाल*[1] में इनके बारह शिष्यों की चर्चा है। ये बारह शिष्य हैं—1. अनंतानंद, 2. सुखानंद, 3. सुरसुरानंद, 4. नरहर्यानंद, 5. भावानंद, 6. पीपा, 7. कबीर, 8. सेना, 9. धना, 10. रैदास, 11. पद्मावती, 12. सुरसुरी। इनमें से कई भक्तों को तथाकथित छोटी जातियों में उत्पन्न कहा जाता है। उस काल में उच्च समझे जानेवाले वर्ण के लोग छोटी समझी जानेवाली जातियों के प्रति जिस दृष्टि से देखते थे, उसे देखते हुए रामानंद का अद्‌भुत साहस, मानव-प्रेम और औदार्य आश्चर्यचकित करनेवाले हैं। यदि नाभादासजी का वक्तव्य विश्वसनीय हो तो मानना पड़ेगा कि उन्होंने अपने शिष्यों पर किसी प्रकार का आचार धर्म लादा नहीं। प्रत्येक को अपने स्वभाव, रुचि और संस्कार के अनुसार भक्ति की साधना की छूट दी। यह महागुरु ही कर सकता है। शिष्य को अपने व्यक्तित्व को विकसित करने का पूर्ण अवसर आकाशधर्मा गुरु ही दे सकता है।

इनमें अनंतानंद के शिष्य कृष्णदास पयहारी हुए जो *भक्तमाल* के लेखक नाभादास के गुरु महात्मा अग्रदास के गुरु थे। नरहर्यानंद का संबंध भक्तप्रवर तुलसीदासजी से बताया जाता है। रैदास से कभी मीराबाई ने दीक्षा ली थी, यह प्रसिद्ध है। सुरसुरानंद की परंपरा में दादूदयाल और सुंदरदास हुए। इस प्रकार रामानंद की शिष्य-परंपरा में विभिन्न भाव से भजन करनेवाले भक्त हुए। तुलसीदास सगुण-मार्गी थे, कबीर और दादू निर्गुणमार्गी। दोनों प्रकार के संतों में समानता सिर्फ एक ही बात की है। दोनों ही 'राम' के भक्त हैं। ऐसा जान पड़ता है कि स्वामी रामानंद ने अपने शिष्यों को अनन्य भक्ति का ही उपदेश दिया था। अपनी रुचि और संस्कारों के अनुसार उन लोगों ने उसे नाना रूपों में विकसित किया। यह रामानंद के औदार्य का प्रमाण है। आकाश की भाँति उन्होंने अपनी छाया में शिष्यों को बढ़ने का पूर्ण अवकाश दिया। वे मध्यकाल के सच्चे महागुरु थे। उन्होंने युगधर्म की नाड़ी पहचानी थी।

नाथपंथी योगियों से संपर्क : इस बात का तो ऐतिहासिक प्रमाण उपलब्ध है कि रामानंद के शिष्यों में से किसी-किसी ने नाथ-मार्गी योगियों के प्रतिष्ठित अखाड़ों को अपने प्रभाव में लाकर उनके शिष्यों को अपना अनुयायी बनाया है। जयपुर के पास जो गलता की गद्दी है, वह पहले नाथमत के अनुयायियों के हाथ में थी। अपने प्रभाव से रामानंद के शिष्य कृष्णदास पयहारी ने उस पर अधिकार किया। आमेर के राजा इसके बाद रामानंदी संप्रदाय में दीक्षित हुए। रामानुज संप्रदाय में तोताद्रि का जो महत्त्व है, वही रामानंदी संप्रदाय में इस

गद्दी को प्राप्त हुआ और इसे 'उत्तर तोताद्रि' कहा जाने लगा। इस घटना से आसानी से समझा जा सकता है कि इस स्थान की पूजा-पद्धति, विश्वासों और धारणाओं में कुछ प्राचीनतर भाव रह गए हैं। कितनी भी सावधानी क्यों न बरती गई हो, नांथपंथी मठ के शिष्यों को एकदम नहीं बदला जा सका होगा; बहुत-सी बातें वैसी ही रह गई होंगी। ऐसे अवसरों पर प्रायः ऐसा ही होता है कि पुराने गुरु के स्थान पर नए गुरु का नाम बैठा दिया जाता है और शेष बातें वैसी ही चलती रहती हैं। पयहारीजी के दो प्रसिद्ध शिष्यों में से एक कील्हदास की प्रवृत्ति रामभक्ति के साथ योग-साधना की ओर बनी हुई थी। नाभादास ने इन्हें अष्टांग योग का उपासक कहा है। तपसी नामक वैरागियों की शाखा में प्रसिद्ध है कि रामानंद ने बारह वर्ष तक योग-साधना की थी। इसी प्रकार के नवदीक्षित योगि-भक्तों में रामानंद के नाम से प्रचारित ऐसी पुस्तकें मिलती हैं जिनमें योग-महिमा और नादबिंदु की उपासना प्रचारित है। *योगचिंतामणि रामरक्षास्तोत्र,* आदि ग्रंथ केवल नवदीक्षित भक्तों की पुरानी प्रथा और विश्वास के साथ उनके नाम को संबंधित कर देने का प्रयास जान पड़ते हैं। इन पुस्तकों में जिन बातों का उपचार किया गया है, वे पुराने मत का अवशेष हैं। नए गुरु का नाम जोड़कर उन्हें नए विश्वास के अनुरूप कर लिया गया है। कभी-कभी पुराने वाक्यों में, जहाँ पुराने गुरु और पुराने उपास्य का नाम होता है, वहाँ नए गुरु और नए उपास्य का नाम जोड़ने का भी प्रमाण मिलता है। *रामरक्षास्तोत्र* के अनेक उपलब्ध रूपों में यही प्रयास है।

नामदेव : नामदेव कबीर के पूर्ववर्त्ती निर्गुण भाव के साधक थे। कबीर ने अपनी पुस्तकों में बड़े गौरव के साथ इनका नाम लिया है और *गुरुग्रंथसाहब* में इनके भजनों का बड़े आदर के साथ संग्रह किया गया है। कहते हैं कि ये जाति के छीपी थे। महाराष्ट्र के सतारा जिले में नरसी बैनी गाँव में 1267 ई. में इनका जन्म बताया जाता है। इनके गुरु संत विसोबा खेचर थे और संत ज्ञानेश्वर के प्रति भी इनकी भक्ति थी। नामदेव के भजन मराठी और हिंदी दोनों में उपलब्ध हैं। हिंदी भजन *गुरुग्रंथसाहब* में संगृहीत हैं। इन भजनों की संख्या 60 से भी अधिक है। इनमें उनके प्रेम-निर्भर सहज अकपट चित्त का बहुत अच्छा प्रकाशन हुआ है।

महाराष्ट्र के हिंदी कवि : महाराष्ट्र के अनेक भक्तों ने हिंदी में कविता लिखी है। श्री भास्कर रामचंद्र भालेराव ने संवत् 1986 की *नागरी प्रचारिणी पत्रिका* (भाग 10) में इस विषय में एक महत्त्वपूर्ण लेख लिखा था। उनके लेख से जान पड़ता है कि जन्मकाल से ही हिंदी भाषा की यह विशेषता रही है कि भारत के दूरस्थ प्रांतों के दूरदर्शी संत-महात्मा, राजा-महाराजा, कवि तथा योद्धा स्थानीय भाषाओं के अतिरिक्त इसमें (हिंदी में) भी रचना करते चले आ रहे हैं। महाराष्ट्र और गुजरात में यह परंपरा आज तक अक्षुण्ण चली आ रही है। प्रमाण के लिए महाराष्ट्र को लीजिए। चंदबरदाई के काल में चालुक्यवंशी महाराज सोमेश्वर 'सर्वज्ञभूप' उपनाम से हिंदी में काव्य-रचना करते रहे। उनके *मानसोल्लास* ग्रंथ में राग-रागिनियों का वर्णन हिंदी भाषा के उदाहरण के रूप में प्रस्तुत किया जा सकता है। इस ग्रंथ का रचना-काल 1184 सं. विक्रमी (1127 ई.) है।

राजा-महाराजाओं के अतिरिक्त संत-महात्माओं की रचनाएँ महाराष्ट्रवासियों को हिंदी से अभिज्ञ कराने में सहायक होती रहीं। महानुभाव पथ (जयकृष्णी) के संस्थापक

चक्रधर महाराज का रचनाकाल शाके 1194 है। जयकृष्णी पंथ का प्रसार महाराष्ट्र से सीमांत प्रदेश तक हुआ था। इसीलिए इस पंथ के अनुवर्त्ती संत-महात्मा अपनी शिष्य-परंपरा को अपने धार्मिक सिद्धांतों का बोध कराने के लिए हिंदी में रचना करते रहे। श्री चक्रधरजी उभांबर दामोदर ने ईश-भक्ति विषयक विभिन्न राग-रागिनियों की कविताएँ रचीं, जो उत्कृष्ट कोटि की रचनाएँ मानी जाती हैं।

इसी प्रकार नाथपंथी साधु-महात्माओं ने हिंदी में प्रचुर रचनाएँ कीं। ज्ञानेश्वर महाराज और मुक्ताबाई की हिंदी कविता का पाठ आज भी महाराष्ट्र में होता है। नामदेवजी ने मराठी के साथ-साथ हिंदी में भी प्रचुर रचना की।

सूर-तुलसी-काल में वैष्णव भक्तों की हिंदी रचनाएँ अपना अलग विशेष महत्त्व रखती हैं। भानुदास, जनार्दन स्वामी, दादू पिंजारा, एकनाम, तुलाराम, कान्होबा, जनी जनार्दन की रचनाएँ हिंदी साहित्य में अमूल्य निधि हैं।

महात्माओं के अतिरिक्त मुसलमान और हिंदू शासकों ने भी हिंदी में रचनाएँ कीं। इब्राहीम शाह का *नवरस* हिंदी विषयक एक अनुपम ग्रंथ है। शिवाजी के पिता शाहजी के दरबार में 38 कवियों का उल्लेख मिलता है। जयराम, रघुनाथ व्यास, रघुनाथ कवि, ठाकुर चतुरद, लछीराम, श्याम गुसाईं, ठा. शिवदास केहरि, गंग, गर्यददेव, सुखलाल, रामानुज, दुर्ग ठाकुर, सुविद्ध राव, विश्वंभर भाटकी की रचनाएँ आज भी उपलब्ध हैं। इस काल में महानुभावपंथी कृष्ण मुनि, चक्रमणि व्यास, विधिचंद्र शर्मा की विविध रचनाएँ मिलती हैं। *अवताररासा, ब्रह्मविद्यार्थप्रकाश* आदि ग्रंथ प्रसिद्ध हैं। शिवाजी महाराज स्वयं कवि थे और कवियों का आदर करते थे। भूषण, गंगेश, श्री गोविंद आदि विविध कवियों की रचनाएँ उपलब्ध हैं।

शिवाजी के समकालीन नाथपंथी संत मानसिंह नाथ स्वामी के अतिरिक्त नाभा, सेनानाई, शेख सुल्तान, शेख फरीद, काजी मुहम्मद, जिंदा फकीर, सैयद हुसेन, बहादुर बाबा, लतीफ शाह, सुलतान कादर आदि की रचनाएँ प्रचुर मात्रा में मिलती हैं। अस्तु।

जयदेव : यहाँ प्रसंग नामदेवजी का है। नामदेवजी के समान ही दूरस्थ प्रांत के एक और भी पुराने भक्त जयदेव के कुछ निर्गुण भाव के पद *ग्रंथसाहब* में संगृहीत हैं। साधारणतः यह विश्वास किया जाता है कि यह *गीतगोविंद* के रचयिता जयदेव से अभिन्न हैं, परंतु *ग्रंथसाहब* में संगृहीत पद केवल विषयवस्तु की दृष्टि से ही *गीतगोविंद* से भिन्न नहीं हैं, उनमें *गीतगोविंद* के रचयिता की चपल-चटुल शैली और मनोहर पद-विन्यास का कुछ भी साम्य नहीं मिलता। इसलिए साहित्य के विद्यार्थी के लिए यह विश्वास करना कठिन है कि दोनों जयदेव एक ही हैं।

कबीरदास : निर्गुण भाव के साधकों में निस्संदेह कबीरदास प्रमुख और श्रेष्ठ हैं। काशी में किसी सद्योधर्मांतरित जुलाहा जाति में इनका प्रादुर्भाव हुआ था। प्रसिद्ध यह है कि ये किसी विधवा ब्राह्मणी के पुत्र थे। माता ने सामाजिक भय से काशी के लहरतारा तालाब के पास इन्हें फेंक दिया था, वहीं नीरू और नीमा नामक जुलाहा दंपति ने इन्हें प्राप्त किया और पाल-पोसकर बड़ा किया। यह प्रसिद्धि कहाँ तक सत्य है, यह नहीं कहा जा सकता। पर निर्विवाद बात यह है कि ये काशी की जुलाहा जाति में पालित और वर्धित हुए थे। यह जुलाहा जाति नाथपंथी योगियों की शिष्य थी और इस जाति के लोगों में उनके विश्वास

और संस्कार पूरी मात्रा में वर्त्तमान थे। मुसलमान ये नाम मात्र के ही थे। इस नाथभावापन्न सद्योधर्मांतरित जुलाहा जाति में पालित होने के कारण कबीरदास में नाथपंथी विश्वास सहज रूप में वर्त्तमान थे। उनका मन योगियों के संस्कार में सुसंस्कृत था। इसी क्षेत्र में इस काल के श्रेष्ठ गुरु स्वामी रामानंद द्वारा प्रचारित भक्ति-सिद्धांत का बीज पड़ा। इस प्रकार कबीर में एक ओर यौगिक सिद्धांतों की पूरी जानकारी है, तो दूसरी ओर भक्ति-साधना की बलदायिनी प्रेरणा। कबीरदास का जन्म कब हुआ था, यह निश्चित रूप से नहीं कहा जा सकता। संप्रदाय में माना जाता है कि,

चौदह सौ पचपन साल गए, चंद्रवार एक ठाठ ठए।
जेठ सुदी बरसायत को, पूरनमासी प्रगट भए।।

अर्थात् कबीरदास का जन्म सं. 1455 की ज्येष्ठ पूर्णिमा को हुआ था। परंतु गणना से ज्येष्ठ पूर्णिमा को इस वर्ष सोमवार नहीं पड़ता, 1456 सं. में पड़ता है। इसलिए विद्वानों का विचार है कि कबीरदास का जन्म सं. 1456 अर्थात् 1399 ई. में हुआ था। लोकप्रसिद्धियों में बताया गया है कि अँधेरे में गंगातट पर सोए हुए कबीर के शरीर पर रामानंदजी के खड़ाऊँ पड़ गए थे और वे 'राम-राम' कह उठे थे। रामानंद से कबीर के दीक्षा लेने की यही कहानी है। कबीर के मुसलमान शिष्य बताते हैं कि उन्होंने प्रसिद्ध सूफी फकीर शेख़ तक़ी से दीक्षा ली थी। कबीर के पदों में शेख़ तक़ी का नाम आया है, किंतु उसमें उस प्रकार की श्रद्धा का भाव नहीं मिलता जो किसी गुरु के लिए अपेक्षित है; जैसे—'घट-घट है अबिनासी सुनहु तकी तुम शेख'। इस पद्य में कबीर शेख़ तक़ी को गुरुभाव से स्मरण करते नहीं जान पड़ते, किंतु इसके विरुद्ध कबीर ने जहाँ कहीं भी रामानंद का नाम लिया है, वहाँ उनका नाम बड़े गौरव और श्रद्धा के साथ लिया है। जैसे :

सतगुरु के परताप से मिटि गयो सब दुख दंद।
कह कबीर दुविधा मिटी, गुरु मिलिया रामानंद।।

इससे सिद्ध होता है कि कबीर वस्तुतः रामानंद के शिष्य थे और उन्हीं से उन्हें रामनाम का अपूर्व मंत्र मिला था।

कबीर की विशेषता : पंद्रहवीं शताब्दी में कबीर सबसे शक्तिशाली और प्रभावोत्पादक व्यक्ति थे। संयोग से वे ऐसे युग-संधि के समय उत्पन्न हुए थे, जिसे हम विविध धर्म-साधनाओं और मनोभावनाओं का चौराहा कह सकते हैं। उन्हें सौभाग्यवश सुयोग भी अच्छा मिला था। जितने प्रकार के संस्कार पड़ने के रास्ते हैं, वे प्रायः सभी उनके लिए बंद थे। वे मुसलमान होकर भी असल में मुसलमान नहीं थे। वे हिंदू होकर भी हिंदू नहीं थे। वे साधु होकर भी साधु (अगृहस्थ) नहीं थे। वे वैष्णव होकर भी वैष्णव नहीं थे। वे योगी होकर भी योगी नहीं थे। वे कुछ भगवान् की ओर से ही सबसे न्यारे बनाकर भेजे गए थे। वे भगवान् के नृसिहावतार की मानो प्रतिमूर्त्ति थे। नृसिह की भाँति नाना असंभव समझी जानेवाली परिस्थितियों के मिलन-बिंदु पर अवतीर्ण हुए थे। हरिण्यकश्यपु ने वर माँग लिया था कि उसको मार सकनेवाला न मनुष्य हो, न पशु; मारे जाने का समय न दिन हो, न रात; मारे जाने का स्थान न पृथ्वी हो, न आकाश; मार सकनेवाला हथियार न धातु का हो, न पाषाण का, इत्यादि। इसीलिए उसे मार सकना एक असंभव और आश्चर्यजनक व्यापार था। नृसिह ने इसीलिए नाना कोटियों के मिलन-बिंदु को चुना था। असंभव

व्यापार के लिए शायद ऐसी ही परस्पर-विरोधी कोटियों का मिलन-बिंदु भगवान् को अभीष्ट होता है। कबीरदास ऐसे ही मिलन-बिंदु पर खड़े थे, जहाँ से एक ओर हिंदुत्व निकल जाता है और दूसरी ओर मुसलमानत्व; जहाँ एक ओर ज्ञान निकल जाता है, दूसरी ओर अशिक्षा; जहाँ एक ओर योगमार्ग निकल जाता है, दूसरी ओर भक्तिमार्ग; जहाँ से एक ओर निर्गुण भावना निकल जाती है, दूसरी ओर सगुण साधना; उसी प्रशस्त चौराहे पर वे खड़े थे। वे दोनों ओर देख सकते थे और परस्पर-विरुद्ध दिशा में गए मार्गों के दोष-गुण उन्हें स्पष्ट दिखाई दे जाते थे। यह कबीरदास का भगवद्दत्त सौभाग्य था। उन्होंने इसका खूब उपयोग किया।

कबीर के ग्रंथ : वैसे तो कबीर के नाम पर चलनेवाली पुस्तकों की संख्या कई दर्जनों तक पहुँचती है, परंतु इनमें अधिकांश वस्तुतः कबीर की लिखित नहीं हैं।[2] कबीरदास साक्षर नहीं थे, इसे तो सभी स्वीकार करते हैं। उन्होंने जो कुछ पद लिखे थे, वे दूसरों के संग्रह किए हैं। यह बता सकना कठिन है कि कौन-सी रचना उनकी अपनी है और कौन-सी परवर्त्तीकाल के भक्तों का प्रक्षेप। उनकी रचनाओं का कोई भी संग्रह ऐसा नहीं मिला है, जिसके बारे में निस्संदिग्ध होकर कहा जा सके कि यह उनके समय की रचना है।

कबीर ग्रंथावली : तीन मूलों से प्राप्त रचनाओं के बारे में प्रामाणिकता का दावा किया गया है। एक तो ना. प्र. स. द्वारा प्रकाशित और श्री श्यामसुंदरदास द्वारा संपादित *कबीर ग्रंथावली* है, जिसकी आधारभूत प्रति के संबंध में यह दावा किया गया है कि वह कबीरदास की मृत्यु से पंद्रह वर्ष पहले लिखी जा चुकी थी, अतः वह अत्यधिक प्रामाणिक है। मैंने अपनी *कबीर* नामक पुस्तक में सिद्ध किया है कि यह दावा गलत है। ना. प्र. स. द्वारा प्रकाशित पुस्तक में उक्त प्रति के अंतिम पृष्ठ का फोटो दिया गया है। उसमें जो संवत् दिया हुआ है वह बाद की लिखावट में है। एक बार 'इति श्री कबीर जी की वाणी संपूरन समाप्त:' इत्यादि लिखकर फिर से अपेक्षाकृत मोटी लिखावट में 'संपूर्ण सं. 1561' इत्यादि लिखना क्या संदेहास्पद नहीं है? पहली बार 'संपूरन' और दूसरी बार 'संपूर्ण' लिखना भी संकेतपूर्ण है। पुष्पिका की अंतिम डेढ़ पंक्तियाँ स्पष्ट ही दूसरे हाथ की लिखावट हैं। अतः यह पुस्तक 1561 की नहीं हो सकती। वस्तुतः यह परवर्त्ती काल की लिखावट है। डॉ. श्यामसुंदरदास ने इस प्रति का नाम *क* दिया है। एक और प्रति से भी संपादन में सहायता ली गई है। बाबू साहब ने उसका नाम *ख* दिया है। वह 1881 अर्थात् सन् 1824 ई. की लिखी है।

दोनों प्रतियों में पाठ-भेद बहुत कम है। *क* प्रति की अपेक्षा *ख* में 131 दोहे और पाँच पद अधिक हैं। ऐसा जान पड़ता है कि दोनों प्रतियों के लेखनकाल में बहुत अधिक अंतर नहीं होगा। इसका एक प्रमाण तो यह है कि दोनों पुस्तकों में रमैनी शब्द का व्यवहार है जो बहुत बाद में संत-साहित्य में प्रचलित हुआ है। *ख* प्रति में तो एक ऐसी रमैनी है जिसे *बीजक* में भी रमैनी नहीं कहा गया। *बीजक* के प्रसंग में हम इस बात पर विचार करेंगे। यहाँ प्रकृत यह है कि *कबीर ग्रंथावली* की *क* प्रति *ख* प्रति से बहुत अधिक पुरानी नहीं है। संभवतः यह भी अठारहवीं शती के अंत्य भाग में संकलित हुई है।

आदिग्रंथ के पद : यह प्रसिद्ध है कि सं. 1661 अर्थात् 1605 ई. में सिखों के *गुरुग्रंथसाहब* का संकलन किया गया था। इसमें कबीर की बहुत-सी वाणियों का संकलन

किया गया है। आदिग्रंथ से इन वाणियों को उद्धृत करके डॉ. रामकुमार वर्मा ने इन्हें अलग से मुद्रित कराया है। इस संग्रह में ऐसे पद जरूर हैं जो सन् 1605 तक कबीर-लिखित माने जाते थे। संभवतः कबीर के पदों का सबसे पुराना संग्रह यही है। *ग्रंथसाहब* में ही कभी-कभी दूसरे संतों के नाम से भी वही पद मिल गए हैं जो कबीर के नाम से संगृहीत हैं। इससे यह संदेह होता है कि आदिग्रंथ में संकलित पदों की प्रामाणिकता भी उतनी विश्वसनीय नहीं है। फिर भी प्राचीनता की दृष्टि से इसका सम्मान है।

बीजक : तीसरा संग्रह कबीरपंथी संप्रदाय में समादृत *बीजक* है। यह संप्रदाय में सबसे अधिक मान्य ग्रंथ है। यह प्रसिद्धि है कि कबीरदास ने स्वयं इस ग्रंथ को अपने दो शिष्यों जगजीवनदास और भगवानदास को दिया था। भगवानदास द्वारा स्थापित गद्दी इस समय छपरा जिले में धनौती मठ में है। कहा जाता है कि वर्त्तमान *बीजक* अठारहवीं शताब्दी में धनौती मठ से प्रकाशित हुआ है। पिछले पचास वर्षों से इसकी बहुत चर्चा हुई है और कबीर संप्रदाय के सिद्धांतों के समझने के लिए इसी ग्रंथ को प्रमाण माना जाता रहा है। इस पर कई महत्त्वपूर्ण टीकाएँ लिखी गई हैं, जिनमें दो बहुत अधिक प्रसिद्ध हैं। एक तो पूरनदास की लिखी हुई *तिर्ज्या* टीका जो पहले-पहल 1892 में प्रकाशित हुई थी और बाद में बम्बई के वेंकटेश्वर प्रेस तथा अन्य कई स्थानों से प्रकाशित हुई, और दूसरी रीवाँ के महाराज विश्वनाथसिंहजू देव की टीका जो प्रथम बार बनारस में छपी थी और बाद में कई जगहों से प्रकाशित होती रही। *बीजक* की टीकाओं में यह सबसे अधिक पांडित्यपूर्ण है, परंतु इसमें साकेतवासी राम का प्रतिपादन है, अतएव संप्रदाय में इसका आदर नहीं है।

रमैनी : *बीजक* का महत्त्वपूर्ण अंश रमैनियाँ हैं। इनमें साधारणतः सात-सात चौपाइयों के बाद एक-एक दोहा संकलित किया गया है, जिसे कबीरपंथी संप्रदाय में 'साखी' कहते हैं। इनमें से कुछ रमैनियाँ आदिग्रंथ में भी मिल जाती हैं, पर उन्हें किसी राग के नाम से ही लिखा गया है। इससे जान पड़ता है कि आदिग्रंथ के संकलित होने तक 'रमैनी' शब्द का प्रयोग नहीं होता था। ना. प्र. स. की खोज रिपोर्ट के अनुसार कबीर-कृत सबसे पुरानी बताई जानेवाली हस्तलिखित प्रतियाँ चार हैं—*कबीरजी के पद, कबीरजी की साखी, कबीरजी की रमैनी* और *कबीरजी की कृत*। इनका लिपिकाल सं. 1649 बताया गया है। खोज करने पर डॉ. रामकुमार वर्मा को यह दोनों ही बातें निराधार मालूम हुईं। सभा को इन पुस्तकों का संधान जोधपुर से प्राप्त हुआ था। डॉ. वर्मा ने जोधपुर से इन पुस्तकों को मँगाया। उसमें *कबीरजी की कृत* और *कबीरजी की रमैनी* तो थी ही नहीं, एक पुस्तक के सिवाय किसी में लिपिकाल भी नहीं दिया था। अतः यह अनुमान करने में कोई बाधा नहीं कि 'रमैनी' शब्द का प्रचलन बाद में हुआ। आगे चलकर कबीरपंथी संप्रदाय में दोहे-चौपाइयों में लिखी बातों को 'रमैनी' कहना रूढ़ हो गया। इस प्रकार *बीजक* में जिसे *ग्यान चौंतीसा* कहा गया है और आदिग्रंथ में जिसे *बावन आखरी* कहा गया है, उसे भी सं. 1881 में लिखी हुई *कबीर ग्रंथावली* की *ख* प्रति में 'रमैनी' कहा गया है। मेरा अनुमान है कि दोहा-चौपाइयों में लिखी गई तुलसीदास की *रामायण* के प्रभाव ने कबीरपंथियों को भी अपनी *रामायण* बनाने को प्रोत्साहित किया और सन् ई. की अठारहवीं शताब्दी में किसी समय दोहा-चौपाई में लिखित पदों को 'रमैनी' कहा जाने लगा। बाद में चलकर तो कबीरपंथी साधुओं ने जो कुछ भी लिखा, उसे कबीर-कृत रमैनी मान लिया गया। *अक्षर-खंड की रमैनी* रामरहेस साहब

की लिखी हुई है, पर वह भी कबीर के नाम पर चल पड़ी है। इसी प्रकार *बलख की रमैनी, पैज की रमैनी* आदि रमैनियाँ हैं। इन बातों पर विचार करने से मालूम होता है कि *बीजक* का वर्त्तमान रूप अठारहवीं शताब्दी में कभी प्राप्त हुआ होगा। लगभग इसी समय संप्रदाय का भी नए सिरे से संघटन हुआ और *बीजक* ने इस नवसंघटित धर्म-संप्रदाय के धर्मग्रंथ का काम किया। इसी के बाद इस पर टीकाओं की भी आवश्यकता अनुभूत हुई होगी।

साखी : कबीर की रचनाओं में साखी और सब अर्थात् 'दोहे' और 'पद' पर्याप्त पुराने हैं। गोस्वामी तुलसीदासजी को इस प्रकार की रचनाएँ देखने को मिली थीं। वे 'साखी सबदी दोहरा' लिखनेवालों से बहुत प्रसन्न नहीं थे। 'साखी' शब्द का अर्थ है साक्षी अर्थात् ये वाक्य मानो गुरु के उपदेशों का प्रत्यक्ष रूप हैं। बौद्ध सिद्ध कण्हपा ने 'साखि करब जालंधर पाएँ' वाले पद में गुरु को साक्षी बनाने की बात कही है। जान पड़ता है कि आगे चलकर गुरु के उपदेशों को ही गुरु की 'साखी' समझा जाने लगा। शुरू-शुरू में गुरु के सभी उपदेशों को, चाहे वे जिस किसी छंद में लिखे गए हों, 'साखी' कहा जाता होगा। गोस्वामीजी ने दोहरा को साखी से अलग गिनाया है, जिससे दो बातें सूचित होती हैं—एक तो यह कि सभी दोहों को 'साखी' नहीं कहा जाता था और दूसरे यह कि साखी दोहों से भिन्न छंद में भी लिखी जाती थी।

ग्रंथसाहब में कबीर की साखियों को 'सलोकु' या 'श्लोक' कहा गया है। *बीजक* में संगृहीत साखियों का कोई विभाग नहीं है, परंतु *कबीर ग्रंथावली* में इन साखियों को अंगों में विभाजित किया गया है; जैसे 'गुरु को अंग', 'निहकरमी पतिव्रता को अंग' इत्यादि। इससे यह अनुमान किया जा सकता है कि बाद में चलकर साखियों को गुरु का अंग ही मान लिया गया है। कहा जाता है कि दादूदयाल की साखियों को प्रथम बार उनके शिष्य रज्जबजी ने अंगों में विभाजित किया था और तभी से साखियों को अंगों में विभाजित करने की प्रथा चल पड़ी। यदि यह सत्य है कि रज्जबजी के अंग-विभाजन के बाद ही साखियों को अंगों में विभाजित किया जाने लगा, तो *कबीर ग्रंथावली* का संकलन-काल भी निश्चय ही रज्जबजी के बाद ही होगा। कबीर की साखियों का विश्लेषण करने से पता चलेगा कि अंगों की संख्या उत्तरोत्तर बढ़ती गई।

शब्द : 'शब्द' वस्तुतः गेय पद हैं। इनकी परंपरा बहुत पुरानी है। बौद्ध और नाथ सिद्धों ने ध्रुवक देकर विभिन्न रागों में पद लिखे थे। कबीरदास के पद उसी परंपरा के हैं। *बीजक* में जो पद संगृहीत हैं उनमें खंडन-मंडन की और ज्ञान की कथनी की प्रवृत्ति अधिक है, और *ग्रंथसाहब* तथा *कबीर ग्रंथावली* में संगृहीत पदों में भक्ति और आत्म-समर्पण के भावों की प्रधानता है। ऐसा जान पड़ता है कि *बीजक* को संप्रदाय का धर्मग्रंथ बनाने का प्रयत्न अधिक हुआ है और इसीलिए उसके स्वर को ज्ञान-प्रधान और आक्रामक बनाने का प्रयत्न किया गया है। निस्संदेह कबीरदास में रूढ़ियों, सांप्रदायिक भावनाओं और निरर्थक बाह्याचारों पर आक्रमण करने की प्रवृत्ति थी, पर यह उनकी नकारात्मक दृष्टि थी। उनकी वास्तविक देन तो उनकी भक्ति-भावना ही थी।

कबीर का व्यक्तित्व *बीजक* में कम है : कबीर में एक प्रकार की घरफूँक मस्ती और पक्कड़ाना लापरवाही के भाव मिलते हैं। उनमें अपने-आपके ऊपर अखंड विश्वास था। उन्होंने कभी भी अपने ज्ञान को, अपने गुरु को, अपनी साधना को संदेह की दृष्टि से नहीं

देखा। वे जब पंडित या शेख पर आक्रमण करने को उद्यत होते हैं तो उन्हें इस प्रकार पुकारते हैं मानो वे नितांत नगण्य जीव हों, केवल बाह्याचारों के गट्ठर, केवल कुसंस्कारों के गड्डे; साधारण हिंदू गृहस्थ पर आक्रमण करते समय लापरवाह रहते हैं और इस लापरवाही के कारण ही उनके आक्रमण-मूलक पदों में एक सहज-सरल भाव और एक जीवंत काव्य मूर्त्तिमान हो उठा है। यही लापरवाही कबीर के व्यंग्यों की जान है। उनके पूर्ववर्त्ती सिद्धों और योगियों ने भी आक्रमणकारी उक्तियाँ कही हैं, पर उनमें उनके मन की हीनता-ग्रंथि स्पष्ट हो जाती है, मानो वे लोमड़ी के खट्टे अंगूरों की प्रतिध्वनि हों। उनमें तर्क तो है पर लापरवाही नहीं है, आक्रोश तो है पर मस्ती नहीं है; क्योंकि वे बराबर परपक्ष की संभावना से चिंतित रहते थे। कबीरदास के आक्रमणों में जहाँ लापरवाही का कवच है, वहाँ आत्मविश्वास का कृपाण भी है। *कबीर ग्रंथावली* के पदों और साखियों में यह घरफूँक मस्ती और फक्कड़ाना लापरवाही मिल जाती है; परंतु *बीजक* के पदों में वह बहुत कम हो गई है। इसीलिए भाव की दृष्टि से *कबीर ग्रंथावली* के पदों में कबीरदास का मूल रूप अधिक सुरक्षित है। दोनों ही संग्रहों में पाई जानेवाली आक्रमण-मूलक उक्तियों की तुलना करने से यह बात स्पष्ट हो जाएगी।

कबीरदास मुख्य रूप से भक्त थे। वे उन निरर्थक आचारों को व्यर्थ समझते थे, जो असली बात को ढँक देते हैं और झूठी बातों को प्राधान्य दे देते हैं। उनके प्रेम के आदर्श सती और शूर हैं। जो प्रेम या भक्ति पद-पद पर भक्त को भावविह्वल कर देती है, मन और बुद्धि का मंथन करके मनुष्य को परवश बना देती है और जो उन्मत्त भावावेश के द्वारा भक्त को हतचेतन बना देती है, वह कबीर को अभीष्ट नहीं। प्रेम के क्षेत्र में वह गलदश्रु भावुकता को कभी बर्दाश्त नहीं करते। बड़ी चीज का मूल्य भी बड़ा होता है। भगवान्-जैसे प्रेमी को पाने के लिए भी मनुष्य को बड़े-से-बड़ा मूल्य चुकाना पड़ता है। और अपने-आपको देने से बढ़कर मनुष्य और कौन सा मूल्य चुका सकता है?

यह तो घरु है प्रेम का, खाला का घरु नाहि।
सीस उतारे भुईं धरे, सो पइठे इहि माँहि।।

इसी अनाविल आत्म-समर्पण ने कबीर की रचनाओं को श्रेष्ठ काव्य बना दिया है। संसार में जहाँ कहीं भी यह रचना गई है, वहीं इसने लोगों को प्रभावित किया है। सहज सत्य को सहज ढंग से वर्णन करने में कबीरदास अपना प्रतिद्वंद्वी नहीं जानते। वे मनुष्य बुद्धि को व्याहत करनेवाली सभी वस्तुओं को अस्वीकार करने का अपार साहस लेकर अवतीर्ण हुए थे। पंडित, शेख, मुनि, पीर, औलिया, क़ुरान, पुरान, रोज़ा, नमाज़, एकादशी, मंदिर और मस्जिद उन दिनों मनुष्य चित्त को अभिभूत कर बैठे थे, परंतु वे कबीरदास का मार्ग न रोक सके। इसीलिए कबीर अपने युग के सबसे बड़े क्रांतदर्शी थे।

कबीर संप्रदाय का साहित्य : यह कह सकना कठिन है कि कबीर संप्रदाय का संघटन कब आरंभ हुआ। कबीरपंथ की इस समय दो मुख्य शाखाएँ हैं—कबीरचौरा (बनारस) वाली और छत्तीसगढ़वाली। दोनों की गुरु-परंपराएँ उपलब्ध हैं। दोनों का दावा है कि उनके संस्थापक कबीर के साक्षात् शिष्य थे। अब, जहाँ तक कबीरदास का संबंध है, वे संप्रदाय-स्थापना के विरोधी ही थे। उनके पुत्र कमाल से संप्रदाय-स्थापन के लिए प्रार्थना की गई थी, पर उन्होंने यह कहकर अस्वीकार कर दिया था कि ऐसा करने से हमें

'आध्यात्मिक गुरुहत्या का पाप लगेगा'। कहते हैं, इसी अपराध के कारण शिष्यों में यह उक्ति प्रचलित हुई कि 'बूड़ा वंश कबीर का जो उपजा पूत कमाल'।[3] आचार्य क्षितिमोहन सेन ने लिखा है कि कमाल के विरोध के होते हुए भी सुरतगोपाल और धर्मदास को आश्रय करके कबीर का संप्रदाय गठित होकर ही रहा।[4] फिर भी यह कहना संभव नहीं है कि काशीवाली शाखा के प्रवर्त्तक महात्मा सुरतगोपाल ने सचमुच ही संप्रदाय का संघटन किया था या नहीं। कुछ शिष्य-मंडली का होना एक बात है और संप्रदाय का संघटन दूसरी बात। महात्मा सुरतगोपाल द्वारा प्रवर्त्तित कहा जानेवाला कबीरचौरे का संप्रदाय निश्चय ही धर्मदासी शाखा से अधिक प्राचीन है।

सुरतगोपाली शाखा : आजकल कबीर चौरेवाली शाखा के प्रधान गुरु महात्मा रामविलास साहेब हैं। ये इक्कीसवें गुरु हैं।[5] कहा जाता है कि कबीरचौरा में गुरुओं की जो समाधियाँ हैं, उनमें बहुत प्राचीन गुरुओं की समाधियाँ नहीं हैं। सबसे पुरानी समाधि उन्नीसवीं शताब्दी के आरंभ की है। उन दिनों काशी के राजा महाराजा बलवंतसिंह (मृत्यु 1770 ई.) और उनके पुत्र महाराजा चेतसिंह संप्रदाय के भक्तों में से थे। इसके कुछ पहले अवश्य ही संप्रदाय का पूर्ण संघटन हो गया रहा होगा। यह भी कहा जाता है कि नीरूटीला आठवें गुरु सुखदास ने अधिकृत किया था और वर्त्तमान चौरा तो बाद में अधिकृत हुआ है। इतना निश्चित है कि पुराने गुरुओं का बहुत ब्यौरेवार इतिहास सुरक्षित नहीं है। और यह इस बात का सबूत है कि कबीर की मृत्यु के दीर्घकाल बाद तक संप्रदाय का कोई अच्छा सा सुसंघटित रूप नहीं था।[6] परंतु फिर भी सुरतगोपालजी द्वारा स्थापित गद्दी का बहुत मान है। *बीजक* की टीकाओं के द्वारा और नए-नए ग्रंथों के निर्माण के द्वारा इस शाखा ने संप्रदाय को क्रमबद्ध दर्शन और सुचिंतित विचार-पद्धति देने का प्रयत्न किया है। परवर्त्ती काल के संत पूर्णदास ने अपनी *तिर्ज्या* टीका और *निर्णय सार* नामक ग्रंथों द्वारा संप्रदाय को तर्कसंगत तत्त्ववाद दिया है। परंतु इस संप्रदाय को बुद्धिवादी रूप देने का श्रेय बिहार के रामरहेस साहब का है, जो टेकारी (जिला गया) राज्य के मंत्री पं. भगवान दुबे के पुत्र और कबीरचौरा शाखा के पंद्रहवें गुरु महात्मा चरणदास के शिष्य थे। इनकी पुस्तक *पंचग्रंथी बीजक* में प्रतिपादित सिद्धांतों को क्रमबद्ध दर्शन का रूप दिया गया है। कबीरदास की वाणियों के चार भेद बताए गए हैं : जीवमुख, मायामुख, ब्रह्ममुख, और गुरुमुख वाणी। इनमें गुरुमुख वाणियों को प्रामाणिक वाणी या 'टकसार' वाणी माना गया है। यह शब्द मीमांसा-दर्शन के 'विधि-वाक्यों' का समशील है। इस प्रकार साहित्य के इतिहास में सुरतगोपाल की शाखा *बीजक* के सिद्धांतों को तर्कसंगत और बुद्धिवादी दार्शनिक रूप देने के गौरव की अधिकारिणी है। इस शाखा के पूर्ववर्त्ती गुरुओं ने यदि कुछ साहित्य लिखा भी हो तो वह प्राप्त नहीं है, इसलिए बहुत-से विद्वानों ने अनुमान किया है कि संप्रदाय की स्थापना बाद में हुई है।

धर्मदासी शाखा : धर्मदासी शाखा के बारे में कुछ अधिक कहा जा सकता है। सौभाग्यवश इस शाखा की गुरु-परंपरा भी प्राप्त है। इस शाखा के अनुयाइयों का विश्वास है कि कबीरदास ने स्वयं धर्मदास के वंशजों को बयालिस पीढ़ी तक गद्दी पाने की भविष्यवाणी की थी और यह भी कहा था कि प्रत्येक गुरु 25 वर्ष और 21 दिन तक गद्दी पर विराजेगा। इस शाखा के अनुयाई इस भविष्यवाणी पर विश्वास करते आए हैं, पर हाल के

गुरुओं का इतिहास इस विश्वास में बाधक बना है। इस संप्रदाय की जो गुरु-परंपरा प्राप्त है[7] उसमें ग्यारहवें गुरु प्रगटनाम का स्वर्गवास 1869 ई. में हुआ। इनके दो पुत्रों ने अपने को गद्दी का हकदार घोषित किया। धीरजनाम को बम्बई के हाईकोर्ट ने ही गद्दी का वास्तविक हकदार घोषित किया, परंतु उग्रनाम अधिक योग्य और गुणी थे और शिष्यों की श्रद्धा आकृष्ट करने में धीरजनाम से अधिक सफल सिद्ध हुए। धीरजनाम 1894 ई. में गुरुगद्दी पर विराजे और 17 वर्ष तक बने रहे। सन् 1914 ई. में दयानाम साहेब गद्दी पर समासीन हुए। धीरजनाम के वंशधर कवर्धा में अलग गद्दी पर बैठते रहे। पर इस शाखा के वास्तविक गुरु उग्रनाम ही बने रहे जिनकी गद्दी दामाखेड़ा में थी। सो, इस प्रकार 1894 ई. के बाद का इतिहास बताता है कि प्रत्येक गुरु के 25 वर्ष 21 दिन तक गद्दीनशीन रहने का विश्वास बहुत विश्वसनीय नहीं है। फिर भी यदि धीरजनाम के पूर्ववर्त्ती ग्यारह गुरुओं का काल 25-25 वर्ष मान लिया जाय तो 275 वर्ष होते हैं और इस प्रकार महात्मा धर्मदास का गुरुपद-ग्रहण करने का समय 1894 - 275 = 1619 ई. ठहरता है। यह बात काफी उलझन में डाल देती है; क्योंकि प्रसिद्ध यह है कि धर्मदास जब उत्तर भारत में तीर्थयात्रा के लिए गए थे, तो मथुरा में कबीरदास से उनकी मुलाकात हुई थी और बाद में गढ़बँधो (बाँधवगढ़, रीवाँ राज्य की उन दिनों की राजधानी) में भी कबीरदास से उनकी मुलाकात हुई थी। कबीरदास की मृत्यु-तिथि 1517 ई. से इधर नहीं ले आई जा सकती। इसका मतलब यह हुआ कि कबीरदास के साक्षात्कार के कम-से-कम सौ वर्ष बाद धर्मदास गुरुपद पर आसीन हुए। यह बात कुछ ठीक नहीं जँचती। के. साहब ने लिखा है कि केवल दो बातें हो सकती हैं। एक तो यह कि कुछ गुरुओं के नाम छूट गए हैं या फिर यह कि धर्मदास वस्तुतः कबीर के समकालीन नहीं थे। संप्रदाय-प्रतिष्ठा के बाद उनको कबीर का साक्षात् शिष्य कहा गया होगा। उनकी दूसरी बात ही अधिक संभव जान पड़ती है।[8] परंतु इन दोनों ही अनुमानों से एक ही नतीजे पर पहुँचा जा सकता है। वह यह कि पंथ का दृढ़ संघटन सत्रहवीं शताब्दी के पहले नहीं हुआ था। यदि सचमुच ही धर्मदास परवर्त्ती थे और कबीर के साक्षात् शिष्य नहीं थे (जैसा कि संभव नहीं जान पड़ता), तब तो संप्रदाय-स्थापन परवर्त्ती सिद्ध हो ही जाता है, पर यदि प्रथम अनुमान ठीक हो, अर्थात कुछ गुरुओं के नाम भुला दिए गए हों, तो भी सिद्ध होता है कि संप्रदाय का संघटन शुरू-शुरू में या तो एकदम हुआ ही नहीं था या हुआ भी था तो वह तब बहुत शिथिल था। नहीं तो गुरुओं के नाम भुलाए नहीं जाते।

इस प्रसंग में लक्ष्य करने की बात यह है कि कुछ प्रमाण इस प्रकार के भी उपलब्ध हैं, जिनसे पता लगता है कि मगहर में कबीरदास का जब तिरोधान हो गया तो उसके बाद वे पुनर्वार मथुरा में प्रगट हुए। भारत-पथिक कबीरपंथी स्वामी युगलानंदजी ने *श्री भकतमालान्तर्गत कबीर-कथा* संशोधित करके छपाई है। इस कथा में स्पष्ट लिखा है कि मगहर में तिरोधान होने के बाद कबीर साहब मथुरा में प्रगट हुए[9] और बाद में बाँधवगढ़ आ गए। कबीरपंथी लोगों के विश्वास के अनुसार इसमें कोई विरोध नहीं है। वस्तुतः कबीर साहब उनके मत से मनुष्य रूप में अवतरित नहीं हुए थे बल्कि मानुष रूप में प्रतिभात होते थे। किसी बादशाह ने जब उन पर तलवार चलाई थी, तो तलवार उनके शरीर से इस प्रकार निकल गई थी जैसे हवा के भीतर से निकल गई हो! इसलिए कबीर का पुनर्वार प्रगट

होना कबीरपंथी विश्वास के अनुसार असंभव नहीं है। ऐसा जान पड़ता है कि कबीर की मृत्यु के बहुत बाद धर्मदास मथुरा गए थे और उन्हें भावरूप मैं कबीर का साक्षात्कार हुआ था। जो हो, इतना तो स्पष्ट ही है कि कबीर साहब के तिरोधान के बहुत बाद संप्रदाय का संघटन हुआ था।

भगताही पंथ : धनौती मठ के भगताही पंथ ने साहित्य को क्या दिया है, यह अभी स्पष्ट नहीं हो सका है। कहते हैं कि *बीजक* प्रथम बार यहीं से प्रचारित हुआ था। इस पंथ के संस्थापक महात्मा भगवानदास थे। हाल ही में पं. रामखेलावन गोस्वामी ने मूल *बीजक* का वह पाठ प्रकाशित कराया है जो भगवान गोस्वामी साहेब का पाठ बताया गया है। इस पुस्तक में इस पंथ के इक्कीस गुरुओं का नामोल्लेख है। परंपरा इस प्रकार है : कबीर साहेब—भगवान गोसाईं—घनश्याम गोसाईं—उद्धोरण गोसाईं—दवन गोसाईं—गुणाकर गोसाईं—गणेश गोसाईं—कोकिल गोसाईं—बनवारी गोसाईं—नयन गोसाईं—भीषम गोसाईं—भूपाल गोसाईं—परमेश्वर गोसाईं—गुणपाल गोसाईं—शेषमन गोसाईं—जयमन गोसाईं—हरिनाम गोसाईं—स्वरूप गोसाईं—रामरूप गोसाईं—रघुनंदन गोसाईं—रामधारी गोसाईं।

मूल *बीजक* के अतिरिक्त इस संप्रदाय ने और क्या साहित्य दिया है, यह पता नहीं।

ऐसा जान पड़ता है कि सत्रहवीं शताब्दी तक कबीरदास के श्रद्धालु भक्त और शिष्यों ने दृढ़ भाव से संप्रदाय संघटित करने की आवश्यकता नहीं समझी। इसका अर्थ यह नहीं है कि उनकी शिष्य-परंपरा नहीं चल रही थी। वस्तुतः स्थिति यह जान पड़ती है कि कबीरदास के तिरोधान के बाद उनका निर्गुण मत बिना किसी बड़ी बाधा के समाज के एक समुदाय को स्वीकार हो गया।

नवीन शास्त्रीय साहित्य की आवश्यकता : संभवतः इनमें निचले स्तर के वे लोग थे जो किसी समय बौद्धप्रभाव में थे या नाथ योगियों के प्रभाव में आ गए थे। धीरे-धीरे समाज के उपरले स्तर के लोगों पर भी कबीरदास का प्रभाव फैलने लगा था। सत्रहवीं शताब्दी के अंत में कई राजवंश इस प्रभाव के अंतर्गत आ गए थे। उसी समय किसी अज्ञात कारण से संप्रदाय को दृढ़ भाव से संघटित करने की आवश्यकता अनुभूत हुई। ऐसा जान पड़ता है कि समाज के उपरले स्तर के व्यक्ति केवल अटपटी बानियों से संतोष नहीं पा रहे थे और भाषा में उन्हें अधिक शास्त्रीय और आकर्षक साहित्य प्राप्त होने लगा था। वह कौन-सा साहित्य था, यह अनुमान-भर किया जा सकता है। मेरा अनुमान है कि यह तुलसीदास का साहित्य था। इस साहित्य ने निर्गुणवादियों को केवल चेला बनाने तक ही अपनी कार्यवाही सीमित न रखने को बाध्य किया। संभवतः सत्रहवीं शताब्दी में ही कबीरदास की वाणियों में से आक्रमणमूलक और युक्तिमूलक वाणियों का संकलन और संपादन किया गया। यही *बीजक* है। परंतु केवल *बीजक* का संकलन ही पर्याप्त नहीं था। संप्रदाय में दो प्रकार के शिष्य थे—एक अत्यंत निचले स्तर के और दूसरे उपरले स्तर के। एक को संतुष्ट करने के लिए पौराणिक कथाएँ आवश्यक थीं और दूसरे को संतुष्ट करने के लिए दार्शनिक व्याख्याएँ। अठारहवीं शताब्दी के बाद दोनों प्रकार के साहित्य लिखे गए। धर्मदासी शाखा के पाँचवें गुरु प्रमोध (प्रबोध)-नाम 1819 ई. में गुरुपद पर समासीन हुए। इन्हें संप्रदाय में 'गुरु बालापीर' कहकर अत्यधिक सम्मान के साथ स्मरण किया जाता है। बहुत-सी

कबीरपंथी पुस्तकें इनके समय में लिखी गईं। संभवतः इन्होंने स्वयं भी पुस्तकें लिखीं।

रैदास : रामानंद के शिष्य कहे जानेवाले अन्य संतों में कुछ थोड़े-से ही ऐसे हैं, जिन्हें साहित्य के इतिहास में विवेचनीय समझा जा सकता है। भिन्न-भिन्न कालों में जिन साधकों की रचनाएँ प्राप्त हुई हैं, उनकी चर्चा यहाँ की जा रही है। इनमें प्रथम और प्रमुख तो चमार जाति के भूषण रैदास हैं जिनकी कोई पूरी पुस्तक अभी तक उपलब्ध नहीं है, लेकिन उनकी फुटकल वाणियाँ[10] प्राप्त हुई हैं। इन वाणियों से जान पड़ता है कि वे जाति के चमार थे, उनके कुटुंब के लोग बनारस के आसपास ही ढोर ढोने का काम करते थे और नानकदेव, कबीर, सधना और सेना नाई नाम के अन्य संत इनके पहले तर चुके थे। एक परंपरा के अनुसार वे कबीर से उम्र में बड़ थे। परंतु आगे जो बातें बताई जा रही हैं, उन्हें देखते हुए यह बात बहुत विश्वसनीय नहीं जान पड़ती। अपनी जाति का व्यवसाय करते हुए वे भगवद्भजन में लीन रहा करते थे। कहते हैं, एक बार जब किसी ने कबीर से भगवत्प्राप्ति का रास्ता पूछा तो उन्होंने उत्तर दिया कि 'मैं तो छोटा बच्चा था, माँ की गोद में बैठकर गंतव्य स्थान पर पहुँच गया, रास्ता रैदास को मालूम है क्योंकि माँ ने उसके सिर पर एक गठरी भी रख दी थी।' कबीर की इस कथित उक्ति का यह अर्थ लगाया जाता है कि वे रैदास से उम्र में छोटे थे। सिर पर गठरी ढोकर लाने का अर्थ यह है कि उन्होंने बड़ी कठिनाइयों से जीविका उपार्जन करते हुए भगवद्भजन का रास्ता अपनाया था।

परंतु रैदास का संबंध मीराबाई से भी बताया जाता है। मीराबाई ने बड़ी भक्ति के साथ अपने भजनों में इनका नाम लिया है। इनका कोई पृथक् संप्रदाय नहीं है, किंतु फर्रुखाबाद जिले के 'साधो' संप्रदायवालों को इनकी परंपरा में माना जाता है। कहा जाता है कि रैदास के शिष्य उदयदास थे और उनके शिष्य वीरभानु थे, जिन्होंने पंद्रहवीं शताब्दी के मध्य में संप्रदाय की स्थापना की थी। इन सब बातों पर विचार करने से यह जान पड़ता है कि ये कबीर से कुछ बाद में उत्पन्न हुए होंगे। संभवतः सन् ईस्वी की पंद्रहवीं शताब्दी के मध्यभाग में यह वर्त्तमान थे। आदिग्रंथ में इनके 100 के करीब पद संगृहीत हैं। बेलवेडियर प्रेस से इनकी वाणियों का जो नया संग्रह निकला है, उसमें कुछ नए पद भी हैं। दोनों पदों के संग्रहों में पाठ-भेद भी है। इन्हीं दोनों संग्रहों के आधार पर रैदासजी की वाणी पर विचार किया जा सकता है। उपलब्ध वाणियों में ऐसा कुछ नहीं है जिससे यह समझा जाए कि वे सगुणमार्ग के विरोधी थे, परंतु स्वर उनका निर्गुणवादियों का ही है।

रैदास की विशेषता : रैदास के भजनों में अत्यंत शांत और निरीह भक्त-हृदय का परिचय मिलता है। साधारणतः निर्गुण संतों में कुछ-न-कुछ सुरति, निरति और इंगला, पिंगला का विचार आ ही जाता है। रैदास के कुछ भजनों में भी वे स्पष्ट आए हैं, परंतु रैदास की वाणियाँ इन उलझनदार बातों से मुक्त हैं। यद्यति उनमें अद्वैत-वेदांतियों के परिचित उपमान तथा नाथों और निरंजनों के सहज, शून्य आदि शब्द भी आ जाते हैं, फिर भी उनमें किसी प्रकार की वक्रता या अटपटापन नहीं है और न ज्ञान के दिखावे का आडंबर ही है; उदाहरणार्थ,

माधो भरम कैसे न बिलाइ,
तातें द्वैत दरसे आइ।

कनक कुंडल सूत पट ज्यों रजु भुअंग भ्रम जैसा।
जल तरंग पाहन प्रतिमा ज्यों ब्रह्म गति ऐसा।
विमल एक रस उपजे न विनसै उदय अस्त दोउ नाहीं।
विगताविगत घटै नहिं कबहूँ बसत बसै सब माहीं।
निश्चल निराकार अज अनुपम निर्भय गति गोविंदा।
अगम अगोचर अच्छर अतरक निरगुन अंत अनंता।
सदा अतीत ज्ञान धन वर्जित निर्विकार अविनासी।
कह रैदास सहज सुन्न सत जीवन्मुक्ति निधि कासी।

इन पदों में एक प्रकार की ऐसी आत्म-निवेदन और परमात्म-विरह की पीड़ा है जो केवल तत्त्वज्ञान की चर्चा से प्राप्त नहीं हो सकती। वह ऐसे हृदय की अनुभूति है जो ज्ञान की चर्चा से जटिल नहीं बना है, बल्कि प्रेमानुभूति से अत्यंत सहज हो गया है। उन्होंने एक स्थान पर कहा है कि, "हे भगवान्, यह भी कैसी प्रीति है कि तुम मुझे देख रहे हो पर मैं तुम्हें नहीं देख पा रहा हूँ! इस विसदृश प्रीति की बात जब सोचता हूँ तो मेरी मति-बुद्धि खो जाती है। परस्पर की प्रीति तो ऐसी होनी चाहिए कि तुम भी मुझे देखो और मैं भी तुम्हें देखूँ।"

तू मोहि देखै हौं तोहि देखौं, प्रीत परस्पर होई।
तू मोहि देखै तोहि न देखौं, यहि मति बुधि सब खोई।

अनाडंबर, सहज शैली और निरीह आत्म-समर्पण के क्षेत्र में रैदास के साथ कम संतों की तुलना की जा सकती है। यदि हार्दिक भावों की प्रेषणीयता काव्य का उत्तम गुण हो तो निस्संदेह रैदास के भजन इस गुण से समृद्ध हैं। सीधे-सादे पदों में संत कवि के हृद्‌भाव बड़ी सफाई से प्रकट हुए हैं और वे अनायास सहृदय को प्रभावित करते हैं। उनका आत्म-निवेदन, दैन्य भाव और सहजभक्ति पाठक के हृदय में इसी श्रेणी के भाव संचारित करते हैं। इसी को काव्य में प्रेषणीयता का गुण कहते हैं।

सधना, सेना, पीपा, धना : दूसरे भक्तों में संत सधना हैं जिन्हें कसाई जाति का बताया जाता है। इनका एक पद आदिग्रंथ में संगृहीत है। अनुमान किया जाता है कि यह नामदेव के समकालीन थे। फिर नाई जाति के भक्त सेन या सेना हैं जिनके विषय में दो प्रसिद्धियाँ प्रचलित हैं। एक के अनुसार तो वे बीदर के राजा के यहाँ नियुक्त थे और संत ज्ञानेश्वर के शिष्यों में थे और दूसरी के अनुसार वे बाँधवगढ़ के राजा के नौकर थे और स्वामी रामानंद के शिष्यों में एक थे। दोनों प्रसिद्धियों के पक्ष में कुछ-न-कुछ प्रमाण मिल जाते हैं। इनके मराठी भाषा में लिखित पद प्राप्त हुए हैं और एक हिंदी पद आदिग्रंथ में भी संगृहीत है। संभवत: ये दक्षिण से चलकर उत्तर में रामानंद के संपर्क में आए थे। इनकी कुछ फुटकर बानियाँ हिंदी और मराठी में प्राप्त होती हैं। इन्हीं के समान पीपाजी नाम के भक्त भी रामानंद के शिष्यों में गिने जाते हैं। डा. फर्कुहर के अनुसार इनका जन्म-सन् 1482 ई. है, किंतु कनिंघम ने गागरौन राज की वंशावली के अनुसार यह समय 1417-42 ई. माना है। मेवाड़ के इतिहास से पता चलता है कि ये राणा कुंभा के समकालीन थे (1418-68 ई.)। इनके भजनों में कबीर का नाम बड़े प्रेम से लिया गया है। इससे जान पड़ता है कि ये अवस्था में कबीर से छोटे थे। फिर, राजस्थान के टोंग इलाके के धुअनगाँव में उत्पन्न धना भगत नामक जाट जाति के संत भी रामानंद के शिष्य बताए जाते हैं। मेकालिफ ने इनका

जन्म-सन् 1472 ई. ठहराया है। इनके भजनों में कबीर, सेन, रैदास और पीपाजी का नाम आता है जिससे पता चलता है कि ये उनसे परवर्त्ती होंगे। *गुरुग्रंथसाहब* में इनके चार पद संगृहीत हैं। रामानंद के शिष्य कहे जानेवाले शिष्यों में ये लोग निर्गुण-भावधारा के भक्त हैं। सगुण-भावधारा के भक्तों की चर्चा अवसर आने पर की जाएगी।

बावरी साहिबा और उनका संप्रदाय : बावरी साहिबा द्वारा प्रवर्त्तित बावरी संप्रदाय के संत भी अपना संबंध स्वामी रामानंद से जोड़ते हैं। संप्रदाय की अनुश्रुतियों के अनुसार बावरी साहिबा मायानंद की शिष्या थीं और मायानंद रामानंद के प्रशिष्य और दयानंद के शिष्य थे। इस प्रकार यह संप्रदाय भी अपना संबंध सुप्रसिद्ध स्वामी रामानंद के साथ जोड़ता है। दयानंद और मायानंद दोनों ही गाजीपुर जिले के पटना गाँव के निवासी बताए जाते हैं, परंतु इनकी कोई रचना प्राप्त नहीं हुई। बावरी साहिबा अकबर की समकालीना थीं और अच्छी कविता लिख लेती थीं। यह बावरी नाम संभवतः भगवत्प्रेम में मस्त रहने के कारण पड़ा था। एक सवैया में इस ओर आशय भी किया गया है :

बावरी रावरी का कहिए मन है के पतंग भरैं नित भाँवरी।
भाँवरि जानहि संत सुजान जिन्हें हरि रूप दिये दरसावरी।
साँवरी सूरत मोहनी मूरत, देकर ग्यान अनंत लखावरी।
खाँवरी सौंह तिहारी प्रभू गति रावरी देखि भई मति बावरी

स्पष्ट ही भाषा पर इनका बहुत अच्छा अधिकार था। दुर्भाग्यवश इनके केवल दो ही पद प्राप्त हुए हैं। इनके शिष्य संत वीरू साहब भी अच्छे कवि थे। दुर्भाग्यवश इनकी भी बहुत कम रचनाएँ प्राप्त हुई हैं।

कमाल : इसी प्रकार कमाल भी कबीर साहब के पुत्र बताए जाते हैं और यह प्रसिद्ध है कि जब उनसे कबीर संप्रदाय की स्थापना की बात कही गई थी तो वे राजी नहीं हुए और कबीर के दुनियादार चेलों ने खिन्न होकर कहा था :

'बूड़ा वंश कबीर का जो उपजे पूत कमाल।'

इनके नाम पर चलनेवाले कुछ पद संग्रह-ग्रंथों में मिल जाते हैं। परंतु इनकी प्रामाणिकता के विषय में कुछ निश्चित रूप से कहना कठिन है। इन पदों में वारकरी संप्रदाय के भक्तों के प्रति इनकी निष्ठा प्रतीत होती है। इनकी समाधि मगहर में कबीरजी की समाधि के पास ही है।

दादूदयाल : राजपूताना के प्रसिद्ध संत दादूदयाल (1544-1602 ई.) का संबंध कमाल से जोड़ा जाता है। इनका जन्म-स्थान अहमदाबाद बताया जाता है, परंतु अहमदाबाद में इनका कोई स्मारक नहीं मिलता। कुछ लोग इन्हें ब्राह्मण वंश में उत्पन्न बताते हैं। और कुछ लोग धुनिया बंश में। पं. सुधाकर द्विवेदी ने इनको मोची वंश में उत्पन्न बताया था। धुनियावाली प्रसिद्धि अधिक प्रामाणिक जान पड़ती है। बंगाल के बाउल संतों में प्रसिद्ध दादू-वंदना के एक पद के आधार पर आचार्य क्षितिमोहन सेन ने अनुमान किया है कि इनका नाम दाऊद था जो बाद में चलकर दादू हो गया। इनके संप्रदाय में यही विश्वास किया जाता है कि ये ब्राह्मण वंश में उत्पन्न हुए थे। ऐसा विश्वास किया जाता है कि 11 वर्ष की अवस्था में किसी अज्ञात संत से इन्हें दीक्षा प्राप्त हुई और 18 वर्ष में इनका फिर से साक्षात्कार हुआ। संप्रदाय में इस अज्ञात गुरु का नाम बुड्ढन या वृद्धानंद बताया जाता है।

तीस वर्ष की अवस्था में इन्होंने साँभर में ब्रह्म संप्रदाय की स्थापना की। इनके दो पुत्र गरीबदास और मिसकीनदास थे, जिनमें गरीबदास अच्छी कविता करते थे। 1584 ई. में, कहते हैं कि, सम्राट् अकबर ने दादू को फतेहपुर सीकरी में बुलाकर सत्संग किया था जो चालीस दिन तक चलता रहा।

दादूदयाल की वाणियों का संग्रह पहले तो इनके दो शिष्यों संतदास और जगन्नदास ने *हरड़े बानी* नाम देकर किया था, फिर रज्जबजी ने *अंग बंधु* नाम देकर इसका नए सिरे से संपादन किया। दादू की वाणियाँ अपने सहज-मधुर गुणों के आकर्षण के कारण बराबर लोकप्रिय बनी रहीं। स्व. महामहोपाध्याय पं. सुधाकर द्विवेदी, रायसाहब चंद्रिकाप्रसाद त्रिपाठी, राय दलगंजन सिंह, आचार्य क्षितिमोहन सेन आदि विद्वानों ने समय-समय पर इन वाणियों का संपादन किया है। इधर हाल में स्वामी मंगलदास के संपादकत्व में उन वाणियों का एक सुसंपादित संस्करण प्रकाशित हुआ है। दूसरी रचना *काया बेलि* है जिसमें साढ़े तीन सौ से अधिक पद हैं।[11]

दादू का व्यक्तित्व और साहित्य : दादू तुलसीदास के समकालीन थे। वे कबीरदास के मार्ग के अनुगामी थे। उनकी उक्तियों में बहुत-कुछ कबीरदास की छाया है। फिर भी वे वही नहीं थे जो कबीरदास थे। संभवतः समाज के निचले स्तर से उनका भी आविर्भाव हुआ था, जन्मगत अवहेलना को लेकर इनका भी विकास हुआ था, पर उस युग तक कबीर का प्रवर्त्तित निर्गुणमतवाद काफी लोकप्रिय हो गया था। नीच कही जानेवाली जातियों में उत्पन्न महापुरुषों ने अपनी प्रतिभा और भगवन्निष्ठा के बल पर समाज के विरोध का भाव कम कर दिया था। दादू ने शायद इसीलिए परंपरा समागत उच्च-नीच विधान के लिए उत्तरदायी समझी जानेवाली जातियों पर उस तीव्रता के साथ आक्रमण नहीं किया जिसके साथ कबीर ने किया था। इसके सिवा उनके स्वभाव में भी कबीर के मस्तानेपन के बदले विनयमिश्रित मधुरता अधिक थी। सामाजिक कुरीतियों, धार्मिक रूढ़ियों और साधना-संबंधी मिथ्याचारों पर आघात करते समय दादू कभी उग्र नहीं होते। अपनी बात कहते समय वे बहुत नम्र और प्रीत दिखते हैं। अपने जीवनकाल में ही वे इतने प्रख्यात हुए थे कि सम्राट् अकबर ने उन्हें सीकरी में बुलाकर चालीस दिन तक निरंतर सत्संग किया था, फिर भी दादू के पदों में अभिमान के भाव बिल्कुल नहीं हैं। उन्होंने बराबर इस बात पर जोर दिया है कि भक्त होने के लिए नम्र, शीलवान, अफलाकांक्षी और वीर होना चाहिए। कायरता उनके निकट साधना की सबसे बड़ी शत्रु है। वही साधक हो सकता है जो वीर हो, सिर उतारकर रख सके। कबीर (क–बीर) अपना सिर काटकर ('क अक्षर छोड़कर) ही वीर हो सके थे। जो साहस के साथ मिथ्याचार का विरोध नहीं कर सकता वह वीर भी नहीं, वह वीर साधक भी नहीं। दादू के इस कथन का बेढंगा अर्थ करके बाद के उनके शिष्यों का एक दल (नागा) केवल लड़ाकू ही रह गया।

कबीर की भाँति दादू ने भी रूपकों का कहीं-कहीं आश्रय लिया है, पर अधिक नहीं। अधिकांश में उनकी उक्तियाँ सीधी और सहज ही समझ में आ जाने लायक होती हैं। उनके पदों में जहाँ निर्गुण, निराकार निरंजन को व्यक्तिगत भगवान् के रूप में उपलब्ध किया गया है वहाँ वे कवित्व के उत्तम उदाहरण हो गए हैं। ऐसी अवस्था में प्रेम का इतना सुंदर चित्र उपस्थित किया गया है कि बरबस सूफी भावापन्न कवियों की याद आ जाती है।

सूफियों की भाँति इन्होंने भी प्रेम को ही भगवान् का रूप और जाति बताया है। विरह के पदों में, सीमा का असीम से मिलने के लिए तड़पना सहृदय को मर्माहत किए बिना नहीं रह सकता।

भाषा उनकी यद्यपि पश्चिमी राजस्थानी से मिली हुई परिमार्जित हिंदी है तथापि उसमें गजब का जोर है। स्थान-स्थान पर प्रकृति का जो वर्णन उन्होंने किया है, वह देखने ही योग्य है। भाषा में किसी प्रकार का काव्यगुण आरोप नहीं किया गया, छंदों का नियम प्रायः भंग होता रहता है, फिर भी अपने स्वाभाविक वेग के कारण वह अत्यंत प्रभावजनक हुई है।

कबीर की भाँति दादूदयाल भी जिन पाठकों को उद्देश्य करके लिखते हैं, वे साधारण कोटि के अशिक्षित आदमी हैं। उनके योग्य भाषा लिखने में दादू को स्वभावतः ही सफलता मिली है; क्योंकि वे स्वयं भी कोई पंडित नहीं थे, और जो कुछ कहते थे, अनुभव के बल पर कहते थे। उनके पदों में मुसलमानी साधना के शब्द भी अधिक प्रयुक्त हुए हैं। वे स्वयं जन्म से मुसलमान हों या न हों, मुस्लिम उपासना-पद्धति के संसर्ग में आ चुके थे, फिर भी उनका मत अधिकतर हिंदू भावापन्न था। कबीर के समान मस्तमौला न होने के कारण वे प्रेम के वियोग और संयोग के रूपकों में वैसी मस्ती तो नहीं ला सके हैं, पर स्वभावतः सरल और निरीह होने के कारण ज्यादा सहज और पुरअसर बना सके हैं। कबीर का स्वभाव एक तरह के तेज से दृढ़ था, और दादू का स्वभाव नम्रता से मुलायम। कबीर के लिए उनका स्वभाव बड़ा उपयोगी सिद्ध हुआ; क्योंकि उन्हें अपने रास्ते के बहुत-से झाड़-झंखाड़ साफ करने थे। दादू को मैदान बहुत-कुछ साफ मिला था और उसमें उनके मीठे स्वभाव ने आश्चर्यजनक असर पैदा किया। यही कारण है कि दादू को कबीर की अपेक्षा अधिक शिष्य और सम्मानदाता मिले। पर जीवन में कहीं भी दादू कबीर के महत्त्व को न भूल सके और पद-पद पर कबीर का उदाहरण देकर साधना-पद्धति का निर्देश करते रहे।

सुंदरदास तथा अन्य शिष्य : दादू के शिष्यों में सुंदरदास सर्वाधिक शास्त्रीय ज्ञानसंपन्न महात्मा थे। बहुत छोटी उमर में उन्होंने दादू का शिष्यत्व ग्रहण किया था। बाद में काशी में आकर बहुत दीर्घकाल तक शास्त्राभ्यास किया था। इसका परिणाम यह हुआ था कि उनकी कविता के बाह्य उपकरण तो शास्त्रीय दृष्टि से कथंचित् निर्दोष हो सके थे, पर वक्तव्य विषय का स्वाभाविक वेग, जो इस जाति के संतों की सबसे बड़ी विशेषता है, कम हो गया। विषय अधिकांश में संस्कृत ग्रंथों से संगृहीत तत्त्ववाद है, जो हिंदी कविता में नई चीज होने पर भी शास्त्रीय ज्ञान रखनेवाले सहृदयों के लिए विशेष आकर्षक नहीं है। छत्रबंध आदि प्रहेलिकाओं से भी उन्होंने अपने काव्य को सजाने का प्रयास किया है। असल में सुंदरदास संतों में अपने बाह्य उपकरणों के कारण विशेष स्थान के अधिकारी हो सके हैं। फिर भी इस विषय में तो कोई संदेह नहीं कि शास्त्रीय ढंग के वे एकमात्र निर्गुणिया कवि हैं।

सुंदरदास का अनुभव विस्तृत था, देशदेशांतर घूमा हुआ था। जब कभी वेदांत का तत्त्वज्ञान छोड़कर ये अन्य विषयों पर लिखते थे, तब निस्संदेह रचना उत्तम कोटि की होती थी। कुछ लोगों का अनुमान है कि सुंदरदास एकमात्र ऐसे निर्गुणिया साधक थे, जिन्होंने सुशिक्षित होने के कारण लोकधर्म की उपेक्षा नहीं की है। लेकिन यह भ्रम है। कबीर, दादू

आदि संतों ने पतिव्रता के अंगों में पतिव्रता धर्म का खूब बखान किया है। साधना में भक्त को भी इस व्रत का पालन करने का विधान किया है और वीरों का सम्मान तो दादू से अधिक अन्यत्र दुर्लभ ही है। दादू के 152 मुख्य शिष्य बताए जाते हैं। उनके पुत्र गरीबदास (1579-1636 ई.) इन्हीं के शिष्यों में हैं। जनगोपालजी ने *दादू की जन्मलीला* में और राघवदास ने अपने *भक्तमाल* में इन्हें दादू का पुत्र कहा है। परंतु गरीबदासजी की वाणियों के संपादक स्वामी मंगलदास का मत है कि ये दादूदयाल के पुत्र नहीं बल्कि पोष्य पुत्र थे; क्योंकि अपनी वाणियों में इन्होंने दादू को गुरु ही कहा है, पिता या जनक नहीं। इनकी वाणियों में अनभय प्रबोध साखी, चौबोले और पद हैं। दादू के शिष्यों में *सर्वङ्ग बावनी* के लेखक भीखनजी भी अपनी रचनाओं के लिए विख्यात हैं। रज्जबजी ने अपनी *सर्वंगी* में और जगन्नाथजी ने *गुणगंजनामा* में एक वाजिदजी नामक दादू के शिष्य की चर्चा की है, जिनकी थोड़ी-सी रचनाएँ प्राप्त हैं।

दादू के साहित्यिक शिष्य : पर साहित्यिक दृष्टि से दादू के शिष्यों में सर्वाधिक उल्लेख तीन ही हैं—रज्जबजी, जगन्नाथजी और सुंदरदास। इनमें भी रज्जबदास निश्चय ही दादू के शिष्यों में सबसे अधिक कवित्व लेकर उत्पन्न हुए थे। उनकी भाषा में भी राजस्थानीपन और मुसलमानीपन अधिक है, तथाकथित शास्त्रीय काव्यगुण का उसमें अभाव है, फिर भी एक आश्चर्यजनक विचार-प्रौढ़ता, वेगवत्ता और स्वाभाविकता है। और लोग जिसको कई पद में कहते हैं, रज्जब उस तत्त्व को सहज ही छोटे दोहे में कह जाते हैं। उनके वक्तव्य विषय भी वही हैं जो साधारणतः निर्गुण भावापन्न साधकों के होते हैं, पर साफ और सहज अधिक।

दादू दयाल की शिष्य-परंपरा में और भी अनेक संत हुए जो कविता करते थे, पर उनकी 'कविता' कविता का स्थान नहीं पा सकी। जगजीवन साहब इसी परंपरा में हुए थे जिन्होंने सतनामी संप्रदाय चलाया। इनकी 93 बानियाँ भी साधारण कोटि की हैं।

जंभनाथ : बिस्नोई संप्रदाय के संस्थापक जंभनाथ (1451-1535 ई.) जोधपुर के नागौर इलाके के पयासर गाँव के रहनेवाले थे। इनकी रचनाओं में योग, अजपाजाप आदि बातों की प्रधानता है।

सिंगाजी : मध्यप्रदेश के बड़वानीप्रदेश के खूजर गाँव में संत सिंगाजी (1519-59 ई.) का जन्म हुआ था। ये भामागढ़ के राजा के पत्रबाहक थे और एक रुपया वेतन पाते थे। एक बार मनांगीरजी के भजनों को सुनकर उनकी ओर आकृष्ट हुए। इनकी रचनाओं का एक छोटा-सा संग्रह खंडवा से प्रकाशित हुआ है।

हरिदास निरंजनी : श्री हरिदास निरंजनी (सोलहवीं शताब्दी का उत्तरार्द्ध और सत्रहवीं का पूर्वार्द्ध) निरंजनी संप्रदाय के संस्थापक थे। ये कई संप्रदायों में दीक्षित होकर नाना प्रकार की साधनाओं का अनुभव कर चुके थे। पहले ये दादू के शिष्य प्रागदास (मृत्यु 1613 ई.) के शिष्य थे, फिर कबीरपंथ की ओर आकृष्ट हुए और अंत में नाथ संप्रदाय में प्रविष्ट हुए। इसके बाद इन्होंने निरंजनी संप्रदाय की स्थापना की। इस संप्रदाय में प्रसिद्ध है कि ये डिडवाड़ा के क्षत्री थे। 43 वर्ष तक गृहस्थ रहकर नाथ संप्रदाय में दीक्षित हुए। सन् 1643 ई. में इनकी मृत्यु बताई जाती है। श्री हरिपुरुषजी ने इनकी रचनाओं का संपादन किया है। इनके शिष्य-प्रशिष्यों में कई अच्छे साहित्यिक हो गए हैं। ये स्वयं भी अच्छी

कविता लिख लिया करते थे। इनकी रचनाओं का एक नमूना यह है :

सखी हो मास वसंत विराजै।
गोपी ग्वाल घेरि गोकुल में वेणु मधुर ध्वनि बाजै।
भागे सुरत पाँच नग गुथ्या, मन मोती मधि आया।
विकसत कमल परमनिधि प्रगटत हरि कूँहार चढ़ाया।
गरब गुलाब चरणतल चुरिया, अगर अबीर खिड़ाया।
परमल प्रीत परसि परि पूरन पिवु में प्राण समाया।
अंक नालि निहचल नव निरभय ए कौतूहल भारी।
जन हरिदास आनंद निज नगरी, खेलैं फाग मुरारी।

सिख गुरुओं का साहित्य

गुरु नानकदेव : मध्ययुग के जिन महात्माओं ने भारतीय धर्म-साधना और समाजव्यवस्था को गंभीर भाव से प्रभावित किया है, उनमें गुरु नानकदेव का स्थान प्रमुख है। इनका जन्म सं. 1526 (1469 ई.) की अक्षय तृतीया को पंजाब के राईभोई के तलवंडी नामक ग्राम में हुआ था, जो अब ननकानासाहेब कहलाता है और पश्चिमी पाकिस्तान में पड़ गया है। इनका स्वर्गवास सं. 1595 अर्थात 1538 ई. में हुआ था। ये परवर्त्ती मध्यकाल के अत्यंत प्रभावशाली सिख संप्रदाय के मूलप्रवर्त्तक हैं। दो कारणों से यह संप्रदाय हिंदी साहित्य में अत्यंत महत्त्वपूर्ण स्थान ग्रहण करता है। प्रथम तो यह कि सिख-परंपरा में नानकदेव के बाद नौ और गुरु हुए हैं। इन दसों गुरुओं ने न केवल स्वयं भक्तिभाव के भजन लिखे हैं, बल्कि संप्रदाय के अन्य भक्तों को भी इस प्रकार की साहित्यसेवा के लिए प्रोत्साहित किया है। इस प्रकार आत्मबल और चारित्र्य-शुद्धि की प्रेरणा देनेवाले साहित्य की सर्जना करके इन गुरुओं ने हिंदी को अमूल्य निधि दी है। दूसरा कारण यह है कि जब दसवें गुरु गोविंदसिंह ने गुरु-परंपरा समाप्त की तो उन्होंने उसके स्थान पर *गुरुग्रंथसाहब* को प्रतिष्ठित किया। इस महान् ग्रंथ का संपादन बड़े परिश्रम के साथ किया गया। इसमें दसों गुरुओं की वाणियाँ तो संगृहीत हैं ही, नानक के पूर्ववर्त्ती अन्य संतों की भी वाणियाँ परिश्रमपूर्वक संगृहीत हुई हैं। *गुरुग्रंथसाहब* में जो वाणियाँ संगृहीत हुई हैं उनको बड़े यत्न से सुरक्षित रखा गया है। उसके एक अक्षर या मात्रा का भी इधर-उधर नहीं हुआ है। इस प्रकार इस संप्रदाय के गुरुओं ने प्राचीनतर संतों की वाणियाँ हमें दी हैं, तथा हिंदी साहित्य का विद्यार्थी आज निश्चित होकर कह सकता है कि आज से चार सौ वर्ष पहले नानक-पूर्व संतों की वाणियाँ किस रूप में प्रचलित थीं। *गुरुग्रंथसाहब* केवल धर्मसाधकों के लिए ही परमनिधि नहीं है, वह हिंदी साहित्य के विद्यार्थियों के लिए भी अपूर्व रत्न-भंडार है। इस ग्रंथ में गुरु नानकदेव की वाणियाँ भी संगृहीत हैं।

आदिग्रंथ के अंतर्गत महला नामक प्रकरण में नानकदेव की वाणियाँ हैं और शब्द अर्थात् गेय पद, तथा सलोक (श्लोक) अर्थात् दोहाबद्ध साखियाँ मिलती हैं। इनके अतिरिक्त इसमें गुरु नानकदेव की अन्य रचनाओं—*जपुजी*, *आसादीवार*, *रहिरास* और

सोहिला—का भी संग्रह है ।

इनकी विशेषता: गुरु नानकदेव के भजनों में निरीह भक्ति-निर्भर संत का जीवन प्रतिफलित हुआ है। विचारों में उनका मत कबीर आदि निर्गुणिया संतों के मत से मिलता-जुलता है, लेकिन न तो इन भजनों में कबीर का अक्खड़पन है और न खंडन-मंडन की प्रवृत्ति । नानक कबीर की भाँति समाज के निचले स्तर से नहीं आए थे, इसलिए उनकी उक्तियों में भुक्तभोगी की तीव्रता नहीं है । अत्यंत सहज, उदार भाव ही उनकी उक्तियों का प्रधान आकर्षण है । जाति-पाँति, छुआछूत और बाह्याचारों के प्रति आक्रमण का भाव उनकी उक्तियों में भी है । किंतु यह आक्रमण प्रधान रूप से बौद्धिक है, कबीर के समान अनुभूतिजन्य नहीं है, विनय और मृदुता में उनकी तुलना भक्तवर रैदास के साथ की जा सकती है । परंतु यदि उनके भक्तों की त्याग-भावना, दुःख बर्दाश्त करने की शक्ति और अपार धैर्य को देखा जाय तो यह मानना पड़ेगा कि जैसी अद्‌भुत प्रेरणादायिनी शक्ति इनकी वाणियों ने दी है, वैसी मध्ययुग के किसी अन्य संत की वाणियों ने नहीं दी है । इतिहास साक्षी है कि सिख भक्तों को दीवार में चुन दिया गया है, फाँसी पर लटका दिया गया है और जितनी प्रकार की अमानुषिक पीड़ाएँ दी जा सकती हैं, सब दी गई हैं और फिर भी इन भक्तों ने निराशा या पराजय का भाव नहीं दिखाया । जिन वाणियों से मनुष्य के अंदर इतना बड़ा अपराजेय आत्मबल और कभी समाप्त न होनेवाला साहस प्राप्त हो सकता है, उनकी महिमा निस्संदेह अतुलनीय है । सच्चे हृदय से निकले हुए भक्त के अत्यंत सीधे उद्‌गार और सत्य के प्रति दृढ़ रहने के उपदेश कितने शक्तिशाली हो सकते हैं, यह नानक की वाणियों ने स्पष्ट कर दिया है । इनकी भाषा में किसी प्रकार का घुमाव या जटिलता नहीं है । बहुत ही सीधी-सादी भाषा और बहुत ही निर्मल प्रतिपादन-शैली—यही नानक की रचनाओं की विशेषता है । उनकी निरीहता में कोई हीनता-ग्रंथि नहीं है, विरुद्ध पड़नेवाले विचारों के प्रति कोई हिंसा का भाव नहीं है, और जो लोग सत्य मार्ग से विचलित हैं उनके लिए घृणा का भाव भी नहीं है । उनकी सभी वाणियों में एक बात प्रमुख रूप से आई है—जो भी सुनना चाहे उसे वे सुना देना चाहते हैं कि ऐ मनुष्य, तुझे बड़े पुण्य से मनुष्य का शरीर प्राप्त हुआ है, उसे व्यर्थ के मिथ्याचारों में फँसकर यों ही न गँवा दे :

> रैण गँवाई सोइ कै, दिवसु गवाँइआ खाइ ।
> हीरे जैसा जनमु है, कउड़ी बदले जाइ ।

जीवन की सार्थकता वे भगवान् के नामस्मरण और निरंतर ध्यान में मानते थे । जिसे यह महान् तत्व प्राप्त हो गया है उसके लिए किसी भी अन्य तत्त्व की आवश्यकता नहीं है । और सारी बातें गौण हैं, मुख्य है भगवान् का भजन । इसी परम तत्त्व को पाने के कारण संसार की समस्त पीड़ाएँ और यातनाएँ विफल हो जाती हैं । नानक और उनके अनुयायियों ने इस परम सत्य को पा लिया था ।

शेख फरीद : नानक के समकालीन और अनुवर्त्ती संतों में कुछ का नाम साहित्यिक इतिहास में भी बड़े आदर के साथ लिया जाता है । इनमें शेख फरीद हैं जिनका दूसरा नाम शाह ब्रह्म या इब्राहीम शाह बताया जाता है । इनके 130 सलोक (दोहे) और चार पद सिखों के आदिग्रंथ में संगृहीत हैं । 130 दोहों में से 18 तो विभिन्न गुरुओं के साथ फरीद के संवाद के रूप में हैं और बाकी 112 उनके रचित जान पड़ते हैं । इधर पंजाबी साहित्य के

आलोचकों में यह विवाद छिड़ा हुआ है कि शेख फरीद कौन थे। कुछ लोग तो उन्हें बारहवीं-तेरहवीं शताब्दी के शेख फरीदुद्दीन (मसूद गंज-ए-शकर) मानते हैं और कुछ दूसरे लोग इन्हें शेख इब्राहीम से अभिन्न समझते हैं। शेख फरीद के शिष्य-प्रशिष्यों द्वारा सुरक्षित साहित्य में इन सलोकों को न देखकर पंजाबी साहित्य के आलोचकों ने इनकी प्रामाणिकता के विषय में संदेह उपस्थित किया है, लेकिन संवादमूलक उक्ति-प्रयुक्तियों के द्वारा स्पष्ट है कि *गुरुग्रंथसाहब* के संपादकों ने इनको गुरु नानक और परवर्त्ती गुरुओं का समकालीन ही समझा था। पंजाब के बाहर कभी इस प्रकार का वाद-विवाद नहीं सुना गया; क्योंकि हिंदी साहित्य के आलोचक यह बराबर ही विश्वास करते रहे हैं कि *गुरुग्रंथसाहब* वाले शेख फरीद बाबा फरीद से भिन्न थे। इस विश्वास का कारण मेकालिफ साहब का वह बयान है जिसमें उन्होंने *खुलासातु तवारीख* के आधार पर इनका मृत्युकाल 960 हिजरी अर्थात् 1548 ई. दिया है। ये बारहवीं-तेरहवीं शताब्दीवाले बाबा फरीद की परंपरा में पड़ते हैं, इसलिए फरीदसानी कहलाते थे। यही जब पाकपत्तन में रहते थे तो शेख इब्राहीम कहलाते थे। कहते हैं, दो बार गुरु नानक इनसे मिले थे। गुरु शेख के सलोकों और भजनों में शरीर की नश्वरता और भगवान् के भजन की उपादेयता के उपदेश हैं। कबीर आदि संतों में जो लौकिक शैली में पारलौकिक प्रेम को व्यक्त करने का प्रचलन है, वह फरीद के सलोकों में भी मिलता है। बड़ी आसानी से ऐसे सलोकों की तुलना *ढोला-मारू* के दोहों में पाए जानेवाले शृंगारी दोहों से की जा सकती है। एक उदाहरण यह है :

कागा करंग ढढोलिया, सगला खाइया माँसु।
ए दुई नयना मति छुअहु, पिव देखनु की आसु।।

वस्तुतः उस काल के लौकिक प्रेम-काव्यों को इन संतों ने कौशलपूर्वक भगवद्-विषयक बना दिया है। कबीर के नाम पर मिलनेवाले अनेक दोहे *ढोला-मारू* में पाए जाते हैं। इनकी व्याख्या यही है कि इस प्रकार के लौकिक प्रेम के दोहे पश्चिमी भारत में उन दिनों प्रचलित थे, संतों ने इनकी लोकप्रियता देखकर उन्हें इस प्रकार मोड़ने का प्रयत्न किया कि वे भगवद्-विषयक बन गए।

गुरु अंगद : सिख गुरुओं में गुरु अंगद (जन्म 1504 ई.) अच्छे कवि हुए हैं। यह पहले शक्ति के उपासक थे, बाद में किसी से आसादीवार की कुछ सुंदर पंक्तियाँ सुनकर गुरु नानक के प्रति अनुरक्त हो गए और उनके शिष्य हो गए। इन्होंने ही गुरु नानक की रचनाओं को एकत्र कराया, गुरुमुखी अक्षरों का संस्कार किया और लंगर द्वारा अतिथि-सत्कार की प्रथा चलाई। आदिग्रंथ में इनके कुछ सलोक या दोहे संगृहीत हैं। इनकी रचनाओं में सदाचार, भगवत्प्रेम और गुरुभक्ति का भाव है। इनकी मृत्यु सं. 1609 अर्थात् 1548 ई. में हुई।

गुरु अमरदास : तीसरे गुरु अमरदास (1479-1574 ई.) भी पहले वैष्णव थे और बाद में गुरु अंगद की कन्या से (जो उनके भतीजे से ब्याही हुई थी) गुरु नानक का एक पद सुनकर उनकी ओर आकृष्ट हुए और गुरु अंगद की सेवा में उपस्थित हुए। गुरु अंगद के समान ही यह भी बड़े विनीत और मधुर स्वभाव के थे। इनकी रचनाएँ भी *गुरुग्रंथसाहब* में संगृहीत हैं जिनमें रामनाम की महिमा, गुरु का महत्त्व और अहंकार की अनर्थकारिता प्रकट हुई है।

गुर रामदास : चौथे गुरु रामदास (1514-1581 ई.) की रचनाएँ भी आदि ग्रंथ के चौथे महला में संगृहीत हैं। इनकी रचनाओं की संख्या अधिक जान पड़ती है। इनकी रचनाओं में कांताभाव के भजन हैं जो कभी-कभी सूरदास आदि सख्य और मधुर भाव के उपासकों की रचनाओं के साथ तुलनीय हो सकते हैं। इनमें तन्मयता और आत्म-समर्पण के भाव भरे पड़े हैं; उदाहरणार्थ,

मेरे सुन्दरु कहहु मिलें कितु गली,
हरि के संग बतावहु मारगु हम पीछे लागि चली।
प्रिय के बचन सुषाने ही अरे, इह चाल बनी है भली।
लटुरी मधुरी ठाकुर भाई उह, सुंदरि हरि ढुलि मिली।
एको प्रिउ सषिआ सभु प्रिअ की जों भावै पिव सोभली।
नानक गरीबु किया करै विचारा हरि भावै तिहु राह चली।

गुरु अर्जुनदेव : पाँचवें गुरु अर्जुनदेव (1563-1606 ई.) की रचनाएँ आदि-ग्रंथ के महला पाँच में संगृहीत हैं। लेकिन इनका सबसे महत्त्वपूर्ण कार्य आदिग्रंथ का संपादन और संकलन है। उसमें संगृहीत पदों को एकत्र करने के लिए उन्होंने स्वयं घूम-घूमकर पद संग्रह किए और प्रसिद्ध भक्तों को बुलाकर भी अच्छे संतों की वाणियाँ चुनवाईं। आदिग्रंथ को उन्होंने गुरु अंगद द्वारा प्रचारित गुरुमुखी में भाई गुरुदास से लिखवाकर सं. 1661 अर्थात् 1614 ई. में प्रस्तुत कराया। अन्य सभी गुरुओं की अपेक्षा इस ग्रंथ में गुरु अर्जुन की रचनाएँ अधिक हैं। वक्तव्य विषय वही परंपरा-प्रचलित नाम-माहात्म्य, भगवद्-भक्ति और सांसारिक सुखों की नश्वरता है।

गुरु तेगबहादुर और गुरु गोविंदसिंह : परवर्ती गुरुओं में गुरु तेगबहादुर (1622-75 ई.) साहित्यिक दृष्टि से उल्लेखनीय हैं। ये नवें गुरु हैं। इनकी रचनाएँ आदिग्रंथ के महला नौ के अंदर संगृहीत हैं। विषय तो इनके भी वही हैं जो अन्य गुरुओं द्वारा नाना भाव से कहे गए हैं, पर भाषा इनकी पंजाबीपन से बहुत-कुछ मुक्त है और ब्रजभाषा के नजदीक आती है। गुरुमुखी में लिखे जाने के कारण थोड़ी ब्रजभाषा से भिन्न दीखती अवश्य है, पर उतनी है नहीं। अंतिम गुरु सुप्रसिद्ध गुरु गोविंदसिंह (1664-1718 ई.) हैं जो अपनी वीरता और ईमानदारी के लिए विरोधियों में भी आदर के पात्र हो गए थे। ये स्वयं सुकवि तो थे ही, अनेक अच्छे कवियों के आश्रयदाता भी थे। इनकी रचनाएँ सिखों के *दसम ग्रंथ* में संगृहीत हैं। इन्होंने *दुर्गासप्तशती* का एक अनुवाद *चंडीचरित्र* के नाम से किया था और *विचित्र नाटक* नाम की एक ऐसी रचना की थी जो सचमुच ही विचित्र है। इसमें इनके अनेक जन्मों की कथा है। इनकी रचनाओं में चौपाई, दोहा, सवैया, कवित्त आदि अनेक छंदों का प्रयोग है। इनकी भाषा भी अन्य गुरुओं की अपेक्षा अधिक परिमार्जित और प्रवाहमयी है। एक उदाहरण नीचे दिया जाता है :

काह भयो दुहु लोचन मूदि कै बैठि रह्यो बक ध्यान लगायो
न्हात फिर्‍यो लियो सात समुद्रन, लोक गयो परलोक गँवायो।
बासु कियो बिखियान सो बैठिके ऐसेहि ऐस सु बैस बितायो।
साचु कहौं सुनि लेहु सबै जिन प्रेम कियौ तिन ही प्रभु पायौ।

इस प्रकार सिख गुरुओं ने साहित्य की रचना, संरक्षण और प्रोत्साहन, तीनों ही प्रकार

से अद्भुत सेवा की है। धर्म-साधना और साहित्य, दोनों ही क्षेत्रों के जिज्ञासु इनसे प्रचुर प्रेरणा पाते रहे हैं।

आनंदघन : सत्रहवीं शताब्दी में आनंदघन नाम के एक जैन संत कवि हो गए हैं जिनकी कई पुस्तकें (जैन धर्म-संबंधी) प्राप्त हुई हैं। ऐसा जान पड़ता है कि अंतिम वयस में ये निर्गुण मार्ग की ओर प्रवृत्त हुए थे। *आनंदघन चौबीसी* और *आनंदघन बहोत्तरी* में इसी निर्गुण भाव के भजन हैं। परंतु इन दोनों में ही और संतों की भी वाणियाँ मिल गई हैं।

मलूकदास : मलूकदास नाम के एक संत (1574-1682 ई.) हुए हैं जिनकी गद्दियाँ कड़ा जयपुर, गुजरात, मुलतान, पटना, नेपाल और काबुल तक में स्थापित हुई थीं। इनकी दो पुस्तकें *रत्नखान* और *ग्यानबोध* पहले से प्राप्त हैं। प्रसिद्ध है कि इन्होंने नौ पुस्तकों की रचना की थी। लखनऊ विश्वविद्यालय के डा. त्रिलोकीनाथ दीक्षित ने इनकी कई अप्रकाशित रचनाओं का पता लगाया है। बेलवेडियर प्रेस ने इनकी फुटकल वाणियों का एक संग्रह भी प्रकाशित किया है। इनकी रचनाओं में प्रायः वही सब बातें हैं जो अन्य संत कवियों ने लिखी हैं, यद्यपि इनके संप्रदाय का तत्त्ववाद अन्य संप्रदायों के तत्त्ववाद से कुछ भिन्न है। भाषा में प्रवाह है और अन्य संतों की भाषा के समान सधुक्कड़ी वृत्ति का आधिक्य नहीं है।

अक्षर अनन्य : सत्रहवीं शताब्दी के मध्यभाग में अक्षर अनन्य नामक एक प्रतिभाशाली संत वर्त्तमान थे। ये पहले दतिया के राजा पृथ्वीचंद के दीवान थे। इनका जन्म-स्थान दतिया राज्य के अंतर्गत सेनुहरा गाँव बताया जाता है। विरक्त होकर ये साधु हो गए। योग और वेदांत पर इनके कई ग्रंथ प्राप्त होते हैं। *राजयोग, विज्ञानयोग, ध्यानयोग, सिद्धांतबोध, विवेकदीपिका, अनन्यप्रकाश* आदि इनकी पुस्तकें हैं। इनमें वैराग्यमूलक धर्म का उपदेश है और संसारसागर से तरने के लिए योग और भजन का उपदेश है।

संत तुरसी : निरंजनी संप्रदाय के संत तुरसीदास (सत्रहवीं शताब्दी) की रचनाएँ राजपूताने में बहुत प्राप्त होती हैं। इनकी रचनाओं में निरंजनी संप्रदाय की बातें कही गई हैं; गुरु, साधु और भगवान् की सेवा का उपदेश दिया गया है और मनुष्य जन्म को भजन के द्वारा चरितार्थ करने की सलाह दी गई है।

सत्रहवीं शताब्दी के अंत में यारी साहब नामक मुस्लिम संत हुए, जिनकी *रत्नावली* नामक रचना में अध्यात्म-योग और संत-साहित्य की अन्यान्य परिचित बातों का उपदेश है। उदाहरणार्थ,

बाजत अनहद बाँसुरी तिरवेनी के तीर।
राग छतीसो होइ रहे गरजत गगन गंभीर।।

धरणीदास गुलाल साहब : इसी समय बिहार में बाबा धरणीदास नामक संत हुए जिनकी *प्रेम प्रगास* और *रत्नावली* नाम की पुस्तकें प्राप्त हुई हैं, फिर गाजीपुर जिले के बूला साहब हुए जिनकी कुछ फुटकल रचनाएँ और *शब्दसागर* नामक ग्रंथ उपलब्ध हुआ है। अठारहवीं शताब्दी के आरंभ में संत गुल्लेशाह हुए, जिनके विषय में प्रसिद्ध है कि वे पहले बलख के बादशाह थे और फिर मियाँ मीर से मिलकर फकीर हुए। इनकी साधना-भूमि कसूर में थी। इनकी रचनाओं में सूफियाना भाव है और भाषा में फारसी का मिश्रण है। इसी समय गाजीपुर के बसहर तालुका के संत गुलाल साहब हुए और बाराबंकी जिले के

सरधा गाँव में चंदेल वंश में उत्पन्न जगजीवनदास हुए, जिन्होंने सतनामी संप्रदाय चलाया।

दूलनदास, गरीबदास : इनके शिष्यों में सबसे प्रसिद्ध दूलनदास हैं जिनकी थोड़ी-सी वाणियाँ प्राप्त हुई हैं। फिर गरीबदासी संप्रदाय के प्रवर्त्तक संत गरीबदास और बिहारवाले दरियादास और मेवात के संत चरणदास हुए, जिनकी वाणियाँ संत-साहित्य के परिचित विषयों से ही भरी पड़ी हैं। इसी काल में शिवनारायणी संप्रदाय के प्रवर्त्तक प्रसिद्ध संत शिवनारायण हुए।

चरणदास : चरणदास की शिष्या दयाबाई और सहजोबाई भी अपनी रचनाओं के लिए प्रसिद्ध हैं। ये दोनों ही अठारहवीं शताब्दी के उत्तरार्द्ध में वर्त्तमान थीं। इन दोनों महिलाओं की रचनाओं में गुरुभक्ति और भगवत्प्रेम का वर्णन है।

संतमत में गतानुगतिकता : अठारहवीं शताब्दी के संत-कवियों में गतानुगतिकता की मात्रा बढ़ती गई और संप्रदाय-स्थापना की स्पर्द्धा उत्तरोत्तर चढ़ाव पर ही रही। जो संत-काव्य जगत् के समस्त आडंबरों को ध्वस्त करके सहज भगवत्प्रेम का पथ प्रशस्त करने का व्रत लेकर चला था, वह अंत तक सांप्रदायिक प्रतिद्वंद्विता, निरर्थक प्रहेलिका-क्रीड़ा और व्यर्थ के शब्दजाल का शिकार हो गया। अठारहवीं शताब्दी के अंत तक उसकी क्रांतिकारी भावना समाप्त हो गई और वह भी अन्य निहित स्वार्थवाले मठों के समान, अपने ही बनाए हुए बंधनों में क्रमशः जकड़ता गया। जिन लोगों ने माया को ललकारने का साहस किया था, उनके अनुयाई माया के घरौंदों में बंद हो गए। आखिरी खेवे के संतों में भक्तिभावना और धर्मबुद्धि की मात्रा कितनी थी, यह बता सकना कठिन है। पर सहज मार्ग पर पड़ी रहनेवाली गंदगी को दूर करके सहज सत्य तक पहुँचने का मार्ग प्रशस्त करने के लिए जिस श्रेणी के साहसिक मनोभाव की आवश्यकता होती है, वह क्रमशः क्षीण होता गया और इसीलिए वे ऐसे साहित्य की सृष्टि न कर सके जो मनुष्य को नया आलोक देता है और कठिनाइयों और विपत्तियों से जूझने की प्रेरणा देता है। यह साहित्य केवल शाब्दिक मायाजाल प्रस्तुत करता है और मनुष्य की स्वतंत्र चिंतन-शक्ति को रुद्ध करता है। कम संतों की वाणियों में बँधी-सधी बोलियों के बाहर की बात मिलेगी; सबमें एक ही वक्तव्य विषय, एक ही शब्दावली, एक ही शैली में बार-बार दुहराया गया है। कबीर, दादू और नानक की रचनाओं में जो ताजगी है वह यहाँ आते-आते समाप्त हो जाती है और सामाजिक मंगलभावना की जो तड़पन आरंभिक रचनाओं में मिलती है, वह एकाएक गायब हो जाती है। अठारहवीं शताब्दी के अंत तक आकर संतों का क्रांतिकारी साहित्य केवल निरर्थक रूढ़ियों और भाराक्रांत पदावलियों की भूल-भुलैया-भर रह जाता है।

ह्रास का कारण : क्यों ऐसा हुआ? अत्यंत शक्तिशाली महात्माओं के उपदेश 'उत्साह के दबते ही' क्यों इस प्रकार निष्प्रभ हो गए? यह प्रश्न केवल साहित्य के विद्यार्थी को ही विचलित नहीं करता, इस देश के समाजशास्त्र के विद्यार्थी को भी उलझन में डाल देता है। कबीरदास रूढ़ियों के प्रति विद्रोह करने की अपार शक्ति लेकर पैदा हुए थे, पर उन्हीं के पंथ के परवर्त्ती साहित्य का क्या हुआ? जिस धर्मवीर ने पीर, पैगंबर, औलिया आदि के भजन-पूजन का निषेध किया था, उसी की पूजा चल पड़ी; जिस महापुरुष ने संस्कृत को कूपजल कहकर भाषा के बहते नीर को बहुमान दिया था, उसी की स्तुति में आगे

चलकर संस्कृत भाषा में अनेक स्तोत्र लिखे गए और जिसने बाह्याचारों के जंजाल को भस्म कर डालने के लिए अग्नि-तुल्य वाणियाँ कहीं, उसकी उन्हीं वाणियों से नाना बाह्याचारों की क्रियाएँ संपन्न की जाने लगीं। इससे बढ़कर आश्चर्य क्या हो सकता है? कबीरोपासना-पद्धति में सोने का, उठने का, बैठने का, दिशा जाने का, तूंबा धोने का, हाथ मटियाने का, धोने का, दातून करने का, जल में पैठने का, स्नान करने का, दर्पण करने का, चरणामृत देने और लेने का, जल पीने का, घर बुहारने का, चूल्हे में आग डालने का, परसने का, अँचाने का तथा अन्य अनेक छोटे-मोटे कर्मों का मंत्र दिया गया है; टोपी लगाने का, दीपक बारने का, आसन लगाने का, कमर कसने का, रास्ता चलने का सुमिरन दिया हुआ है। ये मंत्र *बीजक* आदि ग्रंथों की वाणियों से लिए गए हैं। आवश्यकतानुसार उनमें थोड़ा-बहुत घटा-बढ़ा लेने में विशेष संकोच नहीं अनुभव किया गया। नई वाणियाँ भी जरूरत पड़ने पर बना ली गई हैं। इस प्रकार दातून करने का मंत्र यह है :

सत्त की दातौन संतोष की झारी।
सत्त नाम ले घसो विचारी।
किया दातौन भया परकास।
अजर नाम गहो विश्वास।
अमी नाम ले पहुँचे आय।
कहै कबीर सब लोक सिधाय।

चूल्हे में आग देने का मंत्र इस प्रकार है :

चूल्हा हमारे चौहटे सब घर तपे रसोई।
सत्त-सुकृत भोजन करें हम को छूत न होई।

थारी परसने का मंत्र :

चंदन चौका कंचन थारी। हीरालाल पदुम की झारी।
बहुत भाँति जेवनार बनाये। प्रेम प्रीति सों पारस कराये।
संत सुहेला भोजन पायो। सत्त सुकृति सत्त नाम गुसाईं।

वह कौन-सी वस्तु है जो अनुयायियों को अपने गुरु के उपदेशों के प्रतिकूल चलने को बाध्य करती है? यह कहना अनुचित है कि अनुयायी जान-बूझकर अपने धर्मगुरु के वचनों की अवमानना करते हैं, वस्तुतः अनुयायी धर्मगुरु की प्रतिष्ठा बढ़ाने के लिए ही बहुधा गलत मार्ग ग्रहण करते हैं। वे लक्ष्य की प्राप्ति के लिए ऐसे साधनों का उपयोग निस्संकोच करने लगते हैं, जो लक्ष्य के साथ मेल नहीं खाते और बहुधा उसके विरोधी होते हैं। हजरत ईसा मसीह अहिंसामार्ग के प्रवर्त्तक थे; परंतु उनकी महिमा संसार में प्रतिष्ठित करने के लिए सौ-सौ वर्षों तक रक्त की नदियाँ बहती रही हैं। हमें इतिहास को ठंडे दिमाग से समझना चाहिए। सचाई का सामना ईमानदारी के साथ करना चाहिए।

जब किसी महापुरुष के नाम पर कोई संप्रदाय चल पड़ता है तो आगे चलकर उसके सभी अनुयायी कम बुद्धिमान ही होते हैं, ऐसी बात नहीं है। कभी-कभी शिष्य-परंपरा में ऐसे भी शिष्य निकल आते हैं, जो मूल संप्रदाय-प्रवर्त्तक से भी अधिक प्रतिभाशाली होते हैं। फिर भी संप्रदाय-स्थापना का अभिशाप यह है कि उसके भीतर रहनेवाले की स्वाधीन चिंता कम हो जाती है। संप्रदाय की प्रतिष्ठा ही जब सबसे बड़ा लक्ष्य हो जाता है तो सत्य

पर से दृष्टि हट जाती है, प्रत्येक बड़े 'यथार्थ' की संप्रदाय के अनुकूल संगति लगाने की चिंता ही बड़ी हो जाती है। इसका परिणाम यह होता है कि साधन की शुद्धि की परवा नहीं की जाती। परंतु यह भी ऊपरी बात है। साधन की शुद्धि की परवा न करना भी असली कारण नहीं है, वह भी कार्य है; क्योंकि साधन की अशुचिता कों सत्यभ्रष्ट होने का कारण मान लेने पर भी यह प्रश्न बना ही रह जाता है कि विद्वान् और प्रतिभाशाली व्यक्ति भी साधन की अशुचिता के शिकार क्यों बन जाते हैं?

घर जोड़ने की माया : स्पष्ट ही मालूम होता है कि घर जोड़ने की माया बड़ी प्रबल है और संसार का बिरला ही कोई इसका शिकार होने से बच सकता है। इतनी प्रबल शक्ति के यथार्थ को उलटा नहीं जा सकता। उसको मानकर ही उसके आकर्षण से बचने की बात सोची जा सकती है। स्वयं कबीरदास ने न जाने कितनी बार इस प्रबल माया की शक्ति के प्रति लोगों का ध्यान आकृष्ट किया है :

ई माया रघुनाथ की बौरी खेलन चली अहेरा हो।
चतुर चिकनिया चुनि चुनि मारे काहु न राखे नेरा हो।
मौनी पीर दिगम्बर मारे ध्यान धरन्ते जोगी हो।
जंगल में के जंगम मारे माया किहहु न भोगी हो।
वेद पढ़न्ते वेदुआ मारे पूजा करते स्वामी हो।
अरथ विराचत पंडित मारे बाँधे सकल लगामी हो। इत्यादि।

कबीरपंथी साहित्य के अध्ययन से यह बात अधिकाधिक स्पष्ट हो जाती है कि इर्द-गिर्द की सामाजिक व्यवस्था का प्रभाव बड़ा जबर्दस्त साबित हुआ है। उसने सत्य, ज्ञान, भक्ति और वैराग्य को बुरी तरह दबोच लिया है। केवल कबीरपंथ में ही ऐसा नहीं हुआ है। सब बड़े-बड़े मतों की यही अवस्था है। समाज में मान-प्रतिष्ठा पाने का साधन पैसा है। जब चारों ओर पैसे का राज हो तब उसके आकर्षण को काट सकना कठिन है। पंथ की प्रतिष्ठा के लिए भी पैसा चाहिए। जो लोग इस आकर्षण को नहीं काट सकनेवालों की निंदा करते हैं, वे समस्या को बहुत ऊपर-ऊपर से देखते हैं।

अठारहवीं शताब्दी के बाद का संतों का अधिकांश साहित्य संप्रदाय की प्रतिष्ठा बढ़ाने के उद्देश्य से लिखा गया है। उसमें अग्निगर्भा वाणियों की अपव्याख्या करने की प्रवृत्ति है। जिस चीज को दुनिया बड़ी समझती है उसी अर्थ को संतों की वाणियों से निकालने का प्रयत्न किया गया है। इसीलिए वह शक्ति निरंतर क्षीण होती गई है और अपेक्षाकृत नवीन संत-साहित्य निर्जीव हो गया है। उसमें बुझौवल-जैसी वाणियों का प्रचार बढ़ता गया है।

[इस शाखा के अध्ययन के लिए सहायक ग्रंथ—मिश्रबन्धु : *मिश्रबन्धु विनोद;* रामचन्द्र शुक्ल : *हिंदी साहित्य का इतिहास;* पं. परशुराम चतुर्वेदी : *उत्तर भारत की संत परंपरा; संत काव्य संग्रह;* हजारीप्रसाद द्विवेदी : *कबीर;* रामकुमार वर्मा : *सन्त कबीर*]।

संदर्भ

1. (1.) *भक्तमाल,* नृत्यलाल सील, कलकत्ता, 1873; (2) सटीक–, सखाराम भित्तेत, बम्बई, 1876; (3) चश्म-ए-नूर प्रेस, अमृतसर, 1886; (4) वेंकटेश्वर प्रेस, बम्बई, 1896, (5) सीतारामशरण भगवानप्रसाद, अयोध्या, 1904; (6) सटीक–, गंगाविष्णु, श्रीकृष्णदास, कल्याण, 1909 [?]; (7) सटीक–, नवलकिशोर प्रेस, लखनऊ।
2. कबीरदास के लिखे कहे जानेवाले मुद्रित ग्रंथ–(1) *कबीरदास का बीजक,* विश्वनाथसिंहजू की टीका, बनारस, 1868; (2) वही; नवलकिशोर प्रेस, 1915; (3) वही, वेंकटेश्वर प्रेस, बम्बई, 1904; (4) वही, पादरी अहमदशाह सम्पा., कानपुर, 1911; (5) *मूल बीजक,* नवलकिशोर प्रेस, लखनऊ, 1823, (6) वही, प्रेमचन्द सम्पा., कलकत्ता, 1890; (7) वही, गंगाप्रसाद ब्रादर्स, लखनऊ, 1898; (8) वही, विचारदास, बनारस, 1928; (9) वही, रामखेलावन गोसाईं, धनौती मठ, 1938 ई.; (10) *बीजक,* पूरनदास कृत तृज्या टीका सहित, लखनऊ, 1892; (11) वही, वेंकटेश्वर प्रेस, 1905; (12) वही, बालगोविंद मिस्त्री, इलाहाबाद, 1805; (13) वही, जम्बू शहर, 1905; (14) वही, पुरुषोत्तम मावजी, बम्बई, 1911; (15) राघवदास की टीका सहित, बनारस, 1940; (16) वही, संस्कृत टीका सहित, बड़ौदा, 1950; (17) *कबीरदास की रमैनी,* विश्वनाथसिंह, बनारस; 1866; (18)–की *शब्दावली,* बेल्वेडियर प्रेस, इलाहाबाद, 1922; (19) *अखरावती,* वे. प्रे., इलाहाबाद, 1913; (20)–का *अनुरागसागर,* रावलपिण्डी, 1902; (21) वही, लखनऊ, 1903; (22) वही, पटना, 1907; (23) वही, लक्ष्मी वेंकटेश्वर, कल्याण, 1895; (24) वही, बनारस, 1929; (25)–का *आत्मबोध,* हैदराबाद सिन्ध, 1901; (26)–का *काफिरबोध,* यवोला, 1892; (27)–*का बोधसागर* (6 भाग), वेंकटेश्वर, 1906; (28) *कबीरसागर,* कल्याण, 1921; (29)–की *साखी,* लखनऊ, 1899; (30) *साखी-संग्रह,* इलाहाबाद, 1918, (31) *सत्यकबीर की साखी* (युगलानन्द), बम्बई; (32) *सद्गुरु कबीर की साखी* (राघवदास), बड़ौदा; (33) *साखी,* बनारस, 1940; (34) *मूल बीजक,* हंसराज शास्त्री, बाराबंकी, 1950; (35) *हंसमुक्तावली,* बम्बई, 1905; (36) *हंसमुक्ता शब्दावली,* बम्बई, 1905; (37) *ज्ञानसमाज,* गुड़गाँव, 1869; (38) वही, मुरादाबाद, 1911; (39) *कबीर वाणी,* बम्बई, 1910; (40) *कबीर वचनावली* (अयोध्यासिंह उपाध्याय); बनारस; (41) *कबीर ग्रन्थावली,* ना. प्र. सभा, 1928; (42) *सन्त कबीर* (डा. रामकुमार वर्मा), इलाहाबाद, 1940; इत्यादि-इत्यादि।
3. *दादू,* उपक्रमणिका, पृ. 13-14।
4. वही, पृ. 15।
5. कबीरचौरा की गुरुपरम्परा इस प्रकार है–(1) कबीर (2) सुरतगोपाल (3) ज्ञानदास (4) श्यामदास (5) लालदास (6) हरिदास (7) सीतलदास (8) सुखदास (9) हुलासदास (10) माधोदास (11) कोकिलदास (12) रामदास (13) महादास (14) हरिदास (15) शरणदास (16) पूरनदास (17) निर्मलदास (18) रंगीदास (19) गुरुप्रसाद (20) प्रेमदास (21) रामविलासदास। [गुरुमहात्म्य, बनारस, पृ. 2-2]
6. *कबीर एण्ड हिज फालोअर्स,* पृ. 94।
7. परम्परा इस प्रकार है–(1) धर्मदास, (2) चूड़ामनिनाम, (3) सुदर्शननाम, (4) कुलपतिनाम, (5) प्रबोधनाम, (6) गुरु बालापीर, (7) केवलनाम, (8) सुरतसोहीनाम, (9) हक्कनाम, (10) पाकनाम, (11) प्रगटनाम, (12) धीरजनाम, (13) उग्रनाम, (14) दयानाम।
8. *कबीर एण्ड हिज फालोअर्स,* पृ. 99।
9. मगहर गये एक समय कबीरा। लीला कीही तजन सरीरा।
अतिशय पुष्प तुरत मँगाई। ता में निज तन दियो दुराई।
सब के देखत तज्यो शरीरा। हिंदू यमन हु कै भई भीरा।

हिंदू यमन शिष्य रहे दोऊ। आपसु में भाषै सब कोऊ।
यमन कहै माटी में दैहैं। हिंदू कहैं अनल में लैहैं।
तब दोउ जाय पुष्प हटायो। नाहि कबीर शरीर निहायो।
आधे आधे लै दोऊ सुमना। दाहयो हिंदू गाड़्यो जमना।
भये कबीर प्रगट मथुरा में। विचरन लगे सकल बसुधा में।
यह विध गहैं अनेकन गाथा। सति कबीर है वपु जगनाथा।
यह लीला करि सकल कबीरा। आयो बाँधव पुनि मतिधीरा।
अब लौ गुहा कबीर की, बाँधव दुर्ग मझार।
जगन्नाथ को पंथ सो, पावत नहिं कोउ पार। —*कबीर कथा,* पृ. 39

10. (1) *रैदासजी की वाणी,* बेलवेडियर प्रेस, इलाहाबाद, 1909 ई.
(2) *रैदास-रामायण,* स्वामी सुखानन्द गिरि, आगरा, 1925 ई.

11. दादूदयाल के मुद्रित ग्रन्थ (1) *पदसंग्रह,* ब्रह्मविद्या प्रचार कार्यालय, लाहौर; (2) *दादूदयाल की बानी,* का. ना. प्र. सभा 1905; (3)—की *बानी,* चन्द्रिकाप्रसाद त्रिपाठी, अजमेर 1905; (4)—की *बानी,* बेलवेडियर, इलाहाबाद 1918; (5)—के *शब्द,* सुधाकर द्विवेदी, ना. प्र. सभा, बनारस; 1907; (6)—की *साखियाँ,* खानापुर, 1918; (7)—कनखल, सहारनपुर, 1925; (8)—की *बानी,* स्वामी मंगलदासजी, जयपुर, 1951; (9)—वंगाक्षरों में बँगला अनुवाद के साथ (क्षितिमोहन सेन); शान्तिनिकेतन 1934।

कृष्णभक्ति का साहित्य

लीलागान की परंपरा : हमने पूर्व अध्याय में देखा है कि महाप्रभु वल्लभाचार्य के शुभागमन के बाद उत्तर भारत में कृष्णभक्ति के साहित्य को नया आदर्श और नई प्रेरणा-शक्ति प्राप्त हुई। परंतु श्रीकृष्णभक्ति की परंपरा सूरदास से पहले कुछ थी ही नहीं, ऐसा नहीं समझना चाहिए। श्रीकृष्ण-कथा दीर्घकाल से उत्तर भारत में परिचित थी। वल्लभाचार्य के आगमन से उसमें नई शक्ति आ गई। साहित्य 'प्राकृत जन चरित' से हटकर भगवत्-लीला की ओर प्रवृत्त हो गया। महाप्रभु ने लीलागान पर बहुत अधिक बल दिया। *भागवत महापुराण* ने ही इस मत का प्रचार किया था। संभवत: दसवीं-ग्यारहवीं शताब्दी में भागवत-परंपरा से भिन्न भी कोई लीलागान की शास्त्रीय परंपरा थी। जयदेव का *गीतगोविंद* पूर्णरूप से भागवत-परंपरा का ग्रंथ नहीं है। उसमें राधा प्रमुख गोपी हैं जो *भागवत* में अपरिचित हैं। फिर *गीतगोविंद* का रास बसंत-रास है जबकि *भागवत* का शरद-रास।

जो हो, लीला के पद बहुत पहले से ही लिखे जाने लगे थे। कब से लिखे जाने लगे, यह कह सकना तो कठिन है किंतु दसवीं-ग्यारहवीं शताब्दी में मात्रिक छंदों के गेय पदों में कृष्णलीलागान करने की प्रथा अवश्य चल पड़ी थी। बारहवीं शताब्दी में कवि जयदेव का *गीतगोविंद* इसी प्रकार के मात्रिक छंदों के गेय पदों में लिखा गया था। पंडितों ने अनुमान किया है कि उन दिनों उड़ीसा में इसी प्रकार के गान लोकभाषा में प्रचलित रहे होंगे, उन्हीं के अनुकरण पर जयदेव ने ये गान लिखे होंगे। बौद्ध सिद्धों के गेय पद इतना तो सूचित करते ही हैं कि पूर्वी भारत में गेय पदों का साहित्य बहुत पहले से रचित होने लगा था। जयदेव का जन्म बंगाल के बीरभूम नामक जिले के केंदुलि (केंद्रिविल्व) ग्राम में हुआ था। इधर कुछ उड़िया विद्वानों ने यह बताने का प्रयत्न किया है कि उनकी जन्मभूमि उड़ीसा में ही थी। उनकी जन्मभूमि चाहे जहाँ भी रही हो, इतना तो निश्चित ही है कि उनकी साधनाभूमि जगन्नाथपुरी ही थी। जयदेव के बाद लोकभाषा में गेय पदों का कृष्णलीला-परक साहित्य मिथिला के विद्यापति और बंगाल के चंडीदास नामक दो कवियों ने लिखा। विद्यापति की *पदावल* का परिचय तो हिंदी साहित्य के विद्यार्थी को है ही। साधारणत: यह विश्वास किया जाता है कि श्रीकृष्णलीला से संबद्ध गेय पद के साहित्य की उत्सभूमि पूर्वी भारत ही है और वहीं से चलकर यह प्रथा पश्चिमी भारत में आई है। बौद्ध सिद्धों के गान, जयदेव का *गीतगोविंद*, चंडीदास और विद्यापति के पद—सभी इस प्रकार के विश्वास को बल देते हैं।

चंडीदास और विद्यापति : चंडीदास और विद्यापति के पदों ने आगे चलकर बंगाल के बहुत बड़े वैष्णव-भक्ति आंदोलन को प्रेरणा दी है। चंडीदास के पदों में राधिका के अत्यंत कोमल और सुकुमार हृदय का परिचय मिलता है, किंतु विद्यापति के पदों में राधिका अधिक विलासवती और विदग्धा हैं। विद्यापति शृंगाररस के सिद्धवाक् कवि थे। उनकी पदावली में राधा और कृष्ण की जिस प्रेमलीला का चित्रण है, वह अपूर्व है। इस वर्णन में प्रेम के शरीर-पक्ष की प्रधानता अवश्य है पर इससे सहृदय के चित्त में विकार नहीं उत्पन्न होता; बल्कि भावों की सांद्रता और अभिव्यक्ति की प्रेषणीयगुणिता के कारण वह बहुत ही आकर्षक हो गया है। विद्यापति के इन पदों ने ब्रजभाषा की कविता को कितना प्रभावित किया, यह कहना कठिन है। शायद बहुत कम। पश्चिमी भारत में भी कृष्णलीला-परंपरा पहले से ही वर्त्तमान थी, इसका प्रमाण मिल जाता है।

क्षेमेंद्र : क्षेमेंद्र (ग्यारहवीं शताब्दी) के *दशावतारचरितम* में कवि ने एक जगह लिखा है कि जब गोविंद यानी श्रीकृष्ण मथुरापुरी को चले गए तो वियोगक्षिप्तहृदया गोपियाँ गोदावरी (?) के किनारे पर गोविंद का गुणगान करने लगीं :

गोविन्दस्य गतस्य गतस्य कंसनगरीं
व्याप्ता वियोगाग्निना।
स्निग्धश्यामलकूललीनहरिणे
गोदावरीगह्वरे।
रोमन्थस्थितगोगणैः परिचायदु-
त्कर्णमाकर्णितम्।
गुप्तं गोकुलपल्लवे गुणगणं
गोप्यः सरागा जगुः। (8-173)

गोपियों ने जो गान गाया उसे कवि ने मात्रिक छंद में लिखा है। अनुमान किया जाता है कि क्षेमेंद्र ने इस प्रकार के गान अपने आस-पास सुने थे और इस गान में उन्होंने उन्हीं लौकिक गीतों का अनुकरण किया है। गीत इस प्रकार है :

ललितविलासकला सुखखेलन–
ललनालोभनशोभनयौवन
मानितनवमदने।
अलिकुलकोकिलकुवलयकज्जल
कालकलिन्दसुताविव लज्जल–
कालियकुलदमने।
केशिकिशोरमहासुरमारण
दारुणगोकुलदुरितविदारण–
गोवर्धनधरणे।
कस्य न नयनयुगं रतिसंगे
मज्जति मनसिजतरलतरंगे–
वररमणीरमणे।

इस गान से यह अनुमान होता है कि जिस प्रकार के पद बंगाल और उड़ीसा में प्रचलित

थे, उसी प्रकार के पद सुदूर कश्मीर में भी प्रचलित थे अर्थात् पूर्व से पश्चिम तक संपूर्ण भारत में ऐसे पद व्याप्त थे। सूरदास ब्रजभाषा के प्रथम कवि हैं। उनके पद इतने सुंदर और कलापूर्ण हैं कि सहसा यह विश्वास नहीं होता कि यह रचना ब्रजभाषा की पहली रचना है। निश्चय ही इसके पहले बहुत बड़ी परंपरा रही होगी। पंडित रामचंद्र शुक्ल ने तो एक बार यह भी अनुमान किया था कि *सूरसागर* दीर्घकाल से चली आती हुई किसी पुरानी परंपरा का विकास है। सूरदास और उन्हीं के समान अन्य भक्तकवियों के पदों का बाद में चलकर इतना अधिक विकास हुआ कि उनके पहले के सभी पद या तो लुप्त हो गए या फिर इन्हीं कवियों में से किसी-न-किसी के नाम पर चल पड़े।

गीतगोविन्द : *गीतगोविंद* में बहुत थोड़े गानों का संग्रह है। कवि ने उसे प्रबंध-काव्य के रूप में ही सजाया है। निस्संदेह *गीतगोविंद* के गान गीतिकाव्यात्मक अर्थात् 'लिरिकल' हैं। ऐसे पदों से प्रबंध का काम नहीं लिया जा सकता। इसीलिए *गीतगोविन्द* वास्तविक प्रबंध-काव्य नहीं हो सका है। वह वस्तुतः गीति-काव्य-संग्रह ही है। सूरदास आदि ब्रजभाषा के कवियों ने भी बहुत-कुछ इसी पद्धति को अपनाया है। श्रीकृष्णलीला का गान करने के पहले जयदेव ने दशावतार का स्मरण कर लिया है। ऐसा जान पड़ता है कि ग्यारहवीं शताब्दी में दशावतार-वर्णन बहुत आवश्यक समझा जाने लगा था। मूल *रासो* में भी दशावतार-वर्णन-परक कुछ कविताएँ अवश्य रही होंगी।

चंद का *दसम* —वर्तमान *पृथ्वीराजरासो* में भी दशावतार नाम का एक अध्याय जुड़ा हुआ है। मूल ग्रंथ से यह लगभग स्वतंत्र ही है। इसमें अच्छे कवित्व का परिचय है। जान पड़ता है कि क्षेमेंद्र के *दशावतारचरितम्* की भाँति यह भी देशी भाषा में लिखा हुआ कोई स्वतंत्र ग्रंथ था। वर्त्तमान *रासो* में इसका *दसम्* नाम अब भी सुरक्षित है। *दसम्* अर्थात् *दशावतारचरित*। यद्यपि वर्त्तमान *रासो* में यह दूसरे समय के रूप में अंतर्भुक्त किया गया है तथापि इसका *दसम* नाम उसमें दिया हुआ है। संपादकों को इस नाम की व्याख्या में कहना पड़ा है कि *दसम्* अर्थात् द्वितीय समय। जब तक यह स्वीकार न किया जाय कि *दसम्* नामक *दशावतारचरित* -विषयक कोई अलग ग्रंथ था, जो बाद में *रासो* में जोड़ दिया गया, तब तक *दसम्* अर्थात् द्वितीय की ठीक-ठीक संगति नहीं लग सकती।

परंतु यह सब कहने का यह मतलब नहीं है कि यह *दसम्* नामक रचना चंद कवि की लिखी होगी ही नहीं। इसमें बहुत ही सुंदर कविता का परिचय मिलता है। निस्संदेह यह किसी अच्छे कवि की रचना है। यह लीलाकाव्य का उत्तम निदर्शन है।

यदि *रासो* का यह *दसम् (दशावतारचरित)* बारहवीं शताब्दी की रचना है, तो पश्चिम भारत की लीलावाले साहित्य के रूप का सुंदर परिचय देता है। क्षेमेंद्र के काव्य के साथ मिलाकर देखा जाय तो स्पष्ट हो जायगा कि श्रीकृष्णलीला-विषयक काव्य और गेय पद दोनों ही की परंपरा पश्चिम भारत में एकदम अपरिचित नहीं थी। सूरदास के साहित्य में वह एकाएक नहीं प्रकट हुई है।

ब्रजभाषा-काव्य निश्चय ही बहुत पहले से बनने लगा था। परंतु वास्तविक समृद्धि के साथ वह सूरदास के भजनों में ही प्रकट होता है। वस्तुतः सूरदास ही ब्रजभाषा के प्रथम कवि हैं और लीलागान का महान् समुद्र *सूरसागर* ही उसका प्रथम काव्य है। सूरदास भारतीय साहित्य के विद्यार्थी के लिए अपरिचित नहीं हैं। समूचे भारतवर्ष में उनका नाम

श्रद्धा-भक्ति के साथ लिया जाता है।

सूरदास : प्रसिद्ध है कि कविवर सूरदास महाप्रभु वल्लभाचार्य के शिष्य थे। सांप्रदायिक अनुश्रुतियों के अनुसार वे वल्लभाचार्य से दस दिन छोटे थे। वल्लभाचार्य की शरण में आने के पहले सूरदास की काफी ख्याति हो चुकी थी। *चौरासी वैष्णवन की वार्ता* के अनुसार इनका जन्म-स्थान रुनकता या रेणुका-क्षेत्र है। ये मथुरा और वृंदावन के बीच गऊघाट पर रहते थे, भजन गाया करते थे और सेवक अर्थात् शिष्य बनाया करते थे। जब महाप्रभु उधर पधारे तो सूरदास के सेवकों ने उन्हें सूचना दी कि दिग्विजयी महाप्रभु वल्लभाचार्य पधारे हैं, जिन्होंने सब पंडितों को जीतकर भक्तिमार्ग की स्थापना की है। यह सुनकर सूरदासजी उनसे मिलने गए। उस समय महाप्रभु भोग लगाकर और स्वयं भी प्रसाद पाकर गद्दी पर विराजमान थे। सूरदासजी को देखकर उन्होंने भगवद्भजन करने का आदेश दिया। आज्ञा पाकर सूरदासजी ने दो भजन गाए—"प्रभु हौं सब पतितन कौ टीकौ" और 'हौं हरि सब पतितन कौ नायक"। महाप्रभु ने दो ही भजन सुने और फिर डाँटकर कहा, "सूर ह्वै कै ऐसो घिघियात काहे को हौ, कछु भगवत्लीला वर्णन करौ।" किंतु सूरदास को भगवत्लीला का कुछ ज्ञान नहीं था। तब श्री महाप्रभुजी ने पहले तो सूरदासजी को नाम सुनाया, पीछे समर्पण करवाया और फिर *भागवत्-दशमस्कंध* की अनुक्रमणिका कही, और तब "श्री सूरदासजी ने भगवतलीला-वर्णन करौ।" इस घटना से यह सूचित होता है कि वल्लभाचार्य से भेंट होने के पहले सूरदास जो भजन बनाया करते थे, उसमें लीला का कोई स्थान नहीं था। लीला का वर्णन सूरदास की वल्लभाचार्य से पाई हुई विशेष दृष्टि है।

क्या सूरदास जन्मांध थे? : श्री गोकुलनाथजी की *निजवार्ता* से यही मालूम होता है कि वल्लभाचार्य से ये केवल दस दिन् छोटे थे। श्री हरिरायजी के *भावप्रकाश* से पता चलता है कि सूरदास दिल्ली से चार कोस दूर सीही ग्राम के सारस्वत कुल में पैदा हुए थे। जन्म से ही अंधे थे, परंतु सगुण भाव के भजन बनाकर गाया करते थे और सेवकों को सुनाया करते थे। पहले तो अठारह वर्ष तक एक तालाब के ऊपर पीपलवृक्ष के नीचे भजन करते रहे, फिर गऊघाट आ गए। यहीं महाप्रभु वल्लभाचार्य से भेंट हुई और लीलागान करने की प्रेरणा मिली। महाप्रभु प्यार से इनको *सूरसागर* कहा करते थे। *सूरसागर* के भीतरी प्रयोगों को देखकर भी कुछ लोगों ने अनुमान किया है कि ये जन्म के अंधे थे। श्री हरिराय के *भावप्रकाश* तथा श्रीनाथ भट्ट की *संस्कृतवार्त्ता मणिमाला* के अनुसार भी ये जन्मांध थे। परंतु सूरदास के प्राकृतिक शोभा और रूप-वर्णन को देखकर अधिकांश विद्वान् यह नहीं मानना चाहते कि वे जन्मांध थे। *सूरसागर* के कुछ पदों से यह ध्वनि अवश्य निकलती है कि सूरदास अपने को जन्म का अंधा और कर्म का अभागा कहते हैं, पर सब समय इसके अक्षरार्थ को ही प्रधान नहीं मानना चाहिए। यह मानसिक ग्लानि की अवस्था में कही हुई बात है, जिसमें अपनी हीनता को अतिरंजित करने की प्रवृत्ति काम करती रहती है।

सूरदास ने अपने इर्दगिर्द जिस समाज को देखा था, उसका कोई ऊँचा आदर्श नहीं था; लोग खाते-पीते थे, रोगी या निरोग होते थे, और चार दिन हँसकर या रोकर चल पड़ते थे। युवावस्था को विलास-क्रीड़ा का काल माना जाता था। लोग 'यौवनमद, जनमद, धनमद और मादकमद' के शिकार हो रहे थे। क्या पुरुष क्या स्त्री, सबका लक्ष्य भोगलिप्सा ही

था। जो लोग धार्मिक प्रकृति के होते थे, वे *पुराण* सुन लेते थे, तुलसीदल का भोग लगा देते थे और शालिग्राम-शिला की पूजा भी कर लिया करते थे। जो लोग मंगलकामी थे, वे एकादशी-द्वादशी का संयम-नियम का व्रत पाल लेते थे और ग्रहों को शांतिस्वस्त्ययन करके अमंगल का शमन कर लिया करते थे। सूरदासजी ने इसी प्रकार का समाज देखा था। लोगों में झूठी शान, थोथी मानप्रियता और उद्देश्यहीन धर्माचार का बोलबाला था। भावुक सूरदास इस अवस्था से विरक्ति अनुभव कर रहे थे और न जाने किस शुभ मुहूर्त्त में सबकुछ छोड़कर विरक्त हो गए। उस समय उनकी अवस्था तरुण रही होगी। यदि अनुश्रुतियों को प्रामाणिक माना जाए, तो यह भी स्वीकार करना पड़ेगा कि उनके अंग-प्रत्यंग से लावण्य की छटा छिटकती रहती थी। विधाता ने सबकुछ दिया था, सिर्फ आँखें नहीं दी थीं। अनुश्रुतियों की वह कहानी भी बहुत अधिक प्रसिद्ध है कि इस प्रकार किसी तरुणी के रूप से आकृष्ट होकर उन्होंने उसका अनुसरण किया और बाद में अपनी आँखें फोड या फुड़वा लीं। सूर होने के बाद वे दीर्घकाल तक भगवान् को कातर भाव से पुकारते रहे, उस समय के उनके भजनों में दैन्य का स्वर है और आत्मग्लानि की पीड़ा है। न जाने कितने दिनों तक उन्होंने अपने-आपको 'अशुची अकृती अपराधी' समझा, 'सब पतित कौ टीकौ' माना और 'जदुपति बिना बीते' दिनों के लिए पश्चात्ताप करते रहे। उस समय उनके चित्त में एक ही बात से शांति मिलती थी कि लोग उन्हें शाम का गुलाम समझते थे : "सब कोउ कहत गुलाम श्याम के सुनत सिरात हिये।" ऐसी आत्मग्लानि की अवस्था में अपनी हीनता को अतिरंजित करने की प्रवृत्ति मनुष्य में आ जाती है, जैसे ही अवसरों पर सूरदास अपने को जन्म का अंधा और कर्म का अभागा कह देते थे। इसके अक्षरार्थ को बहुत अधिक महत्त्व नहीं देना चाहिए। परवर्त्ती पुस्तकों में केवल सुनी-सुनाई बातों का उल्लेख है। सूरदास का साहित्य कभी जन्मांध व्यक्ति का लिखा साहित्य नहीं हो सकता।

चौरासी वैष्णवन की वार्ता से स्पष्ट है कि महाप्रभु के तिरोधान के बहुत बाद तक सूरदास जीवित रहे। अनुमान किया जाता है कि सन् 1523 ई. के आसपास वे वल्लभाचार्यजी के संपर्क में आए होंगे। महाप्रभु ने इन्हें श्रीनाथजी के सामने कीर्त्तन करने का भार दिया था, परंतु जब कृष्णदास मंदिर के अधिकारी नियुक्त हुए तो सूरदास को वहाँ से हटकर पारसौली ग्राम में चला जाना पड़ा था और वहीं उनकी मृत्यु भी हुई। उनकी मृत्यु के समय वल्लभाचार्य के सुपुत्र गोस्वामी विट्ठलनाथजी उपस्थित थे। विट्ठलनाथजी की मृत्यु 1589 ई. में हुई थी, इसलिए सूरदासजी की मृत्यु उसके पहले ही हो गई थी।

सूर की रचनाएँ : सूरदास की प्रसिद्ध रचना *सूरसागर*[1] ही है। इसके निर्माण के बाद उन्होंने 67 वर्ष की अवस्था में *सूरसागर सारावली* पुस्तक लिखी थी। उनकी लिखी समझी जानेवाली एक और पुस्तक *साहित्यलहरी* मिली है जिसमें दृष्टकूट के पद संकलित हैं।[2]

साहित्यलहरी : इसी *साहित्यलहरी* में 118 नम्बर का जो पद है, उसमें सूरदास की वंश परंपरा दी हुई है जिसमें बताया है कि सूरदास चंदबरदाई के वंशज थे और उनके पिता का नाम हरिचंद था। हरिचंद के सात पुत्रों में सबसे छोटे सूरजदास या सूरदास थे। मुसलमानों से लड़ते-लड़ते जब छः भाई मर गए, तब अंधे सूरदास इधर-उधर भटकते रहे और अंत में एक कुएँ में जा गिरे, जहाँ से भगवान् ने उनका उद्धार किया। भगवान् ने उन्हें-

यह भी बताया कि ''प्रबल दच्छिन विप्रकुल तैं शत्रु ह्वैहैं नास'' अर्थात् दक्षिण के ब्राह्मण कुल से शत्रु का नाश होगा। कुछ विद्वानों ने इस पद को प्रक्षिप्त माना है; क्योंकि इसमें ''प्रबल दच्छिन विप्रकुल तैं'' शब्दों के द्वारा दच्छिन के पेशवाओं का बोध होता है। परंतु मुझे ऐसा लगता है कि यह पूरी-की-पूरी *साहित्यलहरी* संदेहास्पद रचना है। एक तो *सूरसागर* के विद्यार्थी को यही विश्वास करने में कठिनता मालूम होती है कि सूरदास-जैसा सहज भक्त अलंकार और नायिकाभेद के प्रदर्शन में कैसे उलझ पड़ा। दूसरे, 109वें पद में ग्रंथ की तिथि और समाप्ति का निर्देश कर चुकने के बाद वह अपने जाति और वंश का उल्लेख क्यों करने लगेगा? ग्रंथ की तिथि के संबंध में ग्रंथकार ने लिखा है—''मुनि पुनि रसन के रस लेख; दसन गौरीनंद को लिखि सुबल संबत् पेख।'' इसका अर्थ 1627 सं. किया जाता है। इसमें 'रसन' शब्द में रस + न = शून्य और रसन = दो, इत्यादि खींचतान करके 1627 सं. बनाया गया है। पंडित रामचंद्र शुक्ल ने 'पुनि' को 'सुनि' बनाकर सुनि का अर्थ शून्य किया है और इस प्रकार सं 1607 अर्थ किया है। परंतु वस्तुतः इसका अर्थ 1607 होना चाहिए। 'मुनि' का अर्थ सात है, 'पुनि' का अर्थ है फिर से मुनि अर्थात् सात और 'रसन' का रस अर्थात् षट्रस (छः) है और 'गौरीनन्दन' का 'दशन' अर्थात् एक है। इस प्रकार ग्रंथ का निर्माणकाल सं. 1677 अर्थात् 1620 ई. पड़ता है, जो सूरदास की मृत्यु के बहुत बाद का समय है।

इस प्रकार यह किसी अन्य सूरजदास नामक कवि की रचना है। इसमें सूरदास के भी कुछ पद आ गए हों तो कोई आश्चर्य नहीं और 118वाँ पद तो निश्चित रूप से प्रक्षिप्त है। श्री व्रजेश्वर वर्मा का अनुमान है कि यह किसी भाट का सूरदास को स्वजातीय बनाने का प्रयत्न है। इस पुस्तक को अधिक महत्त्व देना उचित नहीं।[3]

सूर का वैशिष्ट्य : वार्त्ता-साहित्य से पता चलता है कि सूरदास का यश सुनकर बादशाह अकबर भी उनसे मिले थे। अकबर-जैसे गुणग्राही सम्राट के लिए यह बात असंभव नहीं है। सूरदास के विषय में अधिक कुछ मालूम नहीं है, परंतु *सूरसागर* के पढ़ने से उनका स्वभाव, रुचि, निष्ठा और व्यक्तित्व का बहुत स्पष्ट परिचय मिलता है। सूरदास के साहित्य को पढ़ते समय हमें इस बात को याद रखना चाहिए कि निखिलानंद-संदोह भगवान् श्रीकृष्ण ही उसमें अभिव्यक्त प्रेम के आलंबन हैं। आलंबन दो प्रकार के होते हैं : विषयरूप आलंबन और आश्रयरूप आलंबन। दुष्यंत को देखकर यदि शकुंतला के हृदय में प्रेम-भाव उत्पन्न हुआ हो तो दुष्यंत विषयरूप आलंबन है और शकुंतला आश्रयरूप आलंबन। वैष्णव भक्त भगवान् को विषयरूप आलंबन के रूप में ही देखते हैं। गोपियाँ, यशोदा, नंद, गोप-बाल, उद्धव आदि सभी भक्त आश्रयरूप आलंबन हैं। इन सबकी एकमात्र अभिलाषा यही होती है कि भगवान् हमसे प्रसन्न हों। अगर हम इस बात को ध्यान में रखे बिना वैष्णव साहित्य को पढ़ेंगे तो घाटे में रहेंगे। यह भाव नानाभाव से भक्त कवि की कविता में आएगा, इसे इसी रूप में न देखने का परिणाम यह हुआ कि सूरदास की वर्णन की हुई श्रीकृष्ण की बाललीला को बड़े-बड़े सहृदयों तक ने इस प्रकार समझा है मानो वे स्वभावोक्ति के उत्तम उदाहरण हैं। नहीं, वे स्वभावोक्ति के उदाहरण नहीं हैं, वे उससे बड़ी चीज हैं। संसार के साहित्य की बात कहना तो बहुत कठिन है, क्योंकि वह बहुत बड़ा है और उसका एक अंशमात्र हमारा जाना है। परंतु हमारे जाने हुए साहित्य में इतनी

तत्परता, मनोहारिता और सरसता के साथ लिखी हुई बाललीला अलभ्य है। बालकृष्ण की एक-एक चेष्टाओं के चित्रण में कवि कमाल की होशियारी और सूक्ष्म निरीक्षण का परिचय देता है। न उसे शब्दों की कमी होती है, न अलंकार की, न भावों की, न भाषा की। क्यों ऐसा है? क्या कारण है कि शताधिक पदों में बार-बार दुहराई हुई बात इतनी मनोरम हो गई है? क्या कारण है कि उपमाओं, रूपकों और उत्प्रेक्षाओं की जमात हाथ जोड़कर इस बार-बार दुहराई हुई लीला के पीछे दौड़ पड़ी है? इसका कारण यशोदा का निखिलानंद संदोह भगवान् बालकृष्ण के प्रति एकांत आत्म-समर्पण है। अपने-आपको मिटाकर अपना सर्वस्व निछावर करके जो तन्मयता प्राप्त होती है, वही श्रीकृष्ण की इस बाललीला को संसार का अद्वितीय काव्य बनाए हुए है। यशोदा को उपलक्ष्य करके वस्तुतः सूरदास का भक्त चित्त ही शत-शत रसस्रोतों में उद्वेल हो उठता है। वही चित्त गोपियों, गोपालों, और सबसे बढ़कर राधिका के रूप में ही अभिव्यक्त हुआ है। इसीलिए सूरदास की पुनरुक्तियाँ ज़रा भी नहीं खटकतीं और वाक्-चातुर्य इतना उत्तम कोटि का होकर भी व्यंगार्थ के सामने अत्यंत तिरस्कृत हो गया है। वर्णन कौशल वहाँ प्रधान नहीं है, वह भक्त के महान् आत्मसमर्पण का अंग मात्र है, किंतु साधक भक्त लोग लीला से विरह-रूप को जितनी आसानी से अनुभव कर सकते हैं, मिलन-रस को उतना नहीं। जिस दिन साधक सिद्ध हो जाता है और भक्ति अर्थात् चिन्मयरस के एकमात्र आकर निखिलानंद संदोह भगवान् से मिलकर एकमेक हो जाता है, उस दिन कुछ कहने को बाकी नहीं रह जाता। यही कारण है कि भक्त की विरहकथा अधिक सरस, अधिक भावप्रवण और अधिक द्रावक होती है। यशोदा द्वारा कथित निम्नांकित पदों में सूरदास का हृदय फूट पड़ा है :

> मेरे कान्ह कमल दल लोचन,
> अबकी बार बहुरि फिरि आवहु, कहा लगै जिय सोचन।
> यह लालसा होत जिय मेरे, बैठी देखत रैहौं।
> गाइ चरावन कान्ह कुँवर को कबहुँ जान न दैहौं।

और—

> यद्यपि मन समुझावत लोग,
> शूल होत नवनीत देखि मेरे मोहन के मुँह जोग।
> प्रातकाल उठि माखन रोटी को बिनु माँगे दैहें।
> अब उहि मेरे कुँवर कान्ह को छिन छिन अंक में लैहें।

यशोदा का यह रूप तभी समझा जा सकता है जब पूर्ववर्त्ती बाललीलाओं को इसी प्रेम का एक रूप माना जाय। स्वभावोक्ति का चमत्कार देखनेवाले इस और उस रूप में कोई एकरूपता नहीं खोज पाएँगे।

राधिका के रूप में भक्त-हृदय : राधिका के रूप में सूरदास ने भक्त-हृदय का जो चित्र खींचा है, वह इसी अपूर्व तन्मय प्रेम का आश्रय-भेद से परिवर्त्तित रूपांतर मात्र है। यह प्रेम अपना उपमान आप ही है। इसमें उस जाति के प्रेम की गंध भी नहीं है जो प्रिय की संयोगावस्था में उसकी विरहाशंका से उत्कंठित और वियोगावस्था में मिलन-लालसा से व्याकुल हुआ रहता है। वह संयोग में सोलह आना संयोगमय और वियोगावस्था में सोलह आना वियोगमय है। राधा और कृष्ण के नाम पर प्रेम-काव्य अनेक लिखे गए हैं।

रीतिकाल का तो प्राय: समूचा साहित्य ही इस प्रेमलीला का विस्तार है और उसमें वियोगी के सभी रूपों का—पूर्वराग, मान, प्रेम-वैचित्य और प्रवास का—बाह्य रूप जैसे-का-तैसा मिल जाता है। पर प्रेम का वह वास्तविक चित्रण, जिसमें बाह्य रूप (फार्म) गौण हो जाता है, जिसमें चतुरों के बताए भेद-उपभेद होकर भी धन्य होते हैं और न होकर भी धन्य होते हैं, दुर्लभ है। नाना भावों और विभावों के चित्रण-मात्र से और राधाकृष्ण का नाम ले लेने मात्र से कविता उस श्रेणी की नहीं हो जाती, जहाँ भक्त राधा और अन्य गोपियों के बहाने अपने-आपको दलित द्राक्षा के समान निचोड़कर सर्वात्मना भगवान् के चरणों में निछावर कर देता है। वहाँ भावों और हावों के सूक्ष्म भेद भूल जाते हैं। वैष्णव भक्त भगवान् से साक्षात् चिद्घन विग्रह रूप का, अर्थात् जिस रूप में चैतन्य ही घनीभूत होकर प्रकट हुआ है, लीलागान करते हैं, और गोपियों के बहाने अपना प्रीति-निवेदन करते हैं।

चिन्मुख और जड़ोन्मुख प्रेम : यह ध्यान में रखने की बात है कि लौकिक प्रीति होने पर प्रेम ज़ड़ोन्मुख होता है और जब वह प्रेम 'चिद्घन विग्रह भगवान्' के प्रति होता है तब वह चिन्मुख होता है। लौकिक प्रेम से भिन्नता दिखाने के लिए भक्तों ने इसका नाम 'उज्ज्वल रस' दिया है। इस मार्ग को वही लोग अपनाते हैं जिनमें आत्म-समर्पण की भावना तीव्र होती है। भगवान् के प्रति अनन्यगामी एकांत प्रेम को ही भक्ति कहते हैं। आत्म-समर्पण के द्वारा ही भक्त इस अनन्यगामी प्रेम को पाता है। यह आत्म-समर्पण दास-रूप में, सखा-रूप में, पिता-माता-रूप में और कांता-रूप में किया जा सकता है। सूरदास में विभिन्न पात्रों के माध्यम से ये सभी भाव थोड़े-बहुत प्रकट हुए हैं, पर मन उनका वात्सल्य, सख्य और कांता भाव में ही रमता है।

वात्सल्य-भाव के काव्य के लिए सूरदास की बड़ी ख्याति है। कहते हैं, संसार के कम कवियों का नाम इस प्रसंग में उनके साथ लिया जा सकता है। परंतु उनकी गोपियों में और श्रीकृष्ण में जिस भाव का प्रेम है, वह भी बहुत-कुछ बालकोचित ही है।

विरहिणी राधा : विशुद्ध काव्य की दृष्टि से देखें तो राधिका विशुद्ध गीतिकाव्यात्मक पात्र है। इस गीतिकाव्य का उत्तम विकास बंगाली कवि चंडीदास के पद्यों में हुआ है। चंडीदास की राधिका परकीया नायिका हैं, और उनका मिलन क्षणिक और उत्कंठापूर्ण होता है। परंतु सूरदास की राधिका न केवल स्वकीया हैं, बल्कि उनका प्रेम चिरसाहचर्यजन्य और उत्कंठाहीन है। शिल्प में गीतिकाव्यात्मक मनोरागों को आश्रय करके महाकाव्यात्मक शिल्प का निर्माण हुआ है। ताजमहल ऐसा ही महाकाव्यात्मक शिल्प है, जिसका मूल मनोराग गीतिकाव्यात्मक या लिरिकल है। *सूरसागर* भी इसी प्रकार का महाकाव्यात्मक शिल्प है, जिसका मूल मनोराग 'लिरिकल' या गीतिकाव्यात्मक है। हिंदी में एक ऐसे समालोचकों का दल पैदा हुआ है, जो हर काव्य में महाकाव्य या प्रबंधकाव्य का गुण खोजता है, और न पाने पर अफसोस प्रकट करता है। ऐसे समालोचकों की लपेट से सूरदास भी नहीं बचे हैं। ये लोग एकदम भूल जाते हैं कि काव्य के प्रतिपाद्य के भीतर ही गीतिकाव्यात्मकता हो सकती है, और उस प्रतिपाद्य को लेकर महाकाव्य की रचना उपहासास्पद प्रयत्न हो सकता है। सूरदास ने यदि राधिका के प्रेम को लेकर गीतिकाव्य की रचना न करके प्रबंध काव्य की रचना की होती, तो असफल हुए होते। गीतिकाव्यात्मक मनोरागों पर आधारित विशाल महाकाव्य ही *सूरसागर* है। वर्णन-नैपुण्य

और भाषागत माधुर्य के प्रवाह में पड़ा हुआ सहृदय यह भूल ही जाता है कि सूरदास ने राधिका और श्रीकृष्ण के प्रेम का एक ऐसा संपूर्ण चित्र खींचा है जो गीतिकाव्यों के भीतर से महाकाव्य के रूप में प्रकट हुआ है। *सूर-साहित्य* में विस्तारपूर्वक मैंने इस विषय की चर्चा की है। अन्य भक्त कवियों की भाँति सूरदास ने राधिका और कृष्ण को एकाएक नहीं मिला दिया। यही कारण है कि पूर्व-राग की वह व्याकुल वेदना *सूरसागर* में नहीं मिलेगी, जो चंडीदास या विद्यापति की पदावलियों में प्राप्य है। परंतु इसमें एक विशेष प्रकार की वेदना है, जो सूरदास की अपनी विशेषता है। राधिका और श्रीकृष्ण एक ही साथ खेलते-खाते बड़े होते हैं, फिर भी पूर्व-राग की एक विचित्र वेदना दोनों ही अनुभव करते हैं। यह कुछ ऐसी चीज है, जिसको आलंकारिक बता नहीं सकते।

प्रेम का मार्जित रूप : प्रेम के इस स्वच्छ और मार्जित रूप का चित्रण भारतीय साहित्य में किसी और कवि ने नहीं किया। यह सूरदास की अपनी विशेषता है। वियोग के समय राधिका का जो चित्र सूरदास ने चित्रित किया है, वह भी इस प्रेम के योग्य है। मिलन के समय की मुखरा, लीलावती, चंचला और हँसोड़ राधिका वियोग के समय मौन, शांत और गंभीर हो जाती है। उद्धव के साथ अन्यान्य गोपियाँ काफी बक-झक करती हैं, पर राधिका वहाँ जाती भी नहीं। उद्धव ने श्रीकृष्ण से उनकी जिस मूर्त्ति का वर्णन किया है उससे पत्थर भी पिघल सकता है। उन्होंने राधिका की आँखों को निरंतर बहते देखा था, कपोल-देश वारिधारा से आर्द्र था, मुखमंडल पीत हो गया था, आँखें धँस गई थीं, शरीर केवल कंकाल-शेष रह गया था। वे दरवाज़े से आगे न बढ़ सकी थीं। प्रिय के प्रिय वयस्क ने जब संदेश माँगा तो वे मूर्च्छित होकर गिर पड़ीं। प्रेम का वही रूप जिसने संयोग में कभी विरहाशंका का अनुमान नहीं किया, वियोग में इस मूर्त्ति को धारण कर सकता है। वास्तव में सूरदास की राधिका शुरू से आखिर तक सरल बालिका है। उनके प्रेम में चंडीदास की राधा की तरह पद-पद पर सास-ननद का डर भी नहीं है और विद्यापति की किशोरी राधिका के समान रुदन में हास और हास में रुदन की चातुरी भी नहीं है। इस प्रेम में किसी प्रकार की जटिलता भी नहीं है। घर में, वन में, घाट पर, कदंब तले, हिंडोले पर—जहाँ कहीं भी इसका प्रकाश हुआ है, वहीं पर अपने आपमें ही पूर्ण है, मानो वह किसी की अपेक्षा नहीं रखता और न कोई दूसरा ही उसकी खबर रखता है।

सूरदास का कवित्व : सूरदास जब अपने प्रिय विषय का वर्णन शुरू करते हैं तो मानों अलंकारशास्त्र हाथ जोड़कर उनके पीछे-पीछे दौड़ा करता है। उपमाओं की बाढ़ आ जाती है, रूपकों की वर्षा होने लगती है। संगीत के प्रवाह में कवि स्वयं बह जाता है। वह अपने को भूल जाता है। काव्य में इस तन्मयता के साथ शास्त्रीय पद्धति का निर्वाह विरल है। पद-पद पर मिलनेवाले अलंकारों को देखकर भी कोई अनुमान नहीं कर सकता, कि कवि जान-बूझकर अलंकारों का उपयोग कर रहा है। पन्ने-पर-पन्ने पढ़ते जाइए : केवल उपमाओं और रूपकों की घटा, अन्योक्तियों का ठाठ, लक्षण और व्यंजना का चमत्कार—यहाँ तक कि एक ही चीज दो-दो, चार-चार, दस-दस बार तक दुहराई जा रही है, फिर भी स्वाभाविक और सहज प्रवाह कहीं भी आहत नहीं हुआ। जिसने *सूरसागर* नहीं पढ़ा उसे यह बात सुनकर कुछ अजीब-सी लगेगी, शायद वह विश्वास ही नहीं कर सके, पर बात सही है। काव्यगुणों की इस विशाल वनस्थली में एक अपना सहज सौंदर्य है। वह

उस रमणीय उद्यान के समान नहीं, जिसका सौंदर्य पद-पद पर माली के कृतित्व की याद दिलाया करता है; बल्कि उस अकृत्रिम वनभूमि की भाँति है, जिसका रचयिता रचना में ही घुल-मिल गया है।

अष्टछाप : महाप्रभु वल्लभाचार्य के पुत्र गोस्वामी विट्ठलनाथजी ने महाप्रभु के शिष्यों में से चार और अपने शिष्यों में से चार कवि भक्तों को चुनकर अष्टछाप की स्थापना की थी। महाप्रभु वल्लभाचार्य के शिष्यों में 1. सूरदास, 2. कृष्णदास 3. परमानंददास, और 4. कुम्भदास; तथा गोस्वामी विट्ठलनाथ के शिष्यों में 1. नंददास, 2. चतुर्भुजदास, 3. छीतस्वामी, और 4. गोविंदस्वामी अष्टछाप की मर्यादा पा सके थे। इनमें सभी सुकवि थे, पर सूरदास और नंददास सबमें श्रेष्ठ थे।

वल्लभाचार्य के जिन चार शिष्यों को अष्टछाप में गिने जाने की मर्यादा प्राप्त हुई थी, उनके वृत्तांत *चौरासी वैष्णवन की वार्त्ता* में और विट्ठलनाथ के शिष्यों के वृत्तांत *दो सौ बावन वैष्णवन की वार्त्ता* में संगृहीत हैं। इन पुस्तकों से वल्लभाचार्य और उनके पुत्र के शिष्यों के व्यक्तित्व का पता चलता है, जो बहुत ही आकर्षक है।

कृष्णदास : कृष्णदास अधिकारी शूद्र थे, किंतु अपनी योग्यता के बल पर श्रीनाथजी के मंदिर के अधिकारी नियुक्त हुए थे। वार्त्ता में इनकी कूटबुद्धि और दुर्दम शासन-कौशल का बड़ा अच्छा परिचय मिलता है। श्रीनाथजी के पुजारी बंगाली थे, कृष्णदास उनको निकालना चाहते थे, अतः प्रचार कर दिया कि ये चुटिया में देवी की मूर्त्ति रखते हैं और श्रीनाथजी के भोग लगाने के पहले देवी को भोग लगा देते हैं। फिर एक दिन जब बंगाली लोग पूजा में लगे हुए थे, तो उनकी झोंपड़ियों में आग लगा दी। बेचारे पूजा छोड़कर जब घर की ओर दौड़े तो वहाँ कृष्णदास के आदमियों ने "द्वै-द्वै चार-चार लाठी बंगालिन को दीनी"। बेचारे फर्याद करने आए तो कहा, "तुम पूजा छोड़कर भागे क्यों ?" और निकाल दिया। रूप और सनातन गोस्वामी ने ज़रा सहारा देना चाहा तो धमका आए—"तुम शूद्र होकर ब्राह्मणों से पैर पुजवाते हो, हम तुम्हें देख लेंगे।" बेचारे डरकर चुप हो रहे। शासन का आतंक इतना कि गोस्वामी विट्ठलनाथ भी आतंकित रहते थे और सूरदास को पारसौली जाना पड़ा था। स्वयं श्रीनाथजी भी सशंक रहते थे। कृष्णदास की मनचाही नर्त्तकी की दृष्टि जब उनके भोग की ओर पड़ जाती थी तो भूखे ही सो जाते थे। कई दिन जब ऐसे ही बीते और पेट कुलबुला उठा तो मंदिर के भितरिया को कसकर लात जमाई और बोले कि "मैं भूखा हूँ", तब जाके रहस्य खुला ! नवीन कुएँ का निर्माण कराते समय कृष्णदास उसका निरीक्षण करने गए तो उसी में गिरकर मर गए। वार्त्ताकार ने उल्लसित होकर किसी के मुख से यह टिप्पणी कराई है—'अधोगच्छंति तामसाः'। और फिर भी कृष्णदास संप्रदाय में बड़े सम्मान के साथ स्मरण किए गए हैं। जितने ही प्रचंड उतने ही सरल। गुरु और संप्रदाय की मानरक्षा के लिए वे अच्छा-बुरा सब करने को प्रस्तुत थे। उनकी भक्ति का बाह्यरूप अनेक प्रकार के अवांछित और विसदृश रूपों में प्रकट हुआ है, किंतु उसमें सच्चाई और निष्ठा है, इसमें संदेह नहीं।

कुंभनदास : कुंभनदास-जैसे मस्तमौला फक्कड़ उस काल में कम हुए होंगे। ये भी शूद्र थे और आठ पुत्रों के पिता थे। थोड़ी-सी जमीन थी, जीविका-निर्वाह बड़ा कठिन था, फिर भी किसी से दान नहीं लिया। महाराजा मानसिंह ने कुछ स्वीकार कर लेने का आग्रह

किया, पर उन्होंने स्वीकार नहीं किया। जब बहुत हठ करने लगे तो यही माँगा कि तुम हमारे आगे से चले जाओ। इस प्रकार के निर्लोभी, निरीह और स्पष्टवादी भक्त विरले ही होते हैं। अकबर ने फतेहपुर सीकरी बुलवाया, पैदल ही गए और श्रीनाथजी का दर्शन न कर सकने के कारण व्याकुल होकर तुरंत लौट आए। पछताके रह गए:

संतन को कहा सीकरी सों काम।
आवत जात पनहिया टूटी बिसरि गए हरिनाम।
जिनकौ मुख देखै दुख उपजत तिनको करन परी परनाम।
कुंभनदास लाल गिरिधर बिनु और सबे बेकाम।

परमानंददास: परमानंददास बहुत उच्चकोटि के कवि थे। एक बार इनकी एक रचना सुनकर महाप्रभु कई दिन तक बेसुध रहे। इनकी पुस्तक *परमानंदसागर*[4] प्रसिद्ध है। कहते हैं कि इसमें भी लक्षावधि पद थे परंतु खोज से जो प्रति प्राप्त हुई है, उसमें 835 ही पद हैं। इनके पदों में भाषा का लालित्य दर्शनीय है। इस प्रकार महाप्रभु वल्लभाचार्य के जिन शिष्यों को अष्टछाप की मर्यादा मिली थी, इनका उन सबमें विशिष्ट व्यक्तित्व दिखाई देता है।

नंददास: गोस्वामी विट्ठलनाथ के शिष्यों में सबसे प्रमुख नंददास हैं। इनकी कई पुस्तकें प्राप्त हुई हैं, जिनमें *रास पंचाध्यायी, सिद्धांत पंचाध्यायी, अनेकार्थ मंजरी, मानमंजरी, रूपमंजरी, रसमंजरी, विरहमंजरी, भ्रमरगीत, गोवर्द्धनलीला, श्यामसगाई, रुक्मिणीमंगल, सुदामाचरित, भाषा-दशमस्कंध* और *पदावली* मुख्य हैं। *दो सौ बावन वैष्णवन की वार्त्ता* में इनके संबंध में बताया गया है कि ये तुलसीदास के छोटे भाई थे। परंतु इनका सबसे पुराना उल्लेख नाभादास के *भक्तमाल* में है। उसमें इनके भाई का नाम चंद्रहास दिया हुआ है। इधर जिन पुस्तकों के प्रचारित होने से सोरों को तुलसीदास की जन्मभूमि होने का गौरव प्राप्त हो रहा है, उनके अनुसार ये तुलसीदास के चचेरे और चंद्रहास के सगे भाई थे। वार्त्ता से जान पड़ता है कि ये भी युवावस्था में उसी प्रकार की निकृष्ट वासना के शिकार हो चुके थे, जिसकी चर्चा सूरदास और तुलसीदास आदि भक्तों के प्रसंग में की जाती है। किंतु विट्ठलनाथजी के संपर्क में आने के बाद ये परम भगवदीय हो गए। अपनी कई पुस्तकों में इन्होंने लिखा है कि उन्होंने किसी परम रसिक मित्र की आज्ञा से उन ग्रंथों की रचना की है। यह परम-रसिक मित्र कौन थे, इसके विषय में विद्वानों की अनेक कल्पनाएँ हैं। *दो-सौ बावन वैष्णवन की वार्त्ता* में लिखा है कि किसी एक हिंदू राजा की पुत्री रूपमंजरी अकबर को ब्याही गई थी, पर वह उसका स्पर्श नहीं करती थी। उसको देखकर ही अकबर संतुष्ट रहा करता था। रूपमंजरी नित्य मुँह में गुट्टा रखकर नंददास के पास जाया करती थी। वह बहुत उच्चकोटि की भक्त थी। यहाँ तक बताया गया है कि गोवर्द्धननाथजी नित्य प्रत्यक्ष होकर रूपमंजरी के यहाँ स्वयं भोग लगाने जाया करते थे। कहते हैं, नंददास-कृत *रूपमंजरी* नामक पुस्तक में रूपमंजरी नाम की नायिका यही भक्त महिला हैं। इस पुस्तक का दूसरा महत्त्वपूर्ण पात्र इंदुमती, जो रूपमंजरी की प्रिय नर्म सखी है, स्वयं कृष्णदास हैं। इस प्रकार जिस परम रसिक मित्र के आग्रह पर उन्होंने *रसमंजरी, रास पंचाध्यायी* आदि ग्रंथ लिखे हैं, वह यही रूपमंजरी है। परन्तु यह अनुमान ही अनुमान है। इस बात को सिद्ध करने के लिए कोई बहुत प्रबल और पुष्ट प्रमाण हमारे पास नहीं है।

नंददास के काव्य : नंददास बहुत प्रतिभाशाली कवि थे। इनकी रचनाओं[5] में अनेक प्रकार के काव्यरूपों का परिचय मिलता है। *रास पंचाध्यायी* और *सिद्धांत पंचाध्यायी* तो मुख्य रूप से *भागवत* के *रास पंचाध्यायी* के सरस भाषांतर हैं। *सिद्धांत पंचाध्यायी* में उन्होंने भक्ति-सिद्धांत के कुछ नियमों का वर्णन किया है। इन दोनों की भाषा अत्यंत प्रौढ़ और ललित है। *अनेकार्थ ध्वनिमंजरी* और *नाममाला* वस्तुतः कोश ग्रंथ हैं। *रूपमंजरी* भक्तिप्रधान प्रेमकथानक है। *रसमंजरी* नायिका-भेद का ग्रंथ है। *विरहमंजरी* गोपियों की विरहलीला है और *भ्रमरगीत* का भी विषय वही है। *श्याम सगाई* बड़ी सरस रचना है। एक बार राधिकाजी श्रीकृष्णजी के घर खेलने आईं और वहीं दोनों की सगाई हुई। *रुक्मिणी-मंगल* तुलसीदासजी के *पार्वती-मंगल* और *जानकी-मंगल* की भाँति विवाह-काव्य है। कथा तो प्रसिद्ध ही है। *सुदामा-चरित* की कहानी भी काफी प्रसिद्ध है। यह बहुत छोटी-सी रचना है। *भाषा दशमस्कंध* का विषय नाम से ही स्पष्ट है। यह दोहा-चौपाइयों में लिखी रचना है। किंतु कितनी चौपाइयों पर दोहा आएगा, इसका कोई नियम नहीं है। कभी-कभी तो अस्सी-पचासी अर्द्धालियों के बाद एक दोहा आता है। वस्तुतः यह पुस्तक चौपाईबद्ध रचना है। दोहा तो क्वचित्-कदाचित् ही आते हैं। नंददास की प्रतिभा *पदावली* के पदों में खूब विकसित हुई है। इस प्रकार नंददास ने अनेक प्रकार के काव्य-रूपों का व्यवहार किया है।

नंददास का कवित्व : निस्संदेह नंददास बहुत उच्चकोटि के भावुक भक्त थे। परंतु सूरदास की भाँति सहज कवित्व से ही संतुष्ट नहीं होते थे। उन्होंने भक्ति-सिद्धांतों का अध्ययन और मनन किया था। उनकी रचनाओं में विद्याध्ययनजन्य ग्रंथिलता वर्त्तमान है। उनकी भाषा प्रौढ़ और मार्जित है, विचार-पद्धति शास्त्रीय और पुष्टिमार्गसम्मत है। सूरदास की गोपियों में जिस प्रकार का अशिक्षितपटुत्व और सारल्यगर्भ माधुर्य पाया जाता है, वैसा नददास की गोपियों में नहीं पाया जाता! *भ्रमरगीत* में उद्धव के तर्कों को सुनकर वे शिथिलवाक् होकर परास्त नहीं हो जातीं, बल्कि आगे बढ़कर उत्तर देती हैं और तर्क को तर्क से काटने का प्रयत्न करती हैं। निर्गुणभाव का प्रत्याख्यान सूरदास ने भी कराया है और नंददास ने भी, पर सूरदास का एकमात्र अस्त्र प्रेमातिरेक है, जबकि नंददास का अस्त्र है युक्ति और तर्क; फिर भी नंददास की रचनाओं में अपना मोहक सौंदर्य है। शब्दानुप्रासों के झंकार से वे ऐसे वातावरण की सृष्टि करते हैं कि पाठक अभिभूत हो जाता है। शब्दों की ध्वनि और अर्थ की गंभीरता एक दूसरे से स्पर्धा करती हुई आगे बढ़ती है। अष्टछाप के किसी भी दूसरे कवि में शब्द-गठन की और ध्वनि-निर्माण की ऐसी क्षमता नहीं है।

चतुर्भुजदास : अष्टछाप के कवियों में गोस्वामी विट्ठलनाथ के शिष्य नंददास तो बहुत प्रसिद्ध ही हैं, उनकी चर्चा भी हमने विस्तारपूर्वक कर ली है, बाकी तीन कवियों की चर्चा कर लेना आवश्यक है। इनमें चतुर्भुजदास तो प्रसिद्ध फक्कड़ कुंभनदास के पुत्र थे। इनकी तीन पुस्तकें--*द्वादश यश, हितजू को मंगल* (?) और *भक्तिप्रकाश* – तथा कुछ फुटकल पद भी प्राप्त हुए हैं। भाषा और कविता साधारण कोटि की है।

छीतस्वामी : छीतस्वामी मथुरा के संपन्न पंडा थे। महाराज बीरबल इनके यजमान थे। शुरू में यथेष्ट अक्खड़ और उद्दंड थे, पर गोसाईंजी की सेवा में आने के बाद विनम्र और मृदुल स्वभाव के भक्त हो गए। इनकी कोई पुस्तक नहीं मिली है, फुटकल कुछ पद ही

प्राप्त हुए हैं।

गोविंदस्वामी : गोविंदस्वामी भी गोस्वामी विट्ठलनाथजी के शिष्य थे। इनका जन्म सनाढ्य ब्राह्मण वंश में हुआ था। ये विरक्त होकर वृंदावन में रहने लगे थे। इनके मनोहर गान की ख्याति ऐसी थी कि स्वयं तानसेन इनके गाने सुनने उपस्थित हुए थे। गोस्वामी विट्ठलनाथजी के संपर्क में आने के बाद ये भगवान् की सगुण लीलाओं के पद रचने लगे। इनकी भी कोई बड़ी रचना प्राप्त नहीं हुई है, केवल फुटकल पद ही प्राप्त होते हैं।

अष्टछाप के कवियों की विशेषता : अष्टछाप के सभी कवियों में लीलागान और भगवान का रूप-माधुर्य वर्णन करने की प्रवृत्ति है। प्रायः ही ये लोग इस संकीर्ण सीमा के बाहर नहीं गए, केवल नंददास ने कुछ अन्य विषयों को भी अपनी कविता का विषय बनाया था। इनकी रचनाओं में जिस प्रकार की प्रौढ़ और परिमार्जित भाषा का व्यवहार है, उसकी एक निश्चित परंपरा होनी चाहिए, वह एक दिन की गढ़ी हुई भाषा नहीं है। उसके पीछे निश्चित रूप से कुछ शताब्दियों का इतिहास होना चाहिए। निस्संदेह यह तत्काल प्रचलित लौकिक रीति-परंपरा का ही रूपांतर है। इन भक्तिभाव की रचनाओं के प्रचार के बाद लौकिक रस की परंपरा फीकी पड़कर निर्जीव हो गई। इन कवियों ने उसमें नया प्राण संचारित किया और नया तेज भर दिया। परवर्त्ती काल की ब्रजभाषा को लीलानिकेत भगवान् श्रीकृष्ण के गुणगान के साथ एकांत भाव से बाँध देने का श्रेय इन्हीं कवियों को प्राप्त है।

मीराबाई : हिंदी की प्रसिद्ध भक्त कवि हैं। कर्नल टॉड के अनुसार ये महाराणा कुम्भा की स्त्री थीं, किंतु मुंशी देवीप्रसाद और महामहोपाध्याय गौरीशंकर हीराचंद ओझा जैसे इतिहास-लेखकों को यह बात इतिहास-विरुद्ध जान पड़ी। परंपरा के अनुसार मीराबाई राव जोधाजी के वंश में उत्पन्न हुई थीं। इनके पदों में प्रायः ही उनके लिए मेड़ताणी शब्द का प्रयोग है, जिससे सूचित होता है कि वे मेड़ता की रहनेवाली थीं। मेड़ता को सन् 1461 ई. में राव दूदाजी ने बसाया था, इसलिए मेड़ताणी शब्द का प्रयोग इस काल के बाद ही हो सकता है। ऐसी हालत में मीराबाई का संबंध महाराणा कुम्भा से, जिनकी मृत्यु सन् 1468 ई. में हो चुकी थी, नहीं जोड़ा जा सकता। इसलिए इन इतिहास-लेखकों ने उदयपुर के किसी और राणा के साथ इनका संबंध जोड़ने का प्रयास किया है। नाभादासजी के *भक्तमाल* और उस पर प्रियादास की टीका में इस बात का बहुत उल्लेख है कि किस प्रकार राणा ने मीराबाई को साधुसंग से विरत करना चाहा था और ज़हर देकर मार डालना चाहा था। सबसे पहले विलियम क्रुक ने संकेत किया था कि मीराबाई वस्तुतः राणा कुम्भा की स्त्री नहीं थीं बल्कि राणा साँगा के पुत्र भोजराज को ब्याही गई थीं। परंपरा से यह प्रचलित है कि मीराबाई विधवा हो गई थीं और इनके देवर राणा ने अपनी कुल-मर्यादा की रक्षा के लिए नाना भाँति से इन्हें साधुसंग से विरत किया, परंतु इधर पद्मावती देवी 'शबनम' ने मीरा के अनेक पदों[6] से यह सिद्ध किया है कि वे वस्तुतः सुहागिन थीं और उनके ऊपर जो अत्याचार हो रहे थे, वे संभवतः उनके पति की ओर से ही हो रहे थे। अपर्याप्त सामग्री के कारण मीराबाई के जन्म आदि के बारे में कुछ भी कहना कठिन है। साधारणतः यह विश्वास किया जाता है कि मीराबाई सन् ईस्वी की सोलहवीं शताब्दी के पूर्वार्द्ध में अवश्य ही जीवित थीं। किंवदंतियाँ उनका जीवगोस्वामी, रैदास, तुलसीदास और कृष्णदास

अधिकारी आदि से साक्षात्कार या पत्रव्यवहार होने का समर्थन करती हैं। उनके पदों में रैदास को गुरु के रूप में स्मरण किया गया है। यह कहना बहुत कठिन है कि ये पद कहाँ तक प्रामाणिक हैं। उनके विषय में यह प्रसिद्ध है कि उन्होंने जीवगोस्वामी से दीक्षा ली थी। इस प्रकार उनका संबंध एक तरफ को सगुणमार्गी भक्तों से सिद्ध होता है और दूसरी तरफ निर्गुणमार्गी भक्तों से भी उनका संबंध जोड़ा जाता है। फिर उनके भजनों में किसी ऐसे गुरु की भी चर्चा आती है जो नाथपंथी साधु जान पड़ते हैं। इन सब बातों का एक ही निष्कर्ष निकल सकता है कि मीराबाई अत्यंत उदार मनोभावापन्न भक्त थीं। उन्हें किसी पंथ-विशेष पर आग्रह नहीं था। जहाँ कहीं भी उन्हें भक्ति या चारित्र्य मिला है, वहीं उन्होंने उसे सिरमाथे चढ़ाया है। कहते हैं कि उन्होंने तुलसीदास को भी एक पत्र लिखा था, जिसमें उन्होंने हरिभक्तों की सत्संगति से वंचित रह जाने के क्लेश का ब्यौरा दिया था और पूछा था कि ऐसी अवस्था में क्या कर्त्तव्य हो सकता है। तुलसीदास ने उत्तर में विनयपत्रिका का यह पद लिखकर भेजा था :

> जाके प्रिय न राम वैदेही,
> सो नर तजिय कोटि बैरी सम जद्यपि परम सनेही। इत्यादि।

परंतु ऐतिहासिक पंडितों का अनुमान है कि मीराबाई की मृत्यु 1546 ई. में हो चुकी थी। इसलिए तुलसीदास को पत्र लिखने की बात किंवदंती मात्र है।

मीराबाई का कवित्व : मीराबाई के पदों में अपूर्व भाव-विह्वलता और आत्म-समर्पण का भाव है। इनके माधुर्य ने हिंदी-भाषी क्षेत्र के बाहर के भी सहृदयों को आकृष्ट और प्रभावित किया है। माधुर्यभाव के अन्यान्य भक्त कवियों की भाँति मीरा का प्रेमनिवेदन और विरह-व्याकुलता अभिमानाश्रित और अध्यंतरित नहीं है, बल्कि सहज और साक्षात् संबोधित है। इसीलिए इन पदों में जिस श्रेणी की अनुभूति प्राप्त होती है वह अन्यत्र दुर्लभ है। वह सहृदय को स्पंदित और चालित करती है और अपने रंग में रँग डालती है।

उनके कुछ पदों में निर्गुणभाव की भक्ति भी मिलती है। परंतु गिरिधर नागर को उद्देश्य करके लिखे गए भजनों में मीराबाई जिस प्रकार सहज और स्व-स्थित दीखती हैं, उस प्रकार इन भजनों में नहीं दीखतीं। वस्तुत: अध्यंतरित, अनभिमानसिद्ध, सहज-आत्म-समर्पण का वेग जितना सगुणमार्ग के भजनों में है उतना निर्गुणमार्ग के भजनों में नहीं है। भगवद्विरह की पीड़ा को कम कवियों ने इतना मादक और प्रभावोत्पादक बनाकर प्रकट किया होगा।

गोस्वामी हितहरिवंश : राधावल्लभी संप्रदाय के आचार्य गोस्वामी हितहरिवंश का जन्म गौड़ ब्राह्मण वंश में हुआ था। इस संप्रदाय के भक्त पं. गोपालप्रसाद शर्मा ने इनका जन्म सं. 1530 (1473 ई.) में माना है, परंतु ओरछा-नरेश महाराज मधुकर शाह के राजगुरु श्री हरिरामजी व्यास ने सं. 1622 (अर्थात् 1565 ई.) के आस-पास इनसे दीक्षा ली थी। इस बात को ध्यान में रखकर आचार्य रामचंद्र शुक्ल ने इनका जन्म उसके पश्चात् होना उचित समझा है। शुक्लजी के अनुसार यह समय सं. 1559 (1502 ई.) होना चाहिए। उन्होंने यह भी लिखा है कि "हितहरिवंशजी पहले माध्वानुयायी गोपाल भट्ट के शिष्य थे, पीछे राधिकाजी ने इन्हें स्वप्न में मंत्र दिया और इन्होंने अपना एक अलग संप्रदाय

चलाया अतएव हित संप्रदाय को माध्व संप्रदाय के भीतर मान सकते हैं।" ऐसा जान पड़ता है कि हितजी के संबंधी में प्रामाणिक सामग्री के अभाव के कारण अनेक प्रकार की अनुमानाश्रित धारणाएँ प्रचलित हो गईं। मैंने स्वयं *हिंदी साहित्य की भूमिका* में लिखा था कि सनकादि संप्रदाय का "एक नाममात्र का शाखा-संप्रदाय राधावल्लभीय है, जिसे हिंदी के प्रसिद्ध कवि हितहरिवंश ने प्रवर्त्तित किया था। इस संप्रदाय में राधा के मार्फत ही भक्त अपने को भगवान् के पास निवेदित करता है। एक उप-संप्रदाय सखीभाववालों का है जो इसी संप्रदाय का अंग समझा जाता है।" मेरा यह वक्तव्य हिंदू संप्रदायों पर लिखी हुई एक अंग्रेजी पुस्तक पर आधारित था। मेरे इस वक्तव्य से उक्त संप्रदाय के भक्तों को कुछ क्लेश पहुँचा था और संप्रदाय के विद्वान् भक्त श्री किशोरीशरण अलिजी ने वृंदावन से लिखे हुए 2 जून 1950, और 17 सितंबर 1950 ई. के दो पत्रों में मेरा ध्यान इस ओर आकृष्ट किया और कृपापूर्वक संप्रदाय के मान्य सिद्धांतों के विषय में विस्तृत और प्रामाणिक रूप से लिखा। पत्र में प्रधान रूप से *राधा-सुधानिधि* को प्रमाण माना गया है। परंतु मैंने *हिंदी साहित्य की भूमिका* में ही लिखा था कि इस पुस्तक के संबंध में वृंदावन के राधावल्लभीय और गौड़ीय वैष्णवों में मतभेद है। गौड़ीय वैष्णवों का विश्वास है कि यह पुस्तक उनके ही संप्रदाय के किसी भक्त की लिखी हुई है। परंपरा से यह हितजी की रचना मानी जाती रही है। जब तक बहुत पुष्ट प्रमाण न प्राप्त हो जाएँ तब तक परंपरा को यों ही अस्वीकार नहीं किया जा सकता। इसलिए श्री किशोरीशरण अलिजी की बात में संदेह करने का कोई कारण नहीं दीखता।

नाभादासजी ने इनके विषय में लिखा है :

श्री हरिवंश गुसाईं भजन की रीति सकत कोउ जानिहै।
श्री राधाचरण प्रधान हृदय अति सुदृढ़ उपासी।
कुंज केलि दम्पति तहाँ की करत खवासी।
सरबस महाप्रसाद प्रसिद्ध ताके अधिकारी।
बिधि निषेध नहिं दास अनन्य उत्कट व्रतधारी।
श्री व्यास सुवन पथ अनुसरै सोई भलै पहिचानिहै।

गो. हितहरिवंश का भक्तिमत : श्री नाभाजी के उक्त छप्पय से स्पष्ट है कि गोसाईं हितहरिवंश की उपासना-पद्धति अन्यान्य संप्रदायों की भक्ति-पद्धति से भिन्न थी। इसे कोई विरला ही जान सकता है। इस मत की प्रधान उल्लेख योग्य बातें ये हैं–1. श्री राधाचरण की प्रधानता, 2. कुंजकेलि दंपत्ति की खवासी अर्थात् किंकरी और सखी-भाव, 3. महाप्रसाद की निष्ठा, 4. विधि-निषेध का सर्वथा त्याग, 5. अनन्य दास-भाव।

गौड़ीय संप्रदाय के महात्मा श्री भागवत मुदितजी ने अपने *रसिक अनन्य माल* नामक ग्रंथ में बताया है :

जे आए हरिवंश पथ, सिद्ध भए जु अनन्य।
भगवत तिनकी परिचयी वरणौं होंहि सुधन्य।

और–

श्री हरिवंश सुधर्म दृढ़ जगत क्रिया ते ऐण।
श्री राधावल्लभ इष्ट भजि, तोरी प्राकृत मैण।

इससे भी सिद्ध होता है कि श्री हितहरिवंश का संप्रदाय स्वतंत्र है। उनके इष्ट राधावल्लभ हैं और वे प्राकृत विधि-निषेध की व्याख्या को नहीं मानते।

1. श्री किशोरीशरण अलिजी ने बताया है कि इस संप्रदाय में श्रीराधा ही परम इष्ट हैं, और भगवान् श्रीकृष्ण स्वेष्ट संबंधी (प्रियतम) होने के कारण ही प्रिय और सम्मान्य हैं। वे इष्ट नहीं हैं।

2. वे (कृष्णजी) श्रीराधाजी की किंकरियों से श्रीराधा-प्रसाद की प्राप्ति के लिए सदा चाटुकारिता करते रहते हैं और विनयावनत बने रहते हैं।

3. यह किंकरी और सखी स्वरूप ही इस संप्रदाय का अपना निज और नित्य रूप है (परकीया गोपी रूप नहीं, जिनका कि श्रीकृष्ण से स्वतंत्र कांत संबंध रहता है और श्रीराधाजी से सपत्नी भाव)। निगमागम से अगोचर सच्चिदानंद घन विग्रह श्रीराधाकृष्ण नित्य किशोर युगल रूप से श्रीवृंदावन में ऐसी प्रेमक्रीड़ा किया करते हैं जो स्वकीया और परकीया भाव से असंप्रज्ञात है और यथासमय स्वेच्छा से ये युगल ब्रजेंद्रनंदन और श्रीवृषभानुनंदिनी नाम से ब्रज में प्रकट होकर अपनी रसरहस्यलीला से निज रसिकजनों को आनंदप्लावित किया करते हैं। तब श्रीकृष्ण विषय और श्रीराधिका-सह-समस्त गोपियाँ आश्रय होती हैं। इसी श्रुतिगोचर ब्रजलीला की उपासना तथा गान अन्य समस्त रसिकों ने किया है।

रचनाएँ : श्री गोसाईं हितहरिवंशजी की संस्कृत रचना अत्यंत सरस और प्रौढ़ है और उनकी ब्रजभाषा की रचनाएँ भी उसी प्रकार की उच्चकोटि की हैं।[7] श्रीराधादेवी के संबंध में ऐसी मोहक और आकर्षक कविता वही लिख सकता है जिसने सर्वात्मना अपने को उनके प्रीतिप्रसाद के लिए ही समर्पित कर दिया हो। उनका *हितचौरासी* नामक ग्रंथ ही छपा है, परंतु खोज-रिपोर्ट में उनकी कुछ और रचनाओं का भी पता चला है। अनन्य भक्ति और मधुर पद-बंध, दोनों ही दृष्टियों से हितहरिवंशजी ब्रजभाषा के चोटी के दो-तीन कवियों में गिने जाने योग्य हैं।

इस काल के कुछ अन्य कवि : यह काल भक्त कवियों का है। ऐसे अनेक कवि भी इस काल में हुए जो लौकिक रस की कविता के लिए प्रसिद्ध हैं। कभी-कभी ऐसे कवियों में भी भक्ति की धारा प्रबल रूप में प्राप्त होती है। ऐसे अनेक भक्त कवि इस काल में हुए जिन्होंने तत्कालीन धर्म-साधना को प्रेरणा दी है :, (1) *हरिचरित्र* और *भागवतदशमस्कंध भाषा* के लेखक लालचदास (1528 ई.), जिनकी भाषा अवधी है और दोहा-चौपाई की शैली अधिक मान्य है; (2) सूरदास मदनमोहन (अकबर के समकालीन), जिनकी बहुत-सी कविताएँ सूरदास की कविताओं में घुल गई हैं और जिनके विषय में प्रसिद्ध है कि वे अकबर के अमीन थे और उनके खजाने का तेरह लाख रुपया साधु-सेवा में बिना अनुमति के व्यय कर दिया था; (3) *सुदामाचरित* के लोकप्रिय लेखक नरोत्तमदास (1545 ई.); (4) चैतन्य महाप्रभु के दीक्षाप्राप्त शिष्य और उन्हें भगवान् की कथा सुनानेवाले दक्षिणी ब्राह्मण गदाधर भट्ट, जो संस्कृत के दिग्गज पंडित होकर भी ब्रजभाषा में बड़ी मधुर कविता लिखा करते थे और जिनके विषय में प्रसिद्ध है कि उनका एक ऐसा ही पद सुनकर जीवगोस्वामीपाद ने एक श्लोक लिखा था[8] जिसमें बताया था कि राधाजी के चरण-युगलों की सेवा किए बिना और वृंदावन में वास किए बिना तथा उनके भाव से भावित भक्तों का सत्संग किए बिना

श्याम-समुद्र के रस का अवगाहन कैसे हो सकता है, और इसी श्लोक (समुद्र) को सुनकर महाप्रभु के आश्रित हुए थे; (5) निंबार्कमतांतर्गत टट्टी संप्रदाय के आचार्य संगीतकला विशारद स्वामी हरिदास (अकबर के समकालीन), जिनके विषय में प्रसिद्ध है कि वेश बदलकर देशपति अकबर और तानसेन उनके गान सुना करते थे और जिनकी कोई एक निश्चित पुस्तक तो नहीं परंतु हरिदासजी के ग्रंथ , *स्वामी हरिदासजी के पद, हरिदासजी की बानी* आदि संग्रह ग्रंथ मिलते हैं और नाभाजी के अनुसार जिनके दरवाजे पर दर्शनार्थ बड़े-बड़े राजा भी खड़े रहा करते थे; (6) *युगलशतक* के तन्मयी भाव की कविता के लेखक श्रीभट्ट (सन् 1565 ई.), जिनको नाभाजी ने 'मधुर भाव सम्मिलित ललित लीला सुवलित छवि' का निरखनहार बताया है; (7) बुंदेलखंड के लोकप्रिय कवि व्यासजी (सोलहवीं शताब्दी), जो वृंदावन आकर राधावल्लभी संप्रदाय में दीक्षित हुए थे और पहले ओरछा-नरेश मधुकरशाह के राजगुरु और वैष्णव संप्रदाय में दीक्षित थे और बाद में हितहरिवंशजी के शिष्य हो गए थे, जो सदा शास्त्रार्थ के लिए पंडितों से ताल ठोंका करते थे, परंतु हितजी के एक पद से[1] हमेशा के लिए हतदर्प होकर भगवद्भक्त हो गए थे और जिनकी राधाभाव की कविताएँ जितनी मधुर हैं, उतनी ही प्रभावशालिनी, और जिनके *रास पंचाध्यायी* को गलती से लोगों ने *सूरसागर* में मिला दिया है; (8) स्वप्न में हितहरिवंशजी के शिष्य बने ध्रुवदासजी, जिन्होंने पद, दोहा, चौपाई, सवैया, कवित्त आदि में छोटे-बड़े चालीस ग्रंथ लिखे हैं और नाभाजी के *भक्तमाल* के अनुकरण पर *भक्त-नामावली* नाम की महत्त्वपूर्ण रचना लिखी है; (9) ज्ञान-भक्ति-वैराग्य के मधुर कवि निपट निरंजन (जन्म 1539 ई.); (10) *भ्रमरगीत* के विषय पर *प्रेमतरंगिणी* काव्य के लेखक लक्ष्मीनारायण नारायण; (11) *बलभद्री व्याकरण, हनुमन्नाटक, गोवर्द्धन सतसई की टीका, भूषण विचार* और *नख-सिख* के लेखक महाकवि केशवदास के बड़े भाई बलभ मिश्र; (12) राधाकृष्ण के एकत्वख्यापक *केलिकल्लोल* के लेखक प्रेमकवि मोहन (जन्म 1617 ई.); (13) *अलकशतक* और *तिलशतक* के यशस्वी लेखक मुबारक, जिनकी चोट करनेवाली उत्प्रेक्षाएँ और चित्र खड़ा कर देनेवाली उपमाएँ बेजोड़ मानी जाती हैं; (14) अनेक जैन ग्रंथों के रचयिता और प्रथम हिंदी आत्मकथा के लेखक जौनपुर के बनारसीदास (जन्म 1586 ई.); *वल्लभाख्यात* की ब्रजभाषा टीका के लेखक वल्लभमतानुयायी ब्रजभार दीक्षित; (16-21) सुंदरदास, चतुरदास, भुवाल, धर्मदास, शुकदेव मिश्र, रसिकदास आदि कृष्णभक्त कवि हुए हैं।

अकबरी दरबार के कवि : अकबर के दरबार में अनेक उच्चकोटि के हिंदी कवि हुए हैं। इन सबमें श्रेष्ठ खानखाना अब्दुर्रहीम हैं, जो अमीर खुसरो की भाँति तुर्की, फारसी, अरबी और संस्कृत भाषाओं के जानकार थे और जिनकी सांस्कृतिक पृष्ठभूमि अत्यंत महान् और उदार थी। इनका जन्म सन् 1567 ई. में हुआ था और मुगल दरबार के कई राजाओं का आश्रय प्राप्त करने का सौभाग्य इन्हें मिल चुका था। जीवन के इतने उतार-चढ़ाव देखनेवाले कवि बहुत विरले होते हैं। इनके दोहों में वैभव के दोष और गुण बहुत स्पष्ट झलकते हैं।[10] भर्तृहरि के श्लोकों की भाँति उनमें जीवन की अनुभूत सच्चाई है, और संपत्ति-मद से विह्वल लोगों के हृदय का यथार्थ चित्रण है। नीति और अन्योक्तियों की दृष्टि से रहीम के दोहे बेजोड़ हैं। इन दोहों की मर्मस्पर्शिता का सबसे बड़ा प्रमाण यह है कि

साधारण जनता ने इनके आधार पर बहुत-सी कहानियाँ बना ली हैं। दोहों के भावों के अनुसार रहीम के जीवन की परिस्थितियों की कल्पना की गई है और इस प्रकार साधारण जनता ने इस विश्वास पर मुहर लगा दी है कि ये दोहे जीवन से सीधे निकले हैं। यह कह सकना तो कठिन है कि इन गढ़ी हुई कहानियों में कितना तथ्य है, परंतु वे जनचित्त की परिशंसा का संकेत अवश्य करती हैं।

रहीम का कवित्व : रहीम की रचनाएँ जीवनरस से परिपूर्ण हैं। मानसिक औदार्य, सांस्कृतिक विशालता और धार्मिक सहिष्णुता के विषय में रहीम की तुलना गिने-चुने लोगों में की जा सकती है। इतने विस्तृत सांस्कृतिक आधारफलक पर जीवन को देखनेवाले कवि के *खेटकौतुकम्* जैसे अरबी-फारसी-संस्कृत-हिंदी के मिश्रण का कौतुक और *मदनाष्टक* की मौज आश्चर्य और कुतूहल का विषय बन जाती है। निस्संदेह इस कवि का हृदय मानवीय रस से परिपूर्ण और अनासक्त तथा अनाविल सौंदर्य दृष्टि से समृद्ध था। जीवन के अनेक घात-प्रतिघात के भीतर से भी, राजकीय षड्यंत्रों के चपेट में बार-बार आते रहने के बाद भी, और हर प्रकार के उतार-चढ़ाव में उठते-गिरते रहने के बाद भी, जिस कवि के हृदय का मानवीय रस निःशेष नहीं हुआ उसके हृदय की अद्‌भुत सरसता का अनुमान सहज ही किया सकता है। इनका *बरवै नायिका भेद* इतनी सरस रचना है कि, कहते हैं कि गोसाईं तुलसीदासजी उससे प्रभावित हुए थे और बरवै छंद में *रामायण* की कथा लिखने को उत्साहित हुए थे। इन्होंने *रास पंचाध्यायी* पर भी एक पुस्तक लिखी थी जो अभी तक प्राप्त नहीं हुई है। इनके ग्रंथों में *रहीम दोहावली, बरवै नायिकाभेद, मदनाष्टक* और *शृंगार सोरठा* तथा *रासपंचाध्यायी* नाम की पुस्तकें प्रसिद्ध हैं। गोस्वामीजी की मृत्यु के दो वर्ष बाद सन् 1625 ई. में इनकी मृत्यु बताई जाती है।

गंग : अकबर के दरबार में एक और बड़े श्रेष्ठ कवि थे गंग (कविताकाल 1600 ई.), जिनकी कोई स्वतंत्र रचना तो प्राप्त नहीं हुई है परंतु फुटकल पद, कवित्त आदि अनेक प्राप्त हुए हैं। फिर महापात्र नरहरि बंदीजन (1515-1610 ई.), जिनके *रुक्मिणी-मंगल, छप्पयनीति* और *कवित्तसंग्रह* प्राप्त हैं; महाराज बीरबल, जो सम्राट अकबर के अत्यन्त अंतरंग और सहृदय मित्र और मंत्री बताए जाते हैं; महाराज टोडरमल, जो अकबर के भू-कर विभाग के मंत्री थे; तथा अकबर के दरबारी कछवाहा सरदार मनोहर कवि आदि कई कवि अकबर के दरबार में हिंदी कविता के उन्नायक थे। स्वयं सम्राट अकबर भी हिंदी में कविता लिखा करते थे। एक मौजी कवि होलराय थे, जो अपने आश्रयदाता श्रीहरिवंशराय का यशगान किया करते थे। ये अकबर के दरबार में प्रायः जाया करते थे। एक बार तुलसीदासजी के लोटे पर प्रसन्न होकर, कहते हैं, कह उठे थे; "लोटा तुलसीदास को लाख टका का मोल।" इस पर तुलसीदास ने प्रसन्न होकर कहा, "मोल तोल कछु है नहीं लेहु राय कवि होल!"

ऊपर प्रसंगवश जिन कवियों की चर्चा कर दी गई है उनमें श्रीकृष्णभक्ति का कुछ-न-कुछ प्रभाव अवश्य मिलता है। वस्तुतः श्रीकृष्णभक्ति इस काल का प्रमुख काव्य-विषय है। सत्रहवीं शताब्दी तक के साहित्य में इसकी प्रधानता बनी रही। यद्यपि कृष्णकाव्य आगे चलकर साहित्य की प्रमुख धारा नहीं रह गया, पर उसका प्रभाव बीसवीं शताब्दी तक के साहित्य पर भी रहा है।

श्रीकृष्णभक्ति-विषयक काव्य में एक ऐसा माधुर्य है जो धर्म और विश्वास के बंधनों से बहुत ऊपर है। इस काल में मुगल सम्राटों का शासन था। कितने ही भक्तों के विषय में प्रसिद्ध है कि उन्हें सम्राट अकबर ने बुलाकर सम्मानित किया। सूरदास, कुंभनदास, स्वामी हरिदास आदि के मधुरभाव से भावित भजनों ने सम्राट का हृदय हरण किया था। बादशाह के अपने कर्मचारियों में संडीले के अमीन सूरदास मदनमोहन के विषय में प्रसिद्ध है कि उन्होंने सारा कोश साधुओं की खातिरदारी में खर्च कर दिया और फिर रातोंरात संडीला छोड़कर भाग गए। बादशाह ने जब सुना तो उसने उनका अपराध क्षमा कर दिया। यह सूरदास बहुत अच्छे भक्त कवि हुए हैं। इनके पदों में ऐसा सुंदर माधुर्य भाव पाया जाता है कि भक्तवर नाभादास ने इन्हें 'गान काव्य गुनरासी सुहृद सहचरि अवतारी' और 'राधाकृष्ण उपासी, रहस सुख के अधिकारी' कहा है। जिन भजनों में मधुर भाव बोलता दिखता हो उनके लेखक को 'रहस सुख के अधिकारी' कहना ही उचित है। वृंदावन उन दिनों ऐसी ही मधुर भक्ति का केंद्र था। शायद ही संसार के किसी अन्य साहित्य में मनुष्य की भीतरी अनुराग-लालसा को इतनी महिमा से मंडित करके प्रकट किया गया हो। वृंदावन का भक्ति-साहित्य सब प्रकार से अपूर्व है।

रसखानि : जैसाकि ऊपर बताया गया है, श्रीकृष्णभक्ति के साहित्य में जिस मधुर भाव पर बहुत अधिक बल दिया गया है, उसमें विश्वजनीन तत्त्व है। धर्म-संप्रदाय और विश्वासों के बाहरी बंधन उस विश्वजनीन माधुर्य तत्त्व के आकर्षण को रोक नहीं सके हैं। उन दिनों अनेक मुस्लिम सहृदय इस मधुर भाव की भक्ति-साधना से आकृष्ट हुए थे। इन सबमें प्रमुख हैं 'बादसा वंश की ठसक' छोड़नेवाले सुजान रसखानि। इस नाम के दो मुसलमान भक्त कवि बताए जाते हैं। एक तो सैयद इब्राहीम पिहानीवाले और दूसरे गोसाईं विट्ठलनाथजी के कृपापात्र शिष्य सुजान रसखान। दूसरे अधिक प्रसिद्ध हैं। संभवतः ये पठान थे, इसीलिए अपने को 'बादसा वंश का' लिखा है। *दो सौ बावन वैष्णवन की वार्त्ता* में इनके आरंभिक यौवन-काल की कुत्सित प्रेम-भावना का उल्लेख है। कहते हैं, चार महात्माओं के सत्संग से इनकी गलत ढंग की प्रेम-वासना भगवद्भक्ति में बदल गई। इनकी दो रचनाएँ प्राप्त हैं—*सुजान रसखान* और *प्रेमवाटिका*। *सुजान रसखान* में 129 पद्य हैं, जिनमें अधिकांश सवैया और कवित्त हैं, कुछ थोड़े-से दोहे भी हैं। किंतु *प्रेमवाटिका* केवल दोहों में लिखी गई है। दोहों की संख्या 52 है। सहज आत्म-समर्पण, अखंड विश्वास और अनन्य निष्ठा की दृष्टि से रसखानि की रचनाओं की तुलना बहुत थोड़े भक्त कवियों से की जा सकती है। इन्होंने अपनी *प्रेमवाटिका* 1614 ई. में लिखी थी। अनुमान किया गया है कि सोलहवीं शताब्दी के मध्यभाग में उनका जन्म हुआ होगा।[11]

ध्रुवदास : सत्रहवीं शताब्दी में भक्त कवियों की परंपरा बराबर चलती रही, परंतु आरंभिक भक्ति-आंदोलन-काल में जैसे मनस्वी और शक्तिशाली साहित्यकार पैदा हुए, वैसे इस काल में नहीं हो सके। फिर भी ब्रजभाषा को भक्त कवियों ने निरंतर मधुर और सरस बनाया। भक्तिभाव इन दिनों में भी हिंदी साहित्य की प्रधान चालक शक्ति बना रहा। सोलहवीं शताब्दी के अंत में ध्रुवदास का जन्म हुआ, जो गोस्वामी हितहरिवंश की परंपरा में पड़ते हैं। इनका काव्य-रचनाकाल सत्रहवीं शताब्दी ही है। इनकी लगभग 40 पुस्तकें प्राप्त हुई हैं,[12] जिनमें कुछ के बारे में विद्वानों को संदेह है कि वे ध्रुवदास की रचना हैं

या नहीं। इनकी *भक्त नामावली* नामक पुस्तक हिंदी साहित्य के विद्यार्थियों के बड़े काम की है। यह दो बार प्रकाशित भी हो चुकी है। एक बार काशी नागरी प्रचारिणी सभा से 1919 ई. में, फिर इंडियन प्रेस, इलाहाबाद से 1929 ई. में। कई रचनाएँ दोहा-चौपाई में लिखी गई हैं। *नेहमंजरी, रहस्यमंजरी, रतिमंजरी, प्रेमलता* आदि पुस्तकें दोहा-चौपाईवाली शैली में लिखी गई हैं। ऐसा जान पड़ता है कि नंददास की *रूपमंजरी* इन कथाओं का आदर्श है। परंतु प्रेम-कथानकों की भाँति इनकी कहानी में लौकिक कथा का आश्रय नहीं लिया गया। ये सभी शास्त्र-प्रसिद्ध राधा और कृष्ण की प्रेम-लीलाओं से बनी हैं

आनंदघन : इनके कुछ समय बाद प्रसिद्ध भक्तकवि आनंदघन या घनआनन्द हुए, जिनके विषय में प्रसिद्ध है कि दिल्ली के बादशाह मुहम्मदशाह के मीर मुंशी थे और सुजान नाम की किसी वेश्या पर आसक्त थे। कहते हैं कि एक बार बादशाह की आज्ञा पाकर भी इन्होंने गान नहीं किया, परंतु सुजान के इशारे पर गाने लगे। इससे बादशाह बहुत असंतुष्ट हुए। बाद में ये वृंदावन में आकर रहने लगे, और भक्तिपरक रचनाएँ लिखने लगे। वृद्धावस्था में भी ये सुजान शब्द को नहीं भूले। अपनी कविताओं में सुजान शब्द का व्यवहार ये किसी-न-किसी बहाने अवश्य कर देते हैं। भक्तिपक्ष में 'सुजान' शब्द श्रीकृष्ण का वाचक है। इनकी कविता में बड़ी तन्मय भावना है।[13] इनकी मृत्यु नादिरशाह के सिपाहियों के हाथ सन् 1739 ई. में हुई। सिपाहियों ने इनके साथ बड़ा अत्याचार किया था। मृत्यु के समय इन्होंने जो कवित्त लिखा था, उसमें इनकी अनन्य भक्ति और एकांतनिष्ठा प्रकट हुई है। इस कवित्त में भी ये सुजान का नाम नहीं भूले, और यदि यही कविता इनकी अंतिम कविता है, तो कहना पड़ेगा कि सुजान का नाम लेकर ही इन्होंने अपने भक्ति-काव्य को समाप्त किया :

बहुत दिनान की अवधि आस पास परे
खरे अरबरे हैं भरे हैं उठि जान कों।
कहि-कहि आवत छबीले मनभावन कों
गहि-गहि राखति ही दै दै सनमान कों।
झूठी बतियानि की पत्यानि तें उदास ह्वै कैं
अब ना घिरत 'घन आनँद' निदान कों।
अधर लगे हैं आनि करिकै पयान प्रान
चाहत चलन ये सँदेसो लै सुजान कौं।।

इनके *कृपाकांडनिबंध, रसकेलिवल्ली, सुजान-सागर* और *बानी* नाम के ग्रंथ प्राप्त हुए हैं। *बानी* में राधाकृष्ण के विहार और अष्टयाम के पद हैं। शुद्ध ब्रजभाषा के पद लिखने में बहुत थोड़े कवियों के साथ इनकी तुलना की जा सकती है।

नागरीदास : कृष्णगढ़ के राजा यशवंतसिंह, 'नागरीदास' नाम से भक्तिसाहित्य में प्रख्यात हैं। ये वल्लभ-कुल के शिष्य थे। नागरीदास नाम के और भी कई महात्मा हो गए हैं। प्रथम नागरीदास की कथा *चौरासी वैष्णवन की वार्ता* में आई है। ये वल्लभाचार्य के शिष्य थे, और आगरे के निवासी थे। दूसरे नागरीदास श्री हरिदास की शिष्य-परंपरा में, तीसरे गोस्वामी हितहरिवंश के संप्रदाय में, और चौथे महाप्रभु चैतन्य के संप्रदाय में दीक्षित थे। यद्यपि बादशाह अहमदशाह ने इन्हें ही कृष्णगढ़ का राजा बनाया था, परंतु इनके भाई

बहादुरसिंह ने विद्रोह करके गद्दी पर अधिकार कर लिया था। बाद में मराठों की सहायता से इन्होंने गद्दी पर अधिकार किया। परंतु गृह-कलह से बड़ा धक्का लगा। राजकाज से ऊबकर ये ब्रज की ओर चले आए। सन् 1764 ई. में इनका स्वर्गवास हुआ। जीवन के अंतिम चालीस वर्षों में इन्होंने निरंतर साहित्य-सेवा की। इनके ग्रंथों की संख्या 75 बताई जाती है, इनमें से 73 पुस्तकों का संग्रह प्रकाशित हो चुका है। इन रचनाओं में वैराग्य, शृंगार और भक्ति के पद हैं। इनकी पत्नी बनीठनीजी भी 'रसिकबिहारी' छाप देकर कविता लिखा करती थीं। इनकी एक रचना *इश्क-चमन* है, जिससे इनके फारसी साहित्य और परंपरा के ज्ञान का पता चलता है।

अलबेली अली : भक्तिकाव्य की परंपरा वृंदावन में अद्यावधि चलती आई है। अठारहवीं शती के आरंभ में महात्मा वंशीअली के कृपापात्र शिष्य श्री अलबेली अलीजी नामक महात्मा हुए, जिनकी एक पुस्तक *समय प्रबंध-पदावली* बाबू जगन्नाथदास द्वारा संपादित होकर 1901 ई. में प्रकाशित हुई। ये भाषा और संस्कृत के अच्छे कवि थे। इनकी रचनाओं में श्रीराधिका के प्रति भक्ति-भावना प्रदर्शित की गई है। इनका विश्वास था कि,

विविध भाँति के और भजन जे लौन बिन ज्यों विंजन,
श्रीराधा-पद-कमल कृपा बिनु को पावै रस कौ कन।।

अर्थात् श्रीराधाजी के चरण-कमलों की कृपा से मनुष्य सच्चे रस का अधिकारी हो सकता है।

चाचा वृंदावनदास : राधावल्लभीय संप्रदाय में गोस्वामी हितरूपजी हुए, जिनके शिष्य चाचा वृंदावनदास हुए, जो तत्कालीन गोसाईंजी के भ्राता होने के कारण चाचाजी कहलाने लगे। इनका कविता-काल 1738 ई. से आरंभ होता है, और कहा जाता है कि इनके बनाए पदों की संख्या लक्षावधि थी। दुर्भाग्यवश इनकी सब रचनाएँ प्रकाशित नहीं हुई हैं, और संभवतः प्राप्य भी नहीं हैं। इनकी ग्यारह पुस्तकें उपलब्ध हुई हैं।[14]

भागवत रसिक : अठारहवीं शताब्दी के मध्यभाग में श्री हरिदासजी के 'टट्टी-संस्थान' में श्री भागवत रसिक नामक भक्त हुए, जो इस संस्थान के अंतिम आचार्य ललितमोहिनीदासजी के शिष्य थे। यद्यपि इन्हें गद्दी का अधिकार प्राप्त हो रहा था, तथापि इन्होंने उसे स्वीकार नहीं किया। इनकी एक पुस्तक *अनन्य निश्चयात्मक ग्रंथ* लखनऊ के केदारनाथजी वैश्य ने छपवाया था। इनके लिखे कुंडलिया छंद भक्ति-निरूपण के संबंध में बेजोड़ हैं।

हठी : लगभग इसी समय श्री हितहरिवंशजी की परंपरा में हठी नाम के कवि हुए, जिन्होंने *राधासुधाशतक* नाम का काव्य लिखा। राधिका के संबंध में इतने भक्ति-भरे कवित्त शायद ही किसी दूसरे कवि ने लिखे हों। राधिका के चरणों के प्रति इनकी भक्ति भावना बड़ी ही मधुर है। इस काल के बहुत कम भक्त कवियों में इतनी काव्य-मर्मज्ञता रही होगी। खूब भक्ति-भाव के साथ काव्य-मर्मज्ञता के मणिकांचन योग के कारण इनकी कविता सहृदयों को आकृष्ट करती है। राधिका के चरणों के संबंध में ये कहते हैं :

नवनीत गुलाब तें कोमल हैं, हठी कंज की मंजुलता इनमें।
गुललाला गुलाल प्रवाल जपा छवि ऐसी न देखी ललाइन में।

मुनिमानस मंदिर मध्य बसैं बस होत हैं सूधे सुभाइन में।
रहु रे मन तू चित चाइन सो वृषभानु कुमारि के पाइन में।

यह महिमामयी राधिका जब श्रीकृष्ण का रूप धारण करती है तब तो शोभा के समुद्र में ज्वार आ जाता है :

मोर पखा गरे गुंज की माल किए नव वेष बड़ी छवि छाई।
पीत पटी दुपटी कटि में लपटी लकुटी 'हठी' मो मन भाई।
छूटी लटैं डुलैं कुंडल कान बजै मुरली धुनि मंद सुहाई।
कोटिन काम गुलाम भए जब कान्ह ह्वै भानुलली बनि आई।

सहचरिशरण : फिर टट्टी-संस्थान की परंपरा में ही सहचरिशरणजी नाम के भक्त कवि हुए, जो अठारहवीं शताब्दी के अंतिम भाग में वर्त्तमान थे। इनकी दो पुस्तकें प्राप्त हुई हैं : (1) *ललित प्रकाश,* (2) *सरस मंजावली। ललित प्रकाश* में टट्टी-संस्थान के सिद्धांतों की व्याख्या और आचार्यों के जीवन-वृत्त हैं, और *सरस मंजावली* में मंजु छंदों में भगवान् की और राधिका की रूप-माधुरी का वर्णन है।

अठारहवीं शताब्दी के अंत में कृष्ण-चैतन्य संप्रदाय के गुणमंजरीदास हुए। हिंदी में महाप्रभु चैतन्यदेव के सिद्धांतों का प्रचार इन्होंने ही किया है। फिर इसी समय स्वामी नारायणदासजी हुए, जिनकी भक्ति-विषयक कविताएँ बहुत लोकप्रिय हुईं। अठारहवीं शताब्दी के अंत-भाग में लखनऊ के अग्रवाल कुल के श्रीललितकिशोरजी हुए, जिनके भक्ति-भरे पदों ने भारतेंदु-जैसे सहृदय काव्य-मर्मज्ञ का हृदय-हरण किया था।

प्रेमभक्ति का साहित्य : इस प्रकार पंद्रहवीं शताब्दी में ब्रजभूमि में जिस प्रेम-भक्ति का बीज वपन हुआ, वह सैकड़ों वर्ष तक भक्तों को काव्य-रचना की प्रेरणा देता रहा और सहृदयों को मुग्ध बनाए रहा। सत्रहवीं शताब्दी के बाद भक्ति-साहित्य में सखी-भाव की साधना का प्राधन्य हो गया। इस काल के तीन शक्तिशाली संप्रदायों ने इस भाव-धारा को प्रोतसाहित किया : (1) महाप्रभु चैतन्य के शिष्यों द्वारा प्रवर्त्तित 'गौड़ीय वैष्णव संप्रदाय', (2) गोस्वामी हितहरिवंश द्वारा संस्थापित 'राधावल्लभीय संप्रदाय', और (3) गोस्वामी हरिदास द्वारा पोषित 'टट्टी-संस्थान'। इन संप्रदायों द्वारा प्रचारित भक्ति-सिद्धांत में आत्मसमर्पण का वेग है, और यह आत्म-समर्पण रूप में सबसे अधिक अभिव्यक्त होता है। स्त्री आत्मसमर्पण का प्रत्यक्ष विग्रह है। आगे चलकर भक्तों ने इस भाव को बड़ी सरस और मधुर भाषा में व्यक्त किया है। इसका प्रभाव रामभक्ति-शाखा पर भी पड़ा है। वृंदावन की भाँति अयोध्या भी सखी-संप्रदाय के भक्तों का केंद्र बन गई। अठारहवीं शताब्दी के साहित्य में सखी-भाव की साधना में आंतरिक प्रेम-निवेदन की भावना के साथ-ही-साथ बाह्य उपकरणों में भी स्त्री-भाव का अनुकरण प्रवेश करने लगा; और भक्तों ने कई बार केवल स्त्री नाम ही नहीं ग्रहण किया, स्त्रियों की वेश-भूषा और हाव-भाव का अनुकरण भी आरंभ किया। यह बात साधना-पक्ष के ह्रास की ओर इंगित करती है। इससे प्रकट होता है कि आंतरिक प्रेम-प्रदर्शन की शक्ति क्षीण हो आई हे, और साधक अपनी यथार्थ अभिव्यक्ति के लिए बाह्य उपकरणों का सहारा लेना चाहता है। यह आश्चर्य की बातहै कि रामभक्ति-शाखा में यह बात अधिक स्पष्ट हुई है।

इस साहित्य के गुण-दोष : श्रीकृष्णभक्ति का साहित्य मनुष्य की सबसे प्रबल भूख

का समाधान करता है। वह मनुष्य को बाह्य विषयों की आसक्ति से तो अलग कर देता है, लेकिन उसे शुष्क तत्त्ववादी और प्रेमहीन कथनी का उपासक नहीं बनाता। वह मनुष्य की सरसता को उद्बुद्ध करता है; उसकी अंतर्निहित अनुराग-लालसा को ऊधर्वमुखी करताहै, और उसे निरंतर रससिक्त बनाता रहता है। यह प्रेम-साधना ऐकांकित है, वह अपने भक्त को जागतिक द्वंद्व कर्त्तव्यगत संघर्ष से हटाकर भगवान् के अनन्यगामी प्रेम की शरण में ले जाती है। यही उसका दोष है; क्योंकि जीवन केवल प्रेमानिष्ठा तक ही सीमित नहीं, यह केवल उसका एक पक्ष है। मनुष्य को पूर्ण रूप से सजग बनाने के लिए ऐसे साहित्य की आवश्यकता होती है, जो उसको कर्त्तव्य-पथ पर चलित करे और जीवन के प्रत्येक संघर्ष में विजयी होने के लिए उमंग संचारित करे। कृष्णभक्ति के साहित्य ने दूसरे पक्ष को क्रमशः गौण किया है और अंत तक एकदम भुला दिया है। इसी का यह परिणाम हुआ है कि इतना मधुर और मोहक साहित्य उन्नीसवीं शताब्दी में एकदम क्षीणबल हो गया। वह साधारण गृहस्थों के काम की चीज नहीं रहा, उसमें जीवन-संघर्ष से ऊबे हुए ऐकांतिक प्रेमनिष्ठा के भक्तों का ही प्राधान्य हो गया। उसकी मधुरता और मोहकता आज भी ज्यों-की-त्यों बनी हुई है। आज भी उसमें मनुष्य की अतिरिक्त अनुराग-लालसा को मंडित करने की शक्ति है। परंतु फिर भी वह जीवन का संबल नहीं बन सकती, क्योंकि वर्त्तमान काल के संघर्ष-संकुल जीवन में वह नई प्रेरणा नहीं दे सकती।

पंद्रहवीं शताब्दी में भक्ति के साहित्य ने नवीन दृष्टिकोण और नवीन जीवनादर्श दिया था। चार सौ वर्षों तक उस आदर्श ने भक्ति की प्रेरणा दी, परंतु अंतिम दिनों में यह प्रेरणावेग क्रमशः एकांगी और क्षीणबल होता गया। भक्ति-साहित्य ने भाषा में उत्तरोत्तर माधुर्य भरा, किंतु अंत तक वह माधुर्य मात्रा को अतिक्रम कर गया।

[इस साहित्य के अध्ययन में सहायक ग्रंथ—मिश्रबंधु : *मिश्रबंधु विनोद;* रामचंद्र शुक्ल : *हिंदी साहित्य का इतिहास;* दीनदयाल गुप्त : *अष्टछाप के कवि;* रामकुमार वर्मा : *हिंदी साहित्य का आलोचनात्म इतिहास;* ब्रजेश्वर वर्मा : *सूरदास;* मुंशीराम शर्मा : *सूरसौरभ;* वियोगी हरि : *ब्रजमाधुरीसार*।

संदर्भ

1. *सूरसागर* (1) नवलकिशोर प्रेस, लखनऊ, 1820; (2) कृष्णलाल, आगरा, 1822; (3) ईजादे किशन प्रेस, आगरा, 1881; (4) वेंकटेश्वर प्रेस, बम्बइ 1897; (5) जगन्नाथप्रसाद रत्नाकार सम्पा. (कई भाग मात्र), बनारस, 1934; (6) नन्ददुलारे वाजपेयी, 1951
2. (1) *साहित्यलहरी;* खड्गविलास प्रेस, बाँकीपुर, 1892, (2) *दृष्टकूट* (सरदार कवि की टीका) बनारस, 1869, (3) *दृष्टकूट* (सरदार कवि की टीका) नवलकिशोलर प्रेस, लखनऊ, 1890
3. सूरदास के नाम पर कई पुस्तकें निकली हैं जिनमें कई तो *सूरसागर* के पदों के संग्रह मात्र हैं, परन्तु कई ऐसी हैं जिनकी प्रामाणिकता के बारे में संदेह है। कुछ पुस्तकों के नाम यहाँ दिये जा रहे हैं—(1) *सूरसागर-रतन* बनारस, 1867; (2) *सूर-संगीत-सार,* कलकत्ता, 1908; (3) *सूरकृत विनय-पत्रिका,* बम्बई 1869; (4) *सूरकृत विनय,* बनारस, 1870; (5) *सूरशतक,* बनारस, 1869; (6) वही, पटना, 1869; (7) *सूर रामायण,* बनारस, 1869; (8) वही, मुरादाबाद, 1898; (9) *बिसातिन लीला* फतेहगढ़, 1876; (10) वही, वेंकटेश्वर प्रेस के एक संग्रह में; (11) *भँवरगीत,* लखनऊ, 1878;

(12) *मोरध्वज कथा,* बम्बई, 1883, 1890; (13) *बाललीला,* बम्बई, 1883; (14) *सूर-पंचरत्न,* बनारस, 1924, (15) *भ्रमरगीतसार,* बनारस; इत्यादि।

4. *परमानन्दसागर,* रामचन्द्र त्रिवेदी, जयपुर, 1914, *दधिलीला,* हसनी प्रेस, दिल्ली, 1868
5. नन्ददास की प्रकाशित पुस्तकें–(1) *बाँसुरीलीला,* दिल्ली, 1871; (2) वही, ललितपुर, 1871; (3) *श्यामसगाई,* ब्रह्म प्रेस, दिल्ली 1874; (4) वही, मुहम्मद अब्दुल रहमानखाँ, कानपुर, 1881; (5) वही (*रुक्मिणीमंगल* के साथ), अग्रवाल, कलकत्ता, 1934; (6) *अर्थचन्द्रोदय,* फतेहपुर सीकरी, 1917; (7) *नाममाला* (*मानमंजरी*-सहित), अमृतसर, 1490; (8) *मानमंजरी,* इलाहाबाद, 1907; (9) *अनेकार्थ और नाममाला,* बनारस, 1877; (10) वही, वेंकटेश्वर बम्बई, 1910; (11) वही, प्रयाग, 1940; (12) *रास पंचाध्यायी,* मुरादाबाद, 1896; (13) वही, बनारस, 1903; (14) *भ्रमरगीत,* बम्बई, 1890; (15) वही, मुरादाबाद, 1899; (16) वही, इलाहाबाद, 1929; (17) वही बनारस, 1931; (18) वही, इलाहाबाद, 1938; (19) वही *भ्रमरगीत* के साथ), कलकत्ता, 1904; (20) वही, कलकत्ता, 1905; (21) *नन्ददास ग्रंथावली,* प्रयाग, 1945; (22) वही, काशी।
6. मीराबाई की मुद्रित पुस्तकें–(1)–के भजन, सिद्धेश्वर प्रेस, बनारस 1905; (2)–के भजन, कानपुर; (3)'शब्दावली', वेल. प्रेस, इलाहाबाद 1910; (4) मीरामन्दाकिनी (नरोत्तमदास), आगरा, 1930; (5)'पदावली' (परशुराम चतुर्वेदी), प्रयाग, 1942; (6) 'मीराबाई-वृहत्पदसंग्रह' (पद्मावतीदेवी), बनारस, 1952।
7. मुद्रित पुस्तकें–(1) *वृंदावन शतक,* लक्ष्मी वेंकटेश्वर, कल्याण, 1894; (2) *हितचौरासीजी* (गोस्वामी गोबर्धनलाल), वृन्दावन, 1906; (3) *हितसुधासागर* (श्रीनारायण) अलीगढ़, 1936।
8. अनाराध्य राधापदाम्भोजयुग्म–
   मनाश्रित्य वृन्दाटवी तत्पदाङ्काम्।
   असम्भाष्य तद्भावगम्भीरचित्तान्
   कुतः श्यामसिन्धोः रसस्यावगाहः?
9. यह जु एक मन बहुत ठौर करि कहि कौन सचु पाए।
   जहँ तहँ बिपति जार जुवती ज्यों प्रगट पिंगला गाए।। इत्यादि।
10. प्रकाशित ग्रन्थ–(1) *नीति कण्डल,* आगरा, 1892; (2) *बरबै नायिकाभेद,* भारत जीवन प्रेस, बनारस, 1893; (3) *खेटकौतुकम्* बेंकटेश्वर प्रेस, 1901; (4) *रहीम रत्नावली* (याज्ञिक), 1928; (5) रहीम (रामनरेश त्रिपाठी), इलाहाबाद, 1921; (6) रहिमन-विनोद, 1928; (7) *रहिमनसुधा,* पटना, 1928; (8) *रहिमनशतक,* भगवानदीन, काशी, 1930।
11. रसखानि के मुद्रित ग्रंथ–(1) *श्री रसखान शतक,* खड्गविलास, बाँकीपुर 1892, (1) *सुजान रसखान,* भारत जीवन प्रेस, बनारस, 1892; (3) *प्रेम वाटिका* (किशोरीलाल गो.) वृन्दावन, 1867; (4)*पदावली,* इलाहबाद, 1930; (5) *रसखानि* और *घनआन्द,* बनारस।
12. धुवदास के प्रसिद्ध ग्रंथ–(1) *वृन्दावन सत,* (2) सिंगापुर सत्त, (3) *रत्तावली,* (4)नेहमंजरी, (5) रहस्यंजरी, (6) *सुखमंजरी,* (7) *रतिमंजरी,* (8) *वनविहार,* (9)*रंगविहार,* (10) *रसविहार,* (11) *आनंद दसा विनोद,* (12) *रंगविनोद,* (13)*नृत्यविलास,* (14) *रंग हुलास,* (15) *मानरसलीला,* (16) *रहमि लता,* (17)*प्रेमलता,* (18) *प्रेमावली,* (19) *भजन कुंडलियाँ,* (20) *भक्त नामावली,* (21) *मन सिंगार,* (22) *भजन सत,* (23) *मन शिक्षा,* (24) *प्रीति चौवनी,* (25) *रस मुक्तावली,* (26) *बावन बृहद् पुराण की भाषा,* (27) *सभा मण्डली,* (28) *रसानंद लीला,* (29) *ख्याल हुलासलीला,* (30) *सिद्धान्त विचार,* (31) *रस हीरावली,* (32) *हित सिंगारलीला,* (33) *ब्रजलीला,* (34) *आनंदलता,* (35) *अनुरागलता,* (36) *जीवदशा,* (37) *वैद्यलीला,* (38) *दानलीला,* (39) *व्याहलो,* (40) *ब्यालिस*

बानौ इसमें 'मन शिक्षा, *'ख्याल हुलास लीला'* और 'ब्यालिस बानौ' संदेहास्पद हैं।

13. मुद्रित रचनाएँ–(1) *सुजानसागर* (भाग-1), हरिप्रकाश प्रेस, बनारस, 1897; (2) *विरहलीला* काशी नागरी प्र. सभा, 1907; (3) *घनआनंद और आनंदघन,* प्रसाद परिषद्, काशी।

14. इनकी रचनाएँ–(1) *श्री ब्रजप्रेमानन्द सागर,* (2) *हिण्डोला,* (3) *छद्‍म लीला,* (4) *चौबीस लीला,* (5) *श्रीकृष्ण गिरिपूजन,* (6) *श्रीकृष्ण मंगल,* (7) *रास रस,* (8) *अष्टयाम,* (9) *समय प्रबंध,* (10) *भक्त प्रार्थनावली,* (11) *श्री हितरूप चरितावली।*

सगुणमार्गी रामभक्ति का साहित्य

राम भक्ति की दो शाखाएँ : स्वामी रामानंद द्वारा प्रचारित रामभक्ति ने दो मार्गों में अपने-आपको प्रकट किया। निर्गुणमार्ग के रूप में उसका विकास कबीर, दादू आदि निर्गुण-परंपरा के भक्तों में हुआ। परंतु स्वयं स्वामी रामानंद निर्गुणमार्ग के उपासक नहीं थे। उनकी लिखी समझी जानेवाली पुस्तकों से उनका सगुणोपासक होना ही सिद्ध होता है। *गुरुग्रंथसाहेब* में पाए जानेवाले भजन से उनकी उदार मनोवृत्ति का परिचय मिलता है। वे साधना के क्षेत्र में निर्जीव आचारों को बहुत महत्त्व नहीं देते थे। उनका उपदेश शिष्यों के ही संस्कार और रुचि के अनुकूल विकसित हुआ। उनका उपदेश भगवान् की अनन्य भक्ति करना ही था। इसी को वे बड़ा समझते थे। यह ऐकांतिक भक्ति ही उनका एकमात्र उपदेश था। इसके साथ ही रामानंद के शिष्यों ने एक और सर्व-सामान्यतत्त्व उनसे ग्रहण किया—राम नाम। निर्गुण और सगुण दोनों ही मार्ग के अनुयायियों ने उनसे इस महामंत्र को ग्रहण किया। रामनाम के बारे में दोनों मतों में कोई विरोध नहीं है। 'राम' के अर्थ के बारे में अवश्य दोनों मतों में मतभेद है। कबीरदास इसका मर्म दूसरा ही बताते हैं और सगुणमार्गी भक्त कुछ और ही बताते हैं। कबीरदास ने कहा था कि "दसरथ सुत तिहुँ लोक बखाना। रामनाम को मरम है आना।" उधर भक्तप्रवर तुलसीदासजी ने मानो इसी उक्ति का उत्तर देते हुए कहा था :

जेहि इमि गावहि वेद बुध, जाहि धरहिं मुनि ध्यान।
सोइ दसरथ सुत भगत हित, कोसलपति भगवान्॥

इसलिए दोनों प्रकार के भक्तों के मन में मतभेद 'राम' के अर्थ के संबंध में था। निर्गुणमार्गी अवतारों में विश्वास नहीं करते थे, इसलिए उनके राम 'दसरथ-सुत' नहीं हो सकते थे; किंतु सगुणमार्गी अवतारों में पूर्ण आस्था रखते थे, इसलिए उनके 'राम' 'दसरथ अजिर बिहारी' नररूपधारी थे। यहीं दोनों के दृष्टिकोण में अंतर हो जाता है। लीला में सभी भक्तों का विश्वास था किंतु निर्गुणमार्गी भक्त के लिए संपूर्ण दिग्देशकाल उस लीला की भूमि था, जबकि सगुणमार्गी भक्तों के लिए लीला का अर्थ था : नरवेश में अवतरित भगवान् की जीवनचर्या।

तुलसीदास का आविर्भाव : संयोग से निर्गुणमार्ग की रामभक्ति को आरंभ में ही कबीर और नानक जैसे शक्तिशाली संत मिल गए। परंतु सगुणमार्ग की रामभक्ति को कुछ विलंब से तुलसीदास-जैसा भक्त प्राप्त हुआ। वैसे तो सगुणमार्गी राम भक्ति के क्षेत्र में भी महान् साधकों की कमी नहीं थी, परंतु साहित्य के माध्यम से इस साधना के प्रकाश के

विकीर्ण होने में कुछ समय लगा। सन् ईस्वी की सोलहवीं शताब्दी के अंत में यह सुयोग प्राप्त हुआ। परंतु जब वह प्राप्त हुआ तो उसे ऐसे शक्तिशाली महापुरुष का सहयोग मिला कि साधना के क्षेत्र के साथ ही साहित्य का क्षेत्र भी धन्य हो गया। विरले अवसरों पर ऐसा शुभ संयोग प्राप्त होता है जब मनुष्य के 'सर्वोत्तम' को, प्रकट होने के लिए, इस प्रकार भाव और भाषा का सहारा प्राप्त होता है। सोलहवीं शताब्दी के मध्यभाग में किसी समय तुलसीदासजी का जन्म हुआ था। ठीक-ठीक तिथि मालूम नहीं, किंवदंतियाँ जितना धुआँ उँड़ेलती हैं, उतना प्रकाश नहीं। परंतु इतना सत्य है कि उन्होंने अपना *रामचरितमानस* संवत् 1631 अर्थात् सन् 1575 ई. में आरंभ किया था। इसके तीस-चालीस वर्ष पहले उनका जन्म हो गया होगा।

तुलसीदास का महत्त्व : तुलसीदास का महत्त्व बताने के लिए अनेक विद्वानों ने अनेक प्रकार की तुलनामूलक उक्तियों का सहारा लिया है। नाभादास ने इन्हें 'कलिकाल का वाल्मीकि' कहा था, स्मिथ ने इन्हें 'मुगलकाल का सबसे महान् व्यक्ति' माना था, ग्रियर्सन ने इन्हें 'बुद्धदेव के बाद सबसे बड़ा लोक-नायक' कहा था, और यह तो बहुत बार कहा है कि उनकी *रामायण* उत्तर-भारत की *बाइबिल* है। इन सारी उक्तियों का तात्पर्य यही है कि तुलसीदास असाधारण शक्तिशाली कवि, लोकनायक और महात्मा थे।

तुलसीदास-विषयक जानकारी : यह खेद की बात है कि इतने बड़े महापुरुष की जन्म-तिथि और जन्म-स्थान का कुछ निश्चित पता नहीं चलता। इधर इस प्रकार की प्रवृत्ति बढ़ने लगी है कि तुलसीदास के साथ अपने गाँव या कुल या प्रदेश का कोई-न-कोई संबंध स्थापित कर लिया जाय। इसका परिणाम यह हुआ, तुलसीदास के शिष्यों की 'डायरी' से लेकर उनके सगे-संबंधियों के ग्रंथ तक उपलब्ध होने लगे हैं। नए-नए दावे और नई गढ़ी हुई अनुश्रुतियाँ इतिहास-लेखक के मार्ग को निरंतर कंटकाकीर्ण करती जा रही हैं। तुलसीदास के साहित्य के उन शक्तिशाली तत्त्वों की आलोचना गौण हो जाती है, जो इतने दिनों से लोकचित्त को प्रभावित, उन्नीत और महिमान्वित करते रहे हैं, और केवल उनकी भौतिक काया के कपोल-कल्पित संबंधों पर विचार ही मुख्य हो उठता है। झूठी पुस्तकों, अर्थहीन दावों और बेबुनियाद स्थापनाओं को महत्त्व देने का परिणाम यह हुआ कि नित्य नवीन दावों की बाढ़ आती जा रही है। इतिहास की पुस्तकों में ऐसी पुस्तकों की उपेक्षा ही वांछनीय है। अस्तु।

तुलसीदास का देखा हुआ समाज : तुलसीदास की जो पुस्तकें प्रामाणिक मानी जाती हैं, उनको देखने से स्पष्ट होता है कि जिस काल में उनका जन्म हुआ था, उस समय उन्होंने जिस समाज को देखा था, वह बहुत ऊँचे आदर्शों पर नहीं चल रहा था। उच्च स्तर के लोग विलासिता के पंक में डूबे हुए थे, और निचले स्तर के स्त्री-पुरुष दरिद्र, रोगी और अशिक्षित थे। वैरागी हो जाना मामूली बात थी। जिनके भी 'नारि मुई घर संपति नासी' वही मूँड़ मुड़ा के सैन्यासी हो जाता था। वस्तुतः मुस्लिम-संपर्क के बाद हिंदू-समाज में आत्म-रक्षा की जो भावना उत्पन्न हुई थी, उसने समाज में अनावश्यक सावधानी का भाव भर दिया था। जाति-पाँति की प्रथा और भी कठोर हो उठी थी। जन्म से ही नीच माने-जानेवाले लोगों में यदि कुछ भी स्वाधीन विचार उत्पन्न हुआ करता, तो वे इस कठोर बंधन की विषम वेदना से विचलित हो जाते, और साधु बन जाते थे। इस बात को यदि सहानुभूति की दृष्टि से देखा

जाय, तो यह आवश्यक सामाजिक रोग के रूप में दिखेगी । पर यदि समाज-स्थिति के ढाँचे को ज्यों-का-त्यों बचा रखने की दृष्टि से देखा जाय, तो समाज को बर्बाद कर देनेवाली कुप्रथा के रूप में ही दिखेगी । तुलसीदास ने अत्यंत दुःख के साथ इस कुप्रथा का उल्लेख किया है । सारा देश सैकड़ों संप्रदायों और अखाड़ों में बँटे हुए इन साधुओं से भरा हुआ था । नाथमार्गी साधुओं का प्रभाव अब भी पूर्ण मात्रा में था; 'अलख' की आवाज गर्म तो थी, पर तुलसीदास ने अत्यंत क्षोभ के साथ देखा था कि ये अलख जगानेवाले कुछ नहीं 'लख' पाते थे । भक्ति की जो नई धारा आई थी, वह इन अशिक्षित, नाथ-प्रभावित, शास्त्रज्ञान-विवर्जित और विवेकहीन साधुओं के हाथों कुछ-का-कुछ बनती जा रही थी । कलिकाल के ये 'अधम' भक्त साखी, सबदी, दोहरा, कहनी और उपखान (उपाख्यान) कह-कहकर भक्ति का निरूपण करते थे और वेद पुराणों की निंदा करते थे । जिन जातियों को परंपरा से नीच समझा जाता था, उनमें कुछ अत्यंत धर्मात्मा और प्रभावशाली संत हो चुके थे, जिन्होंने सहज भक्तिमार्ग का उपदेश दिया था, और वेद-पुराण- प्रतिपादित मार्ग की निंदा की थी, उनका प्रभाव तथाकथित नीच जातियों पर पड़ा था, और उनमें आत्मविश्वास का संचार हो गया था । शिक्षा के अभाव में इस आत्म-विश्वास ने दुर्वह गर्व का रूप धारण किया था । ये लोग शास्त्राभ्यासी पंडितों की 'बराबरी का दावा' करते थे, और कहते थे कि 'हम क्या तुमसे कुछ कम हैं ?' सामाजिक संगठन को ज्यों-का-त्यों रहने देकर उसके स्वर को उन्नत करने के प्रयत्नशील तुलसीदास को ये बातें चिंताजनक मालूम हुई थीं । जो जातियाँ परंपरा से सुविधा भोगने की अभ्यस्त थीं, उन्हें इस प्रकार की बातें चिढ़ानेवाली सिद्ध हुईं । यद्यपि तुलसीदास स्वयं 'अगुन और सगुन' में कुछ विशेष भेद नहीं मानते थे, परंतु उन 'अज्ञ अकोविद अघ अभागी' लोगों की निर्गुण उपासना और सगुण-प्रत्याख्यान शैली से बहुत खिन्न थे, जिनके चित्त में विषय-विकार की काई लगी हुई थी, और जो 'पाखंडी हरि-पद विमुख' थे; और तुलसीदास का पक्का विश्वास था कि ये अभागे 'जानहिं झूठ न साँच' । उनका विश्वास था कि ये अगुण-सगुण विवेक से बिल्कुल अपरिचित थे, और मूढ़तावश अनेक पंथों की जल्पना-कल्पना किया करते थे ।

हिंदू समाज में संकीर्णता का कसाव : इस प्रकार तुलसीदास के युग में हिंदुओं के समाज का फौलादी ढाँचा जहाँ एक तरफ अतिरिक्त सावधानी के कारण अधिकाधिक कसा जा रहा था, वहाँ उसी कसाव के परिणामस्वरूप धार्मिक और साहित्यिक क्षेत्र में यथास्थिति मर्यादा पर कसके चोटें भी की जा रही थीं । अतिरिक्त सामाजिक सावधानी का शिकार स्वयं तुलसीदास को भी होना पड़ा था । जान पड़ता है कि काशी के पंडित लोग उन्हें धूत, अवधूत और जुलाहा तक कहने लगे थे तथा उनकी जाति-पाँति तक को संदेह की दृष्टि से देखने लगे थे । समाज में धन की मर्यादा बढ़ी हुई थी । दरिद्रता हीनता का लक्षण मानी जाती थी । लोग पेट के लिए ऊँचे-नीचे सब कर्म करने को प्रस्तुत थे—बेटी-बेटा बेचने तक से नहीं हिचकते थे । उनके जीवन में कभी ऐसा अकाल पड़ा था कि न किसान के खेत में अन्न होता था, न कोई भीख ही देता था । भिक्षाजीवी ब्राह्मणों में भीरुता आ गई थी । वे अपने आदर्श से च्युत हो गए थे । स्वयं तुलसीदास दरिद्रता के भीतर से बड़े हुए थे । **टुकड़े माँगकर** ही वे पेट पालते थे, चार चने ही मिल गए तो उन्हें चारों पदार्थ समझते थे । **कथरी**-करवा लिए द्वार-द्वार बिलबिलाते फिरते थे । दरिद्रता के कारण उन्हें निरादर भी

भोगना पड़ा था। पंडितों और ज्ञानियों की दुनिया अलग थी, साधारण जनता की अलग। समूचा समाज विशृंखल, अस्त-व्यस्त और जर्जर हो गया था। तुलसीदास की पुस्तकें उस काल की सामाजिक समस्याओं की उलझनों के समझने का बहुत ही उत्तम संकेत देती हैं।

उनका आत्म-परिचय : उन्होंने स्थान-स्थान पर अपने बारे में जो कुछ लिखा है, बहुत ही हृदय-द्रावक है। जन्म होते ही माता-पिता चल बसे, बड़ी कठिनता से भीख माँगकर उन्होंने अपना पेट पाला, दाँत निकाल-निकालकर द्वार-द्वार उन्होंने अपनी दीनता प्रकट की थी, खोंची माँग-माँगकर वे जीवन-निर्वाह भर का अन्नसंग्रह कर पाते थे। बहुत जहर पीने के बाद उन्होंने अपनी कविता की अमृत-धारा दान दी थी। जन्म उनका अच्छे कुल में हुआ था, और गुरु उन्हें अच्छे मिल गए थे। सूकरखेत या सोरों में उन्होंने इन्हें बहुत प्रकार से तत्त्व-ज्ञान समझाने का प्रयत्न किया। उन दिनों तुलसीदास बालक थे, ठीक से समझ नहीं सके। परंतु गुरु ने प्रयत्न नहीं छोड़ा, बार-बार समझाया और कोमल-मति बालक तुलसीदास ने अपनी बुद्धि के अनुसार उसे ग्रहण भी किया। *रामायण* में उन्होंने अपने गुरु को 'कृपा-सिंधु नर-रूप हरि' कहा है। इस पद से अनुमान कर लिया गया है कि उनके गुरु का नाम 'नरहरि' रहा होगा। 'युवावस्था में उनमें यौवनोचित चंचलता आई थी। *विनय-पत्रिका* में उन्होंने एक जगह ज़रा-सा आभास दिया है कि युवावस्था में 'यौवन युर युवती कुपथ्य करि भयो त्रिदोष भरि मदन बाय।' अनुमान कर लिया जा सकता है कि इसमें उस किंवदंती की ओर इशारा है, जिसमें कहा गया है कि उनकी पत्नी जब पितृ-गृह चली गई थीं, तो बरसात की भरी गंगा को तैरकर उनके पास हाजिर हुए थे और उनकी फटकार सुनी थी। पत्नी ने कहा था कि 'मेरे ऊपर जितना प्रेम है, उतना यदि राम पर होता, तो तुम्हारा कल्याण हो जाता।' उसी समय ये विरक्त हो गए। फिर नाना तीर्थों में भ्रमण करते हुए भगवान् का भजन करते रहे। चित्रकूट, अयोध्या और काशी इनके प्रिय स्थान थे। अयोध्या में ही सं. 1631 (1575 ई.) में इन्होंने सुप्रसिद्ध *रामचरितमानस* आरंभ किया था। काशी में इन्हें लोगों ने बहुत तंग किया था। एक बार इसी काशी में भयंकर महामारी का प्रकोप हुआ, लोग तड़प-तड़पकर मरने लगे। संभवतः यह प्लेग की बीमारी थी। तुलसीदास के बाहु-मूल में कभी भीषण पीड़ा हुई। अनुमान किया जा सकता है कि यह प्लेग की ही गिल्टी रही होगी। अम्लपित्त के वे शुरू से ही रोगी थे, शायद इसीलिए सर के सब बाल झड़ गए थे और पितरों की भेंट देने लायक एक बाल भी उनके सिर में नहीं रह गया था। इस नई बीमारी ने उन्हें बहुत विचलित किया। बाहु की पीड़ा से वे व्याकुल हो उठे। आगे चलकर 'पाँय पीर, पेट पीर, बाहु पीर, मुँह पीर, जर्जर, सकल सरीर पीरमई' हो गया। शायद उनको प्लेग सेप्टिक भी हो गया। उन दिनों इस महाव्याधि की कोई उचित चिकित्सा भी नहीं थी। उनके सारे शरीर में छोटे-छोटे फोड़ों के रूप में 'घोर बरतोर' निकल आए। संभवतः इस रोग से वे सं. 1680 (1623 ई.) के श्रावण मास में साकेतवासी हो गए।

उनका व्यक्तित्व : तुलसीदास का व्यक्तित्व उनके ग्रंथों में बहुत स्पष्ट होकर प्रकट हुआ है। अत्यंत विनम्र भाव, सच्ची अनुभूति के साथ अपने आराध्य पर अटूट विश्वास उनके व्यक्तित्व के प्रधान तत्त्व हैं। उनके संपूर्ण साहित्य में यह तथ्य भरा पड़ा है। आराध्य की ऐसी एकनिष्ठ भक्ति, ऐसा अनन्य विश्वास और इतनी अखंड आस्था संसार के

इतिहास में दुर्लभ है। निरंतर विषपान करने से जो व्यक्ति नीलकंठ हो गया था, उसके मुँह से आशा और विश्वास की यह अद्भुत वाणी निकली है। कबीरदास की भाँति तुलसीदास गलदश्रु भावुकता के पक्षपाती न थे। केवल एक ही प्रसंग पर उनकी वाणी में गद्गद भाव दिखाई पड़ता है—जब कभी श्रीरामचन्द्र के मनोहर रूप का वर्णन आ जाता है, तभी उनकी लेखनी में भाव-विह्वलता की भाषा उतर आती है। जनकपुर में सीताजी की एक सखी ने कहा था कि ऐसा तनुधारी संसार में नहीं है, जो इस रूप को देखकर मोहित न हो जाय। तुलसीदास ने सखी के इस वचन को आदि से अंत तक याद रखा है। जब कभी देवता से लेकर राक्षस तक भगवान् की नील सरोरुह कांति को देखते हैं, तभी मोहित हो जाते हैं, और जब स्वयं तुलसीदास के सामने इस मनोहर रूप की स्मृति आती है, तो वे भी गद्गद हो जाते हैं। अन्य स्थलों पर वे बराबर सावधान रहते हैं, इस प्रकार अपने अखंड विश्वास और गंभीर अध्ययन के योग से वे एकदम नवीन जगत् का निर्माण कर सके हैं।

उनके परिचय के अन्य स्रोत : तुलसीदास के ग्रंथों की भीतरी गवाही के बल पर हमें अभी इतना ही मालूम होता है। किंतु कुछ और भी पुरानी पुस्तकें प्राप्त होती हैं, जिनमें तुलसीदास के जीवन-चरित-विषयक कुछ सामग्री मिल जाती है। इनमें तीन स्रोत विश्वसनीय हैं : (1) नाभादास का *भक्तमाल,* (2) *भक्तमाल* पर प्रियादास की टीका, और (3) गोसाईं गोकुलनाथ द्वारा लिखित कही जानेवाली *दो सौ बावन वैष्णवन की वार्त्ता*। कई इतिहास-लेखक वेणीमाधवदास की लिखित कही जानेवाली एक छोटी पुस्तिका *मूल गोसाईंचरित* का और किसी बाबा रघुवरदास की लिखी बताई जानेवाली एक दूसरी अल्पप्रकाशित रचना *तुलसीचरित* का भी इस प्रसंग में उल्लेख करते हैं। पर मेरे विचार से ये दोनों पुस्तकें अप्रामाणिक हैं। इनका इस प्रसंग में उल्लेख भी नहीं होना चाहिए। *शिवसिंहसरोज* में वेणीमाधवदास की लिखी एक विस्तृत पुस्तक की चर्चा है। शिवसिंहजी ने इस पुस्तक को देखा था, और लिखा था कि "इस पुस्तक से गोसाईंजी महाराज के सब चरित्र प्रकट होते हैं, पर इस पुस्तक में (*शिवसिंहसरोज* में) इस विस्तृत कथा का कहाँ तक विस्तार करूँ।" इसी इशारे को पकड़कर इस पुस्तक की रचना हुई होगी। पर शिवसिंह ने जिस पुस्तक को देखा था, उसमें तुलसीदास के जन्मसंवत् का उल्लेख नहीं था। इसीलिए उन्होंने अनुमान के भरोसे लिखा था, कि "ये तुलसीदास प्रायः संवत् 1503 के करीब उत्पन्न हुए थे।" परंतु इस छपे हुए *मूल गोसाईंचरित* में इनका जन्म-संवत् 1554 दिया हुआ है। स्पष्ट ही शिवसिंह की देखी पुस्तक इससे भिन्न थी। यह कहना ठीक नहीं कि शिवसिंह ने *गोसाईंचरित* देखा ही नहीं था। उनका कथन बहुत ही स्पष्ट है। उससे यही सूचित होता है कि उन्होंने *गोसाईंचरित* देखा अवश्य था। तिथियाँ तो इस पुस्तक में अशुद्ध हैं ही—जैसे हितहरिवंश का तिरोधान संवत् 1609 में हो गया था, पर इस पुस्तक के अनुसार वे सं. 1620 तक तो जीवित थे ही; इसके अनुसार सं. 1606 में सूरदास गोकुलनाथ गोसाईं का पत्र लेकर तुलसीदास से मिले थे जो संभव नहीं जान पड़ता, क्योंकि उस समय गोकुलनाथ की उम्र सिर्फ आठ साल की थी; इस पुस्तक के अनुसार *रामचंद्रिका* सं. 1643 के आसपास लिखी गई, जबकि केशवदास ने स्वयं कहा है कि यह पुस्तक सं. 1658 में लिखी गई; इत्यादि। 'सत्यं शिवं सुंदरम्' जैसे आधुनिक प्रयोग भी इसमें हैं; फिर, यह 'डायरी' की शैली पर लिखी गई है जो बिल्कुल आधुनिक प्रथा है। इसी प्रकार सं. 1969 की 'मर्यादा' में

श्री इंद्रनारायण ने बाबा रघुवरदास की रचित कही जानेवाली एक पुस्तक *तुलसीचरित* की सूचना दी थी। यह बहुत बड़ा ग्रंथ था, इसमें 1, 33, 962 छंद थे। दुर्भाग्यवश इसका बहुत थोड़ा अंश ही 'मर्यादा' में छपा, और पूरी पुस्तक कभी दुनिया के सामने आई ही नहीं। इसका जितना अंश छपा है, उतना इसकी अप्रामाणिकता बताने के लिए पर्याप्त है। इधर कुछ और रचनाएँ मिली हैं, जो काफी प्रामाणिक हैं। उनसे इस पुस्तक का एकदम मेल नहीं है। आगे हम इन पुस्तकों की चर्चा करेंगे।

***भक्तमाल* आदि का परिचय** : *भक्तमाल* में गोसाईं तुलसीदास के संबंध में सिर्फ एक छप्पय मिलता है। इससे कोई विशेष बात नहीं जानी जाती। सिर्फ इतना ही जान पड़ता है कि तुलसीदास बड़े अच्छे कवि और भक्त थे, और *भक्तमाल* के लेखक नाभादास के समकालीन थे। नाभादास के शिष्य प्रियादास ने *भक्तमाल* पर जो टीका लिखी थी, उसमें चमत्कारों का ही अधिक विस्तार है। जीवनी-लेखक के काम की कोई ठोस बात उसमें भी नहीं है। पर गोकुलनाथजी की लिखित कही जानेवाली *दो सौ बावन वैष्णवन की वार्त्ता* से कई बातों का पता चलता है। ये बातें संक्षेप में इस प्रकार हैं—तुलसीदास नंददास के छोटे भाई थे, वे काशी में रहते थे, और भाषा में *रामायण* लिखी थी; वे कभी ब्रज गए थे और नंददास से और गुसाईं विट्ठलनाथ से भी मिले थे और वे राम के अनन्य भक्त थे। इसमें सर्वाधिक महत्त्वपूर्ण सूचना यह है कि तुलसीदास नंददास के भाई थे।

जन्म-स्थान : अब तक यह विश्वास किया जाता रहा है कि तुलसीदास राजापुर के रहनेवाले सरवरिया ब्राह्मण थे, पर इधर सोरों को तुलसीदास का जन्म-स्थान मानने के पक्ष में कुछ प्रमाण उपलब्ध हुए हैं। पहले-पहल लाला सीताराम ने अपने संपादित राजापुरवाले *अयोध्या कांड* के संस्करण में यह इशारा किया था कि सूकरखेत या सोरों तुलसीदास की जन्म-भूमि हो या नहीं, वहाँ वे रहे जरूर थे। मगर सूकरखेत सोरों है या गोंडा जिले में स्थित शूकरक्षेत्र? पं. रामचंद्र शुक्ल गोंडेवाले को ही असली शूकर-क्षेत्र समझते हैं। उनका दावा है कि तुलसी की भाषा यहीं की भाषा है। इधर पं. रामनरेश त्रिपाठी ने अनेक खोजों के बाद यही निर्णय दिया है कि सोरों (सूकरखेत) ही तुलसीदास का जन्म-स्थान है। जब से यह बात कुछ बल पकड़ने लगी है, तब से कुछ ऐसी नई सामग्रियों का पता लगा है, जो आश्चर्यजनक ढंग से संगति रखनेवाली और ऐतिहासिक तथ्यों को प्रकाश में ले आनेवाली सिद्ध हुई हैं। तुलसीदास के पूर्व-पुरुष एटा जिले के रामपुर नामक ग्राम में, जिसे उनके चचेरे भाई नंददास ने नाम बदलकर श्यामपुर कर दिया था, रहते थे। यह स्थान सोरों से दो मील दूर है। विशेष परिस्थितियों के कारण तुलसीदास के पिता आत्माराम शुक्ल को सपरिवार सोरों में जाना पड़ा, पर उनके भाई (नंददास के पिता) उसी गाँव में रहे। तुलसीदास की *दोहावली* के अनेक दोहों से इस तथ्य का समर्थन किया गया है कि उनका निवास-स्थान सोरों के इसी मुहल्ले में था। उनकी ससुराल बंदरिया ग्राम में थी। इधर नंददास के एक पुत्र कृष्णदास का भी पता चला है। उनकी लिखी दो पोथियाँ भी प्राप्त हुई हैं, जिनमें एक का नाम *सूकर-क्षेत्र माहात्म्य* है और दूसरी का *वर्षफल*। दोनों में ही कृष्णदास ने सावधानी के साथ अपने पिता के नाम के साथ अपने बड़े चाचा का उल्लेख किया है और अपनी माता कमला और चाची रत्नावली के चरणों की वंदना भी की है। *सूकर-क्षेत्र माहात्म्य* सं. 1670 (1613 ई.) में लिखा गया, और *वर्षफल* सं. 1657

(1600 ई.) में। दोनों में 'रत्नावली माता' का स्मरण किया गया है। इन कृष्णदास के लिए लिखी गई एक *रामायण* की खंडित प्रति भी मिली है, जो सं. 1643 (1586 ई.) की लिखी गई है। इसमें भी लिपिकार लछमनदास यह लिखना नहीं भूले हैं कि "श्री तुलसीदास गुरु की आज्ञा सों उनके भ्राता-सुत कृष्णदास सोरों क्षेत्र निवासी हेत लिखित।" फिर नंददास के पुत्र का नाम कृष्णदास भी उचित ही जान पड़ता है। सब मिलाकर सोरों से प्राप्त होनेवाली सामग्री जितनी साफ-सुथरी और सुंदर योजना-समन्वित है, उतनी अब तक हिंदी साहित्य के इतिहास में अन्यत्र नहीं देखी गई। इस सामग्री में ऐसी कोई बात आई ही नहीं है, जिसके विषय में आधुनिक पंडितों में मतभेद हो सके। ये सिर्फ एक बात का पक्का समर्थन करती हैं कि तुलसीदास सोरों के निवासी थे। और तो और, स्वयं माता रत्नावली के लिखे दोहे भी मिल गए हैं, और उसमें देवर नंद की चर्चा छूटने नहीं पाई है। इस प्रकार के एक-मन, एक-चित्त, एक-प्राण लेखक साहित्य में दुर्लभ ही हैं।

मुझे सोरों के प्रामाणिक या अप्रामाणिक होने के पक्ष में कुछ भी नहीं कहना है। जहाँ तक पुस्तकों से पढ़कर समझने का प्रश्न है, मेरा विचार है कि सोरों के पक्ष में दिए जानेवाले प्रमाण बहुत महत्त्वपूर्ण न होते हुए भी वजनदार हैं। उनको यों ही टाल नहीं दिया जा सकता। परंतु यदि इस प्रकार सुचिंतित योजना के साथ प्रमाणों की वृद्धि होती गई तो निर्णय करना कठिन हो जायगा, कि सोरों की वास्तविक जनश्रुति और अनुश्रुति क्या हैं। फिर तो तुलसीदास और नंददास के जन्म-स्थान का प्रश्न हमेशा के लिए धूमिल हो जायगा।

तुलसीदास के रचित ग्रंथ : तुलसीदास के नाम पर अब तक कोई तीन दर्जन से ऊपर पुस्तकें प्राप्त हो चुकी हैं।[2] परंतु मिर्जापुर के प्रसिद्ध रामायणी पं. रामगुलाम द्विवेदी केवल बारह ग्रंथों को प्रामाणिक समझते हैं, जिनमें छः छोटे हैं और छः बड़े। छन्नूलालजी के प्रमाण पर और उक्त द्विवेदीजी की स्थापना को मानकर काशी नागरी प्रचारिणी सभा ने भी इन्हीं बारह ग्रंथों को प्रामाणिक माना है। वे ये हैं– (1) *रामचरित-मानस* (रचनाकाल सं. 1631); (2) *रामलला नहछू* (जो संभवतः जनेऊ के अवसर को मन में रखकर लिखा गया था); (3) *वैराग्य संदीपनी* (संत-महिमा, संत-स्वभाव और शांति का वर्णन करनेवाली दोहा-चौपाइयों में लिखी छोटी-सी पुस्तिका); (4) *बरवै रामायण,* जिसमें केवल 69 बरवै छंदों का संग्रह है (इसकी एक बड़ी प्रति मैंने देखी है, जिसमें रामकथा का क्रमबद्ध वर्णन है। इस बड़ी प्रति के केवल आठ-दस बरवै इसमें संगृहीत हैं); (5) *पार्वती-मंगल* –एक सौ चौंसठ छंदों में शिव-पार्वती-विवाह (मिश्रबंधु इसे प्रामाणिक नहीं मानते); (6) *जानकी-मंगल* में 216 छंदों में राम-जानकी विवाह का प्रसंग है; (7) *रामाज्ञा प्रश्न,* जिसमें सात-सात दोहे के सात सप्तकोंवाले सात सर्ग हैं, सगुन विचारने के उद्देश्य से लिखा गया है; (8) *दोहावली*– भक्ति, नीति और वैराग्य विषयक 573 दोहों का संग्रह; (9) *कवितावली–कवित्त, सवैया, छप्पय आदि छंदों का संग्रह, जिसमें छंद रामायणी कथा के कांडों के अनुसार संग्रह कर दिए गए हैं, पर कथा क्रम-बद्ध नहीं है; (10) गीतावली*–लीला विषयक गीतों का संग्रह; (11) *श्रीकृष्ण गीतावली* के पद; (12) *विनय-पत्रिका*–विनय संबंधी गेय पदों का संग्रह। इनमें *रामचरित-मानस* तथा अंतिम पाँच ग्रंथ बड़े हैं, बाकी छोटे। कुछ लोग 'कलिकाल धर्म निरूपण' को भी प्रामाण्कि मानते हैं।

सफलता के कारण : तुलसीदास को जो अभूतपूर्व सफलता मिली, उसका कारण यह

था कि वे समन्वय की विशाल बुद्धि लेकर उत्पन्न हुए थे। भारतवर्ष का लोक-नायक वही हो सकता है, जो समन्वय करने का अपार धैर्य लेकर आया हो। भारतीय समाज में नाना भाँति की परस्पर-विरोधिनी संस्कृतियाँ, साधनाएँ, जातियाँ, आचार-विचार और पद्धतियाँ प्रचलित हैं। तुलसीदास स्वयं नाना प्रकार के सामाजिक स्तरों में रह चुके थे। ब्राह्मण-वंश में उनका जन्म हुआ था। दरिद्र होने के कारण उन्हें दर-दर भटकना पड़ा था। गृहस्थ जीवन की सबसे निकृष्ट आसक्तियों के वे शिकार हो चुके थे। अशिक्षित और संस्कृति-विहीन जनता में रहने का उन्हें अवसर मिल चुका था, और काशी के दिग्गज विद्वानों और तपोधन संन्यासियों के संसर्ग में भी उन्हें खूब आना पड़ चुका था। उन्होंने नाना पुराणों और निगमागम का अध्ययन किया था, और साथ ही लोकप्रिय साहित्य और साधना मार्ग की नाड़ी पहचानने का उन्हें अवसर मिला था। उस युग में प्रचलित सब प्रकार की काव्य-पद्धतियों को उन्होंने अपनी शक्तिशाली भाषा की सवारी पर चढ़ाया था। उनकी काव्य-पद्धति का अध्ययन करने से उनकी अद्‌भुत समन्वयात्मिका बुद्धि का परिचय मिलता है। शिक्षित जनता में जितने प्रकार की काव्यपद्धतियों का प्रचलन था, उन सबको उन्होंने सफलतापूर्वक अपनाया था। चंद के छप्पय, कुंडलिया, कबीर के दोहे और विनय के पद; सूरदास और विद्यापति की लीला-गान-विषयक भाव-प्रधान गीति-पद्धति; जायसी, ईश्वरदास आदि की दोहा-चौपाइयों की शैली; गंग आदि भाट कवियों की सवैया, कवित्त की पद्धति; रहीम के बरवै—सबको उन्होंने अपनी अद्‌भुत ग्राहिका शक्ति के द्वारा आत्मसात् कर दिया था। उन दिनों पूर्व-भारत में अनेक प्रकार के मंगलकाव्य प्रचलित थे। बंगला में तो ये मंगल-काव्य मिलते हैं, पर हिंदी में सिर्फ कबीरदास के नाम पर चलनेवाले और बाद के बने हुए *आदि मंगल, अनादि मंगल, अगाध मंगल* आदि रचनाएँ मिलती हैं, जो सिर्फ इस बात के सबूत के रूप में बची रह गई हैं कि किसी समय मंगल-काव्यों की बड़ी भारी परंपरा मध्यदेश में भी व्याप्त थी। मंगल-काव्य, विवाह-काव्य और सृष्टि-प्रक्रिया व्यापक ग्रंथ हैं। नंददास का एक *रुक्मिणी-मंगल* मिलता है, और चंदबरदाई के *रासो* में संयोगिता को पत्नीधर्म की शिक्षा देने के लिए *विनय-मंगल* नाम का एक अध्याय है, जो स्पष्ट रूप से स्वतंत्र ग्रंथ है। तुलसीदास ने इस शैली को भी अपनाया। उन्होंने पार्वती मंगल और जानकी-मंगल नाम के दो काव्य लिखे थे। इसी प्रकार उन दिनों साधारण जनता में प्रचलित सोहर, नहछू गीत, चाँचर, बेली, बसंत आदि रागों में भी उन्होंने रामकाव्य लिखे। इस प्रकार साधारण जनता में प्रचलित गीत-पद्धति से लेकर शिक्षित जनता में प्रचलित काव्य-रूपों को उन्होंने अपनाया है।

समन्वय-बुद्धि : तुलसीदास के काव्य की सफलता का एक और रहस्य उनकी अपूर्व समन्वय-शक्ति में है। उन्हें लोक और शास्त्र दोनों का बहुत व्यापक ज्ञान प्राप्त था। उनके काव्य-ग्रंथों में जहाँ लोक-विधियों के सूक्ष्म अध्ययन का प्रमाण मिलता है, वहीं शास्त्र के गंभीर अध्ययन का भी परिचय मिलता है। लोक और शास्त्र के इस व्यापक ज्ञान ने उन्हें अभूतपूर्व सफलता दी। उसमें केवल लोक और शास्त्र का ही समन्वय नहीं है, वैराग्य और गार्हस्थ्य का, भक्ति और ज्ञान का, भाषा और संस्कृति का, निर्गुण और सगुण का, पुराण और काव्य का, भावावेग और अनासक्त चिंतन का, ब्राह्मण और चांडाल का, पंडित और अपंडित का समन्वय. *रामचरितमानस* के आदि से अंत दो छोरों पर जानेवाली

परा-कोटियों का मिलाने का प्रयत्न है। इस महान् समन्वय का आधार उन्होंने रामचरित को चुना है। इससे अच्छा चुनाव हो भी नहीं सकता था। रामनाम उन दिनों बड़े जोरों पर था। निर्गुण भाव से भजन करनेवाले भक्तों में भी यही नाम प्रिय था, और लोक में भी इस शब्द की महिमा प्रचलित हो चुकी थी। अगुण और सगुण के समन्वय के लिए इससे बढ़कर दूसरा साधन हो नहीं सकता था। तुलसीदास ने ब्रह्म-राम से भी नाम को बड़ा कहकर सहज ही निर्गुण और सगुणमार्ग के भीतर की सारी खाई पाट दी है। तत्त्व-ज्ञान कुछ भी हो, नाम निस्संदेह मनुष्य को भवसागर पार करा देता है। उन दिनों और भी दो पकार के हरिभक्ति-पथ प्रचलित थे—एक सूरदास का मधुर और सख्य भाव से भजन का मार्ग था, दूसरा कबीर आदि का निर्गुणमार्ग। तुलसीदास दोनों में से किसी को अस्वीकार नहीं कर सकते थे। परंतु फिर भी उन्होंने दास्य भाव की भक्ति को, जो सामाजिक मर्यादा की दृष्टि से सबसे उत्तम विनीत मनोभाव उत्पन्न कर देती है, श्रेष्ठ बता देते हैं। प्रसंग आते ही वे राम के सगुण रूप पर जोर देते हैं। कथा के प्रवाह में उत्तम कोटि के भक्त बराबर भगवान् से यही वर माँग लेते हैं कि भगवान् का सगुण रूप ही उनके मन में बसे। यह भाव *रामायण* के समस्त उदात्त भावों का पोषण देता है। राम की नर-लीला में निश्चय ही बहुत सुंदर मनोवैज्ञानिक और शील-संचारी तत्त्वों का परिपाक हुआ है, परंतु वह समस्त नर-लीला पाठक को क्षणिक संतोष ही देती है, उसका वास्तविक मनोविराग भगवान् की इसी अनिर्वचनीय शोभा में होता है। उनके चरित्रों का सहज विकास केवल काव्य के मनोरंजक गुण के रूप में नहीं आता, बल्कि निखिलानंद संदोह भगवान् की केवल भक्तों पर अनुग्रह करने की इच्छा से किया हुआ लीला-विस्तार के रूप में गौण होकर ही आता है। मुख्य वस्तु है, भगवान के परम प्रेममय, परम अनुग्रहपरक और परम शांतिदायक रूप का विकास। तुलसीदास के काव्य का यह बड़ा भारी आकर्षण है। कथा का घुमाव सब जगह काव्य की अंगुलि के इशारे पर नहीं चलता, वह उन मार्गों से अग्रसर होता है, जिधर से भक्तिरस की प्राप्ति हो सकती है। इसीलिए *रामचरितमानस* केवल विशुद्ध काव्यदृष्टि से लिखा हुआ कथा-ग्रंथ नहीं है। उसमें भक्ति-रस की प्रधानता है। समन्वय के प्रयत्न में समझौते की जरूरत होती है। तुलसीदास को ऐसा करने को बाध्य होना पड़ा है। परंतु जिस असामान्य दक्षता के साथ तुलसीदास ने इस बात को सँभाला है, वह अद्भुत है। *रामचरितमानस* के कथा-काव्य की दृष्टि से अनुपमेय होने पर भी उसके प्रवाह में बाधा पड़ी है। अगर वह विशुद्ध कविता की दृष्टि से लिखा गया होता, तो कुछ और ही हुआ होता। इसमें यहाँ दार्शनिक मत की विवेचना है, तो वहाँ भक्ति-तत्त्व की व्याख्या। फिर भी अपनी असामान्य दक्षता के कारण तुलसीदास ने इस काव्यगत अंतराल को यथासंभव कम किया है। अपने प्रयत्न में वे इतने सफल हुए हैं कि भक्तिविह्वल समालोचकों को इसमें कोई दोष ही नहीं दिखाई देता। कथा का झुकाव इतना बारीकी से पहचाना गया है कि यह बात प्रायः ही पाठक भूल जाता है कि *रामचरितमानस* का लक्ष्य केवल कथा ही नहीं, और कुछ भी है। शुष्क तत्त्व-ज्ञान तुलसीदास को बहुत प्रिय नहीं रहा। जब कभी वे उसकी चर्चा करते हैं तो कवि की भाषा में। उपमाओं और रूपकों के प्रयोग से उनका वक्तव्य साफ हो जाता है। और कविता करने के लिए जब तुलसीदास कवि की भाषा का प्रयोग करते हैं, तो वे अद्वितीय नजर आते हैं।

चरित्र-चित्रण : चरित्र-चित्रण में तुलसीदास की तुलना संसार के गिने-चुने कवियों के साथ ही की जा सकती है। उनके सभी पात्र उसी प्रकार हाड़-मांस के जीव हैं, जिस प्रकार काव्य का पाठक, परंतु फिर भी उनमें अलौकिकता है। सबसे अद्भुत बात यह है कि इन चरित्रों की अलौकिकता समझ में आनेवाली चीज है। जीवंत पात्र सिर्फ श्वास-प्रश्वास ही नहीं लेते, सिर्फ हमारी भाँति नाना प्रकार की संवेदनाओं को ही नहीं अनुभव करते, बल्कि वे आगे बढ़ते हैं, पीछे हटते हैं, अपनी उदात्त वाणी और स्फूर्तिप्रद क्रियाओं से हमारे अंदर ऊपर उठने का उत्साह भरते हैं, हमें साथ ले लेते हैं, हम उनका संग पा जाने पर उल्लसित होते हैं, उमँगते हैं, और सन्मार्ग पर चलने में जो विघ्न-बाधाएँ आती हैं उन्हें जीतने का प्रयास करते हैं। तुलसीदास के जीवंत पात्र इसी श्रेणी के हैं। बहुतेरे सगुणमार्गी भक्तों द्वारा निबद्ध चरित्रों में श्वास-प्रश्वास की क्रिया तो है, संवेदना की तरंगे भी हैं, परंतु आगे बढ़ने और बढ़ाने की गति नहीं है। उनकी अलौकिकता पाठक के चित्त में केवल आश्चर्यजन्य श्रद्धा और औत्सुक्यजन्य निष्ठा जाग्रत करके समाप्त हो जाती है। पाठक सोचता है कि ये लोग समर्थ हैं, और हम नगण्य जीव हैं। परंतु तुलसीदास के पात्र ऐसे नहीं हैं। उनकी अलौकिकता हमारी नगण्यता को नहीं, बल्कि हमारी ग्राहिका शक्ति को उत्तेजित करती है। हम उसी मार्ग पर चलने को आतुर हो जाते हैं। भरत, लक्ष्मण, हनुमान, अंगद, सीता, कौशल्या जैसे पात्र हमें प्रेरणा देते हैं। मानव-जीवन के किसी-न-किसी अंग पर वे प्रकाश डालते हैं, या फिर उनसे किसी-न-किसी सामाजिक असंगति की तीव्र आलोचना व्यंजित होती है, या फिर वे मनुष्य और मनुष्य के बीच सद्भावना और पर-दुख:-कातरता की सद्वृत्तियों को जगाते हैं। अन्य सगुणमार्गी भक्त लीला के लिए लीला-गान करते थे। तुलसीदास ने ऐसा कहीं नहीं किया। वे आदर्शवादी ही नहीं, आदर्श-स्रष्टा थे, और अपने काव्य से भावी समाज की नींव डाल रहे थे। वे उस देश में पैदा हुए थे, जहाँ कल्पना की जा सकती है कि राम के जन्म होने के हजारों वर्ष पहले *रामायण* लिखी गई थी, अर्थात् जहाँ कवि भविष्य का द्रष्टा और स्रष्टा समझा जाता है। तुलसीदास ऐसे ही भविष्यद्रष्टा थे। आज तीन, साढ़े-तीन सौ वर्ष बाद इस विषय में कोई संदेह नहीं रह गया कि उन्होंने सचमुच ही भावी समाज की सृष्टि की थी। आज का उत्तर भारत तुलसीदास के आदर्शों पर गठित हुआ है। वही उसके मेरुदंड हैं।

भाषा पर प्रभुत्व : भाषा की दृष्टि से भी तुलसीदास की तुलना हिंदी के किसी अन्य कवि से नहीं की जा सकती। जैसा कि शुरू में ही बतलाया गया है, उनकी भाषा में भी एक प्रकार के समन्वय की चेष्टा है। वह जितनी ही लौकिक है, उतनी ही शास्त्रीय। उसमें संस्कृत का मिश्रण बड़ी चतुरता से किया गया है। उसमें एक ऐसा लचीलापन है जो कम कवियों की भाषा में मिलता है। जहाँ जैसा अवसर आया है, वहाँ वह वैसी ही हो जाती है। जायसी आदि सफल लौकिक भाषा के लेखक-कवियों की भाषा से मिलान करने पर यह गुण प्रकट होता है। जायसी की भाषा में एक ही प्रकार का सहज, सरल भाव है, चाहे वह राजा के मुँह से निकली हो या रानी के मुँह से। किंतु तुलसीदास की भाषा विषयानुकूल तथा वक्ता और बोद्धा के अनुसार हो जाती है। परिचारिका की भाषा और रानी की भाषा में अंतर है, निषाद की भाषा जितनी ही सरल और अकृत्रिम है, वशिष्ठ की भाषा उतनी ही वैदग्ध्यमंडित और परिष्कृत। तुलसीदास के पहले किसी हिंदी-कवि ने इतनी मार्जित भाषा

का प्रयोग नहीं किया था। काव्योपयोगी भाषा लिखने में तो वे कमाल करते हैं। उनकी *विनय-पत्रिका* में भाषा का जैसा जोरदार प्रवाह है, वैसा अन्यत्र दुर्लभ है। जहाँ भाषा साधारण और लौकिक होती है, वहाँ तुलसीदास की उक्तियाँ तीर की तरह चुभ जाती हैं और जहाँ शास्त्रीय और गंभीर होती है, वहाँ पाठक का मन चील की तरह मँडराकर प्रतिपादित सिद्धांत को ग्रहण कर लेता है।

सारग्राहिणी दृष्टि : उस युग के किसी भी अन्य कवि को तुलसीदास के समान सूक्ष्मदर्शिनी और सारग्राहिणी दृष्टि नहीं मिली थी। मानव-प्रकृति का उन्हें बड़ा ही अद्भुत और सूक्ष्म ज्ञान था। बाह्य प्रकृति पर उन्होंने अपने काव्यों में बहुत कम ध्यान दिया है। इसमें तो संदेह नहीं कि जहाँ कहीं उन्होंने इसे छुआ है, वहाँ पर्याप्त सफल हुए हैं। पर असल में वे इससे उदासीन ही बने रहे। जो भावुक सहृदय पद-पद पर फूल-पत्तियों को देखकर मुग्ध हो जाता है, झरने और पहाड़ों का वर्णन देखने को व्याकुल रहता है, नदी-नालों को देखकर तन-मन बिसार देता है, वह उनके काव्य का लक्ष्यीभूत श्रोता नहीं है। यह तो पहले ही कहा जा चुका है कि वे गलदश्रु भावुकता को पसंद नहीं करते थे। बाह्य प्रकृति को उन्होंने मानव-चित्त को उदात्त भावना से भावित करनेवाली शक्ति नहीं माना। वे भगवान् की नर-लीला में ही इस महागुण का अस्तित्व स्वीकार करते हैं। यह नर-लीला ही मनुष्य को मनुष्यत्व के चरम लक्ष्य की ओर ले जा सकती है। बाह्य प्रकृति भी किसी परात्पर-शक्ति का भृकुटिविलास ही है, परंतु फिर भी तुलसीदास नर-लीला के प्रेमी हैं। उनकी भावुकता भगवान् के मयनमोहन और करुणायतन रूप में ही प्रकट होती है। कभी-कभी प्रकृति का वर्णन उन्होंने एक रस्म या प्रथापालन के रूप में किया है। ऐसे स्थलों पर उनका मन जैसे रमता ही नहीं। यह एक विचित्र बात है कि उनके काव्यों में उपमानों के प्रयोग में काव्यगत रूढ़ियों का बुरी तरह दुरुपयोग हुआ है। कंज-लोचन, कजमुख, कंजपद, कंजदुति आदि में कंज केवल परंपरा-प्राप्त उपमान है, एक ही साथ सब अंगों के लिए जब इसका प्रयोग किया जाता है, तो पाठक के चित्त में न तो वह अनुभूति उत्पन्न हो पाती है, जो इस उपमान का अभिप्रेत है और न वह आसानी से सामान्य धर्मों को हृदयंगम कर सकता है। तुलसीदास-जैसे कल्पकवि के लिए, जो आवश्यकता पड़ने पर नए-नए उपमानों को अनायास गढ़ सकता था, यह कुछ विचित्र-सी बात है। पर इसका भी समाधान शायद उनकी समन्वयात्मिका वृत्ति से हो जाता है। तुलसीदास-जैसे मर्यादा-सेवी कवि द्वारा वीरता के प्रसंग में शत्रु-नारियों के गर्भस्राव का बार-बार उल्लेख खटक जाता है। इसी तरह कई काव्य-रूढ़ियों का उन्होंने इस तरह व्यवहार किया है, जैसे उस विषय में कुछ सोचा ही न हो। यह बात और भी विशेष रूप से इसलिए खटकती है कि अनुचित, अशोभन और अर्थहीन रूढ़ियों का उन्होंने सदा तिरस्कार किया है, भले ही उनका समर्थन वाल्मीकि से ही क्यों न हुआ हो।

तुलसीदास के काव्यों में उनका निरीह भक्त-रूप बहुत स्पष्ट हुआ है, पर वे समाज-सुधारक, लोक-नायक, कवि, पंडित और भविष्यस्रष्टा भी थे। यह निर्णय करना कठिन है कि इनमें से उनका कौन-सा रूप अधिक आकर्षक था, और अधिक प्रभावशाली था। इन सब गुणों ने तुलसीदास में एक अपूर्व समता ला दी थी। इसी संतुलित प्रतिभा ने उत्तर-भारत को वह महान् साहित्य दिया जो दुनिया के इतिहास में अपना प्रतिद्वंद्वी नहीं

जानता।

कृष्णदास पयहारी : तुलसीदास के अत्यंत लोकप्रिय और प्रभावशाली साहित्य के आगे परवर्त्ती काल के सभी काव्य-प्रयत्न फीके पड़ गए। रामचरित को लेकर लिखे गए काव्य तो उस गौरव तक पहुँच ही नहीं सके। रामभक्ति के अन्यान्य कवि भावी साहित्य को किसी प्रकार से चालित या प्रभावित करने में समर्थ न हो सके। रामानंद की शिष्य-मंडली में अनंतानंद का नाम आता है। उनके शिष्य कृष्णदास पयहारी की चर्चा पहले ही आई है। इन्होंने गलता के मठ को नाथपंथियों के हाथ से ले लिया था। इस मठ की शिष्य-परंपरा को आगे चलकर रामानंदी प्रभाव को स्वीकार करना पड़ा था, फिर भी उसमें नाथ-प्रभाव बहुत रह गया है। पयहारीजी के शिष्य स्वामी अग्रदास अच्छे कवि थे, ये भी गलता में ही रहते थे। इनका समय सन् 1577 ई. के आस-पास है। इनकी चार पुस्तकों का पता लगा है—*हितोपदेश उपखाण बावनी, ध्यानमंजरी, राम ध्यान मंजरी* और *कुंडलिया* । इनकी रचना बहुत ललित और मँजी हुई भाषा में है। श्रीराम की लीला का वर्णन करते समय इनकी दृष्टि शोभा और सुषमा की ओर अधिक रहती है, चरित्र-वर्णन की ओर कम।

नाभादास : कृष्णदास पयहारी के ही शिष्य नाभादास थे, जिनका *भक्तमाल* अपने ढंग का अपूर्व ग्रंथ है। इसमें अनेक पुराने और नए भक्तों का चरित-वर्णन है। ये तुलसीदासजी के समकालीन थे, क्योंकि इन्होंने अपनी पुस्तक *भक्तमाल* में तुलसीदास का उल्लेख वर्त्तमान काल की क्रिया में किया है। 316 छप्पयों में 200 भक्तों का चरित है। यह ऐसा अपूर्व ग्रंथ है कि परवर्त्ती काल में इसकी एक अपनी परंपरा स्थापित हो गई है। इस पुस्तक में ही भक्तों के नाम के साथ सिद्धियों और चमत्कारों का बीज-वपन हुआ है। सिद्धियों की कथा प्रत्येक नाथपंथी सिद्ध के नाम से जुड़ी हुई थी। चौदहवीं-पंद्रहवीं शताब्दी में निश्चित रूप से इन सिद्धियों की कहानी का अंबार-सा लग गया था। इब्नबतूता आदि विदेशी यात्रियों ने इन योगियों की सिद्धियों की कहानी सुनी थी। हमने पहले ही विचार किया है कि धार्मिक विश्वासों की दृष्टि से भक्तिकाल के पहले का काल 'सिद्धिकाल' कहा जा सकता है। नाभादास को ऐसी सैकड़ों सिद्धियों की कहानियाँ गलता में प्रचलित मिली होंगी। उनके दादा गुरु कृष्णदास पयहारी ने, जिन्हें गलती से अष्टछापवाले कृष्णदास अधिकारी के साथ गड्डमड्ड कर दिया जाता है, सिद्धि के प्रताप से ही गलता की गद्दी अधिकार की थी। उन्हें वैष्णव भक्तों की महिमा बताने के लिए सिद्धियों की कहानी आवश्यक लगी होगी। *भक्तमाल* ने इस उद्देश्य की पूर्ति की।

प्रियादास : नाभादासजी के शिष्य प्रियादासजी ने *भक्तमाल* पर एक टीका कवित्त-सवैयों में लिखी, जिसमें जीवन-वृत्त की अपेक्षा चमत्कारों का ही विस्तार अधिक किया गया। एक विशेष बात इस नवीन बिकास में लक्ष्य करने योग्य है। यह नाथ-सिद्धों और वैष्णव भक्तों की प्रवृत्तियों का अंतर स्पष्ट करने के लिए पर्याप्त है। नाथ-सिद्धों को अपने तपोबल और योगसाधना का गर्व था। उन्होंने दिखाना चाहा था कि वे हवा में उड़ सकते थे, पानी पर खड़ाऊँ पहनकर चल सकते थे, छाया पकड़कर स्थूल वस्तु की गति रोक सकते थे, शेर पर सवारी कर सकते थे, सर्पों के फण पर शयन कर सकते थे, और भी न जाने क्या-क्या कर सकते थे। सर्वत्र उन्हें अपने तप और योग का भरोसा था। वैष्णव भक्त ऋद्धि-सिद्धि सब भगवान् की साँवरी सूरत और मोहिनी मूरत पर निछावर कर चुके थे।

इसीलिए स्वयं भगवान् को उनकी रक्षा का भार लेना पड़ा था। *भक्तमाल* के वैष्णव भक्तों की मान-रक्षा का भार भगवान् पर आ गया है। भक्त अपना निरीह भाव छोड़ने को बाध्य नहीं, उस पर जो भी विपत्ति आती है, वह भगवान् की शरणागति से दूर हो जाती है। इस नई प्रवृत्ति ने भक्तों को बहुत लोकप्रिय बनाया। *सटीक भक्तमाल* का एक अनुवाद बंगला में श्री कृष्णदास या लालदास नामक भक्त ने किया। इसके अंत में उन्होंने एक लंबा परिशिष्ट जोड़ दिया, जिसमें गौड़ीय वैष्णव संप्रदाय के सिद्धांतों का समावेश है। इस पुस्तक ने परवर्त्ती बंगला साहित्य को कुछ दूर तक प्रभावित किया है। कविवर रवीन्द्रनाथ ठाकुर ने सूरदास, तुलसीदास, सनातन, कबीर आदि भक्तों के चरित्रों को आश्रय करके जो सुंदर कविताएँ लिखीं, वे इसी ग्रंथ से प्रभावित होकर। इसी प्रकार इसका एक मराठी अनुवाद भी हुआ था, और पता लगा है कि उड़िया में भी इस सटीक ग्रंथ का अनुवाद हुआ था। अब अनेक संप्रदायों में भी इस ग्रंथ के अनुकरण पर भक्तमाल-जातीय ग्रंथ लिखे गए। दादूपंथियों का *भक्तमाल* लिखा गया, शैव भक्तों की *चरितावली* बनाई गई और सिख संप्रदाय में भी भक्तों के चरितवाले ग्रंथ रचित हुए। इस प्रकार नाभादास की पुस्तक ने साहित्य और साधनापद्धति को गंभीर रूप से प्रभावित किया। इनकी दो *अष्टयाम* नामक पुस्तकों का भी पता लगा है, जिनमें एक ब्रजभाषा गद्य में है और दूसरी दोहा-चौपाइयों की शैली में।

केशवदास : रामचरित सदा से भारतीय साहित्य का प्रिय विषय रहा है। इस काल में तो भक्ति की नई भावधारा ने इसे और भी अधिक लोकप्रिय बना दिया था। केशवदास की प्रसिद्ध *रामचंद्रिका* इसी चरित को आश्रय करके लिखी गई है। इन दिनों उत्तर भारत में वाल्मीकि की *रामायण* के ही समान *प्रसन्नराघव* और *हनुमन्नाटक* भी बहुत चाव से पढ़े जाते थे। केशव की *रामचंद्रिका* इन सब ग्रंथों से बहुत प्रभावित है। *प्रसन्नराघव* से तो ज्यों-का-त्यों संवाद कई स्थानों पर ले लिया गया है। केशवदास ने इस पुस्तक की रचना के संबंध में लिखा है कि वाल्मीकि मुनि ने स्वप्न में कहा, "तू भला-बुरा तो गुनता नहीं, बेकार की बात लिखा करता है, कुछ राम का चरित्र गा, नहीं तो तुझे स्वर्ग नहीं मिलेगा।" फिर केशवदास ने इस पुस्तक की रचना की। इससे प्रकट होता है कि इससे पहले केशवदास ने बहुत-सी व्यर्थ की बातें लिख ली थीं। निस्संदेह इनमें प्राकृत जनों के संबंध में लिखी रचनाएँ हैं। *रतन बावनी* उनकी प्राकृत जनों को आश्रित करके लिखी हुई कविता है। इसका रचनाकाल उन्होंने नहीं बताया। इस पुस्तक की कुछ घटनाओं के साथ केशव की अन्य पुस्तकों में वर्णित घटनाओं का मेल न देखकर समझा जाता है कि इसका कुछ अंश अवश्य प्रक्षिप्त है। इसमें नाम को देखते हुए छंदों की संख्या 52 होनी चाहिए, पर अभी जो पुस्तक प्राप्त होती है, उसमें यह संख्या 68 है। इस पर से भी अनुमान होता है कि कुछ अंश इसका प्रक्षिप्त है। यह केशवदास की आरंभिक रचना है। इसके बाद उन्होंने निम्नांकित क्रम से पुस्तक रचना की थी—*रसिकप्रिया* (सं. 1648, 1591 ई.), *कविप्रिया* (सं. 1658, 1601 ई.), *रामचंद्रिका* (सं. 1658, 1601 ई.), *वीरसिंहदेवचरित* (सं. 1664, 1607 ई.) *विज्ञान गीता* (सं. 1667, 1610 ई.), *जहाँगीर जसचंद्रिका* (सं. 1669, 1612 ई.) इस *कविप्रिया* की रचना राय प्रवीण को काव्य की शिक्षा देने के लिए हुई थी। *रसिकप्रिया* और *कविप्रिया* काव्य-शास्त्र की पुस्तकें हैं। जिन दिनों वे इन्हें लिख रहे थे, उन्हीं दिनों

वाल्मीकि मुनि ने उन्हें स्वप्न में ऐसी बेकार बातों से विरत होने का उपदेश दिया। पर विरत होते थोड़ी देर लगी। *रामचंद्रिका* के आरंभ में उनका काव्य-शास्त्र-शिक्षक रूप ही प्रधान हो उठा है, नहीं तो एक गुरु के छंद से उदाहरण शुरू करने की कोई आवश्यकता नहीं थी। *कविप्रिया* और *रसिकप्रिया* कोई भक्ति-ग्रंथ तो हैं नहीं।

खोज की रिपोर्टों में *बाल-चरित्र* और *हनुमान-जन्म-लीला* नाम की दो और पुस्तकें भी केशवदास लिखित पाई गई हैं, पर इनकी रचना की शिथिलता के कारण मिश्रबंधु ने इन्हें किसी और केशवदास की रचना बताया है।

केशवदास का कवित्व : जान पड़ता है कि इन पुस्तकों में प्राकृत-प्रेम-प्रसंग की चर्चा करते रहने के कारण केशवदास का चित्त ऊब गया था और उन्होंने इस प्रकार के साधारण मनुष्यों के चरित को आश्रय करके लिखे गए काव्य को व्यर्थ का श्रम समझा था। स्वप्न इसी विचार की प्रतिक्रिया थी, और *रामचंद्रिका* उसी का फल। केशव पंडित-कुल में उत्पन्न हुए थे, उन्होंने संस्कृत के शास्त्रों का अच्छा अध्ययन किया था। भाषा में कविता लिखने के कारण वे मन-ही-मन एक प्रकार की हीन भावना का अनुभव कर रहे थे, जिसका परिणाम यह हुआ कि उनमें पांडित्य दिखाने का प्रयत्न कुछ मात्रा से अधिक हो गया। *रामचंद्रिका* इसीलिए चरित-काव्य न बनकर पांडित्य-प्रदर्शी ग्रंथ बन गया है। छंद का परिवर्त्तन इतना अधिक हुआ है कि ऐसा जान पड़ता है कि किसी को छंद सिखाने के लिए ही इसकी रचना की गई है। राय प्रवीण को काव्य-शास्त्र की शिक्षा देते-देते शायद छंदःशास्त्र की शिक्षा देने की भी आवश्यकता अनुभव हुई हो। सं. 1658 में ही *कविप्रिया* और *रामचंद्रिका*, दोनों का आरंभ हुआ था। इन दिनों अनेक पुराने जैन अपभ्रंश चरितकाव्यों का संधान मिला है। इन चरितकाव्यों में छंद बदलने की प्रवृत्ति पाई जाती है। *पृथ्वीराजरासो* में भी बहुत अधिक छंद बदला है, बल्कि यों कहना चाहिए कि *पृथ्वीराजरासो* छंद-परिवर्त्तन का सर्वोत्तम ग्रंथ है। कथानक की गति और प्रवाह में वहाँ छंद बाधक नहीं, साधक हैं। परंतु *रामचन्द्रिका* में छंदों का परिवर्त्तन किसी खास उद्देश्य से किया गया नहीं जान पड़ता। इससे कथा की गति या मोड़ में कोई सहायता नहीं पहुँचती, फिर कथा का प्रभाव भी टूटा-टूटा-सा है। केशवदास की विशेष रुचि संवादों में है। सुमति और विमति, रावण और वाणासुर, राम और परशुराम, रावण और अंगद इत्यादि के संवाद काफी मनोरंजक हुए हैं। ऊपर बताया गया है कि *हनुमन्नाटक* और *प्रसन्नराघव* नाटकों का संवाद उन दिनों उत्तर भारत में अधिक प्रचलित था और केशवदास के ऊपर भी इसका प्रभाव था। प्रभाव तो गोस्वामी तुलसीदास की *रामायण* में भी है, परंतु वहाँ अत्यंत स्वाभाविक और स्वकीयता लिए हुए है। केशवदास के संवाद कथा में जोड़े हुए-से लगते हैं। कवि को जिस प्रकार का संवेदनशील और प्रेषण-धर्मवाला हृदय मिलना चाहिए, वैसा केशवदास को नहीं मिला था। दूसरा कवि जिन स्थानों पर अधिक जमकर लिखता, उन स्थानों पर उनका मन जमा ही नहीं। राम को वनवास देनेवाले दशरथ-कैकेयी-प्रसंग को सात पंक्तियों में समाप्त कर दिया गया है, लेकिन स्वयंवर-सभा में राजाओं के वर्णन में बहुत अधिक परिश्रम किया गया है। किसी प्रकार के रस या भाव को उद्रिक्त करने का अवसर जब मिल जाता है, तब भी वे अलंकार-योजना और श्लेष-निर्वाह के चक्कर में पड़ जाते हैं। छंद और अलंकार ही *रामचंद्रिका* में प्रतिपाद्य विषय बन गए हैं। चरित्र को आश्रय

करके पहले भी ऐसे काव्य लिखे गए हैं जिनका उद्देश्य व्याकरण और अलंकार की शिक्षा देना है। प्रसिद्ध *भट्टि-काव्य* इसी श्रेणी का काव्य है, और बाद का मंछ कवि द्वारा लिखित *रघुनाथ रो रूपक* भी इसी जाति की रचना है। इस दृष्टि से *रामचंद्रिका* भी यदि छंद और अलंकार सिखाने की पुस्तक होती, तो उसकी परंपरा में इसे रख दिया जा सकता था। परंतु यद्यपि हिंदी में *रामचन्द्रिका* के पढ़ने-पढ़ाने की परंपरा रही है, तथापि ग्रंथकार का मूल उद्देश्य कुछ ऐसा नहीं जान पड़ता। वह चरित-काव्य ही लिखना चाहता है। कथा-प्रवाह का शैथिल्य, छंद-परिवर्त्तन का अनौचित्य और मार्मिक स्थलों में भी उक्ति-चमत्कार का मोह इसे उत्तम चरित-काव्य नहीं होने देते। फिर भी स्थान-स्थान पर इसमें प्रकृति का बड़ा सुंदर चित्रण हुआ है। कई संवादों में चरित्रगत वैशिष्ट्य तो नहीं, लेकिन परिस्थिति के अनुरूप प्रत्युत्पन्नमतित्व का अच्छा परिचय मिलता है, और सरस सूक्तियाँ भी पर्याप्त मात्रा में पाई जाती हैं।

जहाँगीर जसचंद्रिका और *वीरसिंहदेव चरित* बहुत साधारण कोटि के ग्रंथ हैं। केशवदास की वास्तविक प्रतिभा *कविप्रिया* और *रसिकप्रिया* में ही प्रकट हुई है। वस्तुतः केशवदास रीति-काल के ही आचार्य हैं। परंपरा से प्रसिद्ध है कि वे बड़े रसिक चित्त के व्यक्ति थे, और अपने केशों की धोखा देनेवाली शुक्लता से बहुत खिन्न हो गए थे, क्योंकि शत्रु के समान आचरण करनेवाले शुक्ल केश मृगनयनियों के मुख से उन्हें बाबा संबोधन निकलवा देते थे :

> केसव केसन अस करी जस अरिहू न कराहिं।
> चंद्रवदनि मृगलोचनी बाबा कहि कहि जाहिं।।

पता नहीं इस किंवदंती का मूल क्या है। इससे केवल इतना ही सिद्ध होता है कि साधारण जनता केशवदास की रचना में बहुत छिछली और भोंडी रसिकता का ही संधान पाती है। यह दोहा यह भी सिद्ध करता है कि साधारण जनता समझती है कि किस कवि की रचना में वास्तविक रस है, और किसमें छिछली रसिकता।

अन्य राम-काव्य : *कविप्रिया* और *रसिकप्रिया* वस्तुतः रीति-ग्रंथ हैं, और इनकी चर्चा यथास्थान आगे की जाएगी। जैसा कि पहले ही बताया जा चुका है, गोस्वामी तुलसीदास के लोक-व्यापी प्रभाव ने जहाँ रामचरित को अत्यंत लोकप्रिय बना दिया, वहीं रामचरित-संबंधी अन्यान्य काव्यों को श्रीहीन और फीका बना दिया है, इसीलिए परवर्त्ती काल में रामचरित-संबंधी कोई काव्य बहुत लोकप्रिय न हो सका। उदयराम राम ने 1566 ई. में *हनुमन्नाटक* के आधार पर इसी नाम की एक पुस्तक लिखी, जो कवित्त और सवैया छंद में है। प्राणचंद चौहान ने 1610 ई. में *रामायण महा-नाटक* की रचना की। लालदास ने सन् 1643 ई. में सीता-राम की लीलाओं का ग्रंथ *अवध विलास* लिखा और 1693 ई. में *बाल भक्ति नेह प्रकाश* और *दयालमंजरी* नाम के ग्रंथ लिखे, जिनमें प्रथम पुस्तक सीता-राम की कहानी है।

रामभक्ति-साहित्य की विशेषता : रामभक्ति का साहित्य सामाजिक मर्यादा के रक्षण का साहित्य है (वह वैधी भक्ति के आसपास सदा बना रहा है), जबकि कृष्णभक्ति का साहित्य प्रधान रूप से रागानुग भक्ति का साहित्य है। कर्त्तव्य-बुद्धि से जो नियम स्थिर किए जाते हैं, उन्हें 'विधि' कहते हैं और स्वाभाविक रुचि से जो बुद्धि उत्तेजित होती है उसे

'राग' कहते हैं। जहाँ तक जड़ जगत् का संबंध है वहाँ तक विधि और राग में विरोध रहता है, परंतु जहाँ तक भगवान् का संबंध है, विधि और राग में कोई अंतर नहीं रहता; क्योंकि दोनों ही स्थान में इष्ट वस्तु एक ही होती है। वैध भक्त की तीन अवस्थाएँ होती हैं— 1. श्रद्धावान्, 2. नैष्ठिक, 3. रुचियुक्त। वैधी भक्ति का अनुयायी सामाजिक बंधन और मर्यादाओं को नहीं भूलता, जबकि रागानुराग-मार्ग का अनुयायी इष्ट के प्रति ऐकांतिक भाव से आकृष्ट होता है। अपने ऐकांतिक प्रेम के मार्ग में यदि वह सामाजिक विधि-निषेधों को बाधक पाता है, तो वह उनका उल्लंघन कर देता है। गोपियों का प्रेम एकांतिक प्रेम है। इसीलिए रागानुग मार्ग के अनुयायी भक्त अपने में गोपियों का अभिमान करके, अर्थात् अपने को किसी-न-किसी गोपी का रूप समझकर, भगवान् का भजन करते हैं। यही कारण है कि कृष्णभक्ति-साहित्य में सामाजिक विधि-निषेध की मर्यादा की ओर कम ध्यान दिया गया है, और ऐकांतिक प्रेम की ओर अधिक। दूसरी ओर राम को आश्रय करके लिखे गए साहित्य में सामाजिक विधि-निषेध की ओर काफी ध्यान दिया गया है। रामभक्ति के साहित्य में मर्यादाओं का इतना अधिक ध्यान रखा गया है कि कम प्रतिभाशाली कवियों के हाथ पकड़कर वह ऊपरी सतह की नैतिकता के रूप में प्रकट हुआ है। उसमें पद-पद पर यह चिंता है कि कहीं सामाजिक और पारिवारिक मर्यादा के जो ऊपरी विधान हैं, उनका रंचमात्र भी इतस्ततः न हो जाए।

कृष्णभक्ति का प्रभाव : कृष्णभक्ति की ऐकांतिक प्रेम-साधना ने धीरे-धीरे रामभक्ति के साहित्य और साधना को भी प्रभावित किया है। अठारहवीं शताब्दी के बाद अयोध्या के रामायत वैष्णवों में इस प्रकार की मधुर-भाव की साधना का सूत्रपात हुआ है। मधुर-भाव की उपासना कुछ इतनी आकर्षक और मनोहर है, कि भक्त-हृदय इसकी ओर से आँख नहीं मूँद सकता। यद्यपि गोस्वामी तुलसीदास ने प्रधान रूप से दास्य-भाव का प्रचार किया है, पर *गीतावली* के उत्तर-कांड में कृष्णभक्त कवियों की भाँति माधुर्य की ओर आकृष्ट हुए दिखते है।[3] इसमें सखियों का रघुनाथ के सुंदर रूप की ओर वैसा ही मधुर आकर्षण है जैसा गोपियों का श्रीकृष्ण की ओर, परंतु फिर भी तुलसीदास मर्यादा-प्रेमी कवि हैं, और अपनी माधुर्य-भावना में भी सावधान हैं। किंतु अठारहवीं शताब्दी के बाद अयोध्या में माधुर्यभाव की उपासना का पूर्ण प्रवेश हुआ है। उन्नीसवीं शताब्दी के *रामचरित मानस* के टीकाकार श्री रामचरणदासजी ने माधुर्यभाव की उपासना चलाई। माधुर्यभाव के उपासक कृष्णभक्त संप्रदाय में गौड़ीय वैष्णवों का संभवतः प्रधान स्थान है। महाप्रभु चैतन्यदेव राधाभाव से भगवान् का भजन करते थे, परंतु उन लोगों ने भी इस साधना को आंतरिक भावना पर ही आश्रित बनाए रखा। कभी किसी ने बाह्यरूप में स्त्रीवेश धरके भगवान् के सामने हाव-भाव नहीं दिखाया। परंतु अयोध्या के नवीन माधुर्योपासकों ने स्त्रीवेश धारण करके लाल साहब (श्रीरामचंद्र) को नाना शृंगारिक चेष्टाओं से प्रसन्न करने की साधना प्रवर्त्तित की है। इस संप्रदाय का नाम 'स्वसुखी संप्रदाय' या 'स्वसुखी शाखा' है। ये लोग सीताजी को सपत्नी के रूप में देखते हैं। इस संप्रदाय के पास अपने पक्ष के समर्थन के लिए कई पुस्तकें हैं, जैसे *लोमश संहिता*, *भुशुंडि रामायण* और *महारासोत्सव* तथा *कोशल खंड* इत्यादि।

मधुरभाव का प्रवेश : इन पुस्तकों में रामचंद्रजी की अनेक रासलीलाओं और विहारों

का वर्णन है। रामावतार में भगवान् ने 99 रास किए थे, केवल एक बाकी रह गया था, जिसे उन्होंने कृष्णावतार में किया। इस माधुर्यभाव में चिरान (छपरा) के श्री जीवारामजी ने कुछ परिवर्त्तन किया, और उन्होंने पति-पत्नी-भाव के स्थान पर सखीभाव को प्राधान्य दिया, और इसी कारण अपने संप्रदाय का नाम *तत्सुखी शाखा* रखा। लक्ष्मण किला,अयोध्या के युगलानंदशरणजी ने सखीभाव की उपासना का खूब प्रचार किया। रीवाँ के महाराज रघुराजसिंह इनके भक्त थे, और इनकी प्रेरणा से चित्रकूट को वृंदावन की भाँति क्रीड़ाकुंज का तीर्थ बनाने का प्रयत्न किया। इस शाखा के मूल प्रवर्त्तक कोई कृपानिवास नाम के एक आचार्य बताए जाते हैं, जिनकी *कृपानिवास पदावली* नामक एक माधुर्यभावपरक पुस्तक भी छपी है।

इन माधुर्यभावोपासक भक्तों में भी रामोपासना का प्रधान गुण मर्यादा का पालन एकदम गायब नहीं हो गया है। ऊपरी सतह की सामाजिक और पारिवारिक मर्यादा का पालन दृढ़ता के साथ किया गया है। जो साधु राम को अपना छोटा भाई समझकर उपासना करते हैं, उनके सामने आने पर सीता या उनकी सखियों का अभिमान करनेवाले भक्त तुरंत घूँघट खींच लेते हैं। इसी प्रकार जनक का अभिमान करनेवाले भक्त उनके सामने संतान-वत्सल पिता की भाँति ही उपस्थित होते हैं; इस प्रकार अपनी ऐकांतिक प्रेमनिष्ठा में भी रामभक्तों ने मर्यादा की अवहेलना नहीं की है।

जनकपुर के भक्तों की विशेषता : जिस प्रकार अयोध्या के साधकों ने रामचंद्रजी के चरित्र को प्रधानता दी है, उसी प्रकार जनकपुर के भक्तों ने जानकी के चरित्र को प्रधान बनाकर ही काव्य लिखा है। सन् 1703 ई. में अयोध्या के महंत श्री रामप्रियाशरणजी ने *सीतायन* नाम का एक काव्य लिखा है। सन् 1734 में प्रेमसखी नामक एक भक्त हुए हैं, जिन्होंने *जानकीराम का नखशिख, होरी छंदादि प्रबध* और *कवित्तादि प्रबंध* नाम की पुस्तकें लिखी हैं। पहली में श्रीराम-जानकी के नखशिख सौंदर्य का वर्णन है, और दूसरी में क्रीड़ा, प्रेम, फाग का सरस वर्णन है। अठारहवीं शताब्दी के अयोध्या-निवासी जानकीरसिक-शरणजी ने *अवधी सागर* नामक एक ग्रंथ की रचना की, जिसमें श्री रामचंद्र और सीता की अष्टयाम-लीला, रास, नृत्य, विहार आदि का वर्णन है।

अठारहवीं शताब्दी के अंतिम भाग में रामायत सखी-संप्रदाय के मूल प्रवर्त्तक कृपानिवास हुए, जिनकी *भावना पच्चीसी, समय प्रबंध* (अष्टयाम लीला), *माधुरी प्रकाश* (राम और सीता के अंग-प्रत्यंग की शोभा का वर्णन), *जानकी सहस्र-नाम* नामक पुस्तकें प्राप्त हुई हैं। इनकी लिखी *पदावली* की चर्चा ऊपर की जा चुकी है।

विश्वनाथसिंहजू : रीवाँ-नरेश महाराज विश्वनाथसिंहजी बड़े भारी राम-भक्त थे। परंपरा से यह घराना कबीरदास का भक्त रहा है। महाराज विश्वनाथसिंहजी ने (जन्म 1735 ई.) *बीजक* की पांडित्यपूर्ण टीका लिखी जिसमें साकेतवासी श्रीरामचंद्रजी की साकार उपासना का प्रतिपादन किया। इन्होंने श्रीरामचरित को आश्रय करके भी कई काव्य लिखे हैं, जिनमें *आनंद रघुनंदन* नाटक बहुत महत्त्वपूर्ण है। इसमें रामचंद्रजी का नाम *हितकारी* है, रावण का 'दिक्-शिरा' है, सुग्रीव का नाम 'सुगल' है, अंगद का 'भुजभूषण' है, और हनुमानजी का नाम 'त्रेतामल्ल' है। इस प्रकार महाराज विश्वनाथसिंहजी ने *रामायण* के पात्रों के नाम बदल दिए हैं, यद्यपि यह बदलना सार्थक है। इस नाटक में

ब्रजभाषा गद्य का प्रयोग किया गया है, किंतु *बीजक* की टीका में बघेलखंडी भाषा का व्यवहार है। उनके लिखे अनेक अन्य ग्रंथ हैं जिनकी चर्चा आगे रीतियुक्त भावधारा के प्रसंग में की जाएगी।

स्वसुखी संप्रदाय : अयोध्या के श्री रामचरणदासजी जो सखी-संप्रदाय के 'स्वसुखी शाखा' के प्रवर्त्तक हैं, कई पुस्तकों के लेखक बताए जाते हैं। *रामायण* पर इनकी टीका तो प्रसिद्ध है ही। पाँच और पुस्तकें इनके नाम पर मिलती हैं, जिनके नाम हैं : *दृष्टांत बोधिका, कवितावली रामायण, पदावली, रामचरित्र* और *रसमालिका*। इनकी पुस्तकों में माधुर्यभाव के भजन हैं। उन्नीसवीं शताब्दी के श्री जानकीचरण के भी दो ग्रंथ उपलब्ध हुए हैं, *प्रेमप्रधान* और *सियाराम रसमंजरी*। अयोध्या के श्री बनादास उन्नीसवीं शताब्दी के श्रीरामभक्ति-साहित्य में बहुत प्रमुख स्थान के अधिकारी हैं। इनकी रचनाओं की संख्य काफी अधिक है, पर सभी प्रकाशित नहीं हैं। इनके ग्रंथों में रामचरित के साथ अध्यात्म और संतमत का भी मिश्रण है।

तत्सुखी शाखा : सखी संप्रदाय की तत्सुखी शाखा के प्रवर्त्तक श्री जीवारामजी—जिनका भक्तनाम युगलप्रिया था—की भी दो रचनाएँ मिली हैं : *पदावली* और *अष्टयाम* । उन्नीसवीं शताब्दी में बालअलीजू नामक भक्त ने *नेहप्रकाश* नाम की पुस्तक लिखी जिसकी टीका जनकलाड़िलीशरणजी ने लिखी। इसी समय श्री जनकराजकिशोरीशरणजी भी हुए, जिनका भक्तनाम रसिकअली है। इन्होंने भी *अष्टयाम, सीताराम-सिद्धांत-मुक्तावली* और *सीताराम-सिद्धांत-अनन्य-तरंगिणी* नामक पुस्तकें लिखी हैं। इस काल में अयोध्या के राम-भक्ति-साहित्य में मधुरभाव की साधना का बहुत जोर रहा और राम-जानकी की अष्टयाम लीलाओं और गूढ़ प्रेम-रहस्य को व्यक्त करनेवाली पुस्तकों की बाढ़ आ गई। बीसवीं शताब्दी में भी इस संप्रदाय में बहुत अच्छे भक्त हुए हैं। युगलानंद-शरणजी के शिष्य जानकीवरशरणजी हुए जिनका भक्तनाम प्रीतिलता था; इनके शिष्य श्री रामवल्लभाशरणजी हुए जिनका साधनानाम युगलबिहारिनीजी था। इनके शिष्य श्री सियालालशरणजी हुए जो प्रेमलता नाम से साधन-भजन और काव्य-रचना करते थे। प्रेमलताजी के लिखे तैंतीस ग्रंथ हैं जो सब अप्रकाशित हैं। इनका साकेतवास 1941 ई. में हुआ है। इनकी रचनाओं में कुछ तो सिद्धांतख्यापक ग्रंथ हैं (जैसे, *नामतत्त्व-सिद्धांत, नामरहस्यत्रयी, सीतारामरहस्यदर्पण* इत्यादि); कुछ उपदेशपरक हैं (जैसे, *वैराग्यप्रबोधक बहत्तरी, हितोपदेश शतक, उपदेश पेटिका* इत्यादि); और कुछ में राम-जानकी के विहार और अष्टयाम-लीला के पद हैं। बीसवीं शताब्दी में इस शाखा में ये बहुत प्रभावशाली संत रहे हैं। पर यह सारा-का-सारा साहित्य अप्रकाशित और अविवेचित पड़ा हुआ है। जिस समय इस श्रेणी का साहित्य बड़ी तेजी से लिखा जा रहा था, उस समय साहित्य की मूलधारा दूसरे रास्ते निकल गई। भगवद्भक्ति की अपेक्षा देशभक्ति और नवीन राष्ट्रचेतना ने उसको अधिक प्रेरणा दी, और यह साहित्य उपेक्षित रह गया।

[इस साहित्य के सहायक ग्रंथ—रामचंद्र शुक्ल : *हिंदी साहित्य का इतिहास;* रामकुमार वर्मा : *हिंदी साहित्य का आलोचनात्मक इतिहास;* माताप्रसाद गुप्त : *तुलसीदास,* रामदास गौड़ : *रामचरित-मानस की भूमिका; तुलसी ग्रंथावली* (तीसरा भाग); *कामिल बुल्के : रामकथा,* बलदेवप्रसाद मिश्र : *तुलसीदर्शन,* राजपति दीक्षित : *तुलसीदास*]

संदर्भ

1. अयोध्या के कुछ वैष्णव संप्रदायों की गुरु-परंपरा में तुलसीदास नरहरिदास के शिष्य बताए गए हैं। श्री संप्रदाय की गुरु-परंपरा में रामानंदजी के गुरु राघवानंदजी थे। उनके बाद तुलसीदासजी तक का क्रम इस प्रकार है—राघवानंद-रामानंद-सुरसुरानंद—माधवानंद-गरीबानंद-लक्ष्मीदास-गोपालदास- नरहरिदास। ['श्री प्रेमलताजी का *वृहद् जीवन-चरित्र*:]'
2. तुलीसदास के नाम पर मिले ग्रंथ— (1) *कड़खा रामायण*, (2) *कुण्डलिया रामायण*, (3) *छप्पय रामायण*, (4) *पदावली रामायण*, (5) *रामलला नहछू*, (6) *रामाज्ञा*, (7) *पार्वती-मंगल*, (8) *जानकी-मंगल*, (9) *वैराग्य संदीपनी*, (10) *बरवै रामायण*, (11) *संकटमोचन*, (12) *छंदावली रामायण*, (13) *रोला रामायण*, (14) *झूलना रामायण*, (15) *कवितावली*, (16) *गीतावली*, (17) *कृष्ण गीतावली*, (18) *हनुमान बाहुक*, (19) *हनुमान चालीसा*, (20) *रामशलाका*, (21) *रामसतसई*, (22) *विनय पत्रिका*, (23) *दोहा*, (24) *तुलसी सतसई*, (25) *कलि धर्मार्थ निरूपण*।

   मधुरभाव के उपासक वैष्णव लोग तुलसीदास को (और स्वामी रामानंदजी को भी) इसी भाव का उपासक मानते हैं। स्वामी रामानंद का स्थूल शरीर का नाम तो रामानंद था, पर आत्मशरीर का नाम रामानंददायिनी था; तुलसीदासजी का नाम तुलसी सहचरीजी था और, और तो और, इस संप्रदाय के आदिप्रवर्त्तक श्री हनुमानजी का आत्मसंबंधी नाम श्री चारुशीलाजी था।

प्रेम-कथानकों का साहित्य

प्रेम-कथानकों की परंपरा : गोस्वामी तुलसीदासजी के पहले लोकभाषा में प्रेमकथानकों का ऐसा साहित्य काफी अधिक संख्या में लिखा गया था जिसके कथा-अंश का आधार लोक-प्रचलित कथानक थे। कभी-कभी ये काव्य किसी ऐतिहासिक व्यक्ति के नाम के साथ जुड़े होते थे और कभी इनमें के चरित-नायक बिल्कुल कल्पित व्यक्ति हुआ करते थे। जब तुलसीदास ने कहा था, 'कीन्हे प्राकृत जन गुन गाना, सिर धुनि गिरा लागि पछताना' तो उनके मन में दोनों प्रकार की रचनाएँ थीं। उन दिनों *मधुमालती, मृगावती, हीर और राँझा, ढोला और मारू, सारंगा और सदावृक्ष* आदि निजंधरी नायक-नायिकाओं की प्रेम-कहानियाँ आजकल के सस्ते ढंग के उपन्यासों का काम करती थीं। इन प्रेम-संबंधी कहानियों को लोग बड़े चाव से पढ़ते थे। सत्रहवीं शताब्दी के जैन कवि बनारसीदास ने अपने आत्म-चरित *अर्द्ध कथानक* में लिखा है कि *मधुमालती* और *मृगावती* नामक पुस्तकों के पढ़ने का उन्हें ऐसा चस्का लगा था कि दूकान का सब काम-काज छोड़कर घर में ही बैठे रहते थे :

अब घर में बैठे रहे नाहिन हाट बजार।
मधुमालती मृगावती पोथी दोइ उचार।

साधारणतः प्रेम-काव्यों का नाम उनकी नायिकाओं के नाम पर रखने की प्रथा बहुत प्राचीन काल से चली आ रही थी। *रत्नावली, पद्मावती, वासवदत्ता, कुवलयमाला* आदि नायिकाओं के नाम पर गद्य-काव्य, नाटक, पद्यबद्ध काव्य और चंपू जाति की ऐसी रचनाएँ प्राप्त होती हैं जिन्हें एक शब्द में 'रोमांस' कहा जा सकता है। कवियों ने लोक में प्रचलित कथानकों का आश्रय लेकर ये कथाएँ लिखी होंगी। ऐसी लोक-कथाओं का सबसे बड़ा संग्रह पैशाची में लिखी गई गुणाढ्य कवि की *बृहत् कथा* थी जो मूल रूप में अब प्राप्त नहीं है, पर क्षेमेंद्र और सोमदेव आदि कवियों द्वारा संस्कृत में रूपांतरित होकर बची हुई है। इस ग्रंथ की कहानियाँ नरवाहन दत्त, उदयन आदि ऐतिहासिक राजाओं के नाम से संबद्ध हैं, पर अधिकांश में नाम के अतिरिक्त बाकी सारी बातें कल्पित ही हैं। उदयन की कथाएँ प्राचीन भारत के गाँव-गाँव में प्रचलित थीं। कालिदास के *मेघदूत* में गाँव के बड़े-बूढ़ों को 'उदयन-कथा-कोविद' अर्थात् उदयन की कहानी कहने में पटु बताया गया है। नरवाहन दत्त भी किसी ऐतिहासिक राजा का नाम होगा। कुछ विद्वानों का अनुमान है कि यह प्रसिद्ध शक नरपति 'नहपान' का ही संस्कृत बनाया हुआ रूप है। जो हो, इन कहानियों में ऐतिहासिक राजाओं के नाम अवश्य जुड़े रहते थे, पर उनके विषय में जो प्रेम की कथाएँ दी

जाती थीं, उनका सब समय ऐतिहासिक होना जरूरी नहीं था। इसी प्रकार के प्रसिद्ध राजाओं में शूद्रक, हाल, सातवाहन, विक्रमादित्य आदि भी थे जिनके नाम पर दर्जनों कहानियाँ प्रचलित थीं। प्राकृत और अपभ्रंश में भी प्रेम-कथाओं की यह परंपरा चलती रही। नवीं शताब्दी के कौतूहल नामक प्राकृत भाषा के कवि ने *लीलावती* नामक प्रेम-कथानक लिखा था। दसवीं शताब्दी के मयूर कवि ने भी *पद्मावती-कथा* नाम का एक काव्य लिखा था। ऐसा जान पड़ता है कि आगे चलकर 'वती' प्रत्यययुक्त नाम लोक-कथानकों में बहुत जनप्रिय हो गया। *लीलावती, पद्मावती* आदि नाम पुराने साहित्य में मिलते हैं। परवर्त्ती साहित्य में इन शब्दों की तौल पर गढ़े हुए *कनकावती, मुग्धावती, मृगावती, सपनावती* आदि नाम प्रचलित हो गए थे। फिर भी *मधुमालती, कामकन्दला, रूपमंजरी, विद्युद्लेखा* जैसे काव्यात्मक नाम एकदम भुला नहीं दिए गए। *पद्मावत* में ऐसी प्रेम-कहानियों की एक लंबी सूची दी गई है जिससे पता चलता है कि उन दिनों 'सपनावती,' 'मुगधावती', 'मिरगावती', 'मधुमालती', 'प्रेमावती', 'खैड़रावती' आदि नायिकाओं को केंद्र करके लिखी हुई या कही जानेवाली प्रेम-कहानियाँ काफी प्रचलित थीं। *पृथ्वीराजरासो* में पृथ्वीराज की पद्मावती हंसावती, इंद्रावती आदि रानियों के विवाह की कथाएँ हैं। मूलतः ये सभी प्रेम-कथानक हैं। इनमें प्रेम-कथानकों की सभी विशेषताएँ प्राप्त होती हैं। अंतर इतना ही है कि यहाँ नायक की युद्ध-पटुता और शौर्य-प्रदर्शन मुख्य हो गया है और प्रेम-व्यापार गौण। इस गौणता के कारण ही आगे आलोचित होनेवाले प्रेम-कथानकों के प्रसंग में हमने इनकी गणना नहीं की है किंतु इसमें कोई संदेह नहीं कि *पद्मावती* की वही लोकप्रचलित कथा *रासो* में भी ग्रहण की गई है, जो जायसी के काव्य का आधार है। पृथ्वीराज की अन्य रानियों के साथ विवाह की कथाएँ भी लोक-प्रचलित कथानकों को ही आश्रय करके लिखी गई हैं। उनमें ऐतिहासिकता एकदम नहीं है।

प्रेम-कथानकों की आधारभूत कहानियाँ : ऐतिहासिक नरेशों के साथ कल्पित या अर्द्ध-कल्पित प्रेम की कहानियों पर आधारित प्रेम-काव्य इस देश में हमेशा ही लिखे गए हैं। यह कह सकना कठिन है कि इनमें किन-किन कहानियों को आश्रय करके प्रेम-काव्य लिखे गए। बनारसीदास के उल्लेख से यह तो स्पष्ट है कि *मधुमालती* और *मृगावती* नाम की पुस्तकें लिखी गई थीं। इस नाम की दो पुस्तकें प्राप्त भी हैं। ऐसा जान पड़ता है कि इन कहानियों को आश्रय करके एकाधिक कवियों ने काव्य लिखे होंगे। उदाहरणार्थ मंझन ने *मधुमालती* की कथा का आश्रय लेकर अपना काव्य लिखा था और दक्षिण के उर्दू-कवि नसरती ने *गुलशने इश्क* नाम से यही कहानी लिखी थी। इसी प्रकार अठारहवीं शताब्दी के निगम कायस्थ ने *मधुमालती* की प्रसिद्ध लोक-कथा को आश्रय करके 796 दोहे-चौपाइयों में एक काव्य लिखा था जिसका कथानक और स्वर दोनों ही मंझन से भिन्न हैं। कुतबन ने अपनी *मृगावती* में लिखा है कि "यह कथा पहले से ही चली आ रही थी। इसमें योग, शृंगार और विरहरस वर्त्तमान था। मैंने दुबारा फिर उसी कथा को लिपिबद्ध किया है।" कुतबन का यह दावा अवश्य है कि पहले से ही प्रचलित कथा के अर्थ को उन्होंने नए सिरे से स्पष्ट किया है—"पुनि हम खोलि अरथ सब कहा।" सूफी कवियों का यही विशेष दृष्टिकोण है। वे लोक-प्रचलित कथा में नए अर्थ को भरते हैं।

दिल्ली के बादशाह सिकंदरशाह (1479-1517 ई.) के समकालीन कवि ईश्वरदास ने

भी दोहे-चौपाइयों में *सत्यवतीकथा* नाम की पुस्तक लिखी थी। इसमें व्यास-जनमेजय के संवाद-रूप से कथा शुरू होती है। पाँच-पाँच अर्द्धालियों के बाद दोहे का धत्ता है। इसकी भाषा ठेठ अवधी है। पूर्वी प्रदेशों में कथानक लिखने के लिए जिस काव्य-शैली का व्यवहार होता था, उसका उत्तम नमूना इस पुस्तक में है। इसमें भी एक प्रेम-कहानी है; यद्यपि सूफ़ी कवियों का जिस प्रकार का परोक्षसत्ता-परक प्रेम है और अर्थ खोलने के उद्देश्य से जैसा सांकेतिक प्रयोग है, वह इसमें नहीं है। सती की महिमा और पातिव्रत-धर्म के माहात्म्य को बताने के उद्देश्य से ही यह पुस्तक लिखी गई थी। गोस्वामी तुलसीदासजी की *रामायण* में एक ओर जहाँ काव्यगुण अत्यधिक मात्रा में प्राप्त था, वहीं दूसरी ओर उसमें धर्मभावना का योग भी था। इसीलिए इस महाग्रंथ ने 'प्राकृत जन गुन गान मूलक' सभी प्राकृत कथाओं को प्रायः समाप्त कर दिया। *रामायण* का प्रवेश मुस्लिम घरों में बहुत कम हो सका, इसीलिए वहाँ कुछ पुरानी प्रेम-कहानियाँ बच गईं।

सूफ़ी कवियों द्वारा निबद्ध प्रेम-कथानक : भारतवर्ष के सूफी कवियों ने अपने आध्यात्मिक सिद्धांतों के प्रचार के लिए इन कहानियों का उपयोग किया। यह कोई नई बात नहीं है। प्राचीन काल में भी लोक-प्रचलित कहानियों का धार्मिक तथा आध्यात्मिक उद्देश्य से प्रयोग किया गया है। *महाभारत* और *पुराणों* में, जातक कथाओं में तथा बौद्धों के अवदान-साहित्य में, जैन कवियों द्वारा लिखित चरित-काव्यों में इस पद्धति का पूरा उपयोग किया गया है। यदि सूफ़ी कवियों ने भी इस पद्धति को अपनाया तो यह कोई नई बात नहीं थी।

प्रेम-कथानकों पर आश्रित काव्य तीन श्रेणियों के प्राप्त हुए हैं :

1. आध्यात्मिक सिद्धांतों के प्रचार के लिए लिखे गए काव्य।
2. विशुद्ध लौकिक प्रेम-काव्य।
3. अर्द्ध-ऐतिहासिक प्रेम गाथाएँ।

प्रथम श्रेणी में मुख्य रूप से सूफ़ी कवियों की लिखी गई प्रेम-कहानियाँ आती हैं, किंतु सूफ़ियों के अतिरिक्त अन्य भक्त कवियों ने भी इस शैली को थोड़ा बहुत अपनाया है। इसलिए इन काव्यों को दो श्रेणियों में बाँट सकते हैं– (1) सूफ़ी कवियों के लिखे हुए प्रेम-काव्य, और (2) अन्य भक्त कवियों द्वारा लिखे गए प्रेम-काव्य। हिंदी साहित्य में प्रमुख और विशिष्ट होने के कारण पहले सूफ़ी कवियों की चर्चा की जा रही है।

सूफ़ी मत का भारतवर्ष में प्रवेश : सूफी-संप्रदाय का प्रवेश इस देश में ख्वाज़ा मुईनुद्दीन चिश्ती (बारहवीं शताब्दी) के समय से माना जाता है। सूफ़ियों के चार संप्रदाय–चिश्ती (बारहवीं शताब्दी), सोहरावर्दी (बारहवीं शताब्दी), क़ादरी (पंद्रहवीं शताब्दी) और नक्सबंदी (पंद्रहवीं शताब्दी)–इस देश में आए हैं। इनका सादा जीवन, उच्च विचार और प्रेम का तत्त्ववाद भारत के धर्म-जिज्ञासुओं को धीरे-धीरे आकृष्ट करने लगा। भारतीय सूफ़ी संतों ने इसकी प्रचलित लोककथाओं का आश्रय करके अपने आध्यात्मिक विचार का प्रचार आरंभ किया। इस श्रेणी का सबसे प्रथम काव्य अलाउद्दीन खिलजी के राज्य-काल के मुल्ला दाऊद नामक किसी सूफ़ी संत का *चंद्रावत* या *चंद्रावती* नामक काव्य बताया जाता है। इधर सुना गया है कि इसकी एक प्रति उपलब्ध हुई है, पर अभी तक यह प्रकाशित नहीं है इसलिए इस काव्य के विषय में कुछ कहना संभव

नहीं है।

कुतबन : दूसरे सूफ़ी कवि कुतबन हैं (पंद्रहवीं शताब्दी का अन्त्य भाग और सोलहवीं शताब्दी का प्रथम भाग) जिन्होंने सन् 909 हिजरी अर्थात् 1501 ईस्वी में *मृगावती* नामक प्रेम-काव्य लिखा। इसकी एक खंडित प्रति प्राप्त हुई है। इस पुस्तक से कुतबन के संबंध में मात्र इतना ज्ञात होता है, कि वे शेख बुड्ढन के शिष्य थे। इनके जीवनकाल में हुसेनशाह राज्य कर रहे थे। ये हुसेनशाह जौनपुर के शासक थे। शेरशाह इन्हीं के पुत्र थे। *मृगावती* हिजरी सन् 909 (1501 ई.) में पहले से चली आती हुई कथा को आश्रय करके लिखी गई थी। *मृगावती* में कुछ ऐसी कथानक रूढ़ियों का व्यवहार किया गया है जो भारतीय साहित्य में नवीन जान पड़ती हैं। चंद्रगिरि के राजा गणपति देव का पुत्र कंचनगिरि के राजा रूपमुरारी की पुत्री पर मुग्ध हुआ। अनेक कष्ट सहने के बाद वह अपनी प्रेमिका को पाने में समर्थ हुआ, पर राजकुमारी उड़ने की विद्या जानती थी और राजकुमार को धोखा देकर उड़ गई। भारतीय कथाओं में प्रेमिका का धोखा देना अपरिचित तथ्य नहीं है, पर उड़कर अन्यत्र जाना नई रूढ़ि है। फिर राजकुमार योगी होकर मृगावती की खोज में निकल पड़ता है, रास्ते में किसी राक्षस के हाथ से रुक्मिणी नाम की किसी अन्य सुंदरी का उद्धार करता है और उससे विवाह-सूत्र में बँधता है। इसके बाद वह फिर उस नगर में पहुँचता है जहाँ मृगावती अपने पिता की मृत्यु के बाद सिंहासनासीन हो राज्य कर रही थी। बारह वर्ष बाद राजकुमार के पिता को पुत्र का समाचार मिलता है और उसे बुला भेजता है। राजकुमार अपनी दोनों पत्नियों के साथ घर लौटता है। अंत में एक शिकार में मृत्यु हो जाने के बाद दोनों स्त्रियाँ सती हो जाती हैं।

दो बातें इस कहानी में विशेष ध्यान देने की हैं। एक तो पुरुष का ऐकांतिक प्रेम और प्रिया को प्राप्त करने के लिए कठिन साधना; दूसरा, प्रिया का धोखा देकर उड़ जाना और दूसरे देश में जाकर राज्य-शासन करना। इस प्रकार की कथानक-रूढ़ियाँ इस देश में नई ही हैं। प्रेमपात्र में ऐश्वर्य-बुद्धि और कठिन साधना के द्वारा ही उसकी प्राप्ति तथा माधुर्यभाव के द्वारा ऐश्वर्य भाव का पराभव, ये सूफ़ियों के आध्यात्मिक आदर्श हैं। यहाँ प्रिय भगवान् का प्रतीक है और धोखा देकर उड़ जाना उसके प्रेम की सचाई की परीक्षा है। सूफ़ी कवियों ने सदा प्रेमी को अनेक विघ्नों में से निकालकर नायिका तक पहुँचाया है। लौकिक पक्ष में यह प्रेम की ऐकांतिकता का सूचक है और पारलौकिक पक्ष में साधना की गहनता का।

सूफ़ी कवियों द्वारा व्यवहृत काव्यरूप : प्रायः सभी सूफ़ी कवियों ने एक ही प्रकार के काव्यरूपों का उपयोग किया है। इनकी भाषा अवधी होती है; छंद चौपाई और दोहा। चौपाई और दोहा में काव्य लिखने की प्रथा पूर्वी प्रदेशों में ही पाई जाती है। पश्चिमी प्रदेशों की काव्य-पद्धति पद्धड़िया बंध (देखिए : प्रस्तावना) प्रथा थी। कभी-कभी दूसरे छंद भी व्यवहृत होते थे, परंतु साधारण प्रथा धत्ता ही की थी। इस प्रकार आठ पद्धड़िया या अलिल्लह छंद के बाद जो धत्ता दिया जाता था उसे अपभ्रंश में 'कडवक' कहते थे। चौपाई और दोहे का सबसे पुराना प्रयोग सरहपाद की रचनाओं में मिलता है, फिर कबीरदास की रचनाओं में यह प्रयोग पाया जाता है। शुरू-शुरू में पाई जानेवाली सूफ़ी कहानियों में पाँच-पाँच अर्द्धालियों के बाद दोहा देने का नियम था, पर मलिक मुहम्मद जायसी ने

आठ-आठ अर्द्धालियों पर दिया है। आगे चलकर यह प्रथा रूढ़ हो गई। किसी-किसी सूफ़ी कवि ने दोहे का धत्ता न देकर अन्य छंदों का भी धत्ता दिया है। कितने अर्द्धालियों के बाद धत्ता दिया जाएगा, इसका कोई नियम नहीं है। किसी ने पाँच, किसी ने छः, किसी ने सात अर्द्धालियों पर दोहा लिखा है। कभी-कभी नौ अर्द्धालियों पर भी दोहे का धत्ता मिलता है।

प्रायः सभी सूफी कवि आरंभ में मुहम्मद और परमात्मा की स्तुति करते हैं, अपने गुरु या पीर का नाम बताते हैं, और ग्रंथ का रचनाकाल भी बता देते हैं। शाहेवक्त अर्थात् समकालीन बादशाह का उल्लेख नियमित रूप से सूफ़ी कवियों की रचनाओं में प्राप्त होता है। यह सूफ़ी कवियों की विशेषता बताई जाती है। नवीं-दसवीं शताब्दी से कई भारतीय कवियों में भी समकालीन राजा का उल्लेख मिलता है। *तिलकमंजरी* में धनपाल ने अपने समय के धार के परमार राजाओं की स्तुति की है। परंतु सभी भारतीय कवियों ने इस नियम का दृढ़तापूर्वक पालन नहीं किया।

कथानक को गति देने के लिए सूफ़ी कवियों ने प्रायः उन सभी कथानकरूढ़ियों का व्यवहार किया है जो परंपरा से भारतीय कथाओं में व्यवहृत होती रही हैं; जैसे—चित्रदर्शन, स्वप्न द्वारा अथवा शुक-सारिका आदि द्वारा नायिका का रूप देख या सुनकर उस पर आसक्त होना, पशु-पक्षियों की बातचीत से भावी घटना का संकेत पाना, मंदिर या चित्रशाला में प्रिययुगल का मिलन होना, इत्यादि। कुछ नई कथानक-रूढ़ियाँ ईरानी साहित्य से आ गई हैं; जैसे—प्रेम-व्यापार में परियों और देवों का सहयोग, उड़नेवाली राजकुमारियाँ, राजकुमारी का प्रेमी को गिरफ्तार करा लेना, इत्यादि। परंतु इन नई कथानक-शैलियों को भी कवियों ने पूर्ण रूप से भारतीय वातावरण के अनुकूल बनाने का प्रयत्न किया है। अधिकांश सूफ़ी कवियों के काव्यों का मूल आधार भारतीय लोक-कथाएँ हैं। परंतु अठारहवीं शताब्दी और उसके बाद के कवियों में *यूसुफ-ज़ुलेखा, उर्सेद-नूरजहाँ* आदि ईरानी कहानियों का भी आश्रय लिया गया है। यद्यपि ये काव्य अवधी भाषा में लिखे गए हैं, फिर भी इनकी लिपि फ़ारसी हुआ करती थी। बहुत-सी काव्य-पुस्तकें उर्दू अक्षरों में छपी हैं। कुछ की प्राचीन प्रतियाँ कैथी लिपि में भी मिलती हैं। अधिकांश सूफ़ी कवि उत्तरप्रदेश के पूर्वी जिलों के रहनेवाले हैं। इनकी रचनाओं से स्पष्ट होता है कि परवर्त्तीकाल में ये क्रमशः हिंदी कविता की साधारण धारा से विच्छिन्न होते गए हैं। यद्यपि इनकी परंपरा बीसवीं शताब्दी तक अविच्छिन्न रूप से चलती रही है, तथापि अंतिम दिनों में न तो इस धारा ने हिंदी काव्य-धारा को प्रभावित किया है और न स्वयं ही उसके द्वारा प्रभावित हुई है। फिर भी यह साहित्य हिंदी का महत्त्वपूर्ण अंग है। इसमें मनुष्य के वास्तविक हृदय की ऐसी तड़पन व्यक्त हुई है जो जाति, देश, संप्रदाय से परे है।

मंझन : मंझन कवि के *मधुमालती* नामक काव्य की एक खंडित प्रति प्राप्त हुई है। इसमें कहानी यद्यपि संपूर्ण रूप से भारतीय वातावरण लेकर ही आती है, तथापि कुछ ऐसी काव्य-रूढ़ियों का प्रयोग है जो भारतीय कथानक साहित्य में अल्प परिचित हैं। इसमें अप्सराएँ राजकुमार को उड़ाकर मधुमालती की चित्रसारी में ले आती हैं और वहीं से दोनों के प्रेम का आरंभ होता है। भारतीय साहित्य में उषा और अनिरुद्ध की कहानी में नायक को नायिकाओं के घर पहुँचाए जाने की कथा-शैली पाई जाती है। परंतु यह भी वाणासुर नामक असुरराज की राजकुमारी की कथा है और विद्वानों का विचार है कि इस कथा की

कथानक-शैली को भारतीय की अपेक्षा असीरियन कहना अधिक उचित है। यह कहने की शायद आवश्यकता नहीं है कि सभी असीरियन काव्य-शैलियाँ और काव्य-रूढ़ियाँ ईरानी साहित्य में गृहीत हो गई थीं और फ़ारसी कवियों के माध्यम से भारतवर्ष में भी मध्ययुग में आने लगी थीं। *मृगावती* के समान ही इस *मधुमालती* में भी उड़नेवाली स्त्रियोंवाली कथानक-रूढ़ि का व्यवहार हुआ है। मंझन ने इस काव्य की रचना 1545 ई. में की थी।

इस काव्य में भी समासोक्ति पद्धति में भगवान् की ओर संकेत है। इसमें मधुमालती के रूप के बहाने समस्त प्रकृति में व्याप्त व्यापक रूप की ओर संकेत किया गया है। मलिक मुहम्मद जायसी ने जिस पारसरूप की कल्पना की है, उसका परिचय मंझन के इस काव्य से भी मिलता है :

यहै रूप बुत यहै छिपाना। यहै रूप सब सृष्टि समाना।।
यहै रूप सकति अरु सिवौ। यहै रूप त्रिभुवन कर जीवौ।।
यहै रूप निरखब बहु भेषा। यहै रूप जग रंक नरेसा।।
यहै रूप त्रिभुवन जग परसै यहि पाताल अकास।
सोई रूप प्रगट मैं देखौ कहा हवास।।

आगे चलकर यह संकेत किया गया है कि जो अपने को संपूर्ण रूप से खो देता है, वही उसे कुछ-कुछ देख पाता है।

यहै रूप जलधर औ, तेहि भाव अनेक देखाव।
आप गँवाए जो रे कोई देखै, सो कुछ देखै पाव।।

पंडित रामचंद्र शुक्ल ने मंझन को जायसी का पूर्ववर्त्ती कवि माना है, लेकिन मंझन कवि ने शाहेवक्त के वर्णन के प्रसंग में जिस सलेमशाह का वर्णन किया है वह यदि शेरशाह का पुत्र हो तो यह रचना *पद्मावती* के बाद की होगी; क्योंकि शेरशाह 1545 ई. में मरा और उसके बाद ही वह गद्दी पर बैठा होगा। फिर कवि ने स्वयं ही लिखा है :

सन् नवसै वामन जब भये, सवै वरष कुल परिहर गये।
तब हम जी उपजी अभिलाषा, कथा एक बाँधी बस भाषा।।

इस पद से यह स्पष्ट लगता है कि कवि ने सन् 942 हिजरी में अर्थात् 1545 ई. में लिखा था। उधर मलिक मुहम्मद जायसी ने सन् 927 हिजरी में अपना काव्य लिखा था। कुछ लोग 927 को 947 पढ़ते हैं, परंतु जो भी पाठ स्वीकार किया जाए, *मधुमालती पद्मावती* के बाद की ही रचना सिद्ध होती है। पंडित परशुराम चतुर्वेदी ने मंझन को जायसी का परवर्त्ती माना है, पर पं. रामचंद्र शुक्ल ने इन्हें जायसी का पूर्ववर्त्ती कवि कहा है।

मलिक मुहम्मद जायसी : सूफ़ी कवियों में सर्वश्रेष्ठ मलिक मुहम्मद जायसी थे, जो कहीं बाहर से जायस में आए थे और इसी धर्म-स्थान को अपना निवासस्थान बना लिया था। इनकी प्रसिद्ध रचना *पद्मावत* है; *अखरावट* और *आख़िरी क़लाम* नामक दो और रचनाएँ भी प्राप्त हुई हैं। भगवान् ने इन्हें रूप देने में बड़ी कंजूसी की थी किंतु शुद्ध निर्मल और प्रेमपरायण हृदय देने में बड़ी उदारता से काम लिया था। इनके जन्म-समय के संबंध में कुछ निश्चित रूप से कहना कठिन है। *आख़िरी क़लाम* में इन्होंने अपना जन्म हिजरी सन् की नवीं शताब्दी में हुआ बताया है। इनके जन्म के दिन बड़े जोर का भूकंप हुआ था। इनकी मृत्यु सन् 1542 ई. में बताई जाती है। *पद्मावत* का रचना काल इन्होंने 927 अर्थात्

1521 ई. लिखा है और यह भी बताया है कि उस समय दिल्ली का सुल्तान शेरशाह था। यह दोनों बातें परस्पर-विरोधी हैं, क्योंकि शेरशाह 1540-45 ई. तक दिल्ली के सिंहासन पर था। इसलिए कुछ लोगों ने 927 को 947 पढ़ लिया है और यह कहना चाहा है कि *पद्मावत* वस्तुतः 1540-41 ई. में शुरू किया गया। बंगाल के कवि अलावल ने *पद्मावत* का जो अनुवाद बँगला में किया था, उसमें उसका रचनाकाल 927 हिजरी ही बताया गया है। जान पड़ता है कि कवि ने *पद्मावत* का आरंभ तो 927 हिजरी अर्थात् 1521 ई. में ही किया था, पर जब कथा समाप्ति पर आई उस समय शेरशाह दिल्ली के तख्त पर विराजमान हो चुके थे। मलिक मुहम्मद ने अपने दो गुरुओं का उल्लेख किया है—एक तो सैयद असरफ़ जो शायद जायस के ही निवासी थे, दूसरे शेख़ मुहीउद्दीन जो निजामद्दीन औलिया के वंशज थे।

पद्मावती की कथा : पद्मावत की कहानी परिचित है। इसमें सिंहल देश की राजकुमारी पद्मावती और चित्तौड़ के राजा रतनसेन का प्रेम वर्णित है। पद्मावती के शुक के मुख से उसके रूप की प्रशंसा सुनकर राजा रतनसेन उसे प्राप्त करने का प्रयास करता है। इस कहानी के अंत में अलाउद्दीन के चित्तौड़ आक्रमण की कहानी आई। इस आक्रमण का कारण पद्मावती का रूप ही है। कहानी के अंत में गोरा-बादल की लड़ाई है जो आगे चलकर बहुत रोचक काव्य-विषय बन गई थी। अलाउद्दीन इसमें अत्यंत धोखेबाज राजा के रूप में चित्रित हुआ है और चित्तौड़ के राजपूत भी उसे उत्तर देने में इसी कला का आश्रय लेते हैं। इस कथानक के दो भाग हैं। प्रथम में राजा रतनसेन के ऐकांतिक प्रेम का बड़ा जीवंत चित्रण है और इसकी पहली रानी नागमती के वियोग का बहुत हृदय-विदारक वर्णन दिया हुआ है। दूसरे भाग की कथा में कुछ ऐतिहासिकता का मिश्रण हो गया है।

पद्मावती नाम भारतीय साहित्य में बहुत परिचित है। संस्कृत के कई काव्यों की नायिका का नाम पद्मावती है। हिंदी में इस नाम के साथ मलिक मुहम्मद जायसी के प्रसिद्ध काव्य का योग है। गुजराती साहित्य में भी यह नाम और यह कथा परिचित है। इस बात के विश्वास करने का कारण है कि कहानी का मूल रूप काफी पुराना रहा होगा। जायसी ने 'गजपति', 'नरपति' और 'अश्वपति' राजाओं का उल्लेख किया है। बारहवीं शताब्दी तक के शिलालेखों में इन शब्दों का पता चलता है। बाद में ये शब्द भुला दिए गए हैं। जायसी की कहानी में इन शब्दों के आने का अर्थ यह है कि यह कहानी कम-से-कम बारहवीं शताब्दी में अवश्य प्रचलित थी। परंतु कहानी का उत्तरार्द्ध परवर्त्ती है।

पद्मावती के कथानक और गोरा-बादल की कहानियों को आश्रय करके लिखे हुए अनेक कवियों के काव्य प्राप्त हुए हैं जिनमें हेमरतन (1588 ई.), जटमल (1613 ई.) लब्धोदय (1650 ई.), संग्राम सूरि (1703 ई.), गिरधारीलाल (1775 ई.) विशेष रूप से उल्लेख योग्य हैं। संयोगवश ये सभी कवि जायसी के परवर्त्ती हैं और इसीलिए इनसे यह पता नहीं चलता कि जायसी की कहानी कितनी पुरानी है। इतना निश्चित है कि यह आख्यान बहुत लोकप्रिय था। इसकी ऐतिहासिक प्रामाणिकता के विषय में संदेह प्रकट किया गया है, पर इसकी लोक-मनोहारिता को स्वीकार करना ही पड़ता है। जान पड़ता है, जायसी ने ही प्रथम बार पुराने *पद्मावती-आख्यान* के साथ किसी नए कथानक को जोड़ा है जिसके मुख्य पात्र गोरा-बादल थे। परंतु यह अनुमान ही अनुमान है।

जायसी का रहस्यवाद : जायसी को रहस्यवादी कवि कहा जाता है। सूफ़ियों का रहस्यवाद अद्वैत-भावना पर आश्रित है। रहस्यवादी भक्त परमात्मा को अपने प्रिय के रूप में देखता है और उससे मिलन के लिए व्याकुल रहता है। जिस प्रकार मेघ और समुद्र के पानी में कोई भेद नहीं है, दोनों एक ही हैं, उसी प्रकार भक्त और भगवान् में कोई भेद नहीं है। फिर भी मेघ का पानी नदी का रूप धारण करके समुद्र के पानी में मिल जाने को आतुर रहता है। उसी श्रेणी की आतुरता भक्त में भी होती है। सूफी कवियों ने अपने प्रेम-कथानकों की प्रेमिका को भगवान् का प्रतीक माना है। जायसी भी सूफ़ियों की इस भक्ति-भावना के अनुसार अपने काव्य में परमात्मा को प्रिया के रूप में देखते हैं और जगत् के समस्त रूपों को उसकी छाया से उद्भासित बताते हैं। उनके काव्य में प्रकृति उसी परमप्रिय के समागम के लिए उत्कंठित और व्याकुल पाई जाती है।

पद्मावती का रूप : दो स्थान पर कवि ने पद्मावती के रूप का वर्णन किया है—हीरामन सुआ द्वारा चित्तौड़ के राजा रतनसेन से, और राघव चेतन द्वारा दिल्ली में बादशाह अलाउद्दीन से। दोनों जगहों पर वर्णन नखशिख की प्रणाली पर है। अंग-प्रत्यंग के वर्णन के लिए सादृश्यमूलक अलंकारों का विधान किया गया है। ये उपमान साधारणतः परंपरा-प्रचलित हैं और उनके जिन गुणों की ओर ध्यान आकृष्ट किया गया है वे दीर्घकाल से इस देश के आलंकारिकों में प्रसिद्ध हैं। कुछ थोड़े-से नए भी हैं, जैसे कटि की क्षीणता की उपमा भिड़ से दी गई है।

इस रूप-वर्णन की विशेषता यह है : (1) रूप-सौंदर्य के सृष्टिव्यापी प्रभाव की लोकोत्तर कल्पना की गई है अर्थात् केशों की दीर्घता, सघनता और श्यामता के वर्णन के लिए परंपरा से प्रचलित पद्धति के अनुसार केवल सादृश्य पर जोर न देकर कवि ने उसके लोकव्यापी प्रभाव की ओर संकेत किया है; जैसे—'बेनी छोरि झार जो बारा, सरग पताल होय उजियारा' अर्थात् जब पद्मावती अपनी बेनी खोलकर केश झाड़ने लगती थी तो स्वर्ग और पाताल उद्भासित हो उठते थे; और 'उनई घटा परी जग छाँहा' में केशों को घटा कहना तो केवल सादृश्य का संकेत करता है, किंतु सारे संसार में उससे छाँह पड़ जाना इस बात की ओर इंगित करता है कि यह रूप सारे संसार को छाँह और शीतलता देता है। इसी प्रकार प्रत्येक अंग के उपमान केवल सादृश्यगत साधारण धर्म को ही बताकर विरत नहीं हो जाते, बल्कि उसके लोकव्यापक प्रभाव को भी बता देते हैं। (2) जायसी ने इस रूप को पारसरूप कहा है। पारस रूप अर्थात् जिसके स्पर्श से इस जगत् के रूप में अद्भुत माधुर्य आ जाता है। अलाउद्दीन ने भी पद्मावती के उस पारसरूप की एक झलक दर्पण में प्राप्त की थी, परंतु उतने से ही उसे जान पड़ा कि पृथ्वी और आकाश सभी सोना हो गए हैं—'होतहि दरस परस भई लोना, धरती सरग भएउ अब सोना।' (3) रूप-वर्णन के प्रसंग में जायसी अत्युक्तियों पर उतर आते हैं। परंतु अधिकांश स्थलों में उत्प्रेक्षा और अतिशयोक्तियों के द्वारा वस्तु की व्यंजना न होकर संवेदना या अनुभूति की व्यंजना होती है। इसीलिए सहृदय का चित्त वस्तु की ओर जाने ही नहीं पाता। फिर कवि बराबर परोक्ष सत्ता की ओर इशारा करता है और इस प्रकार सहृदय का मन प्रस्तुत विषय से हटकर अप्रस्तुत परोक्ष सत्ता की ओर जाता रहता है। इसका फल यह होता है कि अन्यान्य कवियों की इस श्रेणी की अत्युक्तियों में वस्तु पर दृष्टि निबद्ध होने के कारण जिस प्रकार का हास्यास्पद भाव पाया

जाता है, वैसा जायसी में नहीं पाया जाता। इस प्रकार जायसी के सादृश्यमूलक अलंकार सौंदर्य के सृष्टिव्यापी प्रभाव को और हार्दिक संवेदना को प्रकट करने में समर्थ हुए हैं।

समासोक्ति-पद्धति : वस्तु-वर्णन के प्रसंग में कवि ने प्राय: इस प्रकार के विशेषणों का प्रयोग किया है, जिससे प्रस्तुत के साथ अप्रस्तुत परोक्ष सत्ता का अर्थ भी पाठक के चित्त में अनायास उद्भासित हो सके; जैसे—सिंहलगढ़ के वर्णन के प्रसंग में नौ पौरी और उनके बाद दसवें दरवाजेवाले नगर का संकेत पाठक को अपनी नौ छिद्रों और दसवें ब्रह्मरंध्रवाले शरीर का संकेत उपस्थित करते हैं। इसी को समासोक्ति पद्धति कहा जाने लगा है। समासोक्ति एक अलंकार है जिसकी सुंदरता विशेषणों के प्रयोग पर निर्भर करती है। इसीलिए इसे शास्त्र में 'विशेषणविच्छित्तिमूलक', अर्थात् विशेषण की सजावट पर निर्भर रहनेवाला अलंकार कहा जाता है। यह श्लेष से भिन्न है, क्योंकि श्लेष की सुंदरता विशेषण और विशेष्य दोनों की सजावट पर निर्भर है। इसीलिए उसे विशेषण-विशेष्य-विच्छित्तिमूलक अलंकार कहते हैं। श्लेष में कवि दो अर्थ बताने के लिए वचनबद्ध होता है, किंतु समासोक्ति में वह कौशल के साथ ऐसे विशेषणों का प्रयोग करता है जो सहृदय के चित्त में केवल अप्रस्तुत अर्थ का संकेत-भर कर देते हैं। इसमें कवि आदि से अंत तक दो अर्थों के निर्वाद के लिए प्रतिज्ञाबद्ध नहीं होता। जहाँ और जब उसे मौका मिल जाता है तहाँ और तब वह कुछ विशेषणों का ऐसा प्रयोग करता है जिससे पाठक के हृदय में उसका अभिप्रेत अप्रस्तुत अर्थ भी आ उपस्थित होता है। जायसी ने अपने प्रबंध-काव्य में इसी समासोक्ति-पद्धति का प्रयोग किया है। काव्य के अंत में 'तन चितउर मन राजा कीन्हा' जो संकेत है, वह मूल ग्रंथ का नहीं है। *पद्मावत* की प्राचीन प्रतियों से यह बात सिद्ध हो चुकी है। इसलिए जो लोग पद-पद पर *पद्मावत* में रूप-निर्वाह की बात सोचते हैं वे गलती करते हैं। *पद्मावत* का कवि रूपक-निर्वाह के लिए **प्रतिज्ञाबद्ध** नहीं है। कई बार प्रसंग आने पर उसने जब लौकिक रूप के माध्यम से अलौकिक सौंदर्य की ओर इशारा किया है तो ऐसे स्थलों में अप्रस्तुत इशारा ही प्रधान हो जाता है और प्रस्तुत गौण प्रसंग हो जाता है। यह काव्यगत दोष है। सिंहलगढ़ के वर्णन-प्रसंग में जहाँ तक नौ पौरियों, दस दरवाजों और राजपरिवार के वर्णन का प्रसंग है वहाँ तक तो समासोक्ति का बहुत सुंदर निर्वाह हुआ है, पर जहाँ कवि 'का निंचित माटी के भाँड़े' कहकर चेतावनी देने लगता है वहाँ उसका कवि-रूप गौण हो जाता है और संत-रूप प्रधान हो जाता है। यहाँ समासोक्ति-पद्धति का निर्वाह ठीक नहीं हो पाया।

परोक्ष-संकेत के उत्साह का अतिरेक : परोक्ष सत्ता की ओर संकेत करने का उत्साह जायसी में इतना अधिक है कि वे ऐसे प्रसंगों को मानो खोजते फिरते हैं जिनसे परोक्ष सत्ता की ओर इशारा करने का मौका मिल सके। ऐसा मौका बाह्य चित्रण में अधिक मिलता है; जैसे—सिंहलगढ़, उसके बगीचे, मानसरोवर, पद्मावती का बाह्य रूप आदि। किंतु इससे पात्रों की **स्वभावगत** विशेषताओं का चित्रण नहीं हो पाता। मनोभावों का चित्रण तो वे बड़ी निपुणता से कर लेते हैं, किंतु विभिन्न परिस्थितियों में विभिन्न पात्रों की व्यक्तिगत विशिष्टता और विलक्षणता प्रकट करने में वे सफल नहीं हो सके हैं। उनका आदर्श-चित्रण एकदेशीय है। रतनसेन प्रेमी का आदर्श है और नागमती पतिव्रता का। किंतु जीवन की बहुमुखी परिस्थितियों में पड़ने पर इनका कौन-सा रूप निखरेगा यह स्पष्ट नहीं हो सका,

सर्वत्र एक सामान्यीकरण का प्रयास है।

उसमान : अन्य सूफ़ी कवियों में *चित्रावली* के लेखक उसमान प्रसिद्ध हैं। ये गाजीपुर के रहनेवाले और जहाँगीर के समकालीन थे। *चित्रावली* की रचना 1613 ई. के आसपास हुई थी। इस काव्य में नेपाल के राजा धरणीधर के पुत्र सुजानकुमार और रूपनगर की राजकुमारी चित्रावली के प्रेम की कथा वर्णित है। राजकुमार को एक देव रूपनगर का एक उत्सव दिखाने को ले गया था और राजकुमारी की चित्रशाला में रख दिया था। चित्र देखकर राजकुमार मोहित हुआ और उसने भी अपना चित्र राजकुमारी के बगल में बना दिया, जिसे देख राजकुमारी भी प्रेमासक्त हुई। इसमें चित्र-दर्शन द्वारा प्रेम की पुरानी भारतीय कथानक-रूढ़ि का ही प्रयोग है। श्रीहर्षदेव की *रत्नावली* में प्रेमिका का चित्र देखकर नायक के चित्त में प्रेम अंकुरित हुआ था। काव्य में नायक के प्रयत्न और अन्य नायिका से विवाह आदि बातें सूफ़ियों के प्रेम-कथानकों की शैली पर ही चली हैं।

जान कवि : सत्रहवीं शताब्दी के जान कवि हाँसीवाले शेख़ मुहम्मद चिश्ती के शिष्य थे और बहुत प्रतिभाशाली कवि थे। इनकी 70 रचनाएँ उपलब्ध हुई हैं जिनमें 21 *प्रेमगाथा संबंधी* हैं। इनकी मुख्य रचनाएँ पाँच हैं : *कनकावती, कामलता, मधुकर-मालति, रत्नवति* और *छीता*।

कासिमशाह : कासिमशाह की पुस्तक *हंस जवाहर* भी एक प्रेम-कहानी है। यह दिल्ली के बादशाह मुहम्मदशाह (1721-48 ई.) के समकालीन हैं। नूर मुहम्मद की दो पुस्तकें प्रसिद्ध हैं : *इंद्रावति* और *अनुराग बाँसुरी*। कवि के अपने ही बक्तव्य से पता चलता है कि *इंद्रावति* 1744 ई. और *अनुराग बाँसुरी* 1764 ई. में लिखी गई थी। ये फ़ारसी के कवि थे और 'कामयाब' नाम से शायरी करते थे।

अन्य सूफी कवि : इसी तरह आलमशाह के समकालीन कवि शेख़ निसार हुए हैं जिनका असली नाम गुलाम असरफ था। इनका *यूसुफ-जुलेखा* नाम का प्रेम-काव्य उपलब्ध हुआ है। फिर बहुत हाल के कवि बाबूगंज (प्रतापगढ़) निवासी ख्वाजा अहमद हैं, जिनके *नूरजहाँ* नामक काव्य में ईरान के सुल्तान मलिकशाह के पुत्र खुरशेदशाह और खूतन नगर की राजकुमारी नूरजहाँ का प्रेम-प्रसंग वर्णित है। यह कहानी 1905 ई. में लिखी गई और हाल में शेख रहीम का *भाषा प्रेमरस* और कवि नसीर का *प्रेमदर्पण* (1917 ई.) लिखा गया है। इस प्रकार सूफ़ियों की कविता चौदहवीं शताब्दी से लेकर आधुनिक काल तक अव्यवहित रूप से चलती आई है।

अन्य संतों के प्रेम-कथानक : आध्यात्मिक और धार्मिक सिद्धांतों के प्रचार के हेतु कुछ अन्य संतों ने भी प्रेम-कथानकों का उपयोग किया है। इस प्रकार की रचनाओं में सोलहवीं शताब्दी के संत कवि बाबा धरणीदास का *प्रेम प्रगास* और सत्रहवीं शताब्दी के संत दुखहरन की *पुहपावती* प्रेम-कहानियों पर आश्रित काव्य हैं। अष्टछाप के कवि नंददास ने *रूपमंजरी* नाम देकर एक कल्पित प्रेम-कथानक काव्य लिखा था। इस काव्य का उद्देश्य भी हरिभक्ति का प्रचार रहा। अन्य वैष्णव कवियों ने जिन प्रेम-कथाओं को आश्रय करके कथाएँ लिखी हैं, वे साधारणतः पौराणिक हैं। अधिक प्रचलित कहानियाँ *नल-दमयंती, कृष्ण-रुक्मिणी, उषा-अनिरुद्ध* आदि की प्रेम-कथाएँ हैं जो प्राचीन काल से ही पुराणों में प्रसिद्ध हैं, इसलिए कल्पित प्रेम-कथानकों के संबंध में इनकी चर्चा न करनी ही अच्छा है।

लौकिक प्रेम-कथानक : तीसरी श्रेणी में विशुद्ध लौकिक प्रेम-कथाएँ आती हैं। इसमें कुछ के साथ ऐतिहासिक व्यक्तियों के नाम जुड़े होते हैं, पर मुख्य रूप से इन्हें लौकिक प्रेम-कथा ही कह सकते हैं। राजस्थान और गुजरात में *ढोला मारू* की कहानी का आश्रय करके एक काव्य लिखा गया था जो क्रमशः प्रक्षेप होते रहने के कारण बढ़ता गया है। विश्वास किया जाता है कि यह ढोला कछआ वंश के राजा नल का पुत्र था जो दसवीं शताब्दी में किसी समय राज्य करता था और मारवणी या मारू राजा पिंगल की कन्या थी। इस प्रकार यह कहानी कुछ ऐतिहासिक तथ्यों पर आधारित है। *ढोला मारू* के जो दोहे इस समय मिलते हैं उनकी भाषा बहुत पुरानी नहीं है और दोहों में यद्यपि क्रमबद्ध कहानी का आभास मिलता है परंतु विशेषतः वह मुक्तक के रूप में मिलते हैं।

कहानी में निम्नांकित क्रम है :

1. मारवणी के प्रेम की प्रारंभिक अवस्था—स्वप्न में पति-दर्शन,विरह-वर्णन, तथा सारस-चातक और क्रौंच-संबंधी उक्तियाँ।
2. ढोला के प्रति मारवणी का संदेश।
3. मारवणी का संदेश सुनकर ढोला को प्रेमजन्य व्याकुलता।
4. प्रस्थानोद्यत ढोला को रोकने के लिए मारवणी का प्रयत्न और दंपती का प्रेमपूर्ण संवाद।
5. मारवणी का विरह।
6. ढोला और मारवणी का मिलन।
7. मारवणी और ढोला का संवाद।

दोहों में कथासूत्र टूटा हुआ है, इस बात का अनुमान पुराने जमाने में ही लोगों को हो रहा था। जैसलमेर के रावल ने अपने समय में प्राप्त दोहों को एकत्र कराकर अपने आश्रित जैन कवि कुशललाभ को कथासूत्र को मिलाने की आज्ञा दी। कुशललाभ ने बीच-बीच में चौपाइयाँ जोड़कर यह काम पूरा किया। यह *ढोला मारू चौपाई* नाम से प्रसिद्ध हुआ और जैन लोगों में खूब प्रचारित हुआ।

किसी-किसी ने इन दोहों के बीच गद्य-वार्त्ता जोड़कर कथानक को पूरा किया है। इस प्रकार इस समय *ढोला मारू* के चार रूपांतर मिलते हैं :

1. केवल दोहोंवाला।
2. कुशललाभ के चौपाइयों से युक्त दोहे।
3. गद्य-वार्त्ता से युक्त दोहे।
4. कुशललाभ की चौपाई और गद्य-वार्त्ता का मिश्रित रूप।

प्रथम रूप काफी पुराना है, किंतु कितना पुराना है यह कहना संभव नहीं। दूसरा रूप सोलहवीं शताब्दी में प्राप्त हुआ है। इस काव्य से दोहाबद्ध प्रेम-कथानकों की एक प्रेम-परंपरा की सूचना मिलती है। बाद में भी अनेक दोहाबद्ध लौकिक प्रेम-काव्य लिखे जाते रहे। उदाहरणार्थ, सत्रहवीं शताब्दी के अन्त्य भाग में *सारंगा-सदैब्रछ रा दूहा* (सारंगा-सदावृक्ष) की प्रेम-कथा किसी अज्ञात कवि द्वारा लिखी गई थी जिसके आरंभ में वार्त्ता है और बाद में 31 दोहे हैं। इसमें राजा शालिवाहन के पुत्र सदैब्रछ और उनके मत्री की पत्री सावलिंगा (सारंगा) की प्रेम-कथा है। यह प्रेम-कथा राजपूताने में काफी लोकप्रिय

रही, क्योंकि इसको आश्रय करके लिखे गए कई छोटे-छोटे काव्यों की प्रतियाँ प्राप्त हुई हैं। बाद में उत्तर भारत के अन्य स्थानों में भी यह कहानी गई और अब भी सड़कों पर बिकनेवाले साहित्य में इस कहानी का स्थान बना हुआ है। इसी प्रकार सत्रहवीं शताब्दी के अन्त्य भाग में बीजो नामक नायक और सोरठ नामक नायिका के प्रेम को आधार बनाकर लिखा गया 131 दोहों का छोटा-सा काव्य *सोरठ रा दूहा* प्राप्त हुआ है। फिर मदनकुमार और चंपकमाला के प्रेम को आधार करके दास कवि की लिखी हुई 113 दोहों की पुस्तक (जिसमें बीच-बीच में वार्त्ता भी है) *मदन सतक* नाम से प्राप्त हुई है। फिर छीहल कवि की *पंच सहेली* नाम की रचना है जिसमें पाँच सखियों के विरह का दोहों में वर्णन है।

दोहा और चौपाइयों में काव्य लिखने की प्रथा तो बहुत लोकप्रिय हुई थी। सुमति हंस का *विनोद रस* (सत्रहवीं शताब्दी), सूरदास का *नल दमन* (सत्रहवीं शती), निगम कायस्थ की *मधुमालती* (अठारहवीं शताब्दी), मुरली का *मियाँ विनोद* (अठारहवीं शती), हरसेवक मिश्र की *कामरूपकथा* (अठारहवीं शती) आदि रचनाएँ दोहा-चौपाई छंदों में निबद्ध प्रेम-कथानक ही हैं। फिर सत्रहवीं शताब्दी के भद्रसेन नामक राजस्थानी कवि द्वारा लिखित 202 दोहों में निबद्ध *चंदन मलयागिरि री बात* नामक प्रेम-कथा प्राप्त हुई है, और प्रताप कुँवर लिखित *चंद कुँवर की बात* भी ऐसी ही रचना है।

कुशललाभ की लिखी हुई एक और प्रेम-कथा *माधवानल-कामकंदला चरित्र* है जिसमें दोहा, चौपाई और गाहा छंद का प्रयोग है। इन्होंने सं. 1616 में कुमार हरिराज के मनोरंजनार्थ 553 पद्यों में इस पुस्तक की रचना की थी। माधवानल और कामकंदला की प्रेम-कथा को आश्रय करके और भी कई कवियों ने काव्य लिखे हैं, जिनमें आलभ (1547 ई.) का दोहा-चौपाई छंदों में लिखा हुआ *माधवानल भाषा बंध* और नरसा के पुत्र गणपति (1527 ई.) का लिखा हुआ *माधवानल प्रबंध दोहा बंध* प्रसिद्ध है।

फिर किसी अज्ञात कवि का लिखा हुआ *कुतुब सतक* नाम का एक प्रेम-कथानक-काव्य मिला है जिसमें दिल्ली के सुलतान फिरोजशाह के शाहजादे कुतुबुद्दीन और साहिबा का प्रेम-वृत्तान्त बर्णित है। यह कथा तुकांत गद्य में है, और बीच-बीच में दोहे हैं। सं. 1643 की लिखी इसकी एक प्रति उपलब्ध हुई है, जिससे अनुमान किया जा सकता है कि पुस्तक सोलहवीं शताब्दी में लिखी गई होगी। कभी-कभी शृंगार-प्रधान रचनाओं का प्रधान उद्देश्य सदाचार और नैतिक जीवन की महिमा बताना भी रहा है, पर वस्तुतः शृंगार का स्वर ही प्रधान हो जाता रहा है, नैतिकता गौण। काशीराम का *कनक-मंजरी* नामक छोटा-सा काव्य एक ऐसी पतिव्रता स्त्री के चरित्र को केंद्र करके रचित है, जिसे राज-पुत्र का प्रलोभन मार्ग-भ्रष्ट नहीं कर सका। यह सत्रहवीं शताब्दी के अन्त्य भाग और अठारहवीं के आरंभ का कवि है। इसी समय के एक अज्ञात कवि की *मैनासत* नाम की रचना प्राप्त हुई है, जिसमें किसी मालिन ने मैना के सतीत्व की परीक्षा ली है। सत्रहवीं शताब्दी में राजपूताने में अनेक 'बात' नामधारी प्रेम-कथाएँ लिखी गईं, पर वे राजपूताने के बाहर तो कुछ प्रभाव ही नहीं डाल सकीं, स्वयं राजपूताने में भी बहुत सीमित क्षेत्रों में उनका प्रचार रहा। इनकी सूची इस प्रकार है—*अमादम भटियाणी री बात* (उन्नीसवीं) *पेढ़रे नायक दे री बात* (अठारहवीं), *पनावीरम दे री बात* (उन्नीसवीं), *पयैं धोराँधार री बात* (अठारहवीं), *मोभल री*

बात (अठारहवीं), *मलयागिरि री बात* (अठारहवीं), *रावल लषणसेण री बात* (अठारहवीं), *राणै खेतों री बात* (अठारहवीं), *भाषा दे री बात* (अठारहवीं), *बीझरै अहीर री बात* (अठारहवीं), *सोहणी री बात* (अठारहवीं), *बात संग्रह* (अठारहवीं शती)।

[सहायक पुस्तकें—रामचंद्र शुक्ल : *जायसी ग्रंथावली, हिंदी साहित्य का इतिहास;* रामकुमार वर्मा : *हिंदी साहित्य का आलोचनात्मक इतिहास;* परशुराम चतुर्वेदी : *सूफी काव्यधारा;* पृथ्वीनाथ कुलश्रेष्ठ : *मलिक मुहम्मद जायसी, ढोला मारू रा दोहा; राजस्थान भारती* और *शोध-पत्रिका*।]

रीतिकाव्य

1. रीतिग्रंथों का सामान्य विवेचन

भक्ति-काव्य के व्यापक प्रभाव का काल : भक्ति-काल के प्रथम उन्मेष के समय हिंदी में अत्यधिक शक्तिशाली और व्यापक प्रभाववाले कवि उत्पन्न हुए। साहित्य-जगत् की पूरी शक्ति खिचकर इन महान् कवियों के निकट पहुँच गई। नए आदर्श और नए जीवन-दर्शन से प्रभावित होकर हिंदी कविता तेजी से नवीन मार्ग की ओर बढ़ी। यह रास्ता भी नया था। उन दिनों जितने भी प्रकार के काव्य-रूप प्रचलित थे, और लोक-साहित्य से भी जितने प्रकार के काव्य-रूपों के साहित्य में गृहीत हो जाने की संभावना थी, उन सबका उपयोग शक्ति के नए आदर्श और नए जीवन-दर्शन के प्रचार में किया गया। लौकिक-रस की गीति-परंपरा को सूरदास, नंददास, हितहरिवंश और तुलसीदास आदि भक्तों ने अपूर्व आत्मसमर्पणमूलक और अनन्यगामिनी भक्ति के पदों में बदल दिया; चर्चरी, फाग, हिंडोल, बसंत आदि लोक-प्रचलित गानों पर कबीर, तुलसी, दादू आदि भक्तों ने ऐसा भक्ति-रंग चढ़ाया कि शताब्दियों बाद भी वह रंच-मात्र भी फीका या भद्दा नहीं हुआ है। प्रेम-कथानकों की लौकिक शैली को सूफी कवियों ने आध्यात्मिक रसानुभूति के स्तर पर उठाया, नंददास आदि कवियों ने भक्ति की भावना से भावित किया, और संत कवियों ने उसे अपने ढंग की भक्ति के रस से रससिक्त किया। अपभ्रंश से चले आते हुए नीति और शृंगार-संबंधी दोहों को भी राम और कृष्ण के रंग में रंग डाला गया, और ब्याह, जनेऊ, जन्म और गृहस्थी के अन्य उत्सवों के लिए जो लौकिक रस के पद प्रचलित थे, उन्हें भी भगवान् के नाम से संबद्ध कर दिया गया। इस प्रकार भक्ति-काल के प्रथम उन्मेष के समय अध्यात्मभाव और भक्ति-रस की ऐसी बाढ़ आई, कि कुछ सौ वर्षों के लिए लोकभाषा के साहित्य में और कुछ उल्लेख योग्य बाकी ही नहीं रह गया। पंद्रहवीं से सत्रहवीं शताब्दी तक का साहित्य भक्ति का उमड़ता हुआ पारावार है। पूर्ववर्त्ती काल के साधुओं की सिद्धियों के नाम पर भरमानेवाली प्रवृत्ति इस काल में संपूर्ण रूप से उच्छिन्न हो गई। मध्यदेश में इस समय मुस्लिम शासन प्रतिष्ठित हो चुका था, और भिन्न-भिन्न संप्रदायों को प्रश्रय देनेवाले राजवंश समाप्त हो चुके थे। इसी प्रकार चारण कवियों की कल्पित प्रशंसावाली काव्य-वृत्ति भी शिथिल हो गई थी। परंतु फिर भी यह सब प्रवृत्तियाँ संपूर्ण रूप से निःशेष नहीं हुईं। कुछ-न-कुछ और कहीं-न-कहीं थोड़ी-बहुत मात्रा में ये जीवित

अवश्य रहीं। सबसे अधिक प्रश्रय उन्हें राजपूताने में मिला। इस प्रदेश में छोटे-मोटे हिंदू रजवाड़े बचे हुए थे, उनके आश्रय में वहाँ राजस्तुतिपरक चारण कविताएँ और युद्धोल्लास-संचारणी वीर-कविताएँ भी उसी प्रकार बची थीं, जिस प्रकार नाथों, निरंजनियों और अन्य संप्रदायों के अनेक मठ और साधन-पद्धति। इस प्रकार राजपूताने का साहित्य पंद्रहवीं शताब्दी की प्रधान काव्य-धारा से कम प्रभावित हुआ। लगभग सौ वर्ष बाद भक्ति की मूलधारा राजपूताने के संपूर्ण साहित्य और लोक-चित्त को अभिभूत करने में समर्थ हुई। थोड़े परवर्त्ती समय की राजपूत कलम ने राधाकृष्ण की प्रेम-लीलाओं का जैसा मनोहर चित्रण किया, वह संसार-भर के कला-मर्मज्ञों की प्रशंसा प्राप्त कर चुका है। लगभग उसी के आस-पास मशहूर काँगड़ा कलम का भी जन्म हुआ, जिसने भारतीय चित्र-शिल्प को अद्‌भुत समृद्धि प्रदान की।

लेकिन मूल मध्यदेश में भी चारणशैली की कविताओं का एकदम लोप नहीं हुआ। उसका भग्नावशेष गंग आदि भाटों की रचनाओं में तथा केशवदास के विरुद-ख्यापक काव्य में मिलता है। आगे चलकर भाटों की कविता का प्रधान लक्षण दाता की अतिरंजित प्रशंसा और सूम की हास्योद्रेचक निंदा तक ही रह गई। लेकिन मध्यदेश में यह धारा, अति क्षीण रूप में ही सही, जीवित अवश्य रही।

पंद्रहवीं से सत्रहवीं शती तक के साहित्य में भक्ति-भावना की प्रबलता ने सभी प्रकार की लौकिक रचनाओं को प्रभावित किया। यहाँ तक कि उसने राजस्तुतिमूलक और घोर शृंगारपरक काव्यों को भी अपने रंग में रँग दिया। वस्तुतः पंद्रहवीं-सोलहवीं शताब्दी के भक्त-कवियों ने ऐहिकतापरक रचनाओं की कमर तोड़ दी। वे यदि जीवित बचीं भी तो चलने और आगे बढ़ने की शक्ति से वंचित रहकर ही।

भक्ति और शृंगार-भावना : किंतु शृंगाररस मनुष्य की सबसे प्रिय वस्तु है। संसार के साहित्य में इसी रस का बोलबाला है, वीररस और धर्म संबंधी रचनाओं में भी सर्वत्र ही इस रस ने अपना प्रभाव विस्तार किया है। सगुण भाव के भक्तों ने तो शृंगाररस को संपूर्ण भाव से अपना लिया, केवल उसका मुँह जड़ जगत् की ओर से फिराकर चिदानंद-घन भगवान् की ओर कर दिया। सूफी कवियों की तो आधारभूमि ही लौकिक प्रेम पर आधारित थी, अन्य संतों ने भी भगवत्-प्रीति के प्रसंग में इस रस की उपयोगिता को स्वीकार किया है! कबीर ने तो *राम भरतार* के लिए कितने ही मंगलाचार के भजन गाए, विरह का दुखड़ा रोया और मिलनोत्कंठा के आवेग और औत्सुक्य का वर्णन किया। दादूदयाल ने घोषणा की कि,

> पुरिष हमारा एक है, हम नारी बहु अंग।
> जे जे जैसी ताहि सों, खेलै तिस ही रंग।।

और अत्यंत निरीह भक्त नानक ने भी कुछ इसी लहजे में कहा है :

> भनति नानकु सभन का पिवु एको सोई।
> जिसनो आदरि करे सो सोहागण होई।।

इन सभी संत कवियों ने विरह और मिलन के गान गाए हैं। बारहमासा और षड्ऋतु-वर्णन के बहाने अपने हृदय की समस्त वेदना उड़ेलकर रख दी है, और इस प्रकार भगवान् के साथ मानव-जीवन के सबसे सुकुमार रस का संबंध जोड़ लिया है।

कृष्ण-भक्त कवियों ने तो भगवान् की प्रेमलीला को ही अपने काव्य का प्रधान विषय बनाया है। यद्यपि सिद्धांत-रूप में इन लोगों ने स्वीकार किया है, कि भगवान् परम-प्रेम, परम ज्ञान और परम ऐश्वर्य के आश्रय हैं, तथापि उनकी प्रेममयी लीलाओं को ही उन्होंने प्राधान्य दिया है। इस प्रेमलीला को प्राधान्य देने का परिणाम यह हुआ है कि उन्होंने भगवान् की प्रेयसियों के रूप, गुण, शील, वय, प्रकृति और अवस्थाभेद से अनेक श्रेणियों की कल्पना की है। उनके वस्त्र, भूषण और सौभाग्य-चिह्नों के अनेकानेक भेद कल्पित किए हैं, और उन्हें रिझाने के लिए भगवान् के भी बिसातिन-मनिहारिन, जोगिन, तमोलिन, ओझा, ज्योतिषी, केवट, दान-संग्राहक आदि अनेक रूपों के धारण करने की कल्पना की है।

***उज्ज्वल-नीलमणि*:** सबसे पहले रूपगोस्वामिपाद ने भगवान् की प्रेयसियों और उनकी सखियों, भगवान् के मित्रों तथा अन्य संबंधियों ने अनेकानेक भेदों की कल्पना करके *उज्ज्वल-नीलमणि* नामक ग्रंथ संस्कृत में लिखा। इस ग्रंथ ने मधुरभाव की विविध उपासना-पद्धतियों को तो खूब प्रभावित किया, किंतु हिंदी कविता की मूल धारा को इसने प्रत्यक्ष रूप से नहीं प्रभावित किया। इस ग्रंथ का दृष्टिकोण यद्यपि भिन्न है, तथापि इसकी रचना में संस्कृत के नायिकाभेद वाले ग्रंथों की पूरी सहायता ली गई है।

रीति-काव्य : भक्त कवियों की गोपी-गोपाल-लीला ने क्षीण रूप में जीवित रहनेवाली लौकिक रस की काव्यधारा को थोड़ा सहारा दिया, और इस ज़रा-से सहारे को पा करके लौकिक रस की कविताएँ सिर उठाने लगीं। शुरू-शुरू में इनकी धारा बहुत क्षीण थी; किंतु जैसे-जैसे भक्तिकाल के आरंभिक उन्मेष का उत्साह शिथिल पड़ता गया, और भक्तों में भी गतानुगतिकता की मात्रा बढ़ती गई, वैसे-वैसे लौकिक रस की कविता भी तेजी से सिर उठाती गई। सत्रहवीं शताब्दी के बाद लगभग प्रत्येक कवि की कविता में श्रीकृष्ण और गोपियों का नाम तो अवश्य आ जाता है, पर प्रधानता ऐहिकता-परक शृंगाररस की ही रह जाती है। वहाँ से भक्तों की संख्या तो नहीं घटती, और भक्ति का उत्साह संपूर्ण रूप से वर्त्तमान भी रहता है, किंतु भक्ति-साहित्य की मूलप्रेरक शक्ति नहीं रह जाती। यहाँ आकर कविता को प्रेरणा देनेवाली शक्ति अलंकार, रस और नायिका-भेद हो जाते हैं। यहाँ साहित्य को गति देने में अलंकारशास्त्र का ही जोर है, जिसे उस काल में 'रीति', 'कवित्त रीति' या 'सुकवि रीति' कहने लगे थे, संभवतः इन्हीं शब्दों से प्रेरणा पाकर शुक्लजी ने इस श्रेणी की रचनाओं को *रीति-काव्य* कहा। उन्होंने विक्रम-संवत् 1700 से 1900 (1643 ई.-1843 ई.) तक के काल को रीतिकाल माना है।

नायिका-भेद के भक्त कवि : हिंदी में भक्त कवियों में नंददास प्रथम कवि हैं जिन्होंने स्पष्ट रूप से नायिका-भेद पर पुस्तक लिखी। इस पुस्तक का नाम है *रसमंजरी*। इसमें आरंभ में, 'रसमय रसकारन रसिक'—'आनंद-घन सुंदर नंदकुमार' की स्तुति है। फिर बताया है कि संसार में जो कुछ रस है, उसके एकमात्र आधार श्रीकृष्ण ही हैं। जिस प्रकार छोटी-बड़ी सभी नदियों का पानी समुद्र में ही गिरता है, उसी प्रकार सभी खंड-विच्छिन्न रस अंत में भगवान् में ही मिल जाते हैं। संसार में जितने भी कवि हैं और वे जो कुछ भी यश-वर्णन करते हैं सब भगवान् के ही हो जाते हैं। रूप और प्रेम का जो कुछ भी रस है, वह सब भगवान् से ही आता है, भगवान् में ही विलीन हो जाता है। फिर नंददास ने बताया है,

कि उनके एक मित्र ने उनसे कहा कि मुझे नायक-नायिका-भेद का ज्ञान नहीं है, हाव-भाव, हेला-रति आदि का विवेक नहीं है, सो इन्हें ठीक से समझा दीजिए, क्योंकि जब तक इनका ज्ञान नहीं होता, तब तक प्रेम-तत्त्व को पहचाना नहीं जा सकता। उसी मित्र के अनुरोध से नंददास ने पहले नायिकाओं का लक्षण लिखा, फिर नायकों का संक्षिप्त परिचय दिया। शुरू में एक बार भूमिका-रूप में नंददास ने कह दिया है कि सब रूपों और प्रेमों के आश्रय 'सुंदर नंदकुमार' हैं। इसके बाद वे सच्चे रूपोपासक कृष्णभक्त कवि की भाँति किसी तत्त्ववाद की व्याख्या के फेर में नहीं पड़े। सहज भाव से नायिकाओं के लक्षण दे दिए हैं, और उस लक्षण का स्पष्टीकरण इस प्रकार किया है कि उसे उदाहरण तो ठीक नहीं कहा जा सकता, पर उदाहरण का काम उससे चल जाता है। साधारणतः नायिकाओं के स्वभाव-भेद से जो उत्तमा, मध्यमा, अधमा भेद किए जाते हैं, उसे नंददासजी ने कहीं लिखा ही नहीं है। कारण, उनके ग्रंथ के एकमात्र आश्रय श्रीकृष्णजी हैं, और प्रेमिकाएँ गोपियाँ हैं; (स्पष्ट रूप से उन्होंने यह बात कहीं नहीं कही, केवल भूमिका में इशारा-भर कर दिया है।) उनमें मध्यमा, अधमा हो ही नहीं सकतीं। परंतु धर्म-भेद, व्यापार-भेद और वयःक्रम-भेद के अनुसार होनेवाले भेदों का उन्होंने विस्तार किया है। रीति-काल के परवर्त्ती कवि घूम-फिरकर राधा-कृष्ण या गोपियों का नाम ले लेते हैं, नंददास को इसकी आवश्यकता नहीं मालूम हुई। कारण स्पष्ट है, उनके मन में कहीं कोई विचिकित्सा नहीं थी। वे पूर्ण रूप से आश्वस्त थे, कि वह भगवान् की ही लीला गा रहे हैं। उन्होंने कहीं किसी गोपी का नाम नहीं लिया, 'कुंज-सदन', 'कालिंदीतीर', 'मनमोहन पिया' आदि शब्दों का इस चतुरता से प्रयोग किया है, कि कवि का भक्ति-परक अभिप्राय एकदम स्पष्ट हो जाता है। उदाहरण के लिए परकीया वाग्विदग्धा का उल्लेख इस प्रकार है :

अहो पथिक अति बरसत घामा। रंचक कहूँ करो बिसरामा।।
इहँ ते निकट कलिंदी तीर। सीतल मंद सुगंध समीर।।
गहवर तरू तमाल हैं तहाँ। प्रफुलित वल्लि मल्लिका जहाँ।।
छिनक छाँह लीजै रस पीजै। बहुरो उठि मारग मन दीजै।।
पिहिं सुनाय पथिक सों कहैं। वाक् विदग्धा परतिय सु है।।

स्पष्ट ही यहाँ श्रीकृष्ण का संकेत व्यंग्य होता है। नंददास ने इस पुस्तक में बड़े कौशल से लौकिक-सी दिखनेवाली बात में अलौकिक तत्त्व का संकेत भरा है।

यह ध्यान देने की बात है, कि नंददास ने प्रधान रूप से भानुदत्त की *रसमंजरी* के लक्षणों और उदाहरणों का ही अनुवाद किया है। *रसमंजरी* में भी निकुंज आदि की बात है, पर वहाँ उस प्रकार की श्रीकृष्ण-लीला की व्यंजना नहीं होती। ऊपर जो उदाहरण दिया गया है, वह हू-ब-हू *रसमंजरी* के इस श्लोक का अनुवाद है :

निविडतमतमालमल्लिवल्ली
विचकिलराजिविराजितोपकण्ठे।
पथिक समुचितस्तवाद्य तीव्रे
सवितरि तत्र सरित्तटे निवस्सः।।

नन्ददास ने 'सरित्तटे' को कालिंदीतीर बनाकर श्रीकृष्ण-लीला की अभिव्यंजना की है। परंतु यह भी उन्होंने सर्वत्र नहीं किया है। कहीं-कहीं केवल संकेत भर कर दिया है।

अधिकांश स्थलों पर *रसमंजरी* के श्लोकों का उल्थाभर कर दिया है।

नंददास ने जिस मित्र के अनुरोध पर *रसमंजरी* लिखी थी, उसने कहा था कि उसने नायिका-भेद सुना नहीं है। इस कथन से कुछ विद्वानों ने अनुमान लगाया है, कि इसके पूर्व नायिका-भेद पर कोई भाषा-ग्रंथ था ही नहीं। नंददास ने स्पष्ट रूप से कहा है कि वे *रसमंजरी* के अनुसार अपना ग्रंथ लिख रहे हैं। यह *रसमंजरी* भानुदत्त नामक मैथिल कवि की संस्कृत रचना है। परवर्त्ती हिंदी कविता को इस पुस्तक ने बहुत प्रभावित किया है। *रसमंजरी* के लेखक भानुदत्त चौदहवीं शताब्दी के आरंभ में हुए होंगे, क्योंकि इस पुस्तक की एक टीका *रसमंजरी प्रकाश* सन् 1428 ई. में लिखी गई बताई जाती है। यह टीका दो बार मद्रास से (1872 ई., 1881 ई.) प्रकाशित हो चुकी है। *रसमंजरी* के एक उदाहरण में 'निजाम' नृप का उल्लेख देखकर कुछ लोगों ने भानुदत्त को और भी परवर्त्ती ग्रंथकार माना है। पर यह 'निजाम' देवगिरि के मुस्लिम शासक थे, आधुनिक निजाम नहीं। इसलिए *रसमंजरी* चौदहवीं शताब्दी में लिखी गई थी, इसमें संदेह करने की आवश्यकता नहीं। केवल हिंदी की कविता को ही इस पुस्तक ने प्रभावित नहीं किया है, दक्षिण के काव्य-शास्त्र को भी इसने प्रभावित किया है।

कृपाराम की *हित-तरंगिणी* : परंतु यह अनुमान ठीक नहीं, कि नंददास के पहले नायिका-भेद की पुस्तकें भाषा में थीं ही नहीं। अब तक के ज्ञात साहित्य में कृपाराम की *हित-तरंगिणी* नायिका-भेद की सबसे पुरानी पुस्तक बताई जाती है। इस पुस्तक की ओर सबसे पहले रत्नाकरजी ने साहित्यिकों का ध्यान आकृष्ट किया था। भारत जीवन प्रेस से सं. 1952 (1895 ई.) में यह प्रथम बार छपी थी। इस प्रकाशित पुस्तक के अनुसार इस पुस्तक की रचना सं. 1598 अर्थात् 1541 ई. में हुई थी (सिधि-निधि-शिवमुखचंद्र लखि माघ सुद्ध तृतियासु। हित तरंगिणी हौं रची कवि हित परम प्रकासु।), परंतु इसकी भाषागत प्रौढ़ता तथा बिहारी के दोहों में से किसी-किसी दोहे का भाव-साम्य, और बिहारी के किसी-किसी संग्रह में इसके एकाध दोहों का अंतर्भाव देखकर विद्वानों ने इसके इतने पुराने होने में संदेह किया है। श्री चंद्रबली पांडेय ने *शिव-मुख* के स्थान पर *सबसुख* पाठ कल्पना करके इसका काल सं. 1798 करने का सुझाव रक्खा है। *सबसुख* सात के अर्थ में प्रचलित नहीं है। पर मेरा भी विश्वास है कि यह पुस्तक उतनी पुरानी है नहीं, जितनी पुरानी अब तक समझी जाती रही है। काल-सूचक यह दोहा कुछ अशुद्ध है, इसमें संदेह नहीं। 'लखि' का कुछ अर्थ होना चाहिए, और 'माघ सुद्ध' से इतना तो स्पष्ट हो जाता है कि उस वर्ष माघ अधिक-मास रहा होगा, जो संभव नहीं, पर पक्ष का पता नहीं चलता। यह गड़बड़ी देखकर किसी-किसी ने 'शुद्ध' को 'सुदि' बना दिया है। परंतु जब तक किसी हस्तलिखित प्रति से किसी अन्य पाठ का समर्थन नहीं होता, तब तक इससे अधिक कुछ भी नहीं कहा जा सकता कि *हित-तरंगिणी* के कालसूचक दोहे में कुछ गड़बड़ी है।

केशवदास के रीति-ग्रंथ : अलंकार और रस के वास्तविक विवेचक केशवदास ही हैं। इनके पहले के एक और लेखक करनेस बंदीजन की तीन पुस्तकों की चर्चा इस सिलसिले में की जाती है—*कर्णाभरण*, *श्रुतिभूषण* और *भूपभूषण*। परंतु इन पुस्तकों के बारे में कुछ पता नहीं चलता। केशवदास ने दो अत्यंत महत्त्वपूर्ण ग्रंथ लिखे—*कविप्रिया* और *रसिकप्रिया*। *कविप्रिया* का उद्देश्य काव्यशास्त्र का सुनिपुण विवेचन नहीं था, वह

साधारण-से-साधारण व्यक्तियों को काव्य का मर्म उपलब्ध कराने का प्रयास है। अपने आश्रयदाता राजा इंद्रजीतसिंह की पतिव्रता गणिका रायप्रवीन को काव्य-शिक्षा देने के उद्देश्य से इस पुस्तक का आरंभ हुआ था। इसमें केशवदास ने रसवादी आचार्यों का अनुसरण न करके दंडी आदि पुराने अलंकार-चमत्कारवादी कवियों का अनुसरण किया है। परंतु *रसिकप्रिया* की रचना रसिकजनों को ध्यान में रखकर की गई थी। *रामचंद्रिका* के प्रसंग में कहा गया है कि केशवदास उसमें भी शिक्षक के रूप में ही आते हैं। वस्तुतः अपनी **काव्यशास्त्रीय** रचनाओं में भी वे शिक्षक के रूप में ही प्रधान रूप में आते हैं। उनका उद्देश्य अल्पमति के विद्यार्थी को काव्याभ्यास का ज्ञान करा देना ही है। *रसिकप्रिया* में वे भगवद्-भक्ति को प्रधानता देते दिखाई देते हैं। इस प्रकार प्रथम-प्रथम जिन कवियों ने नायिका-भेद पर ग्रंथ लिखे हैं, उन्होंने कुछ-न-कुछ भगवद्‌भक्ति का पुट दिया अवश्य है।

रुग्ण मनोभाव का काल : सत्रहवीं शताब्दी में मुगलों का विशाल साम्राज्य ह्रासोन्मुख हो चला था, उस समय दिल्ली के सिंहासन पर सम्राट् शाहजहाँ आसीन था। शाहजहाँ का शासनकाल मुगल साम्राज्य का मध्याह्नकाल था। उसके जीवनकाल में ही गृह में कलह आरंभ हो गया, और उदार तथा लोकप्रिय दारा-शिकोह को दबाकर औरंगजेब सम्राट् बन बैठा। इस काल में पूरब, पश्चिम, उत्तर, दक्षिण में सर्वत्र विद्रोह की आँधी आई, और धीरे-धीरे मुगल शक्ति क्षीण से क्षीणतर होती गई। केंद्रीय शासन निर्बल पड़ गया; छोटे-छोटे रजवाड़े और नवाब स्वतंत्र हो गए। समूचे देश का—क्या राजनीति, क्या धर्म, क्या काव्य क्षेत्र—कहीं भी कोई प्रथम श्रेणी का नेता उत्पन्न नहीं हुआ। मुगल शासन के अंतिम दिनों में जिस उत्तरदायित्व-हीन विलासिता का वातावरण उत्पन्न हुआ था, वह नाना टुकड़ों में विभक्त होकर छोटे-छोटे आकारों में सारे देश में फैल गया। लेकिन उसकी प्रकृति में कोई विशेष परिवर्त्तन नहीं हुआ। विलासिता जब चित्तगत संकीर्णता के साथ प्रकट होती है, तो केवल विनाश की ओर ही ले जाती है। मुगल दरबार के आदर्श पर प्रतिष्ठित शतधा-विकीर्ण विलासिता छोटे-छोटे सरदारों के दरबारों में इसी चित्तगत संकीर्णता के साथ संबद्ध हो गई। इसीलिए इस काल की शृंगार-भावना में एक प्रकार का रुग्ण मनोभाव है।

जाति-पाँति व्यवस्था का नया रूप : सन् ईस्वी की सत्रहवीं शताब्दी तक आते-आते हिंदुओं की जाति-पाँति की व्यवस्था और भी कसी जाकर सिमट गई थी। अब वह पुरानी वर्ण-व्यवस्था के आदर्श पर न चलकर पेशेवर जातियों के रूप में ढलने लगी थी। पेशे वंशानुक्रम से चलने लगे। प्रत्येक पेशे के लोग अलग-अलग जातियों के रूप में संगठित होते गए। इस समय आर्थिक दृष्टि से समाज में स्पष्ट रूप से दो श्रेणियाँ हो गईं—एक तो उत्पादक वर्ग, जिसमें प्रधान रूप से किसान और किसानी से संबंध रखनेवाली जातियाँ बढ़ई, लोहार, कहार, जुलाहा इत्यादि थीं, और दूसरा दल भोक्ता (राजा, रईस, नवाब आदि) या भोक्तृत्व का मददगार था। मुगल शासन के अंतिम दिनों में भारतीय समाज के ये ही दो आर्थिक वर्ग थे—राजा, सामंत, मनसबदार आदि भोक्ता वर्ग; और कृषकों और श्रमिकों का उत्पादक वर्ग। दोनों का परस्पर का संबंध क्रमशः क्षीण होता गया, और मुगल काल के अंतिम दिनों में इन दोनों की दुनिया लगभग अलग हो गई। यह व्यवधान कोई नया नहीं था। मौर्य और गुप्त राजाओं के काल से ही इसका आरंभ हो गया था। सन् ईस्वी की

पहली-दूसरी शताब्दी में नागर और जानपद जनों का अंतर बहुत स्पष्ट हो गया था। एक के लिए कामशास्त्र; अलंकृत काव्य और नाटक लिखे जाने लगे थे, और दूसरे के लिए व्रत, संयम बतानेवाले स्मृति-पुराण। ज्यों-ज्यों साम्राज्य-व्यवस्था संगठित होती गई, और राजनीतिक सत्ता केंद्र में सिमटती गई, त्यों-त्यों व्यवधान भी बढ़ता गया। मुगल काल में यह व्यवधान अपनी चरम सीमा पर पहुँच गया, और उसके अंतिम दिनों में जब वह व्यवस्था निष्प्राण हो गई, तो उस व्यवधान को जिला रखने के लिए एक बड़ा-सा ढाँचा ही खड़ा रह गया। रीतिकाल इसी बाहरी ढाँचे का प्रकाश है। इसका पोषण सामंती व्यवस्था से हो रहा था। परंतु इस व्यवस्था की रीढ़ भुकुड़ चुकी थी, और उससे जीवन का रस बहुत थोड़ा निखर पाता था।

कवियों के प्रेरणा-स्रोत : इन दो वर्गों के मध्य में कवियों, चित्रकारों, संगीतज्ञों आदि कलावंतों का वर्ग था जो प्रायः उत्पादक वर्ग से उत्पन्न होता था, किंतु भोक्ता वर्ग की स्तुति और मनोविनोदन करके जीविका-निर्वाह करता था। जिस प्रकार के मालिकों का मनोरंजन इन कवियों और कलावंतों को करना पड़ता था, उस वर्ग को संतुष्ट करने के लिए जिस प्रकार के जीवन से परिचित होना आवश्यक है, वह इन कवियों को प्रत्यक्ष रूप से ज्ञात नहीं था। उसके लिए उन्हें पुस्तकी विद्या की आवश्यकता थी। दो मूलों से यह ज्ञान प्राप्त हो सकता था, *रति-रहस्य* आदि कामशास्त्रीय ग्रंथों से और *दशरूपक, रसमंजरी* आदि नायिका-भेद के वर्णन करनेवाले ग्रंथों से। फिर उक्तिवैचित्र्य के लिए अलंकारशास्त्र के अन्य अंगों की भी उन्हें आवश्यकता थी। इस प्रकार इन कवियों ने अत्यंत पुराने जमाने से प्रचलित तीन श्रेणी के ग्रंथों का सहारा लिया :

1. नाना प्रकार की प्रेम-क्रीड़ाओं को बतलानेवाले कामशास्त्र का।
2. उक्ति-वैचित्र्य का विवेचन करनेवाले अलंकारशास्त्र का।
3. नायक-नायिकाओं के विभिन्न भेदों और स्वभावों का विवेचन करनेबाले रस-शास्त्र का।

साहित्य के क्षेत्र में इन्हीं तीन प्रकार के ग्रंथों का प्रभाव इस काल में मिलता है। उधर मधुर-भाव की कृष्णभक्ति ने भी अपने ढंग से नायिका-भेद के साहित्य को प्रभावित किया था। यद्यपि उसका प्रत्यक्ष प्रभाव इस काल के साहित्य पर नहीं पड़ा; परंतु परोक्ष रूप से उसने इसे प्रभावित अवश्य किया। यही कारण है कि इस संपूर्ण शृंगारी साहित्य के भीतर गोपी और गोपाल का नाम अवश्य आ जाता है। रीतिकाल के शृंगारी साहित्य की यह विशेषता है कि उसमें शृंगार के आश्रय भी उस युग के धर्म और अध्यात्म के आश्रय की भाँति श्रीकृष्ण ही हैं।

मूल स्वर मस्ती नहीं : इस प्रकार की ऐहिकता-आमुष्मिकता को एक साथ जोड़ देने की प्रवृत्ति इस साहित्य में पाई जाती है। परंतु इस युग की रसिकता का मेरुदंड औदार्य और मस्ती उतना नहीं था, जितना एक प्रकार की मानसिक थकान से पिंड छुड़ाने का बहाना। यहाँ नारी कोई व्यक्ति या समाज के संघटन की इकाई नहीं है, बल्कि सब प्रकार की विशेषताओं के बंधन से यथासंभव मुक्त विलास का एक उपकरण मात्र है। देव ने कहा है :

कौन गनै पुर वन नगर कामिनि एकै रीति।
देखत हरै विवेक कों चित्त हरै करि प्रीति।।

नारी का चित्रण : इससे इतना स्पष्ट है कि नारी की विशेषता इनकी दृष्टि में कुछ नहीं है, वह केवल पुरुष के आकर्षण का एक केंद्र-भर है। उसका सामाजिक अस्तित्व मानो कुछ है ही नहीं। इतना होते हुए भी रीतिकाल के कवि ऐकांतिक शृंगारी नहीं हैं। उनकी रचना में गृहस्थी का भरपूर रस है। परंतु गृहस्थी में भी नारी केवल एक टाइप है, व्यक्ति नहीं। भारतीय साहित्य में टाइप की प्रधानता शुरू से ही रही है, पर रीतिकाल में वह चरम-सीमा पर पहुँच गई है।

अलंकारशास्त्र का हिंदी में प्रवेश : हिंदी में काव्य-रचना होने के पूर्व ही संस्कृत के अलंकारशास्त्री लड़-झगड़कर कुछ निश्चित सिद्धांतों पर पहुँच चुके थे। मम्मट के *काव्य-प्रकाश* ने रस-ध्वनि संप्रदाय को इस प्रकार से समन्वय के रूप में उपस्थित किया कि अलंकार, रीति, वक्रोक्ति आदि के पुराने संप्रदाय समाप्त हो गए। इसके बाद के प्रसिद्ध आचार्य विश्वनाथ और जगन्नाथ हुए। उन्होंने इस समन्बयवादी स्थापना को पूर्ण रूप से स्वीकार कर लिया। उन्होंने मतभेद बहुत थोड़े स्थलों में दिखाया। मम्मट के बाद संस्कृत साहित्य में भी विवेचन-विश्लेषण के प्रयास उतने नहीं हुए जितने शिक्षण और प्रचार के। संस्कृत के परवर्त्ती अलंकारग्रंथ में भी विवेचन कम है पूर्वाचार्यों के निर्णीत सिद्धांतों का स्पष्टीकरण तथा शिक्षण और प्रचारण ही अधिक है। इन्हीं ग्रंथों का हिंदी के रीतिकालीन कवि अनुकरण कर रहे थे। पहले ही बतलाया गया है कि इनमें सबसे अधिक अनुकृत ग्रंथ भानुदत्त की *रसमंजरी* और जयदेव का *चंद्रालोक* है। रीति-काव्य जो सुविवेचित रीति-शास्त्र नहीं बन सका, इसका एक मुख्य कारण आदर्श माने जानेवाले इन ग्रंथों की यही विवेचनहीन प्रवृत्ति है। दूसरे कारण भी थे। इस साहित्य के लक्ष्यीभूत श्रोता साहित्य के विवेचक विद्वान् नहीं थे, बल्कि ऐसे रसिक रईस थे जिनमें सूक्ष्म तर्क की कर्कश मीमांसा सुनने की न तो रुचि थी, और न धैर्य ही था। फिर परिमार्जित तर्कभार सह सकने में असमर्थ गद्य का अभाव तो था ही। ये कवि निर्भ्रांत लक्षणग्रंथ लिखने के उद्देश्य से पुस्तक नहीं लिखते थे, बल्कि सरस मनोविनोद योग्य काव्य-रचना से ही संतुष्ट रहते थे। उस युग की माँग भी बहुत गंभीर नहीं थी। आश्रयदाता रईस लोग जिस श्रेणी की रचना से संतुष्ट होते थे, उस श्रेणी की रचना में जितनी गहराई आ सकती थी, उतनी इस साहित्य में आई। इससे अधिक की न तो कभी किसी ने माँग की, न उसका प्रयत्न ही हुआ। अपने सीमित क्षेत्र में यह कविता बहुत ही प्रभावशालिनी है, इसमें कोई संदेह नहीं। पर क्षेत्रों के बाहर जाने का न तो उसमें संकल्प है, न प्रयत्न।

रीतिकवि की मनोवृत्ति : रीतिकाल का काव्य यद्यपि शृंगारप्रधान है, पर इस शृंगाररस की साधना में जीवन की संतुलित दृष्टि का अभाव है; जैसे, सब ओर से चोट खाकर, किसी ओर रास्ता न पाकर, बुद्धि घर के भीतर सिमट गई हो, जैसे जीवन के व्यापक क्षेत्रों में मनोनिवेश का अवसर न मिलने के कारण मनोरंजन का एकमात्र साधन नारी-देह की शोभाओं और चेष्टाओं के अवलोकन-कीर्त्तन तक ही सीमाबद्ध हो गया हो। इस शृंगार में न तो प्रिया का व्यक्तित्व उभर पाया है—उसका साधारण नारीत्व ही आकर्षण का एकमात्र हेतु है—न प्रिया की प्रीति जीतने के लिए रूमानी ढंग के किसी असीम साहसिक कार्य की योजना ही बन पाई है। केवल 'लला' का रूप ही (चाहे वह चित्र-दर्शन से प्राप्त हो, स्वप्न में दर्शन से लब्ध हो, सखिमुख से सुनकर प्राप्त हुआ हो, प्रत्यक्ष देखकर दृग्गोचर

हुआ हो, या विवाह की भाँवरी के समय झलक गया हो) इसी प्रीति को जीतने के लिए पर्याप्त है—प्रिया के रूप में सूफी कवियों की भाँति किसी अपूर्व पारस-रूप का कहीं कोई उल्लेख नहीं है। यह प्रेम शुरू से अंत तक महत्त्वाकांक्षा से शून्य, सामाजिक मंगल के मनोभाव से प्रायः अस्पृष्ट, पिंड-नारी के आकर्षण से हततेज और स्थूल प्रेमव्यंजना से परिलक्षित है। फिर भी वह मोहन है, क्योंकि उसमें चित्त को विश्राम देने का महान् गुण है। वस्तुतः यह मोहनता उसे पूर्ववर्त्ती शृंगारी कविताओं से भिन्न और विशिष्ट बना देती है। यह सब ओर से रुद्ध-गति हो गए हुए मानस-व्यापारों की विश्राम-भूमि है, कर्मठ और बहुधा-विभक्त चित्त की गतिशील प्रक्रिया का सामयिक विराम-स्थल नहीं। इसीलिए यह ठीक-ठीक भौतिकवादी भी नहीं। यह वास्तविक जीवन की कठोरताओं पर आधारित नहीं। इसका आधार-फलक (कैनवस) सीमित, संकुचित और सँकरा है। जीवन के मूल प्रश्नों से उसका संबंध बहुत थोड़ा है। जीवन की वास्तविक जटिलताओं के साथ सामना करने के लिए जिस प्रकार का वैयक्तिक साहस और सामाजिक मंगल का मनोभाव आवश्यक है, वह इसमें नहीं है, और न शृंगार-भावना को जीवन का सबसे बड़ा लक्ष्य घोषित करने का साहस ही है। सब ओर से सिमटी मनोवृत्ति का यह विराम-स्थान मात्र है। यद्यपि प्रायः सभी कवियों के शृंगार की रसराजता की घोषणा की थी, तथापि इसको तर्कसंगत परिणति तक घसीट ले जाने का साहस कम कवियों में रहा। इस शृंगार-भावना को उन्होंने भक्ति का आवरण दिया। राधारानी और गोपाललाल घूम-फिरकर सभी प्रकार की शृंगार-चेष्टाओं के विषय बन जाते हैं। यह भक्ति-भावना इन कवियों के लिए सामाजिक कवच का काम करती है, साथ ही यह उनके मन को प्रबोध भी देती है :

आगे के सुकवि रीझिहैं तो कविताई—
न तो राधिका गोविन्द सुमिरन को बहानो है।

संस्कृत के अलंकारशास्त्र का प्रभाव : संस्कृत साहित्य में अलंकारशास्त्र की मार्मिक विवेचना करनेवाले अनेक कवि हुए हैं, परंतु बारहवीं शताब्दी के बाद क्रमशः विवेचनावाले अंश कम होते गए, और स्थिर सिद्धांतों का प्रचार करनेवाले अधिक। इन ग्रंथों में भानुदत्त की *रसमंजरी* और *रसतरंगिणी* ने तथा जयदेव के *चंद्रालोक* ने रीतिग्रंथकारों को खूब प्रभावित किया था। इस काल में चार प्रकार के रीतिग्रंथ लिखे गए—1. संपूर्ण काव्यांगों के विवेचन करनेवाले ग्रंथ, जो काव्य के लक्षण, शब्द और अर्थ की शक्तियों, काव्य के गुण-दोषों, रस, भाव आदि सभी अंगों का विवेचन करते थे। भिखारीदास का *काव्य-निर्णय* ऐसा ही ग्रंथ है। इन पुस्तकों का आधार मम्मट का *काव्यप्रकाश* और **विश्वनाथ** का *साहित्यदर्पण* जैसे ग्रंथ होते थे। 2. रसों का विवेचन करनेवाले ग्रंथ, जिनमें प्रधान रूप से शृंगाररस की चर्चा रहती है, परंतु अन्य रसों की भी थोड़ी-बहुत चर्चा आ जाती है। रसों का आलंबन, उद्दीपन, विभाव, स्थायी भाव, संचारी भाव आदि के लक्षण और उदाहरण इन ग्रंथों का प्रतिपाद्य होता है। केशवदास की *रसिकप्रिया* (1591 ई.), तोष का *सुधानिधि* (1634 ई.), कुलपति का *रस रहस्य* (1670 ई.), सुखदेव मिश्र का *रसार्णव* (1673 ई.) आदि ग्रंथ रस की विवेचना करते हैं। प्रायः ही भानुदत्त की *रस-तरंगिणी* से इस प्रकार की पुस्तकों का मसाला जुटाया गया है। इनमें प्रधानता तो शृंगार की ही बनी रहती थी, पर अन्य रसों की भी चर्चा कर दी जाती थी। कभी-कभी

कवियों ने अन्य रसों को छोड़ भी दिया है। यह उचित ही है, क्योंकि जब उस रस के संबंध में ही मन में आकर्षण हो तो केवल प्रथापालन के लिए अन्य रसों का नाम ले लेना विशेष लाभप्रद नहीं होता। 3. नायक-नायिका-भेद के ग्रंथ, जिनमें शृंगाररस के आलंबनों का सूक्ष्म भेदोपभेद देकर उदाहरण लिखे जाते थे। यह विषय बहुत ही लोकप्रिय था। चिंतामणि (सत्रहवीं शती) की *शृंगारमंजरी,* देव का *सुखसागर तरंग* और *जातिविलास* (अठारहवीं शती), भिखारीदास का *शृंगार निर्णय* (1750 ई.) इसी श्रेणी के ग्रंथ हैं। भानुदत्त की *रसमंजरी* इस श्रेणी के ग्रंथों को बराबर प्रेरणा देती रही है। 4. चौथी श्रेणी में अलंकारग्रंथ आते हैं। जयदेव के *चंद्रलोक* और अप्पय दीक्षित के *कुवलयानंद* इस विषय के प्रिय ग्रंथ रहे हैं। कभी-कभी इनसे भिन्न अन्य संस्कृत-ग्रंथों का सहारा भी लिया गया है। करनेस का *कर्णाभरण* और *श्रुतिभूषण* (सोलहवीं शताब्दी का अन्त्य भाग), जसवंतसिंह का *भाषाभूषण* (सत्रहवीं शती), मतिराम का *ललित ललाम* आदि ग्रंथ इसी श्रेणी के हैं।

मौलिकता का अभाव : शुरू-शुरू में हिंदी-समालोचकों का विश्वास था कि रीतिकाल के कुछ कवियों में मौलिक उद्भावनाएँ हैं, किंतु रीतिशास्त्र के नए पंडितों ने बताया है–1. केशव की तथाकथित मौलिक उद्भावनाएँ वस्तुतः दंडी के *काव्यादर्श* से ली गई हैं, और कवि-समय की बातें केशव मिश्र के *अलंकार शेखर* और जैन आचार्य अमरसिंह की *काव्य कल्पलता वृत्ति* से ली गई हैं। 2. भूषण ने भाविक छवि नामक एक नए से लगनेवाले अलंकार की चर्चा अवश्य की है, पर वह भाविक का ही प्रवर्द्धित रूप है। 3. इसी प्रकार देव के काव्य-विवेचन में जिस स्वतंत्र चिंतन और मौलिक उद्भावना की कल्पना की गई थी, वह सब निराधार सिद्ध हुई है। वे भानुदत्त की *रसमंजरी* के ऋणी हैं। कहीं पारिभाषिक शब्दों को थोड़ा बदल अवश्य दिया है, परंतु इसे मौलिक उद्भावना नहीं कहा जा सकता। उन्होंने संचारियों में 'छल' को भी गिना है, जिसे कुछ लोग नई बात मानते हैं, पर यह भी *रसमंजरी* से ही लिया गया है। 4. इसी प्रकार भिखारीदास के काव्य-विवेचन में भी जिन बातों को उनकी मौलिक देन बताया गया था, वह *काव्य-प्रकाश* और *साहित्यदर्पण* से ग्रहण किए गए हैं। इसी प्रकार और भी बहुत-सी बातें, जो किसी समय नयी उद्भावना कहकर विज्ञापित की गई थीं, अब नई नहीं मानी जातीं।

कभी-कभी रीति-ग्रंथकारों ने स्वयं अपने ग्रंथ के मूल उपजीव्य का नाम बताया है। इस प्रकार मुरलीधर मिश्र का *सारसंग्रह रसमंजरी* के आधार पर, सेवक कवि का *वाग्विलास* *काव्यप्रभाकर* के आधार पर, प्रतापसाहि की *व्यंगार्थ कौमुदी* मम्मट के *काव्यप्रकाश* के आधार पर, चंद्रशेखर वाजपेयी भरत के *नाट्य शास्त्र* पर, पजनेस का *स्वेच्छार्थ* मम्मट के और कुलपति मिश्र के ग्रंथों के आधार पर लिखे गए थे। परंतु ये ठीक अनुवाद नहीं हैं। कभी-कभी शृंगारी प्रसंगों में इन कवियों ने अधिक ब्यौरेवार प्रसंगों का उत्थापन किया है। वस्तुतः इन ग्रंथकारों के ग्रंथ न तो पूर्णरूप से अनुवादित हैं और न मौलिक। किसी ग्रंथ को वे प्रधान प्रेरणा के रूप में स्वीकार कर लेते थे, फिर पुराने कवियों की रस-रीति मन में रखकर यथाप्रसंग कुछ नया कहने में संकोच नहीं करते थे।

शुरू-शुरू में हिंदी के आलोचकों को केशव की इस मान्यता से आश्चर्य हुआ था, कि सभी रस शृंगार में ही अंतर्भुक्त हो जाते हैं। किंतु बाद में इस आश्चर्य की मात्रा में शैथिल्य आया। *अग्निपुराण, शृंगार-प्रकाश* आदि ग्रंथों में बड़ी गंभीरता के साथ दिखाया गया है कि

किस प्रकार मानसिक वेदनाओं की अप्रतिकूलता के कारण जो रति, हास इत्यादि अनुभूतियाँ होती हैं, और प्रतिकूलता के कारण जो विषाद, क्रोध आदि भाव उठते हैं, वे सभी वस्तुतः हमारे अहंकार के ही रूपांतर हैं। उसी के रमने को रति कहते हैं। इसलिए जहाँ कहीं भी यह अहंकार अनुकूल या प्रतिकूल रूप में रत होता है, वहीं शृंगाररस है। परंतु केशवदास की विवेचना में कोई गंभीरता नहीं है। केवल स्थिर सिद्धांतों को अत्यंत स्थूल रूप में किसी प्रकार ठेल-ठालकर सभी रसों को शृंगार में अंतर्भुक्त कर दिया गया है। यह भी बताया गया था कि शृंगार के दो भेद, प्रच्छन्न और प्रकाश, केशव की मौलिक उद्भावना है। परंतु यह बात भी अब निराधार सिद्ध हुई है। श्री चंद्रबली पांडेयजी ने दिखाया है कि केशवदास के पूर्ववर्त्ती पद्मसुंदर ने *अरब साहि शृंगारदर्पण* नामक पुस्तक में प्रच्छन्न और प्रकाश नाम के शृंगार के दो भेद किए हैं, और भोजराज ने *शृंगारप्रकाश* में स्पष्ट रूप से बताया है कि प्रकाश शृंगार की अपेक्षा प्रच्छन्न शृंगार बलीयान होता है। इस प्रकार यह भी केशव की कोई नई सूझ नहीं हे। इसी प्रकार डॉ. नगेंद्र ने देव की नई उद्भावना समझी जानेवाली बातों को *रसतरंगिणी* पर आधारित सिद्ध किया है। कहने का मतलब यह है कि काव्य-शास्त्र का सांगोपांग विवेचन करनेवाले इन कवियों ने कोई नई बात नहीं कही। शास्त्रीय गद्य के अभाव में इनका काव्य विवेचन शिथिल और अस्पष्ट रहा। कुलपति, दास, रसिकगोविंद आदि कवियों ने गद्य का प्रयोग किया अवश्य है, परंतु यह गद्य तर्कभार सहने योग्य नहीं है, और इसीलिए उसमें शास्त्रीय विवेचना की गरिमा नहीं आ सकी।

अलंकार ग्रंथों की संकुचित वृत्ति : इन ग्रंथों में शास्त्रीय विवेचना की प्रौढ़ता भी नहीं रह गई है। इनमें भी शास्त्रीय विवेचना-योग्य गद्य का अभाव और लक्षणों के भेदोपभेद करनेवाले भेद-बीजों की विवेचना नहीं हो पाई है। ये भी सब ओर से बाधा पाकर सिमटे हुए चित्त को भुलाने का प्रयास मात्र हैं जिनमें उक्तिचमत्कार के साथ बहुत न्याय नहीं किया गया है। इन ग्रंथों के पाठक के चित्त में न तो मनुष्य-जीवन के किसी बड़े लक्ष्य को प्राप्त करने की स्फूर्ति संचारित होती है, और न काव्य के ही किसी व्यापक स्वरूप का परिचय मिलता है। यहाँ सबकुछ उक्ति-चमत्कार में ही सीमाबद्ध हो गया है। यहाँ प्रत्येक वक्तव्य किसी विशिष्ट वचन-भंगिमा का आश्रय लेकर काव्य बन सका है। इन ग्रंथों से काव्य के जिस स्वरूप का आभास मिलता है, वह मानवीय आदर्शों से वंचित और अस्पृष्ट है। इसमें कहीं-कहीं सरस कवित्त मिलते अवश्य हैं, परंतु लक्ष्य बराबर उक्ति-चमत्कार का स्पष्टीकरण होता है, और गद्य की तर्कपूर्ण और व्यवस्थित शैली के अभाव में यह स्पष्टीकरण भी धुँधला हो गया है।

यशवंतसिंह का *भाषा-भूषण* इन ग्रंथों में सर्वाधिक मान्य और प्रभावशाली ग्रंथ रहा है। इसके तीन तिलक (टीका) उपलब्ध हैं : 1. दलपतिराय और वंशीधर का *अलंकार रत्नाकर*, 2. प्रतापसाहि की, और 3. गुलाब की *भूषण चंद्रिका*। इनमें दलपतिराय और वंशीधर की टीका ही श्रेष्ठ और गंभीर है। टीकाकारों ने अन्य कवियों की रचनाओं को भी उदाहरणरूप में उद्धृत किया है। बाकी दो टीकाएँ न तो प्रचलित ही हुई हैं, और न उतनी अच्छी ही हैं।

एक चौथी श्रेणी के कवि और भी हैं, जिन्होंने चित्रकूट, दृष्टकूट और चित्रकाव्यों की

रचना की है। वैसे तो केशवदास और दास आदि कवियों ने भी अपने विवेचनापरक ग्रंथों में चित्र, प्रहेलिका आदि की रचनाएँ की हैं, किंतु रहमान के *यमक शतक* में केवल यमक का ही चमत्कार दिखाया गया है, और जगतसिंह की *चित्र-मीमांसा* और काशीराज की *चित्र-चन्द्रिका* में चित्र-काव्यों का सौंदर्य दिखाया गया है। संस्कृत कवियों में भी चित्र-काव्य के विनोद का अच्छा परिचय मिलता है, और सूरदास के नाम पर चलनेवाली *साहित्यलहरी* में भी दृष्टकूटों की अच्छी योजना है। परंतु रीतिकाल के साहित्य में रस-सिद्ध कवियों की रचना का ही प्राधान्य रहा है, और रस-विवेचना के सामने चित्र और प्रहेलिका की विवेचना दब गई है। बहुत थोड़े कवियों ने ही स्वतंत्र रूप से इस विषय को अपनाया और उसका सम्मान भी बहुत थोड़ा ही हुआ, प्रधानता रसवादी कवियों की ही बनी रही।

वास्तव में रीति-काव्य जितना तत्कालीन समाज के क्लांत चित्त के विश्राम और विनोदन की व्यवस्था करता है, उतना परिष्करण और नियोजन की नहीं। भाषा के भी विश्रामदायक और विनोदन गुणों का इस काल में खूब मार्जन हुआ, परंतु इसे इस योग्य बनाने का प्रयत्न किसी ने नहीं किया कि वह गंभीर विचार-प्रणाली का उपयुक्त वाहन बन सके।

अन्य आकर्षक विषय : नायक-नायिका-भेद के बाद रीति-काल के शृंगारी कवियों के सबसे आकर्षक विषय रहे हैं : नख-शिख, षड्ऋतु-वर्णन और अष्टयाम। नख-शिख-वर्णन की प्रथा इस देश में नई नहीं है। कालिदास के *कुमारसम्भव* में पार्वती के नख-शिख सौंदर्य का मनोरम वर्णन है। सभी काव्यों में नायिका और नायक के अंग-अंग की शोभा का वर्णन है, किंतु इसी को लेकर स्वतंत्र ग्रंथ लिखने की प्रथा बहुत परवर्त्ती है। संस्कृत में भी एक-एक अंग का इस प्रकार का वर्णन परवर्त्ती कवियों में ही मिलता है। रीति-कवियों ने नायिका के अंग की शोभा और कांति का बड़ा ही हृदयहारी और कभी-कभी फड़का देनेवाला वर्णन किया है। पजनेस, ग्वाल, चंद्रशेखर वाजपेयी जैसे कवियों ने 'प्यारी के मुख के तिल और मस्से' को भी वर्णन करने से नहीं छोड़ा है; और तो और, चेचक के दाग का भी रस लेकर वर्णन किया है। षड्ऋतु-वर्णन भी पुराने जमाने से होता आ रहा है। कवियों में प्रायः शृंगार के उद्दीपन के रूप में ही इसकी चर्चा होती रही। रीति कवियों ने भी षड्ऋतु का वर्णन इसी उद्देश्य से किया है। अतिरंजना, समत्व का अभाव और मात्रा का वैषम्य प्रायः मिल जाता है। *अष्टयाम* राधा और कृष्ण के आठ पहर की लीलाओं का वर्णन है। यद्यपि राधा और कृष्ण का प्रेम भी मानवीय प्रेम के रूप में ही चित्रित है, तथापि इन कवियों की भक्ति इन पदों में सदा प्रच्छन्न भाव से वर्त्तमान रहती है। अत्यंत शृंगारी रचनाओं के बंध भी राधा-कृष्ण की लीला के प्रति श्रद्धा और भक्तिभाव का ध्यान अवश्य रखते हैं।

2. प्रमुख रीति-ग्रंथकार

भक्ति-प्रेरणा का शैथिल्य : इस अध्याय के पूर्ववर्त्ती विवेचन से स्पष्ट हो जाएगा कि हिंदी में रीतिग्रंथों का निर्माण पंद्रहवीं शताब्दी से होने लगा था। केशवदास, रहीम, नंददास और

कृपाराम की रचनाएँ बताती हैं कि रीतिग्रंथों का प्रणयन बहुत पुराने काल से ही होने लगा था, परंतु 'रीति'-साहित्य उन दिनों के साहित्य की प्रेरक-शक्ति नहीं था। पंद्रहवीं-सोलहवीं शताब्दी के हिंदी साहित्य को मूलप्रेरणा देनेवाली शक्ति भक्ति थी। सत्रहवी शताब्दी में भक्ति का आंदोलन समाप्त तो नहीं हो गया, पर साहित्यनिर्माण में वह प्रथम और प्रधान प्रेरणादायक शक्ति नहीं रह गया। इस समय हिंदी साहित्यकार प्रधान रूप से रीतिबद्ध साहित्य की ओर आकृष्ट हुए।

चिंतामणि : इतिहास में कानपुर जिले के तिकवाँ गाँव के निवासी रत्नाकर त्रिपाठी के समान भाग्यशाली पिता बहुत कम होते होंगे। इनके चार पुत्र थे, चारों कवि। सबसे बड़े चिंतामणि थे, जिनका जन्म सन् ईस्वी की सत्रहवीं शताब्दी के आरंभ में ही (1609; ई.) हुआ था। इनका *कविकुल कल्पतरु* नाना दृष्टियों से बहुत की महत्त्वपूर्ण ग्रंथ है। यद्यपि *शिवसिंह सरोज* में इनकी कई और रचनाओं (*छन्दविचार, काव्यविवेक, काव्यप्रकाश, रामायण*)की चर्चा है और नागरी प्रचारिणी सभा की खोज-रिपोर्ट में *रसमंजरी* नामक एक अन्य रचना भी इनकी लिखी बताई गई है (जो वस्तुतः *शृंगारमंजरी* है और भानुदत्त की *रसमंजरी* पर आधारित है), परंतु इनके यश का मुख्य हेतु तो *कविकुल कल्पतरु* ही है। यह पुस्तक *काव्यप्रकाश* के आदर्श पर लिखी गई है। विचार काफी सुलझे हुए हैं। उदाहरणों से इनके अच्छे कवि होने का सबूत मिलता है। बाबू रुद्रशाह सोलंकी, शाहजहाँ बादशाह और जैनंदी अहमद के यहाँ इन्हें बहुत सम्मान मिला था। इनके छोटे भाई भूषण, मतिराम और जटाशंकर भी कवि थे। इनमें भूषण और मतिराम तो बहुत उच्चकोटि के कवि गिने गये हैं और दोनों ही साहित्य-रसिकों में लोकप्रिय भी हुए हैं।

चिंतामणि के उदाहरणों में सच्चे कवि-हृदय की झलक है। कभी-कभी तो वे सरसता में अपने छोटे भाई मतिराम से होड़ करते हैं। कई रचनाओं में भाषा का अकृत्रिम प्रवाह और भावों का सामंजस्य-विन्यास देखने योग्य होता है :

कोकिल कूक सुनै उमगै मन,
और सुभाउ भयो अबही को।
फूली लता द्रुम कुंज सुहात,
लगे अलि गुंजन भावत जी को।
कारन कौन भयो सजनी,
यहु खेल लगै गुड़ियान को फीको।
काहे ते साँवरो अंग छबीलो,
लगै दिन द्वैक तें नैननि नीको।

परंतु मतिराम की भाँति वे सर्वत्र इस सहज प्रभावमयी भाषा का निर्वाह नहीं कर पाए। वे अपनी काव्य-विवेचना के कारण ही साहित्य-मर्मज्ञों में समादृत हुए हैं।

भूषण : चिंतामणि को सबसे अधिक आश्रय और सम्मान देनेवाले मुसलमान बादशाह और सरदार ही बताए गए हैं। परंतु उनके छोटे भाई भूषण (जन्म 1613 ई.) शिवाजी के आश्रित थे और अपनी वीरदर्पभरी उक्तियों से मुगल साम्राज्य की जड़ हिलाने में सहायक हुए। चित्रकूट के सोलंकी राजा रुद्र ने इन्हें कविभूषण की उपाधि दी थी, तबसे इनका नाम भूषण पड़ गया। मूल नाम का पता नहीं चलता। वैसे तो ये आश्रय की तलाश

में काफी दिन भटकते रहे, पर मन-माफिक आश्रयदाता इन्हें शिवाजी ही मिले। महाराज छत्रसाल भी इनके प्रशंसकों में से थे और भूषण भी दोनों की वीरता पर मुग्ध थे। शृंगार के व्यापक प्रभाव को अतिक्रम कराके ये अपनी कविता को वीररस की गंगा में स्नान करा सके। यद्यपि उस वीर-काव्य में परंपरागत रूढ़ियों का और चारण कवियों की उस प्रथा का प्रभावपूर्ण रूप से पालन किया गया है जिसमें ध्वनि को अर्थ से अधिक महत्त्व दिया जाता है और उसकी प्रभावोत्पादकता उत्पन्न करने के लिए शब्दों को यथेच्छ तोड़ा-मरोड़ा जाता है, फिर भी भूषण की कविता में प्राण है। वह सोए हुए समाज को उद्बुद्ध करने की शक्ति रखती है। उनका *शिवराज भूषण* अलंकार-ग्रंथ है और *शिवाबावनी* वीररस की राजस्तुति-जातीय पुस्तक है, किंतु और कवियों की राजस्तुति से भूषण की राजस्तुति में अंतर है। और कवियों के काव्य-नायक सचमुच ही उस गौरव के अधिकारी नहीं होते, जिसके अधिकारी शिवाजी-जैसे सच्चे शूर थे। इसलिए भूषण की कविता में सचाई और ईमानदारी की सुगंधि आ गई है।

मतिराम : मतिराम संभवतः भूषण से उमर में बड़े थे। दोनों भाइयों की भाषा, भाव, प्रकृति सबमें अद्भुत अंतर है। मतिराम भाषा की नाड़ी पहचानते हैं। इनके *रसराज* और *ललितललाम* ग्रंथ तो रीति-काव्य हैं, किंतु *सतसई बिहारी-सतसई* के समान सरस मुक्तकों का संग्रह है। भाषा के सहज प्रवाह और भावों के अनाडंबर प्रकाशन में मतिराम के साथ भाषा के बहुत थोड़े कवियों की तुलना की जा सकती है। यद्यपि *रसराज* और *ललितललाम* में लक्षण और उदाहरण के बहाने ही कविता लिखी गई है, पर भावों का ऐसा सरस चित्रण दुर्लभ है। एकाध उदाहरण से बात स्पष्ट हो जाएगी :

मो जुग नैन चकोरन को यह
　　रावरो रूप सुधा ही को नैबो।
कीजै कहा कुलकानि ते आनि
　　परो अब आपुनो प्रेम छिपैबो।
कुंजन में मतिराम कहूँ निसि
　　चौसहु घात परे मिलि जैबो।
लाल सयानी अलीन के बीच
　　निवारिये ह्याँ की गलीन को ऐबो ।।1।।

आपने हाथ सों देत महावर
　　आप ही बार सिंगारत नीके।
आपन ही पहिरावत आनि कै
　　हार सँवारि कै मौलसिरी के।
हौं सखि लाजन जाति मरी
　　मतिराम सुभाउ कहा कहौं पी के।
लोग मिले घर घैरु करै
　　अब ही तें ये चेरे भये दुलही के ।।2।।

कुंदन कौ रँगु फीको लगै
　　झलकै अति अंगन चारु गोराई।

आँखिन में अलसानि चितौनि में
मंजु विलासन की सरसाई।
को बिन मोल बिकात नहीं
मतिराम लहै मुसुकानि मिठाई।
ज्यों-ज्यों निहारिये नेरे ह्वै नैननि
त्यों-त्यों खरी निकरै सी निकाई ।।3।।

इस प्रकार समस्त उदाहरण सुंदर भाषा और मोहक भावों के नमूने हैं। ब्रजभाषा काव्य में ऐसी अकृत्रिम सरसता बहुत कम कवि ले आ सके हैं। रीतिग्रंथ लिखने के बहाने मतिराम वस्तुतः सरस काव्य रच रहे थे।

जसवंतसिंह और भिखारीदास : मारवाड़ के महाराज जसवंतसिंह (जन्म सन् 1626) का *भाषाभूषण* हिंदी का बहुत ही लोकप्रिय ग्रंथ रहा है। मतिराम अपने उदाहरणों के सरस कवित्व के कारण प्रसिद्ध हैं, पर महाराज जसवंतसिंह अपने लक्षणों और उनके यथार्थ उदाहरणों के कारण प्रसिद्ध हुए हैं। इनके ग्रंथ का प्रधान आधार और आदर्श जयदेव का *चंद्रालोक* है। उन्नीसवीं शताब्दी के अंत तक *भाषाभूषण* अलंकार-जिज्ञासु हिंदी कवियों के पठन-पाठन का ग्रंथ रहा है। इसके समान लोकप्रिय ग्रंथ केवल भिखारीदास का *काव्य-निर्णय* ही हो सकता है। ये भिखारीदास या दास प्रतापगढ़ जिले के कायस्थ थे और काव्यशास्त्र के व्युत्पन्न विद्वान् थे। इनकी रचनाएँ अठारहवीं शताब्दी के मध्यभाग की हैं। इनकी लिखी प्रसिद्ध पुस्तकें ये हैं—*रस सारांश* (1742 ई.), *छंदार्णव पिंगल* (1742 ई.), *काव्यनिर्णय* (1746 ई.) *शृंगारनिर्णय* (1750 ई.), *नामप्रकाश कोश* (1738 ई.), *विष्णुपुराण भाषा* इत्यादि। दास हिंदी के अच्छे आचार्यों में गिने जाते हैं। बहुत-से लेखकों ने इन्हें अच्छा मौलिक चिंतक माना है। परंतु यह भी अन्य रीतिकारों की भाँति पुरानी वस्तुओं का ही नवीन संग्रह कर रहे थे। भाषा इनकी निस्संदेह परिमार्जित है और उदाहरणों के रूप में लिखे गए छंदों में कवित्व भी कहीं-कहीं अच्छा निखरा है। इनकी प्रसिद्धि का मुख्य कारण इनका *काव्यनिर्णय* ही है।

रीति-ग्रंथ कवियों का आवश्यक कर्त्तव्य-सा हो गया था : रीति-ग्रंथ लिखना इन दिनों कवियों का आवश्यक कर्त्तव्य-सा हो गया था। महाकवि बिहारी के भानजे और आगरे के रहनेवाले कुलपति मिश्र (कविता-काल 1770-1786) ने *द्रोणपर्व, युक्ति-तरंगिणी, संग्रामसार* जैसी रचनाओं के साथ-ही-साथ *नखशिख* और *रसरहस्य* भी लिखा; इनके सम-सामयिक सरस सूक्तियों के चित्ताकर्षक रचयिता कालिदास त्रिवेदी ने *वर वधू विनोद* नाम से नखशिख और नायिकाभेद की पुस्तक लिखी। सुखदेव मिश्र ने, जो आधुनिक काल के महान् आचार्य पं. महावीरप्रसाद द्विवेदी के गाँव दौलतपुर के निवासी थे और जिनकी रचनाएँ 1663 ई. से 1703 ई. तक की पाई गई हैं, *छंद विचार, वृत्त-विचार, फाजिल अली प्रकाश, रसार्णव, शृंगारलता* जैसी पुस्तकें लिखीं और *अध्यात्मप्रकाश* जैसी आध्यात्मिक पुस्तक भी लिखी। प्रयाग के श्रीधर कवि (जन्म 1680 ई.), आगरे के सूरति मिश्र (जन्म 1682 ई.), कालिदास के पुत्र कवींद्र उदयनाथ (जन्म 1680 ई. के आसपास), कालपी के श्रीपति कवि (जन्म 1700 ई.) आदि कवियों ने इस काल के रीति-ग्रंथों का प्रणयन किया; परंतु मतिराम और जसवंतसिंह के बाद यदि कोई सचमुच ही शक्तिशाली

कवि और आलंकारिक हुआ तो वह देव कवि ही थे।

देव कवि : देव (जन्म 1673 ई.) बहुत प्रभावशाली कवि थे। ये इटावे के रहनेवाले थे। कुछ लोगों ने इन्हें कान्यकुब्ज ब्राह्मण कहा है, कुछ ने सनाढ्य। दूसरा मत अधिक मान्य जान पड़ता है। इनके लिखे ग्रंथों की संख्या बहुत अधिक है। इतिहास-लेखकों ने कभी 72 और कभी 80 ग्रंथ इनके लिखे गिनाए हैं, पर सब मिलते नहीं। कई आश्रयदाताओं के दरबार में इन्हें भटकना पड़ा था। सबको खुश करने के लिए कई ग्रंथों की रचना करनी पड़ी थी। कभी-कभी नया नाम देकर पुराना मसाला डाल देने का कौशल भी अंगीकार करना पड़ा। इसलिए कितनी ही पुस्तकों में नाममात्र का अंतर है। पंडित रामचंद्र शुक्ल ने इनकी 25 पुस्तकें बताई हैं—(1) *भाव विलास*, (2) *अष्टयाम*, (3) *भवानी विलास*, (4) *सुजान विनोद*, (5) *प्रेम तरंग*, (6) *राग रत्नाकर*, (7) *कुशल विलास*, (8) *देव चरित्र*, (9) *प्रेम चंद्रिका*, (10) *जाति विलास*, (11) *रस विलास*, (12) *काव्य रसायन या शब्द रसायन*, (13) *सुख सागर तरंग*, (14) वृक्ष विलास, (15) *पावस विलास*, (16) *ब्रह्म दर्शन पचीसी*, (17) *तत्त्व दर्शन पचीसी* (18) *आत्मदर्शन पचीसी*, (19) *जगदर्शन पचीसी*, (20) *रसानंद लहरी*, (21) *प्रेम दीपिका*, (22) *सुमिल विनोद*, (23) *राधिका विलास*, (24) *नीति शतक*, और (25) *नखशिख प्रेम-दर्शन*।

इनमें *रस विलास* (1726 ई.) भोगीलाल नामक किसी 'लाखन खरचि रचि आखर खरीदने' वाले उदार आश्रयदाता के मनोविनोद के लिए लिखा हुआ नायिका-भेद का ग्रंथ है; *भवानी विलास* किसी भवानीदत्त नामक आश्रयदाता के नाम पर लिखा हुआ रस-ग्रंथ है, जिसमें देव ने भोजराज की भाँति स्पष्ट रूप में कहा है कि 'भूलि कहत नवरस सुकवि सकल मूल शृंगार' (!); *भाव विलास* औरंगजेब के पुत्र सरसहृदय आजमशाह के मनोविनोद के लिए लिखा हुआ नायिका-भेद का ग्रंथ है, जिसे कवि ने जवानी के नवीन उन्मेष के समय—'चढ़त सोरहीं वर्ष'—लिखा; और *काव्य रसायन* बहुत महत्त्वपूर्ण सांगोपांग अलंकार ग्रंथ है। यद्यपि लक्षण-लक्ष्य के रूप में देव ने ये ही रीति-ग्रंथ लिखे हैं, पर उनके अन्य ग्रंथों में भी रीतिकाव्य के सभी गुण प्राप्त होते हैं। *प्रेमचंद्रिका*, *रसविलास*, *प्रेमपचीसी* आदि पुस्तकों में देव बहुत उत्तम कवि के रूप में विराजमान हैं। यद्यपि मतिराम की भाँति भाषा का सहज प्रवाह और भावों की समंजसयोजना देव की कविता में नहीं है तथापि अर्थ-गांभीर्य और सरस वाग्विन्यास में वे बहुत ही ऊँचे कवि हैं। जब कभी वे सहज और अनाडंबर भाषा का प्रयोग करते हैं तभी उनकी रचना अत्यंत उत्कृष्ट होकर प्रकट होती है, पर जब वे सूक्तियोजना और वाग्वैदग्ध्य के आयोजन में जुट जाते हैं तब उसमें फीकापन आ जाता है।

गद्य का प्रयोग : देव ने *काव्य प्रकाश* का अच्छा अध्ययन किया होगा। *काव्य रसायन या शब्द रसायन* प्रधान रूप से *काव्यप्रकाश* पर ही आधारित है। विकसित गद्य का आश्रय न पा सकने के कारण इनके सुलझे विचार भी उलझने को बाध्य हुए हैं। इनके पहले कुलपति मिश्र ने भी (जिनकी चर्चा ऊपर हो चुकी है) अपने *रसरहस्य* में *काव्यप्रकाश* का ही आधार लिया था। उन्होंने पद्य को साहित्यिक विवेचना के लिए अशक्त समझकर कुछ-कुछ गद्य का भी आश्रय लिया था। आगरे के कनौजिया ब्राह्मण सूरति मिश्र काव्य के अच्छे मर्मज्ञ थे। उन्होंने *काव्य सिद्धांत*, *रस रत्नमाला*, *अलंकारमाला*, *रस ग्राहक चंद्रिका*, *नख-शिख*, *रसालंकार* आदि पुस्तकें तो लिखीं ही, बिहारी की *सतसई* और केशवदास की

कविप्रिया और *रसिकप्रिया* पर टीकाएँ भी लिखीं और इस कार्य के द्वारा अलंकार-विवेचना में गद्य का उपयोग किया। परंतु सब मिलाकर गद्य वाले प्रयत्न बहुत शक्तिशाली रूप नहीं धारण कर सके।

कुछ प्रसिद्ध आलंकारिक कवि : कुमार मणिलाल (भट्ट) का *रसिक रसाल* (1746 ई.)अच्छा काव्य-विवेचन-परक ग्रंथ है, किंतु कविवर भिखारीदास के पूर्व सबसे प्रौढ़ आलोचक कालपी के श्रीपति ह, बिहारी की *सतसई* और केशवदास की *कविप्रिया* और *रसिकप्रिया* पर टीकाएँ भी लिखीं और इस कार्य के द्वारा अलंकार-विवेचना में गद्य का उपयोग किया। परंतु सब मिलाकर गद्य वाले प्रयती कहे जा सकते हैं। ये एक प्रकार से भिखारीदास के पथप्रदर्शक रहे। इनका लिखा हुआ *काव्यसरोज* और *काव्यकल्पद्रुम* प्रसिद्ध ग्रंथ हैं। काशीनिवासी गंजन कवि का *कमरुद्दीनहुलास* अच्छा ग्रंथ है। माथुर ब्राह्मण और भरतपुर के महाराजा बदनसिंह के कनिष्ठ पुत्र प्रतापसिंह के आश्रित सोमनाथ[1] का *रसपीयूषनिधि* (सन् 1773 ई.), जिसमें पिंगल का भी समावेश है, काव्यशास्त्र के अध्ययन की दृष्टि से बहुत पूर्णांग ग्रंथ माना जाता है। ऊपर हमने देखा है कि इस काल का अत्यंत महत्त्वपूर्ण ग्रंथ है, भिखारीदास या दास कवि का *काव्य निर्णय,* जिसे हिंदी साहित्य में सर्बाधिक लोकप्रिय और महत्त्वपूर्ण काव्य-शस्त्र ग्रंथ होने का गौरव प्राप्त हुआ है। ये प्रतापगढ़ के सोमवंशी राजा पृथ्वीपतिसिंह के भाई बाबू हिंदूपतिसिंह के आश्रित थे और काव्यशास्त्र के निष्णात पंडित थे। *काव्यनिर्णय* में छंद, रस, अलंकार, रीति, गुण, दोष, शब्द-शक्ति आदि का विस्तृत विवेचन है। श्रीपति के ग्रंथ *काव्यकल्पद्रुम* से इसमें बहुत सहायता ली गई है। भिखारीदास की शैली आलोचना के उपयुक्त है। फिर रूपसाहि (पन्ना के कायस्थ, 1766 ई.) का *रूपविलास,* जिसमें पिंगल भी है; श्रीनगर के राजा फतेहसाहि के आश्रित रतन कवि का *फतेह भूषण* (1773 ई.) के आसपास; जनराज का *कविता-रस-विनोद* (1776 ई.); थान कवि का *दलेल प्रकाश* (1801 ई.); गुरुदीन पांडे का *बाग मनोहर* (1803 ई.), जो *कविप्रिया* की शैली पर लिखा गया है और पिंगल का भी विवेचन करता है; करन का *साहित्यरस* (1803 ई.), रतनेस बंदीजन के सुपुत्र और बुंदेलखंड के चरखारी राज के महाराजा विक्रमसाहि के आश्रित, वक्तव्य विषय के सफाई में मतिराम के और सुलझी हुई विचार-पद्धति में श्रीपति और भिखारीदास के समकक्ष माने जानेवाले प्रतापसिंह[2] की *व्यंग्यार्थ कौमुदी* (1825 ई.), *काव्यविलास* (1829 ई.) और *काव्य विनोद* (1839 ई.) प्रसिद्ध ग्रंथ हैं।

सब समय प्रसिद्धि का कारण रीतिग्रंथ ही नहीं थे : अठारहवीं शताब्दी के अंत तक रीति-ग्रंथों की बाढ़ आ गई थी। हर कवि कोई-न-कोई पिंगल, अलंकार या रस-ग्रंथ लिख ही देता था। कुछ तो अच्छे कवित्व के कारण यश पा जाते थे और कुछ उतने प्रसिद्ध नहीं हो पाते थे। अठारहवीं शताब्दी में सैयद गुलामअली 'रसलीन' हुए जो विलग्राम (हरदोई) के रहनेवाले थे। उनके *अंग दर्पण* (1737 ई.) और *रसप्रबोध* (1741 ई.), ये दो ग्रंथ बहुत प्रसिद्ध हुए। किंतु उनका यश रस-विवेचन के कारण नहीं बल्कि मनोहर सूक्तियों और चित्ताकर्षक भाव-योजनाओं के कारण है। इसी प्रकार कालिदास के पौत्र और कवींद्र (उदयनाथ) के पुत्र दूलह कवि ने (अठारहवीं शती उत्तरार्ध) भी यद्यपि *कविकुल कंठाभरण* नामक छोटा-सा अलंकार-ग्रंथ लिखा, परंतु उनकी प्रसिद्धि सरस और मधुर

उक्तियों के कारण ही है। फिर बैंती (जिला रायबरेली) के बंदीजन बेनी ने यद्यपि अपने आश्रयदाता किसी टिकैतराय के नाम पर *टिकैतरायप्रकाश* (1830 ई.) नाम का एक अलंकार-ग्रंथ लिखा था और *रसविलास* नाम का रस-विवेचन का ग्रंथ भी लिखा था, पर प्रसिद्धि उनकी इन अलंकार और रस की विवेचना करनेवाली पोथियों के कारण नहीं है बल्कि भँड़ौवों के कारण है। अठारहवीं शताब्दी के अंत तक अच्छे-खासे भँड़ौवों की रचना हुई होगी, क्योंकि उस काल में रईसों के मनोरंजन का यह एक खास विषय था। इनमें हास्योद्रेचक सूक्तियों की बहार होती है, पर मुख्य लक्ष्य सूम होता है। बेनी के भँड़ौवों की टक्कर का दूसरा भँड़ौवा नहीं लिखा गया। एक बार जो इनकी लपेट में आ गया वह कहीं का नहीं रहा। किसी बिचारे दयाराम ने गलती की कि उसने बेनी को कुछ आम खाने को दिए। आम कुछ अच्छे नहीं थे। बेनी ने बिचारे दयाराम की ऐसी खबर ली कि वे हमेशा के लिए साहित्य-जगत् के बदनाम जीवों में दाखिल हो गए :

चींटी को चलावै को मसा के मुख आपु जाय
स्वास की पवन लगे कोसन भगतु है।
ऐनक लगाए मरु मरु कैं निहारे जात
अनु परमानु की समानता लगतु है।
बेनी कवि कहै हाल कहाँ लौं बखान करौं
मेरी जान ब्रह्म को बिचारिबो सुगतु है।
ऐसे आम दीन्हे दयाराम दया करि मोहि
जाके आगे सरसों सुमेरु सो लगतु है।

इसी प्रकार बेनी प्रवीन (लखनऊवाले) ने यद्यपि *नवरस तरंग* (1817 ई.) *शृंगार भूषण* और *नानारावप्रकाश* जैसे रीति-ग्रंथ लिखे थे, पर उनकी प्रसिद्धि का कारण उनकी अत्यंत सरस और सुगठित भाव-योजनाएँ हैं। उनकी अत्यंत मार्मिक रचनाएँ–'सबसों बदली-बदली कहै माला' और 'एते बड़े ब्रजमंडल में न मिली कहूँ रंचक माँगेहु रोरी' इस काल के सहृदयों को मुग्ध करती रहीं। इन उक्तियों में अद्भुत मिठास है। यद्यपि इनकी उत्तम रचनाएँ थोड़ी ही हैं, पर सरसता में ये कभी-कभी मतिराम की रचनाओं तक पहुँच जाती हैं। एक उदाहरण पर्याप्त होगा :

काल्हि ही गूँथी बबा की सौं मैं,
गज मोतिन की पहिरी अति आला।
आई कहाँ तैं यहाँ पुखराज की,
संग एई जमुना तट बाला।
न्हात उतारी हौं बेनी प्रबीन,
हँसै सुनि नैनन नैन रसाला।
जानति ना अंग की बदली,
सब सों बदली बदली कहै माला।

पद्माकर : किंतु इस काल के श्रेष्ठ कवि पद्माकर ही हैं। (1753ई.-1833)। ये सुपण्डित तो थे ही, विस्तृत लोकज्ञान के धनी भी थे। अंतिम वयस में इन्होंने भक्ति-संबंधी पद लिखे हैं जो बहुत ही मार्मिक हैं। इनका जन्म बाँदे में हुआ था।

इनका कुल पंडितों का कुल था। ये स्वयं भी 'गुरु'-रूप में सम्मान प्राप्त कर चुके थे। कई दरबारों में इनका सम्मान हुआ था। इनके लिखे कई ग्रंथ उपलब्ध हुए हैं–*हिम्मतबहादुर विरुदावली, जगद्विनोद, पद्माभरण, प्रबोध पचासा* और *राम-रसायन* इनके प्रसिद्ध ग्रंथ हैं। इनका *जगद्विनोद* उन्नीसवीं शताब्दी के काव्यरसिकों को बहुत प्रिय रहा है। भाषा पर तो इनका बहुत ही व्यापक अधिकार है। यद्यपि कभी-कभी अपने समय की प्रवृत्ति के शिकार होकर ये अर्थ-गांभीर्यहीन रचनाओं के लिखने में प्रवृत्त हो जाते हैं, पर बहुत थोड़े अवसरों पर ऐसा होता है। इनकी रचना में अनाडंबर भाव-योजना और सहज भाषा-प्रवाह के गुण मतिराम के समान प्राप्त होते हैं। यह तो नहीं कहा जा सकता कि सूक्ति-योजना में ये बिहारी के समकक्ष हैं, पर शृंगाररस के प्रसंग में इनके अनुभावों, हावों और अन्य अंगज अलंकारों की योजना निस्संदेह बहुत उत्तम कोटि की हुई है। पद्माकर का आधार-फलक काफी विस्तृत है। सरस चित्रों की योजना में ब्रजभाषा के कम कवि इनकी समानता कर सकते हैं। एक उदाहरण यह है :

आरस सों आरत सम्हारत न सीसपट,
गजब गुजारत गरीबनि की धार पर।
कहै पद्माकर सुरा सों सरसार तैसे,
बिथुरि बिराजैं हार हीरन के हार पर।
छाजत छबीले छिति छहर छरा के छोर,
भोर उठि आई केलि मंदिर के द्वार पर।
एक पग भीतर और एक देहरी पै धरे,
एक कर कंज एक कर है किवार पर।

ग्वाल कवि और प्रतापसाहि : पद्माकर रीति-कविता के अंतिम श्रेष्ठ रचयिता हैं। इनके बाद उल्लेख योग्य कवि केवल ग्वाल हुए जो यद्यपि चार रीतिग्रंथों–*रसिकानंद, रसरंग, नखशिख भूषण दर्पण*–के लेखक हैं, पर अधिक प्रसिद्ध वे अपनी मौज और मस्ती के पद्यों के कारण हैं। रीतिकाल के अंतिम कवियों में प्रतापसाहि (कविताकाल 1800-49 ई.) उल्लेख योग्य हैं, क्योंकि इनकी रचनाओं में सफाई और सरसता, दोनों का योग है। पर उन्नीसवीं शताब्दी में रीतिकाव्य का तेज समाप्त हो आया था। प्रतापसाहि के जीवनकाल में ही नवीन युग सिर उठा चुका था। साहित्य में क्रांतिकारी परिवर्त्तन के साधन देश में आ गए थे और नवीन उन्मेष के चिह्न दृष्टिगोचर होने लगे थे। रीतिग्रंथ लिखने की परिपाटी थोड़ी-बहुत बाद में भी जीती रही, पर वह साहित्य की मुख्य प्रेरक शक्ति नहीं रह गई और इसीलिए प्रतिभाशाली कवियों को आकृष्ट नहीं कर सकी।

3. रीतिकाल के लोकप्रिय कवियों की विशेषता

बिहारीलाल : रीति-कवियों के प्रसंग में बिहारीलाल (1600 ?-63 ई.) का नाम भी लिया जाता है, पर पिछले अध्याय में हमने इनकी चर्चा नहीं की। ये माथुर चौबे थे। कुछ लोग इन्हें केशवदास का पुत्र कहते हैं, पर यह बात बहुत पुष्ट प्रमाणों से समर्थित नहीं है।

जयपुर के मिर्जा जयसाहि के दरबार में इनका बड़ा मान था।

शतक और सतसई-परंपरा : रीतिकाल के सबसे अधिक लोकप्रिय कवि बिहारीलाल थे। इनकी *सतसई* पर कई टीकाएँ लिखी गई हैं।[3] आधुनिक काल में भी, जबकि रीति-परंपरा अंतिम साँस ले रही थी, बिहारी के दोहों ने हिंदी के साहित्यिक आलोचकों के चित्त में हलचल पैदा कर दी थी। साधारणतः विश्वास किया जाता है कि इस कवि ने अपनी *सतसई* की रचना रीतिकाव्य की दृष्टि से ही की थी, क्योंकि उनके दोहों को देखकर यही अनुमान होता है कि किसी-न-किसी नायिका का लक्षण उनके मन में अवश्य उपस्थित था। पुराने सहृदयों को भी यह बात लगी थी (क्योंकि कभी-कभी इन दोहों को नायिका-भेद के अनुक्रम से सजाया गया है) और नए सहृदयों को भी अनुभूत हुई है। परंतु इस बात से केवल यही सिद्ध होता है कि बिहारी के प्रशंसक रीति-मनोवृत्ति के सहृदय थे। स्वयं बिहारी भी रीतिग्रंथों के अच्छे जानकर रहे होंगे, इसमें संदेह नहीं, किंतु उनके प्रत्येक दोहे में किसी-न-किसी नायिका को खोज लेना यह नहीं सिद्ध करता कि वे रीतिग्रंथ लिख रहे थे। *अमरुकशतक* के श्लोक नायिका-भेद की चर्चा करनेवालों के बहुत प्रिय रहे हैं, परंतु इसीलिए यह नहीं कहा जाता कि वह नायिका-भेद का ग्रंथ है। हाल की प्राकृत भाषा में लिखी हुई गाथा *सप्तशती* और गोवर्धन की संस्कृत भाषा में लिखी हुई *आर्यासप्तशती* के प्रत्येक पद्य में किसी-न-किसी नायक या नायिका का उदाहरण खोजा जा सकता है, और खोजा गया है, परंतु इन पुस्तकों को कोई रीतिग्रंथ नहीं कहता। वस्तुतः सात सौ या तीन सौ, या सौ फुटकर पद्यों के संग्रह के रूप में काव्य-रचना की प्रथा इस देश में बहुत पुराने काल से चली आ रही है। गीता में सात सौ श्लोक हैं, जोड़-बटोरकर चंडीपाठ के श्लोकों की संख्या को भी सात सौ बनाने की कोशिश की गई है। तुलसीदास और रहीम के नाम के साथ भी सतसई का संबंध स्थापित करने का प्रयत्न किया गया है। प्राचीन भारत में कवि लोग प्रायः ही अपनी फुटकर पद्यों की रचनाओं को संख्यापरक नाम दे दिया करते थे। सौ पद्यों के संग्रह को शतक कहते थे। अमरुक का शतक तो प्रसिद्ध ही है, भर्तृहरि के भी तीन शतक प्रसिद्ध हैं, मयूर कवि का सूर्यस्तुतिपरक *सूर्यशतक* और बाण का चंडी की स्तुति करनेवाला *चंडीशतक* पर्याप्त प्रसिद्धि पा चुके हैं। हिंदी रीतिकाल के आरंभ होने के पहले भी और बाद में भी संस्कृत में शृंगारी शतकों की परंपरा चलती रही है। चौदहवीं शताब्दी से पहले तो उत्प्रेक्षावल्लभ ने *सुंदरीशतक* लिखा था और अठारहवीं शताब्दी में अल्मोड़े के विश्वेश्वर कवि ने *रोमावलीशतक* लिखा था। मुबारक आदि कवियों के *अलकशतक* और *तिलकशतक* इसी परंपरा में पड़ते हैं। बारहवीं शताब्दी में बंगाल के राजा लक्ष्मणसेन के सभाकवि गोवर्धन पंडित ने अपनी प्रसिद्ध *आर्यासप्तशती* लिखी थी, जिसका बढ़ाव अठारहवीं शताब्दी के कवि विश्वेश्वर की *आर्यासप्तशती* तक चलता रहा। संख्यापरक नाम देकर संस्कृत में दर्जनों काव्य लिखे गए हैं। विह्लण या चौर कवि की *चौर पंचाशिका* पचास पद्यों का धारावाहिक संग्रह है। परंतु साधारणतः ये संख्यापरक नामवाली पुस्तकें धारावाहिक संग्रह नहीं होती थीं। इनमें परस्पर-निरपेक्ष और अपने-आपमें परिपूर्ण पद्यों का ही संग्रह होता था। हाल की *गाथा सप्तशती* ऐसी रचनाओं का प्रथम संग्रह है और बिहारीलाल की *सतसई* इसी परंपरा में पड़ती है। इसके बाद भी सतसइयों की रचना होती अवश्य रही, पर कीर्ति में कोई इसके निकट नहीं पहुँच सकी।

सरसता में इसके समक्ष पहुँच सकनेवाली एकमात्र रचना मतिराम की *सतसई* है, पर वह पुस्तक कभी भी बहुत लोकप्रिय नहीं हुई। प्राकृत और संस्कृत के समान ही अपभ्रंश में भी सतसई और शतकों की परंपरा बनी रही, पर दुर्भाग्यवश अब वह साहित्य उपलब्ध नहीं है। हेमचंद्र के व्याकरण में आए हुए दोहों को देखकर अनुमान अवश्य किया जा सकता है कि उस समय वह परंपरा जीती अवश्य होगी। इस प्रकार बिहारी की *सतसई* किसी रीति-मनोवृत्ति की उपज नहीं है। यह एक विशाल परंपरा के लगभग अंतिम छोर पर पड़ती है और अपनी परंपरा को संभवतः अंतिम बिंदु तक ले जाती है।

***गाथा सप्तशती* और *बिहारी सतसई* में अंतर** : परंतु इसका अर्थ यह नहीं है कि *गाथा सप्तशती* और *बिहारी सतसई* में कोई अंतर ही नहीं है। *बिहारी सतसई* में निश्चित रूप से वह ताजगी और दीप्ति नहीं है जो *गाथासप्तशती* में है। तीन ग्रंथ बिहारी के बहुत प्रिय जान पड़ते हैं—हाल की *गाथा सप्तशती,* अमरुक का *शतक* और गोवर्धन की *आर्यासप्तशती*। सिर्फ बिहारी ही नहीं, उनके बाद के संस्कृत पढ़े-लिखे हिंदी शृंगारी कवियों ने भी इन तीन ग्रंथों से बहुत प्रेरणा प्राप्त की है। कई कवियों ने इन ग्रंथों के श्लोकों का अक्षरशः अनुवाद कर दिया है और कई दूसरे लेखकों ने स्थान-स्थान पर इनके भावों का छायानुवाद किया है। साहित्य के मर्मज्ञ आलोचकों ने बताया है कि गोवर्धन की *आर्यासप्तशती* में भी हाल की भाँति सरसता, उल्लास और ताजगी नहीं है। बिहारी इस विषय में शायद गोवर्धन से अधिक सौभाग्यशाली हैं। प्रधान कारण यह है कि बिहारी को लोकभाषा में लिखना था जो हार्दिक उल्लास और सरस वाग्वैदग्ध्य का स्वाभाविक और उपयुक्त वाहन हो सकती है। परंतु बिहारी को गोवर्धन की अपेक्षा कहीं अधिक परंपरा का बोझा ढोना पड़ा है। इस परंपरा के भार ने उनकी भाषा को उनके द्वारा कल्पित उस नायिका की भाँति ही 'सूधो पाँय' धर सकने के अयोग्य बना दिया है जो अपनी शोभा के भार से ही लड़खड़ा उठी थी।

परंपरा की विरासत : जिस कवि को परंपरा की इतनी बड़ी विरासत मिली हो, उसमें यदि पूर्ववर्त्ती साहित्य के सभी चिह्न मिल जाते हों तो कुछ आश्चर्य की बात नहीं है। संस्कृत और प्राकृत के पुराने शृंगारी कवि किसी भी स्वभाव और शीलवाली स्त्री की शारीरिक चेष्टाओं और कर्म-व्याप्तियों को सुंदर रूप में उपस्थिति करने में रस ले सकते हैं। केवल एक ही शर्त वे लगाना चाहते हैं। उद्दिष्ट नारी सुंदरी हो, युवती हो, अनुरागवती हो। फिर वे और कुछ नहीं सोचते। वे प्रेम के सहज रूप को कम और उसके मनोहर रूप को अधिक पसंद करते हैं। वे उसके कल्पना-कोमल रूप को उभारने का अधिक प्रयत्न करते हैं और उसकी अनायास मोहन-शोभा को कम; वे चित्र को कलापूर्ण बनाने में अधिक श्रम करते हैं, वैयक्तिक संबंधों की अनुभूतियों से रँगने में कम। उत्तरकालीन संस्कृत साहित्य में ही नायिकाओं के सूक्ष्म वर्गीकरण के आधार पर शृंगार चेष्टाओं को अभिव्यक्त करने की प्रवृत्ति प्रकट होने लगी थी और काव्य में स्त्री-सौंदर्य को परिमार्जित किंतु कृत्रिम रूप में उपस्थित करने का प्रयत्न होने लगा था। बिहारी तथा अन्य रीतिकालीन कवियों को यह मनोवृत्ति विरासत में मिली थी।

बिहारी के साथ अन्य कवियों की तुलना का साहित्य : आधुनिक हिंदी के आरंभिक आलोचकों में बिहारी की श्रेष्ठता को लेकर एक मनोरंजक विवाद उठ खड़ा हुआ था। बिहारी की प्रतिद्वंद्विता में देव को रखा गया था। बिहारी को श्रेष्ठ समझनेवाले आलोचकों

के अगुआ पंडित पद्मसिंह शर्मा थे और देव को बिहारी से ऊँचा स्थान देनेवालों के अग्रणी मिश्रबंधु थे। कई सहृदयों ने इस मनोरंजक वाद में योग दिया। इस वाद का एक परिणाम तो हिंदी के आलोचकों में बहुत दिनों तक जमी रहनेवाली दाद देनेवाली पद्धति हुई जो आलोचना-क्षेत्र में वास्तविक विचार-स्पष्टता की बाधक बनी रही, क्योंकि किसी कवि को सब प्रकार से न देखकर केवल उक्ति-चमत्कार की दृष्टि से देखना आंशिक रूप से देखना है। पं. पद्मसिंह शर्मा ने इस सिलसिले में बड़े महत्त्व का काम किया था। उन्होंने *गाथा सप्तशती, आर्यासप्तशती, अमरुकशतक* आदि के पद्यों से तुलना करके यह बताने का प्रयत्न किया था कि किस प्रकार बिहारी ने अपने पूर्ववर्त्ती कवियों के 'मज़मून' छीन लिए हैं। उन्होंने इस मुहावरे का इतना अधिक प्रयोग किया कि कुछ दिनों तक 'मज़मून का छीन लेना' ही कवियों का अत्यंत महत्त्वपूर्ण गुण माना जाता रहा। अपनी-अपनी रुचि के कवियों में यह गुण ढूँढ़ने का पूरा प्रयत्न किया जाता रहा। यह बात जहाँ उस काल के समालोचकों के मानसिक झुकाव का पता देती है, वहीं बिहारी के एक अत्यंत उज्ज्वल गुण की ओर ध्यान आकर्षित करती है। बिहारी ने अपने पूर्ववर्त्ती सभी बड़े कवियों की रचनाओं का निपुण अध्ययन किया था और इस बात का पूरा प्रयत्न किया था कि उनके दोहे अधिक व्यंजक, अधिक मर्मस्पर्शी, अधिक भाववाहक और अधिक सुथरे हों। उन्होंने पुराने कवियों के भाव को ग्रहण किया था, उसे सँवारा था, उसे निर्दोष बनाने का प्रयत्न किया था और उसे 'अपना' बना दिया था। इतनी दीर्घपरंपरा के अनुयायी कवि में पुरानापन रह ही जाता है। फिर बिहारी सूक्ति-संग्राहक कवि थे। उन्होंने पुरानी बातों को पालिश करके, खरादके, सँवारके, सजाके नया रूप दिया है। इसी कला का चलता नाम 'मज़मून छीन लेना' है।

बिहारी सजग कलाकार थे : बिहारी उन कवियों में से थे, जिन्हें आजकल 'सजग कलाकार' या 'कन्शस आर्टिस्ट' कहते हैं। एक प्रकार के कवि होते हैं जो भावानुभूति के बाद आविष्ट की-सी अवस्था में काव्य लिख जाते हैं। ऐसे कवि का चेतन मन उस समय निष्क्रिय बना रहता है, किंतु उसके अवचेतन चित्त में जो संस्कार जमे होते हैं, जो अनुभूतियाँ संचित रहती हैं, वे बाँध तोड़कर निकल पड़ती हैं। अनुभूत भाव का वेग इन विविध अनुभूतियों में एकसूत्रता स्थापित करता है। ऐसे कवि सचेत कलाकार नहीं होते। वे अपने अवचेतन चित्त से चालित होते हैं। बाह्य वस्तु उनके चित्त में केवल ऐसे आवेगों की सृष्टि करती है जो अनुभूतियों में शृंखला स्थापित करते हैं। किंतु एक दूसरे प्रकार के कवि होते हैं जिनका चेतन चित्त आविष्ट नहीं होता। वे शब्दों और उनके अर्थों पर विचार करते रहते हैं; उनके द्वारा प्रयुक्त शब्द बाह्य जगत् में जिस रूप को अभिव्यक्त करते हैं, उसको वे मन-ही-मन समझते रहते हैं और तौलते रहते हैं। शृंगाररस की अभिव्यंजना के समय ऐसे कवि रसोद्दीपन-परक चेष्टाओं की पूरी मूर्त्ति को ध्यान में रखते हैं। वे प्रिया की शोभा, दीप्ति, कांति के साथ-साथ माधुर्य, औदार्य आदि मानस गुणों को भी जब व्यक्त करना चाहते हैं तो उन आंगिक और वाचिक चेष्टाओं का चित्र खींचते हैं, जो तत्तद्गुणों की मानसिक अवस्था की व्यंजना करते हैं। अनेक प्रकार के हावों, हेलाओं, कुट्टमित-मोट्टायितों और अनुभावों की योजना में उनकी काव्य-लक्ष्मी प्रकट होती हैं। बिहारी इस कला में बड़े पटु हैं।

शब्दालंकारों की योजना : अलंकारों का प्रयोग हमेशा ही इस देश में सम्मानित रहा है। काव्य के आलोचक ध्वनि, रस, औचित्य, रीति आदि को प्रधानता देकर शब्द-चित्रों, अर्थ चित्रों के प्रति अपनी अनास्था बराबर प्रकट करते रहे हैं, परंतु शब्दालंकारों और अर्थालंकारों के प्रयोग को व्यावहारिक जगत् से कम नहीं कर सके हैं। वस्तुतः शब्दालंकार और अर्थालंकार, दोनों ही रस के उपयुक्त साधक भी बन सकते हैं और बाधक भी हो सकते हैं। परंतु जिस काव्य में केवल शब्दालंकार ही झंकार उत्पन्न करता है, अर्थ का भार कम होता है, वह एक प्रकार की असांद्र-अनुभूतिजनक आवेग का कंपन उत्पन्न करता है। न तो वह संगीत की अबाध गति उत्पन्न कर पाता है, न अर्थ-जगत् से संपूर्ण रूप से विच्छेद ही कर पाता है। उसके शब्द बराबर बाह्य सत्ता से श्रोता का संबंध स्थापित करते रहते हैं और स्वर के स्वच्छंद प्रवाह में बाधा उत्पन्न करते रहते हैं। अर्थ-भारहीन शब्दालंकार न तो काव्य की गाढ़ अनुभूति ही पैदा करते हैं और न संगीत का प्रवाह ही। वे दोनों के केवल घटिया प्रभाव ही उत्पन्न कर सकते हैं। परंतु जहाँ शब्दालंकार में अर्थ-भार बना रहता है, वहाँ के काव्यगत प्रभाव को संगीत की सहज गति देकर बहुत अधिक बढ़ा देते हैं। ऐसे स्थलों पर शब्दालंकार काव्य-प्रभाव की सहायता करते हैं। रीतिकाल के कवियों में शब्दालंकार के प्रयोग बहुत हैं, पर अधिकतर वे काव्य के घटिया प्रभाव को उत्पन्न करके रह जाते हैं, अर्थ की बाह्य सत्ता से उनका जितना संबंध होता है, उतना रमणीयता उत्पन्न करने के लिए पर्याप्त नहीं होता। बिहारी ने अर्थ की रमणीयता का ध्यान बराबर रखा है। इसीलिए उनके शब्दालंकार रसोद्रेक के सहायक होकर आते हैं। परवर्त्ती काल के कम कवियों में यह गुण पाया जाता है।

अर्थालंकारों की योजना : परंतु अर्थालंकारों की कहानी दूसरी है। वे यदि ठीक से प्रयुक्त हुए तो शब्द के प्राणप्रद और विशेषाधानहेतुक, दोनों ही धर्मों में गाढ़ अनुभूति का रस ले आ देते हैं। अर्थात् हम उनकी सहायता से वक्तव्य वस्तु के व्यक्तित्व को, गुणों को और क्रियाओं को गाढ़ भाव से अनुभव करते हैं। पदार्थ के विशेषाधानहेतुक धर्म—चाहे वे सिद्ध हों या साध्य—सादृश्यमूलक अलंकारों से इस प्रकार संमूर्त्तित होते हैं कि पाठक के चित्त में उनकी अनुभूति सहज हो जाती है। वस्तुतः अर्थालंकार जब आवेगसहचर होकर आते हैं, तो काव्य में अधिक ऊर्जस्वल तेज भर देते हैं; पर जब वे आवेग से विच्युत होकर उपस्थित होते हैं, तो चमत्कारी उक्ति-भर रह जाते हैं। वे उस अवस्था में बिजली की कौंध के समान एक क्षणिक ज्योति विकीर्ण करके समाप्त हो जाते हैं। यह क्षणिक ज्योति हमारे किसी काम की नहीं होती, केवल अंतर की चेतना पर एक हल्की-सी हलचल पैदा करके विरत हो जाती है। बिहारी की अज्ञातयौवना नायिका ने अपनी दासी को जब ईख की दतुअन ले आने के अपराध पर झिड़का था,[4] तो उसकी सरलता (जो वास्तव में कवि-कल्पित और कृत्रिम सरलता है) ने एक ऐसी ही क्षणिक ज्योति उत्पन्न की थी। अधर के माधुर्य से बाह्य जगत् में कहीं भी और कभी भी नीम की दतुअन ईख की-सी मीठी नहीं लगने लगती। इस कविता का संपूर्ण सौन्दर्य-'माधुर्य' शब्द के प्रयोग में है, जो मूलतः मिठास के अर्थ में संकेतित है और बाद में अच्छी-भली लगनेवाली बातों के लिए भी प्रयुक्त होने लगा है। अधर की मिठास यदि बाह्य जगत् में सचमुच ही चीनी के समकक्ष होती हो यह दोहा स्थायी आवेगकंपन उत्पन्न करने में असमर्थ होता, क्योंकि उस अवस्था में वह पाठक

को चौंका नहीं सकता । बाह्य सत्ता से असंपृक्त होने के कारण इस कंपन में स्थायिता नहीं आ पाई है और न किसी अनुभूति की सांद्रता ही इससे उत्पन्न हुई है । बिहारी इस प्रकार अर्थ की बाह्य सत्ता से असंपृक्त क्षणिक आलोक-विकीर्ण करनेवाली उक्तियों के चक्कर में पड़ते हैं । विरह की उक्तियों में भी जब वे ऐसा प्रयत्न करने लगते हैं, तो उक्ति हास्यास्पदता की सीमा तक पहुँच जाती है । असल में बिहारी की प्रतिभा प्रेम के उसी पहलू को अधिक अनुभूतिगम्य बना सकी है, जो अनेक प्रकार की कृत्रिम (यत्नज) और सहज अंगचेष्टाओं से अभिव्यक्त होती है । ऐसे स्थलों पर बिहारी बड़ा ही सजीव चित्र खींचते हैं ।

बिहारी की असफलता कहाँ है ? : जब भी बिहारी बाह्य-सत्ता से असंपृक्त अर्थ की चातुरी प्रकट करते हैं तभी असफल हो जाते हैं, पर जहाँ इस प्रकार की कृत्रिम चेष्टा नहीं होती वहाँ बहुत सफल होते हैं । एक नायिका के अधर पर नाक के बेसर के मोती की छाया पड़ी है, उसे चूना समझकर वह पोंछ रही है । उसकी सखी उपहास करती हुई वास्तविकता को समझा देती है :

बेसरि मोती दुति झलक परी अधर पर आय ।
चूनो होय न चतुर तिय क्यों पट पोंछी जाय ।।

यहाँ बेसर की छाया का चूना समझा जाना असंगत नहीं है । इसमें नायिका को सरलता सचमुच स्पष्ट हुई है और सखी का उपहास अच्छा मालूम हो रहा है, क्योंकि इसमें अर्थ बाह्य सत्ता से एकदम असंपृक्त नहीं है । ऐसी उक्तियों में बिहारी बहुत असफल नहीं हैं । यद्यपि ऐसे स्थलों पर वे समर्थ हुए हैं, किंतु उसके अंतःस्थिर प्रेम-मूर्त्ति का दर्शन नहीं करा सके हैं ।

बिहारी के अनुकर्त्ता : बिहारी के परवर्त्ती कवियों ने जमकर उनका अनुकरण किया है । कभी-कभी अनुकरण करनेवालों ने निश्चित रूप से मजमून को बिगाड़ दिया है और कभी-कभी वे 'मजमून छीन लेने में' सफल भी हुए हैं । जहाँ कहीं भी परवर्त्ती कवि सफल हुआ है, वहाँ विषय का उसकी प्रकृति के अनुकूल होना ही वास्तविक कारण है । बिहारी के ईषत् परवर्त्ती कवि मतिराम ने भी उपर्युक्त दोहे के भाव से मिलते-जुलते भाव का एक दोहा अपनी सतसई में लिखा है :

प्रभा तर्‌योना लाल की परी कपोलनि आनि ।।
कहा छपावति चतुर तिय कंत दंत छत जानि ।।

स्पष्ट मालूम होता है कि यह दोहा बिहारी के दोहे को देखकर और उससे प्रेरणा पाकर ही लिखा गया है । यह भी संभव है कि किसी मिलते-जुलते भाव के पुराने पद्य को देखकर दोनों कवियों ने अलग-अलग प्रेरणा ग्रहण की हो, परंतु मतिराम के दोहे में इतनी विशेषता अवश्य आ गई है कि यह अधिक स्वाभाविक और अधिक मर्मस्पर्शी हो गया है । यह चतुरतिय के छिपाने का कारण बहुत स्पष्ट है और नायिका के अनुराग की व्यंजना करता है । एक ही विषय को व्यक्त करते समय यह ज़रा-सा का अंतर कम महत्त्वपूर्ण नहीं है ।

बिहारी और मतिराम : वस्तुतः मतिराम बिहारी के समान उक्ति-वैचित्र्य के उतने अच्छे कवि नहीं हैं, परंतु जहाँ तक सरल और सहजभाव से हृदयानुराग को व्यक्त करने में नायिका के हृदय तक किसी प्रकार पाठक को पहुँचा देने का प्रश्न है, मतिराम बहुत ही

मर्मस्पर्शी कवि हैं। इनकी उक्तियों में परंपरा का वैसा बोझ नहीं है और इसीलिए उनमें 'शोभा के भार से' 'सूधो पाँय' धर न सकने की आशंका बहुत अधिक नहीं है। रीतिकाल के बहुत थोड़े-से कवियों के साथ इस विषय में मतिराम का नाम लिया जा सकता है। भाषा का ऐसा सहज-प्रसन्न प्रवाह दुर्लभ है। प्रथा के अनुसार मतिराम ने विभिन्न श्रेणी की नायिकाओं का लेखा प्रस्तुत किया अवश्य है, पर मूलतः वे गृहस्थी के कवि हैं। मध्यकाल की अनुरागवती गृह-वधू का जैसा मार्मिक और वास्तविक चित्रण मतिराम ने किया है, वैसा अन्य कवियों ने नहीं किया। वे हेलाबिब्बोक के मादक चित्रों को प्रस्तुत करने में उतने नहीं उलझे जितना स्निग्ध प्रीति की जीवित मूत्तियों के निर्माण में। भाषा की सहज-प्रसन्न और बिना तोड़-मरोड़ के अर्थ स्पष्ट करनेवाली धारा में वे सहृदय के चित्त को बहा ले जाते हैं। एक उदाहरण से बात स्पष्ट हो जाएगी :

केलि के राति अघाने नहीं
दिन ही मैं लला पुनि घात लगाई।
प्यास लगी कोउ पानी दै जाइयौं,
भीतर बैठि के बात सुनाई।
जेठी पठाई गई दुलही हँसि
हेरि हरे मतिराम बुलाई।
कान्ह के बोल में कान न दीनो सो,
गेह की देहरी पै धरि आई।

इसमें न कहीं भी कोई ठूँस-ठाँस है, न दूर की कौड़ी लाने का कोई प्रयास है। सहज-प्रसन्न भाषा में मध्यकाल की नव-वधु की अत्यंत सच्ची और मार्मिक मूर्त्ति उभर आई है।

मतिराम का आधारफलक (कैनवास) बहुत बड़ा नहीं है, पर अपने सीमित क्षेत्र में उन्होंने कगाल की चित्रण-पटुता दिखाई है। इन चित्रों में रंगों की चकाचौंध नहीं है, निपुण कलाकार द्वारा आयोजित कौशलों के आधार पर भिन्न-भिन्न अवयवों के उभार दिखाने का प्रयास भी नहीं है, बल्कि चित्र के उस वास्तविक प्राणवायु को जीवंत रूप में प्रकट कर देने का सहज गुण प्राप्त है, जिसके चित्रित हो जाने पर बाकी सबकुछ स्वयं सुधर जाते हैं। उनके भाई भूषण भी हिंदी के बहुत ख्यात कवि हैं। परंतु न तो भूषण को मतिराम की भाँति सहज-प्रसन्न भाषा का वरदान प्राप्त था, न प्राणवस्तु को जीवंत रूप देने की क्षमता। 'ऐल-मैल खैल-गैल' जैसे गढ़े शब्दों में चित्र को प्राणवंत बनाने की क्षमता ही नहीं है। भूषण की प्रसिद्धि का मुख्य कारण उनके रस का चुनाव है। प्रेम और विलासिता के साहित्य का ही उन दिनों प्राधान्य था। उसमें उन्होंने वीररस की रचना की। यही उनकी विशेषता है। मतिराम की चित्रणक्षमता और भाषाप्रवाह के साथ उनकी रचनाओं की कोई तुलना नहीं हो सकती।

बिहारी और देव : देव का आधारफलक (कैनवास) अवश्य ही बहुत विस्तृत है। रीतिकाल के कम कवियों में इतना वैविध्य होगा। उनके चित्र भी सब प्रकार से परिपूर्ण हैं। परंतु मज़मून सँभालने में देव प्रायः चूक जाते हैं। निस्संदेह रेखाओं के सन्निवेश और रंगों की योजना की दृष्टि से देव की तुलना बहुत कम कवियों से की जा सकती है। उनके

सादृश्य-विधान में भी सरसता और ताजगी रहती है, परंतु भाषा के सहज प्रवाह और भावों के अनाविल उपस्थापन में देव भी मतिराम से तुलनीय नहीं हो सकते। देव का विस्तृत ज्ञान, मौजी स्वभाव और अनासक्त शृंगार-चित्रण सहृदय को आकृष्ट करते हैं। बिहारी की भाँति वे भी उक्ति-वैचित्र्य का मोह नहीं छोड़ पाते और अर्थभारहीन शब्दालंकारों के फेर में पड़ जाते हैं, परंपरा से प्राप्त काव्यानुभूति (जो वास्तविक अनुभूति का कभी-कभी अंतराय बन जाती है) की माया उन्हें भरमा देती है, परंतु जब वे इन चक्करों से मुक्ति पा जाते हैं तो उनकी भाषा में गति आ जाती है और उनका विस्तृत ज्ञान वक्तव्य को अत्यंत आकर्षक बना देता है। वे बिहारी की भाँति केवल अयत्नज अलंकारों और अनुभाव-योजनाओं के ही सफल कवि नहीं हैं, गार्हस्थ्य प्रेम के अत्यंत मर्मस्पर्शी और मादक चित्रों के चित्रण में भी वे उस्ताद हैं। जब देव अपने प्रिय और मनोवांछित विषय की व्यंजना का संकल्प करते हैं तो वे बिहारी और मतिराम दोनों के गुणों का सुंदर परिचय देते हैं। वे यत्नज अलंकारों, प्रेमाभिव्यंजक शरीर-चेष्टाओं और तिरछी-टेढ़ी वचनवक्रिमा से उत्तेजित होनेवाले मादक चित्रों की वैसी ही सुंदर व्यंजना करते हैं; जैसी अयत्नज अलंकारों, अनुरागजन्य मनोविकारों और परिस्थितिजन्य उक्ति-वैदग्ध की। इन स्थानों पर देव की सबसे बड़ी कमजोरी बड़े-बड़े छंदों के साधारण और सहज अनुराग-चित्रों के फैलाने की चेष्टा में व्यक्त होती है। छंदों के चुनाव में बिहारी और मतिराम देव से अधिक चतुर हैं।

बिहारी और पद्माकर : मतिराम के प्रवाह और सजीवता की परंपरा को ठीक-ठीक निबाहनेवाले कवि पद्माकर हैं। यद्यपि छंदों के चुनाव में ये भी कभी-कभी देव की भाँति गलती कर गए हैं, पर सब मिलाकर भाषा की ऐसी बहार और भावों का ऐसा अकृत्रिम उपस्थापन अन्य कवियों में नहीं मिल सकता। पद्माकर में देव की भाँति मौजीपन, मतिराम की भाँति सहृदयता और बिहारी की भाँति वाग्वैदग्ध्य पाया जाता है।

स्वच्छंद प्रेमधारा : उन्नीसवीं शताब्दी में रीति कविता में एक प्रकार की स्वच्छंद प्रेमधारा का विकास हुआ था। घनआनंद, दीनो ठाकुर, बोधा, द्विजदेव और पद्माकर की कविता में इस सहजप्रवाहमय प्रेमधारा का निखरा हुआ रूप मिलता है। घनआनंद के संबंध में उनके समकालीन एक मौजी कवि के कुछ भँड़ौवे प्राप्त हुए हैं। इनमें एक मजेदार सूचना यह दी हुई है कि घनआनंद फारसी के कवियों से उक्ति चुराया करते थे। यह बात बहुत हल्के ढंग से कही गई है, परंतु इससे इतना अनुमान तो किया ही जा सकता है कि उन्नीसवीं शताब्दी में हिंदी कविता पर फारसी के ऐकांतिक प्रेमवादी कवियों की रचनाओं का असर पड़ने लगा था। फारसी कविता में जिस एकतरफा प्रेम या अनुभयनिष्ठा रति को बड़े मोहक रूप में बर्णन किया गया है, उसका थोड़ा-सा आभास ठाकुर और घनआनंद-जैसे स्वच्छंद प्रेमवादी कवियों की रचनाओं में मिल जाता है। पर यह परंपरागत रीतिकाव्य के बाहर की बात है।

रीतिकाव्य मादक कविता का साहित्य है : यद्यपि रीतिकाल के शृंगारी कवि का प्रधान आकर्षण नारी का मादक रूप ही है, तथापि इस साहित्य में चित्रित नारी अपनी महिमा से महीयसी नहीं बन पाई है। वस्तुतः उसके चित्त में रईसी की धाक है। नायिकाओं के चित्र को मादक बनाने के लिए उसने आडंबरपूर्ण वातावरण और महार्घ वेशभूषा का

सहारा लिया है। उनकी नायिकाएँ विशाल प्रासादों में रहती हैं, उनके सेज की चादरें चाँदनी और दूध की उज्ज्वलता को लज्जित करती हैं, उनके पायदान में बहुमूल्य मखमल का उपयोग होता है, उनकी सेवा में नियुक्त दासियाँ जिन पायदानों, इत्रदानों और फूलदानों का व्यवहार करती हैं उनमें सोने-चाँदी की बहार रहती है। नायिकाओं के परिधान में कीमखाब, साटन, मलमल और अतलस के वस्त्र प्रयुक्त होते हैं। उनकी साड़ियों की किनारी सुवर्णखचित होती हैं और चारु चूनरी चटकीले रंगों से लहरदार बनी होती हैं। पुरुषों के वस्त्रों का उतना उल्लेख नहीं है। कभी भी भूले-भटके पाग और पटुका, चादर और अंबर, जामा और पाजामे की चर्चा आ जाती है, पर स्त्रियों के वस्त्राभूषण की घटा के सामने इनका कोई मूल्य नहीं है। रीतिकाल की रचनाएँ अलंकारों के अध्ययन का उत्तम साधन हैं। अनेक प्रकार के अंगराग, उबटन, पान, मिस्सी, मेंहदी, आँजन, काजल, सिंदूर, रोरी, कुंकुम, जावक (महावर) के साथ-ही-साथ सीसफूल, कर्णफूल, तरौना, झुमका, बेसर, नथ, कई-कई लरों के हार, हँसली, कठुला, हमेल, दर्पन, बाजूबंद, कंगन, पहुँची, चूड़ी, अँगूठी, मुँदरी, आरसी, करधनी, पायल और बिछुआ नायिका की शोभा को सौगुनी बनाते रहते हैं। गुलाब और बेला के गजरे, जूही और चमेली की भीनी-भीनी महक, चंपा और मौलसिरी के कोमल और लुभावने हार, कस्तूरी और केसर के अंगराग और गेंदा, गुलदाऊदी, गुलाब, गुलबास, गुलशब्बो, गुललायची, गुलाला की गमक से यह शोभा सदा मूर्त्तिमान 'मद' बनकर प्रकट होती है। रीतिकाल का कवि अपनी नायिकाओं को गरीबी के वातावरण में नहीं देख सकता। बिहारी से लेकर ग्वाल और पजनेस तक सभी कवियों के चित्त में नायिका की ऐसी ही ऐश्वर्यदीप्त शोभा का भान था जिनमें कटाक्ष-विक्षेप की क्षमता न हो, ऐसी गोबर पाथती हुई, खेत निराती हुई, गृहकर्म में उलझी हुई स्त्रियाँ उनके काव्य का विषय नहीं हो सकती थीं; क्योंकि उनमें वक्तव्य को मादक बनाने की क्षमता नहीं थी। रीतिकाल का कवि सौंदर्य को तब तक बहुत कीमती वस्तु नहीं समझता जब तक वह मादक बनकर न प्रकट हुआ हो—सहज वस्तु को मादक बनाकर उपभोग्य समझना रीतिकालीन मनोवृत्ति की सबसे बड़ी विशेषता है।

4. रीतिमुक्त काव्यधारा

रीतिमुक्त साहित्य : यद्यपि सत्रहवीं शताब्दी के बाद के साहित्य में रीतिबद्ध काव्य लिखने की प्रवृत्ति उत्तरोत्तर बढ़ती गई तथापि यह नहीं समझना चाहिए कि इस काल में रीतिमुक्त काव्य लिखे ही नहीं गए। रीतिमुक्त साहित्य की भी कई धाराएँ हैं। कुछ तो रीतिमुक्त शृंगारी कविताएँ हैं, कुछ पौराणिक और लौकिक प्रबंध-काव्य हैं, कुछ नीति और उपदेश-विषयक कविताएँ हैं और कुछ भक्ति और ज्ञान-विषयक उपदेश के काव्य हैं। इस प्रकार सत्रहवीं शताब्दी के बाद के साहित्य का एक अत्यंत महत्त्वपूर्ण भाग रीतिमुक्त साहित्य का है। प्रेमकथानकों, संत और भक्त कवियों की रचनाओं और अन्य प्रसंगों में हमने इस काल के कुछ रीतिमुक्त साहित्य का परिचय पाया है।

रीतिमुक्त शृंगारी कवि : शृंगारी कवियों की प्रधानता इस काल में बराबर बनी रही। सत्रहवीं शताब्दी से ही ऐसे कवियों का पता लगने लगता है जो ठीक रीति-काव्य के लेखक नहीं कहे जा सकते। मुक्त भावधारा के प्रेमी कवियों में से कुछ ने तो अंतिम वयस में भक्तिमार्ग का अवलंबन किया। उनके हृदय का लौकिक प्रेम अंत तक उदात्त भाव में परिणत होकर भगवद्-भक्ति के रूप में प्रकट हुआ। मध्यकाल के सभी बड़े भक्त कवियों के नाम के साथ इस प्रकार की कहानियाँ जुड़ी हुई हैं जो बताती हैं कि आरंभ में ये भक्तगण लौकिक प्रेमासक्ति के अत्यंत निकृष्ट आवेग के शिकार थे। परंतु कुछ थोड़े-से कवि ऐसे भी हैं जिनके संबंध में ऐसी कोई कहानी नहीं है। वे स्वच्छंद प्रेम के मार्ग में विचरण करनेवाले कवि रहे और अंत तक वैसे ही बने रहे। रीतिकालीन काव्य पर श्रीकृष्ण-लीला का प्रभाव बराबर बना रहा। स्वच्छंद-प्रेमी कवियों में भी गोपी और गुपाल के नाम आ ही जाते हैं। कभी-कभी यह निर्णय करना कठिन हो जाता है कि इस कवि को शृंगारी कवि कहा जाय या भक्त कवि। साधारणतः जो कवि अंतिम वयस में विरक्त हो गए हैं, या जिनके भजनों को भक्त संप्रदायों ने प्रेरणा का स्रोत समझा है उनकी गणना हमने भक्त कवियों में की है। रसखान और घनआनंद प्रथम श्रेणी में पड़ते हैं, विद्यापति दूसरी श्रेणी में। बाकी कवियों को शृंगारी ही मानना उचित है।

बेनी : असनीवाले बंदीजन बेनी की कविताएँ ऐसी हैं जिन्हें देखकर विद्वानों ने अनुमान किया है कि इन्होंने कोई रीतिग्रंथ जरूर लिखा होगा। इनका जन्म गोसाईंजी की मृत्यु के कुछ उपरांत हुआ होगा, अर्थात् सत्रहवीं शती के अन्त्य भाग में इनका कविता-काल रहा होगा। अभी तक इनका लिखा कोई रीतिग्रंथ मिला नहीं हैं। जब तक कोई पुष्ट प्रमाण ऐसा न मिल जाय कि इनके नाम पर चलनेवाले पद्य किसी नायिकाभेद ग्रंथ के ही हैं तब तक मानना चाहिए कि इन्होंने रीतिबद्ध कविता नहीं लिखी। इनकी कविताओं में घनआनंद और बोधा के समान स्वच्छंद प्रेमधारा का आभास मिलता है :

कवि बेनी नई उनई है घटा
मोरवा बन बोलत कूकन री।
छहरैं बिजुली छितिमंडल छ्वै
लहरै मन मैन भभूकन री।
पहिरौ चुनरी चुनि कै दुलही
संग लाल के झूलिए झूकन री।
रितु पावस यों ही बितावती हौ
मरिहौ फिरि बावरी हूकन री।

फारसी साहित्य के परिचय का फल : फिर भी बेनी कवि में वही स्वच्छंदता नहीं है जो अठारहवीं शताब्दी के प्रेमी कवियों में पाई जाती है। इनके काव्य में भारतीय परंपरा की झलक स्पष्ट ही झलकती है। अठारहवीं शताब्दी के कवियों में कुछ ऐसे हैं जिन्हें फारसी साहित्य के अध्ययन करने का अवसर मिला था। उनकी रचनाओं में फारसी साहित्य के ऐकांतिक और कभी-कभी, अनुभयनिष्ठा प्रीति के और भावावेगजन्य वैयक्तिक उल्लास के भाव मिलते हैं। कुछ कवि, जो जन्मतः मुसलमान थे, इस प्रकार के प्रेम का साहित्य आरंभ से ही पढ़ते रहे और संस्कार से ही ऐसे प्रेमोल्लास के कवि थे, और कुछ दूसरे ऐसे कवि थे

जिन्होंने फारसी साहित्य के अध्ययन से अपने संस्कारों का मार्जन किया था।

सेनापति, बनवारी : प्रथम श्रेणी के कवियों की परंपरा बहुत पुरानी है। ऐसे अनेक कवि हुए हैं जिनकी रचनाओं को देखकर अनुमान होता है कि उन्होंने किसी प्रकार का नायिकाभेद या नख-शिख या ऋतुवर्णन-संबंधी ग्रंथ अवश्य लिखा होगा, पर ऐसा कोई ग्रंथ प्राप्त नहीं होता। ये कवि विशुद्ध भारतीय परंपरा के कवि हैं। सत्रहवीं शताब्दी के आरंभ में ही ऐसे कवियों का परिचय मिलने लगता है। अनूपशहर के प्रसिद्ध कवि सेनापति की रचनाएँ सत्रहवीं शताब्दी के आरंभ की ही हैं। इनकी कविताएँ *कवित्त रत्नाकर* में संगृहीत हैं। ऐसा जान पड़ता है कि कोई ऋतुवर्णन-संबंधी काव्य इन्होंने लिखा था। इनकी भाषा बहुत ही परिमार्जित और प्रौढ़ है। सेनापति हिंदी के चोटी के कवियों में गिने जाते हैं। फिर बनवारी (1633 ई. ?) की नीति और शृंगार-संबंधी कविताएँ प्राप्त हुई हैं। मिर्जापुर के कृष्णदास (1800 ई. ?) ने *माधुरी लहरी* नामक एक पुस्तक लिखी थी, जिसे भक्ति-काव्य भी कह सकते हैं।

द्विजदेव : इस श्रेणी के सबसे अंतिम और प्रसिद्ध कवि द्विजदेव (1823-72 ई.) हैं। ये अयोध्या के राजा थे। इनका वास्तविक नाम मानसिंह था। इनकी दो पुस्तकें प्राप्त हुई हैं—*शृंगार बत्तीसी* और *शृंगार लतिका*। इनकी रचनाएँ बहुत लोकप्रिय हुईं। भाषा का सहज प्रवाह और भावों का आकर्षक विन्यास इनकी कविता के प्रधान गुण हैं। इनकी रचनाओं में मतिराम के समान सहज भाषा और पद्माकर के समान परिचित वातावरण का सन्निवेश है। इनके ऋतुवर्णन में इस काल के कवियों के समान उद्दीपन-सामग्री की सूची कम प्रस्तुत की गई है और उद्दीप्त भाव की व्यंजना अधिक। उत्तरकालीन ब्रजभाषा कविता में किसी प्रकार रूपक बाँधकर ऋतु-विशेष को अप्रस्तुत वस्तु के प्रतिरूप बनाकर दिखाने की जो भद्दी प्रथा चल पड़ी थी, उसका कोई आभास इनकी रचना में नहीं मिलता। जहाँ सामग्रियों की सूची है, वहाँ भी भावोद्दीपन की ओर लक्ष्य है :

> चहकि चकोर उठे सोर करि मोर उठे
> बोलि ठौर ठौर उठे कोकिल सुहावने।
> खिलि उठी एकै बार कलिका अपार हिलि-
> हिलि उठै मारुत सुगंध सरसावने।
> पलक न लागी अनुरागी इन नैननि पै,
> लपटि गए धौं कबै तरु मन भावने।
> उमगि अनंद अँसुवान लौं चहूँधा लागे
> फूलि फूलि सुमन मरंद बरसावने।।

और जहाँ सहज-स्वच्छ भाषा में ऋतु-सौंदर्य की उद्दीपना का प्रसंग है, वहाँ तो उद्दीप्त भाव ही पाठक को आकृष्ट करते हैं :

> न भयो कछु रोग को जोग दिखात
> न भूत लगौ न बलाय लगी।।
> न कहूँ कोऊ टोनो डिठौनो कियौ
> नहिं काहू की कीनी उपाय लगी।
> द्विजदेव जू नाहक ही सबके

हिये औषधि मूल की चाय लगी।
सखि बीस बिसे निसि याही कहूँ
बन बौरे बसंत की बाय लगी।

फारसी प्रभावापन्न कवि—मुबारक : दूसरी श्रेणी के कवियों की परंपरा भी बहुत पुरानी है। सैयद मुबारिक अली बिलग्रामी 'मुबारक' (जन्म 1583 ई.) फारसी और संस्कृत के बहुत अच्छे जानकार थे। इनकी रचनाएँ सत्रहवीं शताब्दी के आरंभ की हैं। इनकी *अलकशतक* और *तिलशतक* नाम की दो रचनाएँ हैं, जिनमें सुंदरी स्त्री के अलक और तिल का वर्णन मिलता है। इनकी कई रचनाएँ स्वच्छंद प्रेमधारा की ओर इंगित करती हैं। यद्यपि ये रचनाएँ संस्कृत के *अलकशतक, रोमावली-शतक* आदि की भाँति हैं और हमने अन्यत्र इनकी गणना इसी श्रेणी में की, परंतु इनकी फुटकल कविताओं में ऐसे भाव हैं जो थोड़े नवीन-से लगते हैं। उदाहरणार्थ,

हमको तुम एक अनेक तुम्हैं उनही के विवेक बनाए बहो।
इत आस तिहारी बिहारी उतैं सरसाय कै नेह सदा निबहो।
करनी है 'मुबारक' सोई करो अनुराग लता जिन बोए दहो।
घनस्याम सुखी रहो आनंद सों तुम नीके रहो उनही के रहो।

आलम : इसी प्रकार शेख आलम की कविता में स्वच्छंद प्रेमधारा के भाव प्रचुर मात्रा में मिलते हैं। आलम नाम के दो कवि हुए हैं। एक तो सोलहवीं शताब्दी के अंतिम भाग में उत्पन्न हुए थे और *माधवानंद कामकंदला* नामक पुस्तक लिखी थी और दूसरे औरंगजेब के दूसरे पुत्र मुअज्जम शाह के आश्रित थे। अतएव अठारहवीं शताब्दी के अंत में वर्त्तमान थे। यहाँ दूसरे आलम की चर्चा की जा रही है। इनके बारे में प्रसिद्ध है कि ये जाति के ब्राह्मण थे और किसी शेख नामक रँगरेजिन के प्रेम में पड़कर मुसलमान हो गए। प्रेम की कहानी भी विचित्र है। आलम ने अपनी पगड़ी रँगने को दी थी जिसमें दोहे की एक पंक्ति कागज पर लिखी बँधी रह गई थी—'कनक छरी-सी कामनी काहे को कटि छीन'। रँगरेजिन शेख ने कागज खोलकर पढ़ा और दूसरी पंक्ति लिख दी—'कटि को कंचन काटि विधि कुचन मध्य भरि दीन'। यह पंक्ति ही प्रेम का और अंत में धर्मांतर-ग्रहण का कारण बनी। कहा जाता है कि जौनपुर जिले में आलम का जो पुराना गाँव है, उसमें अब भी वह ब्राह्मण-कुल और वह मुसलमान-कुल वर्त्तमान है। दोनों को अपने पूर्वपुरुष पर गर्व है। पता नहीं यह किंवदंती कहाँ तक सच है। कहा जाता है कि *शेख भणिति* के साथ जो कविताएँ मिलती हैं, वे पत्नी की हैं और *आलम* नाम से जो कविताएँ मिलती हैं वे पति की। जितनी भी पुरानी पुस्तकें मिलती हैं उनमें *शेखआलम के कवित्त* लिखा मिलता है। इसलिए कुछ विद्वान् शेख और आलम दो व्यक्तियों के नाम नहीं मानते और पूरी कहानी को किंवदंती और कल्पित मानते हैं। उनके मत से शेख विशेषण है, आलम विशेष्य। यह एक ही मुसलमान कवि का नाम है जो कभी शेख नाम से कविता लिखते थे और कभी आलम से। यद्यपि ये फारसी ज्ञाता थे, तथापि इनकी रचनाएँ रीतिकालीन कवियों की परंपरा में पड़ती हैं। फिर भी इनमें प्रेमोल्लास का कुछ नवीन स्वर मिलता है। किंतु आलम की रचनाओं में भारतीय परंपरा का अच्छा पालन देखकर दूसरे विद्वान् कहानी की सचाई को विश्वसनीय समझते हैं। प्रेमोल्लास की व्यंजना इसमें निस्संदेह बहुत उच्चकोटी की है।

रसनिधि : दतिया के राजा पृथ्वीसिंह (मृथ्यु 1660 ई.) *रसनिधि* नाम से कविता लिखा करते थे। ये फारसी के अच्छे जानकार थे। इनकी रचनाओं में फारसी प्रेम-व्यंजना का परिचय मिलता है। इनका *हराजा* नामक दोहाग्रंथ *बिहारी सतसई* के अनुकरण पर बना है। बिहारी के भावों को तो कहीं-कहीं ज्यों-का-त्यों उठा दिया गया है; जैसे,

कुहू निसा तिथिपत्र में बाचन को रहि जाय।
तुव मुख ससि की चाँदनी उदय करत है आइ।

यह बिहारी के इस दोहे की विशुद्ध छाया है :

पत्रा ही तिथि पाइयत, वा घर के चहुँ पास
निसि दिन पूनो ही रहत, आनन ओप उजास।

बोधा : इसी प्रकार पन्ना दरबार के कवि बोधा (बुद्धसेन) भी (जो तुलसीदासजी के स्थान राजापुर के निवासी बताए जाते हैं) फारसी के बहुत अच्छे जानकार थे। घनआनंद की भाँति इनके संबंध में भी कहानी है कि ये दरबार की किसी वेश्या 'सुभान' पर आसक्त थे। किसी समय राजा के सामने ही अभिनयपूर्ण आचरण दिखाने के अपराध में इन्हें छः महीने के देशनिकाले की सजा भुगतनी पड़ी। उसी समय इन्होंने *विरहवारीश* लिखा और छः महीने बाद लौटकर आए और कविता सुनाकर महाराज को प्रसन्न किया तो महाराज ने पूछा कि 'क्या माँगते हो'। उत्तर मिला, 'सुभान अल्लाह'। प्रसन्न होकर राजा ने सुभान को दे दिया। इनकी एक और रचना *इश्कनामा* है। इनकी रचनाओं में रीति-कवियों से भिन्न एक प्रकार के स्वच्छंद प्रेमभाव का उल्लास मिलता है :

कहिबे को बिथा सुनिबे को हँसी,
को दया सुनि कै उर आनतु है।
अरु पीर घटै तजि धीर सखी,
दुख को नहिं का पै बखानतु है।
कवि बोधा कहे में सवाद कहा,
को हमारी कही पुनि मानतु है।
हमें पूरी लगी कै अधूरी लगी,
यह जीव हमारोइ जानतु है।

इनकी राधिकाजी के चरणों की प्रीति भी देखिए :

अनतैं नित काहू के होन न पाव
समान के लोग अजोगिया रे।
दुख तेरो कहा सुनिहैं दुखिया
हवै रहे सब आप ही सोगिया रे।
करौ बारनैं तो पै बुधा बरही
पुरहूत के पूरन भोगिया रे।
बसु रे बसु राधे के पाँयन में
मन जोगिया प्रेम वियोगिया रे।

ठाकुर : ओरछा (बुंदेलखंड) के ठाकुर कवि (जन्म 1766 ई.) स्वछंद प्रेम-भावना के

श्रेष्ठ कवि थे। जोधपुर और बिजावर के राज्यों में इनका बड़ा मान था। पद्माकर के आश्रयदाता गोसाईं हिम्मतबहादुर के यहाँ भी इनका बड़ा मान था। किंवदंतियों में *पद्मावत* के साथ इनके वाग्वैदग्ध्य की कहानियाँ प्रचलित हैं। इनकी रचनाओं का संग्रह लाला भगवानदीन ने *ठाकुर ठसक* नाम से प्रकाशित कराया था। इन रचनाओं में ऐकांतिक प्रेम का प्रवाह है। भाषा की स्वच्छता और भावों का अनोखापन इनकी रचना के मुख्य आकर्षक गुण हैं। फारसी काव्यधारा से परिचय होने के कारण इनकी रचना में कभी-कभी अनुभयनिष्ठ ऐकांतिक प्रेम की व्यंजना भी मिलती है :

वा निरमोहिनी रूप की रासि
जऊ उर हेत न ठानति ह्वै है।
बारहि बार विलोकि घरी घरी
सूरति तो पहिचानति ह्वै है।
ठाकुर या मन को परतीति है
जो पै सनेह न मानति ह्वै है।
आवत हैं नित मेरे लिये
इतनो तो विसेषि कै जानति ह्वै है।

इनकी रचना में भाषा का स्वच्छ-सहज प्रभाव देखते ही बनता है। ऐसा जान पड़ता है कि यहाँ आकर ब्रजभाषा अपने पूरे चढ़ाव पर आ गई है। पद्माकर तो कभी-कभी ताल-तुक के टोटके के चक्कर में पड़ जाते हैं, पर ठाकुर ने जो मज़मून शुरू किया तो बस अंत तक स्वच्छ-सहज प्रवाह की प्रसन्न धारा बह जाती है :

अब का समुझावती को समुझै
बदनामी को बीज तो बो चुकी री।
तब तो इतनो न विचार कर्‌यो
यहि जाल परे कहो को चुकी री।
कवि ठाकुर जो रस रीति रँगी
सब भाँति पतिव्रत खो चुकी री।
अरी नेकी बदी जो लिखी हति भाल में
होनी हती सो तो हो चुकी री।

× × ×

बरुनीन में नेक झकैं उझकैं मनों
खंजन मीन के जाले परे।
दिन औधि के कैसे गनौं सजनी
अँगुरीन के पोरन छाले परे।
कवि ठाकुर काहू सों का कहिये
निज प्रीति किये के कसाले परे।
जिन लालन चाह करी इतनी
तिन्हैं देखिबे के अब लाले परे।

× × ×

अपने अपने सुठि गेहन में
चढ़ दोऊ सनेह की नाव पै री।
अँगनान में मींजत प्रेम भरे
समयौ लखि मैं बलि जाँव पै री।
कहै ठाकुर दोउन की रुचि सों
रँग ह्वै उमड़े दोउ ठाँव पै री।
सखी कारी घटा बरसै बरसाने पै
गोरी घटा नंदगाँव पै री।

इस प्रकार भाषा की निर्बाध धारा बहती रहती है। परंतु ठाकुर नाम के दो और कवि हो गए हैं। दोनों असनी के ब्रह्मभट्ट बताए जाते हैं। संयोग से इन दोनों की कविता की भाषा में भी बड़ा सहज और सुंदर प्रवाह है। तीनों की रचनाएँ एक-दूसरे से ऐसी मिली हैं कि यह कह सकना कठिन ही है कि कौन-सी रचना किस कवि की है। *ठाकुर ठसक* नामक संग्रह में भी यह मिश्रण हुआ है, ऐसा माना जा सकता है। परंतु प्रसिद्धि बुंदेलखंडी ठाकुर की ही अधिक है।

इस प्रकार शृंगारी कवियों में रीतिमुक्त भावधारा के अनेक कवि हुए हैं। संग्रहों में और भी अनेक सुकवियों की रचनाएँ प्राप्त होती हैं। अठारहवीं शताब्दी में ब्रजभाषा की शृंगारी रचनाएँ अपने चरमबिंदु पर आ गईं। आगे चलकर यह सरसता ह्रास की ओर जाने लगी। उन्नीसवीं शताब्दी के आरंभ में साहित्य की मूल प्रेरक शक्ति ही बदल गई। यद्यपि उन्नीसवीं शताब्दी तक काव्य में इस भाषा का ही एकच्छत्र राज्य था, पर उस समय उसकी शक्ति क्रमशः क्षीण ही होती गई।

नीतिकाव्य : शृंगारी रचनाओं के समान ही इस काल में नीति-विषयक रचनाओं की अधिकता है। नीति-संबंधी रचनाओं की परंपरा भी काफी पुरानी है। भर्तृहरि ने एक ही साथ शृंगार, नीति और वैराग्य के तीन शतक लिखे थे। संस्कृत के सुभाषितों में अन्योक्तिच्छल से बहुत अधिक नीति-साहित्य का पता चलता है। नीति भारतीय कवियों का बहुत ही प्रिय विषय रही है। हिंदी में भी आरंभ से ही नीति-संबंधी कविताएँ प्राप्त होती हैं। हेमचंद्र के व्याकरण में संगृहीत अपभ्रंश के दोहों में से कितने ही नीति-विषयक हैं। तुलसीदास और रहीम के नीति-विषयक दोहों का परिचय हमें मिल चुका है। अकबरदरबार के राजा बीरबल और नरहरि महापात्र के नीति-विषयक पद प्रसिद्ध ही हैं। इस प्रकार नीति का साहित्य हिंदी में कभी अपरिचित नहीं रहा। सोलहवीं शताब्दी के अन्त्य भाग में जमाल नाम के एक मुसलमान कवि हुए हैं, जिनके नीति-विषयक दोहे राजपूताने में बहुत लोकप्रिय हैं। इनकी भाषा में भी राजस्थानी का प्रभाव है। इनकी रचनाओं में नैतिक और व्यावहारिक उपदेश के साथ शृंगार की रसमय सूक्तियाँ भी मिल जाती हैं।

वृंद और बैताल : अठारहवीं शताब्दी के आरंभ में सुप्रसिद्ध नीतिकार कवि वृंद हुए जो कृष्णगढ़ के महाराज राजसिंह के गुरु थे। इनकी *वृंद सतसई* के दोहे उत्तर-मध्यकाल में बहुत सम्मान के साथ पढ़े-पढ़ाए जाते रहे हैं। *वृंद सतसई* संभवतः 1704 ई. में लिखी गई

थी। खोज में इनकी दो और पुस्तकों का पता चला है—*शृंगार-शिक्षा* और *भाव-पंचाशिका*। किंतु इनकी प्रसिद्धि इनकी नीति-विषयक पुस्तक से ही है। इनके सम-सामयिक एक और नीति-कवि का उत्तर-मध्यकाल में बड़ा सम्मान रहा है। यह *बैताल* है। बैताल की रचनाओं में विक्रम को संबोधन किया गया है। कुछ लोगों का अनुमान है कि यह संबोधन पुराने विक्रामादित्य नामक राजा और उस बैताल की निजंधरी कथा को मन में रखकर किसी कवि ने लिखा है। बैताल उसका सचमुच का नाम नहीं था। दूसरे लोगों का कहना है कि ये बैताल नामक कवि ही हैं जो चरखारी के प्रसिद्ध रसिक विक्रमसाहि के दरबार में थे। जो हो, 'बैताल कहै विक्रम सुनो' वाली नीति-विषयक कविताएँ मध्ययुग में बहुत लोकप्रिय रही हैं, यह सत्य है।

गिरिधर कविराय : वृंद और बैताल से भी अधिक लोकप्रिय नीतिकार गिरिधर कविराय हैं, जिनकी कुंडलियां छंद में लिखी कविता बहुत लोकप्रिय रही हैं। कुछ कुंडलिए 'साँई' शब्द से आरंभ होते हैं। कहते हैं ये गिरिधर कविराय की पत्नी के लिखे हैं। जो हो, गिरिधर कविराय उत्तर-मध्यकाल के सद्गृहस्थों के सलाहकार रहे हैं और आज भी जनता उसी चाव से उनके उपदेशों को मानती है, जैसा अठारहवीं शताब्दी में मानती रही। वस्तुतः साधारण हिंदीभाषी जनता के सलाहकार प्रधानतः तीन ही रहे हैं—तुलसीदास, गिरिधर कविराय और घाघ—तुलसीदास धर्म और अध्यात्म के क्षेत्र में, गिरिधर कविराय व्यवहार के और नीति के क्षेत्र में, घाघ खेतीबारी के मामले में। दुर्भाग्यवश घाघ के बारे में कुछ भी ज्ञात नहीं है। गिरिधर कविराय के बारे में भी नाममात्र की ही जानकारी है। साधारणतः अनुमान किया जाता है कि गिरिधर कविराय भी अठारहवीं शताब्दी के आरंभ के ही कवि रहे होंगे।

नीति-विषयक साहित्य हिंदी में प्रचुर लिखा गया है। सबके रचयिताओं का ठीक-ठीक पता नहीं चलता। यह परंपरा उन्नीसवीं शताब्दी तक निर्बाध चलती रही है। उन्नीसवीं शताब्दी के आरंभ के ही सम्मन, दीनदयाल गिरि आदि नीतिकवि प्रसिद्ध हैं। दीनदयाल गिरि तो बहुत मेधावी कवि थे। उनकी प्रसिद्धि *अन्योक्ति-कल्पद्रुम* के कारण है, लेकिन उनकी अन्य रचनाएँ भी कम नहीं हैं। *अनुरागबाग, वैराग्यदिनेश, विश्वनाथनवरत्न* और *दृष्टांत तरंगिणी* उनकी पुस्तकों के नाम हैं।

प्रबंध : काव्य पुहकर : प्रबंध-काव्यों की परंपरा भी इस काल में यथापूर्व चलती रही। पौराणिक कथाएँ तो बराबर ही लिखी जाती रहीं, कल्पित प्रेमकथानकों का सिलसिला भी जारी रहा। सत्रहवीं शताब्दी के आरंभ में ही परतापपुर (मैनपुरी) के पुहकर कवि ने *रसरतन* (1616 ई.) नामक प्रेम-कथानक काव्य लिखा था, जिसमें रंभावती और सूरसेन की प्रेमकथा दी हुई है। फिर मेवाड़ के लालचंद्र या लक्षोदय नामक कवि ने *पद्मिनीचरित्र* लिखा था। यह हम पहले ही लक्ष्य कर चुके हैं कि काशीराम की *कनकमंजरी* भी इसी काल की प्रेमकथा है। इस प्रकार सत्रहवीं शताब्दी में प्रेम-कथानकों की परंपरा चलती रही। बाद में भी प्रबंध-काव्य की धारा जारी रही।

लाल कवि : समसामयिक राजा की कीर्त्तिकथा को आश्रय करके लिखे जानेवाले काव्यों में लाल कवि (गोरेलाल) के नाम का *छत्र प्रकाश* विशेष रूप से उल्लेख योग्य है। पुराने ऐतिहासिक काव्यों की भाँति यह तथ्य और कल्पना का बेमेल गड्डमड्ड नहीं है। लाल

कवि ने महाराज छत्रसाल का पूरा जीवन दिया है। इसमें ऐतिहासिक घटनाओं का ब्यौरा ठीक है और प्रबंध-काव्य के सुकुमार स्थलों को पहचानने की क्षमता भी है। इनका एक और ग्रंथ *विष्णुविलास* बताया जाता है जो बरवै छंद में नायिकाभेद पर है।

जोधराज : इसी प्रकार अलवर के नींवगढ़ के जोधराज ने भी महाराणा हम्मीर के चरित को आश्रय करके एक वीर-काव्य लिखा था। इसका रचनाकाल 1818 ई. है। इस काव्य में भी ऐतिहासिकता का निर्वाह किया गया है। भाषा चारणों की वीररस की शैली की है, जिसमें प्राचीनता ले आने का बराबर प्रयास किया जाता है।

सूदन : मथुरा के माथुर चौबे सूदन कवि ने भी भरतपुर के प्रसिद्ध वीर सुजानसिंह (सूरजमल) के चरित को आश्रय करके *सुजानचरित* नामक काव्य लिखा। सुजानसिंह सचमुच ही वीर थे और उनके चरित को आश्रय करके काव्य लिखनेवाले सूदन में भी वीरचरित का सम्मान करने की शक्ति थी। अनुमानतः इनका कविता-काल अठारहवीं शताब्दी का अन्त्य भाग है। चंद्र के, *पृथ्वीराजरासो* में जिस प्रकार घोड़ों और अस्त्रों आदि की उबा देनेवाली सूची मिलती है, उसी प्रकार सूदन के *सुजानचरित* में भी है। काव्य-रूढ़ियों का इसमें जम के सहारा लिया गया है, यद्यपि कथानक-रूढ़ियों की वैसी भरमार नहीं है, जैसी *रासो* में है। शब्दों को तोड़-मरोड़कर युद्ध के अनुकूल ध्वनिप्रसू वातावरण उत्पन्न करने में सूदन बहुत दक्ष हैं, पर उससे भाषा के प्रति न्याय नहीं हो सका है।

गोकुलनाथ, गोपीनाथ और मणिदेव : अठारहवीं शताब्दी के अन्त्य भाग में काशी के महाराजा उदितनारायणसिंह की आज्ञा से तीन कवियों (गोकुलनाथ, गोपीनाथ और मणिदेव) ने समग्र *महाभारत* (हरिवंश-सहित) का भाषांतर बड़ी ललित भाषा में किया। ग्रंथ की समाप्ति में प्रायः पचास वर्ष लग गए। यह काव्य साहित्य-दृष्टि से बहुत महत्त्वपूर्ण है। इसके पूर्व ही सबलसिंह चौहान (1740 ई. ?) ने एक *महाभारत-कथा* लिखी थी जो लोकप्रिय रचना हुई, परंतु उसमें न तो *महाभारत* की कथा का पूरा आकलन है, न वह क्रमबद्ध ही है, और साहित्यिकता तो उसमें नाममात्र को ही है। भाषा की सरलता और उपस्थापन की सहज भंगिमा के कारण वह पुस्तक अधिक लोकप्रिय बन गई, पर काशी के तीन कवियों का *महाभारत* लोकप्रिय न होने पर भी उत्तम रचना है।

महाराज विश्वनाथसिंह : इस काल में कई प्रतिभासंपन्न कवियों ने साहित्य के विभिन्न अंगों पर ग्रंथ लिखे। रीवाँ के महाराज विश्वनाथसिंहजू (राज्यकाल 1813-54 ई.) की चर्चा कबीरपंथी साहित्य के प्रसंग में हो चुकी है। परंतु यद्यपि *बीजक की टीका* में इनके प्रगाढ़ पांडित्य और विद्याव्यसन का बड़ा उत्तम परिचय मिलता है तथापि वह ग्रंथ इनकी प्रतिभा के केवल एंक ही अंश का परिचायक है। इनकी लिखी पुस्तकें अनेक हैं। कुछ के नाम इस प्रकार हैं—*अष्टयाम आह्निक, आनंद रघुनंदन,* (नाटक) *उत्तम काव्य प्रकाश, गीता रघुनंदन शतिका, बीजक की टीका, विनयपत्रिका की टीका, वेदांत पंचक शतिका, उत्तम नीति चंद्रिका, परमतत्त्व, संगीत रघुनंदन, भजन शांतिशतक* आदि। ये सगुण राम के उपासक थे, परंतु कुल-परंपरा से कबीर के शिष्य धर्मदास की गद्दी का भी सम्मान करते थे। *बीजक की टीका* में इन्होंने सिद्ध किया है कि कबीरदास के प्रतिपाद्य राम वस्तुतः साकेतवासी *द्विभुज राम* हैं, जो निर्गुण-सगुण से अतीत हैं। कबीरपंथी लोग इस टीका को कबीर-सम्मत नहीं

मानते, परंतु इसमें इनका पांडित्य तो प्रकट हुआ ही है। इनका *आनंद रघुनंदन* बहुत महत्त्वपूर्ण ग्रंथ है। भारतेन्दु हरिश्चंद्र ने इसे हिंदी का प्रथम नाटक माना है। इनके पुत्र रघुराजसिंह भी बहुत उच्चकोटि के कवि और साहित्यप्रेमी थे। इन दोनों पिता-पुत्रों ने अनेक कवियों को आश्रय और मान दिया था।

अन्य कवि : भक्तवर नागरीदास की चर्चा हम अन्यत्र कर चुके हैं। ये बड़े ही विद्याव्यसनी राजा थे। एक और गुणग्राही रईस असोधर (फतहपुर) के राजा भगवंतराय खीची (अठारहवीं शती का मध्यभाग) थे जो स्वयं कवि तो थे ही, अनेक कवियों के आश्रयदाता भी थे। इनकी एक पुस्तक *हनुमत पचीसी* प्राप्त हुई है।

चरखारी के राजा विक्रमसाहि भी अच्छे विद्यानुरागी और आश्रयदाता थे। बैताल के आश्रयदाता यही बताए जाते हैं। इनके यहाँ मान कवि नामक बंदीजन थे जो बहुत अच्छे कवि थे। इनकी लिखी कई पुस्तकें प्राप्त हुई हैं जिनमें *कोश, ज्योतिष* आदि अनेक विषयों की रचनाएँ हैं। मान कवि की लिखी पुस्तकों के नाम हैं *अमरप्रकाश, अष्टयाम, लक्ष्मणशतक, हनुमान नखशिख, हनुमान पंचक, हनुमान अष्टक, हनुमान पचीसी, नीति विधान, समरसार, नृसिंह पचीसी*।

झाँसी के नवलसिंह भी अच्छे कवि थे। ये उन्नीसवीं शताब्दी के मध्यभाग में वर्त्तमान थे, समथर के राजा हिंदूपति के आश्रित थे। खोज में इनकी छोटी-मोटी अनेक रचनाएँ प्राप्त हुई हैं।

क्षीयमाण दीप्ति की कविता : खोज में अठारहवीं-उन्नीसवीं शताब्दी के अनेक कवियों की कविता-पुस्तकें उपलब्ध हुई हैं। सबका उल्लेख आवश्यक नहीं है। इस काल तक आते-आते हिंदी कविता का वह तेज क्षीण हो आया था, जो पंद्रहवीं शताब्दी के भक्त कवियों में दिखाई पड़ा था। जीवन के सामने कोई और नया आदर्श नहीं रह गया था। कविता प्रायः पिटे-पिटाए रास्ते से चल रही थी। सब ओर से अपने को समेटकर बँधे मार्ग पर चलते रहने की प्रवृत्ति ने ब्रज-भाषा कविता को माधुर्य और सौकुमार्य तो दिया, परंतु तेज और तारुण्यदीप्ति उसमें नहीं रह गई। अठारहवीं शताब्दी के बाद की कविता में माधुर्य और सौकुमार्य भी क्रमशः क्षीण होने लगा।

[इस काल के अध्ययन में सहायक पुस्तकें—(1) पं. रामचंद्र शुक्ल : *हिंदी साहित्य का इतिहास;* (2) मिश्रबंधु : *हिंदी नवरत्न, मिश्रबंधु विनोद;* (3) डॉ. भागीरथ मिश्र : *हिंदी काव्यशास्त्र का इतिहास;* (4) डॉ. नगेंद्र : *रीतिकालीन हिंदी साहित्य और देव;* (5) पं. पद्मसिंह शर्मा : *बिहारी सतसई का संजीवन भाष्य;* (6) पं. रामनरेश त्रिपाठी : *कविता कौमुदी* (प्रथम भाग); *बिहारी सतसई, मतिराम ग्रंथावली, काव्य रसायन* आदि की प्रस्तावनाएँ।]

संदर्भ

1. सोमनाथ के अन्य ग्रंथ—*कृष्ण लीलावती* (सं. 1800) *सुजान विलास* (सं. 1807) और *माधव विनोद* (सं. 1809)।

2. प्रतापसिंह के अन्य ग्रंथ–*जयसिंहप्रकाश* (सं. 1851), *शृंगारमंजरी* (सं. 1857), *शृंगार शिरोमणि* (सं. 1894) *अलंकार चिंतामणि* (सं. 1894), *रत्न चंद्रिका सतसई* की टीका (सं. 1896), *युगल नखशिख* (सीया-राम की नख-शिख शोभा) और बलभद्र कवि के *नखशिख* की टीका।
3. *बिहारी सतसई* की ये पुरानी टीकाएँ प्रकाशित हो चुकी हैं–(1) *कृष्ण कवि की टीका*, (2) *हरिप्रकाश टीका* (3) *लालचंद्रिका*, (4) *शृंगार सप्तशती*, और (5) *रस कौमुदी*। आधुनिक काल की टीकाओं में उल्लेख योग्य हैं– (1) पं. अम्बिकाप्रसाद व्यास का *बिहारी-विहार*, (2) पं. पद्मसिंह शर्मा का *संजीवन भाष्य* (अपूर्ण), (3) लाला भगवानदीन की *बिहारी बोधिनी*, (4) श्री रामवृक्ष शर्मा 'बेनीपुरी' की टीका और (5) रत्नाकरजी का *बिहारी रत्नाकर*।
4. अधर परसि मीठी भई दई हाथ तैं डारि।
लावति दतुअनि ऊखि की नोखी खिजमत गारि।।
यह कुछ संतोष की बात है कि बिहारी के कई संस्करणों में यह दोहा नहीं पाया जाता।

आधुनिक काल

1. गद्य-युग का आरंभ

आधुनिकता का आरंभ : हिंदी साहित्य का आधुनिक काल सन् ईसवी की उन्नीसवीं शताब्दी के आरंभ से माना जाता है। साहित्य में आधुनिकता की आरंभिक सीमा का निश्चय करना कठिन होता है। विचारों के क्षेत्र में बहुत-सी बातें पहले से ही संचित होती रहती हैं और उनका साहित्य-रूप में प्रकाशन देर से होता है। भारतवर्ष में अंग्रेजों के साथ संपर्क तो बहुत पहले से स्थापित हो चुका था, किंतु साहित्य पर इस संपर्क का प्रभाव बहुत बाद में पड़ा। वस्तुतः साहित्य में आधुनिकता का वाहन प्रेस है और उसके प्रचार के सहायक हैं : यातायात के समुन्नत साधन। पुराने साहित्य से नए साहित्य का प्रधान अंतर यह है कि पुराने साहित्यकार की पुस्तकें प्रचारित होने का अवसर कम पाती थीं। राजाओं की कृपा, विद्वानों की गुणग्राहिता, विद्यार्थियों के अध्ययन में उपयोगिता इत्यादि अनेक बातें उनके प्रचार की सफलता का निर्धारण करती थीं। प्रेस हो जाने के बाद पुस्तकों के प्रचारित होने का कार्य सहज हो गया, और फिर प्रेस के पहले गद्य की बहुत उपयोगिता नहीं थी। प्रेस हो जाने के बाद उसकी उपयोगिता बढ़ गई और विविध विषयों की जानकारी देनेवाली पुस्तकें प्रकाशित होने लगीं। वस्तुतः प्रेस ने साहित्य को प्रजातांत्रिक रूप दिया। समाचारपत्र, उपन्यास, आधुनिक ढंग के निबंध और कहानियाँ, सब प्रेस का प्रचार होने के बाद ही लिखी जाने लगीं। अब साहित्य के केंद्र में कोई राजा या रईस नहीं रहा, बल्कि अपने घरों में बैठी हुई असंख्य अज्ञात जनता आ गई। इस प्रकार प्रेस ने साहित्य के प्रचार में, उसकी अभिवृद्धि में, और उसकी नई-नई शाखाओं के उत्पन्न करने में ही सहायता नहीं दी, बल्कि उसकी दृष्टि से समूल परिवर्त्तन में भी योग दिया।

ऐतिहासिक स्थिति : किंतु साहित्य में आधुनिकता के प्रवेश के लिए केवल प्रेस ही एकमात्र साधन नहीं है, यातायात के साधन तथा शांतिपूर्ण व्यवस्था की भी आवश्यकता होती है। सन् 1757 ई. की प्लासी की लड़ाई के बाद अंग्रेजों का प्रभाव बढ़ता ही गया। मुगल साम्राज्य क्रमशः क्षीण होता गया और विभिन्न प्रांतों के शासक स्वतंत्र होते गए। बाद के कुछ वर्षों में मराठों की शक्ति भी क्षीण होती गई और अंतिम तौर पर 1764 ई. की बक्सर की लड़ाई में मुगलों का अंतिम बादशाह शाहआलम अंग्रेजों के हाथ पराजित हुआ। इस प्रकार अठारहवीं शताब्दी के अंतिम चरण में हिंदी प्रदेशों का पूर्वी द्वार अंग्रेजों के

लिए खुल गया। इसके पूर्व के पचास वर्ष मराठा, जाटों और सिखों के संघर्ष और पतन का काल है। यह काल अशांति और उलझन का काल है और इसी अशांति और उलझन के बीच भावी अंग्रेजी साम्राज्य की नींव पड़ी। वस्तुतः 1764 ई. की बक्सर की लड़ाई के बाद लगभग समूचा हिंदीभाषी प्रदेश अंग्रेजों के प्रभाव में आ गया। 1826 ई. में भरतपुर भी अंग्रेजों के अधीन हो गया। सन् 1849 ई. में द्वितीय सिख-युद्ध हुआ और फिर अंग्रेजों के हाथ में समूचे भारतवर्ष के आने में कोई बाधा नहीं रह गई। 1856 ई. में अवध भी अंग्रेजी राज्य में मिला लिया गया। 1857 ई. में प्रसिद्ध भारतीय विद्रोह हुआ जिसने ईस्ट इंडिया कंपनी के भाग्य का निपटारा कर दिया और लगभग समूचा भारतवर्ष अंग्रेजी साम्राज्य की छत्रछाया में आ गया। सन् 1860 के बाद देश में पूर्ण रूप से शांति और व्यवस्था कायम हो गई। यातायात के साधन सुलभ हो गए और क्रमशः उनमें सुधार होता गया। यहीं से वास्तविक आधुनिक साहित्य का आरंभ होता है, लेकिन जिन हिस्सों में पहले ही से अंग्रेजी शासन सुदृढ़ हो गया था वहाँ प्रेस का आगमन बहुत पहले ही हो चुका था और थोड़ा-बहुत आधुनिक साहित्य का प्रकाशन भी होने लगा था।

अंग्रेजों की अप्रत्यक्ष सहायता : इस समय तक देश में साहित्य को राजा और रईसों की पृष्ठपोषकता प्राप्त हो रही थी। रीति-काल में हिंदू और मुसलमान राजे और रईस बराबर कवियों को आश्रय, सम्मान और प्रोत्साहन देते रहे। परंतु अंग्रेज इस देश में संपूर्ण रूप से नए और अपरिचित थे। इस देश की अधिकांश जनता हिंदू थी, जो उन दिनों छूतछात के वर्जनशील धर्म को मान रही थी। यह धार्मिक मनोभाव अंग्रेजों-जैसी कुछ न माननेवाली जाति के साथ संपर्क-स्थापन में सहायक नहीं था। वस्तुतः हिंदुओं के साथ अंग्रेजों का संबंध कभी भी बहुत घनिष्ठ नहीं हो सका। अंग्रेजों ने तत्कालीन साहित्य को कोई प्रोत्साहन भी नहीं दिया। जिस प्रकार उन दिनों के हिंदू और मुसलमान रईस, नवाब, राजे और बादशाह हिंदू कवियों को प्रोत्साहन दे रहे थे, उस प्रकार किसी बड़े अंग्रेज पदाधिकारी ने नहीं दिया। सन् 1835 में कवि घासीराम ने बड़े दुःख के साथ कहा था "छाँड़ कै फिरंगन को राज, लै सुधर्म काज, जहाँ होत पुन्य आज चलो वही देस को।" परंतु कंपनी सरकार की शासन-व्यवस्था ने इस ओर से तो नहीं, किंतु दूसरी ओर से हिंदू सभ्यता और संस्कृति के उद्धार और उन्नयन का कार्य बड़ी ईमानदारी और मुस्तैदी के साथ किया। इतिहास और पुरातत्त्व के शोध में, प्राचीन भारतीय साहित्य और धर्म के वैज्ञानिक अध्ययन में, और नई-पुरानी भारतीय भाषाओं के वैज्ञानिक विवेचन में यूरोपियन पंडितों ने बहुत ही महत्त्वपूर्ण कार्य किया। इस उद्धार और शोध-कार्य की कहानी अद्‌भुत है। इसने आगे चलकर प्रत्यक्ष रूप से हिंदी साहित्य का उपकार किया। इन शोध-कार्यों के ही परिणामस्वरूप आगे चलकर मैथिलीशरण गुप्त, प्रसाद और रामचंद्र शुक्ल का प्रेरणादायक साहित्य रचित हुआ।

प्राचीनतर साहित्य में गद्य : आज के साहित्य में गद्य की प्रधानता है। किंतु पुराने साहित्य में गद्य का ऐसा प्रचलन नहीं था। ब्रजभाषा और राजस्थानी में गद्य का साहित्य मिल जाता है। परंतु यह निश्चित रूप से कहा जा सकता है कि वह साहित्य का उतना प्रभावशाली वाहन कभी नहीं रहा जितना आज है।

हिंदी गद्य : गोरखपंथी ग्रंथ : हिंदी पुस्तकों की खोज में चौदहवीं शताब्दी का कहा

जानेवाला एक गोरखपंथी गद्यग्रंथ मिला है, जिसे विद्वानों ने चौदहवीं शताब्दी के ब्रजभाषा गद्य का नमूना माना है। परंतु उसकी भाषा को देखकर इधर संदेह प्रकट किया जाने लगा है कि वह सचमुच ही इतना पुराना है या नहीं। अधिक संभव यही जान पड़ता है कि यह बहुत बाद का लिखा हुआ है। इस पुस्तक की भाषा में 'पूछिबा', 'कहिबा' जैसे प्रयोगों को देखकर स्वर्गीय आचार्य रामचंद्रजी शुक्ल ने अनुमान किया था कि इसका लेखक राजस्थान का निवासी रहा होगा, और इन्हीं प्रयोगों को देखकर कुछ बंगाली विद्वानों ने अनुमान किया है कि इसकी भाषा पर पूर्वी बंगाल की भाषा का प्रभाव पड़ा है। यह अद्भुत विरोध है। परंतु इस बात में संदेह करने की गुंजाइश नहीं कि नाथपंथी साधकों की भाषा में अनेक स्थानों की भाषा के चिह्न हैं।

वैष्णव गद्य साहित्य : महाप्रभु वल्लभाचार्य के पुत्र विट्ठलनाथ की ब्रजभाषा की एक पुस्तक प्राप्त हुई है, जिसका नाम है '*शृंगार-रस-मंडन*। इसकी भाषा बहुत व्यवस्थित नहीं कही जा सकती। फिर इसी संप्रदाय के भक्तों ने कई वार्त्ताएँ ब्रजभाषा गद्य में लिखी हैं, जो ब्रजभाषा गद्य के बहुत उत्तम नमूने हैं। इनमें *चौरासी वैष्णवन की वार्त्ता* और *दो सौ बावन वैष्णवन की वार्त्ता* हैं। दोनों के ही लेखक गोकुलदास बताए जाते हैं। परंतु यह बात संदेहास्पद लगती है; क्योंकि *दो सौ बावन वैष्णवन की वार्त्ता* में गोकुलदास का नाम आदर और भक्ति के साथ लिया गया है। जो हो, इन पुस्तकों की भाषा काफी व्यवस्थित है, और यद्यपि इनमें लंबे और जटिल वाक्य-गठन का प्रयत्न नहीं है, तथापि इनसे प्रतिपाद्य विषय का अच्छा स्पष्टीकरण हुआ है। छोटे-छोटे वाक्यों से चरित-नायकों का चरित्र ऐसी स्पष्टता से चित्रित हुआ है मानो किसी निपुण कलाकार ने हल्की तूलिका से और बहुत मामूली रंगों के सहारे चित्रों को सजीव बना दिया हो।

परवर्त्ती काल के ब्रजभाषा-गद्य के रूप : टीकाएँ : परवर्त्ती काल में ब्रजभाषा के गद्य में साधारणतः दो प्रकार की पुस्तकें लिखी गईं—कुछ साहित्यिक ग्रंथ की टीकाएँ और कुछ स्वतंत्र ग्रंथ। टीकाओं में हरिचरनदास की लिखी हुई *बिहारी सतसई की टीका* (1777 ई.) तथा *कविप्रिया की टीका* (1778 ई.); डाकौर के प्रियादास की लिखी हुई *गोस्वामी हितहरिवंश के चौरासी पदों पर स्फुट-पद टीका* (अठारहवीं शती का अंत); रामसनेही पंथ के संस्थापक स्वामी रामचरण के शिष्य रामजन की लिखी हुई *दृष्टांत-सागर की टीका* और *टीका-संयुगति-वचनिका* (1782 ई.); अयोध्या के महंत बाबा रामचरन की *रामचरितमानस की टीका* (1784-87 ई.); रतनदास की नागरीदास के अष्टक पर लिखी हुई, *अष्टक की टीका;* असनी के दूसरे ठाकुर की लिखी हुई *बिहारी-सतसई* की *देवकीनंदन* नाम की टीका (1804 ई.); जानकीप्रसाद की *रामचंद्रिका की टीका* (1815 ई.); लछिमन राव की लिखी हुई केशवदास की *कविप्रिया* पर *लछमन चंद्रिका* नामक टीका (1816 ई.); लल्लूलाल की *बिहारी-सतसई* पर लिखी *लाल चंद्रिका* नामक टीका (1818 ई.); देवातिरथ या काष्ठजिह्वा स्वामी की *मानस-परिचय* नाम की टीका (1838 ई.); काशी-नरेश ईश्वरी नारायणसिंह की *मानस-परिचय-परिशिष्ट* (1855 ई.); प्रतापसाहि की *मतिराम के रसराज की टीका* (1839 ई.); तथा *बिहारी-सतसई* की *रत्न-चंद्रिका टीका* (1839 ई.); और बलभद्र के *नखशिख पर लिखी हुई टीका;* सरदार कवि की *रसिकप्रिया की* टीका (1846 ई.), सूरदास के *दृष्टिकूट की टीका* (1847 ई.) इत्यादि प्रमुख हैं।

स्वतंत्र गद्य ग्रंथ : स्वतंत्र ग्रंथों में डाकौर के प्रियादास की *सेवक-चंद्रिका* (1779 ई.), हितरूप किशोरीलाल के एक शिष्य की लिखी हुई *श्री नवनीतजी की सेवा-विधि* (1795 ई.), हीरालाल की लिखी *आईने अकबरी की भाषा वचनिका* (1795 ई.) लल्लूलालजी की *राजनीति अथवा हितोपदेश का अनुवाद* (1809 ई.) और मंडलावाले मणिलाल ओझा की *सोम-वंशन की वंशावली* (1828 ई.) इत्यादि हैं। रीवाँ के महाराज श्री विश्वनाथसिंहजू की कबीर पर लिखी हुई टीका ब्रजभाषा की अपेक्षा बघेलखंडी गद्य का नमूना कही जा सकती है। पहले ही बताया गया है कि प्रतापसाहि, रसिक गोविंद आदि रीति-ग्रंथकारों ने कभी-कभी रस और अलंकार आदि के स्पष्टीकरण के लिए ब्रजभाषा-गद्य का प्रयोग किया है तथापि सब मिलाकर ब्रजभाषा-गद्य पद्य का अनुवर्त्ती ही बना रहा, और संस्कृत के उस खंडान्वय प्रणाली पर ही चलता रहा, जिसका आचार्य रामचंद्रजी शुक्ल ने *कथंभूती टीका* कहकर उपहास किया है। उन्नीसवीं शताब्दी में यद्यपि खड़ी बोली के गद्य का सूत्रपात हो चुका था, तथापि उस शताब्दी के प्रथम पचास वर्षों में ब्रजभाषा-गद्य ने साहित्य में अपना अधिकार बनाए रखा।

राजस्थानी गद्य साहित्य : ब्रजभाषा की भाँति ही राजस्थानी में ख्याल, बात और वार्त्ताओं का थोड़ा-बहुत साहित्य बनता रहा। मुगल दरबार में किस्सागोई नाम की एक विशेष प्रकार की कला का जन्म हो चुका था। मुगल काल के अंतिम दिनों में तो किस्सागोई या दास्तानगोई एक पेशे का रूप धारण कर चुकी थी। किस्सागो लोग अवकाश के क्षणों में बादशाहों, नवाबों और अन्य रईसों का मनोरंजन किया करते थे। इन कहानियों का प्रधान विषय प्रेम हुआ करता था, और अतिरंजित एवं आकस्मिक घटनाओं से वर्ण्य-विषय को आकर्षक बनाने की चेष्टा भी होती थी। राजपूत दरबारों में भी इनका थोड़ा-बहुत अनुकरण होने लगा, इसी कारण राजस्थानी भाषा में भी किस्सागोई का साहित्य बनता रहा। परंतु जिस प्रकार राजपूत-कला मुगल-कला से प्रभावित होकर भी भीतर से संपूर्ण रूप से भारतीय बनी रही, उसी प्रकार यह आख्यान-साहित्य भी संपूर्ण रूप से भारतीय ही बना रहा।

मैथिली भाषा के गद्य-ग्रंथ : इसके अतिरिक्त संयोगवश कुछ सनदें और कुछ पत्र आदि मिल गए हैं जो गद्य के नमूने प्रस्तुत करते हैं। चौदहवीं शताब्दी के अंतिम भाग में ज्योतिरीश्वर नामक मैथिली कवि ने *वर्ण रत्नाकर* नामक एक कवि-शिक्षा-विषयक ग्रंथ लिखा था, जिसमें मैथिली गद्य का कुछ नमूना मिल जाता है। विद्यापति की *कीर्त्तिलता* की चर्चा पहले की जा चुकी है। यह एक चंपू-कथा श्रेणी का काव्य है, जिसके बीच-बीच में मैथिली भाषा के गद्य का प्रयोग है। इस गद्य की एक विशेषता यह है कि इसमें संस्कृत के तत्सम शब्दों का बहुत अधिक प्रयोग है और जिस प्रकार फारसी में वाक्यांत में तुक मिलाने की प्रथा है, उस प्रकार का प्रयत्न इसमें भी मिलता है। *रासो* में भी बीच-बीच में वचनिका के रूप में नाममात्र के गद्य मिलते हैं।

खड़ी बोली : आधुनिक काल में गद्य का प्रचार बहुत तेजी से हुआ है, किंतु इसके पहले के गद्य साहित्य की यही कहानी है। आजकल हम लोग जिस भाषा में लिखा और बोला करते हैं, उसे खड़ी बोली कहते हैं। कुछ विदेशी विद्वानों का ऐसा विश्वास था कि अंग्रेजों के आने के बाद उन्हीं की प्रेरणा से हिंदुओं ने इस भाषा में साहित्य लिखना शुरू किया, पर यह

बात गलत है। अपभ्रंश के ग्रंथों में, उत्तर-मध्यकाल के संतों की बानियों में और विनोदपूर्ण ढंग से लिखी गई संस्कृत कविताओं में इस भाषा के नमूने मिल जाया करते हैं। मुगल दरबार के समकालीन गंग कवि का लिखा बताया जानेवाला *चंद-छंद-वरनन की महिमा* नाम की एक रचना प्राप्त हुई है। इसकी भाषा आधुनिक खड़ी बोली के आसपास है, इसमें तत्सम शब्दों का प्रयोग भी पर्याप्त मात्र में है। शुरू-शुरू में मुसलमान औलियाओं ने इस भाषा में गद्य लिखे थे, ये लोग इसे हिंदवी भाषा कहते थे। शाह मीरानजी बीजापुरी (मृत्यु 1343 ई.); शाह बुरहान खान (मृत्यु 1382 ई.) और सैयद मुहम्मद गैसूदराज (1398 ई.) के लिखे पुराने गद्य भी प्राप्त हुए हैं।

खड़ी बोली का प्रचार : मुगल दरबार की समृद्धि जब ह्रास होने लगी, और लखनऊ, पटना तथा मुर्शिदाबाद आदि में नई नवाबी राजधानियाँ संपन्न होने लगीं, तो दिल्ली के गुणियों और व्यवसायियों ने पूरब की ओर मुँह किया। उनके साथ ही दिल्ली का शिष्ट भाषा सर्वत्र फैलने लगी। अठारहवीं शताब्दी में निश्चित रूप से दिल्ली की शिष्ट भाषा चारों ओ फैल चुकी थी। कथा और धार्मिक प्रवचनों केलिए इस नई शिष्ट भाषा का ही सर्वत्र व्यवहार किया जाने लगा था। कहा जाता है कि 1741 ई. में पटियाला दरबार के कथावाचक श्री रामप्रसाद निरंजनी ने *भाषा योग वशिष्ठ* नामक ग्रंथ बहुत ही सुंदर और परिमार्जित भाषा में लिखा था, और उसके कुछ ही दिन बाद 1761 ई. में मध्यप्रदेश के निवासी पंडित दौलतराम के रविषेणाचार्य के *जैन पद्मपुराण* का हिंदी में अनुवाद किया गया था। इनकी भाषा रामप्रसाद निरंजनी की लिखी बताई जानेवाली भाषा के समान व्यवस्थित और परिमार्जित नहीं है। वह ब्रजभाषा-गद्य से एकदम मुक्त नहीं हो पाई है, परंतु उससे इतना तो निश्चित हो जाता है कि उन दिनों खड़ी बोली में हिंदी के बहुत सुंदर गद्य-ग्रंथ लिखे जाते थे।

हिंदी गद्य का सूत्रपात : उन्नीसवीं शताब्दी के प्रारंभिक वर्षों में वास्तविक रूप में हिंदी गद्य का सूत्रपात हुआ। इस समय तक साहित्य में ब्रजभाषा का ही प्राधान्य था और उन्नीसवीं शताब्दी के मध्य तक, और कुछ और बाद तक भी, कई पुस्तकों की टीकाएँ ब्रजभाषा के गद्य में लिखी गईं। परंतु बोली में लिखा जानेवाला गद्य ही अंत तक साहित्य का महत्त्वपूर्ण और प्रभावशाली वाहन बना। इन्हीं दिनों अंग्रेजों के प्रयत्नों से कलकत्ते के फोर्ट विलियम कालेज की स्थापना हुई और अंग्रेज अफसरों ने गंभरतापूर्वक इस देश की भाषाओं के अध्ययन का प्रयत्न किया। इस कालेज के हिंदी-उर्दू अध्यापक सर जान गिलक्राइस्ट ने हिंदी और उर्दू में पुस्तकें लिखाने का प्रयत्न किया। इन्होंने कई मुंशियों की नियुक्ति की। सर जान गिलक्राइस्ट प्रधान रूप से हिंदुस्तानी या उर्दू के पक्षपाती थे, परंतु वे जानते थे कि उस भाषा की आधारभूत भाषा हिंदवा या हिंदुई' थी। इसी 'आधारभूत भाषा' की जानकारी के लिए उन्होंने कुछ 'भाषा-मुंशियों' की सहायता प्राप्त की। कुछ हिंदी इतिहासकार विद्वानों का विश्वास है कि सर जान गिलक्राइस्ट हिंदी को उर्दू से भिन्न स्वतंत्र और शिष्ट भाषा मानते थे। परंतु यह भ्रम ही है। वे उर्दू को ही शिष्ट भाषा समझते थे। हिंदुई या हिंदवी को इस भाषा की आधारभूत भाषा मानने के कारण ही वे इस 'गँवारू' भाषा की पढ़ाई की व्यवस्था के लिए चिंतित हुए थे, इसे शिष्ट भाषा समझकर नहीं। 'भाषा-मुंशियों' में श्री लल्लूलालजी और सदल मिश्र नामक दो पंडितों ने हिंदी गद्य में

पुस्तकें लिखीं। एक और भाषा-मुंशी श्री गंगाप्रसाद शुक्ल थे, जिनकी किसी रचना का पता नहीं चलता। कालेज की कार्यवाहियों में इनकी सहायता से बने एक कोश *हिंदी-इंगलिश डिक्शनरी* का उल्लेख मिलता है। इस प्रकार लल्लूलालजी और सदल मिश्र ने हिंदी गद्य में पुस्तकें लिखीं। परंतु यह नहीं समझना चाहिए कि फोर्ट विलियम कालेज में ही हिंदी गद्य का सूत्रपात हुआ। हमने ऊपर देखा है कि इस कालेज की स्थापना के बहुत पूर्व सुंदर और व्यवस्थित गद्य लिखा जाने लगा था।

फोर्ट विलियम कालेज का हाथ कितना था : जिन दिनों सर जान गिलक्राइस्ट लल्लूलालजी और सदल मिश्र से पुस्तकें लिखाने की व्यवस्था कर रहे थे, उसके थोड़ा पूर्व दिल्लीनिवासी मुंशी सदासुखलाल ने बहुत ही सुंदर भाषा में *भागवत* की कथा का *सुखसागर* नाम से भाषांतर किया और लखनऊ में मुंशी इंशाअल्ला खाँ ने *रानी केतकी की कहानी* नाम से एक ऐसी कथा लिखी थी, जिसमें अरबी-फारसी के शब्दों को हटाकर शुद्ध हिंदी लिखने का प्रयास था। कालेज जिन दिनों नए साहित्य के निर्माण की ओर दत्तचित था, उन दिनों निश्चित रूप से खड़ी बोली शिष्टजन के व्यवहार की भाषा हो चली थी। सुप्रसिद्ध राजा राममोहन राय के लिखे एक पैंफलेट से पता चलता है कि यह भाषा उन दिनों शास्त्रार्थ-विचार के लिए भी व्यवहृत होने लगी थी। यह पैंफलेट 1816 ई. में छपकर प्रकाशित हुआ था। इसलिए यह समझना ठीक नहीं है कि फोर्ट विलियम कालेज के अधिकारियों की प्रेरणा से ही आधुनिक हिंदी गद्य का निर्माण हुआ। डॉ. लक्ष्मीसागरजी वार्ष्णेय फोर्ट विलियम कालेज की कार्यवाहियों के विवरण के अंध्ययन से इस नतीजे पर पहुँचे हैं कि कालेज की नीति हिंदी के बहुत अनुकूल नहीं थी। सर गिलक्राइस्ट के बाद इस विभाग में प्राइस की नियुक्ति हुई थी। वे हिंदी के अधिक अनुकूल थे; पर उनके कार्यकाल में भी हिंदी गद्य के निर्माण में विशेष उन्नति नहीं हुई। वस्तुतः हिंदी गद्य उन दिनों अपनी भीतरी प्राणशक्ति के बल पर ही आगे बढ़ा।

मुंशी सदासुखलाल : मुंशी सदासुखलालजी नियाज (1746-1824 ई.) दिल्ली-निवासी थे। ईस्ट इंडिया कंपनी की अधीनता में चुनार में एक अच्छे पद पर कार्य करते थे। ये उर्दू और फारसी के अच्छे लेखक और सुकवि थे। पैंसठ वर्ष की अवस्था में 1811 ई. में नौकरी छोड़कर प्रयाग चले आए, और भगवान् का भजन करने लगे। सन् 1824 ई. में इनका स्वर्गवास हुआ। इनकी भाषा कुछ निखरी हुई और सुव्यवस्थित है। तत्काल प्रचलित पंडिताऊ प्रयोग इनमें मिल जाते हैं। परंतु संस्कृत-मिश्रित भाषा ही उन दिनों हिंदुओं की शिष्ट-जन-व्यवहृत भाषा थी, इसमें संदेह नहीं। *सुखसागर* के अतिरिक्त एक और भी पुस्तक मुंशीजी ने लिखी थी, परंतु उसका अधूरा रूप ही उपलब्ध है। सदासुखलालजी की भाषा में सहज प्रवाह है, वह किसी के निर्देश पर और किसी खास प्रकार की भाषा के निर्माण के उद्देश्य से नहीं लिखी गई है, इसीलिए उसमें स्वाभाविकता और स्पष्ट है।[2]

मुंशी इंशाअल्ला खाँ : परंतु मुंशी इंशाअल्ला खाँ (मृत्यु 1818 ई.) की लिखी पुस्तक *उदयभान चरित या रानी केतकी की कहानी* में यह सहज भाव नहीं है। मुंशी इंशाअल्ला खाँ का उद्देश्य ऐसी भाषा लिखने का था, जिसमें 'हिंदी छुट और किसी बोली का पुट' न हो। वे 'भाखापन' अर्थात् संस्कृत-मिश्रित हिंदी से भी बचना चाहते थे। फिर भी उनकी इच्छा थी

कि ''जैसे भले लोग—अच्छों से अच्छे—आपस में बोलते-चालते हैं, ज्यों-का-त्यों उसी का डौल रहे, और छाँव किसी की न हो।'' इस प्रकार उनके प्रयत्न में एक आयाम था, उन्होंने भरसक संस्कृत से और अरबी-फारसी के शब्दों से भी बचने का प्रयत्न किया है। उनकी वाक्य-रचना-शैली में उर्दू-फारसी शैली का प्रभाव है। एक प्रकार का यत्न-साधित प्रभाव सर्वत्र है, जिसके कारण भाषा में सहज प्रवाह नहीं आ पाया है। आगे चलकर यह भाषागत आदर्श मान्य नहीं हुआ। इस प्रकार फोर्ट विलियम कालेज की सीमा के बाहर दो सुलेखकों ने स्वेच्छा से जिन गद्य-शैलियों की नींव डाली, उनमें मुंशी सदासुखलालजी की शैली भविष्य में अधिक ग्रहण योग्य सिद्ध हुई।

लल्लूलालजी : फोर्ट विलियम कालेज से संबद्ध लल्लूलालजी ने *भागवत* की कथा के आधार पर लिखे गए एक ब्रजभाषा काव्य के आधार पर *प्रेमसागर* नामक ग्रंथ लिखा, जिसकी भाषा में ब्रजभाषा का प्रभाव है। विदेशी भाषा के शब्द इसमें आ गए हैं, पर प्रयत्न उनसे बचने का ही है। इस ब्रजरंजित खड़ी बोली में भी वह सहज प्रवाह नहीं है, जो सदासुखलाल की भाषा में है। एक अंग्रेज अफसर ने, जिसे *प्रेमसागर* पढ़कर हिंदी पढ़ने का अवसर मिला था, इस पुस्तक के बारे में लिखा था कि ऐसी 'थका देनेवाली भाषा' उसने कहीं नहीं देखी।

पं. सदल मिश्र : परंतु पं. सदल मिश्र की भाषा अधिक व्यावहारिक और सुथरी है। पंडितजी आरा (बिहार) के निवासी थे, इसलिए स्वभावतः उनकी भाषा में पूरबी प्रयोग मिलते हैं। फिर भी उनकी भाषा में अधिक प्रवाह है; और वह परवर्त्ती साहित्य-भाषा का अच्छा मार्गदर्शक कही जा सकती है। कालेज की कार्यवाहियों से पता लगता है कि सदल मिश्र ने एक और संस्कृत ग्रंथ का हिंदी भाषा में अनुवाद किया था, पर उस पुस्तक का कहीं पता नहीं चलता।

यद्यपि पं, सदल मिश्र की भाषा अधिक व्यवस्थित, अधिक साफ और अधिक चुस्त है, तथापि फोर्ट विलियम कालेज के आधिकारियों को वह बहुत पसंद नहीं थी। उनकी लिखी भाषा का कालेज में विशेष सम्मान नहीं हुआ। आगे चलकर लल्लूलालजी के *प्रेमसागर* को जितना गौरव दिया गया, उतना सदल मिश्र की किसी रचना को नहीं दिया गया। परंतु सदल मिश्र की भाषा में भावी खड़ी हिंदी का मार्जित रूप स्पष्ट हुआ है। आगे चलकर साहित्य में जो भाषा गृहीत हुई उसका गठन बहुत-कुछ सदल मिश्र की भाषा के आदर्श पर हुआ। धीरे-धीरे हिंदी गद्य ने ब्रजरंजित प्रयोगों को छोड़ दिया और लल्लूलालजी की शैली साहित्य में गृहीत नहीं हो सकी। मुंशी सदासुखलाल की भाषा में भी ब्रजरंजित प्रयोग हैं, परंतु उसमें भी यथासंभव ब्रजभाषा के प्रयोगों से बचने का ही प्रयत्न है। मुंशीजी और सदल मिश्रजी की भाषा का रूप ही कट-छँटकर और साफ-सुथरा होकर हिंदी साहित्य का वाहन बना।

2. परिमार्जित भाषा और साहित्य का आरंभ

परिमार्जित भाषा का सूत्रपात : सन् 1815 ई. में एन. बी. एडमास्टन ने तथा कुछ उच्च पदस्थ अन्य अंग्रेज कर्मचारियों ने फोर्ट विलियम कालेज के अधिकारियों का ध्यान

भाषा-संबंधी गड़बड़ी की ओर आकृष्ट किया था। इन सबके परिणामस्वरूप 1824 ई. में कालेज के पाठ्यक्रम में हिंदी को विशेष स्थान दिया गया, और तुलसी-*रामायण* पाठ्य-पुस्तकों में शामिल कर ली गई। परंतु फिर भी कालेज की ओर से हिंदी को विशेष प्रोत्साहन नहीं मिला। सन् 1854 ई. में तो कालेज ही तोड़ दिया गया। सन् 1823 ई. में आगरा कालेज की स्थापना हुई और उसमें हिंदी-शिक्षा की व्यवस्था की गई। इससे पूर्व 1817 ई. में 'कलकत्ता स्कूल बुक सोसायटी' की स्थापना हो चुकी थी और 1833 ई. में 'आगरा बुक स्कूल सोसायटी' की स्थापना हुई। इन संस्थाओं ने अच्छे-अच्छे पाठ्य-ग्रंथ प्रस्तुत कराए। इन पाठ्य-ग्रंथों में भाषा अधिक परिमार्जित और व्यवस्थित हुई, और उसमें अनेक नए विषयों के अभिव्यक्त करने की क्षमता आई। '*ग्रह-मंडल का संक्षेप-वर्णन, पदार्थ-विद्यासागर, रेखागणित* आदि पाठ्य-पुस्तकें विषय और भाषा दोनों ही दृष्टि से नवीन थीं। यद्यपि इन पुस्तकों में जो भाषा प्रयुक्त हुई थी, वह परवर्त्ती काल में प्रयोग होनेवाली भाषा की अपेक्षा शिथिल थी, तथापि वह भाव-प्रकाशन के उपयुक्त थी।

ईसाई मिशनरियों की सहायता : हिंदी भाषा को आधुनिक रूप देने में ईसाई मिशनरियों का महत्त्वपूर्ण हाथ है। सन् 1799 ई. में कलकत्ते के निकटस्थ श्रीरामपुर में विलियम कैरे, मार्शमैन और वार्ड ने डेनिश मिशन की स्थापना की थी, और उसी समय से ईसाई धर्म-पुस्तकों का अनुवाद भिन्न-भिन्न भारतीय भाषाओं में होने लगा। *बाइबिल का* प्रथम अनुवाद कैरे का किया ही कहा जाता है। वार्ड तीक्ष्ण दृष्टिसंपन्न विद्वान् थे। उन्होंने समूचे भारतवर्ष को घूम-घूमकर देखा था, और तत्कालीन हिंदू समाज को अच्छी तरह समझने का प्रयत्न किया था। उनकी *हिंदूज़* नाम की पुस्तक उन दिनों के हिंदू समाज के सभी पहलुओं पर बहुत अच्छा प्रकाश डालती है। मार्शमैन भी अत्यंत सुयोग विद्वान् थे। उन्होंने केवल ईसाई मत के धर्मग्रंथों का ही हिंदी रूपांतर नहीं प्रकाशित कराया, बल्कि वे ज्ञान-विज्ञान की अन्य शाखाओं पर भी पुस्तक लिखते-लिखाते रहे। पं. रतनलाल नामक एक लेखक ने उनकी इतिहास की एक पुस्तक का *कथासार* नाम से अनुवाद किया था। इन ईसाई मिशनरियों का प्रधान उद्देश्य ईसाई धर्म का प्रचार करना था। यह कार्य उन्होंने बड़ी लगन, तत्परता और सूझबूझ के साथ किया। उन्होंने सबसे पहले देश की जनता को समझने का प्रयत्न किया। उनके कई प्रचारक सचमुच ही महाप्राण व्यक्ति थे। उन्होंने देश की विभिन्न भाषाओं का अध्ययन किया, उनकी लिपियों के लिए टाइप ढलवाए, देश के विभिन्न भागों में स्कूल, कालेज, चिकित्सालय आदि लोकोपकारी संस्थाओं की स्थापना की, और इस प्रकार देश की जनता को अपने अनुकूल बनाने का प्रयत्न किया। किंतु फिर भी साधारण जनता उन्हें शंका की दृष्टि से देखती रही। इसका कारण था, कि वे विदेशी शासक की जाति के थे, और प्रत्यक्ष या अप्रत्यक्ष रूप से भारतीय समाज-व्यवस्था के विरोधी रूप में जनता के सामने उपस्थित हुए। दूसरे, इस देश की जनता में धार्मिक स्वाभिमान की मात्रा बहुत अधिक थी, और ईसाई मिशनरियों की चेष्टाएँ साधारण जनता की दृष्टि में भारतीय संस्कृति की विरोधी ही सिद्ध हुईं, इसीलिए ईसाई पादरियों ने जो कुछ किया वह शंका की दृष्टि से देखा गया।

नवीन संपर्क का परिणाम : परंतु देश में नवीन युग का आरंभ हो गया था, यह यूरोपियन संपर्क का फल था। इंग्लैंड और यूरोप के अन्यान्य देशों में एक नवीन वैज्ञानिक

युग का आरंभ हो गया था, और वहाँ की जनता के विचारों में जबरदस्त परिवर्त्तन होने लगे थे। जो अंग्रेज इस देश में शासन करने के उद्देश्य से आए थे, उनमें कई बहुत बड़े मनस्वी और उदात्त विचारों के मनुष्य थे। उन्होंने इस देश में भी सामाजिक सुधार का कार्य करना चाहा, लेकिन ईस्ट इंडिया कंपनी के नीतिनिर्धारक लोग बहुत फूँक-फूँककर कदम रखना चाहते थे; वे ऐसा कोई कार्य नहीं करना चाहते थे, जिससे देश की जनता बिगड़ उठे। उन्होंने अपने कर्मचारियों को ऐसे सब कार्यों से अलग रखने की नीति स्वीकार की थी, जिनसे देश की जनता में किसी प्रकार के संदेह का भाव उत्पन्न हो। वे ईसाई धर्म के प्रचार के विरुद्ध थे। बहुत दबाव में पड़कर ही उन्हें ईसाई धर्म-प्रचारकों को स्वाधीनतापूर्वक कार्य करने की आज्ञा देनी पड़ी। सन् 1813 ई. में विल्वरफोर्स एक्ट पास हुआ और फलस्वरूप ईसाई मिशनरियों ने अधिक उत्साह के साथ कार्य करना आरंभ किया। सन् 1832 ई. तक श्रीरामपुर की मिशनरियों ने इस देश की चालीस भाषाओं में अपने धर्म-ग्रंथ प्रकाशित किए। इन भाषाओं में बघेली, छत्तीसगढ़ी, कनौजी, भोजपुरी-जैसी उपभाषाएँ भी थीं।

हिंदी पत्रकारिता का जन्म : 16 फरवरी सन् 1826 ई. को पंडित युगलकिशोर शुक्ल ने *उदंत-मार्तंड* नामक पत्र निकालने की अनुमति के लिए प्रार्थना की, और 30 मई 1826 ई. को *उदंत-मार्तंड* की पहली संख्या कलकत्ते से प्रकाशित हुई। इसी को हिंदी का पहला पत्र माना जाता है। यह पत्र साप्ताहिक था। *उदंत-मार्तंड* नवयुग के आगमन की सूचना लेकर आया। उस समय हिंदी पाठकों की संख्या बहुत कम थी। लगभग डेढ़ वर्ष निकलकर 4 दिसंबर, 1827 ई. को यह पत्र बंद हो गया। हिंदी का दूसरा पत्र *बंग-दूत* माना जाता है, जो 9 मई 1829 ई. को कलकत्ते से ही निकला। यह चार भाषाओं में निकला था—अंग्रेजी, बँगला, हिंदी और फारसी। इसके स्वत्वाधिकारियों में राजा राममोहन राय, प्रिंस द्वारिकानाथ ठाकुर और प्रसन्नकुमार ठाकुर इत्यादि थे। इसके बाद कलकत्ते से सन् 1834 ई. में संभवतः एक तीसरा हिंदी पत्र भी निकला, जिसका नाम *प्रजा-मित्र* था। ये सभी हिंदी पत्र कलकत्ते से ही निकलते थे, जो हिंदी-भाषी मूलक्षेत्र से बाहर था। हिंदी-भाषी प्रदेश में सबसे पहले 1844 ई. में राजा शिवप्रसाद सितारेहिंद का *बनारस* पत्र निकला, जिसके संपादक तारामोहन मित्र नाम के बंगाली विद्वान् थे। इसके बाद 1846 ई. में मौलवी नासिरुद्दीन के संपादकत्व में *मार्तंड* नामक एक और पत्र प्रकाशित हुआ। इसमें भी हिंदी, उर्दू, बँगला, अंग्रेजी और फारसी, इन पाँच भाषाओं का प्रयोग होता था। इस प्रकार उन्नीसवीं शताब्दी के पूर्वार्द्ध में हिंदी पत्रकार-कला का जन्म हुआ, और यद्यपि वह विशेष बल प्राप्त नहीं कर सकी, तथापि उसमें नवीन युग के विचारों की शक्ति आ गई थी।

नई शिक्षा का सूत्रपात : यद्यपि शुरू-शुरू में कंपनी सरकार की इच्छा अंग्रेजी भाषा के प्रचार की नहीं थी, तथापि आगे चलकर उसे इसी भाषा का प्रचार करना पड़ा। सन् 1813 ई. में एक एक्ट मंजूर किया गया था, जिसके अनुसार फारसी और संस्कृत शिक्षा-प्रणाली को प्रोत्साहन दिया गया था। राजा राममोहन राय इस एक्ट के विरुद्ध थे, वे देश में नए ढंग की शिक्षा-प्रणाली प्रचलित करना चाहते थे। उनका विश्वास था कि पुराने ढर्रे की पढ़ाई यदि जारी रही तो देश में किसी प्रकार का सामाजिक सुधार नहीं हो सकेगा। नए ढंग की शिक्षा के प्रवर्त्तन के उद्देश्य से डेविड हेयर नामक प्रसिद्ध शिक्षा-विशारद के

सहयोग से राजा राममोहन राय ने एक स्कूल की स्थापना की थी, और सन् 1830 ई. में अलेक्जेंडर डफ ने उच्च शिक्षा देने के अभिप्राय से एक अंग्रेजी कालेज की स्थापना की। उस समय तक कंपनी सरकार इस नवीन शिक्षा-प्रणाली के पक्ष में नहीं थी। सन् 1813 ई. में इंग्लैंड की पार्लियामेंट ने ज्ञान-विज्ञान की शिक्षा के लिए प्रथम बार एक लाख रुपये की मंजूरी दी थी। वह रुपया संस्कृत और फारसी की पढ़ाई पर ही खर्च किया गया। भारत सरकार के कानून-सदस्य लार्ड मेकाले से 1834 ई. में इन रुपयों के बारे में राय माँगी गई थी। लार्ड मेकाले ने पार्लियामेंट को लिखा कि जो रुपया ज्ञान-विज्ञान के लिए दिया गया था, वह संस्कृत और फारसी की पिछड़ी हुई शिक्षा-प्रणाली पर व्यय करके नष्ट कर दिया गया। उनके इस पत्र का बड़ा व्यापक प्रभाव पड़ा, और तत्कालीन भारत सरकार की शिक्षा-विषयक नीति में आमूल परिवर्त्तन हो गया। इस परिवर्त्तन के मूल में मेकाले की यह इच्छा थी कि भारतीय शिक्षित समाज भी अंग्रेजों की भाँति ही सोचने-समझने लगे। उनकी इच्छा फलवती हुई। आज तक भारतवर्ष का शिक्षित समाज उसी महिमामयी इच्छा का शिकार बना हुआ है। भारतवर्ष के पिछले सौ-सवा सौ वर्षों का साहित्य इस नवीन परिवर्त्तित नीति से प्रभावित रहा है। सन् 1835 ई. में सरकार ने अंग्रेजी भाषा के माध्यम से नए ढंग की शिक्षा देने का आयोजन किया, और 1844 ई. में लार्ड हार्डिंग की वह महत्त्वपूर्ण घोषणा प्रकाशित हुई, जिसके अनुसार सरकारी नौकरियों के योग्य वही समझे जाने लगे जिन्हें अंग्रेजी शिक्षा मिली हो।

इस प्रकार उन्नीसवीं शताब्दी के पूर्वार्द्ध में नवीन शिक्षा-प्रणाली का जन्म हुआ, और उसकी जड़ें मजबूत हुईं। यहीं से अंग्रेजी भाषा ने इस देश की अपनी भाषाओं का स्थान दखल किया, और धीरे-धीरे शिक्षित जनता के चित्त में इस प्रकार जड़ जमाकर बैठी कि उससे आज तक देशी भाषाओं का पिंड नहीं छूट सका है। सन् 1853 ई. में ईस्ट इंडिया कंपनी को एक नया चार्टर मिला, और नई शिक्षा-पद्धति के गुण-दोषों को परखने का अवसर मिला। सन् 1854 ई. में सर चार्ल्स वुड ने शिक्षा-प्रसार की एक नई योजना बनाई, जिसके अनुसार हर जिले में कम-से-कम एक हाई स्कूल और गाँव-गाँव में पाठशाला खोलने की नीति अपनायी गई थी। सर चार्ल्स वुड देशी भाषाओं के विरोधी नहीं थे। वे देशी भाषाओं को प्रोत्साहन देने के पक्ष में थे, लेकिन उनकी नीति चली नहीं, और 1857 ई. में सारी भारतीय जनता विदेशी शासन-नीति से ऊबकर विद्रोह कर बैठी।

नवीन शिक्षा का प्रचार और विद्रोह : उन्नीसवीं शताब्दी के प्रारंभ में ईसाई प्रचारकों ने बड़े उत्साह से अपना धर्म-प्रचार शुरू किया था। आधुनिक शिक्षाप्राप्त युवक धीरे-धीरे ईसाई धर्म की ओर आकृष्ट होने लगे। बंगाल में इसकी बड़ी जबरदस्त प्रतिक्रिया हुई, और 1828 ई. में इन्हीं प्रतिक्रियाओं के फलस्वरूप कलकत्ते में ब्राह्मसमाज की स्थापना हुई। इन दिनों देश के विभिन्न भागों में ईसाई धर्म की प्रतिनिधि संस्थाएँ अलग-अलग काम कर रही थीं। परंतु बाद में इन्होंने सामूहिक रूप से ईसाई धर्म का प्रचार आरंभ किया। इन मिशनरी संस्थाओं ने नए ढंग के अनेक विद्यालय स्थापित किए, और देशी भाषाओं में नाना विषयों के पाठ्य-ग्रंथ भी प्रस्तुत किए। इनके विद्यालयों में *बाइबिल* का पठन अनिवार्य था। एक तरफ तो अंग्रेजों का देशी राज्यों पर अनुचित अधिकार और दूसरी तरफ ईसाई धर्म का इस प्रकार सोत्साह प्रचार, इन दोनों बातों ने

भारतीय जनता को सशंक कर दिया, और शुभ बुद्धि से किए जानेवाले सुधारों के प्रति भी उनके चित्त में संदेह उत्पन्न कर दिया। इसका विस्फोट सन् 1857 ई. के विद्रोह के रूप में हुआ था। इस विद्रोह की प्रेरणा किसी बड़े लक्ष्य से नहीं प्राप्त हुई थी, इसीलिए इसका परिणाम भी किसी बड़े फल के रूप में नहीं प्रकट हुआ। वह केवल भारतीय जनता के विक्षोभ को प्रकट करके समाप्त हो गया।

नवीन युग का जन्मकाल : यह केवल राजनीतिक संघर्ष का काल नहीं था, केवल सामाजिक शक्तियों के एक-दूसरे से टकराने का भी समय नहीं था, बल्कि एक नवीन युग के ज़न्म लेने का समय था। यहाँ से हमारा देश नए मोड़ पर आकर खड़ा हो गया, और उसके साथ-ही-साथ देश की साहित्यिक चेतना भी नवीन दिशा की ओर मुड़ी। प्राचीन भारतीय संस्कार तब भी प्रबल रूप से वर्त्तमान थे, परंतु वे भी बिल्कुल नई दिशा में मुँह करके खड़े हो गए। यहाँ से शिक्षित समुदाय में एक नए दृष्टिकोण की संभावना उत्पन्न हुई। मनुष्य के सामाजिक संबंधों और अंतरवैयक्तिक संबंधों के मान में परिवर्त्तन होने लगा, और क्रमशः पुराने संस्कारों से मुक्त नवीन दृष्टि उत्पन्न हुई जिसने राजनीतिक; साहित्यिक, धार्मिक और सामाजिक क्षेत्रों में नई हलचल पैदा कर दी। वैज्ञानिक मनोभाव इंगलैंड में जड़ जमाता जा रहा था, और उसकी लहरें भारतवर्ष के वायुमंडल को भी तरंगित कर रही थीं। सन् 1896 ई. में स्वेज नहर के खुल जाने से इंगलैंड और भारत की भौगोलिक दूरी कम हो गई। अंग्रेजी शिक्षा के प्रचार से दोनों देशों की मानसिक दूरी भी कम होने लगी। कंपनी की सरकार ने 1844 ई. से 1856 ई. तक देश के दूर-दूर भाग रेल और तार से संबद्ध कर दिए। रेल तो सन् सत्तावन के विद्रोह का प्रमुख कारण थी और तार उस विद्रोह के दबाने का सफल अस्त्र साबित हुआ। अंग्रेज-जैसी जीवित जाति के संपर्क में आने से जनता के चित्त में आलोड़न शुरू हुआ, और जब विद्रोह के बाद शासन का भार ईस्ट इंडिया कंपनी के हाथ से निकलकर इंगलैंड की रानी के हाथ में आ गया, तो देश के शांत वातावरण में विचारशील लोगों को अंग्रेज जाति के गुण समझने का अवसर मिला। प्रधान रूप से इसी समय उनका अपनी सामाजिक कुरीतियों, धार्मिक कुसंगतियों और साहित्यिक त्रुटियों की ओर ध्यान गया। ईसाई धर्म के प्रचारक हिंदू धर्म की तीव्र और कटु आलोचना कर रहे थे। इससे जहाँ एक ओर लोगों के चित्त में क्षोभ हो रहा था, वहाँ दूसरी ओर अपनी कमजोरियों का ज्ञान भी हो रहा था। ईसाई धर्म-प्रचारकों ने सती-दाह, कन्या-वध आदि अनेक कुप्रथाओं का विरोध किया, और कानून बनाकर उनका उच्छेद करा दिया था। इस तरह वे हिंदू समाज का प्रत्यक्ष और अप्रत्यक्ष दोनों प्रकार से हित कर रहे थे। उनके खंडनों और कटाक्षों से शिक्षित हिंदू अपने समाज और धर्म के विषय में सोचने को बाध्य हुए।

हिंदी की उपेक्षा और उसकी भीतरी शक्ति : सन् 1836 ई. तक सरकारी दफ्तरों की भाषा फारसी थी, 1837 ई. से वह फारसी-बहुल उर्दू हो गई। धीरे-धीरे अदालतों से नागरी अक्षरों का बहिष्कार हो गया। हिंदुओं के लिए भी जीविकोपार्जन की दृष्टि से उर्दू लिपि का ज्ञान आवश्यक हो गया। हिंदी के लिए और नागरी अक्षरों के लिए यह बड़े संकट का काल था। यह केवल हिंदी-प्रचार का बाधक ही नहीं हुआ, बल्कि हिन्दी लिखने और बोलनेवालों के मन में हीनता ग्रंथि पैदा करने का कारण भी हुआ। सरकारी अफसर उत्तरोत्तर हिंदी से अनभिज्ञ और उर्दू से परिचित होते गए। केवल हिंदी जाननेवालों की

दशा शोचनीय होती गई। परिणाम यह हुआ कि आगे चलकर जब कभी हिंदी की पढ़ाई की बात उठी, तब उसको अविकसित भाषा कहकर उसकी उपेक्षा की गई। शिक्षित हिंदुओं तक ने उसका विरोध किया। देवनागरी लिपि और हिंदी भाषा को कहीं से कोई उल्लेख योग्य प्रोत्साहन नहीं मिला। परंतु समस्त विरोधों और उपेक्षाओं को पददलित करके केवल अपनी भीतरी प्राण-शक्ति के बल पर यह भाषा दिनों-दिन बढ़ती गई।

ऊपर के संक्षिप्त इतिहास से स्पष्ट है कि उन्नीसवीं शताब्दी के पूर्वार्द्ध में आधुनिक हिंदी गद्य का जन्म हुआ और जन्म के साथ-ही-साथ सरकार की ओर से उसकी उपेक्षा शुरू हुई। सरकारी उपेक्षा ने बीच-बीच में विरोध का भी रूप ग्रहण किया। किंतु हिंदी जनता की भाषा थी, उसके बिना सरकार का काम नहीं चल सकता था। उसे बराबर जनता का सहारा मिलता रहा। हिंदी में समाचारपत्र जनता के प्रतिनिधियों ने निकाले। पाठ्य-पुस्तकें भी सरकार की ओर से प्रकाशित नहीं हुईं। अदालतों में हिंदी को स्थान नहीं मिला। शिक्षा का माध्यम भी हिंदी नहीं बनी। सरकार की ओर से कभी-कभी यह अनुभव तो अवश्य किया गया कि हिंदी भाषा और देवनागरी लिपि को उचित स्थान मिलना चाहिए,[3] परंतु साहस और सौमनस्य के साथ वह कभी हिंदी के उचित दावे को मानने को प्रस्तुत नहीं हुई। हिंदी का विकास उसकी अपनी भीतरी शक्ति के बल पर ही हुआ है।

राजा शिवप्रसाद सितारेहिंद : यद्यपि सरकार की नीति हिंदी के अनुकूल नहीं थी, तथापि वह उसकी एकदम उपेक्षा भी नहीं कर सकती थी। उसे स्कूल के पाठ्यक्रम में हिंदी को स्थान देना पड़ा। परंतु उसे न तो अदालतों में स्थान प्राप्त हुआ, न शासन के अन्यान्य क्षेत्रों में। *रामायण, प्रेमसागर* आदि कुछ पुस्तकें पाठ्यक्रम में रख अवश्य दी गईं, परंतु इस बात का कोई प्रयत्न नहीं किया गया कि इस विषय में ज्ञान-विज्ञान की अनेक पुस्तकें छापी जाएँ। ऐसे ही समय में राजा शिवप्रसाद सितारेहिंद (1823-95 ई.) शिक्षा विभाग में आए। वे देवनागरी लिपि के पक्षपाती थे, परंतु खुलकर फारसी लिपि का विरोध नहीं कर सकते थे। सरकारी नौकरी होने के कारण वे सरकार की भाषा-विषयक नीति का खुल्लमखुल्ला विरोध भी नहीं कर सकते थे। वे शुद्ध संस्कृत-मिश्रित हिंदी लिख सकते थे। उनकी कई पुस्तकें *मानव धर्म सार, योगवाशिष्ठ के चुने हुए श्लोक, उपनिषद् सार, भूगोल हस्तामलक, वामा मन रंजन, आलसियों का कोड़ा, विद्यांकुर, राजा भोज का सपना* और *वर्णमाला* आदि बहुत शुद्ध और संस्कृत-मिश्रित हिंदी में लिखी गई हैं। वे लल्लूलालजी की भाषा को पिछड़ी भाषा मानते थे, परंतु उनकी शुरू-शुरू की लिखी हुई भाषा में 'सेवते', 'आवते', 'बिताय' जैसे प्रयोग मिल जाते हैं। किंतु फिर भी उनकी भाषा अधिक साफ और सुलझी हुई है। वे क्रमशः अरबी-फारसी से मिश्रित उर्दू भाषा की ओर झुकते गए, और उनकी कई पुस्तकों की भाषा विशुद्ध उर्दू हो गई। उर्दू को वे 'हमारे मुल्क की मुख्य भाषा' मानते थे, और उसका महत्त्व उनकी दृष्टि से इसलिए बढ़ गया था कि ''कचहरियों के सारे कागज-पत्र इसी के दरम्यान लिखे जाते हैं।'' सन् 1864 ई. में उन्होंने *इतिहास तिमिरनाशक* नामक इतिहास-ग्रंथ लिखा था। इसका नाम तो विशुद्ध संस्कृत का है, परंतु भाषा अरबी-फारसी मिश्रित उर्दू है। स्थान-स्थान पर उसमें संस्कृत के शब्द भी आए हैं, लेकिन फिर भी वह भाषा प्रधान रूप से अरबी-फारसी-बहुल उर्दू भाषा के पास ही पहुँचती है। *इतिहास तिमिरनाशक* की भाषा में हिंदी और उर्दू को निकट लाने का प्रयत्न भी है;

कभी-कभी उसकी भाषा विशुद्ध हिंदी के निकट पहुँच जाती है। एक जगह लिखते हैं : "बहुतेरे गोबर गणेश समझते हैं कि जिस तरह हिंदू और मुसलमान चढ़कर गिरे, उसी तरह किसी दिन अंग्रेज भी गिर जाएँगे। पर यह उनकी बड़ी भूल है। अंग्रेज तभी गिर सकते हैं, उनमें फूट पैदा हो। सो यह उनकी विद्या और उनके मत दोनों के विरुद्ध है। फूट और बैर इसी देश की मेवा है। ईसाइयों के ठंडे मुल्क में इसका अंकुर नहीं जमता।" इस प्रकार की भाषा में जो स्पष्टता और प्रवाह है, वह *इतिहास तिमिरनाशक* में सर्वत्र नहीं मिलता। अधिकांश स्थलों पर भाषा में अरबी-फारसी शब्द जबरदस्ती ठूँसे गए हैं, जैसे; "तुगलक का भाई मशकूर खाँ निहायत हसीन था, बग़ावत का शुबहा हुआ पूछने पर कि उकूवत और सियासत के डर से झूठा इकरार कर दिया। बहुतेरे उकूवत और सियायत से मौत को बेहतर समझते हैं।" बाद में राजा साहब की भाषा क्रमशः ठेठ उर्दू बनती गई। केवल अरबी-फारसी शब्दों की भरमार ही उसमें नहीं थी, फारसी के ढंग का वाक्य-विन्यास भी उसमें आ गया था। यह भाषा इस प्रकार की थी : "नीचे लिखी शर्तें अहदनामे की जिनका कायम रखना दोनों तरफ वारिश और जानशीनों पर कर्ज होगा, दर्मियान राजा रनजीत सिंह और चार्ल्स थियाफिलस मेटकाफ साहिब की मार्फत सरकार अंग्रेजी के अमल में आई।"

इस प्रकार राजा शिवप्रसाद सितारेहिंद क्रमशः उर्दू की ओर झुकते गए, और अंत तक उनकी भाषा देवनागरी लिपि में लिखी हुई उर्दू बन गई। शिक्षा-विभाग के कर्मचारी होने के कारण वे अपने अफसरों के विरुद्ध नहीं जा सकते थे। उनकी क्रमपरिणति सरकारी नीति की क्रमपरिणति की ही कहानी है। राजा साहब जो हिंदी का 'गँवारपन' निकालकर उसे 'फैशनेबुल' बनाना चाहते थे, वह वस्तुतः उस सरकारी नीति की ही प्रतिध्वनि थी, जो हिंदी को गँवारू भाषा और उर्दू को शिष्ट-जन-भाषा समझती थी। हेनरी पिनकाट ने 1 जनवरी 1884 ई. को एक पत्र में भारतेंदु हरिश्चंद्र को लिखा था, "कि बीस वर्ष हुए उसने (राजा शिवप्रसाद ने) सोचा कि अंग्रेजी साहबों को कैसी-कैसी बातें अच्छी लगती हैं। उन बातों को प्रचलित करना परम चतुर लोगों का धर्म है। इसलिए बड़े चाव से उसने अपनी हिंदी भाषा को भी बिना लाज छोड़कर उर्दू को प्रचलित करने में बहुत उद्योग किया।" यह पत्र राजा शिवप्रसाद के चरित्र की अपेक्षा सरकारी नीति को अधिक स्पष्ट करता है। इसमें स्पष्ट रूप से स्वीकार किया गया है, कि राजा शिवप्रसाद जिस सरकारी नीति को अपने प्रयत्नों के द्वारा सफल बना रहे थे, वह क्या थी।

बनारस, सुधाकर और बुद्धि-प्रकाश : पहले ही बताया गया है कि राजा शिवप्रसाद के उद्योग से काशी से *बनारस* नाम का एक अखबार निकला। राजा साहब इसमें जो भाषा लिखा करते थे, वह *इतिहास तिमिरनाशक* की भाषा के समान ही उर्दू से मिलती-जुलती भाषा थी। हिंदी के विद्वानों में इसकी प्रतिक्रिया भी हुई, और फलस्वरूप 1850 ई. में *सुधाकर* नाम का एक दूसरा पत्र काशी से प्रकाशित हुआ, जिसकी भाषा अधिक सुलझी हुई, और शुद्ध होती थी। इस पत्र के प्रधान उद्योक्ता बाबू तारामोहन मित्र थे! इसके दो वर्ष बाद आगरे से *बुद्धि-प्रकाश* नामक दूसरा पत्र निकला, जिसके संपादक कोई मुंशी सदासुखलाल थे। इस पत्र की भाषा बहुत ही सुलझी हुई और साफ होती थी। उस युग को देखते हुए *बुद्धि-प्रकाश* को सामाजिक दृष्टि से प्रगतिशील कहा जा सकता है।

भाषा के संबंध में प्रतिक्रिया : राजा लक्ष्मणसिंह : राजा शिवप्रसाद की भाषा की प्रतिक्रिया यहीं तक समाप्त नहीं हुई। सुप्रसिद्ध राजा लक्ष्मणसिंह (1826-96 ई.) ने स्पष्ट शब्दों में बताया कि उनके मत में 'हिंदी और उर्दू दो बोली न्यारी-न्यारी हैं।'' उन्होंने यह भी कहा, ''कुछ अवश्य नहीं है कि अरबी फारसी के शब्दों बिना हिंदी न बोली जाय; और न हम उस भाषा को हिंदी कहते हैं, जिसमें अरबी फ़ारसी के शब्द भरे हैं।'' राजा साहब की भाषा में तद्भव शब्दों की मात्रा कम नहीं है। यद्यपि वह आरंभिक हिंदी गद्य का ही नमूना है, तथापि उसमें वक्ता और श्रोता के अनुकूल होने की क्षमता है, और हमारी विशाल साहित्यिक परंपरा के अनुकूल है। भाषा में अरबी-फारसी शब्द नहीं के बराबर हैं, परंतु वह काव्य की ब्रजभाषा के प्रभाव से एकदम मुक्त नहीं है। राजा साहब ने कालिदास के कई ग्रंथों का हिंदी में अनुवाद किया है, जिनमें *मेघदूत* और *शकुंतला* के अनुवाद बहुत लोकप्रिय हुए। सन् 1878 ई. में उन्होंने *रघुवंश* का अनुवाद भी प्रकाशित कराया था। स्वभावत: राजा लक्ष्मणसिंह की भाषा काव्य की भाषा है, इसमें राजनीति, तर्कशास्त्र और विज्ञान आदि विषय कठिनाई से आ सकते हैं। वे मानते थे कि साधारण जनता में विदेशी भाषा के बहुत-से शब्द उनके संस्कृत अनुवादों की अपेक्षा अधिक प्रचलित हैं। सन्.1859 में उन्होंने ह्यूम साहब के साथ नं. 10 का उल्था किया था। इसमें इसी युक्ति के बल पर उन्होंने अदालत, कलक्टर, गवाह आदि शब्दों को ले लिया था।

इस काल में राजा शिवप्रसाद और राजा लक्ष्मणसिंह के अतिरिक्त और हिंदी लेखकों ने अनेक प्रकार की रचनाओं से भाषा को गतिशील और भाव प्रकाशन में समर्थ बनाया। कितने ही लेखकों ने अंग्रेजी से अनुवाद किया, और कितनों ही ने पाठ्य-ग्रंथ लिखे। इनमें रामप्रसाद त्रिपाठी, मथुराप्रसाद मिश्र, ब्रजवासीदास, बिहारीलाल चौबे, शिवशंकर, काशीनाथ खत्री, रामप्रसाद दुबे आदि मुख्य हैं।

आर्य-समाज : सामाजिक और धार्मिक विचारों की दुनिया में क्रांति ले आनेवाली सबसे महत्त्वपूर्ण संस्था की स्थापना 1875 ई. में हुई। इस संस्था का नाम है आर्य-समाज। आर्य-समाज ने एक ही साथ कई मोर्चों पर धावा बोल दिया। इस संस्था ने अपने महान् संस्थापक स्वामी दयानंद के नेतृत्व में रूढ़िवादी सनातनियों से, हिंदू धर्म पर आक्रमण करनेवाले ईसाइयों से, और देश में फैले हुए अनेक धार्मिक संप्रदायों से एक साथ ही लोहा लिया। इन दिनों शास्त्रार्थों की धूम मच गई। उत्तर-प्रत्युत्तर से, कटाक्षों से और व्यंग्यों से सामयिक पत्र भरे हुए रहते थे, और हिंदी का भावी गद्य नवीन शक्तियों से सुसज्जित हो रहा था। इन वाद-विवादों ने भाषा को बहुत समृद्ध किया, और प्रौढ़ता प्रदान करने में बड़ी सहायता पहुँचाई। प्रथम यूरोपियन महायुद्ध तक इस देश की सबसे बड़ी शक्ति इन सामाजिक और धार्मिक आंदोलनों के रूप में प्रकट हुई। यह बहुत बड़ी शक्ति थी। इसने शिक्षा को, साहित्य को और समूची संस्कृति को बहुत अधिक प्रभावित किया। परंतु आर्य-समाज के लिए भूमि पहले से ही प्रस्तुत हो रही थी।

बाबू नवीनचंद्र राय : आर्य-समाज का सबसे अधिक प्रभाव पंजाब में था। पंजाब उन दिनों उर्दू का गढ़ था, वहाँ हिंदी की स्थिति बहुत ही नाजुक थी। स्वामी दयानंद और उनके शिष्यों ने उस प्रांत में हिंदी और संस्कृत को नवजीवन और हिंदी-संस्कृत के अध्ययन को बल दिया। उनके पहले ही बाबू नवीनचंद्र राय ने हिंदी भाषा और ब्राह्मधर्म का प्रचार

पंजाब में करना चाहा था। उन्होंने उर्दू का कसके विरोध किया था। ब्राह्मधर्म नवयुग की चेतना लेकर आविर्भूत हुआ था। किंतु प्रधान रूप से उसका कार्यक्षेत्र बंगाल तक ही सीमित रहा। उसके अधिकांश धर्म-ग्रंथ बंगला भाषा में ही प्रचारित हुए थे। इसीलिए उसका प्रभाव-क्षेत्र भी बंगाल से आगे नहीं बढ़ सका। बाबू नवीनचंद्र राय ने अनुभव किया था कि हिंदी भाषा का आश्रय लेने से ब्राह्मधर्म का संदेश अधिक व्यापक हो सकेगा। ब्राह्मधर्म के संस्थापक राजा राममोहन राय ने भी इस बात का अनुभव किया था, और कई छोटी-मोटी पुस्तकें हिंदी में भी लिखी थीं। सन् 1816 ई. का लिखा उनका (राजा राममोहन राय का) एक हिंदी पैंफलेट प्राप्त हुआ है और इस बात की सूचना भी प्राप्त होती है कि एक साल पहले 1815 ई. में उन्होंने वेदांतसूत्र का हिंदी अनुवाद किया था। कलकत्ते से निकलनेवाले हिंदी के समाचार-पत्रों के आद्य उद्योक्ताओं में राजा राममोहन राय भी थे। परवर्त्ती काल के ब्राह्म-नेता इस बात को नहीं समझ सके। परंतु बाबू नवीनचंद्र राय इस बात को समझ गए थे। सन् 1867 ई. के मार्च के महीने में उन्होंने बंगला की प्रसिद्ध *तत्त्व बोधिनी* के आदर्श पर *ज्ञान प्रदायिनी* पत्रिका निकाली। इस पत्रिका में धार्मिक और सुधार-संबंधी लेखों के अतिरिक्त शिक्षा-विषयक और वैज्ञानिक लेख भी हुआ करते थे। उनका विश्वास था कि "उर्दू के प्रचलित होने से देशवासियों को कोई लाभ नहीं होगा," और "उर्दू में आशिकी कविता के अतिरिक्त और किसी गंभीर विषय को व्यक्त करने की क्षमता नहीं।" उर्दू के पक्षपातियों से वे बराबर लोहा लेते रहे।

श्रद्धाराम फुलौरी : जिन दिनों बाबू नवीनचंद्र पंजाब में इस प्रकार हिंदी का प्रचार कर रहे थे, उन्हीं दिनों पं. श्रद्धाराम फुलौरी अपने व्याख्यानों और कथाओं से हिंदू संस्कृति में नव-जीवन का संचार कर रहे थे। आर्य-समाज के आविर्भाव के पूर्व ही उन्होंने पंजाब में धार्मिक उत्साह और नवीन सामाजिक चेतना का संचार किया था। इन दिनों पढ़े-लिखे लोग ईसाई धर्म की ओर आकृष्ट हो रहे थे। पं. श्रद्धाराम ने बहुतों को पथ-भ्रष्ट होने से बचाया। प्रसिद्ध है कि कपूरथला के महाराज रणजीतसिंह सन् 1863 ई. में जब ईसाई होने जा रहे थे, तब पं. श्रद्धाराम ने ही उनके सब संशय दूर करके उन्हें हिंदू धर्म में प्रतिष्ठित किया। उन्होंने *सत्यामृत-प्रवाह* नाम का एक सिद्धांत-ग्रंथ लिखा था, जिसकी भाषा बहुत साफ और प्रौढ़ है। वे उर्दू में भी लिखते थे, परंतु हिंदी भाषा और हिंदू संस्कृति के पूर्ण पक्षपाती थे। उन्होंने *आत्म चिकित्सा, तत्त्वदीपक, धर्मरक्षा, उपदेश-संग्रह* आदि पुस्तकें लिखी थीं; और *भाग्यवती* नाम का एक सामाजिक उपन्यास भी प्रकाशित कराया था। यह उपन्यास 1873 ई. में प्रकाशित हुआ था। उन दिनों यह उपन्यास पढ़ी-लिखी जनता को बहुत प्रिय हुआ। कहते हैं उन्होंने चौदह सौ पृष्ठों का अपना जीवन-चरित भी लिखा था, पर वह प्राप्त नहीं होता। पं. श्रद्धाराम का गद्य सुलझा हुआ और प्रौढ़ तो है ही, उसमें कठिन आध्यात्मिक तथ्यों को सरल भाषा में प्रकट कर देने की पूर्ण क्षमता भी है।

वे पद्य भी लिखते थे, और *संतोपदेश* नाम से उनका एक दोहा-संग्रह भी छपा था। परंतु पद्य में उन्हें विशेष सफलता नहीं मिली। वे अपने युग के शक्तिशाली गद्य-लेखक थे। इस प्रकार इन लोगों के प्रयत्न से पंजाब में नवीन युगचेतना का स्वागत करने योग्य भूमि तैयार हो चुकी थी। आर्य-समाज के पुरस्कर्त्ताओं को यह बनी-बनाई भूमि प्राप्त हुई।

आर्य-समाज की प्रतिक्रिया : उन्नीसवीं शताब्दी के अंतिम चरण में आर्यसमाज नवीन सामाजिक चेतना का सबसे बड़ा पुरस्कर्त्ता था। उसने देश की प्रसुप्त शक्ति को धक्का मारके जगा दिया। आर्य-समाज के प्रचार का ढंग उग्र और चिढ़ानेवाला था। उसके प्रत्युत्तर में अनेक पुराने संप्रदाय के पंडितों ने पुस्तकें लिखीं; और हिंदी का गद्य इस प्रकार बहुमुखी उन्नति करता गया। परंतु इसी समय नवीन राष्ट्रीयता का भी जन्म हो चुका था। सन् 1885 ई. में 'इंडियन नेशनल कांग्रेस' की स्थापना हुई, जिसने आगे चलकर भारतीय चिंताधारा को बहुत अधिक प्रभावित किया, और जो क्रमशः सामाजिक सुधार और धार्मिक प्रचार के उत्साह को राजनीतिक आंदोलन के रूप में बदल देने में समर्थ हुई। बीसवीं शताब्दी के प्रथम चरण में भारतवर्ष की साहित्यिक चेतना प्रधान रूप से राष्ट्रीय चेतना के रूप में प्रकट हुई।

3. भारतेंदु का उदय और प्रभाव

भारतेंदु हरिश्चंद्र : सन् 1850 ई. में भारतेंदु का जन्म हुआ। ये केवल चौंतीस वर्ष और चार महीने जीवित रहे, और माघकृष्ण 6 सं. 1941 अर्थात् 1885 ई. में इनकी मृत्यु हुई। इतने अल्प-काल में शायद ही किसी अन्य व्यक्ति ने इतना बड़ा साहित्यिक कार्य किया हो। इनकी अपूर्व प्रतिभा ने भाषा और साहित्य दोनों पर प्रभाव डाला। सिर्फ पंद्रह वर्ष की अवस्था में अपने परिवार के साथ ये जगन्नाथधाम गए। इस यात्रा में इनका परिचय बंगाल के उगते हुए साहित्य से हुआ। उस समय बंगाल नए जीवन-दर्शन से उद्बुद्ध हो चुका था। उसके सामाजिक जीवन में नए ढंग की हलचल दिखाई देने लगी थी, और साहित्य के विविध अंगों का सर्जन भी होने लगा था। इस नई जागृति को देखकर भारतेंदु बहुत प्रभावित हुए; और हिंदी में नवयुग का आरंभ नहीं हुआ है, ऐसा अनुभव करने लगे। घर लौटकर केवल सत्रह वर्ष की अवस्था में उन्होंने *कवि-वचन-सुधा* नाम की एक पत्रिका निकाली। पहले तो इसमें केवल प्राचीन कवियों की कविताएँ छपा करती थीं, किंतु बाद में गद्य-लेख भी रहने लगे। सन् 1873 ई. में *हरिश्चंद्र मैगजीन* नाम की दूसरी पत्रिका निकाली। आठ संख्याओं के बाद पत्रिका का नाम बदलकर *हरिश्चंद्र चंद्रिका* कर दिया गया। इस चंद्रिका में हरिश्चंद्र की परिमार्जित हिंदी का प्रथम दर्शन हुआ। वे स्वयं मानते थे कि सन् 1873 ई. से हिंदी नए चाल में ढली।

नवीन भाषा-शैली का वैशिष्ट्य : नई चाल से उनका तात्पर्य यह था कि इस समय उन्होंने जिस भाषा की नींव डाली, उसमें किसी प्रकार का बंधन नहीं था, और न किसी प्रकार से कृत्रिम रूप से वह गढ़ी हुई थी। वस्तुतः भारतेंदु हरिश्चंद्र ने और उनके सहयोगियों ने जिस प्रकार की भाषा में अपने लेख और ग्रंथ लिखे, वह बहुत स्वाभाविक और भाव-प्रकाशन में समर्थ भाषा थी। *हरिश्चंद्र चंद्रिका* में कई ऐसे लेख प्रकाशित हुए, जिनका मान दीर्घकाल तक होता रहा। मुंशी ज्वालाप्रसाद का *कविराज की सभा*, तोताराम का *अद्भुत अपूर्व स्वप्न*, बाबू काशीप्रसाद का *रेल का विकट खेल* आदि लेख बहुत लोकप्रिय

हुए। स्वयं भारतेंदु का लिखा *पाँचवाँ पैगम्बर* भी बहुत लोकप्रिय हुआ।

भारतेंदु ने कई नाटकों की रचना की और वस्तुतः इसी क्षेत्र में इनकी प्रतिभा का सर्वोत्तम उपयोग हुआ। नाटकों के माध्यम से ही उन्होंने देशभक्ति और भगवद्भक्ति का संदेश घर-घर पहुँचाया।

नवीन ढंग की 'राष्ट्रीयता' का जन्म : उन्नीसवीं शताब्दी संसार के इतिहास को नई दिशा में मोड़नेवाली शताब्दी है। नाना प्रकार के वैज्ञानिक आविष्कारों ने इस शताब्दी में यूरोप को जड़-विज्ञान का प्रेमी बनाया। बड़े-बड़े कारखाने खुले, वाष्पचालित जलयानों की सहायता से दूर-दूर के देशों से व्यापारिक संबंध बढ़ा और पूँजी क्रमशः सिमटती हुई व्यापारी वर्ग के घर में पुंजीभूत हो उठी। यह व्यापारी वर्ग अतुलित धनशाली होने पर भी राजकार्य में हस्तक्षेप नहीं कर पाता था। राजकार्य प्रधान रूप से राजकीय घरानों, जमींदारों और बड़े ताल्लुकेदारों के नियंत्रण में था। धीरे-धीरे व्यावसायिक वर्ग ने यह अनुभव किया कि राज-सत्ता पर अधिकार जमाए बिना व्यापार सुविधा से नहीं चल सकता और यूरोप में सर्वत्र राजतंत्र के विरुद्ध विद्रोह हुआ। धीरे-धीरे प्रजातंत्र का रोब बढ़ता गया और सर्वत्र राजतंत्र शिथिल होता गया। इसी परिस्थिति में उस नवीन विचारधारा का जन्म हुआ जिसे 'राष्ट्रीयता' कहते हैं। यूरोप में जन्मी हुई विचारधारा ने धीरे-धीरे भारत के विचारशील लोगों को भी प्रभावित करना शुरू किया। राष्ट्रीयता भारतवर्ष के लिए नवीन विश्वास थी। इसके पहले इस देश में यह बात अपरिचित थी। राष्ट्रीयता का अर्थ यह कि प्रत्येक व्यक्ति राष्ट्र का अंश है और इस राष्ट्र की सेवा के लिए, इसको धन-धान्य से समृद्ध बनाने के लिए, इसके प्रत्येक नागरिक को सुखी और संपन्न बनाने के लिए, प्रत्येक व्यक्ति को सब प्रकार के त्याग और कष्ट स्वीकार करने चाहिए। यह राष्ट्रीयता एक सीमा तक मनुष्य के उच्चतर उद्देश्यों के अनुकूल थी, लेकिन सीमा-व्यतिक्रम करने के बाद इसका एक अत्यंत कुत्सित रूप सामने आता है। वह यह कि अपने देश को धन-धान्य से समृद्ध बनाने के लिए दूसरे देशों का शोषण किया जा सकता है, अपने देश के प्रासाद सँवारने के लिए दूसरे देश की झोंपड़ियाँ जलाई जा सकती हैं।

भारतवर्ष में 'राष्ट्रीयता' का प्रवेश : राष्ट्रीयता ने उन्नीसवीं शताब्दी में यही विकृत रूप धारण कर लिया था। शुरू-शुरू में भारतवासियों को प्रजातंत्रवाद के साथ जुड़े हुए राष्ट्रवाद का यह रूप स्पष्ट नहीं हुआ, क्योंकि वे इससे एकदम अपरिचित थे। परंतु उन्नीसवीं शताब्दी के उत्तरार्द्ध में पढ़े-लिखे भारतीय इस बात को समझने लगे। धीरे-धीरे काव्यों में, नाटकों में, उपन्यासों में, और अन्यान्य रचनाओं में भारतवर्ष की पराधीनता और उसका शोषण इस प्रकार प्रकट होने लगा कि जिससे लेखकों के हृदय की व्यथा बड़ी व्याकुलता के साथ प्रकट हुई। भारतवासियों में भी अपने देश के प्रति प्रेम का भाव जाग्रत हुआ और स्वाभिमान की मात्रा बढ़ती गई। देशभक्ति, परोपकारभावना, मातृभाषा के प्रति प्रेम, समाज-सुधार और पराधीनता के बंधन से मुक्ति उन दिनों की प्रगतिशील मनोवृत्ति के चिह्न हैं। धार्मिक और सामाजिक क्षेत्र में वह आर्यसमाज के रूप में प्रकट हो चुका था। काव्य और साहित्य के क्षेत्र में उसे भारतेंदु-ऐसा सुयोग्य नेता मिला। भारतेंदु के पहले ही कविता में इसके बीज दिखाई देने लगे थे। भारतेंदु के आने के बाद से तो इस दिशा में बहुत तेजी से प्रगति हुई। इस प्रगति का कारण भारतेंदु का अद्भुत व्यक्तित्व था।

उनमें कुछ अनन्य साधारण गुण थे। अकृत्रिम सहृदयता, निरंतर जागरूक दानशीलता और निश्छल सहज भाव ने उन्हें अपने युग का श्रेष्ठ साहित्यिक नेता बना दिया। उन दिनों के प्रायः सभी श्रेष्ठ साहित्यकार भारतेंद को केंद्र बनाकर क्रियाशील हुए।

भारतेंदु-साहित्य की विशेषता : भारतेंदु का पूर्ववर्त्ती काव्य-साहित्य संतों की कुटिया से निकलकर राजाओं और रईसों के दरबार में पहुँच गया था, उसमें मनुष्य को प्रत्याहिक सुख-सुविधाओं के जंगल से मुक्त करके शाश्वत देवत्व के पवित्र लोक में ले जाने की महत्त्वाकांक्षा लुप्त हो चुकी थी। वह मनुष्य को देवता बनाने के पवित्र आसन से च्युत होकर मनोविनोद का साधन हो गया था। ऐसा होना वांछनीय नहीं था। जिन संतों और महात्माओं ने काव्य में मनुष्य को देवता बनाने की शक्ति संचारित की थी, उनके चेलों ने उनके नाम पर संप्रदाय स्थापित किए, काव्य को देवता बनाने की शक्ति लुप्त हो गई, उसकी सांप्रदायिक अद्भुत व्याख्याएँ शुरू हो गईं। और दूसरी ओर कवियों की दुनिया राजदरबारों की ओर खिच गई। भारतेंदु ने कविता को इन दोनों ही प्रकार की अधोगतियों के पंथ से उबारा। उन्होंने एक तरफ तो काव्य को फिर से भक्ति की पवित्र मंदाकिनी में स्नान कराया और दूसरी तरफ उसे दरबारीपन से निकालकर लोकजीवन के आमने-सामने खड़ा कर दिया। नाटकों में तो उन्होंने युगांतर उपस्थित कर दिया। भारतेंदु के प्रसिद्ध नाटक यद्यपि अधिकतर संस्कृत या अन्य भाषांतर मात्र हैं, फिर भी वे एक बड़े भारी परिवर्त्तन का संकेत करते हैं। रीति-काल में नाटक का लिखा जाना एकदम बंद हो गया था। जीवन में नाटकोचित गति ही लोप हो गई थी। सबकुछ बँधे-बँधाए मार्ग में चल रहा था। चलना-फिरना, हिलना-डुलना, रोना-हँसना, सबकी पक्की सड़क तैयार थी। कहीं नवीनता आ जाए, तो अपराध माना जाता था। भारतेंदु ने इस बात को बड़ी सावधानी से तोड़ा। उन्होंने क्रांतिकारी हथौड़े से काम नहीं लिया, उन्होंने मृदु संशोधक निपुण वैद्य की भाँति रोगी की नाजुक स्थिति की ठीक-ठीक जानकारी प्राप्त कर उसकी रुचि के अनुसार उचित पथ्य की व्यवस्था की। वह भारतेंदु की अपनी विशेषता थी। उनका समूचा काव्य मूर्त्तिमान प्राणधारा का उच्छल वेग है। इस जीवनधारा ने ही उनकी समस्त रचनाओं को उपादेय और नवयुग का मार्ग खोलनेवाला बना दिया है। वे केवल बँधी रूढ़ियों के कायल नहीं थे। अपनी कविता की प्रेरणा उन्होंने नाना मूलों से प्राप्त की। उन्होंने संस्कृत-जैसी पूर्ववर्त्ती भाषाओं के रस से रस खींचने में आनाकानी नहीं की और न बंगला, मराठी आदि पार्श्ववर्त्तिनी भाषाओं ही से प्रेरणा लेने में हिचक का अनुभव किया। जीवंत प्राणी सभी वस्तुओं से अपने जीवन का उपादान संग्रह कर लेता है। जो मृत होता है, जिसमें प्राणधारा का उज्ज्वल वेग नहीं होता, वह कहीं से भी रस नहीं खींच पाता। भारतेंदु जीवन-प्राणधारा के मूर्त्त विग्रह थे।

भारतेंदु की सफलता का रहस्य : भारतेंदु की सफलता का प्रधान रहस्य यह जीवन-प्राणधारा ही है। उनकी सफलता का दूसरा रहस्य है, उनकी अपूर्व दानशीलता। दानशीलता से मेरा मतलब रुपया-पैसा लुटाने से नहीं है। भारतेंदु ने रुपया-पैसा काफी लुटाया भी था। लेकिन मैं दूसरी बात कह रहा था। लुटाने से अभिप्राय है, अपना सर्वोत्तम लुटाना। दाता का प्रधान लक्षण है कि उसके इर्द-गिर्द ग्रहीता स्वयं जुट आते हैं और विशेषता यह है कि स्वयं आकृष्ट ग्रहीता आगे चलकर महादानी बन जाते हैं। दातृत्वशक्ति शायद

संक्रामक रोग है। जो व्यक्ति अपने संपूर्ण रस को निःशेष भाव से देता है, उसके इर्द-गिर्द ऐसे लोग आकृष्ट होते हैं, जो अपनी संपूर्ण सत्ता को हँसते-हँसते लुटा देने में आनंद पाते हैं। भारतेंदु की अपूर्व दातृत्वशक्ति ने उनके इर्द-गिर्द महान् सात्यिकारों को खींच लिया था। इस महान् सूर्य को घेरकर अनेक दीप्यमान ग्रहमंडली स्वयं उपस्थित हो गई थी। इन कवियों और साहित्कारों ने हमारी भाषा को अपने हृदय का 'संपूर्ण रस'[4] उँडेलकर दे दिया। भाषा बद्ध अवस्था से मुक्त हो गई। जीवन के प्रभाव की अवरोधक शक्ति का हट जाना ही पर्याप्त है, जीवन आगे का रास्ता स्वयं बना लेता है। भारतेंदु और उनके सहयोगियों ने अपने-आपको देकर उस बाधा को दूर कर दिया। काव्य, नाटक, उपन्यास और निबंध अपनी प्राणशक्ति से ही आगे बढ़ने लगे। शुरू-शुरू में यह गति कुछ शिथिल और मंद रही, बाद में बीसवीं शताब्दी के आरंभ से इसकी गति में बड़ी तीव्रता आ गई। इसी समय एक और शक्तिशाली महापुरुष का आविर्भाव हुआ, जिसने भाषा में नई शक्ति अनिवार्य कर दी। यह हैं आचार्य महावीरप्रसाद द्विवेदी। महावीरप्रसाद द्विवेदी भी बड़े योग्य और कर्मठ व्यक्ति थे। उन्होंने भाषा को समृद्ध और गतिशील बनाने में अपनी सारी शक्ति लगा दी। उनकी यह अद्‌भुत दानशीलता ही उनकी शक्ति का वास्तविक स्रोत है।

भारतेंदु की सफलता का एक तीसरा रहस्य भी है, जिस पर कम लोग ध्यान देते हैं। जो व्यक्ति सहज होता है, वही महान् होता है। क्रूरता और वक्रता मनुष्य को सामयिक सफलता देती है, परंतु उनसे स्थायी लाभ नहीं होता। मनुष्य का सहज औदार्य, उसका सहज आनंदन रूप और उसका सहज सारस्य उसकी बहुत बड़ी संपत्ति है। वह उसे महान् तो बनाती ही है, उसके संपर्क में आनेवालों को भी महान् बनाती है।

इन तीन महागुणों ने भारतेंदु को अपने युग का महानेता बना दिया। उन दिनों भारतवर्ष विदेशी शासन के चंगुल में फँसा था। वह सांस्कृतिक दृष्टि से बहुत नीचे उतर आया था, राजनैतिक प्रभुता तो नाम को भी नहीं बची थी। आर्थिक स्थिति अत्यंत चिंताजनक थी।

महानेता भारतेंदु : भारतवर्ष के अधिकांश नागरिक उन दिनों अपने देश की अधोगति का मूल कारण भी नहीं समझ पा रहे थे। इस देश में राष्ट्रीयता नामक वस्तु अज्ञात थी। किसी एक राजा या बादशाह के राज्य से तो यह देश परिचित था, पर यह कोई नहीं जानता था कि देश का देश कैसे दूसरे देश का राज्य हो सकता है। अंग्रेजों का समूचा देश इस देश के कोटि-कोटि अधिवासियों का राज्य था। यह विषम अवस्था थी। जिन थोड़े लोगों ने इस परिस्थिति को समझा था, उसमें भारतेंदु का स्थान प्रमुख है। उनमें एक विचित्र प्रकार की अंतर्दृष्टि और सहजबोध था। इसीलिए वे समस्या को अनायास समझ जाते थे।

उनके प्रेरणादायक व्यक्तित्व ने हिंदी में सर्वतोमुखी उन्नति का सूत्रपात किया। उन्नीसवीं शताब्दी के समाप्त होते-होते हिंदी साहित्य में शक्तिशाली भाषा के लक्षण प्रकट हो गए। इस समय तक कई अच्छी पत्र-पत्रिकाएँ प्रकाशित होने लगीं।[5] विविध विषयों पर पुस्तकें भी लिखी गईं। भाषा के प्रश्न को उन्होंने आज से पचास वर्ष पूर्व बारीकी से समझ लिया था, अनेक बड़े-बड़े विचारक इस सहज-सी बात को उनके बाद भी सहज ढंग से नहीं सोच सके। भाषा के प्रश्न को अनावश्यक रूप से अन्यान्य समस्याओं की

छननी से छाना जाने लगा। भाषा हमारी संस्कृति का प्रतीक है। उसको मूल समस्या मानना चाहिए। भारतेंदु ने सहजभाव से इस प्रश्न को समझा था :

निज भाषा उन्नति अहै, सब उन्नति कौ मूल।
बिनु निज भाषा ज्ञान के, मिटै न हिय कौ शूल।।

उन्होंने 'निज भाषा' शब्द का व्यवहार किया है, 'मिली-जुली', 'आमफहम', 'राष्ट्रभाषा' आदि शब्दों का नहीं। प्रत्येक जाति की अपनी भाषा है और वह निज भाषा की उन्नति के साथ उन्नत होती है। मैं यह तो नहीं कह सकता कि भाषा की समस्या ही सब समस्याओं के मूल में है, पर यह सही बात है कि वह कई मूल और आरंभिक समस्याओं में एक है। यह किसी राजनीतिक या सांप्रदायिक समस्याओं का अनुचर नहीं है, वरन् प्रमुख और मूल है।

हिंदी का जन-आंदोलन : भारतेंदु का प्रभाव भाषा के प्रचार-क्षेत्र में बहुत व्यापक रहा। उन्नीसवीं शताब्दी के अंत में भाषा के संबंध में लोकमत को सचेत करने के लिए जिस प्रकार के उद्योग हुए, वे हिंदी भाषा के इतिहास में एकदम नए हैं। गौरीदत्त और अयोध्यासिंह खत्री जैसे परवर्त्ती काल के उत्साही प्रचारकों को भी भारतेंदु के 'निज भाषा उन्नति' का मंत्र ही प्रधान रूप से प्रेरणा दे रहा था। भाषा के प्रति इस प्रकार की जागरूकता के मुख्य और क्रियात्मक रूप का कारण तो राष्ट्रीय भावना थी, किंतु प्रतिक्रियात्मक रूप का हेतु था हिंदी की भयंकर उपेक्षा। भारतेंदु की प्रेरणा ने हिंदी भाषा के आंदोलन को वास्तविक जन-आंदोलन का रूप दे दिया। इसी जन-आंदोलन ने हिंदी को जन-भाषा बनने की ओर बराबर उन्मुख बनाए रखा। यह जन-संश्रय का ही परिणाम है कि निरंतर उपेक्षित और अपमानित होते रहने पर भी हिंदी आज सर्वोच्च गौरव की अधिकारणी बनी है। हिंदी की शक्ति जनता की शक्ति है। वह इतनी बड़ी ताकत है कि उसके सामने बड़े-से-बड़े शक्तिशाली मनुष्य की तनी भृकुटि निःशक्त हो जाने को बाध्य है। भारतेंदु की प्ररणा से ही हिंदी जनभाषा बनी।

भारतेंदु-मंडल : भारतेंदु को केंद्र करके उस काल के अनेक कृती साहित्यकारों का एक उज्ज्वल मंडल ही प्रस्तुत हो गया। सहज-चटुल शैली के पुरस्कर्त्ता पं. प्रतापनारायण मिश्र (1856-94 ई.); तीखी और झनझना देनेवाली भाषा में खरी-खरी सुना देनेवाले पं. बालकृष्ण भट्ट (1844-1914 ई.); अनुप्रासयुक्त शैली की कविजनोचित भाषा लिखनेवाले ठाकुर जगमोहनसिंह (1857-99 ई.) और बद्रीनारायण चौधरी (1855-1922 ई.); नाटकों और उपन्यासों के क्षेत्र में नए मार्ग का प्रदर्शन करनेवाले लाला श्रीनिवासदास (1851-87 ई.); शास्त्रीय विचार-परंपरा के धनी संस्कृत के उत्कृष्ट विद्वान और लेखक पंडित अंबिकादत्त व्यास (1858-1900 ई.); अपने अगाध पांडित्य की छाया में सहज ठेठ शैली के पुरस्कर्त्ता महामहोपाध्याय पं. सुधाकर द्विवेदी (1850-1911 ई.); संस्कृत के विद्वान् और भक्त साहित्यिक पं. राधाचरण गोस्वामी (1808-1925 ई.) तथा सुप्रसिद्ध नाटककार और प्राचीन साहित्योद्धारक बाबू राधाकृष्णदास (1865-1907 ई.) आदि अनेक सुलेखक उनसे प्रेरणा ग्रहण करके हिंदी साहित्य की श्रीवृद्धि करने लगे। ये लोग तथा इन्हीं के समान विद्याप्रेमी अन्य सज्जन—जिसमें बाबू तोताराम, पं. मोहनलाल विष्णुलाल पंड्या, पं. भीमसेन शर्मा आदि प्रमुख हैं— इस काल में बहुत ही शक्तिशाली भाषा की नींव डालने में

समर्थ हुए। भारतेंदुकाल के इन लेखकों की विशेषता बताते हुए स्वर्गीय आचार्य रामचंद्रजी शुक्ल ने बताया है कि "हरिश्चंद्रकाल के सब लेखकों में अपनी भाषा की प्रकृति की पूरी परख थी। वे संस्कृत के ऐसे शब्दों और रूपों का व्यवहार करते थे जो शिष्ट समाज के बीच प्रचलित चले आते हैं। जिन शब्दों या उनके जिन रूपों से केवल संस्कृताभ्यासी परिचित होते हैं और जो भाषा के प्रवाह के साथ ठीक चलते नहीं उनका प्रयोग वे औचट में पड़कर ही करते थे।" इन कवियों और साहित्यकारों ने हमारी भाषा को अपने हृदय का संपूर्ण रस निःशेष भाव से उँड़ेलकर दे दिया है। इनके अपूर्व आत्मदान का ही परिणाम है कि भाषा वृद्धावस्था से एकदम मुक्त हो गई। जीवन के प्रवाह की अवरोधक शक्ति का हटाना ही सबसे महत्त्व की बात है, उसके आगे तो जीवन बहुत-कुछ अपना रास्ता स्वयं ही तय कर लेता है। भारतेंदु और उनके सहकर्मियों ने जीवन को साहित्य में निर्बाध विकसित होने का मार्ग दिखा दिया। इसीलिए उन्नीसवीं शताब्दी के बाद साहित्य की धारा उन्मुक्त गति से आगे बढ़ी। इस शताब्दी के अंतिम चरण में हिंदी साहित्य ने निश्चित रूप से शक्तिशाली कदम उठाया।

विभिन्न दृष्टिकोणों का विकास : भारतेंदु के नाटकों की कई श्रेणियाँ हैं—उनमें कुछ यथार्थवादी हैं, कुछ स्वच्छंदतावादी हैं, कुछ आदर्शवादी हैं, कुछ राष्ट्रवाद के प्रचारक हैं और कुछ समाज-सुधारक प्रहसन के रूप में हैं। आगे चलकर भारतेंदु के समसामयिक और परवर्ती लेखकों ने इन सभी धाराओं को आगे बढ़ाने का प्रयत्न किया। आदर्शवादी नाटकों की दो धाराएँ थीं—पौराणिक और ऐतिहासिक। शुरू-शुरू में पौराणिक धारा प्रबल रही, किंतु आगे चलकर ऐतिहासिक धारा ने अधिक प्रबल रूप धारण किया, पौराणिक धारा उसके सामने दब गई। आदर्शवादी पौराणिक नाटकों में चंद्रशरण का *उषाहरण* (1887 ई.), लाला श्रीनिवासदास का *प्रह्लाद चरित्र* (1888 ई.), विन्ध्येश्वरप्रसाद त्रिपाठी का *मिथिलेश कुमारी* (1889 ई.), शालिग्राम वैश्य का *मोरध्वज* (1890 ई.), कार्तिकप्रसाद वर्मा का *उषाहरण* (1891 ई.), अयोध्यासिंह उपाध्याय का *प्रद्युम्न-विजय* (1893 ई.), बालकृष्ण भट्ट का *दमयंती-स्वयंवर* (1895 ई.), शालिग्राम वैश्य का *अभिमन्यु* (1896 ई.), जगन्नाथशरण का *प्रह्लाद-चरितामृत* (1900 ई.), देवराज का *सावित्री* (1900 ई.), अनूप कवि का *लंका विजय* (1900 ई.) और रामनाथ का *सावित्री-सत्यवान* (1900 ई.), प्रमुख रचनाएँ हैं। ऐतिहासिक रचनाओं में श्रीनिवासदास का *संयोगिता-स्वयंवर* (1886 ई.), राधाचरण गोस्वामी का *अमरसिंह राठौर* (1895 ई.) आदि मुख्य हैं।

प्रहसन : किंतु उन्नीसवीं शताब्दी के नाटकों की प्रधान विशेषता प्रहसन हैं। भारतेंदु का *वैदिकी हिंसा हिंसा न भवति* (1873 ई.), *विषस्य-विषमौषधम्* (1875 ई.) और *अंधेर नगरी* (1881 ई.) बहुत लोकप्रिय रहे। प्रहसनों का लक्ष्य अधिकांश में समाज-सुधार था। उन्नीसवीं शताब्दी के हिंदी लेखकों में एक विचित्र प्रकार की जिंदादिली थी। इसी जिंदादिली ने उनके साहित्यिक प्रयत्नों को अत्यंत सजीव बना दिया है। प्रहसनों में यह सजीवता अपने पूरे वेग पर मिलती है। यही कारण है कि उन्नीसवीं शताब्दी के प्रहसन बहुत सजीव और सफल रहे। सच पूछा जाए तो नाटकों के क्षेत्र में इस काल के लेखकों को प्रहसनों में ही सफलता प्राप्त हुई। देवकीनंदन त्रिपाठी का *जय नरसिंह की* (1876 ई.) और

कलियुगी जनेऊ (1886 ई.) तथा *कलियुगी विवाह* (1898 ई.); प्रतापनारायण मिश्र का *कलि-कौतुक* (1876 ई.); राधाचारण गोस्वामी का *बूढ़े मुँह मुँहासे* (1888 ई.) आदि प्रहसन बहुत सफल रहे।

स्वछंदतावादी धारा : भारतेंदु हरिश्चंद्र के नाटकों में स्वच्छंदतावादी या रोमेंटिक प्रेम की धारा स्पष्ट नहीं हो सकी। *चंद्रावली नाटिका* में कुछ लोग इस श्रेणी के प्रेम का संधान पाते हैं, परंतु *चंद्रावली नाटिका* स्वच्छंद प्रेम का नहीं, भक्ति का काव्य है। केशवराम भट्ट का *संजाद-सुंबुल* (1877 ई.) शायद पहला नाटक है, जिसमें यथार्थवादी और स्वच्छंदतावादी, दोनों ही धाराएँ घुली-मिली हैं। फिर भी वह प्रधान रूप से यथार्थवादी नाटक ही है। राधाकृष्णदास की *दुखिनी बाला* (1880 ई.), लाला श्रीनिवासदास की *रणधीर प्रेममोहिनी* (1880 ई.) और *तप्ता संवरण* (1883 ई.), अंबिकादत्त व्यास की *ललिता* (1884 ई.), अमनसिंह गोतिया की *मदन-मंजरी* (1884 ई.), विशेसरनाथ पाठक की *लवंगलता* (1885 ई.), कृष्णदेवसिंह की *माधुरी* (1888 ई.), दामोदरसिंह की *मदन-लेखा* (1890 ई.), किशोरीलाल गोस्वामी की *मयंकमंजरी* (1891 ई.), *शालिग्राम वैश्य का लावण्यवती-सुदर्शन* (1892 ई.), रामानंदसिंह का *कुवलय-माला* (?)' और ब्रजप्रसाद का *मालती-वसंत* (1889 ई.) इसी श्रेणी की रचनाएँ हैं। रामनरेश शर्मा का *सिंहल-विजय* (1896 ई.) और राधाकृष्णदास का *महाराणा प्रतापसिंह* (1898 ई.) प्रमुख हैं। इनमें राधाकृष्णदास का *महाराणा प्रतापसिंह* अधिक प्रसिद्ध हुआ। बहुत दिनों तक वह रंगमंच पर सफलतापूर्वक खेला जाता रहा, और अब भी उसकी लोकप्रियता कुछ-न-कुछ बनी हुई है।

राष्ट्रीय-भावना के नाटक : भारतेंदु ने राष्ट्रीय भावना के प्रचार के लिए *प्रेम योगिनी, भारत दुर्दशा* आदि नाटक लिखे थे। इनकी परंपरा खूब चली। अंबिकाप्रसाद व्यास के *गौ संकट* और *भारत सौभाग्य* (1887 ई.), खड्गबहादुर मल्ल का *भारत-ललना* (1888 ई.), जगतनारायण शर्मा का *भारत दुर्दिन* (1889 ई.), और बद्रीनारायण चौधरी का *भारत सौभाग्य* (1889 ई.), दुर्गादत्त का *वर्तमान दशा* (1890 ई.), गोपालदास गहमरी का *देशदशा* (1892 ई.) आदि नाटक सामाजिक समस्याओं की ओर जनता का ध्यान आकृष्ट करने के लिए लिखे गए थे। इन सबमें राष्ट्रीय भावना और आत्मगौरव-बोध की उपादेयता दिखाई गई थी, वास्तव में ये नाटक राष्ट्रीय चेतना के प्रचारक थे। सामाजिक समस्याएँ केवल साधनमात्र थीं, और नाटक के कथानक तो बहुत-कुछ बहाने मात्र थे। इनका उद्देश्य बहुत स्पष्ट और पुष्ट था, बाकी बातें उसके सामने दब गई थीं। दुर्भाग्यवश हिंदी का कोई अपना रंगमंच नहीं था और ये नाटक बहुत-कुछ पाठ्य होकर ही रह गए।

हिंदी प्रचार का आन्दोलन : उन्नीसवीं शताब्दी के अंत में हिंदी प्रचार का आंदोलन अधिक संगठित और निखरे रूप में प्रकट हुआ। 1893 ई. में बाबू श्यामसुंदरदास, पं. रामनारायण मिश्र और बाबू ठाकुर शिवकुमारसिंह ने नागरी प्रचारिणी सभा की स्थापना की, जो आगे चलकर महत्त्वपूर्ण साहित्यिक संस्था बनी। मूलतः इस सभा का उद्देश्य हिंदी भाषा और नागरी लिपि का प्रचार करना ही है। सभा ने संयुक्त प्रांत के लेफ्टिनेंट गवर्नर के पास अपना डेपूटेशन भेजा और उन्नीसवीं शताब्दी के अंत में (1900 ई. में) कचहरियों में हिंदी को स्थान मिल गया। उन दिनों यह हिंदी की बहुत बड़ी विजय मानी गई। हिंदी-प्रचारकों का उत्साह इससे और भी अधिक बढ़ा। सर्वत्र 'निज भाषा' की उन्नति के

लिए प्रयत्न होने लगे। इस प्रयत्न का अच्छा और बुरा, दोनों ही प्रकार के परिणाम हुए। अच्छे परिणाम की चर्चा आगे की जाएगी; बुरा परिणाम यह हुआ कि नाना क्षेत्रों में काम करनेवाले नाना रुचि और संस्कार के लोगों ने हिंदी लिखना और बोलना तो शुरू कर दिया और मातृ-भाषा की सेवा करने का सबका अधिकार भी स्वीकार कर लिया गया, किंतु इसके लिए किसी प्रकार की शिक्षा और साधना की आवश्यकता नहीं समझी गई। जिन्होंने उर्दू का अभ्यास किया था, वे उर्दू मुहाविरों से हिंदी को भरने लगे; जिन्होंने संस्कृत का अभ्यास किया था, उन्होंने प्रयत्नपूर्वक भाषा पर संस्कृत पदावली लादने का प्रयास किया; जिन्होंने बंगला का नैकट्य प्राप्त किया था, उन्होंने 'प्राण-पण से' भाषा को कोमल-कांत पदावली से भरना आरंभ किया! और जिन्होंने अंग्रेजी का अभ्यास किया था, उन्होंने अंग्रेजी शब्दावली के अनुवादित या परिवर्त्तित शब्दों को अपनी भाषा में ठूँसना शुरु किया। इस प्रकार भाषा में अव्यवस्था आ गई। बीसवीं शताब्दी के आरंभ में जहाँ एक ओर हिंदी का नया साहित्य नवीन प्राण-शक्ति से उद्वेल हो रहा था—जहाँ से भी उत्तम वस्तु मिले, उसको ग्रहण करने के लिए व्याकुल हो उठा था—वहाँ भाषा में अव्यवस्था और शैथिल्य का जोर बढ़ गया।

उर्दू के साथ संघर्ष : हिंदी-प्रचार-आंदोलन का प्रधान लक्ष्य नागरी लिपि का प्रचार और भाव और भाषा को भारतीय रूप देना था। स्वभावतः ही उर्दू के साथ उसका संघर्ष हो गया। अदालतों में उर्दू लिपि के प्रचार के कारण पढ़े-लिखे लोग उर्दू पढ़ने को बाध्य थे। पंजाब और पचिश्मी युक्तप्रांत में तो हिंदुओं के धर्म-ग्रंथ उर्दू लिपि में ही प्रकाशित होते थे। आर्य-समाज के आंदोलन ने हिंदी को बहुत बल दिया, क्योंकि आर्यसमाज भी भारतीयकरण का पक्षपाती था, इसीलिए उसको सबसे अधिक लोहा उर्दू भाषा से लेना पड़ा। संयोगवश उर्दू लिपि का वैज्ञानिक मूल्य कुछ भी नहीं था, नागरी लिपि की तुलना में संसार की कम लिपियाँ खड़ी की जा सकती हैं। फारसी लिपि तो किसी भी प्रकार उसकी प्रतिद्वंद्विनी नहीं बन सकती। इस लिपि के जीने का सबसे प्रबल कारण मुस्लिम भावनाएँ थीं। मुसलमान लोग उसे धर्म-लिपि मानते हैं, और आग्रहपूर्वक उसे उत्तम स्थान देना पसंद करते हैं। भारतवर्ष के विदेशी शासकों ने मुसलमानों की मनोवृत्ति को सहलावा दिया, और इस बात की बिल्कुल परवा नहीं की कि शुद्ध उच्चारण और सुपाठ्य लेखन की दृष्टि से नागरी लिपि उर्दू से कहीं अधिक श्रेष्ठ थी। आरंभ में उन्होंने नागरी लिपि को एकदम बहिष्कृत कर दिया था। विचारशील हिंदुओं के मन में इस बात से बहुत क्षोभ हुआ था, और उसी क्षोभ ने शक्तिशाली आंदोलन का रूप धारण किया था। बीसवीं शताब्दी के आरंभ में वह आंदोलन सफल हुआ। इसको सफल बनाने में अनेक शक्तियों ने कार्य किया, परंतु व्यक्तिरूप में पं. मदनमोहन मालवीय और समाजरूप में नागरी प्रचारिणी सभा को इसका प्रधान श्रेय प्राप्त है।

भूले हुए इतिहास का उद्धार : उन्नीसवीं शताब्दी भारतीय गौरव के पुनरुद्धार का समय है। इस काल में अनेक देशी-विदेशी विद्वानों के परिश्रम से भारतवर्ष के भूले हुए इतिहास का ढाँचा प्रस्तुत किया जा सका। ब्राह्मी, खरोष्ठी जैसी भूली हुई लिपियों का उद्धार हुआ। अनेक शिलालेखों, ताम्र-शासनों और राजकीय मुद्राओं के आविष्कार से इतिहास की टूटी कड़ियाँ जोड़ी गईं। सिंहल, बर्मा और स्याम में प्रचलित भारतवर्ष का

प्राचीन पाली भाषा का ग्रंथभंडार प्राप्त किया गया। तिब्बत, चीन, जापान, जावा, सुमात्रा और बाली द्वीपों में भारतीय ज्ञानभंडार और संस्कृति के अवशेष चिह्न प्राप्त हुए। वैदिक और लौकिक संस्कृत शास्त्रों का अनुसंधान, संकलन और संपादन किया गया। मौर्यों, शुंगों, गुप्तों और राजपूत नरेशों के वीरत्वपूर्ण कथानकों का संकलन किया गया, और इन सबके परिणामस्वरूप सोचने-समझनेवाले भारतवासी के चित्त में नवीन आत्म-गौरव का संचार हुआ। उन्नीसवीं शताब्दी के सांस्कृतिक पुनरुद्धार का महत्त्व बहुत अधिक है। इसका सबसे प्रत्यक्ष प्रभाव साहित्य पर पड़ा। बीसवीं शताब्दी के आरंभ से ही काव्यों, नाटकों और उपन्यास-कहानियों का विषय पुराना भारतीय गौरव होने लगा। इसका सूत्रपात हरिश्चंद्र-काल में ही हो गया था, किंतु उन्नीसवीं शताब्दी के अंतिम चतुर्थांश में इन विषयों का मंथन होता रहा। इनका पूर्ण परिपाक बीसवीं शताब्दी में ही हुआ।

भाषा के स्वरूप पर मतभेद: बीसवीं शताब्दी के आरंभ में अनेक प्रकार की ऐतिहासिक, सामाजिक, धार्मिक उथल-पुथल ने भाषा के क्षेत्र में अव्यवस्था ला दी। हिंदी में अरबी-फारसी शब्दों का व्यवहार हो या न हो, इस विषय को लेकर तीन प्रकार के मत उन दिनों प्रचलित हो गए। कुछ लोग अरबी-फारसी शब्दों के एकदम विरुद्ध थे। लाला हरदयाल ने अरबी-फारसी के शब्दों को प्राचीन दासता के अवशेषचिह्न माना था। मथुराप्रसाद दीक्षित भी उर्दू के कठोर विरोधियों में से थे। साधारण बोलचाल की भाषा में आए हुए शब्दों को तो ले लेने में वे कोई दोष नहीं मानते थे, किंतु प्रधान रूप से संस्कृत शब्दों के पक्षपाती थे। इसी समय इसकी प्रतिक्रिया भी हुई थी। महामहोपाध्याय पं. सुधाकर द्विवेदी जैसे विद्वान् हिंदी में संस्कृत की ठूँस-ठाँस पसंद नहीं करते थे। वह भाषा को संस्कृत पदावली से लादने को 'कलम पकड़ने का नशा' समझते थे। मन्नन द्विवेदी ने भी इस प्रवृत्ति का उपहास किया था। यह वर्ग हिंदी में सीधे-सादे तद्भव शब्दों की बहुलता को स्वागत योग्य मानता है, और कठिन संस्कृत-पदावली को अच्छी रुचि का परिचायक नहीं समझता। एक तीसरे प्रकार के लोग थे, जो उर्दू और हिंदी दोनों को मिलाना चाहते थे, वे जरूरत पड़ने पर और कभी बिना जरूरत भी उर्दू और हिंदी का मिश्रण करते थे।

यह तो हुई शब्द-भंडार की बात। वाक्य-रचना में भी कई प्रकार की शैलियाँ व्यवहृत होने लगी थीं। कुछ लोग अंग्रेजी गद्य-शैली की भाँति सरल व्यंजनामयी और भावों को स्पष्ट करनेवाली भाषा लिखते थे। कुछ दूसरे लोग संस्कृत की उस शैली को अपना रहे थे जिसमें अक्षरांडबर और अलंकरण की प्रधानता होती थी, और कुछ ऐसे भी लोग थे जो बंगला की सरस पदावली पर मुग्ध होकर उसी ढंग की भाषा लिखने लगे थे। इस प्रकार एक ओर शब्दभंडार के विषय में मतभेद था, तो दूसरी ओर अनेक प्रकार की अपरीक्षित शैलियों का प्रयोग भी चल रहा था। इस द्विविध अस्थिरता के भीतर साहित्य के नवीन रूप का जन्म हो रहा था। ऐसे समय में पं. महावीरप्रसाद द्विवेदी का साहित्य-क्षेत्र में पदार्पण हुआ। उन्होंने कठोरता के साथ माँज-घिसकर भाषा को व्यवस्थित करने का प्रयत्न किया। उन्होंने अपने परुष व्यक्तित्व और आत्मविश्वासपूर्ण शैली के सहारे भाषा को माँजने का व्रत लिया। उनसे कम कठोर और अधिक भावुक व्यक्ति से वह कार्य नहीं हो सकता था। परंतु इस मँजाई-घिसाई का कुछ दुष्परिणाम भी हुआ। उन्नीसवीं शताब्दी के अंतिम चरण में भाषा के स्वच्छंद प्रयोग से शैली-वैचित्र्य का स्वाभाविक विकास हो रहा

था। द्विवेदीजी की मँजाई-घिसाई से उसके स्वाभाविक और सहज विकास को थोड़ा धक्का भी लगा। परंतु सब मिलाकर उनके उद्योग से भाषा में स्वच्छता और भाव-प्रकाशन की क्षमता भी आई।

4. साहित्य की बहुमुखी उन्नति का काल (1900-52 ई.)

बहुमुखी साहित्य : बीसवीं शताब्दी में हिंदी साहित्य की बहुमुखी उन्नति हुई। इस शताब्दी के आरंभ में ही काशी नागरी प्रचारिणी सभा के उद्योग से प्रयाग के इंडियन प्रेस से *सरस्वती* पत्रिका का प्रकाशन आरंभ हुआ। सन् 1903 ई. से इस पत्रिका के संपादन का भार आचार्य पं. महावीरप्रसाद द्विवेदी (1861-1938 ई.) ने ग्रहण किया। इस पत्रिका के द्वारा द्विवेदीजी ने हिंदी गद्य को व्यवस्थित बनाने का बहुत अच्छा प्रयत्न किया। उन्होंने नए ढंग के लेख लिखने के लिए लेखकों को उद्‌बुद्ध किया। ये स्वयं भी कविता और निबंध लिखा करते थे। कविता में इनकी प्रतिभा की कोई अच्छी अभिव्यक्ति नहीं हुई, किंतु निबंधों और समालोचनाओं द्वारा ये साहित्यिकों को निरंतर प्रेरणा देते रहे। द्विवेदीजी की समालोचनाओं ने एक ओर तरुण साहित्यकारों को रूढ़िमुक्त होकर लिखने की प्रेरणा दी, दूसरी ओर कई कृती साहित्यकारों को वाद-विवाद के क्षेत्र में उतरने और विचारोत्तेजक लेख लिखने का प्रोत्साहन दिया। माधवप्रसाद मिश्र, बालमुकुंद गुप्त, पद्मसिंह शर्मा आदि इसी प्रकार साहित्य-समालोचना के क्षेत्र में आए। कहानी, जीवन-चरित, निबंध, सूचनापरक साहित्य, वैज्ञानिक विवेचन-संबंधी और पुरातत्त्वात्मक लेख, नाटक, गीतिनाट्य, व्यंग्य आदि विविध साहित्यांगों की पूर्ति में भी इस पत्रिका ने बहुत महत्त्वपूर्ण भाग लिया। द्विवेदीजी ने पद्य और गद्य की भाषा को एक करने का सफल प्रयत्न किया। इसके पहले पद्य की भाषा ब्रजभाषा थी। बीसवीं शताब्दी के प्रथम चरण में अनेक साहित्यिक महानुभाव विश्वास ही नहीं कर सकते थे कि खड़ी बोली में भी कविता लिखी जा सकती है। बहुत दिनों तक यह विवाद चलता रहा कि खड़ी बोली में कविता लिखी जा सकती है या नहीं। द्विवेदीजी ने दृढ़ता के साथ खड़ी बोली के पक्ष का समर्थन किया। उनकी प्रेरणा बहुत बलवती सिद्ध हुई। मैथिलीशरण गुप्त, नाथूराम शंकर शर्मा 'शंकर', अयोध्यासिंह उपाध्याय, सत्यशरण रतूड़ी, रामचरित उपाध्याय आदि कवियों ने खड़ी बोली में केवल रचना ही नहीं की, यह भी अच्छी तरह सिद्ध कर दिया कि खड़ी बोली कविता का वाहन हो सकती है।

उपन्यास और कहानियाँ : यद्यपि अब तक के हिंदी साहित्य की मुख्य प्रतिभा कविता के माध्यम से ही प्रकाशित हुई, परंतु बीसवीं शताब्दी के हिंदी साहित्य का सबसे नया और शक्तिशाली रूप उपन्यासों और कहानियों के माध्यम से ही प्रकट हुआ। उपन्यास और कहानियाँ इस काल के बहुत ही महत्त्वपूर्ण साहित्यांग हैं। अनेक शक्तिशाली लेखकों ने इस क्षेत्र में महत्त्वपूर्ण कार्य किया। यहाँ संक्षेप में हिंदी के इस नवीन साहित्यांग पर विचार कर लेना उचित है।

प्राचीन भारत में कथा-साहित्य : प्राचीन भारतीय साहित्य में कथा-साहित्य का अभाव नहीं है। *जातक* और *पंचतंत्र* की कहानियों ने तो समूचे सभ्य जगत् को प्रभावित किया है। गुणाढ्य की पैशाची प्राकृत में लिखी हुई सुप्रसिद्ध *बृहत् कथा* अपने ढंग का अनोखा साहित्य है। जिस प्रकार *रामायण* और *महाभारत* ने भारतवर्ष के काव्य और नाटकों को प्रभावित किया है, उसी प्रकार *बृहत् कथा* ने भी इस देश के कवियों को लौकिक रस के कथानक दिए हैं। परवर्त्ती काल में केवल पद्य में ही नहीं, गद्य में भी संस्कृत का कथा-साहित्य बहुत समृद्ध रहा। कथा, आख्यायिका, चंपू इत्यादि काव्यरूपों से भारतीय साहित्य भरा पड़ा है। मध्यकाल में भी पौराणिक और लौकिक कथाओं के आधार पर मनोरंजक काव्य लिखे गए हैं। इस प्रकार आधुनिक युग के आरंभ होने के पहले तक हमारे देश में नाना श्रेणी के उपन्यास-जातीय कथा-काव्य वर्त्तमान थे। उनमें पौराणिक आख्यान भी हैं, नैतिकता और लोकचातुरी सिखानेवाली कहानियाँ भी हैं और धर्म और भक्ति-तत्त्व को स्पष्ट करनेवाली कथाएँ भी लिखी गई हैं। फिर भी उन्हें 'उपन्यास' नहीं कहा जा सकता।

उपन्यास का स्वरूप : उपन्यास आधुनिक युग की देन है। नए गद्य के प्रचार के साथ-साथ उपन्यास का प्रचार हुआ है। आधुनिक उपन्यास केवल कथा-मात्र नहीं हैं, और पुरानी कथाओं और आख्यायिकाओं की भाँति कथा-सूत्र का बहाना लेकर उपमाओं, रूपकों, दीपकों और श्लेषों की छटा और सरस पदों में गुंफित पदावली की छटा दिखाने का कौशल भी नहीं है। यह आधुनिक वैयक्तिकवादी दृष्टिकोण का परिणाम है। इसमें लेखक अपना एक निश्चित मत प्रकट करता है, और कथानक को इस प्रकार से सजाता है कि पाठक अनायास ही उसके उद्देश्य को ग्रहण कर सके, और उससे प्रभावित हो सके। लेखकों का इस प्रकार का वैयक्तिक दृष्टिकोण ही नए उपन्यासों की आत्मा है। कथानक को मनोरंजक और निर्दोष बनाकर और पात्रों के सजीव चरित्र-निर्माण तथा भाषा की अनाडंबर सहज प्रवाही योजना के द्वारा उपन्यासकार अपने वैयक्तिक मत को ही सहज स्वीकार्य बनाता है। जिस उपन्यासकार के पास आधुनिक युग की जटिल समस्याओं के समाधान के योग्य अपना प्रबल वैयक्तिक मत नहीं है, वह आधुनिक पाठकों को आकृष्ट नहीं कर सकता।

आधुनिक गद्य का कथा-साहित्य : आधुनिक गद्य के प्रचार के साथ गद्य में कथा-साहित्य की पुस्तकें भी प्रकाशित होने लगीं। इंशाअल्ला खाँ की *रानी केतकी की कहानी*, लल्लूलाल की *सिंहासन बत्तीसी*, *बैताल पच्चीसी*, *माधवानंद कामकंदला*, *शकुंतला* और *प्रेमसागर*; सदल मिश्र का *नासिकेतोपाख्यान* आदि पुस्तकें प्राचीनकाल से चली आती हुई कहानियों को आश्रय करके लिखी गई हैं। ये सब उन्नीसवीं शताब्दी के प्रथम दशक में लिखी जा चुकी थीं। इनमें से कई पुस्तकें उर्दू में अनूदित होकर प्रकाशित हुईं। वस्तुतः फोर्ट विलियम कालेज की प्रवृत्ति उर्दू को अधिक आश्रय देने की ओर थी। उस कालेज से हिंदी, फ़ारसी, संस्कृत की कथाओं के अनुवाद के रूप में बहुत-सी पुस्तकें प्रकाशित हुईं, जिनमें *सिंहासन बत्तीसी* (1801 ई.), *प्रेमसागर* (1801 ई.) *राजनीति* (1801 ई.) *शकुंतला नाटक* (1803), *बैताल पच्चीसी* (1805 ई.), *माधवानंद कामकंदला* (1805 ई.) जैसी पुस्तकें हिंदी पाठकों के निकट भी अच्छी तरह से परिचित हैं। *बागे उर्दू* (1799 ई.),

गुलबकावली (1801 ई.), *तोता कहानी* (1828 ई.) आदि पुस्तकें भी इस समय प्रकाशित हुईं, जो आगे चलकर हिंदी अक्षरों में भी प्रकाशित हुईं और बहुत दिनों तक साधारण हिंदी-पाठकों का मनोरंजन करती रहीं। उर्दू में इन कहानियों की परंपरा बड़ी तेजी से आगे बढ़ी, और फ़ारसी की पुरानी कहानियों के अनुवादरूप में ही प्रकाशित हुईं। कुछ पुस्तकों में तो कथा का विस्तार इतना अधिक था, कि उन्हें पढ़ने के लिए महीनों का समय चाहिए। *तिलस्मे होशरुबा* लगभग हजार पृष्ठों के चालीस जिल्दों में छपा था। इन कहानियों में अय्यारी और तिलस्म की भरमार थी और प्राकृत घटनाओं की तथा हल्के ढंग के प्रेम की योजना हुआ करती थी। प्रेम के लिए सब प्रकार के छल-प्रपंच उचित समझे गए थे, और घटनाओं की योजना इस प्रकार की जाती थी कि पाठक की विचार-बुद्धि कुंठित होकर उसमें उलझ जाय। इन कहानियों ने हिंदी के कहानी-साहित्य को भी प्रभावित किया, और तिलस्मी उपन्यासों का एक मनोरंजक साहित्य बन गया।

किंतु ये सब कहानियाँ उपन्यास नहीं हैं, क्योंकि इनमें लेखकों का अपना कोई वैयक्तिक दृष्टिकोण नहीं है, और उनकी घटनाओं की योजना में किसी प्रबल वैयक्तिक मत के समर्थन का लक्ष्य नहीं है।

आधुनिक ढंग के उपन्यास : हिंदी में आधुनिक ढंग के उपन्यास का लिखना भारतेंदु-युग से ही आरंभ हो गया था। भारतेंदु हरिश्चंद्र ने *पूर्णप्रकाश और चंद्रप्रभा* नाम का सर्वप्रथम सामाजिक उपन्यास लिखा था। इसमें पूर्ण प्रकाश नायक है और चंद्रप्रभा नायिका। चंद्रप्रभा का विवाह ढुंढिराज नामक एक वृद्ध से हुआ था। वृद्ध-विवाह के दोष और कन्याओं की शिक्षा का समर्थन इस उपन्यास का प्रधान उद्देश्य है। लेखक ने व्यंग्यों और कटाक्षों का भी आश्रय लिया है। इस उपन्यास में भारतेंदु ने नारीजाति के नवीन अभ्युदय का संदेश दिया, और दीर्घकाल से चली आती हुई सड़ी-गली रूढ़ियों का विरोध किया। इस काल में लाला श्रीनिवासदास का उपन्यास *परीक्षागुरु* प्रकाशित हुआ, जिसे पं. रामचंद्र शुक्ल ने अंग्रेजी ढंग का पहला मौलिक उपन्यास कहा है। इसका प्रथम संस्करण कब प्रकाशित हुआ था यह तो नहीं ज्ञात हो सका, परंतु इसका दूसरा संस्करण सन् 1886 ई. में हुआ था। बाबू राधाकृष्णदास का *निःसहाय हिंदू* (1886 ई.), पं. बालकृष्ण भट्ट का *नूतन ब्रह्मचारी* (1886 ई.) और *सौ अजान और एक सुजान* (1892 ई.), रत्नचंद्र प्लीडर का *नूतन चरित्र,* मेहता लज्जाराम शर्मा का *स्वतंत्र रमा और परतंत्र लक्ष्मी* (1899 ई.) और *धूर्त रसिककाल* (1899 ई.), गोपालराम गहमरी का *बड़ा भाई* और *सास पतोहू* (1898 ई.) तथा किशोरीलाल गोस्वामी के *त्रिवेणी* (1889 ई.), *हृदय-हारिणी* (1890 ई.), *लवंगलता* (1890 ई.) *सुख-शर्वरी* (1891 ई.), आदि उपन्यास इसी समय लिखे गए, जिनमें थोड़ा-बहुत रोमांस, और थोड़ा-बहुत नैतिक शिक्षा का दृष्टिकोण उपस्थित किया गया है। इसी काल में राधाचरण गोस्वामी की *विधवा विपत्ति* (1888 ई.), *हनुमंतसिंह की चंद्रकला* (1893 ई.), गोकुलनाथ शर्मा की *पुष्पावती* आदि पुस्तकें प्रकाशित हुईं। इस काल के उपन्यास-लेखकों पर बंगला और संस्कृत साहित्य का प्रभाव था। कभी-कभी संस्कृत के *कादम्बरी* आदि की शैली पर सुंदर गद्य-काव्य लिखने का प्रयत्न किया जाता था। पं. प्रतापनारायण मिश्र, राधाचरण गोस्वामी, गदाधरसिंह, राधाकृष्णदास, कार्तिकप्रसाद खत्री, रामकृष्ण वर्मा आदि ने बंगला के अनेक उपन्यासों के अनुवाद किए।

यह परंपरा बीसवीं शताब्दी के प्रथम चरण तक अबाध रूप से चलती रही। इस प्रकार उन्नीसवीं शताब्दी के अंत तक हिंदी गद्य की सर्वतोमुखी उन्नति हो चुकी थी। आधुनिक ढंग के नाटकों और उपन्यासों का सूत्रपात हो चुका था, नए ढंग के निबंध लिखे जा रहे थे, वैयक्तिक दृष्टिकोण की प्रतिष्ठा हो चुकी थी, और देश कि भिन्न-भिन्न भाषाओं से प्रेरणा लेकर नए-नए साहित्यांगों की सृष्टि का बीज बोया जा रहा था।

तिलस्मी उपन्यास : उन्नीसवीं शताब्दी के अंत में और बीसवीं शताब्दी के आरंभ में हिंदी में सबसे अधिक प्रभावशाली कथा-साहित्य ऐय्यारी और तिलस्मी उपन्यासों का था। देवकीनंदन खत्री के दो उपन्यास *चंद्रकांता* और *चंद्रकांता संतति* उन दिनों बहुत लोकप्रिय थे। इन पुस्तकों के अनुकरण पर और भी कई उपन्यास लिखे गए थे। हिंदी को लोकप्रिय भाषा बनाने में इन उपन्यासों का बहुत बड़ा हाथ है। उन्नीसवीं शताब्दी के पूर्वार्द्ध में जिस प्रकार के घटना-वैचित्र्य-बहुल तिलस्माती उपन्यास लिखे जा रहे थे, उन्हीं से प्रेरणा लेकर इन उपन्यासों की कथावस्तु तैयार की गई थी। इनमें अद्‌भुत और असाधारण घटनाओं की ऐसी रेल-पेल है कि पाठक का चित्त धक्का खा-खाकर आगे बढ़ता जाता है, उसे कथानक के गठन और चरित्र के विकास की बात याद ही नहीं रहती। अतिप्राकृत, अद्‌भुत और असाधारण घटनाओं से आश्चर्यजनक परिस्थितियों का निर्माण तिलस्माती कथानकों का प्रधान आकर्षण था। इन कथानकों में 'लकलका' नामक एक प्रकार की मादक वस्तु के प्रयोग का प्रसंग प्रायः ही आता रहता है, जिसके सूँघने से मनुष्य बेहोश हो जाता है। तिलस्माती उपन्यासों का वातावरण भी साहित्यिक 'लकलका' है। वह पाठक को बेहोश और अभिभूत कर देता है; वह कथानक के उद्देश्य, गठन और पात्रों के साथ उनके संबंध की, और पात्रों के मनोवैज्ञानिक विकास की बात सोच ही नहीं सकता। इन उपन्यासों ने हिंदी जनता के चित्त को ऐसे ही मादक वातावरण में डाल रखा था। उपन्यास के वास्तविक रूप से तो इन्होंने इस जनता को परिचित नहीं कराया, परंतु आधुनिक उपन्यासों की जो सबसे बड़ी विशेषता—मनोरंजन—है, उसे प्राप्त करने की दुर्दम लालसा इन्होंने अवश्य उत्पन्न कर दी।

बंगला उपन्यास : बंगाल में अंग्रेजी शिक्षा से संपर्क बहुत पहले से हो चुका था, और उन्नीसवीं शताब्दी में उसमें नए ढंग के उपन्यासों की रचना बड़े वेग से होने लगी थी। बंगाल के उन दिनों के सबसे श्रेष्ठ उपन्यास-लेखक बंकिम बाबू थे। उन्नीसवीं शताब्दी के अन्त्य भाग में बंगाल के उपन्यास-लेखकों का हिंदी पर बहुत बड़ा प्रभाव पड़ा है। बंकिम बाबू ने एक दर्जन से अधिक उपन्यास लिखे हैं, ये उपन्यास पुरानी भारतीय कथा-शैली में नहीं किंतु आधुनिक अंग्रेजी उपन्यासों के ढंग पर लिखे गए हैं। उनके उपन्यास अधिकतर ऐतिहासिक हैं या ऐतिहासिक घटनाओं से संबद्ध हैं, परंतु वे ठीक अर्थों में ऐतिहासिक नहीं कहे जा सकते, बल्कि स्वरूप से वे अंग्रेजी के रोमांसों के अनुरूप हैं। रोमांस में कल्पना की उड़ान होती है, और प्रेम और साहसिकता की प्रधानता होती है। उनमें कई उपन्यासों में सामाजिक और धार्मिक समस्याओं को सामने रखा गया है। कहा जाता है कि बंकिम वाल्टर स्काट से प्रभावित थे, परंतु सही बात यह है कि उन्होंने उन्नीसवीं शताब्दी के अंग्रेजी उपन्यासों का अच्छा मंथन किया था और जेन आस्टिन, थैकरे, विक्टर ह्यूगो और डिकेन्स आदि औपन्यासिकों की विशेषता को निपुण भाव से देखा था। अपने उपन्यासों में

उन्होंने उस काल की सभी प्रवृत्तियों को अपने ढंग से व्यक्त किया है। परंतु कहीं भी वे किसी बड़े उपन्यासकार की नकल नहीं करते। अंग्रेजी उपन्यासों की उत्तम परंपरा को उन्होंने भारतीय रूप में सजाया है। बंकिम बाबू का प्रभाव हिंदी पर ही नहीं, तत्कालीन अन्य भारतीय भाषाओं पर भी पड़ा। हिंदी में तो अंग्रेजी साहित्य का प्रभाव शुरू-शुरू में सीधे न आकर बंगाली लेखकों के माध्यम से ही आया। अंग्रेजी की रोमांस-धारा को विशुद्ध भारतीय वेश में सुसज्जित करने का श्रेय बंकिम बाबू को है। कल्पना की उड़ान, चरित्रों का मानसिक विकास, कथानक की रोचकता, कथावस्तु का औत्सुक्य-प्रधान होना, चरित्रों का मनोवैज्ञानिक विकास और उद्देश्य की एकतानता, उन्नीसवीं शताब्दी के यूरोपियन उपन्यास-साहित्य की प्रधान विशेषता थी। बंकिम बाबू अपने काल के अत्यंत प्रतिभाशाली लेखक थे। इस अद्‌भुत रोमांस-धारा को भारतीय वेश में सजाकर और उसे भारतीय पाठक की मनोवृत्ति के अनुकूल बनाकर बंकिम बाबू ने भारतीय साहित्य में अद्‌भुत क्रांति उपस्थित की। उसका प्रभाव बहुत सुदूरव्यापी हुआ। हिंदी में पंडित प्रतापनारायण मिश्र और पंडित राधाचरण गोस्वामी ने बंगाली उपन्यासों का अनुवाद आरंभ किया। बाद में बाबू गदाधरसिंह ने *बंगविजेता* और *दुर्गेश-नंदिनी* का अनुवाद किया। इसके बाद बंगाली उपन्यासों के अनुवाद का ताँता बँध गया। बाबू राधाकृष्णदास, बाबू कार्तिकप्रसाद खत्री, बाबू रामकृष्ण वर्मा आदि प्रतिष्ठित लेखक इस अनुवाद-परंपरा के आदि-प्रवर्त्तक कहे जाएँगे। बंगाली उपन्यास-लेखकों की लचीली भावुकता के साथ पश्चिम से आई हुई रोमांस-परंपरा का ऐसा सुंदर योग हुआ कि उस काल का समूचा भारतवर्ष उसके सर्वग्रासी प्रभाव की लपेट में आ गया। पड़ोसी भाषा होने के कारण हिंदी पर उसका सर्वाधिक प्रभाव पड़ा।

बंगला उपन्यासों की देन : बंगला उपन्यासों के अनुवाद को हिंदी जनता ने बड़े चाव से पढ़ा। इस नए ढंग के साहित्य ने तिलस्माती उपन्यासों का रंग फीका कर दिया। उस काल की भाषा पर बंगला के शब्दों, मुहावरों और वाक्य-गठन तक का प्रभाव पड़ा। शेष करना (समाप्त करना), जिज्ञासा करना (पूछना), 'सर्वनाश', 'किंकर्त्तव्यविमूढ़' आदि प्रयोग सीधे बंगला उपन्यासों की वाक्यावली से आ गए। बहुत दिनों तक इन प्रयोगों से भाषा का पीछा नहीं छूट पाया। सन् 1920 के बाद जब नया उत्थान हुआ और प्रेमचंद, कौशिक, सुदर्शन, जैनेंद्रकुमार आदि शक्तिशाली कथाकारों का प्रभाव व्यापक हो उठा, तब भाषा इन प्रयोगों से बच पाई।

बंगला उपन्यासों ने हिंदी को एक ओर तो अतिप्राकृत, अतिरंजित, घटनाबहुल ऐय्यारी उपन्यासों के मोहजाल से मुक्त किया और दूसरी ओर शुद्ध भारतीय संस्कृति की ओर उन्मुख किया। उनके अनुवादों ने भाषा को संस्कृत पदावली की मधुरता और गंभीरता की ओर प्रवृत्त किया और कोमल भावनाओं और सुकुमार कल्पनाओं की रुचि उत्पन्न की। यद्यपि कुछ दिनों तक उसका अभिभूतकारी प्रभाव हिंदी पर छाया रहा, पर सब मिलाकर उसने हिंदी कविता और गद्य भाषा को समृद्ध ही किया। उर्दू के अतिरंजित कथानकों और किस्सागोईपरक साहित्य से कुछ देर तक के लिए छुटकारा मिलना हिंदी के विकास के लिए आवश्यक था। उर्दू मुहावरों की भाषा बन गई थी, उस समय उससे बँधे रहने पर हिंदी में उन्मुक्त कल्पना का अवकाश न मिलता, हमारा कथा-साहित्य मुहावरेबाजी और

लतीफेबाजी में देर तक अटका रहता।

छोटी कहानियाँ : जो बात उपन्यास के क्षेत्र में सत्य है, करीब-करीब वही बात कहानियों के बारे में भी ठीक है। कहानी कहने की प्रथा कोई नई चीज नहीं है, पर 'कहानी' नामक नया साहित्यांग आधुनिक युग की देन है। यह भी प्रेस और यातायात के नवीन साधनों की सहायता से विकसित हुआ है और लोकप्रिय बना है। शुरू-शुरू में पश्चिमी देशों में भी उपन्यास और कहानी में कोई भेद नहीं किया जाता था। परंतु जैसे-जैसे सभ्यता की भीड़भभ्भड़ बढ़ती गई, वैसे-वैसे अल्प समयसाध्य छोटे-छोटे साहित्यांगों का विकास भी होता गया। यह साहित्य का सभ्यता के साथ ताल मिलाकर चलने का प्रयास है। काव्य के क्षेत्र में लिरिक या गीतिकाव्य, नाटक के क्षेत्र में एकांकी तथा उपन्यास और कथा के क्षेत्र में 'कहानी' इसी प्रसास के फल हैं।

आधुनिक कहानियों के पहले की अवस्था : प्रेस और यातायात के नवीन साधनों के प्रचार के पूर्व भारतीय साहित्य अपने प्राचीन कहानी-कला के परिचित मार्ग से थोड़ा हट चुका था। फारसी कहानियों के संपर्क से *लैला-मजनूँ, शीरीं-फरहाद, किस्सए-गुलबकावली* आदि के ढंग की कहानियाँ प्रचलित हो गई थीं, जिनमें मनुष्य की आदिम प्रवृत्तियों को सहलाना ही प्रधान लक्ष्य हो गया था। फ़ारसी साहित्य के आदर्श और ऐकांतिक ढंग के प्रेम-कथानक भी इसी हल्की मनोवृत्ति के शिकार हो गए थे। आदिम शक्तियों को उत्तेजित करने के लिए जिन कौशलों का सहारा लिया जाता था, वे एकदम अस्वाभाविक और रुचिबहिर्भूत थे। अतिप्राकृत प्रसंगों की योजना, उड़नेवाली परियों का बराबर आ उपस्थित होना, इशारों और संकेतात्मक प्रतीकों की ठेलमठेल के कारण इनमें कहानी का सहज कहानीपन गायब हो जाता है। हिंदुस्तानी कथानक-रूढ़ियों और फ़ारसी कहानीगत अभिप्रायों के सबसे निम्न स्तर के अवयवों के सम्मिश्रण से जो साहित्य बन रहा था, वह न बहुत उच्चकोटि का ही बन सका और न कभी अभिजात साहित्य के महल की देहली ही लाँघ सका। परंतु नए युग के आने के बाद तक उसका खँखेरा सूखा नहीं था। *किस्सा तोता मैना, छबीली भटियारिन, किस्सा साढ़े तीन यार, एक रात में चालीस खून* कहानियों में यही विकृत रुचि सुरक्षित रह गई है। इस मनोवृत्ति का ही ईषत् संस्कृत रूप तिलस्मी और ऐय्यारी कहानियों में आया, पर सही बात यह है कि साहित्य के मंदिर में प्रवेश पाने की योग्यता इनमें नहीं थी।

भारतेंदु काल तक कहानी-कला अविकसित रही : मुंशी इंशाअल्ला खाँ की *रानी केतकी की कहानी* को कई आलोचकों ने हिंदी की प्रथम कहानी माना है। परंतु वह नई परंपरा की आरंभिक कहानी नहीं है, बल्कि मुस्लिम प्रभावापन्न परंपरा की अंतिम कहानी है (जो साहित्य के मंदिर में प्रवेश पाने का गौरव पा सकी है)। यह भी अस्वाभाविक और अतिमानुषिक प्रसंगों से भरी है और यद्यपि इसमें रुचि-विगर्हित तत्त्व कम हैं, तथापि उनका एकदम अभाव भी नहीं है। भाषा में हल्का-फुल्का भाव है। इसकी भाषा और शैली में आधुनिक कहानी-कला का थोड़ा आभास मिल जाता है, पर यह बात उर्दू और फ़ारसी के समूचे कथा-साहित्य की ही विशेषता है। मुंशीजी के समकालीन लेखकों में से प्रायः सबने कोई-न-कोई कहानी तो लिखी है, पर इन धार्मिक और पौराणिक कहानियों से भी आधुनिक कहानी-कला का दूर का ही संबंध है। राजा शिवप्रसाद सितारेहिंद की लिखी

बताई जानेवाली कहानी *राजा भोज का सपना* और भारतेंदु हरिश्चंद्र लिखित समझी जानेवाली कहानी *अद्भुत अपूर्व स्वप्न* कथंचित आधुनिकता के लक्षणों से संपन्न मानी जा सकती हैं। इनमें भी परवर्त्ती कहानी की शैली में अधिक आधुनिकता है, परंतु आधुनिक कहानी में लेखक का जो एक वैयक्तिक मत और अंतर्निहित उद्देश्य आवश्यक होता है, वह इनमें बहुत अस्पष्ट है। सही बात यही है कि भारतेंदु-युग में यद्यपि हमारे साहित्य में आधुनिकता का संस्पर्श हो आया था, पर वह पूर्ण रूप से आधुनिक नहीं हो पाया था। एक ओर तो उसमें प्राचीनता का मोह बना हुआ था, दूसरी ओर नवीनता को ग्रहण करने का औत्सुक्य आ चुका था। उसमें कहानी का आधुनिक रूप विकसित नहीं हो पाया। यथासंभव कम पात्रों और कम शब्दों का प्रयोग करके उन्हीं के सहारे कथानक, पात्र, वातावरण और प्रभाव आदि की सृष्टि करने का कोई प्रयास इस काल में नहीं हुआ।

वास्तविक कहानी का आरंभ : वस्तुतः बीसवीं शताब्दी में जब 'सरस्वती' का प्रकाशन हुआ, तभी वास्तविक अर्थों में कहानी लिखना शुरू हुआ। प्रथम-प्रथम तो शेक्सपियर के कुछ नाटकों को कहानी के रूप में लिखने का प्रयत्न हुआ, फिर संस्कृत की *रत्नावली, मालविकाग्निमित्र* जैसे नाटकों और *कादम्बरी* जैसी कथाओं को कहानी रूप में कहने का प्रयत्न किया गया। स्पष्ट ही लेखकों की रुचि रोमांस की ओर अधिक थी। इन कहानियों को न तो मौलिक कहानी ही कहा जा सकता है और न अनुवाद ही, परंतु इनमें कहानी के माध्यम से साहित्यिक रुचि जाग्रत करने का प्रयास अवश्य था। इनका चुनाव सूचित करता है कि लेखकगण पिछले खेवे के अतिमानुषिक प्रसंगों और रुचिबहिर्गत वातावरण की योजना को संपूर्ण रूप से छोड़ चुके थे और इस समय कथानकों को नए ढंग से उपस्थित करने का प्रयास करने लगे थे। सन् 1900 ई. में पं. किशोरीलाल गोस्वामी ने *टेंपेस्ट* की छाया लेकर एक कहानी लिखी, जिसमें वातावरण तो भारतीय था, पर मूल कथानक को ही उसमें गूँथने का प्रयास था। इसे ही हिंदी की सर्वप्रथम कहानी कहा जाता है। निस्संदेह इसमें अच्छी कहानी के कई गुण थे, पर यह वस्तुतः अंग्रेजी नाटकों की छाया पर आधारित अर्द्ध-अनुवादित कहानियों से सिर्फ इस बात में भिन्न थी कि लेखक ने यह प्रयत्न किया था कि कहानी मौलिक जान पड़े। श्री किशोरीलाल गोस्वामी की कहानी के बाद मार्मिक भावप्रधान कहानी पं. रामचंद्र शुक्ल ने लिखी। यह कहानी (*ग्यारह वर्ष का समय*)आधुनिकता के लक्षण से युक्त अवश्य थी और किशोरीलालजी की पूर्व-प्रकाशित दोनों कहानियों से श्रेष्ठ थी, फिर भी *दुलाईवाली* में जैसा निखार है वैसा इसमें नहीं है। सन् 1900 ई. से 1910 ई. तक का काल हिंदी कहानियों का प्रयोगकाल कहा जा सकता है।

किशोरीलालजी की इस कहानी के पश्चात् कुछ उपदेशमूलक कहानियाँ प्रकाशित हुईं। विद्यानाथ शर्मा की *विद्या बहार* और मैथिलीशरण गुप्त की *निन्यानवे का* फेर ऐसी ही कहानियाँ थीं। इनमें कहानी की नई कारीगरी का थोड़ा आश्रय अवश्य लिया गया था, पर आधुनिकता निखर नहीं पाई थी। *सुदर्शन* नामक मासिक-पत्र में श्री माधवप्रसाद मिश्र की कहानियाँ निकल रही थीं, जिनमें प्राचीन आख्यायिकाओं की शैली थी। 1907 ई. में श्री बंग महिला की *दुलाईवाली* नाम की कहानी प्रकाशित हुई, जिसमें एक छोटी-सी घटना को लेकर सामान्य मनुष्यता को प्रभावित करने योग्य यथार्थवादी चित्रण था। बहुतों ने इसे ही हिंदी की प्रथम कहानी माना है। इन दिनों स्वामी सत्यदेव, विश्वंभरनाथ जिज्जा,

गिरजाकुमार घोष की कहानियाँ भी प्रकाशित हुईं। वृंदावनलाल वर्मा की पहली कहानी *राखीबंदभाई* 1907 ई. में छपी और मैथिलीशरण गुप्त की कहानी *नकली किला* भी इसी समय प्रकाशित हुई।

प्रसाद और गुलेरी की कहानियाँ : सन् 1911 ई. में 'इंदु' का प्रकाशन हुआ। इसमें जयशंकर प्रसादजी की संभवतः प्रथम कहानी *ग्राम* (1911 ई.) प्रकाशित हुई। श्री गंगाप्रसाद श्रीवास्तव की प्रथम हास्यरस की कहानी *पिकनिक* भी इसी साल प्रकाशित हुई और इन्हीं दिनों 'भारत मित्र' में पं, चंद्रधर शर्मा गुलेरी की प्रथम कहानी *सुखमय जीवन* भी छपी। ये तीनों लेखक आगे चलकर हिंदी साहित्य में प्रख्यात हुए। चंद्रधर शर्मा की कहानियों की संख्या तो बहुत थोड़ी है, पर इन स्वल्प रचनाओं के बल पर ही वे साहित्य में अपूर्व गौरव के अधिकारी हुए हैं। सन् 1912 ई. में प्रसादजी की दूसरी कहानी *रसिया बालम* प्रकाशित हुई। प्रथम बार उनकी कल्पना-प्रधान आदर्श चित्रणकला का इसी में प्रस्फुटन हुआ। फिर ज्वालाप्रसाद शर्मा की *विधवा* और *तस्कर* और विश्वंभरनाथ कौशिक की प्रथम कहानी *रक्षाबंधन* (1913 ई.) प्रकाशित हुई। सन् 1915 ई. की 'सरस्वती' में चंद्रधर शर्मा गुलेरीजी की अत्यन्त महत्त्वपूर्ण कहानी *उसने कहा था* प्रकाशित हुई।

सन् 1916 ई. में प्रेमचंद की प्रथम कहानी *पंच परमेश्वर* प्रकाशित हुई। इस कहानी में यथार्थोन्मुख आदर्श का ऐसा सुंदर चित्रण था कि इसने उस समय लिखी जानेवाली सभी कहानियों का रंग फीका कर दिया। महिमा में इस कहानी की प्रतिद्वंद्विता पहले की लिखी हुई सिर्फ एक कहानी—*उसने कहा था* —कर सकती है। इन दोनों कहानियों का महत्त्व केवल सामयिक नहीं था। ये सार्वदेशिक और सार्वकालिक सत्य का संदेशा लेकर आई थीं।

प्रेमचंद का आगमन (1880-1936) : प्रेमचंद की कहानियों का प्रकाशन हिंदी के कथा-साहित्य की बहुत ही महत्त्वपूर्ण घटना है। *पंच परमेश्वर* नामक कहानी ने प्रथम बार आधुनिक पाठक के सामने देश में फैली हुई असंख्य जनता के भीतर निवास करनेवाली परमशक्तिशालिनी दैवी शक्ति का उद्‌घाटन किया। यह कहानी मनुष्य-जीवन की यथार्थ जटिलताओं के भीतर से निकलकर उसकी यथार्थ समस्याओं को स्पर्श करती है और सत्य को स्वीकार करने की उस महिमाशालिनी क्षमता का परिचय देती है, जो अनेक व्यवधानों के कारण सहज ही नहीं दिखाई देती। थोड़े समय बाद प्रेमचंद की दूसरी हिंदी कहानी—*आत्माराम* प्रकाशित हुई। इसमें भी मनोवैज्ञानिक विश्लेषण और यथार्थता के भीतर से मनुष्य-हृदय की विशालता उद्‌घाटित हुई। प्रभावोत्पादकता और चरित्र-चित्रण की दृष्टि से ये कहानियाँ उन दिनों भी बेजोड़ थीं और आज भी वैसी ही बनी हुई हैं।

सुदर्शन : इसी समय सुदर्शनजी की *कमल की बेटी* नामक कहानी प्रकाशित हुई। इसमें भी नई कहानी-कला निखरकर प्रकट हुई थी। इस प्रकार इस काल में सच्ची आधुनिक कहानियों का जन्म हुआ। कथानक-रूप और शैली की दृष्टि से इन कहानियों ने पुराने ढर्रे की कहानियों में बहुत बड़ा परिवर्त्तन ला दिया और जीवन के विशाल क्षेत्रों को उद्‌घाटित किया। फिर तो नए ढंग की कहानियाँ तेजी से लिखी जाने लगीं। इस काल में चतुरसेन शास्त्री, राजा राधिकारमण, शिवपूजन सहाय, हृदयेश, गोविंदवल्लभ पंत,

ज्वालादत्त शर्मा, पदुमलाल पुन्नालाल बख्शी, गोपालराम गहमरी, गंगाप्रसाद श्रीवास्तव, वृंदावनलाल वर्मा, रायकृष्णदास आदि कहानीकारों की रचनाएँ प्रकाशित हुईं और हिंदी का कहानी-साहित्य बहुत तेजी से आगे बढ़ा।

यथार्थवादी चित्रण आवश्यक : उपन्यास और कहानी के लिए यथार्थवादी चित्रण की थोड़ी-बहुत आवश्यकता रहती ही है। प्रेमचंद ने अपने उपन्यासों और कहानियों को मानव-जीवन का यथार्थ चित्रण ही कहा है। कभी-कभी यथार्थवादी कहानीकार मर्यादा की सीमा अतिक्रम कर जाते हैं, इसलिए 'यथार्थवाद' शब्द बहुत गलतफहमी का शिकार हो गया है। प्रसंग आ गया है, इसलिए उसके संबंध में विचार कर लिया जाय।

यथार्थवाद का अर्थ : साहित्य में यथार्थवाद शब्द का प्रयोग नए सिरे से होने लगा है, यह अंग्रेजी साहित्य के 'रियलिज़्म' शब्द के तौर पर गढ़ लिया गया है। यथार्थवाद का मूल सिद्धांत है, वस्तु को उसके यथार्थ रूप में चित्रित करना। न तो उसे कल्पना के द्वारा चित्रित रंगों से अनुरंजित करना, और न किसी धार्मिक या नैतिक आदर्श के लिए उसे काट-छाँटकर उपस्थित करना। यूरोपियन साहित्य में 'रियलिज़्म' का व्यवहार 'रोमेंटिसिज़्म' (स्वच्छंदतावाद) और 'आइडियलिज़्म (आदर्शवाद) के विरुद्ध अर्थ में हुआ। यथार्थवाद के विरोधी लेखकों ने इस दृष्टि से लिखे हुए उपन्यासों और काव्यों को 'फोटोग्रैफिक' चित्रण कहा है। अर्थात् जिस प्रकार कैमरा वस्तु के प्रत्येक अवयव और वातावरण को ज्यों-का-त्यों उपस्थित कर देता है, न घटाता है, न बढ़ाता है, उसी प्रकार लेखक वक्तव्य-वस्तु को ज्यों-का-त्यों उपस्थित करता है। अपने राग-विराग से उसे कुछ-का-कुछ बनाकर नहीं उपस्थित करता। इस उद्देश्य-सिद्धि के लिए यथार्थवादी लेखक कुछ कौशलों का आश्रय लेता है। वह (1) वक्तव्य-वस्तु के इर्द-गिर्द की प्रत्येक बात का ब्यौरेवार विवरण उपस्थित करता है, और गंदी और घिनौनी समझी जानेवाली चीजों का विशेष रूप से उल्लेख करता है; (2) समसामयिक घटनाओं और रीति-रस्मों का विस्तारपूर्वक उल्लेख करता है; (3) वक्तव्य-वस्तु के साथ अत्यंत क्षीण सूत्र से संबद्ध नगण्य व्यक्तियों की भी चर्चा करता है; (4) भिन्न-भिन्न पात्रों की बोलियों का हू-ब-हू लेखन करता है, और उनमें यदि जुगुप्सित अश्लील गालियाँ भी हों, तो उन्हें ज्यों-का-त्यों रख देने में नहीं हिचकता; (5) विभिन्न व्यवसाय और पेशे के लोगों की पारिभाषिक शब्दावली को चुन-चुनकर संग्रह और व्यवहार करता है; (6) घटना की सचाई का वातावरण उपस्थित करने के लिए चिट्ठियों, सनदों और अन्य प्रामाणिक समझी जाने योग्य बातों को उपस्थित करता है।

रोमांस, प्रकृतिवाद और यथार्थवाद : रोमांस के पक्षपातियों ने यथार्थवादी चित्रण पर बड़ा कठोर आघात किया है, कभी-कभी इसे प्रकृतिवाद (नैचुरलिज़्म) के साथ घुला दिया गया है। प्रकृतिवाद भी उन्नीसवीं शताब्दी में यूरोप के साहित्य में बहुत प्रसिद्ध मतवाद था। इसके अनुसार मनुष्य प्रकृति का उसी प्रकार से क्रमशः विकसित जंतु है, जिस प्रकार संसार के अन्य प्राणी। उसमें पशु-सुलभ सभी आकर्षण-विकर्षण ज्यों-के-त्यों वर्त्तमान हैं। प्रकृतिवादी लेखक मनुष्य को काम-क्रोध आदि मनोरागों का गट्ठर मात्र समझता है, और उसके अर्थहीन आचरणों, कामासक्त चेष्टाओं और अहंकार से उत्पन्न धार्मिक वृत्तियों का विशेष भाव से उल्लेख करता है। यथार्थवादी लेखक ठीक इन्हीं

सिद्धांतों को नहीं मानता, परंतु मनुष्य की ब्यौरेवार चेष्टाओं का चित्रण करते समय कभी-कभी प्रकृतिवादी लेखक के सामानांतर चलने लगता है। वस्तुतः यथार्थवाद का उल्टा शब्द आदर्शवाद है और प्रकृतिवाद का उल्टा शब्द मानवतावाद, क्योंकि मानवतावादी लेखक मनुष्य को पशु-सामान्य धरातल से ऊपर का प्राणी मानता है। वह त्याग और तप को मनुष्य का वास्तविक धर्म मानता है। वह विश्वास करता है कि यद्यपि मनुष्य में बहुत पशु-सुलभ वृत्तियाँ रह गई हैं, तथापि वह पशु नहीं है। वर्षों की साधना से उसने अपने भीतर त्याग, तप, सौंदर्य-प्रेम और पर-दु:ख-कातरता जैसे गुणों का विकास किया है। ये गुण ही मनुष्य की निशानी हैं। इस प्रकार मानवतावादी लेखक प्रकृतिवादी लेखक के ठीक उल्टे रास्ते पर चलता है। यथार्थवाद सब समय मानवतावाद का विरोधी नहीं; परंतु ऐसे अवसर आते हैं, जब यथार्थवादी लेखक मानवतावाद के विरुद्ध चला जाता है।

हिंदी के उपन्यासों और कहानियों में क्रमशः इस यथार्थवादी दृष्टि की प्रतिष्ठा बढ़ती गई, परंतु वे न तो पूर्णतः यथार्थवादी हुए, न पूर्णतः रोमांसवादी। भारतेंदु हरिश्चंद्र के नाटकों में ही यथार्थवादी दृष्टि का प्रमाण मिल जाता है। प्रेमचंद, कौशिक और सुदर्शन की आरंभिक कहानियों में भी घटनाओं को वास्तविकता के निकट रखने का पूरा प्रयत्न है। वस्तुतः पुरानी कहानियों से इन कहानियों में मुख्य अंतर यही है कि नई कहानियाँ पाठक के चित्त में वास्तविक जीवन का भान उत्पन्न करती हैं। इसका कारण लेखकों का यथार्थ चित्रण ही है। परंतु यह अच्छी तरह समझ लेना चाहिए कि ये लेखक मूलतः यथार्थवादी नहीं थे। इनकी रचनाओं का प्रधान स्वर मानवतावादी था।

मानवतावादी दृष्टि : उन्नीसवीं शताब्दी में यूरोप में प्रबल ज्ञान-पिपासा जाग्रत हुई थी। उन दिनों वहाँ के मनीषियों में दो बातों के बारे में विशेष मतभेद नहीं था : (1) प्रथम तो यह कि इस संसार में सबकुछ क्रमशः विकसित होता आ रहा है, जो कुछ भी जैसा है वैसा ही बन के नहीं आया था। मनुष्य का मन, बुद्धि, संस्कार, धर्म, मत, सबकुछ क्रमशः विकसित हुए हैं। उसके धार्मिक विश्वास का भी विकास क्रमशः ही हुआ है। सृष्टि-परंपरा में मनुष्य का भी विकास अद्‌भुत बात है। वह इस सृष्टि-प्रक्रिया की सबसे उत्तम, सबसे सुकुमार अतएव सबसे अधिक आदरास्पद और महत्त्वपूर्ण वस्तु है। इसी विचार-पद्धति को किसी-किसी ने ऐतिहासिक दृष्टि नाम दिया है। आज के सभी शास्त्रों के विचारक उसकी विकास-परंपरा को इसी क्रमशः विकसित होनेवाली सृष्टि-प्रक्रिया का फल मानते हैं। यह ऐतिहासिक दृष्टि आज के शिक्षित व्यक्ति की निजी दृष्टि हो गई है। (2) दूसरा प्रधान विश्वास यह था कि मनुष्य को सुखी बनाना, उसे सब प्रकार की आर्थिक और राजनीतिक गुलामी से मुक्त करना और उसे रोग-शोक के चंगुल से छुड़ाना ही सब प्रकार के शास्त्रों और विद्याओं का प्रधान लक्ष्य है। मनुष्य को किसी परलोक में अनंत सुखों का अधिकारी बनाना दूसरी बात है और उसे इसी नश्वर जगत् में इसी मर्त्यकाया में सुखी बनाना बिल्कुल दूसरी बात। इस मनुष्य को इसी मर्त्यकाया में इसी दुनिया में सुखी बनाने का लक्ष्य क्या है ? उत्तर यह है कि मनुष्य अद्‌भुत शक्तियों का भंडार है। उसने अनेक त्याग और आत्मदमन के बाद अपने भीतर अनेक सद्‌गुणों का विकास किया है; वह पशु-सामान्य धरातल से ऊपर उठ सका है, इसका कारण यह है कि उसने अपने भीतर

त्याग की, तपस्या की और आत्मसंयम की बुद्धि विकसित की है। उसके भीतर संभावनाएँ अनेक हैं। इसी मर्त्यलोक को अद्‌भुत अपूर्व शांतिस्थल बनाने की क्षमता इस मनुष्य में है। इसी दृष्टि को उन दिनों मानवतावादी कहा गया था। यह सिद्धांत केवल लोकप्रिय ही नहीं हुआ, वह आधुनिक संस्कृति का मेरुदंड सिद्ध हुआ है। उन्नीसवीं शताब्दी के मानवतावादी विचारक बहुत आशावादी थे। उस समय जो शिक्षा-पद्धति सोची गई उसके केंद्र में यह मानवतावादी विचारधारा थी। उस काल की सभी व्यवस्थाओं के केंद्र में मानवतावादी दृष्टि का हाथ था। भारतवर्ष में भी वही शिक्षा-पद्धति आई। इस शिक्षा-पद्धति में जो लोग शिक्षित हुए, वे मनुष्य की महिमा में अपार विश्वास लेकर विद्यालयों से निकले। प्राचीन धर्मभावना में मनुष्य को परलोक में सुखी बनाने का संकल्प था, नई मानवता पर आधारित धर्मभावना में मनुष्य को इसी मर्त्यकाया में सुखी बनाने का संकल्प था। स्पष्ट रूप से पुरानी धर्मभावना का विरुद्धगामी दृष्टिकोण विकसित हुआ। फलस्वरूप आचारों, विश्वासों और क्रियाओं के मूल्यों में बड़ा अंतर आ गया। ईश्वर और मोक्ष को मानना, न मानना, गौण बात हो गई; मनुष्य को इसी लोक में सुखी बनाना मुख्य। प्रेमचंद ने अपने एक मौजी पात्र से कहलवाया है, "जो यह ईश्वर और मोक्ष का चक्कर है इस पर तो मुझे हँसी आती है। यह मोक्ष और उपासना अहंकार की पराकाष्ठा है जो हमारी मानवता को नष्ट किए डालती है। जहाँ जीवन है, क्रीड़ा है, चहक है, प्रेम है, वहीं ईश्वर है, और जीवन को सुखी बनाना ही मोक्ष और उपासना है। ज्ञानी कहता है होंठों पर मुस्कराहट न आवे, आँखों में आँसू न आवे। मैं कहता हूँ, अगर तुम हँस नहीं सकते, रो नहीं सकते, तो तुम मनुष्य नहीं पत्थर हो। वह ज्ञान जो मानवता को पीस डाले, ज्ञान नहीं कोल्हू है।" इस उद्धरण में आधुनिक मानवतावादी दृष्टि बहुत स्पष्ट हुई है। बीसवीं शताब्दी के सभी हिंदी-लेखक इस मानवतावादी दृष्टि से प्रभावित थे, पर सबके विचारों में फिर भी ऐक्य नहीं था; क्योंकि मानवतावाद भी विभिन्न लेखकों की रुचि और संस्कारों से प्रभावित होकर कुछ भिन्न-भिन्न रूपों में प्रकट हुआ।

मानवतावाद और राष्ट्रीयतावाद : यूरोप में भी मनुष्य को इसी जीवन में सुखी बनाने की दृष्टि ने स्वदेशी राष्ट्रीयतावाद के आंदोलन को बल दिया। व्यवहार में उसे अपने देश के मनुष्यों तक ही संकुचित बनना पड़ा और मशीनों के नवीन साधनों से संपन्न व्यवसायियों के लिए अपनी संपत्ति बढ़ाने और दूसरे देशों का शोषण करने का अस्त्र सिद्ध हुआ। इस देश में समस्या दूसरी थी। यहाँ राष्ट्रीयता का विकास हो रहा था परंतु वह शोषण से मुक्ति पाने का प्रयास था। इसलिए शुरू-शुरू में मानवतावादी दृष्टि के साथ राष्ट्रीयतावादी दृष्टि का कोई संघर्ष नहीं हुआ। उस काल के सभी लेखकों और कवियों में दोनों ही दृष्टिकोण प्राप्त होते हैं। परंतु साहित्य-क्षेत्र में मूल चालक मनोवृत्ति मानवतावाद ही थी। इस मानवतावादी दृष्टि के पेट से ही काव्य में छायावाद का जन्म हुआ और उपन्यास और कहानियों के क्षेत्र में सामाजिक, राजनीतिक और आर्थिक शोषण से विद्रोह करनेवाली स्वच्छंदतावादी प्रेमधारा का भी जन्म हुआ। बीसवीं शताब्दी के उपन्यासों, कहानियों और काव्यों का प्रधान स्वर शोषित के प्रति सहानुभूति का है। इस साहित्य में शोषित के प्रति केवल सहानुभूति ही नहीं मिलती बल्कि यह विश्वास भी काम करता है कि जो शोषित है वह यदि शोषण से मुक्त हो जाय तो उसमें सब प्रकार के सद्‌गुणों का विकास

हो जाता है। प्रेमचंद, सुदर्शन और कौशिक, इन सबकी कहानियों में यही स्वर मिलता है। सब मनुष्य को सद्गुणों का आश्रय मानते हैं। सबका विश्वास है कि झटका लगते ही मनुष्य अपने उस सहज स्वभाव में प्रतिष्ठित हो जाता है, जो मानवीय गुणों का मूर्त्तरूप है। इन लेखकों में सबसे शक्तिशाली और प्रमुख प्रेमचंद थे। पहले वे उर्दू में लिखते थे, बाद में हिंदी में भी लिखने लगे। पहले तो उनकी कहानियाँ प्रकाशित हुईं, बाद में उनके उपन्यास भी हिंदी में प्रकाशित होने लगे। नवीन शिक्षा से शिक्षित मनुष्य जो खोज रहे थे वह उन्हें प्रेमचंद में प्राप्त हुआ। देखते-देखते प्रेमचंद हिंदी में अत्यंत लोकप्रिय लेखक बन गए। उनका प्रभाव इसका सबूत है कि वे वर्त्तमान काल के शिक्षित चित्त के अनुकूल सोच रहे थे। यद्यपि उनकी श्रेष्ठ रचनाएँ 1920 ई. के बाद लिखी गईं, फिर भी इसी स्थान पर प्रेमचंद के महत्त्व की चर्चा कर लेना अप्रासंगिक नहीं होगा।

प्रेमचंद : प्रेमचंद का जन्म बनारस के पास ही एक गाँव (लमही) में एक निर्धन परिवार में हुआ था। उन्होंने आधुनिक शिक्षा पाई नहीं थी, बटोरकर संग्रह की थी। मैट्रिक पास करते-करते उनकी आर्थिक स्थिति यहाँ तक पहुँच चुकी थी कि अपना निर्वाह वे पुरानी पुस्तकें बेचकर भी नहीं कर सकते थे। उन्होंने स्कूल में मास्टरी कर ली थी और स्कूलों के डिप्टी इंस्पेक्टर होने तक की अवस्था तक पहुँच चुके थे। महात्मा गाँधी की पुकार पर उन्होंने सरकारी नौकरी छोड़ दी और जीवन की अंतिम घड़ियों तक कशमकश और संघर्ष का जीवन बिताया। वे दरिद्रता में जनमे, दरिद्रता में पले और दरिद्रता से ही जूझते-जूझते समाप्त हो गए। फिर भी, वे अपने जीवनकाल में समस्त उत्तरी भारत के सर्वश्रेष्ठ कथाकार बन गए थे।

उन्होंने अपने को सदा मजदूर समझा। बीमारी की हालत में भी, मृत्यु के कुछ दिन पहले तक भी वे अपने कमजोर शरीर को लिखने के लिए मजबूर करते रहे। मना करने पर कहते, "मैं मजदूर हूँ, मजदूरी किए बिना मुझे भोजन करने का अधिकार नहीं।" उनके इस वाक्य में अभिमान का भाव भी था और अपने नाकद्रदान समाज के प्रति एक व्यंग्य भी। लेकिन असल में वे इसलिए नहीं लिखते थे कि उन्हें मजदूरी करना लाजिमी था, बल्कि इसलिए कि उनके दिमाग में कहने लायक इतनी बातें आपस में धक्का-मुक्की करके निकलना चाहती थीं कि वे उन्हें प्रकट किए बिना रह नहीं सकते थे। उनके हृदय में इतनी वेदनाएँ, इतने विद्रोहभाव और इतनी चिनगारियाँ भरी थीं कि वे उन्हें सम्हाल नहीं सकते थे। उनका हृदय अगर इन्हें प्रकट न कर देता तो वे शायद पहले ही बंधन तोड़ देते। विनय की वे साक्षात् मूर्त्ति थे, परंतु यह विनय उनके आत्माभिमान का कवच था। वे बड़े ही सरल थे, परंतु दुनिया की धूर्त्तता और मक्कारी से अनभिज्ञ नहीं थे। उनके ग्रंथ इस बात के प्रमाण हैं। ऊपर-ऊपर से देखने पर अर्थात् राजा-महाराजा, सेठ-साहूकारों के साथ तुलना करने पर, वे बहुत निर्धन थे, लोग उनकी इस निर्धनता पर तरस खाते थे, परंतु वे स्वयं नीचे की ओर देखनेवाले थे। लाखों और करोड़ों की तादाद में फैले हुए भुक्खड़ों, दाने-दाने को और चिथड़े-चिथड़े को मुहताज लोगों की वे जबान थे। वे उन्हें भी देखते थे, इसलिए अपने को निर्धन समझकर हाय-हाय नहीं करते थे। इसको वे वरदान समझते थे। दुनिया की सारी जटिलताओं को समझ सकने के कारण ही वे निरीह थे, सरल थे। धार्मिक ढकोसलों को वे ढोंग समझते थे, पर मनुष्यता को वे सबसे बड़ी वस्तु मानते थे।

प्रेमचंद का महत्त्व : प्रेमचंद शताब्दियों से पददलित, अपमानित और निष्पेषित कृषकों की आवाज थे; पर्दे में कैद, पद-पद पर लांछित और असहाय नारी-जाति की महिमा के जबरदस्त वकील थे; गरीबों और बेकसों के महत्त्व के प्रचारक थे। अगर आप उत्तर भारत की समस्त जनता के आचार-विचार, भाषा-भाव, रहन-सहन, आशा-आकांक्षा, दु:ख-सुख, और सूझ-बूझ को जानना चाहते हैं तो प्रेमचंद से उत्तम परिचायक आपको नहीं मिल सकता। झोंपड़ियों से लेकर महलों तक; खोमचेवालों से लेकर बैंकों तक, गाँव से लेकर धारासभाओं तक, आपको इतने कौशलपूर्वक और प्रामाणिक भाव से कोई नहीं ले जा सकता। आप बेखटके प्रेमचंद का हाथ पकड़कर मेड़ों पर गाते हुए किसान को, अंतःपुर में मान किए बैठी प्रियतमा को, कोठे पर बैठी हुई वारवनिता को, रोटियों के लिए ललकते हुए भिखमंगों को, कूट परामर्श में लीन गोयेन्नों को, ईर्ष्या-परायण प्रोफ़ेसरों को, दुर्बलहृदय बैंकरों को, साहसपरायण चमारिन को, ढोंगी पंडितों को, फरेबी पटवारी को, नीचाशय अमीर को देख सकते हैं और निश्‍चित होकर विश्‍वास कर सकते हैं कि जो-कुछ आपने देखा वह गलत नहीं है। उससे अधिक सचाई से दिखा सकनेवाले परिदर्शक को अभी हिंदी-उर्दू की दुनिया नहीं जानती। परंतु सर्वत्र ही आप एक बात लक्ष्य करेंगे। जो संस्कृतियों और संपदाओं से लद नहीं गए हैं, जो अशिक्षित और निर्धन हैं, जो गँवार और जाहिल हैं, वे उन लोगों की अपेक्षा अधिक आत्मबल रखते हैं और अधिक न्याय के प्रति सम्मान दिखाते हैं, जो शिक्षित हैं, जो सुसंस्कृत हैं, जो संपन्न हैं, जो चतुर हैं, जो दुनियादार हैं, जो शहरी हैं। यही प्रेमचंद का अपना जीवन-दर्शन है।

प्रेमचंद का वक्तव्य : प्रेमचंद ने अतीत-गौरव का पुराना राग नहीं गाया और न भविष्य की हैरत-अंगेज कल्पना ही की। वे ईमानदारी के साथ वर्त्तमान काल की अपनी वर्त्तमान अवस्था का विश्‍लेषण करते रहे। उन्होंने देखा कि बंधन भीतर का है, बाहर का नहीं। एक बार अगर ये किसान, ये गरीब, यह अनुभव कर सकें कि संसार की कोई भी शक्ति उनको नहीं दबा सकती तो वे निश्‍चय ही अजेय हो जाएँगे। बाहरी बंधन उन्हें दो प्रकार के दिखाई दिए : भूतकाल की संचित समृतियों का जाल और भविष्य की चिंता से बचने के लिए संगृहीत धनराशि। एक का नाम है संस्कृति और दूसरे का संपत्ति। एक का रथ-वाहक है धर्म और दूसरे का राजनीति। प्रेमचंद इन लोगों को मनुष्यता का बाधक मानते हैं। एक जगह अपने मौजी पात्र (मेहता) से कहलाते हैं, "मैं भूत की चिंता नहीं करता, भविष्य की परवाह नहीं करता। भविष्य की चिंता हमें कायर बना देती है। भूत का भार हमारी कमर तोड़ देता है। हममें जीवनी शक्ति इतनी कम है कि भूत और भविष्य में फैला देने से वह क्षीण हो जाती है। हम व्यर्थ का भार अपने ऊपर लादकर रूढ़ियों और विश्‍वासों तथा इतिहासों के मलबे के नीचे दबे पड़े हैं। उठने का नाम नहीं लेते। वह सामर्थ्य ही नहीं रही। जो शक्ति, जो स्फूर्त्ति, मानवधर्म को पूरा करने में लगानी चाहिए थी, सहयोग में, भाईचारे में, वह पुरानी अदावतों का बदला लेने और बाप-दादों का ऋण चुकाने में भेंट हो जाती है।"

प्रेम का स्वरूप : प्रेमचंद के मत से प्रेम एक पावन वस्तु है। वह मानसिक गंदगी को दूर करता है, मिथ्याचार को हटा देता है और नई ज्योति से तामसिकता का ध्वंस करता है। यह बात उनकी किसी भी कहानी और किसी भी उपन्यास में देखी जा सकती है। यह प्रेम ही

मनुष्य को सेवा और त्याग की ओर अग्रसर करता है। जहाँ सेवा और त्याग नहीं, वहाँ प्रेम भी नहीं, वहाँ वासना का प्राबल्य है। सच्चा प्रेम सेवा और त्याग में ही अभिव्यक्ति पाता है। प्रेमचंद का पात्र जब प्रेम करने लगता है तो सेवा की ओर अग्रसर होता है और अपना सर्वस्व परित्याग कर देता है।

इस काल के कहानी लिखनेवाले लेखकों में से कई लेखक बीसवीं शताब्दी के दूसरे चरण में अत्यंत लोकप्रिय और शक्तिशाली लेखकों के रूप में प्रकट हुए। इनमें प्रमुख हैं जयशंकर प्रसाद (जो संक्षेप में 'प्रसाद' नाम से ही परिचित हैं) और वृंदावनलाल वर्मा। प्रसादजी का यश विशेष रूप से काव्य और नाटक के क्षेत्र में फैला, किंतु उन्होंने कहानियाँ भी लिखी हैं और उपन्यास भी लिखे हैं। वृंदावनलाल वर्मा ऐतिहासिक उपन्यासों के क्षेत्र में यशस्वी हुए। भाषा का अनगढ़ सहज रूप, पात्रों के स्वयं विकसित होने के वातावरण का सर्जन और अस्वाभाविक संवेदना को जाग्रत किए बिना ही मार्मिक रोमांस की योजना ने उनके उपन्यासों को बहुत लोकप्रिय बनाया। कुछ दूसरे कहानी-लेखक भी आगे चलकर अन्यान्य क्षेत्रों में यशस्वी हुए। पंडित चंद्रधर शुक्ल गुलेरी बहुत अच्छे निबंधकार और भाषा-मर्मज्ञ के रूप में, पंडित रामचंद्र शुक्ल प्रौढ़ निबंधकार और समालोचक के रूप में और बाबू मैथिलीशरण गुप्त सफल कवि के रूप में प्रसिद्ध हुए।

'प्रसाद' के नाटक : नाटकों का क्षेत्र इस काल में सूना ही रहा। पारसी थिएट्रिकल कंपनियों के भौंड़े और रस-विगर्हित नाटक उन दिनों जनता में बहुत अधिक प्रचलित थे। साहित्यिक रंगमंच के अभाव में साहित्यिक नाटकों का विशेष अभ्युदय नहीं हो सका। फिर भी इस काल में प्रसादजी की प्रतिभा का अंकुर उद्गत हो चुका था। आगे चलकर प्रसादजी चोटी के साहित्यकारों में गिने गए। उनका अध्ययन विशाल था। संस्कृत के शास्त्रों को पढ़ने का भी उन्हें अवसर मिला था और अंग्रेजी और बंगला के माध्यम से नवीन चेतना को समझने का भी सुयोग उन्हें प्राप्त हुआ था। प्रसादजी के पूर्व कम लोगों का ध्यान भारतवर्ष के मुस्लिम-पूर्व इतिहास की ओर गया था। प्रसादजी ने परिश्रमपूर्वक अपने प्राचीन इतिहास का मंथन किया। उनके नाटकों और काव्यों में इस गंभीर अध्ययन का परिचय मिलता है। उन दिनों आर्य-समाज के आंदोलन के प्रभावस्वरूप यह विश्वास जनता में व्याप्त था कि जो कुछ अच्छा है, या हो सकता है, वह सब प्राचीन भारत में था। कितने ही प्राचीन गाथा गानेवाले लेखक इस विश्वास से चालित होकर साहित्य लिखने लगे थे। परंतु प्रसादजी के नाटकों में यह विश्वास थोड़ी मात्रा में ही मिलता है। वे प्राचीन ऐतिहासिक तथ्यावली का सहारा लेते अवश्य थे, पर उसकी विनियोजना इस प्रकार करते थे कि उससे वर्त्तमान काल की समस्याओं का कुछ हल सूझ जाय और भावी मानवीय संस्कृति का भी कुछ प्रकाश मिल जाय। उनके ऐतिहासिक नाटक पीछे लौटने की सलाह लेकर नहीं आए, आगे बढ़ने की प्रेरणा लेकर आए थे। यद्यपि प्राचीनता का वातावरण उत्पन्न करने के लिए वे केवल अभिप्रायों का उपयोग न करके कुछ आगे बढ़कर संस्कृतबहुला अपरिचित-सी लगनेवाली भाषा का उपयोग करते थे और कभी-कभी अपने तत्त्ववाद के स्पष्टीकरण के फेर में पड़कर नाटक की अभिनेयता की बात एकदम भूल जाते थे, तथापि उनके नाटक महत्त्वपूर्ण हैं; क्योंकि भावी संस्कृति के निर्माण में उनका बहुत महत्त्वपूर्ण हाथ है। कविता का वातावरण, मानवता के प्रति अटूट विश्वास, गीतिकाव्यात्मक पात्रों की योजना और

उदात्त भावनाओं के आवरण में मोहक रोमांस की प्रस्तावना उनके नाटकों में आकर्षक तत्त्व हैं।

निबंध और समालोचना : निबंध और समालोचना के क्षेत्र में भी इस काल में कुछ ऐसे कृती लेखकों का आविर्भाव हुआ जो आगे चलकर बहुत शक्तिशाली सिद्ध हुए। पंडित महावीरप्रसादजी द्विवेदी के स्पष्टवादिता से भरे हुए और नई प्रेरणा देनेवाले निबंध यद्यपि बहुत गंभीर नहीं कहे जा सकते, परंतु उन्होंने गंभीर साहित्य के निर्माण में बहुत सहायता पहुँचाई। इसी प्रकार मिश्रबंधुओं की समालोचना-पद्धति यद्यपि बहुत निर्दोष नहीं थी, परंतु साहित्य के इतिहास-निर्माण में उनके परिश्रम से बहुत सहायता मिली। आगे चलकर जो कुछ भी इस दिशा में कार्य हुआ उसके प्रथम मार्गदर्शक और पुरस्कर्ता मिश्रबंधु ही थे। पंडित पद्मसिंह शर्मा की चटुल-चपल शैली में लिखी हुई बिहारी को श्रेष्ठ कवि सिद्ध करनेवाली समालोचना ने साहित्य को एक बार झकझोर दिया। दीर्घकाल तक उनकी अननुकरणीय शैली का गलत अनुकरण किया जाता रहा। इसी काल में पंडित रामचंद्र शुक्ल की प्रतिभा का अंकुर दिखाई दिया, जो आगे चलकर गंभीर विचारक और मनीषी समालोचक के रूप में प्रख्यात हुए। शुक्लजी के गंभीर चिंतन-प्रधान निबंधों ने साहित्य को बहुमूल्य निधि दी। स्वच्छ और सरस शैली के विनोदी लेखक बालमुकुंद गुप्त, स्फूर्तिदायक गंभीर विवेचन के लेखों से पाठक को प्रेरणा देनेवाले पूर्णसिंह और सरस भाषा में ज्ञान की अनुसंधित्सा जगा देनेवाले चंद्रधर शर्मा गुलेरी इसी काल में दिखाई दिए थे। बाबू श्यामसुंदरदास ने भी आग चलकर अनेक विषयों पर ग्रंथ लिखकर हिंदी को प्रौढ़ साहित्य की भाषा बनाया। इस प्रकार इस काल में ऐसे अनेक कृती साहित्यकारों का प्रादुर्भाव हुआ जिन्होंने भाषा को समर्थ और साहित्य को समृद्ध बनाया।

नवीन युग ले आनेवाला काल : सन् 1900 ई. से 1920 ई. तक का काल हिंदी कविता में नवीन युग ले आनेवाला काल है। इस समय काव्य की भाषा ब्रजभाषा से बदलकर खड़ी बोली हो गई। यद्यपि इस काल में भी कुछ शक्ति-संपन्न कवि ब्रजभाषा को अपनाए रहे, परंतु धीरे-धीरे ब्रजभाषा पीछे पड़ गई और खड़ी बोली आगे निकल गई। कवियों ने ब्रजभाषा में कविता लिखना शुरू किया था बाद में समय का रंग देखकर उसे छोड़ दिया। उनमें से कई आगे चलकर खड़ी बोली के शक्तिशाली कवि सिद्ध हुए। श्रीधर पाठक पहले ब्रजभाषा में कविता लिखते थे, बाद में खड़ी बोली में लिखने लगे। अयोध्यासिंह उपाध्याय और प्रसाद भी पहले ब्रजभाषा में रचना करते थे। परंतु इन दोनों कवियों को यश खड़ी बोली की कविता से मिला। नाथूराम शर्मा खड़ी बोली में भी ब्रजभाषा का छंदःप्रवाह सुरक्षित रख सके हैं। पं. रामचंद्र शुक्ल को भी रास्ता बदलना पड़ा। उनका *बुद्ध चरित* ब्रजभाषा में लिखा काव्य है। बाद में उन्होंने खड़ी बोली में भी कविताएँ लिखीं, पर उनसे उन्हें यश कम ही मिल सका। परंतु कई कवि ब्रजभाषा से हटे नहीं। सत्यनारायण, जगन्नाथदास 'रत्नाकर' आदि कवियों ने ब्रजभाषा की भक्ति नहीं छोड़ी और अंत तक इस भाषा को अपनाए रहे। इनमें सत्यनारायण की कविता में एक सरल और अस्पष्ट स्वच्छंदतावादी भावधारा का आभास मिलता है, किंतु रत्नाकरजी की रचनाओं में ब्रजभाषा के सजग कवियों की भाँति भाषा का अलंकरण और भावों का समंजस-विधान पाया जाता है। यद्यपि ये दोनों कवि भाषा में कोई परिवर्त्तन न कर सके, पर भावों में

आधुनिकता की छाप उन पर पड़ी अवश्य।

'हरिऔध' : खड़ी बोली के जिन कवियों ने आधुनिक सहृदयों को इस काल में मुग्ध किया, उनमें सबसे अधिक उल्लेख योग्य हैं अयोध्यासिंह उपाध्याय 'हरिऔध' (1865-1941) और मैथिलीशरण गुप्त (1886-1964)। प्रसादजी ने कुछ और आगे चलकर यश प्राप्त किया, इसीलिए यहाँ उनकी चर्चा नहीं की जा रही है। इनमें हरिऔधजी का *प्रिय-प्रवास* खड़ी बोली में और संस्कृत वृत्तों में संस्कृत महाकाव्यों की शैली पर लिखा हुआ महाकाव्य है। यद्यपि इसका बाह्य आवरण संस्कृत के पुराने महाकाव्यों के ढंग का है, पर इसका आंतरिक वक्तव्य-वस्तु काफी नवीन है। अत्यंत परिचित विषय को कवि ने आधुनिक रूप दिया है। राधा यहाँ अत्यंत सेवापरायणा महिला के रूप में चित्रित हुई हैं। प्रच्छन्न रूप से कवि के अंतस्तल में मनुष्य को इसी जीवन में सुखी बनाने का आदर्श कार्य कर रहा है। इसके चरित्रों में स्वाभाविक रूप से विकसित होने की क्षमता है और सुकुमार स्थलों को निपुणता के साथ सम्हालने में कवि के अपूर्व कौशल का परिचय मिलता है। यद्यपि हरिऔधजी ने आगे चलकर मुहावरों का प्रयोग दिखाने के उद्देश्य से चौपदे भी लिखे, परंतु उनका यश प्रधान रूप से *प्रिय-प्रवास* के कारण ही है। भाषा पर उनका बहुत अच्छा अधिकार था। खड़ी बोली को जिन लोगों ने काव्य-भाषा बनने की शक्ति दी है, उनमें हरिऔधजी विशेष सम्मान और गौरव के पात्र हैं। *प्रिय-प्रवास* में सहज संगीत, उदार सेवावृत्ति और समंजस-भाव-योजना का बड़ा सुंदर समावेश है। खड़ी बोली का यह एक प्रकार से प्रथम महाकाव्य था।

मैथिलीशरण गुप्त : किंतु इस काल के सर्वाधिक लोकप्रिय कवि मैथिलीशरण गुप्त थे। इन्होंने काव्य में खड़ी बोली का बड़ा सफल प्रयोग किया। खड़ी बोली की प्रकृति को वे शुरू में ही पहचान गए थे। कुछ-न-कुछ संस्कृत के वर्णवृत्तों में भी वे कविता अवश्य लिखते रहते थे, परंतु उनके सर्वाधिक लोकप्रिय काव्य *भारत-भारती* और *जयद्रथवध* हरिगीतिका छंदों में लिखे गए थे। इस छंद पर उन्होंने अपनी छाप लगा दी। *भारत-भारती* में प्राचीन गौरव के प्रति कवि की आस्था व्यक्त हुई है। उसमें आर्य-समाज के तत्कालीन आंदोलन का प्रभाव है। फिर भी कवि ने भविष्य के लिए आशा का संदेश दिया है। *भारत-भारती* ने तत्कालीन शिक्षित जन-चित्त की आशा-आकांक्षा को बुभुक्षित रहने से बचाया। इसने किसी बड़े आदर्श को प्रतिष्ठित तो नहीं किया, लेकिन जन-चित्त को उसके प्राचीन गौरव की कहानी सुनाकर सजग और साकांक्ष बनाया। *भारत-भारती* ने उन दिनों विदेशी शासन से मुक्ति पाने की अपूर्व प्रेरणा दी। समूचे हिंदी-भाषी प्रदेश को उद्बुद्ध और प्रेरित करने में इस पुस्तक ने प्रशंसनीय शक्ति का परिचय दिया। तब से गुप्तजी को लोक-चित्त में राष्ट्र-प्रीति की भावना जगानेवाले सबसे शक्तिशाली कवि के रूप में हिंदी-जगत् देखता आया है। वे सच्चे अर्थों में राष्ट्रकवि हैं। *भारत-भारती* सही अर्थों में *भारत-भारती* हो सकी है। परंतु गुप्तजी का कवित्व *जयद्रथवध, पंचवटी* आदि काव्यों में अधिक व्यक्त हुआ। बाद में उनका यश उनके *साकेत* नामक महाकाव्य और *यशोधरा* और *द्वापर* नामक गीतिकाव्यात्मक प्रबंध-काव्यों में अधिक निखरा। इन सब ग्रंथों में गुप्तजी मर्यादाप्रेमी भारतीय कवि के रूप में ही आए हैं। उनके ग्रंथों के सुपात्र पारिवारिक व्यक्ति हैं। भारतवर्ष के सभी मर्यादा-प्रेमी कवि परिवार के कवि रहे हैं।

गुप्तजी में वह परंपरा पूरी मात्रा में उतरी है। उनके चित्त में परिवार-विच्छिन्न प्रेम की ऐकांतिक संवेदना जाग्रत करनेवाले भावावेग का बहुत अधिक मूल्य नहीं है। इसीलिए वे आधुनिक काल के अत्यधिक लोकप्रिय गीतिकाव्यों की शैली को प्रयत्न करके भी नहीं अपना सके। मानवतावादी दृष्टि उनमें भी है। यही कारण है कि वे तुलसीदास की जाति के होकर भी उसी श्रेणी का भक्ति-काव्य नहीं लिख सके। उनकी दृष्टि परलोक में नहीं, इस लोक में निबद्ध है। फिर स्वभाव से ही उनको साधकावस्था के चित्रण में रस मिलता है। उनके सभी श्रेष्ठ पात्र—उर्मिला, यशोधरा, राधिका, लक्ष्मण—साधक हैं। तुलसीदासजी सिद्धावस्था के प्रेमी थे। सब मिलाकर मैथिलीशरण गुप्त ने संपूर्ण भारतीय पारिवारिक वातावरण में उदात्त चरित्रों का निर्माण किया है। उनके काव्य शुरू से अंत तक प्रेरणा देनेवाले काव्य हैं। उनमें 'व्यक्तित्व का स्वतः समुच्छित उच्छवास' नहीं है, पारिवारिक व्यक्तित्व का और संयत जीवन का विलास है। मैथिलीशरण गुप्त ने लगभग आधी शताब्दी तक हिंदी-भाषी जनता को निरंतर प्रेरणा दी। *महाभारत* की कथा पर आधारित उनका अंतिम काव्य भी शक्ति और स्फूर्ति देनेवाला काव्य है। गुप्तजी ने एक विशाल साहित्य का निर्माण किया और लगभग आधी शताब्दी तक हिंदी पाठक के चित्त को रससिक्त बनाकर प्रेरणा दी।

अन्य कवि : सन् 1900 ई. से 1920 ई. तक के काल में कई अन्य कवियों ने प्रकृति-प्रेम, स्वच्छंद प्रेमधारा और वैयक्तिक स्वातंत्र्य के वातावरण तैयार करने में महत्त्वपूर्ण कार्य किया। श्रीधर पाठक (1859-1928 ई.) के काव्यों ने प्रकृति-प्रेम और स्वच्छंद प्रेमधारा को पोषण दिया और रामनरेश त्रिपाठी के *मिलन*, *पथिक* आदि काव्यों में स्वच्छंदतावादी प्रवृत्ति का अस्फुट विकास हुआ। श्री सियारामशरण गुप्त की चिंतनशील कविताओं में वैयक्तिकतावादी दृष्टिकोण के स्पष्ट आकार धारण करने की कहानी है और मुकुटधर पांडेय तथा गोपाल शरणसिंह की रचनाओं में वैयक्तिक दृष्टिकोण के प्रेममधुर रूप का विकास हुआ। कविवर माखनलाल चतुर्वेदी की नवीन राष्ट्रीय भावना को महनीय गौरव और पूजा की महिमा देनेवाली कविताओं से भी वैयक्तिकतावादी कवियों का मार्ग प्रशस्त हुआ। आजकल लोग इन कविताओं का महत्त्व भूल गए हैं। इन्हें इतिवृत्तात्मक कहकर छोड़ दिया जाता है, परंतु सत्य यह है कि इन्हीं और इन्हीं जैसे और अनेक कवियों ने उस महान् वैयक्तिकता-प्रधान काव्य की भूमि तैयार की, जिसे छायावाद कहा जाता है और जो आज हिंदी कविता का गौरव स्वीकार किया जाने लगा है।

यह सही है कि इन कवियों में वह विषयि-प्रधान दृष्टि स्पष्ट नहीं हो पाई जो परवर्त्ती काल की 'छायावादी' कही जानेवाली कविताओं की प्राणशक्ति है। परंतु यह भी सही है कि इसी काल के कवियों ने आधुनिक साहित्य का मंथन शुरू किया, भाषा को बँधी-सधी बोलियों की लीक से हटाया, उसमें नवीन भावों के प्रकाशन की क्षमता दी और नवीन भावों का अस्पष्ट, किंतु निश्चित रूप पाठक के सामने प्रस्तुत किया। वे कवि प्राचीन परंपरा के जानकार थे। कभी-कभी अनजान में वे रूढ़ियों का पालन करते थे और कभी संस्कार उन्हें रूढ़िमुक्त होने में बाधा पहुँचाते थे। परवर्त्ती काल के छायावादी कवियों में रूढ़ि के प्रति विद्रोह केवल चित्तगत वैपुल्य के कारण ही नहीं आया, अज्ञान और उपेक्षा के कारण भी आया। वे सही अर्थों में स्वच्छंदतावादी कवि नहीं बन सके, क्योंकि विषय के प्रति मोह

उनमें बना हुआ था।

इस काल के कतिपय प्रमुख लेखकों और कवियों की मुख्य कृतियों के नाम इस प्रकार हैं :

महावीरप्रसाद द्विवेदी : *हिंदी भाषा की उत्पत्ति* (1907), *कविता-कलाप* (1907), *नाट्यशास्त्र* (1902), *कालिदास की निरंकुशता* (1912), *वेणीसंहार का भावार्थ* (1913), *शिक्षा* (1916), *प्राचीन पंडित और कवि* (1918), *कविता-विलास* (1919), *रसज्ञ रंजन* (1920), *औद्योगिकी* (1922), *कालिदास और उनकी कविता* (1923), *सुमन* (1923), *अतीत स्मृति* (1924), *सुकवि संकीर्तन* (1924), *आख्यायिका सप्तक* (1927), *अद्भुत आलाप* (1924), *साहित्य संदर्भ* (1928), *लेखांजलि* (1928), *दृश्य दर्शन* (1936), *कोविद कीर्तन* (1928), *आध्यात्मिकी* (1928), *समालोचना समुच्चय* (1930), *पुरातत्त्व प्रसंग* (1930), *चरितचर्चा* (1930), *साहित्य सीकर* (1930), *विचार-विमर्श* (1931), *आलोचनाञ्जलि* (1932), *पुरावृत्त* (1933), इत्यादि।

मिश्र बंधु : *लवकुश चरित्र, रूस का इतिहास* (1907), *हिंदीनवरत्न* (1911), *मिश्रबंधु विनोद* (1914), उसी का चौथा भाग (1935), *नेत्रोन्मीलन* (1915), *पुष्पांजलि* (1916), *भारत विनय* (1916), *पूर्व भारत* (1916), वीरमणि (उप., 1917), *आत्म-शिक्षण* (1917), *भारतवर्ष का इतिहास* (1919), *सुमनांजलि पुष्पांजलि* (1927), *हिंदी साहित्य का संक्षिप्त इतिहास* (1938), *हिंदी साहित्य का इतिहास* (1939), इत्यादि।

श्यामसुंदरदास : *हिंदी कोविद रत्नमाला* (1-3 भाग, 1909-14), *साहित्यालोचन* (1923), *हिंदी भाषा का विकास* (1924), *भाषा विज्ञान* (1924), *हिंदी भाषा और साहित्य* (1930), *गोस्वामी तुलसीदास* (बड़थ्वाल के सहयोग से लिखित, 1918), *भाषा रहस्य* (पद्मनारायण आचार्य के सहयोग से लिखित), *हिंदी के निर्माता* (1941), *तुलसीदास,* (1941), *मेरी आत्मकथा* (1942), इत्यादि।

रामचंद्र शुक्ल : *राधाकृष्णदास का जीवन चरित* (1913), *आदर्श-जीवन* (1914), *बुद्ध चरित* (1922), *काव्य में रहस्यवाद* (1929), *हिंदी साहित्य का इतिहास* (1930), *विचार वीथि* (1930), *गोस्वामी तुलसीदास* (1933), *त्रिवेणी* (1936), *चिंतामणि* (1935), *रसमीमांसा,* इत्यादि।

विश्वंभरनाथ शर्मा 'कौशिक' : *गल्प-मंदिर* (क., 1919), *चित्रशाला* (क., 1924), *मणिमाला* (क.,1929), *माँ* (उप., 1929), *भिखारिणी* (क., 1929), *कल्लोल* (उप.,1929), *पेरिस की नर्तकी* (क., 1942), इत्यादि।

श्रीधर पाठक : *मनोविनोद* (भाग 1-3, 1882, 1905, 1912), *जगत सचाई सार* (1887), *धन विनय* (1900), *गुणवंत हेमंत* (1900), *कश्मीर सुषमा* (1904), *बनाष्टक* (1912), देहरादून (1915), *गोखले गुणाष्टक* (1915), *गोखले प्रशस्ति* (1915), *गोपिका गीत* (1916), *तिलस्माती सुंदरी* (1916), *भारत गीत* (1918), *ऊजड़ गाँव, एकांतवासी योगी,* इत्यादि।

अयोध्यासिंह उपाध्याय : *प्रद्युम्न विजय* (ना., 1893), *प्रेमकांता* (उप. 1894), *रुक्मिणी परिणय* (ना., 1894), *ठेठ हिंदी का ठाठ* (उप., 1899), *रसिक रहस्य (का., 1899), प्रेमांबु बारिधि* (का., 1900), *प्रेम प्रपंच* (का.,1900), *प्रेमांबु प्रश्रवण* (का., 1901), *प्रेमांबु*

प्रवाह (का.,1901), *उपदेश कुसुम* (धर्म, 1901), *प्रेम पुष्पहार* (का., 1904), *उद्बोधन* (का., 1906), अधखिला फूल (उप.,1907), *काव्योपवन* (का.,1909), *प्रियप्रवास* (का., 1914), *कर्मवीर* (का.,1916), *पद्म प्रमोद* (का.,1927), *बाल विनोद* (का., 1917), *ऋतु मुकुर* (का., 1917)।

रामनरेश त्रिपाठी : *वीरांगना* (उप., 1911), *वीरबाला* (उप., 1911), *मारवाड़ी और पिशाचिनी* (उप., 1918), *कविता विनोद* (का., 1914), *मिलन* (का., 1918), *क्या होमरूल लोगे* (का., 1918), *पथिक* (का., 1921), *सुभद्रा* (ना., 1924), *लक्ष्मी* (उप.,1924), *मानसी* (का., 1927), *स्वप्न* (का. 1929), *जयंत* (ना., 1933), *प्रेमलोक* (ना., 1934), *तुलसीदास* (आलोचना), *मालवीयजी के साथ तीस दिन* (1942), इत्यादि।

मैथिलीशरण गुप्त : *रंग में भंग* (का., 1910), *जयद्रथवध* (का., 1910), *भारत भारती* (का., 1912), *पद्म प्रबंध* (का., 1912), *तिलोत्तमा* (ना., 1916), *चंद्रहास* (ना., 1916), *किसान* (का., 1917), *वैतालिक* (का.,1919), *शकुंतला* (का., 1923), *पत्रावली* (का., 1923), *पंचवटी* (का.,1925), *अनघ* (का., 1925), *स्वदेश संगीत* (का., 1925), *हिंदू* (का., 1927), *त्रिपथगा* (का., 1928), *शक्ति* (का., 1928), *गुरुकुल* (का., 1929), *विकट भट* (का., 1929), *झंकार* (का., 1929), *साकेत* (का., 1932), *यशोधरा* (का., 1933), *मंगल घट* (का., 1934), *द्वापर* (का., 1936), *सिद्धराज* (का., 1936), *नहुष* (का., 1940), *कुणाल गीत* (का., 1942), *चंद्रहास, तिलोत्तमा, त्रिशंकु, शांति, आस्वाद, गृहस्थ गीत, जयभारत,* इत्यादि।

जगन्नाथदास रत्नाकर : *समस्या पूर्ति* (का., 1894), *हिंडोला* (का., 1894), *समालोचनादर्श* (1896), *हरिश्चंद्र* (1899), *गंगावतरण* (1928), *उद्धव शतक* (1931), *बिहारी रत्नाकर* (टीका), इत्यादि।

सियारामशरण गुप्त : *मौर्य विजय* (का., 1914), *अनाथ* (का., 1921), *आर्द्रा*(का., 1928), *विषाद* (का.,1929), *दूर्वादल* (का., 1929), *गोद* (उप., 1933), *आत्मोत्सर्ग* (का., 1933), *मानुषी* (का., 1933), *पुण्य पर्व* (ना.,1933), *पाथेय* (का., 1934), *अंतिम आकांक्षा* (उप.,1934), *मृण्मयी* (का., 1936), *बापू* (का., 1938), *नारी* (उप., 1938), *झूठ सच* (नि., 1939), *उन्मुक्त* (का., 1941), *निष्क्रिय प्रतिरोध, कृष्णा कुमारी* इत्यादि।

माखनलाल चतुर्वेदी : *कृष्णार्जुन युद्ध* (ना., 1918), *हिम किरीटिनी* (का., 1941), *शिशुपाल वध* (का., 1941-42), *साहित्य देवता* (ग. का.)।

प्रेमचंद : *बड़े घर की बेटी, लाल फीता, नमक का दरोगा* (क., 1921), *प्रेमाश्रम* (उप., 1922), *संग्राम* (ना., 1923), *प्रेम पचीसी* (क.,1923), *प्रेम प्रसून* (क.), *बैंक का दिवाला* (क., 1924), *करबला* (ना., 1924), *रंगभूमि* (उप., 1924), *प्रेम प्रमोद* (क., 1926), *प्रेम प्रतिमा* (क., 1926), *प्रेम द्वादशी* (क., 1926), *कायाकल्प* (उप., 1926), *शांति* (क., 1927), *निर्मला* (उप., 1928), *प्रेम तीर्थ* (क., 1929), *प्रेम चतुर्थी* (क., 1929), *अग्नि समाधि* (क., 1929), *प्रेम प्रतिज्ञा* (उप., 1929), *पाँच फूल* (क., 1929), *सप्त सुमन* (क., 1930), *समर-यात्रा* (क., 1930), *प्रेम पंचमी* (क., 1930), *गबन* (उप., 1931), *प्रेम प्रतिमा* (क., 1931), *प्रेरणा* (क., 1932), *कर्मभूमि* (उप., 1932), *समर-यात्रा तथा अन्य कहानियाँ* (क., 1932), *प्रेम की वेदी* (ना., 1933), *सेवा सदन* (उप.,

1934), *पंच प्रसून* (क., 1934), *नवजीवन* (क., 1935), *गोदान* (उप., 1936), *मान सरोवर* (क., 1936), *कुत्ते की कहानी* (क., 1928), *कफन और शेष रचनाएँ* (क., 1937), *नारी जीवन की कहानियाँ* (क., 1938), *दुर्गादास* (उप., 1938), *कुछ विचार* (नि., 1939), *प्रेम-पीयूष* (क., 1941)।

सुदर्शन : *दयानंद* (ना., 1917), *पुष्पलता* (क., 1919), *सुप्रभात* (क., 1923), *अंजना* (ना., 1923), *परिवर्तन* (क., 1926), *सुदर्शन सुधा* (क., 1926), *तीर्थ यात्रा* (क., 1927), *फूलवती* (क., 1927), *सुहराब रुस्तम* (क., 1929), *ऑनरेरी मजिस्ट्रेट* (ना., 1939), *सात कहानियाँ* (क., 1933), *चार कहानियाँ* (क., 1938), *पनघट* (क., 1939), *राजकुंवर सागर* (उप., 1939), *अंगूठी का मुकद्दमा* (ना., 1940), *झंकार* (का., 1939), *सिकंदर* (ना., 1947), *सुदर्शन, सुमन, गल्प मंजरी, भाग्यचक्र* इत्यादि।

वृंदावनलाल वर्मा : *सेनापति उदल* (ना., 1904), *लगन* (उप.,1928), *गढ़ कुंडार* (उप., 1930), *कोतवाल की करामात* (उप., 1931), *प्रेम की भेंट* (उप., 1931), *कुंडली चक्र* (उप., 1932), *विराटा की पद्मिनी* (उप., 1939), *संगम* (उप., 1939), *प्रत्यागत* (उप., 1939), *धीरे-धीरे* (ना., 1939), *रानी लक्ष्मीबाई, मृगनयनी, मुसाहिबजू, (उप.), हंस मयूर, पूर्व की ओर* (ना.), *अचल मेरा कोई, राणा साँगा, माधवजी सिन्धिया, राखी की लाज* (ना.), *नीलकंठ, हर सिंगार* (ना.), इत्यादि।

5. छायावाद (1920-35 ई.)

प्रथम महायुद्ध : जिन दिनों हिंदी कविता नए रास्ते पर मुड़ने की तैयारी कर रही थी, उन्हीं दिनों प्रथम महायुद्ध के बादल घुमड़ रहे थे। सन् 1914 ई. में प्रथम विश्व-महायुद्ध छिड़ा। पाँच वर्षों के घोर घमासान में बहुत-सी पुरानी मान्यताएँ घायल हुईं, बहुत-सी चल बसीं, और बहुत-सी नई मान्यताएँ अंकुरित हो गईं। व्यावसायिक क्रांति ने जिस वैयक्तिक स्वाधीनता के आंदोलन को उत्पन्न किया था, उसकी परिणति बहुत अच्छी नहीं हुई। सामंती शासन तो इंगलैंड से तथा अन्य यूरोपीय देशों से भी उठ गया, लेकिन पैसा सिमटकर कुछ थोड़े लोगों के हाथ में आ गया। धनी और दरिद्र का, स्वत्वाधिकारी और स्वत्वहीनों का व्यवधान निरंतर बढ़ता ही गया। राष्ट्रीयता के मोहन-मंत्र से कुछ काल तक स्वदेशी जनता को संतुष्ट किया जाता रहा; उधर भौतिक विज्ञान की उन्नति के साथ मशीनों की भी उन्नति होती गई और उत्पादन की वृद्धि भी होती गई। अधिक उत्पादन के लिए अधिक कच्चे माल की आवश्यकता थी और उत्पादित वस्तु की खपत के लिए बाजार की जरूरत थी। अविकसित देशों पर राजनीतिक प्रभुत्व स्थापित करके दोनों उद्देश्यों की सिद्धि हो सकती थी। इसीलिए यूरोप में जो देश व्यावसायिक दृष्टि से अग्रसर थे, उनमें उपनिवेश दखल करने की होड़ मची। उन्नीसवीं शताब्दी के अंत तक लगभग समूचे एशिया और अफ्रीका के महाद्वीप इस होड़ के शिकार हुए। जिनकी व्यावसायिक उन्नति हो चुकी थी, किंतु जिन्हें उपनिवेश नहीं मिल सके थे या कम मिले थे, उनके चित्त में ईर्ष्या

का संचार हुआ। थोड़े समय तक ईर्ष्या भीतर-ही-भीतर पकती रही, फिर एकाएक उसका विस्फोट महायुद्ध के रूप में हुआ। समृद्धशाली राष्ट्र क्रुद्ध भेड़िए की तरह एक-दूसरे पर टूट पड़े। सबकी पूँछ में कोई-न-कोई देश बँधा था। देखते-देखते इस धरती की पीठ पर संपूर्ण संसार भयंकर जिघांसा से मत्त होकर जूझ पड़ा। कुछ हारे, कुछ जीते, कुछ बुरी तरह बरबाद हो गए।

नवीन सांस्कृतिक चेतना की लहर : युद्ध के बाद देखा गया कि श्वेत जातियों की बहु-प्रचारित श्रेष्ठता का दावा झूठा था, राष्ट्रीयता के मोहन-मंत्र से सारे देश को 'एक' करने के प्रयत्न में कुछ थोड़े-से धनकुबेरों का स्वार्थ ही प्रबल हेतु था और उपनिवेशों के लोगों को सभ्य शासनक्षम बनाने की प्रतिज्ञाएँ भौंड़े मज़ाक से अधिक वजनदार नहीं थीं। भारतवर्ष ने इस मज़ाक की मर्म-व्यथा सबसे अधिक अनुभव की। उसकी सभ्यता बहुत पुरानी थी, उसकी संस्कृति बहुत उदार थी और उसके ऐतिहासिक अनुभव विशाल थे। प्रथम महायुद्ध के समाप्त होते-न-होते सारे देश में नई चेतना की लहर दौड़ गई। सन् 1920 ई. में महात्मा गाँधी के नेतृत्व में भारतवर्ष विदेशी गुलामी को झाड़ फेंकने के लिए कटिबद्ध हो गया। असहयोग-आंदोलन इसी प्रयत्न का राजनीतिक मूर्त्त रूप था। इसे सिर्फ राजनीति तक ही सीमित न समझना चाहिए। यह संपूर्ण देश को आत्मस्वरूप समझने का प्रयत्न था और अपनी गलतियों को सुधारकर संसार की समृद्ध जातियों की प्रतिद्वंद्विता में अग्रसर होने का संकल्प था। संक्षेप में, एक महान् सांस्कृतिक आंदोलन था। उस समय देश की स्वाधीनता को केवल देश को महान् बनाने का साधन-भर समझा गया था। आधुनिक काल में आत्मविश्वास की ऐसी प्रचंड लहर इसके पूर्व कभी देश में नहीं दिखाई पड़ी थी। जनता का जो भाग पिछड़ा हुआ था, जो पर्दे में कैद था, जो अपमानित और उपेक्षित था, उसके प्रति सामूहिक रूप से सहानुभूति का भाव उत्पन्न हुआ। सौभाग्य से इस महान् आंदोलन का नेता महात्मा गाँधी-जैसा सत्यनिष्ठ महापुरुष था। संसार ने पहली बार शत्रु के विरुद्ध निःशस्त्र सैनिक-युद्ध—जिसका प्रधान अस्त्र मैत्री और प्रेम था—देखा। यह पूरा-का-पूरा आंदोलन मानवीय प्रयत्नों की सात्विक अभिव्यक्ति के रूप में प्रकट हुआ था, इसलिए इसका बाह्य और आंतर रूप सांस्कृतिक था। भारतवर्ष में सब प्रकार से नवीन जागरण का सूत्रपात हुआ। इस महान् आंदोलन ने भारतीय जनता के चित्त को बंधनमुक्त किया। यही बंधनमुक्त चित्त काव्यों, नाटकों और उपन्यासों में नाना भाव से प्रकट हुआ। परंतु काव्य में वह जिस रूप में व्यक्त हुआ, वह कुछ काल तक अपरिचित-जैसा लगा।

नवीन शिक्षा-पद्धति का परिणाम : देश में जिस नवीन शिक्षा-पद्धति का प्रवर्त्तन हुआ था, वह एक ओर जहाँ पुराने संस्कारों से विद्यार्थी का संपर्क ही बहुत कम होने देती थी, वहाँ दूसरी ओर जड़-विज्ञान और मानवतावादी तत्त्ववाद पर आधारित काव्य-दर्शन और नीति-विज्ञान की पढ़ाई के द्वारा विद्यार्थी को एकदम नए मूल्यों (वैल्यूज़) की दुनिया में उठा ले जाती थी। इस प्रकार हिंदी-भाषी प्रदेशों में वह शिक्षित समाज तैयार होने लगा था, जिसके चित्त पर प्राचीनता का कोई संस्कार नहीं था और नवीन मान्यताओं और मूल्यों का बहुत मान था। इस शिक्षा-पद्धति से शिक्षित नवयुवक अपने देश में ही अजनबी-सा था। उसके चित्त में रोमांटिक अंग्रेजी साहित्य के व्यक्तिवाद की छाप थी, परंतु बाह्य जगत् में

उसका कोई सामंजस्य नहीं था। वह नवीन मूल्यों को अपनी भाषा में व्यक्त भी नहीं कर पाता था। संवेदनशील युवक के मन में यह बड़े ही अंतर्द्वंद्व का काल था। स्वच्छंदतावादी प्रवृत्ति का हिंदी कविता में बीजवपन तो हो चुका था, पर सही बात यह थी कि नवीन मानवतावादी स्वच्छंदतावादी वैयक्तिक दृष्टभंगी को व्यक्त करने योग्य भाषा उपलब्ध नहीं थी। बंगाल के कविवर रवीन्द्रनाथ ठाकुर को भी इस कठिनाई का अनुभव करना पड़ा था। अपनी अद्‌भुत प्रतिभा के बल पर उन्होंने अपने वक्तव्य के अनुकूल भाषा बना ली थी। नवीन हिंदी कवियों के सामने रवींद्रनाथ की वह बंगला भाषा भी थी। कई कवियों ने उस भाषा का अनुकरण किया, किंतु सब मिलाकर वह भाषा भी हिंदी प्रदेशों के लिए अपरिचित ही थी। बहुत दिनों तक छायावादी कवियों की यह भाषा व्यंग्य और उपहास का विषय बनी रही।

नवीन कवियों की शक्ति : नवीन युग की चेतना की अभिव्यक्ति कथा साहित्य में खुलकर हुई। काव्य में यह चेतना अधिक सूक्ष्म और अधिक गंभीर रूप में प्रकट होनी चाहिए थी किंतु द्विवेदी-युग तक का काव्य अधिक इतिवृत्तात्मक और स्थूल अभिव्यक्ति का माध्यम रहा। वह परंपराप्रथित मान्यताओं से घिरा हुआ था। नवीन चेतना को व्यक्त करने योग्य भाषा अब भी नहीं बन पाई थी। फिर भी नए कवियों ने हार नहीं मानी। माखनलाल चतुर्वेदी, प्रसाद, निराला, पंत, महादेवी वर्मा-जैसे सुकवियों ने भाषा को अपने भावों के अनुकूल बनाया। शुरू-शुरू में वह कुछ विचित्र-सी सुनाई पड़ी। अनुभवहीनता के कारण शुरू-शुरू की भाषा सचमुच ही उखड़ी-उखड़ी-सी लगती थी। फिर नवीन वक्तव्य भी नवीन भाषा के समान साधारण पाठक को अपरिचित ही लगता था। चारों ओर के वातावरण की विरुद्धता ने कई कवियों में कुछ झेंप और संकोच का भाव भी ला दिया था। इसलिए शुरू-शुरू के प्रयोगों में अस्पष्टता, झिझक और संकोच का भाव रह गया था। परंतु इन कवियों ने भाषा को अपने अनुकूल बना लिया, यही इस बात का सबूत है कि इनके पास कहने लायक बहुत-सी बातें अवश्य थीं। जिसके पास कहने को कुछ होता है वह उसके लिए भाषा बना लेता है। भाषा में दुर्बोधता तब आती है जब कहनेवाले के पास कहने की कोई बात नहीं होती। शुरू-शुरू में इस प्रकार की कविता के उपासक ऐसे कवि अवश्य थे, जो मोर का पंख खोंसकर मोर बने हुए थे। उनमें न तो वास्तविक कवित्व-शक्ति थी, न उनके पास कहने योग्य कोई बात ही थी। ऐसे कवियों ने उस श्रेणी की कविता के यश को म्लान किया, जिसे आगे चलकर छायावादी कविता कहा जाने लगा। चित्रगत उन्मुक्तता इस कविता का प्रधान उद्‌गम थी और बदलते हुए मानों के प्रति दृढ़ आस्था इसका प्रधान संबल। इस श्रेणी के कवि ग्राहिकाशक्ति से बहुत अधिक संपन्न थे और सामाजिक विषमता और असामंजस्यों के प्रति अत्यधिक सजग। शैली की दृष्टि से भी ये पहले के कवियों से एकदम भिन्न थे। इनकी रचना प्रधानतः विषयिप्रधान (Subjective) थी। हम आगे विषयिप्रधान कविता के मुख्य लक्षणों की विवेचना करेंगे, यहाँ संक्षेप में समझ लिया जाय कि नई मान्यता और नए मूल्यों से हमारा क्या तात्पर्य है।

साहित्य की नई मान्यताएँ : साहित्य की मान्यताएँ जीवन की मान्यताओं से विच्छिन्न नहीं होतीं। नई परिस्थितियों में जब मनुष्य नए अनुभव प्राप्त करता है तो जागतिक व्यापारों और मानवीय आचारों तथा विश्वासों के मूल्य उसके मन में घट या बढ़ जाते हैं।

सभी मानों के मूल में कुछ पुराने संस्कार और नए अनुभव होते हैं। यह समझना गलत है कि किसी देश के मनुष्य सदा-सर्वदा किसी व्यापार या आचार को एक ही समान मूल्य देते आए हैं। पिछली शताब्दी में हमारे देशवासियों ने अपने अनेक पुराने संस्कारों को भुला दिया है और बचे संस्कारों के साथ नए अनुभवों को मिलाकर नवीन मूल्यों की कल्पना की है। वैज्ञानिक तथ्यों के परिचय से, राजनीतिक, सामाजिक और आर्थिक परिस्थितियों के दबाव और आधुनिक शिक्षा की मानवतावादी दृष्टि के बहुल प्रचार से, हमारी पुरानी मान्यताओं में बहुत अंतर आ गया है। आज से दो सौ वर्ष पहले कोई सहृदय जिन बातों को बहुत आवश्यक मानता था, उनमें से कई अब उपेक्षणीय हो गई हैं और जिन बातों को त्याज्य समझता था, उनमें से कई अब उतनी अस्पृश्य नहीं मानी जातीं। आज से दो सौ वर्ष पहले के सहृदय को उस प्रकार दुःखांत नाटकों की रचना अनुचित जान पड़ती, जिनके कारण यवन (ग्रीक) साहित्य इतना महिमामंडित समझा जाता है और जिन्हें लिखकर शेक्सपियर संसार के अप्रतिम नाटककार बन गए हैं। उन दिनों कर्मफल-प्राप्ति की अवश्यंभाविता और पुनर्जन्म में विश्वास इतने दृढ़ भाव से बद्धमूल था कि संसार की समंजस व्यवस्था में किसी असामंजस्य की बात सोचना एकदम अनुचित जान पड़ता था। परंतु अब यह विश्वास शिथिल होता गया है और मनुष्य के इसी जीवन को सुखी और सफल बनाने की अभिलाषा प्रबल होती गई है। समाज के निचले स्तर में जन्म होना अब किसी पुराने पाप का फल (अतएव घृणास्पद) नहीं माना जाता, बल्कि मनुष्य की विकृत समाज-व्यवस्था का परिणाम (अतएव सहानुभूति योग्य) माना जाने लगा है। इस प्रकार के परिवर्त्तन एक-दो नहीं, अनेक हुए हैं और इन सबके परिणामस्वरूप सिर्फ साहित्य की प्रकाशन-भंगिमा में ही अंतर नहीं आया है, उसके आस्वादन के तौर-तरीकों में भी फर्क पड़ गया है। साहित्य के जिज्ञासु को इन परिवर्त्तित और परिवर्त्तमान मूल्यों की ठीक-ठीक जानकारी नहीं हो तो वह बहुत-सी बातों के समझने में गलती कर सकता है। फिर परिवर्त्तित और परिवर्त्तमान मूल्यों की ठीक-ठीक जानकारी प्राप्त करके ही हम यह सोच सकते हैं कि परिस्थितियों के दबाव से जो परिवर्त्तन हुए हैं उनमें कितना अपरिहार्य है, कितना अवांछनीय है और कितना ऐसा है जिसे प्रयत्न करके वांछनीय बनाया जा सकता है। साहित्य का जिज्ञासु यदि मूल्यों के परिवर्त्तन का ठीक-ठीक ध्यान न रखे तो वह साहित्य के नवीन प्रयोगों को एकदम नहीं समझ सकेगा। रीतिकालीन मूल्यों को स्वीकार करनेवाला सहृदय नवीन उत्थान की हिंदी कविता को नहीं समझ सकेगा। सन् 1929 ई. के बाद के हिंदी साहित्य को समझने के लिए नवीन परिवर्त्तित मान्यताओं की जानकारी आवश्यक है।

विषयिप्रधान कविता : जब कवि की दृष्टि वक्तव्य-वस्तु पर निबद्ध होती है तो कविता विषय-प्रधान हो जाती है। उसमें कवि के राग-विरागों का यथासंभव कम योग रहता है। वह विषय को जैसा है वैसा, या जैसा होना चाहिए वैसा (यथार्थ या आदर्श रूप में) दिखाकर चित्रित करता है। इस श्रेणी की कविता के लिए मैथ्यू आर्नल्ड ने लिखा था कि उत्तम काव्य लिखना चाहते हो तो उत्तम विषय चुनो। सन् 1900-20 ई. की खड़ी बोली की कविता में विषय-वस्तु की प्रधानता बनी हुई थी। परंतु इसके बाद की कविता में कवि के अपने राग-विराग की प्रधानता हो गई। विषय अपने-आपमें कैसा है, यह मुख्य बात नहीं थी, बल्कि मुख्य बात यह रह गई थी कि विषयी (कवि) के चित्त के राग-विराग से

अनुरंजित होने के बाद वह कैसा दिखता है। विषय इसमें गौण हो गया, विषयी (कवि) प्रधान। अतः तीन बातें 1920 ई. के बाद के काव्य-साहित्य में अधिक दिखने लगीं—कवि की कल्पना, उसका चिंतन और उसकी अनुभूति।

1. कल्पना : कल्पना की अवस्था में उस युग का कवि वर्त्तमान जगत् की अनुकूल और विसदृश परिस्थितियों से ऊबकर एक अनुकूल और मनोरम जगत की सृष्टि करता है। वह युग ऐसा बीता है जब संसार के साहित्य में कल्पना का अखंड राज्य रहा है। कवि इस दुनिया के समानांतर धरातल पर ही एक ऐसी दुनिया की सृष्टि करता था जहाँ प्रेमी और प्रेमिकाएँ तो हमारे जैसी ही होती थीं, पर वहाँ के कायदे-कानून अलग ढंग के होते थे और स्वच्छंद प्रेम में जो सहस्रों बाधाएँ इस जगत् में अपने-आप खड़ी हो जाती हैं वह वहाँ नहीं होती थीं।

2. चिंतन : परंतु जब कवि चिंतन की अवस्था में पहुँचता है तो वह प्रायः कल्पना की अवस्था आयत्त कर चुका होता है। इसीलिए वह किसी चीज को शुद्ध मनीषी की भाँति न देखकर उस पर कल्पना का आवरण डालकर देखता है। दिगंत के एक छोर से दूसरे छोर तक फैले हुए नील नभोमंडल, मणियों के समान ग्रह-नक्षत्र और चंद्रिकाधौत धरित्री को देखकर वह कभी कुछ भी चिंतन क्यों न करे, एक बार श्वेतवस्त्रधारिणी, विततकेशा, भूरिभूषण सुंदरी या प्रिय-वियोग में कातर, खंडिता रजनी या इसी प्रकार की कल्पना किए बिना नहीं रहता। कारण यह है कि कवि का प्राथमिक कर्त्तव्य बिंब ग्रहण कराना है और उसका साधन अप्रस्तुत विधान है। इसके बिना कवि मनोरम भाव को हृदयहारी बनाकर अपना वक्तव्य कह ही नहीं सकता। अप्रस्तुत विधान के समय कवि की काल्पनावृत्ति सतह पर आ गई होती है। वस्तुतः चिंता करते समय भी कवि वैज्ञानिक की भाँति तथ्य का विश्लेषण नहीं करता होता, बल्कि सत्य को सुंदर करके रखने का प्रयास करता है।

3. अनुभूति : कवि अपने सीमित व्यक्तित्व में जिस सुख-दुःख का अनुभव प्राप्त किए होता है, उसे वह जब कल्पना के साहाय्य से, छंद, अलंकार आदि के संयोग से और निखिल विश्व की मर्म-व्यथा की चिंता करके सर्वसाधारण को ग्रहणयोग्य बनाकर प्रकट करता है, तो उसे हम अनुभूति-अवस्था कहते हैं। इस कविता में कवि अपने सीमित सुख-दुःख को असीम जगत् में अनुभव करता है। इस प्रकार चिंतन की अवस्था में कवि संसार को देखता है और सोचता है कि 'यह सब क्या हो रहा है, कैसे चल रहा है और क्या चल रहा है?' अनुभूति की अवस्था में वह अनुभव करता है कि 'वह क्या हो गया है, कौन-सी वेदना या उल्लास, विषाद् या हर्ष संसार को किस रूप में परिणत कर रहा है?' कल्पना की अवस्था में वह इस जगत् के समानांतर जगत् की सृष्टि करता है, जिसमें इस जगत् की असुंदरताएँ और विसदृशताएँ नहीं रहतीं; पर अनुभूति की अवस्था में उसके पैर इस दुनिया पर ही जमे रहते हैं, वह इसे छोड़ नहीं सकता।

इन तीन श्रेणी के विचारों के प्रस्तार-विस्तार (Permutation and combination) से आधुनिक काल की विषयिप्रधान कविता अनेकरूपा दिखती है। इन कविताओं में उसकी मुख्य विशेषता इनकी वैयक्तिकता-प्रधान दृष्टि ही है।

नवीन प्रगीत मुक्तक : काव्य में कवि की व्यक्तिगत अनुभूति के प्रधान होने से उन गीतात्मक मुक्तकों का प्रचलन बढ़ गया, जो व्यक्तिगत भावोच्छ्वास को आश्रय करके

लिखे जाते हैं। इंग्लैंड में जब व्यावसायिक क्रांति हुई तो वहाँ के सांस्कृतिक जीवन में बड़ा परिवर्त्तन हुआ था। उस परिवर्त्तन के समय कवियों में और विचारकों में सामाजिक रूढ़ियों के प्रति अनास्था का भाव बढ़ा था और व्यक्तिगत स्वच्छंदतावाद (रोमैंटिसिज़्म) का जोर रहा। अंग्रेजी अमलदारी के साथ-ही-साथ इस देश में अंग्रेजी साहित्य पढ़ाया जाने लगा। उसी के फलस्वरूप इस देश के कवियों में भी वैयक्तिक स्वाधीनता (इंडिविजुअल लिबर्टी) का जोर बढ़ता गया। इंग्लैंड और इस देश की परिस्थिति एक-जैसी नहीं थी। इंग्लैंड में यह हवा वहाँ के भीतरी जीवन का परिणाम थी, जबकि इस देश में वह विदेशी संसर्ग और अन्य कारणों का फल थी। इसीलिए शुरू-शुरू में यह अस्वाभाविक-सी लगी, परंतु ज्यों-ज्यों समय बीतता गया त्यों-त्यों कविगण अपने देश की वास्तविक परिस्थिति के साथ अपनी साहित्यिक परंपरा का सामंजस्य खोजते गए। सामंजस्य खोजनेवालों में, प्रमुख कवि हैं—प्रसाद, निराला, पंत और महादेवी वर्मा। इन कवियों ने भाव में, भाषा में, छंद में और मंडन-शिल्प (डेकोरेशन) में नवीन विचारों के साथ सामंजस्य किया। इस व्यक्तिगत स्वच्छंदतावाद के साथ-ही-साथ नाना भाव के प्रगीत-मुक्तक इस देश में लिखे जाने लगे।

जैसा कि पहले ही दिखाया गया है, इनमें कुछ कल्पनामूलक हैं, कुछ चिंतनमूलक और कुछ अनुभूतिमूलक। मुक्तक इस देश में नई चीज नहीं है। हाल की *प्राकृत सतसई* और अमरुक का संस्कृत *अमरुक शतक* और बिहारी की *सतसई* मुक्तक काव्य ही हैं। "मुक्तक में प्रबंध के समान रस की वह धारा नहीं रहती, जिसमें कथा-प्रसंग की परिस्थिति में अपने को भूला हुआ पाठक मग्न हो जाता है और हृदय में एक स्थाई भाव ग्रहण करता है। इसमें तो रस के ऐसे छींटे पड़ते हैं जिनसे हृदय-कलिका थोड़ी देर के लिए खिल उठती है। यदि प्रबंधकाव्य एक विस्तृत वनस्थली है तो मुक्तक एक चुना हुआ गुलदस्ता है। उत्तरोत्तर अनेक दृश्यों द्वारा संगठित पूर्ण जीवन या उसके किसी एक पूर्ण अंग का प्रदर्शन नहीं होता, बल्कि कोई एक रमणीय खंड-दृश्य इस प्रकार सहसा सामने ला दिया जाता है कि पाठक या श्रोता कुछ क्षणों के लिए मंत्र-मुग्ध-सा हो जाता है। इसके लिए कवि को मनोरम वस्तुओं और व्यापारों का एक छोटा-सा स्तवक कल्पित करके इन्हें अत्यंत संक्षिप्त और सशक्त भाषा में व्यक्त करना पड़ता है।" (रामचंद्र शुक्ल)। पुराने मुक्तकों के अध्ययन से स्पष्ट है कि उन प्राचीन मुक्तकों में कवि की कल्पना कुछ ऐसे शास्त्ररूढ़ व्यापारों की योजना करती थी, जिनसे किसी रस या भाव की व्यंजना सुकर हो। आधुनिक प्रगीत-मुक्तक कवि के भावावेग के क्षणों की रचना होते हैं, उनमें गीत की सहज और हल्की गति होती है। इनकी गुलदस्तों के साथ तुलना नहीं की जा सकती। ये विच्छिन्न जीवन-चित्र होने पर भी प्रवाहशील होते हैं और इनमें शास्त्र-प्रसिद्ध व्यापार-योजना की आवश्यकता नहीं होती। पुराने रूपकों में कवि-कल्पना की समाहार शक्ति प्रधान हिस्सा लेती थी, पर आधुनिक मुक्तकों में कवि का भावावेग ही प्रधान होता है।

प्रगीत-मुक्तक क्यों प्रभावित करते हैं : परंतु इतना स्मरण रखना उचित है कि आजकल के प्रगीत-मुक्तकों में यद्यपि व्यक्तिगत अनुभूतियों का प्राधान्य है, तो भी वे इसलिए हमारे चित्त में आनंद का संचार नहीं करते कि वे कवि की व्यक्तिगत अनुभूति हैं, बल्कि इसलिए कि वे हमारी अपनी अनुभूतियों को जाग्रत करते हैं। जो बात हमारे मन को

आनंद से तरंगित कर देती है वही हमारी 'अपनी' होती है। इसलिए यद्यपि आज के अच्छे मुक्तक-लेखक कवि की विषयग्राहिता परंपरा-समर्थित न होकर आत्मानुभूतिमूलक है, तथापि वह पाठक के भीतर पहले से ही वासना-रूप में स्थित भावों को उद्बुद्ध करके ही रस-संचार करती है।

इस बात को किसी आधुनिक समालोचक ने इस प्रकार कहा है कि आधुनिक प्रगीत-मुक्तकों में कवि अपनी अनुभूति के बल पर सहृदय पाठक के हृदय में प्रवेश करता है और उसके हृदय में स्थित उसी भाव के अनुभव करनेवाले कवि के साथ एकात्मता का संबंध स्थापित करता है। इस बात को इस प्रकार भी कहा गया है कि यद्यपि आज का प्रगीत-मुक्तक व्यक्तिगत-विषयग्राहिता का परिणाम है, परंतु वह उतना ही सामाजिक है जितना रीतिकालीन रूढ़ियों की योजना के भीतर गृहीत मुक्तक होता था। इस प्रकार दोनों में समानता की मात्रा कम नहीं है। व्यक्तिगत होने के कारण इन अनुभूतियों का क्षेत्र बहुत बढ़ गया है।

पुराने और नए मुक्तकों में अंतर : पुराने मुक्तक में जिन विभावों की योजना केवल उद्दीपन के रूप में होती थी और जिन अनुभवों का वर्णन केवल मानवीय मनोरागों की अपेक्षा में ही होता था, वे विभाव अब आलंबन के रूप में योजित होने लगे हैं और वे अनुभाव अब मनुष्य के बाहर के जगत् के कल्पित मनोरागों के संबंध में प्रयुक्त किए जाने लगे हैं। ऐसा करने के कारण भाषा में अधिकाधिक लाक्षणिकता आने लगी है, क्योंकि जड़ प्रकृति को यदि आलंबन बनाकर उसमें अनुभावों और भावों की योजना की जाएगी तो लक्षणावृत्ति का आश्रय लेना ही पड़ेगा। हिंदी के कुछ वृद्ध आचार्यों को इस प्रकार की योजना पंसद नहीं आई थी।

छायावाद : इसी नवीन प्रकार की कविता को किसी ने 'छायावाद' नाम दे दिया है। यह शब्द बिल्कुल नया है। यह भ्रम ही है कि इस प्रकार के काव्यों को बंगला में छायावाद कहा जाता था और वहीं से यह शब्द हिंदी में आया है। 'छायावाद' शब्द केवल चल पड़ने के जोर से ही स्वीकारणीय हो सका है, नहीं तो इस श्रेणी की कविता की प्रकृति को प्रकट करने में यह शब्द एकदम असमर्थ है। बहुत दिनों तक इस काव्य का उपहास किया गया है और बाद में भी इसे या तो चित्रभाषा-शैली या प्रतीक-पद्धति के रूप में माना गया, या फिर रहस्यवाद के अर्थ में। उपहास और व्यंग्यों का काफी विस्तृत साहित्य सूचित करता है कि औसत श्रेणी के सहृदय को इस कविता की महत्ता स्वीकार करने में समय लगा है, वह पहले इसे एकदम नवीन और अवांछनीय वस्तु समझता रहा। शैली-रूप में इसे स्वीकार करनेवालों के मन में भी इस श्रेणी की कविता के विषय में विशेष गौरव का भाव नहीं है।

ऊपर के विचारों का निष्कर्ष : ऊपर जो बातें कही गई हैं, उनको संक्षेप में इस प्रकार समझा जा सकता है–1. छायावाद नाम उन आधुनिक कविताओं के लिए बिना विचारे ही दे दिया गया था, (क) जिनमें मानवतावादी दृष्टि की प्रधानता थी, (ख) जो वक्तव्य-विषय को कवि के चिंतन और अनुभूति के रंग में रँगकर अभिव्यक्त करती थीं, (ग) जिनमें मानवीय आचारों, क्रियाओं, चेष्टाओं और विश्वासों के बदले हुए और बदलते हुए मूल्यों को अंगीकार करने की प्रवृत्ति थी, (घ) जिनमें छंद, अलंकार, रस, ताल, तुक आदि सभी विषयों में गतानुगतिकता से बचने का प्रयत्न था, और (ङ) जिनमें शास्त्रीय रूढ़ियों के प्रति

कोई आस्था नहीं दिखाई गई थी; 2. छायावाद एक विशाल सांस्कृतिक चेतना का परिणाम था, यद्यपि उसमें नवीन शिक्षा के परिणाम होने के चिह्न स्पष्ट हैं तथापि वह केवल पाश्चात्य प्रभाव नहीं था, कवियों की भीतरी व्याकुलता ने ही नवीन भाषा-शैली में अपने को अभिव्यक्त किया; और 3. सभी उल्लेखयोग्य कवियों में थोड़ी-बहुत आध्यात्मिक अभिव्यक्ति की व्याकुलता भी थी। जिन कवियों ने शास्त्रीय और सामाजिक रूढ़ियों के प्रति विद्रोह का भाव दिखाया, उनके उस भाव का कारण तीव्र सांस्कृतिक चेतना ही थी।

छायावादी कविता का प्राणतत्त्व : मानवतावादी दृष्टिकोण को अपनानेवाले कवि के चित्त में उन काव्यरूढ़ियों का प्रभाव नहीं रह जाता, जो दीर्घकालीन परंपरा और रीतिबद्ध चिंतन-पद्धति के मार्ग से सरकती हुई सहृदय के चित्त पर आ गिरी होती हैं और कल्पना के अविरल प्रवाह में तथा आवेगों की निर्बाध अभिव्यक्ति में अंतराय उपस्थित करती हैं। इस दृष्टिकोण को अपनाने से सौंदर्य की नई दृष्टि मिलती है, क्योंकि मानवीय आचारों और क्रियाओं के मूल्य में अंतर आ जाता है। इस अवस्था में सौंदर्य केवल बाह्यरूप में नहीं रहता, बल्कि आंतरिक औदार्य और मानस-संगठन में भी व्यक्त होता है। सौंदर्य के बँधे-सँधे आयोजनों—घिसे-घिसाए उपमानों और पिटी-पिटाई उत्प्रेक्षाओं पर आधारित चिंतन-शून्य काव्यरूढ़ियों—से मुक्ति पाया हुआ चित्त मानवता के मापदंड से सबकुछ को देखता है और फिर कल्पना के अविरल प्रवाह से घन-संश्लिष्ट आवेगों की वह उर्वरभूमि प्रस्तुत होती है, जो रोमांटिक या स्वच्छंदतावादी साहित्य के लिए बहुत ही उपयोगी सिद्ध होती है। मानवीय दृष्टि के कवि की कल्पना, अनुभूति और चिंतन के भीतर से निकली हुई, वैयक्तिक अनुभूतियों के आवेग की स्वतःसमुच्छित अभिव्यक्ति—बिना किसी आयास के और बिना किसी प्रयत्न के, स्वयं निकल पड़ा हुआ भावस्रोत—ही छायावादी कविता का प्राण है। सन् 1920 ई. में जो देशव्यापी चेतना की लहर देश के इस किनारे से उस किनारे तक फैल गई थी, उसने कवि और सहृदय दोनों को अधिक आत्मविश्वासी और अधिक भावग्राही बनाया। संयोग से इसी काल में अनेक प्राणवंत कवियों का आविर्भाव हुआ जिनमें चार आगे चलकर बहुत प्रभावशाली सिद्ध हुए—1. जयशंकरप्रसाद, 2. सूर्यकांत त्रिपाठी 'निराला', 3. सुमित्रानंदन पंत, 4. महादेवी वर्मा। इन चारों में वैयक्तिक आवेगों की आयासहीन अभिव्यक्ति है। चारों की कविताओं में कल्पना के अविरल प्रवाह से घन-संश्लिष्ट आवेगों की उमड़ती हुई भावधारा का प्राबल्य है। चारों ही मूलतः छायावादी हैं। फिर भी चारों की प्रकृति में भेद है। प्रसाद यद्यपि इनमें सबसे पुराने हैं, तथापि समझने की सुविधा के लिए हम क्रम बदल रहे हैं। पहले सुमित्रानंदन पंत की कविता पर विचार किया जाय।

सुमित्रानंदन पंत[6] (जन्म 1900 ई.) की आरंभिक कविताएँ सच्चे अर्थों में छायावादी हैं। इनका प्रथम काव्य-संग्रह *पल्लव* बिल्कुल नए काव्य-गुणों को लेकर हिंदी साहित्य-जगत् में आया। इस पुस्तक में प्रकृति और मानव के सौंदर्य के प्रति आदिम मनोभाव के-से औत्सुक्य, आश्चर्य और कुतूहल के भाव हैं। सौंदर्य के प्रति अत्यंत कोमल मनोभाव ने कवि को कहीं भी बहकने नहीं दिया है। *पल्लव* की कविताओं की अपेक्षा उनकी भूमिका का महत्त्व कम नहीं है। इस भूमिका ने न केवल पंत की कविताओं का और उनकी विवेचन-शक्ति का महत्त्व स्पष्ट किया था बल्कि समूची छायावादी कविता के लिए

क्षेत्र प्रस्तुत किया था। इस भूमिका से पंत की उस महत्त्वपूर्ण बौद्धिक प्रक्रिया का पता लगता है जिसके द्वारा उन्होंने शब्दों की प्रकृति, उनकी अर्थबोधन-क्षमता, उनके अर्थों के भेदक पहलुओं की विशिष्टता, छंदों की प्रकृति, तुक और ताल के महत्त्व आदि को समझा था और समझने के बाद काव्य में प्रयोग किया था। शब्दों और अर्थों की इस विवेचना ने नवशिक्षित सहृदय के चित्त में इस नई कविता के प्रति श्रद्धा का भाव उत्पन्न किया और युवकों को नए सिरे से सोचने की शक्ति दी। इस भूमिका ने संस्कृत के वर्णवृत्तों को हिंदी से हटा दिया, छंदों की गति के संबंध में नई दृष्टि दी और छंद परिवर्तन के प्रति नया मनोभाव पैदा किया। पंत में कल्पना शब्दों के चुनाव से ही शुरू होती है। छंदों के निर्वाचन और परिवर्तन में भी वह व्यक्त होती है। उसका प्रवाह अत्यंत शक्तिशाली है। इसके साथ जब प्रकृति और मानव-सौंदर्य के प्रति कवि के बालकोचित औत्सुक्य और कुतूहल के भावों का सम्मिलन होता है तो ऐसे सौंदर्य की सृष्टि होती है, जो पुराने काव्य के रसिकों के निकट परिचित नहीं होता। कम संवेदनशील पुराने सहृदय इस नई कविता से बिदक उठे थे और अधिक संवेदनशील सहृदय प्रसन्न हुए थे। *पल्लव* के भावों की अभिव्यक्ति में अद्भुत सरलता और ईमानदारी थी। कवि बँधी रूढ़ियों के प्रति कठोर नहीं है, उसने उनके प्रति व्यंग्य और उपहास का प्रहार नहीं किया, बल्कि वह उनकी बाहरी बातों की उपेक्षा करके अंतराल-स्थित सहज सौंदर्य की ओर पाठक का ध्यान आकृष्ट करता है। मनुष्य कोमल स्वभाव, बालिका के अकृत्रिम प्रीतिस्निग्ध हृदय और प्रकृति के विराट् और विपुल रूपों में अंतर्निहित शोभा का ऐसा हृदयहारी चित्रण उन दिनों अन्यत्र नहीं देखा गया।

सुमित्रानंदन पंत का संपूर्ण व्यक्तित्व गीतिमय है। वे मूलतः गीतिकाव्य के कवि हैं। उनके *ज्योत्स्ना* आदि नाटकों के सभी पात्र वस्तुतः गीतिकाव्यात्मक (लिरिकल) हैं। उन्होंने कभी कथाकाव्य लिखने का प्रयत्न नहीं किया। शुरू में *ग्रंथि* में जो प्रयत्न, है वह मूलतः गीतिकाव्यात्मक और रोमांटिक है। किंतु इसका यह अर्थ नहीं कि उनके व्यक्तित्व में गतिशीलता नहीं है। वे बराबर सांस्कृतिक सामूहिक उत्थान की ओर अग्रसर रहे हैं। उनके विकास के तीन उत्थान हैं। प्रथम में वे छायावादी कवि हैं, दूसरे में वे समाजवादी आदर्शों से चालित हैं, और तीसरे में आध्यात्मिक। दूसरे उत्थान की कविताओं में वे समाजवादी सिद्धांतों से चालित हुए थे। *ग्राम्या* में उन्हीं आदर्शों द्वारा चालित किंतु बौद्धिक चिंतन से आयत्तीकृत भावों का सन्निवेश है। समाजवाद पंत की दृष्टि में कोई राजनीतिक मत नहीं था, वह सांस्कृतिक अभ्युत्थान का साधन मात्र था। उन्होंने कहा है :

"राजनीतिक का प्रश्न नहीं रे आज जगत् के सम्मुख
एक वृहत् सांस्कृतिक समस्या जग के निकट उपस्थित।"

समाजवादी सिद्धांतों के अनुसार कविता सोद्देश्य होनी चाहिए, अर्थात् वह केवल बिना आयास के सिद्धभावों की स्वतःसमुच्छित अभिव्यक्ति मात्र नहीं है, बल्कि संसार की जटिल समस्याओं को सुचिंतित विवेचना द्वारा समझकर उसके अभ्युत्थान के लिए रचित सोद्देश्य कलाकृति है। इस दूसरे उत्थान में भी पंत में कोमल भावों और मोहन चारुताओं के प्रति मोह है। तीसरे उत्थान में उनकी कविता गैरिकधारिणी संन्यासिनी के समान शांत और उदात्त विचारों की गंभीरता और पवित्रता से मंडित है। उनमें कल्पना की रंगीनी भी नहीं है, आवेगों की चंचलता भी नहीं है, कुतूहल और औत्सुक्य-भरी जिज्ञासा भी नहीं है, किंतु

उसमें सांस्कृतिक उत्थान का आशा-भरा संदेश है। कवि आगे चलकर अरविंद के आध्यात्मिक तत्त्वदर्शन से प्रभावित हुए और उन्हें उसमें सांस्कृतिक अभ्युत्थान का स्वर्ण प्रभात दिखाई दिया। पंत की कविता की अंतिम परिणति इसी आध्यात्मिक उल्लास में हुई है।

तीनों ही अवस्थाओं में पंतजी वैयक्तिकतावादी हैं। जिन दिनों समाजवादी सिद्धांतों से वे आकृष्ट हुए थे, उन दिनों भी वे अपने व्यक्तित्व को स्पष्ट रूप से सबसे अलग समझते थे। उनकी उन कविताओं में बराबर 'रे' का प्रयोग है जो कवि और उसकी कविता के श्रोतृवर्ग के बीच बहुत बड़े व्यवधान का सूचक है। परंतु उनमें अपने भावों के प्रति किसी प्रकार की आसक्ति नहीं है, जबकि साधारणतः ऐसे कवि आसक्तियुक्त हुआ करते हैं। पंत सौंदर्य की महिमा के अनासक्त साक्षी कवि हैं। छायावाद का महान् आंदोलन पंत के समान नेता पाने के कारण ही तेजी से लोकप्रिय हो गया।

सूर्यकांत त्रिपाठी 'निराला'[7] का जन्म (1896 ई.) बंगाल में हुआ था। उनकी शिक्षा भी बंगला से ही आरंभ हुई थी। उन्होंने तत्कालीन बंगला साहित्य की स्वच्छंदतावादी और रहस्यवादी कविताओं का अच्छा अध्ययन किया था। वे आरंभ से ही विद्रोही कवि के रूप में हिंदी में दिखाई पड़े। गतानुगतिकता के प्रति तीव्र विद्रोह उनकी कविताओं में आदि से अंत तक बना रहा। व्यक्तित्व की जैसी निर्बाध अभिव्यक्ति उनकी रचना में हुई है वैसी अन्य छायावादी कवियों में नहीं हुई। न तो उन्होंने भावों को कोमल करने का प्रयत्न किया है, न उनकी समंजस-योजना के प्रति किसी प्रकार की आसक्ति दिखाई है। सर्वत्र व्यक्तित्व की अत्यंत परुष अभिव्यक्ति ही निराला की कविताओं का प्रधान आकर्षण है। फिर भी विरोधाभास यह है कि निराला में अपने व्यक्तित्व को सबसे अलग करके अभिव्यक्त करने की चेतना सबसे कम है। निराला की प्रतिभा बहुमुखी है। उन्होंने कविताएँ तो लिखी ही हैं, निबंध, आलोचना, उपन्यास आदि भी लिखे हैं। व्यंग्य और कटाक्ष को वे प्रायः नहीं भूलते। लेकिन कथाकाव्य के प्रति उनका झुकाव पंत से अधिक है। उनकी अधिकांश सर्वोत्तम कविताओं में किसी-न-किसी प्रकार की कथा का आश्रय लिया गया है। कथानक की घटनाओं की पूर्वापरता उनके उमड़ते हुए आवेगों पर अंकुश का काम करती है। अनुभूति की तीव्रता के कारण ये आवेग बहुत वेगवान् होकर प्रकट हुए हैं, पर कोमलीकरण, समंजस-योजना का छंदोबंध की चेतना के अभाव में उनमें कोई अंकुश नहीं है। यही कारण है कि विशुद्ध गीति-काव्यात्मक रचनाओं में निराला के बहक जाने की आशंका बराबर बनी रहती है। यह ध्यान देने की बात है कि निरालाजी के आरंभिक प्रयोग छंद के बंधन से मुक्ति पाने का प्रयास है। छंद के बंधनों के प्रति विद्रोह करके उन्होंने उस मध्ययुगीन मनोवृत्ति पर ही पहला आघात किया था, जो छंद और कविता को प्रायः समानार्थक समझने लगी थी। कविता भाव-प्रधान होती है, छंद उसके इस रूप में सहायता करता है। छंद के बंधन को अस्वीकार करनेवाला कवि कविता के उन समस्त प्रसाधनों के प्रति अनास्था प्रकट करता है, जो काव्य में संगीत के गुण भरा करते हैं और इस प्रकार काव्य को अलौकिक बनाया करते हैं। परंतु निरालाजी ने जब छंदों के प्रति विद्रोह किया तो उनका उद्देश्य छंद की अनुपयोगिता बताना नहीं था। वे केवल कविता में भावों की—व्यक्तिगत अनुभूति के भावों की—स्वच्छंद अभिव्यक्ति को महत्त्व देना चाहते थे। जिसे वे मुक्त-छंद

कहते थे, उसमें भी एक प्रकार का झंकार और एक प्रकार का ताल विद्यमान है।

उनकी आरंभिक कविताओं में उनकी स्वच्छंदतावादी प्रकृति पूरे वेग पर मिलती है। *पंचवटी-प्रसंग* में गतानुगतिक ढंग से राम-कथा को नहीं चित्रित किया है। शूर्पणखा वहाँ--शायद एकदम नए ढंग से--नारी के रूप में उपस्थित की गई है, किसी वीभत्स राक्षसी के रूप में नहीं। सच पूछा जाय तो निराला से बढ़कर स्वच्छंदतावादी कवि हिंदी में कोई नहीं है। *परिमल* की जिन रचनाओं में वस्तुव्यंजना की ओर कवि का ध्यान है, उनमें उनका व्यक्तित्व स्पष्ट नहीं हुआ; किंतु *तुम और मैं, जूही की कली* जैसी कविताओं में उनकी कल्पना उनके आवेगों के साथ होड़ करती है। यही कारण है कि वे कविताएँ बहुत लोकप्रिय हुई हैं। बड़े कथात्मक प्रयोगों में निरालाजी को अधिक सफलता मिली है। वे पंत की तरह अत्यधिक वैयक्तिकतावादी कवि नहीं हैं। बड़े आख्यानों-जैसे काव्य-विषय में उन्हें वस्तुव्यंजना का भी अवसर मिलता है और कल्पना के पंख पसारने का भी मौका मिल जाता है। इसीलिए उनमें निराला अधिक सफल हुए हैं। *तुलसीदास, राम की शक्तिपूजा* और *सरोजस्मृति* जैसी कविताएँ उनकी सर्वोत्तम कृतियाँ हैं। इनमें भाषा का अद्‌भुत प्रवाह पाठक को निरंतर व्यस्त बनाए रहता है। कल्पना यहाँ आवेगों के सामने फीकी लगती है। किंतु स्फुट गीतों में निराला को ऐसा अवकाश नहीं मिलता। *गीतिका* के गीत ठूँठ हो गए हैं और दुर्बोध तो हैं ही।

निराला की रचनाएँ साधारण पाठकों को तो दुर्बोध मालूम होती ही हैं, उनके प्रशंसकों को भी कभी-कभी दुरूह लगती हैं। इसका कारण यह है कि कवि अपने आवेगों को संयत रखकर नहीं लिख सकता। एक बात कहते-कहते उसे उसी से संबंधित (और कभी-कभी उल्टी पड़नेवाली) दूसरी बात याद आ जाती है। कवि अपने आवेगों पर अंकुश नहीं रख सकता। अंकुश वह रख सकता है, जो भावों को सजाने और सुघड़ बनाने का प्रयास करता है। निराला यह नहीं करते, इसलिए उनके भावों की अविरल धारा में ऐसे प्रसंग प्रायः छूट जाते हैं जो साधारण पाठक के लिए प्रासंगिक होते हैं और ऐसे प्रसंग प्रायः आ जाते हैं जो साधारण पाठक की दृष्टि में बहुत प्रासंगिक नहीं जँचते। इसलिए उनकी कविताएँ दुर्बोध हो जाती हैं। बड़े कथा-प्रसंगों में पाठक कुछ अनुमान द्वारा छूटे हुए स्थानों को भर लेता है, पर छोटे प्रगीतों में वह कुछ भी समझ नहीं पाता। निराला की कविता के इस पक्ष ने उसे अधिक लोकप्रिय नहीं होने दिया।

जयशंकर 'प्रसाद'[8] (1889-1937 ई.) इन कवियों में बहुत पहले से साहित्य-क्षेत्र में परिचित थे। उनकी आरंभिक रचनाओं में अतीत के प्रति एक प्रकार की मोहकता और मादकता से भरी हुई आसक्ति मिलती है। उनके कई परवर्त्ती नाटकों में यह भाव स्पष्ट हुआ है। *चित्राधार, कानन कुसुम* आदि रचनाओं को पढ़ने से लगता है जैसे कवि कुछ कहना चाहता है, पर कह नहीं पाता। प्रसाद अन्य छायावादी कवियों से इस बात में शुरू से ही अलग हैं। अन्य कवियों ने अपनी व्यक्तिगत अनुभूतियों को स्वच्छंदता के साथ प्रकट किया, जबकि प्रसाद ने उन पर अंकुश रखा। एक प्रकार की झिझक और संकोच का भाव उनकी *आँसू* तक की सभी कविताओं में मिलता है। ऐसा लगता है कि कवि को भय है कि उसके मन में जो भाव उमड़ रहे हैं, जो वेदना संचित है वह यदि एकाएक अपने अनावृत रूप में प्रकट हो जाएगी तो पाठक उसकी कद्र नहीं कर सकेंगे। कवि की धारणा है कि उसका

पाठक अभी इस परिस्थिति में नहीं है कि उसके भावों को ठीक-ठीक समझ सके और सहानुभूति के साथ उन्हें देख सके। उनकी कविताओं के संबंध में जो आलोचनाएँ निकल रही थीं, उनका भी उन्होंने यही निष्कर्ष निकाला होगा। *झरना* की रचनाएँ कुछ अधिक स्पष्ट हैं, परंतु उनमें भी 'छेड़ो मत यह सुख का कण है' जैसी पंक्तियों में कवि की झिझक व्यक्त हुई है। *आँसू* की रचनाओं में कवि ने अपने विचारों को कुछ दार्शनिकता का आवरण पहनाया है। आगे चलकर उनकी यह प्रवृत्ति बढ़ती गई है। *कामायनी* उनके गहन चिंतन, मनन और अनुभूति का फल है। उसमें विचारों की स्पष्टता और भावों का सज्जन प्रकाशन बिना किसी संकोच के हुआ है। *कामायनी* में कवि अपने भावावेगों पर कम-से-कम पर्दा डालता है।

आरंभ से ही भावों की ससज्ज, सलज्ज स्थापना में प्रसाद का संयत व्यक्तित्व स्पष्ट हुआ है। इसमें धकियाकर आगे बढ़ने की प्रवृत्ति नहीं है बल्कि चुपचाप सबके बाद धीरे-से—अज्ञात रहकर—आगे बढ़ जाने का भाव है। *झरना* तक की रचनाओं में यही सलज्ज भाव रहता है। *आँसू* में कवि अपने भावों को अधिक स्पष्टता के साथ व्यक्त करने लगता है, पर अवगुंठन वहाँ भी है। 'प्रसाद' प्रकृति के और मनुष्य के सौंदर्य को पूर्ण रूप से उपभोग्य बनानेवाले कवि हैं। शुरू-शुरू में जब वह बौद्धदर्शन के दु:खवाद से प्रभावित जान पड़ते हैं, तब भी संसार की रूप-माधुरी का छककर पान करने के संबंध में उनके मन में कोई दुविधा का भाव नहीं है। वे इस बात को स्पष्ट और दो-टूक भाषा में नहीं कह पाते, क्योंकि तब तक उन्हें वह तत्त्ववाद नहीं मिल सका था जो वैराग्य और कृच्छ्राचार में नहीं, बल्कि सब प्रकार के सामरस्य में ही मनुष्य की परम शांति में विश्वास करता है।

रहस्यवाद : क्या कारण है कि कवि के अंतर की व्याकुलता प्रकट नहीं हो पाती और प्रकट भी होती है तो सलज्ज अवगुंठन के भीतर बनी रहती है? इसका एक कारण तो सामाजिक है। कवि जिस रूप में जगत् के सौंदर्य को देख रहा है, वह परिपाटी-विहित रसज्ञता के अनुकूल नहीं है। कवि का चेतन मन इस बात को अनुभव करता है। छायावाद के प्रथम उन्मेष के अनेक कवियों ने अपनी बात को आध्यात्मिक रूप देना चाहा। जो बात परिपाटी-विहित रसज्ञता के प्रेमियों को लौकिक दृष्टि से खटकनेवाली लग सकती है, वही बात आध्यात्मिक दृष्टि से देखने पर अच्छी लग सकती है। इसीलिए शुरू-शुरू के छायावादियों ने अपनी रचनाओं को आध्यात्मिक रूप देना चाहा। निरालाजी की रचनाओं में भी आध्यात्मिकता का आरोप करके उन्हें महिमा-मंडित करने का प्रयत्न किया गया था। इसीलिए सभी कवि छायावादी कहे जाने लगे। परंतु मेरे विचार से दोनों में अंतर है। सभी छायावादी कवि रहस्यवादी नहीं हैं। रहस्यवादी के चित्त में किसी-न-किसी रूप में परम प्रेममय, परम आनंदमय, लीला-निकेत, चिरंतनप्रिय का विश्वास अवश्य होना चाहिए। यह विश्वास दो प्रकार से आ सकता है—1. चिंतन-मनन से और 2. भीतर की पीड़ा और व्याकुलता की अनुभूति के द्वारा। प्रथम श्रेणी के रहस्यवादी प्रसादजी हैं, दूसरी श्रेणी में महादेवीजी प्रमुख हैं। बाकी कवियों में आध्यात्मिक अनुभूति थी भी, तो इतनी प्रधान नहीं हो गई थी कि उससे किसी चिरंतन प्रिय के साथ निरंतर चलनेवाली लीला की भावना पुष्ट हो। यहाँ स्पष्ट रूप से समझ लेना चाहिए कि हमारे कहने का मतलब यह नहीं है कि किसी दूसरे कवि में आध्यात्मिक भाव थे ही नहीं; हमारे कथन का तात्पर्य सिर्फ इतना

ही है कि जिस आध्यात्मिक अनुभूति में कवि किसी ऐसे प्रियतम की सत्ता में विश्वास करता है जिसके साथ प्रकृति और मानवात्मा की लीला निरंतर चलती रहती है, वही रहस्यवादी कहा जा सकता है और इस दृष्टि से प्रसाद और महादेवीजी की कविताओं में रहस्यवाद की पूरी अभिव्यक्ति है। अन्य कवियों में वह या तो थी ही नहीं, या थी भी तो अस्पष्ट।

प्रसाद का रहस्यवाद : शुरू-शुरू में, जैसा कि ऊपर बताया गया है, प्रसादजी की कविताओं में एक सलज्ज (किंतु ससज्ज) और झिझक-भरी आत्माभिव्यक्ति का भाव है। वे इस बात से स्वयं कभी-कभी खिन्न जान पड़ते हैं। क्यों नहीं वे खुलकर अपने भाव प्रकट करते? क्यों यह एक आवरण उनकी रचनाओं को आच्छन्न करता रहता है? आवरण का स्वरूप क्या है? छायावादी कवियों ने जब अपने भावों को प्रकट करने में संकोच किया है, तो भावों को इस प्रकार से रूप दिया है कि मनोवृत्तियों की क्रिया के रूप में प्रकट हों। 'भाव' होते हैं, किए जाते हैं, वे स्वयं कर्त्ता नहीं हैं। परंतु कवि उनको इस रूप में रखेगा मानो वे किसी विशेष मनोवृत्ति के मूर्त मानवीय रूप की क्रिया हों। प्रेमी किसी के सुंदर रूप को छककर देखना चाहता है। देखना संभव नहीं होता। जिसके पास सौंदर्य है वह झेंप रहा है। प्रेमी दर्शक के मन में अतृप्तिजन्य व्याकुलता है। सीधे कहना होता तो वह अपनी व्याकुलता को कह देता। ठाकुर ने और बोधा ने सीधे-सीधे कह भी दिया है। पर झिझक और संकोच से भरा छायावादी कवि कहेगा कि मेरी अधजगी भावनाओं को सौंदर्य के लजीले पद-संचार ने कुचल दिया! प्रसादजी की कविता में और महादेवीजी की आरंभिक रचनाओं में यह भाव है। इसीलिए कुछ लोगों ने भावनाओं को मूर्त बनाकर उनकी क्रिया के रूप में भावों के चित्रण को ही रहस्यवाद कह दिया। यह धारणा गलत है। रहस्यवाद यह शैली नहीं है। यह केवल कवि के रहस्यवादी होने की संभावना का संकेत करता है। जिस कवि की रचना में इस प्रकार का सलज्ज अवगुंठन हो, भविष्य में उसके रहस्यवादी हो जाने की संभावना रहती है, क्योंकि वह अनंतकाल तक अवगुंठन की इस व्याकुलता को सहन नहीं कर सकता।

प्रसंग प्रसादजी का चल रहा था। प्रसादजी के सोचने का मार्ग उनकी रचनाओं से बहुत स्पष्ट हो जाता है। सौंदर्य—पार्थिव सौंदर्य—के प्रति प्रसाद का आकर्षण बहुत अधिक है, परंतु शुरू-शुरू में वे उसे व्यक्त नहीं कर पाते थे। उनके मन में इस बात से कुछ चिंता भी हुई। परंतु फिर वे इस प्रकार सोचते जान पड़ते हैं कि आवरण और अवगुंठन बुरा क्या है! विधाता ने ही तो सारे संसार में अवगुंठन का जाल बिछा रखा है। नग्न और अनावृत सत्य उन्हें तो इष्ट नहीं है। यह आलोक और अंधकार की आँख-मिचौनी तो उन्होंने चला रखी है। इसी रास्ते सोचता हुआ कवि अंत में अवगुंठन के तत्त्ववाद तक पहुँचता है। अब उसे समझ में आता है कि आरंभ में ही जो विधाता ने उसके हृदय में झिझक और संकोच दिया था, वह भी उनकी कृपा ही थी, वह भी उनकी एक लीला ही थी। प्रसादजी के काव्यों में और उनके नाटकों में भी यही चिंतन-प्रणाली स्पष्ट हुई है। आगे चलकर उन्हें अपने इस विशिष्ट स्वभाव का स्पष्ट और प्रौढ़ समर्थन प्रत्यभिज्ञा-दर्शन में मिलता है। *कामायनी* में आरंभ का दबा हुआ सलज्ज भाव विभिन्न सर्गों में स्पष्ट और प्रौढ़ अभिव्यक्ति पाता है। यह क्रम सिद्ध करता है कि वे गंभीर अध्ययन, चिंतन और मनन के माध्यम से अपने भीतर के सौंदर्यप्रेमी मनोभाव को रहस्यवादी कविता के आवरण में प्रकट कर सकते हैं। प्रसाद के

समान सौंदर्य के प्रेमी कवि बहुत ही विरल हैं और पार्थिव सौंदर्य को स्वर्गीय महिमा से मंडित करके प्रकट करने का सामर्थ्य तो इतना और किसी में है ही नहीं।

महादेवी वर्मा : महादेवी वर्मा[9] (जन्म 1907 ई.) की कविताओं में प्रसाद की भाँति ही एक प्रकार का संकोच है। ये भी प्रतीकों के माध्यम से और सतर्क लाक्षणिकता के सहारे अपने भावावेगों को दबाती हैं। लाक्षणिक वक्रता और मनोवृत्तियों की मूर्त्त योजना में ये प्रसाद के समान ही हैं;फिर भी प्रसाद की वक्रता में जितनी स्पष्टता है उतनी भी इनकी आरंभिक रचनाओं में नहीं है। दोनों के मानसिक गठन और वक्तव्य के प्रति पहुँच में भेद है। प्रसादजी आरंभ से ही कुछ बुद्धि-वृत्तिक हैं, वे रूपक को दूर तक घसीट और सम्हालकर ले जाने की क्षमता रखते हैं। महादेवी शुरू से ही अत्यधिक संवेदनशील हैं, उनमें अनुभूति की तीव्रता 'प्रसाद' से अधिक है। इसीलिए वे 'प्रसाद' के समान लंबे रूपकों का निर्वाह नहीं कर पातीं। वे पूर्ण रूप से गीतिकाव्यात्मक प्रकृति की हैं। बहुत जल्दी उन्होंने अपने वास्तविक स्वरूप को समझ लिया। *नीहार* के बाद की रचनाओं में उनका वास्तविक रहस्यवादी रूप प्रकट हुआ। यह समूचा बाह्य जगत् किसी 'चिरंतन' प्रिय की लीला-भूमि है। प्रसादजी की लीला-कल्पना में सदा विराट् की अनुभूति—असीम का स्पंदन प्रकट होता रहता है; महादेवीजी की कविताओं में 'चिरंतन' और 'असीम' प्रिय अत्यंत कोमल, मोहन और उत्सुक प्रणई के रूप में चित्रित हुआ है, यहाँ की सारी प्रकृति प्रतीक्षा में सजग और उत्सुक दिखाई पड़ती है। महादेवी की यह रहस्यवादी भावना संपूर्ण रूप से वैयक्तिक है। यह फिर स्पष्ट कर देना उचित है कि काव्य में 'वैयक्तिक' से तात्पर्य यह नहीं है कि कवि के व्यक्तिगत दुख-सुख का समाचार हमें मिलता है, बल्कि वैयक्तिकता का तात्पर्य यह है कि कवि ने जिन भावों को सर्वसाधारण भाव बना दिया है, वे शुरू-शुरू में उसके अपने राग-विरागों और मनन-निदिध्यासन द्वारा अनुरंजित चित्त में उत्थित हुए थे। काव्य में प्रकट होने के बाद वे कवि के नहीं, सहृदय-मात्र के अपने भाव बन जाते हैं। व्यक्तिगत अनुभूतियों की तीव्रता और मर्मस्पर्शिता में महादेवी की रचनाएँ अपूर्व हैं। वे पाठक के चित्त में वेदना की अनुभूति भरती हैं और खोई हुई वस्तु के मिल जाने की आशा से उत्पन्न होनेवाले उल्लास का वातावरण उत्पन्न करती हैं।

बालकृष्ण शर्मा 'नवीन' : छायावाद की मूल भावधारा से पृथक् किंतु विश्वासों में संपूर्ण स्वच्छंदतावादी फक्कड़ कवि बालकृष्ण शर्मा की उद्दाम आवेगोंवाली कविताएँ इसी काल में लिखी गईं। नवीनजी राजनीतिक कार्यकर्त्ता रहे। उनका जीवन राजनीति के कशमकश में बीता। उन्हें छायावाद की साहित्यिक कचकचाहट में पड़ने की फ़ुरसत नहीं थी। राजनीतिक संघर्ष से फ़ुरसत पाने पर वे कविता लिखते थे। उन कविताओं में सच्चे रोमांटिक कवि की भाँति वे कल्पना के पंख फैलाकर भाव के आकाश में उड़ान लेते हैं। सबकुछ को छोड़कर आगे बढ़ जाने की घरफूँक मस्ती से उनकी रचनाएँ आकंठ भरी हुई हैं।

सियारामशरण गुप्त : छायावाद काल में जो कवि अपने ढंग से आगे बढ़ रहे थे, उनमें सबसे श्रेष्ठ सियारामशरण गुप्त (जन्म 1896 ई.) हैं। इनमें भी व्यक्तिगत चिंतन और अनुभूति है और एक प्रकार से छायावादी कविता के बाह्य वृत्त से इनकी कविता सटी हुई कही जा सकती है। परंतु सियारामशरणजी की रचनाओं में एक प्रकार की सावधानी

और सतर्कता है, जो छायावादी कविता में नहीं पाई जाती। कल्पना के साथ भावावेगों का घनिष्ठ योग भी इनकी रचना का प्रधान गुण नहीं है। ये चिंतनशील कवि हैं। ये उन कवियों में हैं जिन्हें मनुष्य के विकास ने प्रभावित किया है और जो मनुष्य के प्रति विसदृश और अमानवीय व्यवहारों से अत्यधिक विचलित हो जाते हैं। सहानुभूति से भरा हुआ हृदय, मानवीय सद्‌गुणों की विजय में विश्वास के कारण दृढ़ आस्थासंपन्न मन, और संसार के प्रति अनासक्त जिज्ञासा द्वारा शोधित बुद्धि उनके काव्यों के मूल में हैं। गाँधीजी के विचारों का प्रभाव उन पर बहुत अधिक पड़ा है। मनुष्य के लिए वे साधन और साध्य दोनों की पवित्रता के सिद्धांत से बहुत अधिक प्रभावित हैं। उनकी अनेक रचनाएँ प्रकाशित हो चुकी हैं जिनमें कविता, निबंध और उपन्यास भी हैं। सियारामजी सच्चे अर्थों में मानवीय संस्कृति के कवि हैं। उनकी साहित्य-साधना उनके जीवन के अनुभूत तथ्यों पर आधारित है।

गुरुभक्त सिंह 'भक्त' : इस काल में एक और कवि ने सहृदयों के हृदय में घर किया था। ये हैं *नूरजहाँ* तथा अन्य कई काव्यों के प्रसिद्ध कवि गुरुभक्त सिंह 'भक्त'। इनकी रचनाओं में प्रकृति का बड़ा सुंदर चित्रण हुआ है। उस काल में किसी कवि ने प्रकृति को इतनी बारीकी से नहीं देखा। प्राकृतिक दृश्यों में ब्यौरेवार वर्णनों के द्वारा ये यथार्थवादी वातावरण प्रस्तुत करते हैं। *नूरजहाँ* में जहाँ प्रकृति का चित्रण हुआ है, वहाँ इसी श्रेणी का वातावरण मिलता है। वैसे *नूरजहाँ* में उन्नीसवीं शताब्दी के रोमांटिक उपन्यासों की शैली का प्रयोग है और वह पद्यबद्ध उपन्यास के समान ही है। काव्य के रोमांटिक वातावरण के साथ प्रकृति के ब्यौरेवार वर्णनों से एक ऐसा वातावरण प्रस्तुत होता है जो हिंदी पाठक के लिए बहुत परिचित नहीं है। इसीलिए इस काव्य में एक प्रकार के अपरिचित दर्शन का औत्सुक्य और उल्लास प्राप्त होता है। 'भक्त' की रचनाएँ भी अनेक हैं। उनका काव्य *विक्रमादित्य* भी प्रकाशित है।

सरस गीतों का बाहुल्य : छायावादी कवियों ने भाषा को अनुभूति-वहन की क्षमता दी। जिस खड़ी बोली को संगीत के गुणों से एकदम वंचित समझा जाता था, वह गीतों की भाषा बन गई। देखते-देखते हिंदी कविता में गीतों का प्रचार बढ़ गया। अनेक कवियों ने गीतों की भाषा को सँवारा; उसमें करुण, कोमल या परुष भावों को प्रकट किया। सब जी नहीं सके, पर सबने इस दिशा में कुछ-न-कुछ योग अवश्य दिया। आधुनिक-काल की खड़ी बोली में सरस गीतों की संख्या बहुत अधिक है। छायावादी रचनाओं ने 1930 ई. तक काफी प्रौढ़ता पा ली। इसी समय तीन और शक्तिशाली कवियों का प्रवेश हुआ। ये हैं—भगवतीचरण वर्मा, 'बच्चन' और 'दिनकर'।

भगवतीचरण वर्मा : भगवतीचरण वर्मा (जन्म 1903 ई.) में मस्ती है, उल्लास है और अपने-आपके प्रति दृढ़ विश्वास है। शुरू-शुरू में छायावादी कवियों में जो झिझक और संकोच का भाव दिखाई दिया था, उसका कोई आभास उनकी कविताओं में नहीं है। वे प्रेम और यौवन के उल्लास के गान गाते समय किसी प्रकार के तत्त्ववादी आवरण चढ़ाने में विश्वास नहीं करते। वे अनासक्त भोक्ता की भाषा में सुंदर के सौंदर्य की महिमा और अपनी मस्ती के गान गाते हैं। उनकी इस असंकुचित और आत्मकेंद्री मस्ती ने सहृदयों को आकृष्ट किया था। बाद में चलकर उनकी प्रतिभा उपन्यासों में व्यक्त हुई। वहाँ भी उनकी

मूल प्रवृत्ति ज्यों-की-त्यों बनी रही।

'बच्चन' : मस्ती और मौज के दूसरे कवि हरिवंशराय 'बच्चन' (जन्म 1907 ई.) हैं। जीवन की क्षणिक सत्ता को किसी झिझक और संकोच में ही काट देना ठीक नहीं, इसको परिपूर्ण करने के लिए सौंदर्य का मादक आसव आवश्यक है। 'बच्चन' ने उमर खय्याम की भाँति इस मिट्टी के तन और मस्ती के मन को सौंदर्य और प्रेम की मदिरा से सार्थक बनाने के गान गाए। इनकी कविता में जो मादकता थी, उसने सहृदयों को आकृष्ट किया। छायावादी कवियों ने लाक्षणिक वक्रता से भाषा को दुरूह बना दिया था, 'बच्चन' ने उसे इस वक्र भंगिमा से बचाया। सहज सीधी भाषा में, सहज सीधी शैली में, अपनी बात कहने के कारण 'बच्चन' बहुत ही लोकप्रिय हुए। *निशानिमंत्रण* में उनकी अनुभूतियों की तीव्रता और भावों की सांद्रता ने उन्हें सहृदयों का प्रशंसाभाजन बनाया। 'बच्चन' की कविता में जिस क्षणिक उल्लास की मस्ती का प्रचार किया गया था, उससे कुछ लोग अप्रसन्न भी थे। शायद उपहास के लिए ही शुरू-शुरू में इसे 'हालावाद' नाम दे दिया गया था। वस्तुतः यह 'हाला' एक प्रतीक मात्र है जो तत्कालीन प्रचलित झूठी आध्यात्मिकता के प्रतिवाद का एक प्रतीक मात्र था। मूलतः 'बच्चन' की कविता मस्ती, उमंग और उल्लास की कविता है। अनुभूतियों की तीव्रता भी उसका एक विशिष्ट गुण है। जब से वह उल्लास और उमंग का वातावरण क्षीण हो गया, तब से 'बच्चन' की कविता की लोकप्रियता भी घट गई।

'दिनकर' : मस्ती के तीसरे कवि रामधारीसिंह 'दिनकर' (जन्म 1908 ई.) हैं। कल्पना की ऊँची उड़ान, विसदृश परिस्थितियों को अनुकूल बनाने की उमंग और सामाजिक चेतना की तीव्रता के कारण 'दिनकर' प्रथम दो कवियों से एकदम भिन्न श्रेणी के कवि हैं। छायावादी कवियों में सामाजिक चेतना बहुत छिपी हुई, अस्पष्ट और अवगुंठित थी। भगवतीचरण वर्मा और 'बच्चन' में वह उतनी अवगुंठित तो नहीं है, पर दोनों में ही वैयक्तिक चेतना का प्राधान्य है। 'दिनकर' की उमंग और मस्ती में सामाजिक मंगलाकांक्षा का प्राधान्य है। *हुंकार* में कवि सामाजिक विषमताओं से बुरी तरह आहत है। वह अपनी कल्पना को बार-बार पुकारकर कहता है कि यह दुनिया रहने लायक नहीं है, किसी और मोहक लोक में ले चलो, पर उसकी कल्पना चील की तरह मँडराकर बारंबार इस विसदृश-व्याकुल जगत् की ओर ही झपट्टा मारती है। *रसवंती* में कवि इस विषय में कुछ कम मुखर है, वह सौंदर्य के प्रति आकृष्ट होता है, परंतु उसके चित्त में शांति नहीं है। उसका मन व्यक्त रूप में मस्ती और मौज का उपासक है, शहर की चिंता में दुबले होनेवालों से अलग रहना पसंद करता है। किंतु उसके भीतर अव्यक्त और अलक्षित रूप से सामाजिक चेतना का वेग है। वह समाज की चिंता छोड नहीं पाता। इन द्विविध वृत्तियों के संघर्ष से 'दिनकर' के काव्य में वह प्रवाह उत्पन्न हुआ है जो अन्य कवियों में नहीं मिलता। 'दिनकर' व्यक्तिवादी दृष्टि का प्रत्याख्यान लेकर साहित्य-मंच पर आए। वे छायावादियों और प्रगतिवादियों के बीच की कड़ी हैं—कम छायावादी, अधिक प्रगतिवादी। *कुरुक्षेत्र* में उनकी सामाजिक चेतना की बहुमुखी अभिव्यक्ति हुई है। 'दिनकर' अपने ढंग के अकेले हिंदी कवि हैं। यौवन और जीवन उन्हें आकृष्ट करते हैं, सौंदर्य का मोहन संगीत उन्हें मुग्ध करता है, पर वे इनसे अभिभूत नहीं होते। उल्लास और उमंग सच्चे अर्थों में मानवता की मुक्ति से ही संभव है। जब छायावाद के प्रथम उन्मेष के कवियों के बाद दूसरे उन्मेष के

कवि आए, तो उनके सामने मानवतावाद का आदर्श अस्पष्ट रह गया था। 'दिनकर' में वह आदर्श पूरे जोर पर है। इसीलिए उनके काव्य का आकर्षण शिथिल नहीं। आरंभ से लेकर अंत तक उनका विकास एकरस और गतिशील है।

छायावादी भाषा की प्रतिक्रिया का आरंभ : ऊपर जिन तीन कवियों की चर्चा की गई है, उनकी भाषा में छायावादी कवियों की लाक्षणिकता-प्रधान वक्रभंगिमा वाली भाषा और नूतन प्रतीकों की नूतन रूढ़ि प्रवर्त्तित करनेवाली शैली का प्रत्याख्यान हुआ है। बहुत थोड़ी दूर तक यह प्रतिक्रिया जान-बूझकर और सावधानी के साथ हुई, अधिकांश में यह अनजाने ही हुई। इसका परिणाम भी अच्छा ही हुआ। कई कवियों ने स्वतंत्र शैली में कविता लिखी। रामकुमार वर्मा, हरिकृष्ण 'प्रेमी', सोहनलाल द्विवेदी, मोहनलाल महतो 'वियोगी', 'अज्ञेय', श्यामनारायण पांडेय, उदयशंकर भट्ट, जानकीवल्लभ शास्त्री, 'आरसी', 'नेपाली', 'अंचल' आदि कवियों ने भाषा में नवीन व्यंजना-शक्ति और भावग्राहिता की क्षमता दी। हिंदी कविता तेज गति से अग्रसर हुई। छायावाद के प्रथम उन्मेष में जो सांस्कृतिक चेतना काम कर रही थी, वह कुछ दिनों के लिए म्लान हो गई, इसलिए नए खेवे के इन कवियों ने कोई बहुत बड़ा काव्य नहीं दिया, परंतु भविष्य में जो महान् कवि उत्पन्न होगा वह निःसंदेह इन्हीं कवियों के द्वारा सँवारी और माँजी हुई भाषा पाकर ही महान् बनेगा।

घोर मंथन और उथल-पुथल का काल : सन् 1920 ई. से 1926 ई. तक का काल भारतीय इतिहास के घोर मंथन और उथल-पुथल का काल है। इस काल में भारतवर्ष ने पूरी ताकत लगाकर अंग्रेजी शासन को उखाड़ फेंकने का प्रयत्न किया। यह प्रयत्न दस-ग्यारह वर्ष बाद सफल हुआ। परंतु इस समय तक विदेशी प्रभाव की जड़ें हिल गईं। देश के युवकों में कभी भी आत्मविश्वास की मात्रा इतनी अधिक नहीं थी, जितनी इस काल में रही। धीरे-धीरे व्यक्तिमानव के स्थान पर समाज-मानव का महत्व प्रतिष्ठित होता गया। यह काल एक ओर सामूहिक आंदोलन में विश्वास करता है और दूसरी ओर सामाजिक अभ्युत्थान के प्रति आकृष्ट होने का भी समय है। भारतवर्ष का शिक्षित चित्त अब अनुभव करने लगा था कि कल्याण का मार्ग व्यक्ति की सुख-सुविधा की साधना के भीतर से नहीं गया है, वह सामाजिक सुख-सुविधा के प्रयत्नों के भीतर से निकला है। ऐतिहासिक घटनाएँ बड़ी तेजी से सोचने-समझने की योग्यता रखनेवाले मनुष्य के दिमाग पर आघात करती गईं और क्रमशः वह व्यक्ति-संस्कार की कमजोरियों को समझता गया और सामाजिक मंगल की साधना की ओर अग्रसर होता गया।

उपन्यास और कहानी : जिन कृती उपन्यासकारों और कहानी-लेखकों की चर्चा पिछले प्रकरण में की गई है, उनमें से अधिकांश इस काल में जीवित थे। सुविधा और संक्षेप के लिए पहले प्रकरण में उनकी सफलताओं की चर्चा कर दी गई है। यहाँ स्मरण रखने के उद्देश्य से यह कह रखना आवश्यक है कि प्रेमचंद, सुदर्शन, विश्वंभरनाथ शर्मा 'कौशिक', 'प्रसाद' आदि कहानी और उपन्यासों के कृती लेखकों की मुख्य और महत्त्वपूर्ण रचनाएँ इसी काल में लिखी गईं। प्रसिद्ध कथाकार जैनेंद्र कुमार का आविर्भाव इसी काल में हुआ। उनकी रचनाओं में नवीन कारीगरी और नवीन उपस्थापन-कौशल को देखकर सहृदयों को आशा हुई थी कि ये आगे चलकर बड़े साहित्यकार होंगे। यह आशा सत्य सिद्ध

हुई। उनके *परख, सुनीता, त्यागपत्र* आदि उपन्यासों और दर्जनों कहानियों में मनुष्य-जीवन के अनेक नवीन पहलुओं का उद्घाटन हुआ। गाँधीजी के जीवन-दर्शन से वे भी प्रभावित थे, परंतु कहीं भी उन्होंने ऐसा कुछ न लिखा जो उनका स्वयं चिंतित न हो। जैनेंद्र के नारी-पात्रों में अद्भुत महिमा है। जैनेंद्र के प्रायः साथ ही दो और प्रतिभाशाली कहानीकार साहित्य-क्षेत्र में प्रविष्ट हुए। एक हैं चंद्रगुप्त विद्यालंकार और दूसरे सच्चिदानंद हीरानंद वात्स्यायन 'अज्ञेय'। चंद्रगुप्तजी की कहानियों में सहज स्वाभाविक जीवन के भीतर अनायास आयोजित मर्मस्पर्शी घटनाओं का विन्यास था। कम लेखकों में इतनी सहज भंगिमा से इतनी मर्मस्पर्शी घटनाओं की योजना के गुण पाए जाते हैं। आगे चलकर चंद्रगुप्तजी के नाटक भी प्रकाशित हुए, आलोचनाएँ भी निकलीं और पत्रकारिता में भी उन्हें यश मिला।

सच्चिदानंद हीरानंद वात्स्यायन 'अज्ञेय' (जन्म 1911) उस काल के एक ऐसे राजनीतिक आंदोलन के भीतर विकसित हुए थे, जिसकी तत्कालीन गाँधीवादी राजनीति से कोई समानता नहीं थी। गाँधीवादी राजनीतिक धारा के साथ ही देश में सशस्त्र क्रांति के भी प्रयत्न हो रहे थे। उन दिनों कितने ही क्रांतिकारी दल ऐसे थे जिनका विश्वास अहिंसा में नहीं था। वे विदेशी शासन को जिस किसी तरीके से भी उखाड़ देने के पक्ष में थे। स्पष्ट ही दोनों प्रकार के आंदोलनों के मूल तत्त्ववादों में बड़ा अंतर था। ऐसे ही एक क्रांतिकारी दल के सदस्य वात्स्यायन जी थे। वाइसराय की गाड़ी उड़ा देने के षड्यंत्र के अभियोग में उन पर मुकद्दमा चला था। गुप्तवास में नाना प्रकार की कष्टसाध्य जीवनचर्या और बहु-विचित्र जीवन-लीला से ये परिचित हो चुके थे। ये स्वयं विज्ञान के विद्यार्थी थे, परंतु अंग्रेजी साहित्य का जैसा गंभीर अध्ययन इन्होंने किया था, वैसा कम हिंदी लेखकों ने किया होगा। इन्होंने हिंदी में 'अज्ञेय' नाम से कहानियाँ और कविताएँ लिखना शुरू कीं। अंग्रेजी में भी इन्होंने कविताएँ लिखी हैं और जानकार लोगों का कहना है कि उन कविताओं की भाषा बहुत ही परिमार्जित और शुद्ध है। नाना प्रकार की सुकुमार कलाओं की जानकारी भी जैसी इनको है, वैसी कम लेखकों को होगी। इस प्रकार 'अज्ञेय' अद्भुत प्रतिभाशाली लेखक हैं। इनकी कहानियों में जीवन की सचाई, व्यक्तित्व की स्पष्ट झलक और विचारों की ताजगी थी। आगे चलकर इनका समालोचक रूप में भी बड़ा सुंदर विकास हुआ। इनका *त्रिशंकु* नामक निबंध-संग्रह साहित्य की वास्तविक स्थिति का बड़ा ही विचारपूर्ण विश्लेषण है और *शेखर : एक जीवनी* नामक उपन्यास हिंदी के उपन्यास-जगत् में एक बिल्कुल नए अध्याय का श्रीगणेश करता है। इनकी हाल की कहानियों में फ्रायड के मनोविश्लेषणशास्त्र के प्रतीकों का बहुत सफलतापूर्वक प्रयोग है। अज्ञेयजी फ्रायड के मनोविश्लेषणशास्त्र के बहुत मर्मज्ञ विद्वान् हैं। इन के द्वारा संपादित *प्रतीक* साहित्य-रूपों के नए प्रयोगों के पुरस्कर्ता पत्र के रूप में प्रसिद्ध हो चुका है।

'अज्ञेय' की भाँति ही एक और प्रतिभाशाली लेखक, यशपाल, हिंदी कहानी और उपन्यासों के क्षेत्र में आए। ये भी एक क्रांतिकारी राजनीतिक दल के भूतपूर्व सक्रिय सदस्य थे। इनकी कहानियाँ आगे चलकर उस श्रेणी के साहित्य को समृद्ध करने लगीं, जिसे प्रगतिवादी साहित्य कहते हैं। हम आगे उसकी संक्षिप्त विवेचना करने जा रहे हैं।

इस काल में कई अन्य प्रभावशाली कहानी-लेखक और उपन्यास-लेखक भी हुए

जिनमें चतुरसेन शास्त्री, भगवतीप्रसाद वाजपेयी, पांडेय बेचन शर्मा 'उग्र', भगवतीचरण वर्मा, मोहनसिंह सेंगर, राधाकृष्ण प्रसाद उल्लेख-योग्य हैं। राजा राधिकारमणसिंह के उपन्यास विशेष रूप से उल्लेख-योग्य हैं, क्योंकि इनमें मुहावरेदार भाषा और चटकीले चित्रों की योजना हिंदी में अपने ढंग की अकेली ही है।

महिला लेखिकाएँ : कहानियों के क्षेत्र में कई प्रभावशाली महिला लेखिकाओं ने महत्त्वपूर्ण कार्य किया। सुभद्राकुमारी चौहान, शिवरानी देवी, कमला देवी चौधरी और होमवती देवी ऐसी महिलाएँ हैं। इनकी कहानियों में भारतीय परिवार की समस्याएँ सामने आई हैं। यथार्थ घरेलू चित्र प्रस्तुत करने में महिलाएँ पुरुष लेखकों से अधिक सफल हुई हैं।

निबंध और समालोचना : निबंध और समालोचना के क्षेत्र में इस काल में बड़ी उन्नति हुई। पं. रामचंद्र शुक्ल जैसे प्रौढ़ समालोचक इसी काल में अपनी कृतियों से हिंदी साहित्य को समृद्ध कर रहे थे। पद्मसिंह शर्मा, पदुमलाल पुन्नालाल बख्शी और श्यामबिहारी मिश्र, पीतांबरदत्त बड़थ्वाल और नंददुलारे वाजपेयी, सत्येंद्र, नगेंद्र आदि समालोचक इसी काल में अपनी रचनाओं के साथ साहित्य-क्षेत्र में आए। पत्रकारिता के क्षेत्र में बाबूराव विष्णु पराडकर, अंबिकाप्रसाद बाजपेयी, लक्ष्मीनारायण गर्दे, गणेशशंकर विद्यार्थी, बनारसीदास चतुर्वेदी, माखनलाल चतुर्वेदी जैसे कृती पत्रकारों ने इस काल में हिंदी पत्रकारिता को बहुत समृद्ध बनाया।

नाटक : नाटकों के क्षेत्र में उतनी समृद्धि नहीं हुई, जितनी कविता और निबंध के क्षेत्र में। हिंदी में रंगमंच कभी संगठित नहीं हुआ। फिर इस काल में सवाक् चित्रपटों का प्रचार बढ़ गया। फलस्वरूप रंगमंच पर अभिनीत होनेवाले नाटकों को धक्का लगा। फिर भी चित्रपट के आ जाने से नाटकीय कला में नवीन कारीगरी का सूत्रपात हुआ। अच्छे-अच्छे उपन्यासों का वाक्पटीय रूप (सिनेरिया) प्रकाशित होने लगा। इसी समय रेडियो का भी प्रचार बढ़ा। रेडियो पर खेले जाने वाले नाटकों को केवल कान के सहारे दूर-दूर के श्रोता सुनते हैं। इसीलिए रेडियो-नाटक की कारीगरी भी अन्य नाटकों से भिन्न श्रेणी की हुई। फिर भीड़भाड़ की दुनिया में बड़े नाटकों का प्रचार कम हुआ और एकांकी और स्वोक्तिपरक (मोनोलॉग) नाटकों का चलन बढ़ा। इस प्रकार कारीगरी की दृष्टि से इस काल में नाटकों के चार और नए भेद दिखाई पड़े—वाक्पटीय नाटक (सिनेरियो), रेडियो नाटक, स्वोक्तिपरक नाटक और एकांकी। पहले से चले आनेवाले बड़े नाटक, प्रहसन और गीतिनाट्य तो थे ही।

विषय-वस्तु की दृष्टि से यह काल ऐतिहासिक, पौराणिक, सामाजिक और रूपक नाटकों में विभाजित किया जा सकता है। प्रसादजी के ऐतिहासिक-पौराणिक नाटकों में से अधिकांश इसी काल में लिखे गए। प्रसादजी के आरंभिक नाटकों में वस्तु-विन्यास शिथिल है और कथोपकथन रंगमंच के अनुपयुक्त। परंतु धीरे-धीरे उनकी कला निखरती गई है। फिर भी वस्तु-विन्यास की ओर उनका ध्यान कम था, कवित्वपूर्ण वातावरण, उदात्त प्रभावोत्पादन और आकर्षक चरित्र-चित्रण की ओर अधिक। 'प्रसाद' के पात्रों की अनेक श्रेणियाँ हैं। उनके स्त्री-पात्रों के भी कई टाइप हैं। अपने सांस्कृतिक महत्त्व के कारण ही ये नाटक अधिक ख्यात हुए। हरिकृष्ण 'प्रेमी' ने भी कई अच्छे ऐतिहासिक नाटक लिखे हैं। वस्तु-विन्यास और प्रसंगानुकूल भाषा-योजना में वे बहुत सफल हुए हैं, पर

'प्रसाद' के समान मोहक कवित्व और उदात्त गुणोंवाले चरित्रों का वे उतना अच्छा प्रयोग नहीं कर सके। परंतु फिर भी 'प्रेमी' जी के नाटकों में नाटकीय तत्त्व प्रचुर मात्रा में हैं। पं. बदरीनाथ भट्ट के नाटक भाषा की सफाई और विषय-वस्तु के सुगठित विन्यास के कारण बहुत अच्छे बने हैं। *दुर्गावती* आदि ऐतिहासिक नाटकों में उनकी कला बहुत अच्छी तरह स्पष्ट हुई है। सेठ गोविंददास ने भी कई ऐतिहासिक तथा अन्य श्रेणी के नाटक लिखे हैं। सेठजी बहुत अध्ययनशील ग्रंथकार हैं। वे नाटक संबंधी नई कारीगरियों का अध्ययन और प्रयोग बराबर करते रहे। उदयशंकर भट्ट के ऐतिहासिक और पौराणिक गीतिनाट्यों में सुंदर कवित्व और आकर्षक चरित्र-चित्रण है। उनका प्रभाव भी बहुत स्फूर्तिदायक होता है। डॉ. दशरथ ओझा ने कई सुंदर ऐतिहासिक नाटक लिखे हैं। ओझाजी की भाषा सहज और चुस्त होती है और चरित्रों का विकास उनके भीतरी गुणों के कारण सहज ही होता है। ऐतिहासिक नाटक और भी कई लेखकों ने लिखे हैं। जगन्नाथप्रसाद 'मिलिंद' की *प्रताप प्रतिज्ञा* अच्छा अभिनेय नाटक है। लक्ष्मीनारायण मिश्र और रामवृक्ष शर्मा 'बेनीपुरी' ने भी इस ओर प्रयत्न किया है। बेनीपुरीजी की *आम्रपाली* काफी ख्याति पा चुकी है। इस नाटक में बेनीपुरीजी के गतिशील स्वभाव का परिचय मिल जाता है। गोविंदवल्लभ पंत के नाटक बहुत लोकप्रिय हुए हैं। उनकी *वरमाला* नाटकीय गुणों से समृद्ध है। उनके अन्य नाटकों में नाटकीय गुण प्रचुर मात्रा में मिलते हैं।

लक्ष्मीनारायण मिश्र की ख्याति उनके समस्या-नाटकों के कारण है। पश्चिमी देशों में सामाजिक समस्याओं ने विकट रूप धारण किया है। मानवता के प्रति दृष्टि निबद्ध होने के कारण समाज में गृहीत और स्वीकृत अनेक विश्वासों के संबंध में नए सिरे से प्रश्न उठे हैं कि ये सचमुच ही स्वीकार योग्य हैं या नहीं, और नहीं तो उनके स्थान पर कौन-से दूसरे आचरण संगत हो सकते हैं। परिचम के नाटककारों और उपन्यासकारों ने इन समस्याओं की ओर सहृदयों को आकृष्ट करना चाहा है। आधुनिक सभ्यता और चिरंतन मान्यताओं के द्वंद्व से ही ये नाटक आकर्षक बनते हैं। मिश्रजी ने भी उसी प्रकार के नाटक लिखे हैं। इनमें भावुकता का प्रवेश कम है। 'प्रसाद' के नाटकों में नारी-पात्रों में जो गीतिकाव्यात्मक लोच है, वह इन नाटकों में नहीं है। प्रयत्न यथार्थ चित्रण का है। यथार्थ चित्रण के माध्यम से पाप-पुण्य के संबंध में निरावृत सचाई उपस्थित करना ही लेखक का लक्ष्य है। कई नाटकों में सफलता भी मिली है। पर ऐसा जान पड़ता है कि भारतीय पाठक इस वस्तु को पसंद नहीं कर रहा है। चंद्रगुप्तजी के नाटकों की चर्चा पहले ही की जा चुकी है। इस काल में चतुरसेन शास्त्री के भी कई नाटक प्रकाशित हुए हैं। शास्त्रीजी की भाषा में प्रवाह रहता है और घटना-विन्यास में अच्छे कौशल का प्रयोग किया गया होता है।

सिनेमा के लिए लिखे जानेवाले नाटक साहित्य में कम प्रयुक्त होते हैं। पर इस काल में कई बड़े-बड़े लेखक इस ओर आकृष्ट हुए हैं। सुदर्शन और भगवतीचरण वर्मा इस क्षेत्र में जा चुके हैं और एक बार स्वयं प्रेमचंद भी उधर चले गए थे। रेडियो नाटक का भी प्रचार बढ़ रहा है। कुछ लेखकों ने इस ओर ध्यान दिया है। कविवर सुमित्रानंदन पंत ने भी इस उद्देश्य से कुछ नाट्य-रूपकों की रचना की है।

स्वोक्तिपरक नाटक (मोनोलॉग) भी कई प्रकाशित हुए हैं। सबसे आकर्षक है बेनीपुरीजी का *सीता की माता*। अभी बहुत थोड़े लेखकों ने इस ओर ध्यान दिया है।

रूपक-नाट्यों की परंपरा भी चलती रही, यद्यपि हिंदी में यह शैली बहुत लोकप्रिय नहीं बन पाई। प्रसादजी की *कामना,* सुमित्रानंदन पंत की *ज्योत्स्ना* काफी कवित्वपूर्ण हैं। भगवतीप्रसाद वाजपेयी और उदयशंकर भट्ट ने भी इस श्रेणी की रचनाएँ लिखी हैं। प्रहसनों का जोर इस काल में नहीं रहा। भारतेंदुकाल के प्रहसनों की सजीवता बाद में एकदम लुप्त हो गई। जी. पी. श्रीवास्तव के प्रहसन बहुत उच्च साहित्यिक मर्यादा नहीं पा सके। उपेंद्रनाथ अश्क के कई एकांकियों में इस जाति का साहित्य रचित अवश्य हुआ है, पर शक्तिशाली व्यंग्य और परिहास का लेखक अभी हिंदी में नहीं पैदा हुआ।

एकांकी नाटक : परंतु इस काल में सबसे महत्त्वपूर्ण घटना हुई एकांकियों के अभ्युदय और प्रचार की। जिस प्रकार महाकाव्यों के स्थान पर प्रगीतमुक्तकों का प्रचलन बढ़ा, उपन्यासों के स्थान पर छोटी कहानियों का प्रचार हुआ, उसी प्रकार बड़े नाटकों के स्थान पर एकांकी नाटकों का प्रचार बढ़ा। रामकुमार वर्मा और उदयशंकर भट्ट के एकांकी बहुत पसंद किए गए। इस प्रकार इस काल में एक नए साहित्यांग का प्रचार हुआ। बाद में चलकर उपेंद्रनाथ अश्क ने इस क्षेत्र में बहुत अच्छा कार्य किया। उनके एकांकी नाटकों में यथार्थ का चित्रण हुआ। हिंदी में एकांकी नाटकों का साहित्य खूब समृद्धि पर है।

भावात्मक गद्य : इस काल में भावात्मक गद्य-निबंधों का भी अच्छा प्रचार हुआ। रवींद्रनाथ की *गीतांजलि* का अंग्रेजी गद्य इसी श्रेणी का है। इस प्रकार के गद्य में भावावेग के कारण एक प्रकार का लययुक्त झंकार होता है, जो सहृदय पाठक के चित्त को भावग्रहण के अनुकूल बनाता है। रायकृष्णदासजी की तीन पुस्तकें—*साधना, प्रवाल* और *छायापथ*—इसी श्रेणी की हैं। इनमें जो गद्य प्रयुक्त हुआ है वह विषय के अनुकूल झंकार उत्पन्न करता है। वियोगी हरि के *अंतर्नाद* और *भावना* भी ऐसे ही निबंध हैं। रायकृष्णदास और वियोगी हरि के गद्यों में आध्यात्मिक आत्मसमर्पणमूलक रहस्यवादी भाव हैं। डॉ. रघुवीर सिंह की *शेष स्मृतियाँ* में पुराने ऐतिहासिक तथ्यों पर अत्यंत मार्मिक ढंग की आवेगप्रधान भाषा में लिखा गया गद्य है। भँवरमल सिंघी की *वेदना* में गीतिकाव्य का-सा प्रभाव है। दिनेशनंदिनी चोरडिया के गद्यों में भावोच्छ्वास की मात्रा बहुत अधिक है। इनमें आत्मनिवेदन का स्वर बहुत द्रावक रूप में अभिव्यक्त हुआ है। इस काल में कई अन्य लेखकों ने भी भावात्मक गद्य लिखे, पर अधिकांश स्थलों में जितना फेन दिखाई पड़ता है, उतना रस नहीं। आलोच्य काल के अंत तक इस प्रकार के भावावेग-भरे गद्य-गीतों का प्रचलन कम हो गया।

गद्य के विविध रूप : गद्य के अनेक रूपों का उद्भव इस काल में विशेष रूप से लक्ष्य करने योग्य है। पं. बनारसीदास चतुर्वेदी के संस्मरण बड़े ही जीवंत और सरस होते हैं। उनकी शैली अनुकरणीय है। बिना किसी आडंबर के वे पाठक को चरितनायक के अंतस्तल तक ले जाते हैं। उनके संस्मरणों का पाठक अनुभव करता है कि जो लोग समाज में ऊँची मर्यादा पा सके हैं, वे भी वैसे ही मनुष्य हैं जैसे वे हैं। उनकी भी व्यक्तिगत और पारिवारिक समस्याएँ हैं, वे भी दुख-सुख के झोंकों से उठते-गिरते रहे हैं। चतुर्वेदीजी की सहानुभूति उन लेखकों से है जो सफल नहीं हो सके, परंतु जिनके आत्मदान से साहित्य उर्वर हुआ है। चतुर्वेदीजी के संस्मरण बहुत ही सात्विक और प्रेरणादायक साहित्य हैं। पं. श्रीराम शर्मा की जीवंत, और चित्र खींच देनेवाली रचनाओं का भी अनुकरण नहीं हो

सकता। उनके शिकार-संबंधी लेखों में हिंदी के नवीन ढंग का सजीव साहित्य मूर्त्तिमान् हुआ है। बाबू गुलाबराय की हास्यविनोदपूर्ण और गंभीर आलोचनावाली शैलियों में हिंदी गद्य श्रीसंपन्न हुआ है। पं. हरिशंकर शर्मा की हास्य-विनोदपूर्ण शैली बहुत ही मार्मिक है। उनका *चिड़ियाघर* व्यंग्य-परिहास की अच्छी पुस्तक है। प्रसिद्ध कवयित्री श्रीमती महादेवी वर्मा के रेखाचित्र भी बहुत ही जीवंत चित्रण हैं। इन चित्रों में महादेवीजी की प्रतिभा का एक नया द्वार उद्घाटित हुआ है। एक तरफ सताए हुए और अपमानितों के प्रति उनका कोमल हृदय सहानुभूतियों की बहुमुखी धारा के रूप में फूट पड़ा है, और दूसरी ओर जो इस प्रकार के निर्यातन के सहायक हैं उनके प्रति उनके हृदय का रोष सहस्र-धार होकर बरस पड़ा है। वे जिस व्यक्ति को चित्रित करती हैं, वह अपनी समस्त विशेषताओं के साथ जीवंत हो उठता है। डॉ. भगवतशरण उपाध्याय के तिलमिला देनेवाली शैली के व्यंग्यगर्भ और स्फूर्ति-दायक निबंध, प्रभाकर माचवे की व्यंग्यात्मक कहानियाँ, गोपालप्रसाद व्यास के परिहासात्मक निबंध और कविताएँ और राय सोमनारायण के व्यंग्य-रेखांकन सुंदर हुए हैं।

इस काल का गद्य जीवनी के रूप में, आत्मकथा के रूप में, संस्मरणों के रूप में, व्यंग्य-कटाक्षों के रूप में, भावात्मक गद्य-गीतों के रूप में, परुष वाक्-प्रहार के रूप में और संयतवाद के रूप में बहुमुखी समृद्धि के साथ प्रकट हुआ है। इन सभी रूपों में, शक्तिशाली लेखक प्राप्त नहीं हुए हैं, पर सबका श्रीगणेश हो गया है। पत्र-पत्रिकाओं में गद्य के विविध रूपों का प्रयोग देखने को मिलता है। सब समय उनमें गहराई नहीं होती, पर जीवन का स्पर्श उनमें अवश्य होता है। यह बहुत बड़ी बात है। जीवन के स्पर्श से ही साहित्य में प्राण आता है। जो साहित्य जीवन से विच्छिन्न हो जाता है, वह केवल वाग्विलास मात्र रहकर समाप्त हो जाता है; पर जो जीवन के स्पर्श से प्राणवंत बन जाता है, उसमें विकसित होने और बलिष्ठ होने की संभावनाएँ बढ़ जाती हैं।

इस प्रकार यह काल साहित्य की बहुमुखी उन्नति का काल है। काव्य, नाटक, उपन्यास, कहानी, निबंध आदि सभी क्षेत्रों में इस समय खूब समृद्धि आई है। इस काल में विश्वविद्यालयों में हिंदी के गृहीत हो जाने से गंभीर आलोचनात्मक निबंधों की ओर भी विद्वानों का ध्यान आकृष्ट हुआ। बाबू श्यामसुंदरदास और उनके सहकर्मियों ने भाषा-विज्ञान, समालोचना, साहित्य का इतिहास आदि विषयों पर गंभीर पुस्तकें लिखीं और इस प्रकार हिंदी के पठन-पाठन के स्तर को उन्नत बनाया। सैकड़ों अख्यात-अज्ञात लेखकों ने स्वल्प काल में ही भाषा को वह शक्ति दी, जो वर्षों की साधना और संघर्ष से ही प्राप्त हुआ करती है। इन थोड़े-से वर्षों में हिंदी में जो अपूर्व ग्राहिका शक्ति, प्रकाशन-क्षमता और गंभीर चिंतनमूलक प्रतिभा का विकास हुआ, उसके मूल में ऐसे हजारों लेखकों का आत्मदान है जिनके नाम कभी भी किसी इतिहास में नहीं लिखे जाएँगे। उपेक्षित, अपमानित, बुभुक्षित रहकर भी न जाने कितने अज्ञातनामा महाप्राण लेखकों ने भाषा को यह शक्ति दी है। इतिहास-लेखक उनके नाम नहीं गिना सकता, पर उनकी मूक और प्रेरणादायिनी सेवाओं के प्रति अवश्य सचेत रहता है। उनको अपनी मौन प्रणति निवेदन किए बिना वह नहीं रह सकता। विराट् प्रासाद के ऊपरी सतह पर जो नहीं दिखाई देते उन कणों का महत्त्व कम नहीं है। इतिहास-लेखक केवल श्रद्धा और आश्चर्य के साथ

उन महासाधकों को स्मरण कर सकता है जिनके आत्मदान से ही साहित्य-प्रासाद के ऊँचे कंगूरों का ऊँचा होना संभव हुआ है।

प्रगतिवाद (1936-52 ई.)

मानवतावाद का विकृत रूप : आरंभ में मानवतावाद मानवता को शोषण और बंधन से मुक्त करने के महान् और उदार आदर्शों से चालित हुआ था। तत्त्वचिंतकों और साहित्यमनीषियों के मन में इस आदर्श का रूप बहुत ही उदार था, पर व्यवहार में मनुष्य की उदारता केवल एक ही राष्ट्र के मनुष्यों की मुक्ति तक सीमित होकर रह गई। धीरे-धीरे राष्ट्रीयता नामक नवीन देवी का जन्म हुआ। यह एक हद तक प्रगतिशील विचारों की ही उपज थी। हमारे देश में भी नए जीवन-साहित्य के स्पर्श से नवीन जीवन-आदर्श जाग पड़े। मानवतावाद भी आया, दलितों, अधःपतितों और उपेक्षितों के प्रति सहानुभूति का भाव भी आया; और साथ-ही-साथ राष्ट्रीयता भी आई। पश्चिमी देशों में राष्ट्रीय भावना के बहुल प्रचार ने एक राष्ट्र के भीतर सुविधाभोगी और सुविधा के जुटानेवाले दो वर्गों के व्यवधान को बढ़ाने में सहायता पहुँचाई। जिन लोगों के पास संपत्ति है और जिनके पास संपत्ति नहीं है, उनका अंतर भयंकर होता गया। एक तरफ तो विषमता बढ़ती गई और दूसरी तरफ राष्ट्रीयता की देवी युवावस्था की देहली पर पहुँचकर ऐसी ईर्ष्यालु रमणी साबित हुई, जो सारे परिवार को ही ले डूबती है। संसार में एक ओर राष्ट्रीयता ने सिर उठाया, दूसरी ओर मानवतावाद के विकृत चिंतन ने उस विकृत मतवाद को जन्म दिया जिसके अनुसार मनुष्यों में भी दो श्रेणी के मुनष्य हैं—एक उत्तम, दूसरे निकृष्ट; एक में देवत्व की संभावनाएँ हैं और दूसरे में पशुता से कोई विशेष अंतर नहीं है। इन विकृत विचारों ने ठाँय-ठाँय दो महायुद्धों को भूपृष्ठ पर उतार दिया। इस प्रकार मनुष्यता की महिमा भी विकृत रूप में भयंकर हो उठी।

आज संसार का संवेदनशील चित्त इस भयंकर दुष्परिणाम से व्याकुल हो गया है। सारे संसार के साहित्य के निष्ठावान् मनीषियों के मन में आज एक ही प्रश्न है—यही क्या वास्तविक मानवतावाद है जो मनुष्य को अकारण विनाश के गर्त में ढकेल रहा है? उन्नीसवीं शताब्दी के पश्चिमी स्वप्नदर्शियों ने और इस देश के पिछले खेवे के महान् साहित्यकारों ने क्या मानवता की इसी महिमा का प्रचार किया है? आज नाना स्वरों में वैचित्र्य-संवलित आकार धारण करके एक ही उत्तर मानव-चित्त की गंभीरतम भूमिका से निकल रहा है—मानवतावाद ठीक है, पर मुक्ति किसकी? क्या व्यक्ति-मानव की? नहीं। सामाजिक मानवतावाद ही उत्तम समाधान है। मनुष्य को—व्यक्ति-मनुष्य को नहीं, बल्कि समष्टि-मनुष्य को—आर्थिक, सामाजिक और राजनीतिक शोषण से मुक्त करना होगा।

प्रगतिशील और प्रगतिवादी साहित्य : यह गलत बात है कि मनुष्य कभी पीछे लौटकर हू-ब-हू उन्हीं विचारों को अपनायेगा जो पहले थे। जो लोग मध्ययुग की भाँति सोचने की आदत को इस भयंकर वात्याचक्र की उलझन से बच निकलने का साधन समझते

हैं, वे गलती करते हैं। इतिहास चाहे और किसी क्षेत्र में अपने को दुहरा लेता हो, विचारों के क्षेत्र में वह जो गया सो गया। उसके लिए अफसोस करना बेकार है। पर इतिहास हमारी मदद अवश्य करता है। रह-रहकर प्राचीन काल के मानवीय अनुभव हमारे साहित्यकारों के चित्त को चंचल और वाणी को मुखर बनाते अवश्य हैं, पर वे व्यक्ति-साहित्यकार की विशेषता के रूप में ही जी सकते हैं। हमारे साहित्यकारों ने निश्चित रूप से मनुष्य की महिमा स्वीकार कर ली है। अगला कदम सामूहिक मुक्ति का है—सब प्रकार के शोषण से मुक्ति का है। अगली मानवीय संस्कृति मनुष्य की समता और सामूहिक मुक्ति की भूमिका पर खड़ी होगी। इतिहास के अनुभव इसी की सिद्धि से साधन बनकर कल्याणकर और जीवनप्रद हो सकते हैं। इस प्रकार हमारी चित्तगत उन्मुक्तता पर एक नया अंकुश और बैठ रहा है—व्यक्ति-मानव के स्थान पर समष्टि-मानव का प्राधान्य। परंतु साथ ही उसने मनुष्य को अधिक व्यापक आदर्श और अधिक प्रभावोत्पादक उत्साह दिया है। जब-जब ऐसे बड़े आदर्श के साथ मनुष्य का योग होता है, तब-तब साहित्य नए काव्यरूपों की उद्भावना करता है। इस बार भी ऐसा ही हुआ है। इसी नवीन आदर्श से चालित साहित्य का नाम *प्रगतिशील* साहित्य है। इसी की एक निश्चित तत्त्ववाद पर आश्रित शाखा *प्रगतिवादी* साहित्य है। *प्रगतिशील* व्यापक शब्द है, किंतु *प्रगतिवाद* एक निश्चित तत्त्ववाद को सूचित करता है।

ऊपर बताया गया है कि महात्मा गाँधी के नेतृत्व में विदेशी बंधन से मुक्ति पाने का जो आंदोलन देश में चल रहा था, वह एक महान् सांस्कृतिक आंदोलन था। कई बार महात्मा गाँधी ने उमड़ते हुए जन-आंदोलन को इसलिए रोक दिया कि उन्हें आशंका थी कि वह कहीं हिंसा के मार्ग की ओर न बढ़ जाए। कांग्रेस के कई विचारशील नेता महात्माजी से इस बात पर एकमत नहीं हो सके थे। उधर मजदूरों का आंदोलन बढ़ रहा था। गाँधी के नेतृत्व के बाहर से उसका संचालन हो रहा था। एक तरफ राष्ट्रीयता के नाम पर लाख-लाख नौजवान जेल जा रहे थे और दूसरी तरफ राष्ट्र के सुविधा-भोगी लोग मजदूरों और किसानों के साथ सहानुभूतिपूर्ण व्यवहार नहीं कर रहे थे। राष्ट्रीयता का मोहन मंत्र संवेदनशील देशसेवकों के दिमाग पर अब असर नहीं कर रहा था। सन् 1934 ई. में कांग्रेस सोशलिस्ट पार्टी का जन्म हुआ। उस समय बाहर की दुनिया को पहली बार मालूम हुआ कि राष्ट्रीय आंदोलन के कर्णधारों में भी ऐसा मतभेद है जो अब किसी प्रकार के समझौते से पाटा नहीं जा सकता। रूस की सफलता, कम्यूनिज्म के साहित्य के प्रचार और अपने देश के पूँजीपतियों के आचरण से उन दिनों सोचने-समझनेवालों के मन में नई आशंका और नए उपायों की बात आई। धीरे-धीरे राजनीति में वामपंथी विचारों का जोर बढ़ता गया। उस समय तक देश में विदेशी शासन का जबर्दस्त दबाव था, इसलिए मतभेद उठ-उठकर दब जाता था। साहित्यकारों में भी हलचल दिखाई दी। वामपंथी विचारों के साहित्यकारों ने संघटित होकर 1936 ई. में एक प्रगतिशील लेखक संघ की स्थापना की। हिंदी-उर्दू के प्रसिद्ध उपन्यासकार प्रेमचंदजी इसके सभापति हुए। शुरू-शुरू में इस संघटन में सामाजिक मंगल के प्रयत्नों में विश्वास रखनेवाले सभी प्रकार के साहित्य-सेवी थे। बाद में यह संस्था प्रधान रूप से कम्युनिस्ट पार्टी के साहित्यिक मोर्चे के काम आने लगी। परंतु यहीं से उस प्रकार के साहित्य का संघटित रूप से आंदोलन और प्रचार शुरू हुआ, जिसे आगे

चलकर प्रगतिवादी साहित्य नाम दिया गया।

प्रगतिवादी साहित्य का आधारभूत तत्त्वदर्शन : प्रगतिवादी साहित्य मार्क्स के प्रचारित तत्त्वदर्शन पर आधारित है। इस विचारधारा के अनुसार (1) संसार का स्वरूप भौतिक है, वह किसी चेतन सर्वसमर्थ सत्ता का विवर्त या परिणाम नहीं है। (2) उसकी प्रत्येक अवस्था की व्याख्या की जा सकती है; कुछ भी अज्ञेय या अचिंत्य नहीं है, कुछ भी रहस्य या उलझनदार नहीं है। इस मत को माननेवाला साहित्यिक रहस्यवाद में विश्वास नहीं कर सकता, प्रकृति या ईश्वर के निष्ठुर परिहास की बात नहीं सोच सकता, भाग्यवाद के ढकोसले को बर्दाश्त नहीं कर सकता। (3) इस मत में समाज निरंतर विकसनशील संस्था है। आर्थिक विधानों के परिवर्तन के साथ-साथ समाज में भी परिवर्तन होता है। इस मत को स्वीकार करनेवाला साहित्यिक समाज की रूढ़ियों को सनातन से आया हुआ, शास्त्र या ईश्वर की निर्भ्रांत आज्ञाओं पर बना हुआ और उच्च-नीच मर्यादा को अपरिवर्त्तनीय सनातन विधान नहीं मान सकता। इस प्रकार प्रगतिवादी साहित्यिक समाज की किसी व्यवस्था को सनातन नहीं मानता, किसी भी वस्तु को रहस्य और अज्ञेय नहीं समझता तथा किसी अज्ञेय-अलक्ष्य चिरंतन प्रियतम की लीला को साहित्य का लक्ष्य नहीं मानता। वह समाज बदल देने में विश्वास करता है। उसका विश्वास है कि मनुष्य प्रयत्न करके इस समाज को ऐसा बना सकता है, जिसमें शोषकों और शोषितों के वर्ग न हों और मनुष्य शांतिपूर्वक जीवन बिता सके। इसीलिए उनके अनुसार साहित्य वर्गहीन समाज की स्थापना का एक साधन है। साहित्यकार को इसकी साधना इसी महान् उद्देश्य के लिए करनी चाहिए।

वर्त्तमान अवस्था : आज के समाज का अगर विश्लेषण किया जाय तो स्पष्ट होगा कि इसमें एक समूह उन लोगों का है, जो आर्थिक दृष्टि से समृद्ध हैं। उत्पादन के समस्त साधन उन्हीं लोगों के हाथों में हैं। इन साधनों पर अधिकार होने के कारण उनके हाथ में धन पुंजित होता जा रहा है। पुंजित धनराशि को सुरक्षित रखने के लिए उनकी ओर से धर्म और साहित्य की उन मान्यताओं की सृष्टि हुई है, जो इस धनराशि पर हाथ लगाने को पाप और अनैतिक कार्य घोषित करती हैं। इसीलिए पूँजीवाद इस वर्त्तमान सामाजिक अवस्था में नेगेटिव या प्रतिगामी शक्ति है। यह असंख्य जनता के शोषण पर आधारित है और इस व्यवस्था को चालू रखने के लिए हर प्रकार का काम करना चाहता है। इन लोगों के मत से समाजवाद प्रगतिशील विचारधारा है, क्योंकि वह वर्त्तमान समाज को वर्गहीन समाज में बदलने को कृत-संकल्प है।

नये साहित्यकार : इस नए तत्त्वदर्शन से प्रभावित होकर अनेक लेखकों और कवियों ने लेखनी सम्हाली है। इनमें दो श्रेणी के लेखक हैं। एक तो वे जो कम्युनिस्ट पार्टी से संबंधित हैं और पार्टी की निर्धारित नीति के अंगुलिनिर्देश पर साहित्य लिखते हैं। दूसरे वे जो पार्टी से संबंधित नहीं हैं, पर इन विचारों को मानते और तदनुसार यत्न करते हैं। बहुत थोड़े समय में प्रगतिवादी विचारधारा ने राहुल सांकृत्यायन जैसे प्रौढ़ विद्वान्; प्रकाशचंद्र गुप्त, शिवदानसिंह चौहान, रामविलास शर्मा, और भगवतशरण उपाध्याय जैसे चिंतनशील आलोचक; यशपाल और रांगेय राघव जैसे उपन्यासकार; अमृतराय जैसे कहानी-लेखक और समालोचक तथा शिवमंगलसिंह 'सुमन' और नागार्जुन जैसे कवियों

को आकृष्ट और प्रेरित किया है। किसी समय सुमित्रानंदन पंत भी इस विचारधारा से प्रभावित हुए थे। इनमें कई लेखकों की योग्यता परीक्षित हो चुकी है और कई में अच्छी संभावनाएँ हैं। कम्युनिस्ट पार्टी से जिन साहित्यकारों का संबंध है उनको पार्टी के निर्देश पर चलना पड़ता है। पार्टी का इस प्रकार स्वतंत्र चिंतन के मार्ग में आना हितकर नहीं हो सकता। कई प्रगतिवादी लेखक पार्टी के अंकुश को बर्दाश्त न कर सकने के कारण उससे अलग हो गए हैं। भविष्य में या तो पार्टी को अपना अंकुश उठा लेना पड़ेगा या प्रथम श्रेणी के साहित्यकारों से वंचित रहना पड़ेगा। अनेक चिंतनशील कवि और आलोचक प्रगतिशील कहे जा सकते हैं, यद्यपि उन्होंने मार्क्स द्वारा प्रवर्त्तित जीवन-दर्शन को पूर्ण रूप से नहीं अपनाया, या अपनाया भी तो कुछ स्वाधीनता के साथ। कई नए लेखकों में शक्ति का संधान पाया गया है। रघुवंश, धर्मवीर भारती, शंभुनाथसिंह, ठाकुरप्रसादसिंह और नामवरसिंह जैसे लेखक नई संभावनाओं को लेकर आ रहे हैं।

प्रगतिवाद के विरोधी साहित्यकार कौन हैं ? : प्रगतिवादी साहित्यकार उन लेखकों को प्रतिगामी या पीछे की ओर घसीटनेवाला समझता है (1) जो पुनरुत्थानवादी हैं, अर्थात् जो अतीतकाल के मोहक गान गाकर जनता में इस बुद्धि का प्रचार करते हैं कि वर्त्तमान की तुलना में अतीत अधिक महिमामंडित काल था और इसीलिए उन सभी बातों को अपनाना चाहिए जिन्हें अतीत के कृती पुरुषों ने किया था; (2) जो रहस्यवादी हैं और निस्सीम चिरंतन प्रियतम की बात कह-कहकर संसार को वर्त्तमान संघर्ष से हटाकर काल्पनिक लीला-निकेत में ले जाकर भुलावा देते हैं, क्योंकि वे लोग संघर्ष से भागने की प्रेरणा देते हैं; (3) जो काम और यौन-तत्त्वों को जीवन के अन्य सैकड़ों पक्षों की अपेक्षा अधिक महत्त्व देते हैं और समाज की रीढ़ ही कमजोर कर डालते हैं; (4) जो जीवन के संघर्षों की और उनसे निकलकर आगे बढ़ने की बात न कहकर केवल इस या उस मनोवैज्ञानिक पंडित की बताई हुई बातों को घोख लेते हैं और मनोविश्लेषण का बहाना लेकर उसकी आड़ में पलायनवादी मनोवृत्ति को प्रश्रय देते हैं। ये चारों प्रकार के साहित्यिक, प्रगतिवादियों की दृष्टि में समाज को आगे बढ़ाने की बजाय पीछे धकेलते हैं और उस व्यवस्था को प्रत्यक्ष या परोक्ष रूप में जीवित रखने में सहायक होते हैं, जो समाज के पिछड़े और उपेक्षित अंगों के शोषण पर ही आधारित है। ज्यों-ज्यों प्रगतिवादी आलोचना-पद्धति सांप्रदायिक रूप धारण करती जा रही है, त्यों-त्यों ये सूत्र फारमूला की भाँति प्रयुक्त होने लगे हैं और किसी भी लेखक पर प्रयोग कर दिए जाते हैं। परंतु जो लोग सांप्रदायिकता के ऊपर उठ सकते हैं, वे इन सूत्रों का उपयोग नहीं करते बल्कि लेखक के उद्देश्य और प्रभाव की निपुण विवेचना करने के बाद ही किसी निष्कर्ष पर पहुँचते हैं। फारमूला का प्रयोग किया जाय तो प्रसादजी प्रतिगामी होंगे, महादेवी अप्रगतिशील बन जाएँगी और राहुल सांकृत्यायन को भी जाति-बहिष्कृत करना पड़ेगा। परंतु सभी प्रगतिवादी अभी तक सांप्रदायिक नहीं हुए हैं और वे विवेच्य का उचित विश्लेषण करके ही अपना मत देते हैं।

प्रगतिशील आंदोलन की संभावनाएँ : प्रगतिवादी आंदोलन बहुत महान् उद्देश्य से चालित है। इसमें सांप्रदायिक भाव का प्रवेश नहीं हुआ तो इसकी संभावनाएँ अत्यधिक हैं। भक्ति के महान् आंदोलन के समय जिस प्रकार एक अदम्य दृढ़ आदर्श-निष्ठा दिखाई पड़ी थी, जो समाज को नए जीवन-दर्शन से चालित करने का संकल्प वहन करने के कारण

अप्रतिरोध्य शक्ति के रूप में प्रकट हुई थी, उसी प्रकार यह आंदोलन भी हो सकता है। भक्ति का महान् आंदोलन सांप्रदायिकता की चट्टान से टकराकर चूर्ण-विचूर्ण हो गया। इस आंदोलन में भी एक प्रकार की सांप्रदायिकता के उगने के चिह्न दीखने लगे हैं। आशा करनी चाहिए कि वह बढ़ नहीं पाएगा और मनुष्य को सब प्रकार के शोषणों और बंधनों से मुक्त करने की महिमामई साधना सफल होगी।

[इस काल की सहायक पुस्तकें—रामचंद्र शुक्ल : *हिंदी साहित्य का इतिहास,* डॉ. जगन्नाथप्रसाद शर्मा : *हिंदी गद्य-शैली का विकास,* डॉ. लक्ष्मीसागर वार्ष्णेय : *आधुनिक हिंदी साहित्य,* डॉ. श्रीकृष्णलाल : *आधुनिक हिंदी साहित्य,* (1900-25 ई.); पं. नंददुलारे वाजपेयी : *आधुनिक साहित्य,* सच्चिदानंद हीरानंद वात्स्यायन : *आधुनिक साहित्य,* पं. कृष्णशंकर शुक्ल : *आधुनिक हिंदी साहित्य का इतिहास।*]।

संदर्भ

1. सर जान गिलक्राइस्ट के मत से हिंदी और हिंदवी में भेद था। उनकी दृष्टि में हिंदी, हिंदुस्तानी और उर्दू एक ही अर्थ के द्योतक शब्द हैं। ब्रजभाषा या हिंदवी हिंदुओं की भाषा है। हिंदुस्तानी का निर्माण हिंदवी या हिंदुओं की बोली के आधार पर ही हुआ था। उसमें फारसी-अरबी के शब्द जोड़ दिए गए थे। गिलक्राइस्ट हिंदुओं में प्रचलित इस 'हिंदवी' को 'गँवारू' भाषा कहते थे। उन्हें अरबी-फारसी के शब्दों से भरी भाषा को हिंदी कहने में आपत्ति नहीं थी, पर उन्हें डर था कि कहीं लोग हिंदी और हिंदुवी या हिंदुई को एक ही भाषा न समझ लें, इसलिए उन्होंने यथासंभव 'हिंदुस्तानी' शब्द का ही प्रयोग किया। इस भाषा के लेखकों में उन्होंने मीर, दर्द, सौदा आदि केनाम गिनाए थे। यद्यपि वे मानते थे कि हिंदुस्तानी भाषा के पुराने कवियों और लेखकों ने फारसी लिपि का प्रयोग किया है, अतएव फारसी लिपि ही हिंदुस्तानी की वास्तविक लिपि है; तथापि उन्होंने *हिंदुस्तानी एनेकडोट्स एंड टेल्स, दि आर्टिकल्स ऑफ वार, दि ओरिएंटल लिंग्विस्ट* (1798 ई.)आदि पुस्तकें रोमन लिपि में ही प्रकाशित कराईं। सन् 1802 में रोमन लिपि में प्रकाशित *ओरिएंटल लिंग्विस्ट* की भाषा इस प्रकार की थी :

   ''बाद अजान काजी मुफ्ती से पूछा, कहो अब इसकी क्या सजा है। उन्होंने अर्ज की की अगर इबरत के वास्ते ऐसा सख्श कत्ल किया जावे तो दुरुस्त है। तब उसे कत्ल किया और उसकी जगह उसके बेटे को सर्फराज फरमाया।'' इत्यादि।

   विलियम बटरवर्थ बेली जो दो-तीन महीने के लिए 1828 ई. में स्थानापन्न गवर्नर के पद पर थे, सर जान गिलक्राइस्ट के विद्यार्थी थे। फोर्ट विलियम कालेज के विद्यार्थियों के लिखे *निबंध-संग्रह (एसेज एंड थीसिस कंपोज्ड,* 1804 ई.) में उनकी एक थीसिस है। उसकी कुछ पंक्तियाँ इस प्रकार हैं :

   ''ओ यिह बात साहिब फिक्र पर अयां है कि किसी मुल्कि वसी में अगर्चे बहुत देशी भाखा बल्कि बाज़ी ज़बाने मुखालफ़ भी बोलने में आती हैं तौ भी दरबारी और दारुल्सल्तनत की ज़बान लाक़लाम फाइदे में औरो पर तरजीह रखती है…।'' इत्यादि।

   स्पष्ट है कि फोर्ट विलियम कालेज के भाषा विषयक सलाहकार और विशेषज्ञ सर जान गिलक्राइस्ट नागरी लिपि और शुद्ध हिंदी के पक्षपाती नहीं थे। फिर भी उन्होंने भाषा-मुंशियों की नियुक्ति की जो यह सिद्ध करता है कि देश में शुद्ध हिंदी का प्रयोग पर्याप्त मात्रा में था और गिलक्राइस्ट के लिए उसकी उपेक्षा संभव नहीं थी।

2. मुंशीजी की भाषा का नमूना—''विद्या इस हेतु पढ़ते हैं कि तात्पर्य इसका जो सतोवृत्ति है वह प्राप्त हो और उससे निज स्वरूप में लय हूजिए। इस हेतु नहीं पढ़ते हैं कि चतुराई की बातें कहके लोगों को बहकाइए-फुसलाइए और सत्य छिपाइए, व्यभिचार कीजिए और सुरापान कीजिए और मन को, कि

तमोवृत्ति से भर रहा है, निर्मल न कीजिए।"

3. सन् 1850 ई. में प्रकाशित एक इश्तिहार की भाषा से इसका सबूत मिल जाता है—"यह इश्तिहार सब लोग को प्रसिद्ध हूजियो। नकशे जिलों के जिनके नाम किनारे पर लिखे जाते हैं सितम्बर महीने में नागरी और फारसी अक्षरों में कागज श्रीरामपुर में छपकर हरेक जिले में मदरसे के जिले वजीटर के पास छपने को भेजे जाएँगे। ये नकशे रंगीन होंगे और इनमें शहर और कसबे और गाँव की आबादी, राहें, नदियाँ, थाने, चौकियाँ सब लिखी जाएँगी। अभी कुछ मोल निश्चय नहीं हुआ ···।" इत्यादि।

4. काशी नागरी प्रचारिणी सभा से प्रकाशित भारतेंदु ग्रंथावली के प्रथम भाग में सत्रह नाटक प्रकाशित हुए हैं—(1) *विद्यासुंदर* (द्वितीय सं. 1882 ई.), (2) *रत्नावली* (अपूर्ण, 1868 ई.), (3) *पाखंड विडंबन* (1873 ई.), (4) *वैदिकी हिंसा हिंसा न भवति* (1873 ई.), (5) *धनंजय-विजय* (1873 ई.), (6) *मुद्राराक्षस (1875-77 ई.), (7) सत्य हरिश्चंद्र* (1875 ई.), (8) *प्रेम जोगिनी* (काशी के छायाचित्र या दो भले-बुरे फोटोग्राफर नाम से, 1874 ई.), (9) *विषस्य विषमौषधम्* (1876 ई.), (10) *कर्पूरमंजरी* (1876 ई.), (11) *चंद्रावली* (1876 ई.), (12) *भारत दुर्दशा* (1876 ई.), (13) *भारत जननी* (1877 ई.), (14) *नीलदेवी (1880 ई.), (15) दुर्लभ बंधु* (1880 ई.), (16) *अंधेर नगरी* (1881 ई.) और (17) *सती प्रताप* (1884 ई.)। इसमें *विद्यासुंदर* बंगला के भारतचंद-लिखित उपाख्यान पर आधारित श्री यतींद्रमोहन ठाकुर के किसी नाटक का छायानुवाद है। नं. 2, 5, 6, और 7 संस्कृत से; नं. 10 प्राकृत से; और नं. 15 अंग्रेजी से अनुवादित है। बाकी मौलिक हैं। *सत्य हरिश्चंद्र* को किसी बंगला नाटक का रूपान्तर बताया जाता है, पर अभी तक इसका कोई पुष्ट प्रमाण नहीं मिला। वह *चण्डकौशिक* पर निर्भर जान पड़ता है।

5. कुछ प्रसिद्ध पत्रिकाओं के नाम इस प्रकार हैं—*कवि-वचन सुधा* (1868 ई.), *हिंदी प्रदीप* (1877 ई.), *ब्राहमण* (1883 ई.), *हिंदुस्थान* (1883 ई.), *मित्रविलास* (1877 ई.), *आर्य दर्पण* (1877 ई.), *धर्म दिवाकर* (1883 ई.), *अग्रवालोपकारक* (1889 ई.), *क्षत्रिय-पत्रिका* (1881 ई.), *नागरी प्रचारिणी पत्रिका* (1896 ई.), *भारतोदय दैनिक* (1885 ई.), *उपन्यास* (1898 ई.) इत्यादि।

6. सुमित्रानंदन पंत की मुख्य रचनाएँ—*उच्छवास* (का., 1922); *पल्लव* (का., 1927), *वीणा* (का., 1927), *ग्रंथि* (का., 1930), *गुंजन* (का., 1932), *ज्योत्स्ना* (ना., 1934), *पाँच कहानियाँ* (कहानी, 1936), *युगांत* (का., 1937), *युगवाणी* (का., 1929), *ग्राम्या* (का., 1940), *पल्लविनी* (का., 1940), *स्वर्णधूलि, स्वर्णकिरण* (का., 1950), *मधुज्वाल*, इत्यादि।

7. सूर्यकांत त्रिपाठी 'निराला' की मुख्य रचनाएँ—*अनामिका* (का., 1923), *परिमल* (का., 1930), *अप्सरा* (उप., 1931), *अलका* (उप., 1933), *लिली* (कहा. 1933), *प्रबन्धपद्म* (नि., 1934), *प्रभावती*, (उप., 1936), *गीतिका* (का., 1936), *निरुपमा* (उप., 1936), *तुलसीदास* (का., 1939), *कुल्लीभाट* (जी. च., 1939), *प्रबंध प्रतिमा* (नि., 1940), *सुकुल की बीबी* (कहा., 1941), *बिल्लेसुर बकरिहा* (उप., 1941), *अपरा* (का., 1948), *कुकुरमुत्ता, अणिमा, बेला, नए पत्ते (का.), चोटी की पकड़* (उप.), *काले कारनामे* (उप.), *चतुरी चमार* (कहा.), *सखी* (कहा.), *चाबुक* (नि.), *रवींद्रनाथ कविताकानन* (अनु.), *समाज* (नाटक), *शकुंतला*, इत्यादि।

8. जयशंकर प्रसाद की मुख्य रचनाएँ—*उर्वशी* (चम्पू, 1902), *प्रेमराज्य* (का., 1910), *करुणालय* (ना., 1912), *छाया* (कहा.), *काननकुसुम* (का., 1912), *प्रेमपथिक* (का., 1913), *महाराणा का महत्त्व* (का., 1914), *प्रायश्चित्त* (ना., 1914), *राज्यश्री* (ना., 1915), *चित्राधार* (का., 1918), *विशाख* (ना., 1921), *अजातशत्रु* (ना., 1922), *प्रतिध्वनि* (कहा., 1922), *आँसू* (का., 1926), *जनमेजय का नागयज्ञ* (ना., 1926), *कामना* (ना., 1927), *झरना* (का., 1927), *स्कंदगुप्त विक्रमादित्य* (ना., 1927), *आकाशदीप* (कहा., 1929), *कंकाल* (उप., 1929), *एक घूँट* (ना., 1929), *चंद्रगुप्त मौर्य* (ना., 1931), *आँधी* (कहा.,

1931), *ध्रुवस्वामिनी* (ना., 1934), *तितली* (उप., 1934), *लहर* (का., 1935), *इंद्रजाल* (कहा., 1936), *कामायनी* (का., 1937), *काव्य और कला* (नि., 1939)।

9. महादेवी वर्मा की मुख्य रचनाएँ—*नीहार* (का., 1930), *नीरजा* (का., 1935), *सान्ध्य गीत* (का., 1936), *यामा* (का., 1936), *अतीत के चलचित्र* (रेखाचित्र, 1941), *दीपशिखा* (का., 1942), *शृंखला की कड़ियाँ* (नि., 1948), इत्यादि।

उपसंहार

सन् 1947 ई. में भारतवर्ष स्वतंत्र हो गया। स्वतंत्रता के साथ-ही-साथ मनुष्य की उन्नति के अनेक द्वार खुल गए। हिंदी अनेक रगड़े-झगड़े के बाद केंद्रीय सरकार की राजभाषा के रूप में स्वीकार कर ली गई और अब वह समूचे संसार की समृद्ध भाषाओं की खुली प्रतिद्वंद्विता में आ गई है। नवीन अंग्रेजी शिक्षापद्धति ने जहाँ हमें मानवतावादी दृष्टि दी है, वहीं उसके दीर्घकालीन संपर्क ने हमारे देश के शिक्षित लोगों के चित्त में अपनी भाषा के प्रति अवज्ञा और उपेक्षा का भाव भी ला दिया है। इसका परिणाम यह हुआ है कि यद्यपि देश की सामान्य भाषा के रूप में हिंदी को स्वीकार कर लिया गया है, तथापि अभी उस प्रकार की मानसिक जागरूकता नहीं आई है जो साहित्य को संपन्न और व्यापक बनाती है। अब भी अंग्रेजी भाषा का स्थान यथापूर्व बना हुआ है और कभी-कभी तो उसके चले जाने की संभावना-मात्र से आशंका अनुभव की जा रही है। देशवासियों को अपनी देश-भाषा की योग्यता के बारे में संदेह है। यह एक प्रकार की आत्मवंचना ही है। पुराने जमाने में अंग्रेज कहा करते थे कि भारतवासियों में शासनभार सम्हालने की योग्यता नहीं है; जिस दिन उनमें वह योग्यता आ जाएगी, उस दिन हम उन्हें राज्यभार सौंपकर हट जाएँगे। इतिहास साक्षी है कि अंग्रेजों का यह कथन झूठ था। उनकी नीति ही ऐसी थी कि भारतवासी कभी राज्य चलाने योग्य होने ही न पाते। अनेकानेक संघर्षों के फलस्वरूप अंग्रेज इस देश को छोड़ने को बाध्य हुए। अब अंग्रेजी पढे लोग कहने लगे हैं कि हिंदी में राजकाज चलाने की योग्यता नहीं है। इतिहास बताएगा कि यह भी असत्य है। अभी तक हिंदी का जो इतिहास है, वह इस भाषा की अपूर्व ग्राहिका शक्ति और अवसर के अनुकूल बनने की क्षमता का साक्षी है। पिछले सौ वर्षों में इस भाषा ने अद्भुत शक्ति का परिचय दिया है। घर-बाहर सर्वत्र इसकी उपेक्षा थी। अदालतों में इसे स्थान नहीं मिला, उच्चतर शिक्षा का माध्यम इसे नहीं होने दिया गया और राजनीतिक नेताओं ने भी इसे कोई विशेष करावलंब नहीं दिया। इस प्रकार सब ओर से उपेक्षित और अवहेलित होते हुए भी सिर्फ अपनी भीतरी प्राणशक्ति के बल पर यह भाषा आज देश की राष्ट्रभाषा हो सकी है। संसार के इतिहास में ऐसी दूसरी भाषा शायद नहीं है, जो सब ओर से उपेक्षित रहते हुए भी इतनी शक्ति अर्जन कर सकी हो।

आधुनिक हिंदी भाषा का साहित्य प्रतिकूल और विसदृश परिस्थितियों के बीच रचा गया है। साहित्यकारों को एक ओर उपेक्षा का शिकार होना पड़ा है, दूसरी ओर अवज्ञा की

चोट सहनी पड़ी है। दुहरी मार के कारण साहित्यकार को अधिकांश शक्ति परिस्थितियों से जूझने में खर्च करनी पड़ी है। राज्य की ओर से कोई सम्मान नहीं मिला, विश्वविद्यालयों की ओर से कोई स्वागत नहीं हुआ और न्याय के ऊँचे आसनों से भी कोई न्यायपूर्ण व्यवहार नहीं हुआ, लेकिन हिंदी के महाप्राण साहित्यकार विचलित नहीं हुए। यह कहानी जितनी ही खेदजनक है, उतनी ही स्फूर्त्तिदायक। हिंदी के आधुनिक काल के साहित्यकारों की सब कहानियाँ प्रकाशित नहीं हुईं। जितनी प्रकाशित हुई हैं उतनी रोमांचक हैं। कितने ही साहित्यिक बीमारी की अवस्था में दवा न पाकर चल बसे, कितने ही दरिद्रता की मार से जीवनभर तड़पते रहे, परंतु उन्होंने कभी शिकायत नहीं की, दूसरों से दया की भीख नहीं माँगी। परिस्थितियों ने कितनों ही को हीनता-ग्रंथि का शिकार बना दिया, कितनों ही में निराशा और अवसाद के भाव ला दिए, परंतु फिर भी वे इस युग के सत्य को यथाशक्ति लोकभाषा में लिखकर देश की जनता को उद्बुद्ध करते रहे। यह कहानी और भी प्रादेशिक भाषाओं के क्षेत्र में दुहराई गई है। आज जो देश को गुलामी की जंजीर तोड़ने की शक्ति प्राप्त हुई, उसके मूल में देशी भाषाओं के सहस्रों अख्यात और अज्ञात लेखक हैं। उन्होंने अपने-आपका बलिदान करके देशवासियों के चित्त में आत्मसम्मान की भावना जगाई है। हिंदी के साहित्यकार इस विषय में कभी पीछे नहीं रहे।

जिस भाषा को इतने संघर्षों के भीतर से अपना रास्ता निकालना पड़ा है, उसकी शक्ति निस्संदेह अद्भुत है। बाधामुक्त होने पर वह और भी आश्चर्यजनक ग्राहिका-शक्ति का परिचय देगी।

पिछले अध्यायों में हमने देखा है कि आधुनिक मानवीय दृष्टिकोण को अपनाने में हमारे साहित्यकारों को प्रयास अवश्य करना पड़ा है, पर वह केवल इस बात की निशानी है कि उन्होंने अंधाधुंध अनुकरण नहीं किया है; स्वयं परीक्षा की है, प्रयोग किए हैं, और अंत तक सुपरीक्षित सत्य को स्वीकार किया है। युगचेतना को स्वीकार करनेवाले और उसे लोकचित्त में प्रतिष्ठित करने का प्रयत्न करनेवाले साहित्यिक ही अंत तक जिए हैं। जो लोग प्रतिक्रियाशील थे, जिन्होंने व्यंग्यों और कटाक्षों द्वारा आगे बढ़ते हुए साहित्य का रास्ता रोकने का प्रयत्न किया था, वे भुला दिए गए। इसका अर्थ यह है कि हिंदी के सहृदय पाठक युगसत्य को पहचानते हैं।

हमारे साहित्य की सबसे बड़ी कमजोरी यह है कि इसमें उन नवीन ज्ञान-विज्ञान की शाखाओं पर पर्याप्त पुस्तकें नहीं हैं जिनके अध्ययन-मनन के बाद ही आधुनिक सांस्कृतिक दृष्टि उत्पन्न होती है। हमारे कवियों और औसत पाठकों के बीच बराबर व्यवधान बना रहा है और आज भी है। साहित्य की ऊँचाई के लिए जिस विशाल चौकी की आवश्यकता होती है, वह हमारे पास नहीं है। प्रतिकूल परिस्थितियाँ ही इसका कारण रही हैं। विश्वविद्यालयों की उच्चतर शिक्षा का माध्यम न होने के कारण और देश के शिक्षित लोगों द्वारा अपनी भाषा का भंडार भरने के प्रयत्न को अनावश्यक समझने की खेदजनक मानसिक अवस्था के कारण हिंदी में ज्ञान-विज्ञान की विविध शाखाओं का निर्माण नहीं हुआ है। अंग्रेजी में नाना विषयों की पुस्तकें पढ़कर हिंदी के रचनात्मक साहित्य में उन विचारों के निष्कर्षों को अभिव्यक्त करने का प्रयत्न किया गया है, परंतु साधारण औसत पाठक को इन निष्कर्षों का महत्त्व समझने की दृष्टि नहीं मिली। साधारणतः लंबी

भूमिकाओं में और बेडौल समालोचनाओं में इस व्यवधान को पाटने का प्रयत्न दिखाई देता है। परंतु यह प्रयत्न तभी सफल होगा जब नए ज्ञान-विज्ञान के विषय में समझ में आने योग्य सहजभाषा में पुस्तकें लिखी जाएँ। यह हर्ष का विषय है कि इस प्रकार का प्रयत्न शुरू हो गया है, पर उसमें अपेक्षित तेजी और सतर्कता नहीं आ सकी है।

इस बात के लक्षण दिखाई देने लगे हैं कि शीघ्र ही इस देश के अनेक विश्वविद्यालयों में पढ़ाई और परीक्षा का माध्यम हिंदी हो जाएगी। ऐसा होने से अनेक विषयों पर पुस्तकें लिखी जाएँगी, संदेह नहीं। अभी भी यह प्रयत्न बाल-अवस्था में दृष्टिगोचर हो रहा है। इस ओर से भाषा के समृद्ध होने की बहुत अधिक संभावना है। फिर अनेक राज्यों की सरकारों ने हिंदी को राजभाषा घोषित किया है। इन घोषणाओं में भी अनेक संभावनाएँ बीज-रूप में वर्त्तमान हैं। यद्यपि अभी तक देश की केंद्रीय धारासभाओं और उच्च न्यायालयों में अंग्रेजी का प्राधान्य बना हुआ है, तथापि दीर्घकाल तक इसी प्रकार चलते रहना संभव नहीं है। शक्ति जनता के हाथ में आ गई है और जनभाषा की उपेक्षा करके कोई सरकार स्थाई नहीं हो सकेगी। सब मिलाकर हिंदी की बहुमुखी उन्नति के सभी द्वार खुल गए हैं, जो बंद दिख रहे हैं उनके भी खुल जाने की आशा है। अब हिंदी का साहित्य कुछ थोड़े-से लोगों की गोष्ठियों के घेरे से बाहर निकल आया है। यह सत्य है कि हमारे बहुत-से साहित्यकार अब भी बँधे घेरे से बाहर निकलने में झिझक रहे हैं, परंतु यह और भी अधिक सत्य है कि अब साहित्य कुछ पेशेवर साहित्यिकों का विनोद मात्र नहीं है। इसने समूचे देश की जनता के दुःख-दारिद्रय को दूर करने का संकल्प किया है, सारे देश में आशा और विश्वास का संचार करने का संकल्प किया है और, कोई माने या न माने, हिंदी भाषा में लिखित साहित्य से ही देश के गौरव और कल्याण को आँकने का प्रयत्न होने लगा है।

अब हिंदी को प्रांतीय भाषाओं के निकट संपर्क में आना पड़ रहा है। हमारे देश की कई प्रांतीय भाषाओं का साहित्य काफी समृद्ध है। उन भाषाओं से उत्तमोत्तम ग्रंथों के संग्रह करने का प्रयत्न भी अभी बाल-अवस्था में ही है। परंतु बहुत जल्दी यह प्रक्रिया शक्तिशाली रूप धारण करेगी, इस बात के स्पष्ट लक्षण दिखाई देने लगे हैं। इससे केवल हिंदी का साहित्य-भंडार ही पूर्ण नहीं होगा, बल्कि वह सच्चे अर्थों में सार्वदेशिक भाषा बनेगी। सौभाग्यवश हिंदी की यह परंपरा बहुत पुरानी है। नाना प्रदेश के संतों और भक्तों ने इस भाषा के प्राचीन साहित्य-भंडार में अपनी अपूर्व कृतियाँ दी हैं। आशा की जानी चाहिए कि वह परंपरा अब और अधिक उज्ज्वल और शक्ति-संपन्न बनेगी। सुनीतिकुमार चटर्जी, क्षितिमोहन सेन, काका कालेलकर, किशोरलाल घ. मश्रुवाला जैसे कृती पंडितों और विचारकों ने अपनी महत्त्वपूर्ण रचनाओं से इस साहित्य के भंडार को समृद्ध किया है।

हिंदी के साहित्यकारों का सामाजिक मनुष्य को दुःख-दारिद्रय से मुक्त करके आत्मविश्वासी और समृद्ध बनाने का संकल्प मूर्त्त रूप धारण करने लगा है। सब मिलाकर ऐसा जान पड़ता है कि हिंदी का भविष्य बहुत ही उज्ज्वल है। उसमें अधिक श्रीसंपन्न, अधिक उदार, अधिक सुकुमार और अधिक ओजस्वी बनने की संभावनाओं के स्पष्ट लक्षण दिखाई देने लगे हैं।

• • •